본 교재는 무한 경쟁시대에서 CAD분야에 종사하는 실무담당자와 설계 분야에서 최고가 되고자 하는 꿈을 가진 학생들을 염두에 두고 기획되었다. 따라서 설계 및 개발에 따른 제작 시간을 단축시켜 주면서 CAD 소프트웨어에서 쉽게 접근하도록 돕고, 기초 개념 습득과 나아가, 이 시대가 요구하는 기술을 갖추어 실무에서 마음껏 자기 능력을 펼치는데 요긴하게 활용될 수 있기를 바란다.

SolidWorks
3D 활용서

기본에 충실한 SolidWorks 창의설계

신순욱 · 이학원 · 박준호 공저

도서 내용 문의 : sunugis@naver.com

본서의 사용된 예제파일은 웹하드에서 다운로드 받으실 수 있습니다.
www.webhard.co.kr ID sjb114 PW sjb1234

세진북스
www.sejinbooks.kr

머리말

정보통신 기술의 발달은 정치, 경제, 사회, 문화 등의 사회 전반의 각 분야에 걸쳐 큰 변화를 가져왔다. 특히, 기계를 비롯한 자동화시스템 분야에서 제품의 라이프 사이클은 나날이 짧아지고 있다.

제품의 소형화·경량화·고기능화·고속화·복합화 등에 대한 요구는 더욱 심화되고 있다. 이러한 요구를 실현하기 위해 관련 업체들 역시 그 어느 때보다 재빠르게 대응할 수 밖에 없는 것이 현실이다.

이러한 시대를 살아가면서 공학계 학생들이나 기계 및 자동화시스템 분야 직장인들이 기본적으로 익혀야 할 프로그램 역시 많아졌지만, 그 중에서도 반드시 알아야 할 중요한 설계도구 프로그램은 3D CAD 프로그램인 SolidWorks라 할 수 있다.

2D 디자인과는 달리 3D 모델링 작업은 많은 응용력이 필요로 한다. 사용자의 작업방법에 따라 부품의 모델링 및 조립품 모델링 작업공정이 얼마든지 다양해 질수 있기 때문에 개발자 및 설계자 또는 작업자는 3D 모델링을 시작하기 전에 먼저 모델링 형상을 분석하고 그에 따라 모델링 공정을 세워놓는 것이 바람직하다.

또한 각 3D 명령어를 정확이 이해하고, 그 명령어들의 사용법이나 특성 및 실무 응용방법을 다양하게 익히고 활용함으로써 고품질의 모델링을 구축할 수 있을 것이다.

본 교재는 무한 경재시대에서 CAD분야에 종사하는 실무담당자와 설계 분야에서 최고가 되고자 하는 꿈을 가진 학생들을 염두에 두고 기획되었다.

따라서 설계 및 개발에 따른 제작시간을 단축시켜 주면서 CAD 소프트웨어에서 쉽게 접근하도록 돕고, 기초 개념 습득과 나아가, 이 시대가 요구하는 기술을 갖추어 실무에서 마음껏 자기 능력을 펼치는데 요긴하게 활용될 수 있기를 바란다.

끝으로 원고가 좋은 책으로 인쇄되어 나오기까지 수고해주신 세진북스 홍세진사장님과 편집부 여러분들에게 깊은 감사를 드린다.

도서내용 문의 : sunugis@naver.com

신순욱 (제이알엠텍 대표)
이학원 (동원과학기술대학교 교수)
박준호 (한국폴리텍대학 울산캠퍼스 교수)

차례

Chapter 01 SolidWork 시작하기 11

- 01 SolidWork 시작하기 ——— 12
- 02 빠른 보기 도구 모음 ——— 13
  - 2.1 전체 보기 ——— 13
  - 2.2 뷰 방향 ——— 13
  - 2.3 면에 수직으로 보기 ——— 13
- 03 마우스 사용법 ——— 14

Chapter 02 솔리드웍스 메뉴 살펴보기 15

- 01 스케치 메뉴 살펴보기 ——— 16
- 02 스케치 작성하기 ——— 17
  - 2.1 선 ——— 17
  - 2.2 중심선 ——— 17
  - 2.3 원 ——— 17
  - 2.4 직사각형 유형 ——— 18
  - 2.5 원호 ——— 19
  - 2.6 타원 ——— 19
  - 2.7 홈 유형 ——— 20
  - 2.8 다각형 ——— 21
  - 2.9 스케치 필렛 ——— 21
  - 2.10 스케치 모따기 ——— 21
  - 2.11 문자 ——— 22
  - 2.12 점 ——— 22
- 03 스케치 구속하기 ——— 22
  - 3.1 지능형 치수 ——— 22
  - 3.2 스케치 구속조건 ——— 23

04 스케치 편집하기 ──────────────────────── 24
    4.1 요소 잘라내기 ································ 24
    4.2 요소 변환하기 ································ 24
    4.3 요소 오프셋 ································· 24
    4.4 요소 대칭복사 ································ 25

05 피처 도구 ──────────────────────────── 25
    5.1 돌출 보스/베이스 ······························ 25
    5.2 회전 보스/베이스 ······························ 27
    5.3 스윕 보스/베이스 ······························ 27
    5.4 로프트 보스/베이스 ···························· 28
    5.5 돌출 컷 ····································· 28
    5.6 구멍 가공 마법사 ····························· 29
    5.7 회전 컷 ····································· 30
    5.8 필렛 ·· 30
    5.9 모따기 ······································ 31
    5.10 선형패턴 ··································· 31
    5.11 원형패턴 ··································· 32
    5.12 대칭복사 ··································· 32
    5.13 보강대 ···································· 33
    5.14 구배주기 ··································· 33
    5.15 쉘 ·· 34

Chapter 03 기본 도형 작성하기 35

    01 기본 도형 작성하기 1 ──────────────── 36
    02 기본 도형 작성하기 2 ──────────────── 43
    03 기본 도형 작성하기 3 ──────────────── 50

Chapter 04　응용 도형 작성하기 59

- 01 응용 도형 작성하기 1 ——— 60
- 02 응용 도형 작성하기 2 ——— 68
- 03 응용 도형 작성하기 3 ——— 78

Chapter 05　회전 도형 작성하기 85

- 01 회전 도형 작성하기 1 ——— 86
- 02 회전 도형 작성하기 2 ——— 93

Chapter 06　도형 복사하기 99

- 01 도형 복사하기(패턴) 1 ——— 100
- 02 도형 복사하기(패턴) 2 ——— 111
- 03 도형 복사하기(대칭) 3 ——— 123

Chapter 07　브라켓 작성하기 141

- 01 브라켓 작성하기 1 ——— 142
- 02 브라켓 작성하기 2 ——— 148

Chapter 08　지지대 작성하기 159

- 01 지지대 작성하기 1 ——— 160
- 02 지지대 작성하기 2 ——— 171

Contents

Chapter 09 본체 작성하기 183

- 01 본체 작성하기 1 ──────────── 184
- 02 본체 작성하기 2 ──────────── 200

Chapter 10 부품 작성하기 213

- 01 ㄱ형 슬라이더 ──────────── 214
  - 단계 1 베이스 214
  - 단계 2 플레이트 220
  - 단계 3 슬라이더 228
  - 단계 4 리드 스크류 234
- 02 4지형 레버에어척 ──────────── 239
  - 단계 1 하우징 239
  - 단계 2 레버형핑거 247
  - 단계 3 피스톤 252
  - 단계 4 호이스트 축 256
  - 단계 5 하우징 커버 262
- 03 워터펌프 ──────────── 270
  - 단계 1 본체 270
  - 단계 2 커버 279
  - 단계 3 스퍼기어 축 285
  - 단계 4 스퍼기어 291

Chapter 11 조립품 작성하기 295

- 01 ㄱ형 슬라이더 ——————————————— 296
- 02 4지형 레버에어척 ——————————————— 308
- 03 워터펌프 ——————————————— 319

Chapter 12 분해도 작성하기 327

- 01 부품 분해하기 ——————————————— 328
- 02 분해 지시선 작성하기 ——————————————— 331
- 03 애니메이션 조립/분해하기 ——————————————— 332

Chapter 13 도면 배치하기 333

- 01 뷰 배치하기 ——————————————— 334
- 02 치수 기입하기 ——————————————— 338
- 03 부분 단면도 생성하기 ——————————————— 339
- 04 중심선 및 치수 생성하기 ——————————————— 340
- 05 데이텀 피처 및 기하공차 삽입하기 ——————————————— 341
- 06 표면 거칠기 기입하기 ——————————————— 343
- 07 조립도 및 분해도 작성하기 ——————————————— 345
- 08 도면 저장 및 인쇄하기 ——————————————— 348

Contents

Chapter 14 연습도면 작성하기 A 349

연습도면 01~44 / 350
연습도면 45 바이스 / 372
연습도면 46 브라켓 / 374
연습도면 47 지지대 1(Support 1) / 374
연습도면 48 지지대 2(Support 2) / 375
연습도면 49 플랜지 1(Flange 1) / 375
연습도면 50 플랜지 2(Flange 2) / 376
연습도면 51 휠 커버(Wheel Cover) / 376
연습도면 52 동력전달장치-베이스 / 377
연습도면 53 동력전달장치-축 / 378
연습도면 54 V-벨트 풀리 / 378
연습도면 55 90도 엘보우 관 / 379
연습도면 56 리밍지그 / 380
연습도면 57 동력전달장치 I / 385
연습도면 58 동력전달장치 II / 391
연습도면 59 편심왕복장치 / 397
연습도면 60 축 받힘 장치 / 406

Chapter 15 연습도면 작성하기 B 411

연습도면 01 베어링하우징 / 412
연습도면 02 피봇베어링하우징 / 416
연습도면 03 편심구동장치 / 420
연습도면 04 기어펌프 / 424
연습도면 05 스퍼기어박스 / 428
연습도면 06 속업소버 / 432
연습도면 07 리프트에어실린더 / 436
연습도면 08 3지형레버에어척 / 440
연습도면 09 턱가공밀링지그 / 444
연습도면 10 바드릴지그 / 448
언습노면 11 바클램프바이스 / 452
연습도면 12 탁상바이스 / 454
연습도면 13 베어링 부시가공용 드릴지그 / 456
연습도면 14 하우징 드릴지그 / 458
연습도면 15 바드릴지그 / 460
연습도면 16 리밍지그 / 462
연습도면 17 링크리밍지그 / 464
연습도면 18 더블밀링클램프 / 466
연습도면 19 스텐드클램프 / 468
연습도면 20 각형레버에어척 / 470
연습도면 21 동력전달장치 2 / 472
연습도면 22 동력전달장치 3 / 474
연습도면 23 피벗베어링하우징 / 476
연습도면 24 편심구동펌프 2 / 478
연습도면 25 간헐랙구동장치 / 480
연습도면 26 기어펌프 2 / 482
연습도면 27 기어펌프 5 / 484
연습도면 28 이중스퍼기어박스 / 486
연습도면 29 이중스퍼기어박스 1 / 488
연습도면 30 랙프레스 / 490

기본에 충실한 SolidWorks 창의설계

*SOLID*WORKS

Chapter 01

SOLIDWORKS

SolidWork 시작하기

01　SolidWork 시작하기
02　빠른 보기 도구 모음
03　마우스 사용법

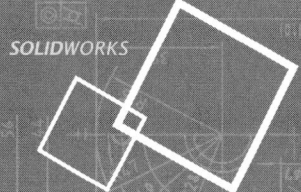

1 SolidWork 시작하기

① SolidWorks를 실행하고, 새 문서(📄)를 클릭한다.

② 파트(🧊)를 선택하고, 확인을 클릭한다.

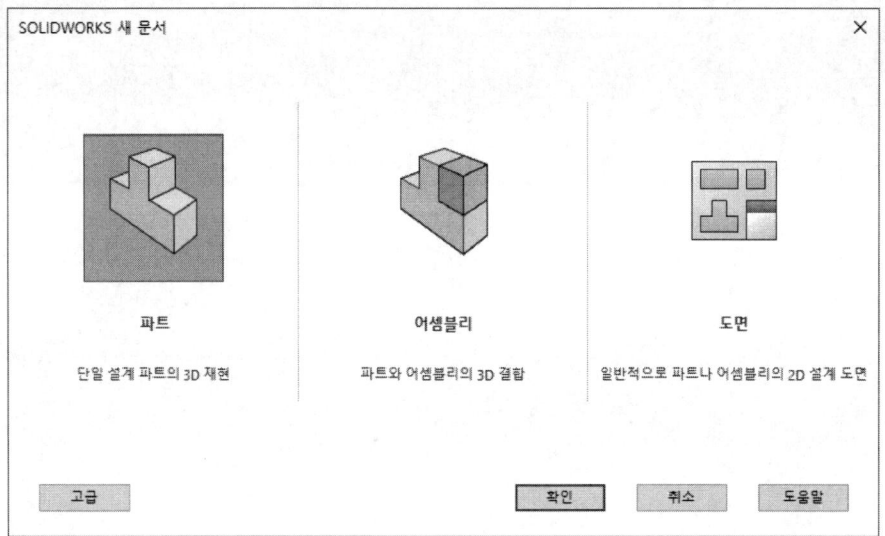

③ 파트의 시작화면은 다음과 같다.

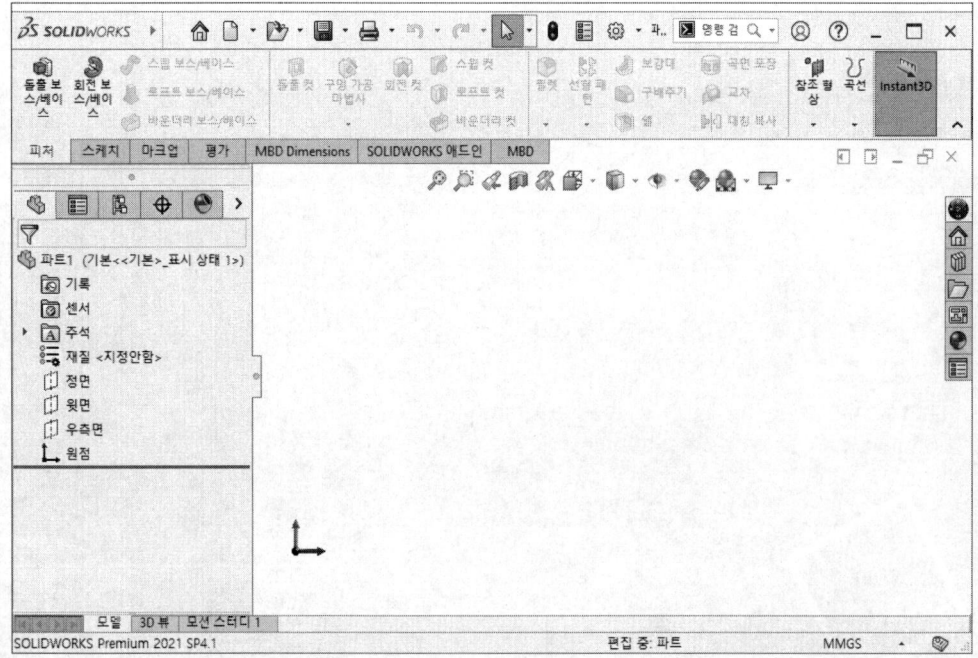

② 빠른 보기 도구 모음

2.1 전체 보기

모델, 어셈블리, 도면에서 한 화면에 모든 형상과 도면이 보이도록 확대/축소하는 기능이다.

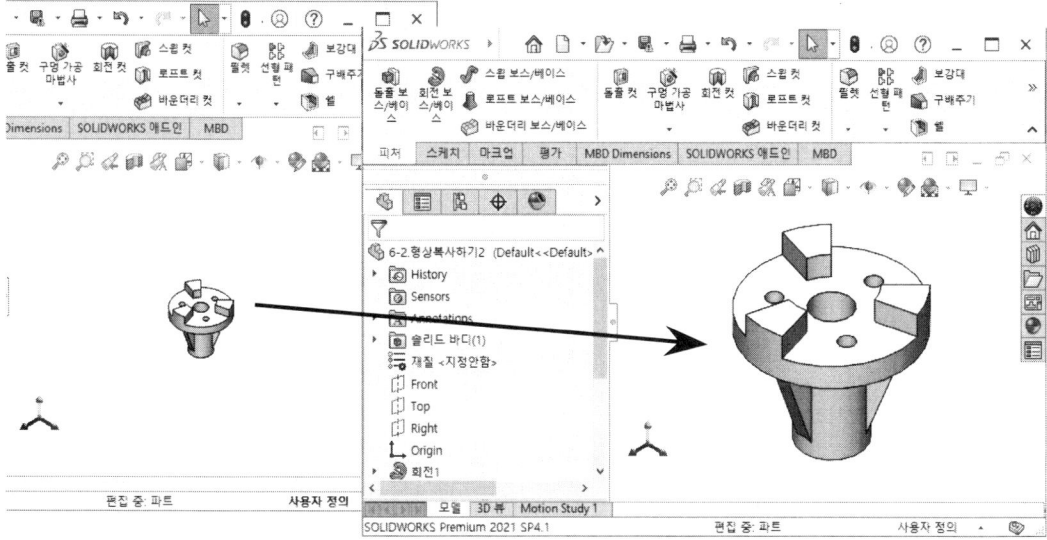

2.2 뷰 방향

모델이나 도면을 미리 설정한 뷰로 회전하는 기능이다. 6개의 평면도, 3개의 등각뷰가 미리 설정되어 있다.

❏ 등각보기  ([Ctrl]+7)

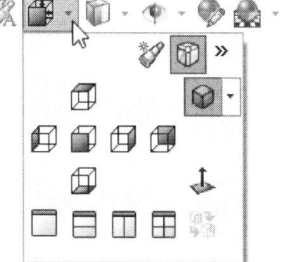

2.3 면에 수직으로 보기 ([Ctrl]+8)

선택한 피처의 면을 평면을 보여주는 기능으로 스케치, 피처 작업 전 뷰의 방향을 쉽게 전환 할 수 있다.

③ 마우스 사용법

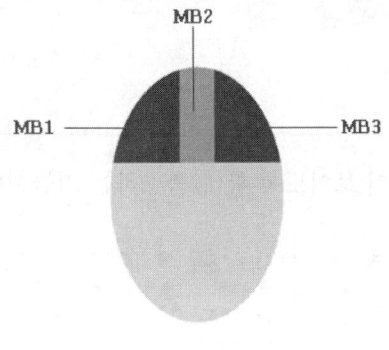

〈마우스 버튼〉

- **화면 확대/축소** : (MB2)휠 마우스 굴리기
- **화면 회전** : (MB2)휠 마우스 누르기
- **화면 이동** : Ctrl + (MB2)휠 마우스 누르기

- **MB1** : 개체 선택
- **MB3** : 상황에 맞게 바로가기 메뉴

학습 정리하기

Chapter 02

SOLIDWORKS

솔리드웍스 메뉴 살펴보기

01 스케치 메뉴 살펴보기
02 스케치 작성하기
03 스케치 구속하기
04 스케치 편집하기
05 피처 도구

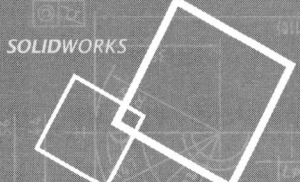

1 스케치 메뉴 살펴보기

① 스케치 작업은 작업할 면을 클릭하고, 나타나는 보조 메뉴에서 [스케치 아이콘( )]을 클릭하여 실행한다.

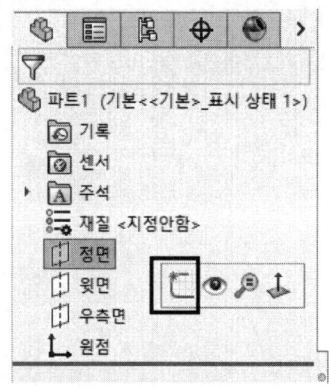

② 스케치 작업이 준비되면 화면 중앙에 원점이 활성화된다. 화면 위에는 스케치 도구가 나타나고, 오른쪽 상단에 스케치 종료/취소 버튼이 나타난다.

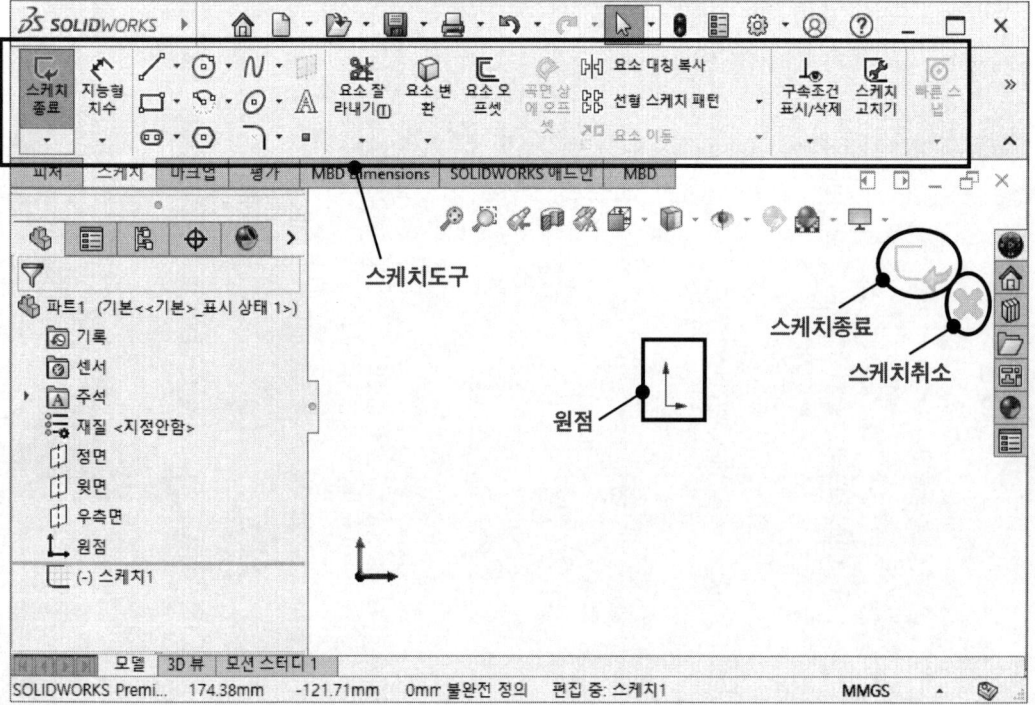

2 스케치 작성하기

2.1 선(✏)

두 점을 이용하여 선을 생성한다.

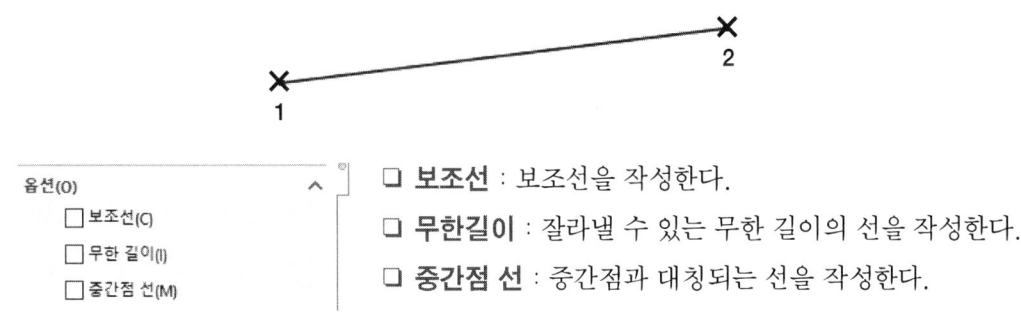

- **보조선** : 보조선을 작성한다.
- **무한길이** : 잘라낼 수 있는 무한 길이의 선을 작성한다.
- **중간점 선** : 중간점과 대칭되는 선을 작성한다.

2.2 중심선(✏)

중심(보조)선을 그린다. 스케치 보조선으로 활용되거나, 회전모델링 작업시 회전축으로 활용된다.

2.3 원(⊙)

중심점과 원 위의 점을 클릭하여 원을 그린다.

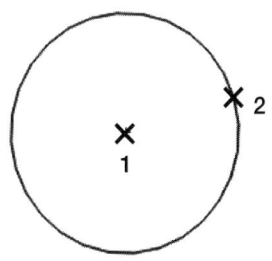

2.4 직사각형 유형

각 점을 지나는 직사각형을 그린다.

① **코너사각형**(▭) : 대각선 방향으로 2개의 점을 이용하여 사각형을 그린다.

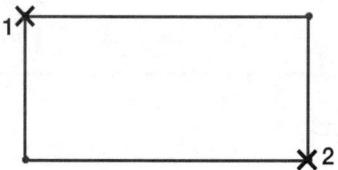

② **중심사각형**(▣) : 점을 중심으로 상하, 좌우로 대칭인 사각형을 그린다.

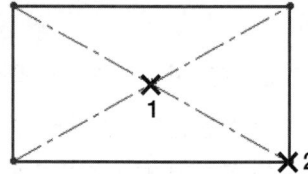

③ **세 점 코너 사각형**(◇) : 3개의 점을 선택하여 경사진 사각형을 그린다.

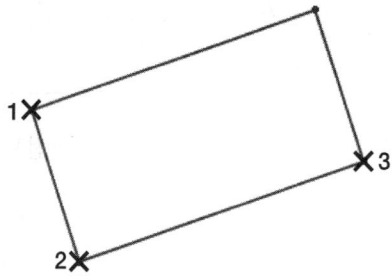

④ **세 점 중심 사각형**(◈) : 중심점을 이용하여 3개의 점으로 이루어진 경사진 사각형을 그린다.

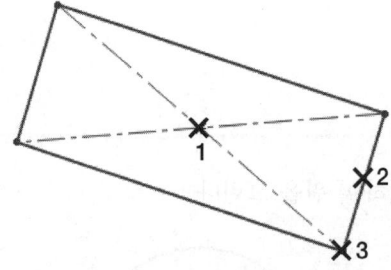

⑤ **평행사변형**(▱) : 3개의 점을 선택하여 평행사변형을 그린다.

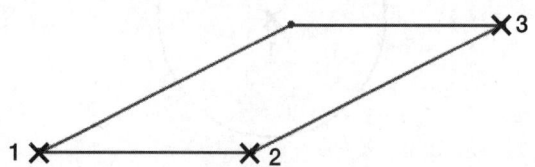

2.5 원호

각 점을 지나는 원호를 그린다.

① **중심점 호**( ) : 중심점과 호의 두 끝점을 정의하여 호를 그린다.

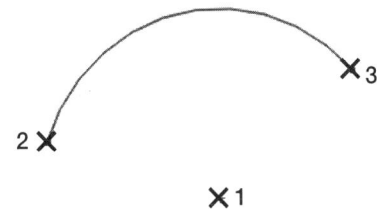

② **접원호**( ) : 인접 객체에 접하는 원호를 그린다.

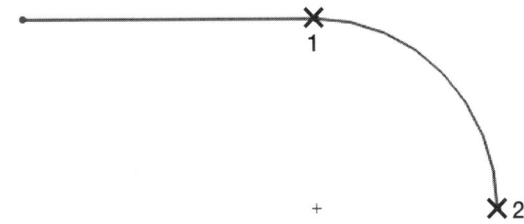

③ **3점호**( ) : 세 점을 연결하는 호를 그린다.

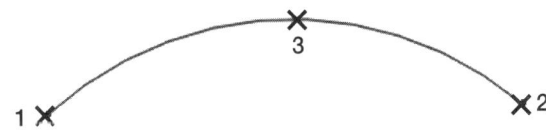

2.6 타원( )

중심점, 장축의 반경, 단축의 반경을 선택하여 타원을 그린다.

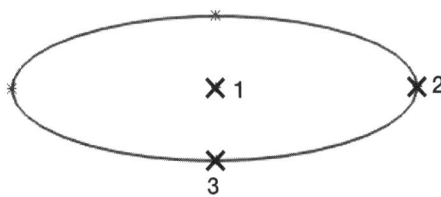

2.7 홈 유형

슬롯 형태의 홈을 그린다.

① **직선형 홈**(): 끝점 두 개와 반지름을 사용하여 직선형 홈을 그린다.

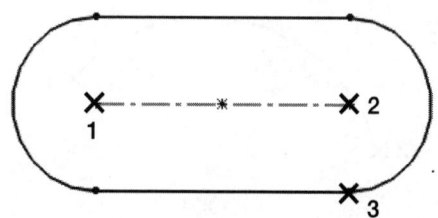

② **중심점 직선형 홈**(): 중심점과 끝점, 반지름을 사용하여 직선형 홈을 그린다.

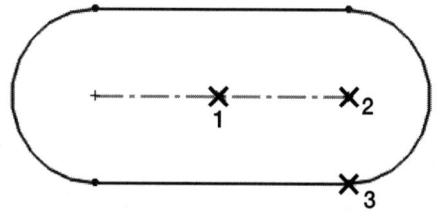

③ **3점 호 홈**(): 원호를 따라 3점 호를 사용하여 호 홈을 그린다.

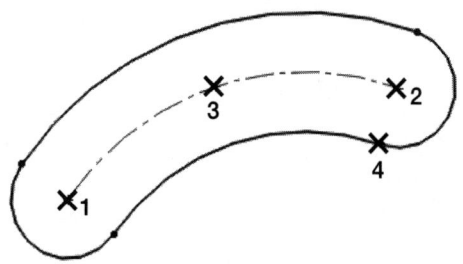

④ **중심점 호 홈**(): 원호의 중심점과 끝점 두 개 및 반지름을 사용하여 호 홈을 그린다.

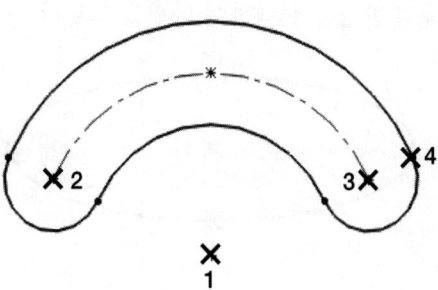

2.8 다각형(⬡)

다각형을 그린다. 면의 수와 내접원, 외접원의 옵션을 이용한다.

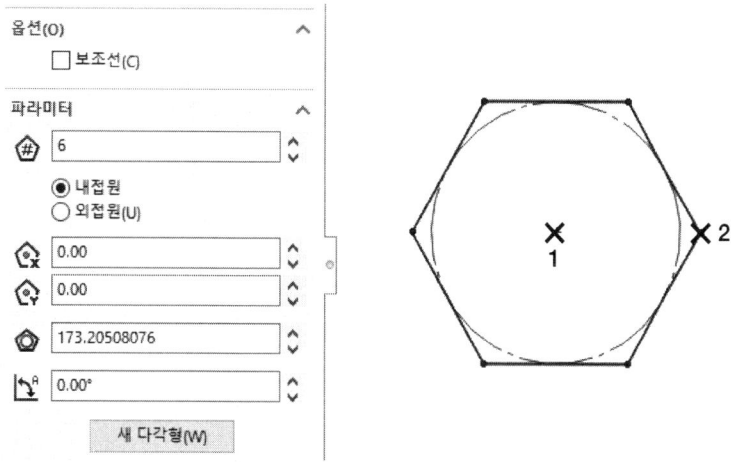

2.9 스케치 필렛(⌐)

지정한 두 모서리를 둥글게 처리한다.

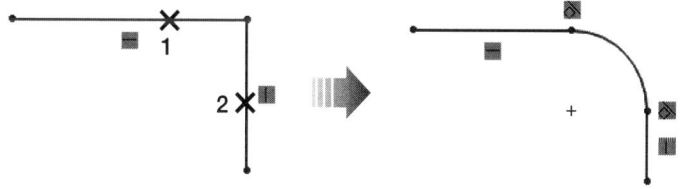

2.10 스케치 모따기(⌐)

지정한 두 모서리를 직선으로 처리한다.

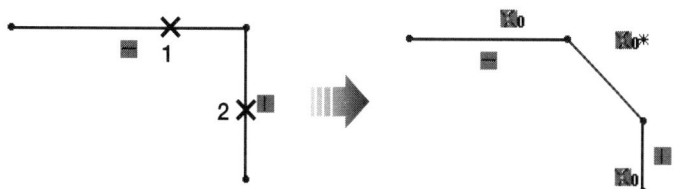

2.11 문자(A)

문자를 작성한다. 면, 곡선, 모서리, 스케치 요소에 문자를 작성한다.

2.12 점(■)

점을 작성한다. 구멍을 생성할 때 중심점으로 활용한다.

3 스케치 구속하기

3.1 지능형 치수

선택한 요소에 치수를 기입한다. 지능형 치수는 길이, 정렬, 지름, 반지름, 각도 등 모두 가능하며, 선택한 요소에 따라 자동으로 입력된다.

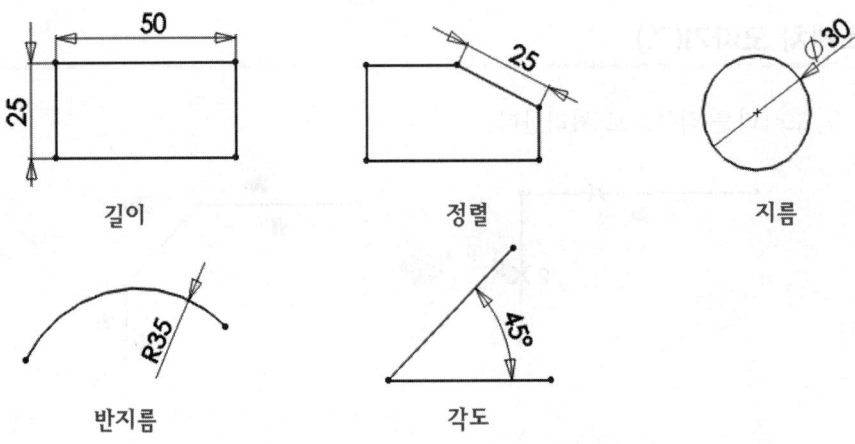

3.2 스케치 구속조건

스케치 요소 간에 관계를 부여한다.

[Ctrl] 키를 누른 상태에서 관계를 적용할 스케치 요소를 선택하면, 화면 왼쪽에 "구속조건 부가" 창이 나타난다.

구속조건	내 용
수평, 수직	선이 수평 또는 수직으로 배열된다.
동일선상	선택한 두 개 이상의 선이 같은 선상에 있게 된다.
직각	선택한 두 선이 서로 직각을 이룬다.
평행	선택한 두 선이 서로 평행을 이룬다.
동등	선택한 두 개 이상의 개체가 같은 길이값 또는 반경값을 가진다.
동일원	두 개 이상의 원 또는 호가 같은 중심점과 같은 크기로 배열된다.
탄젠트	선, 원, 호 등의 개체가 접한 상태로 배열된다.
동심	두 개 이상의 원호 or 원이 같은 중심점 위치에 배열된다.
고정	모든 요소가 위치나 크기 변화가 없이 고정된다.
관통	스케치 점이 축, 모서리선 평면에 관통하는 위치와 일치하게 된다.
점병합	두 개의 점이 하나의 점으로 합쳐진다.
대칭	중심선을 기준으로 왼쪽과 오른쪽 항목의 거리가 같아진다.
교차	점이 선의 교점에 배열된다.
중간점	점이 선의 중간점에 배열된다.

4 스케치 편집하기

4.1 요소 잘라내기

두 교차점을 기준으로 불필요한 요소를 제거하고 생성한다.

근접 잘라내기 : 교차점을 기준으로 선택한 요소의 일부분을 제거하는 기능이다.

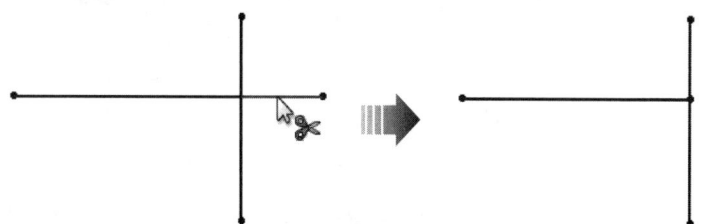

4.2 요소 변환하기

3D 물체를 지정한 평면에 투영(Project)시킨다. 3D물체의 외곽선을 얻을 수 있다.

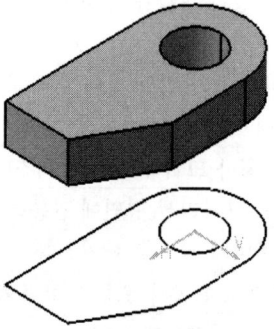

4.3 요소 오프셋

간격띄우기 기능이다. 선택한 요소를 원하는 거리만큼 평행 복사시킨다.

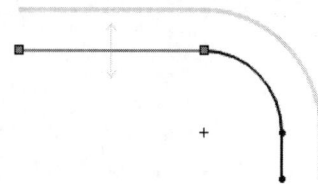

4.4 요소 대칭복사(애)

선택한 요소를 축 기준으로 대칭하는 기능이다.

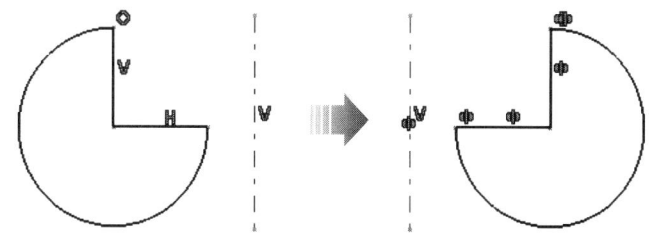

5 피처 도구

5.1 돌출 보스/베이스(🗐)

사용자가 원하는 거리와 방향을 정의하여 돌출 형상을 생성한다.

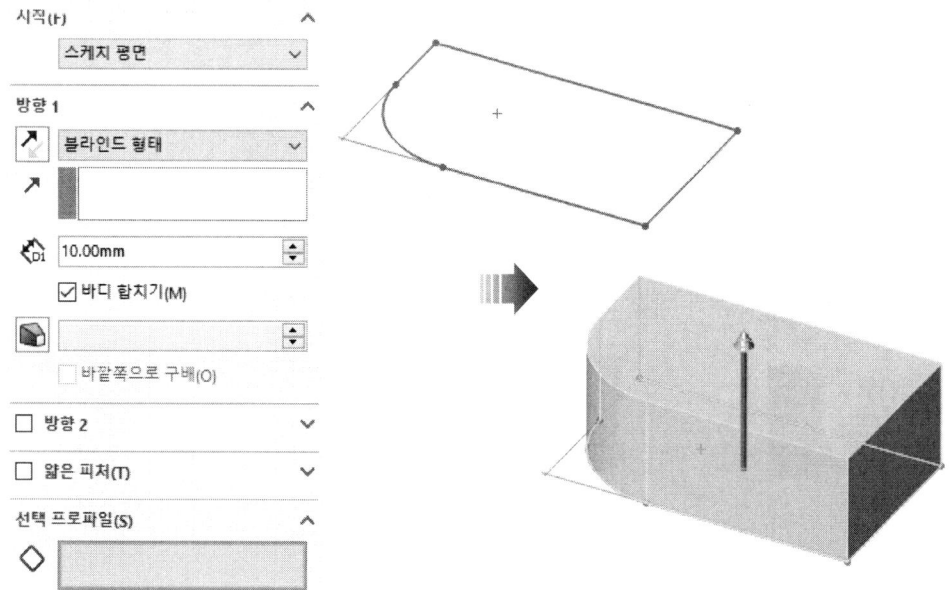

❏ **방향1, 방향2** : 돌출의 시작과 끝의 한계를 정의한다.
  • 블라인드 형태 : 돌출 거리 값을 직접 입력하여 솔리드 형상을 작성한다.
  • 곡면까지 : 사용자가 선택하는 곡면, 평면까지 형상을 작성한다.

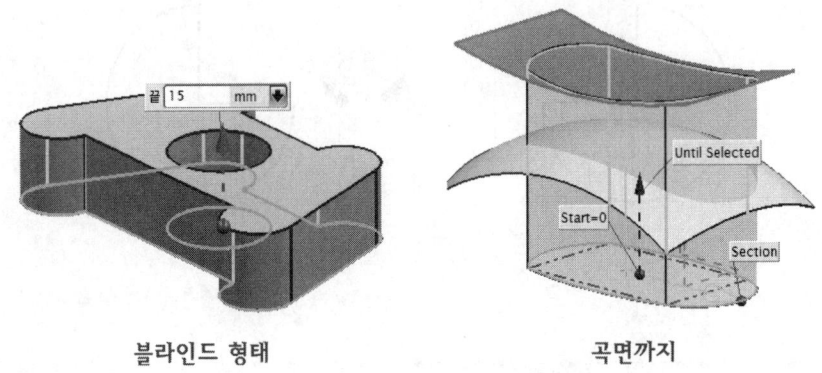

블라인드 형태   곡면까지

  • 바디까지 : 선택 가능한 모든 형상에 대하여 솔리드 형상을 작성한다.
  • 중간평면 : 양쪽 대칭 조건으로 거리 값을 입력하여 형상을 작성한다.

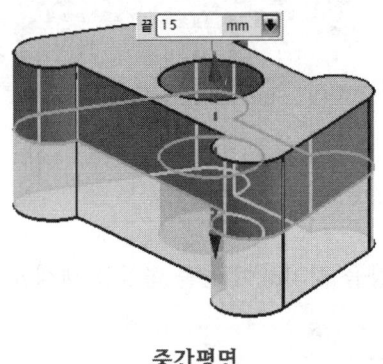

중간평면

❏ ↗ **돌출방향** : 돌출되는 방향을 설정한다. 기본값은 스케치 평면의 수직방향이다.

❏ **깊이** : 돌출거리(높이or깊이)를 입력한다.

❏ **구배켜기/끄기** : 돌출 피처에 구배(기울기)를 적용한다.

❏ **얇은 피처** : 돌출 두께를 제어한다.

5.2 회전 보스/베이스( )

축(회전축)을 기준으로 기존에 작성된 스케치를 회전시켜 회전체 형상을 생성한다.

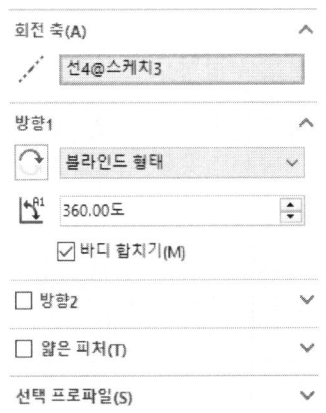
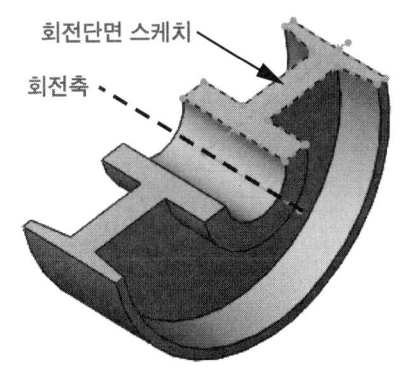

- **회전축** : 피처를 회전할 기준 축을 선택한다.
- **방향1, 2** : 회전 방향(시계방향 or 반시계방향)을 정의한다.
- **각도** : 회전각도를 입력한다.
- **얇은 피처** : 두께를 붙일 방향을 지정한다.
- **선택 프로파일** : 여러 개의 윤곽선을 사용하여 회전 피처를 작성한다.

5.3 스윕 보스/베이스( )

프로파일(단면) 스케치가 경로 스케치를 따라가면서 형상을 생성한다.

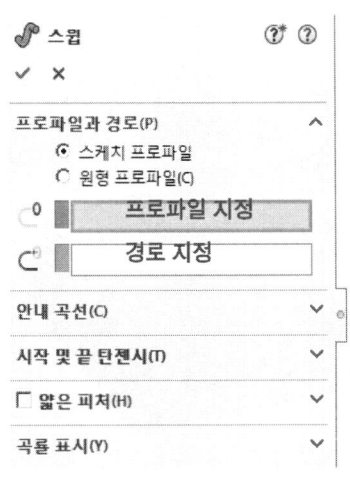
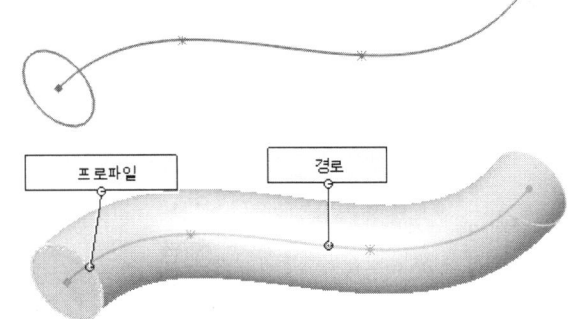

- **프로파일** : 스윕 작성에 사용할 프로파일(단면)을 지정한다.
- **경로** : 프로파일을 스윕할 경로를 지정한다.
- **안내곡선** : 프로파일을 경로따라 스윕할 때, 프로파일을 안내해 주는 역할을 한다.

5.4 로프트 보스/베이스( )

일정 거리만큼 떨어진 서로 다른 형상의 스케치를 연결하여 형상을 생성한다.

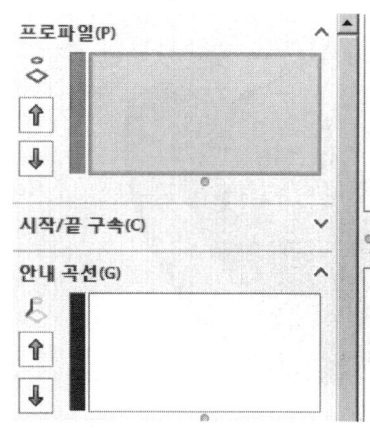

- **프로파일** : 로프트 형상으로 생성시킬 스케치를 선택한다.
- **시작/끝 구속** : 구속을 적용하여 시작 프로파일과 끝 프로파일에 접선을 조절한다.
- **안내곡선** : 로프트에 안내 곡선이 영향을 주는 정도를 조절한다.

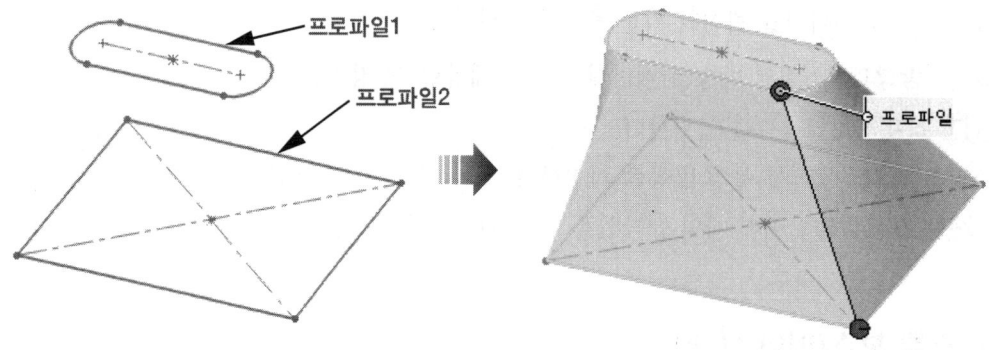

5.5 돌출 컷( )

돌출 보스/베이스와 반대 개념으로 기존형상에서 스케치된 형상을 제거하는 기능이다.

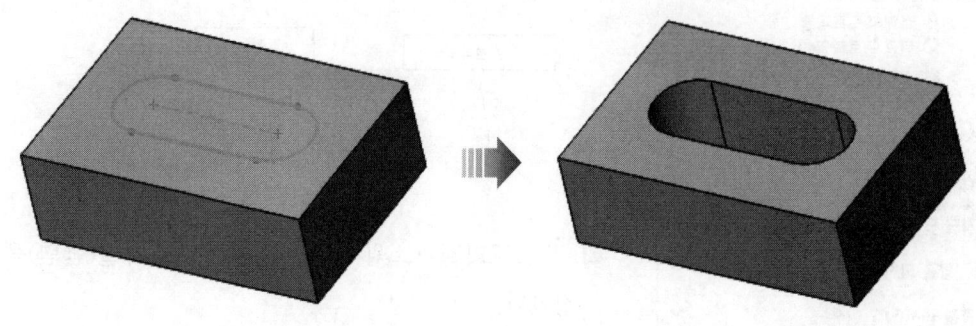

5.6 구멍 가공 마법사( )

원형 구멍을 생성하는 기능이다.

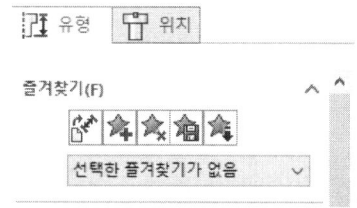

- 유형 : 구멍 유형의 옵션을 지정한다.
- 위치 : 생성시킬 구멍의 위치를 결정한다.

① 구멍 유형과 스펙

- : 카운터보어
- : 카운터싱크
- : 구멍
- : 직선 탭
- : 테이퍼 탭
- : 이전 버전용 구멍
- : 카운터보어 홈
- : 카운터싱크 홈
- : 홈

- 표준 : 구멍 규격을 지정한다.
- 유형 : 드릴 크기, 탭 드릴, 맞춤 핀 구멍 또는 나사 여유값을 결정한다.
- 크기 : 구멍의 크기를 지정한다.

② 마침조건

- 블라인드 구멍 깊이 : 구멍 깊이를 지정한다. 탭 구멍에는 나사산 깊이와 유형을 지정한다.
- 꼭지점 지점까지 : 선택하는 꼭지점까지 구멍이 생성된다.
- 곡면/면/평면 : 선택하는 면, 곡면, 평면까지 구멍이 생성된다.
- 오프셋 거리 : 구멍 깊이는 선택한 면, 곡면, 평면에서부터 오프셋으로 결정한다.

③ 옵션

- : 탭 드릴 지름
- : 나사선 표시
- : 나사산 제거

탭 드릴 지름의 구멍을 작성   나사산 표시와 함께 탭 드릴   나사산 지름의 구멍 작성
                              지름의 구멍 작성

5.7 회전 컷(🔲)

중심축을 기준으로 회전 물체를 제거하는 기능이다.

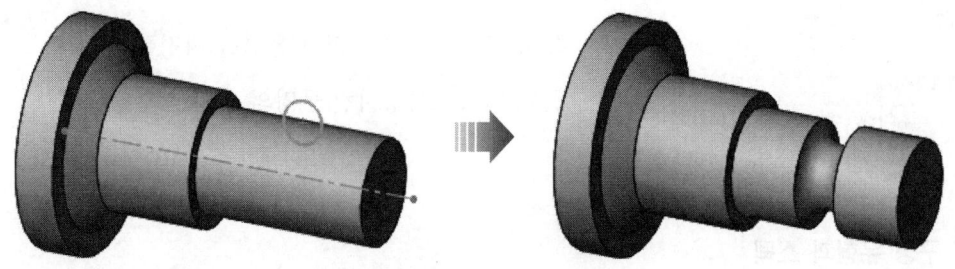

5.8 필렛(🔲)

모델링 형상에서 하나 이상의 모서리를 둥글게 라운드 처리하는 기능이다.

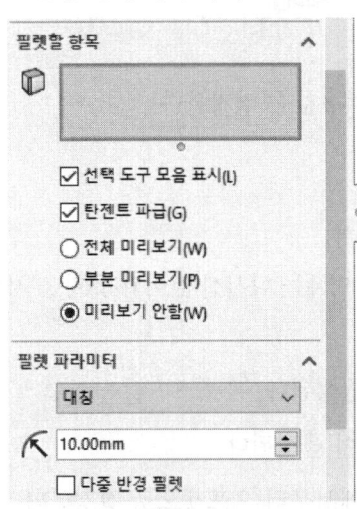

- 🔲 **필렛할 항목** : 필렛이 적용될 모서리를 선택한다.
- 🔲 **반경** : 필렛 반경을 입력한다.

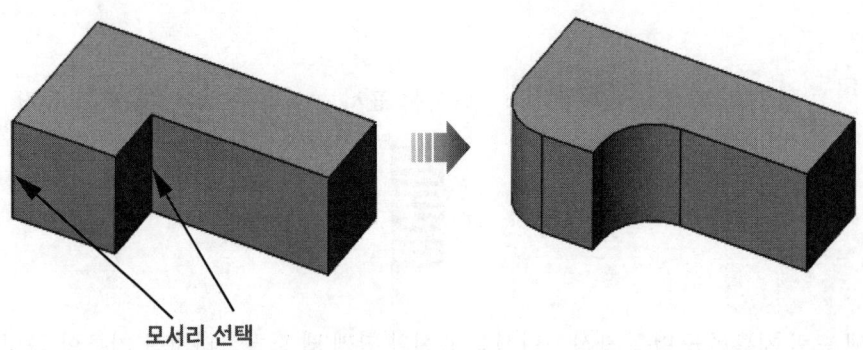

모서리 선택

5.9 모따기(◎)

형상의 모서리에 거리와 각도를 이용하여 모따기를 생성하는 기능이다.

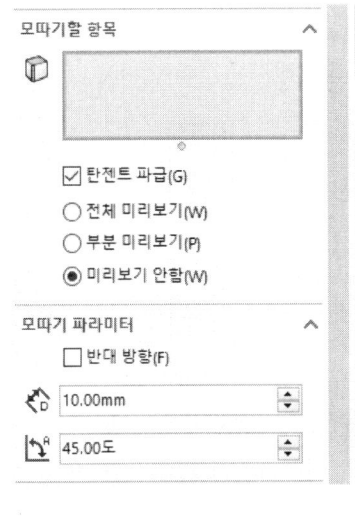

- ◎ **모따기 변수** : 모따기가 적용될 모서리를 선택한다.
- ⌇ **거리** : 모따기 거리를 입력한다.
- ⌇ **각도** : 모따기 각도를 입력한다.

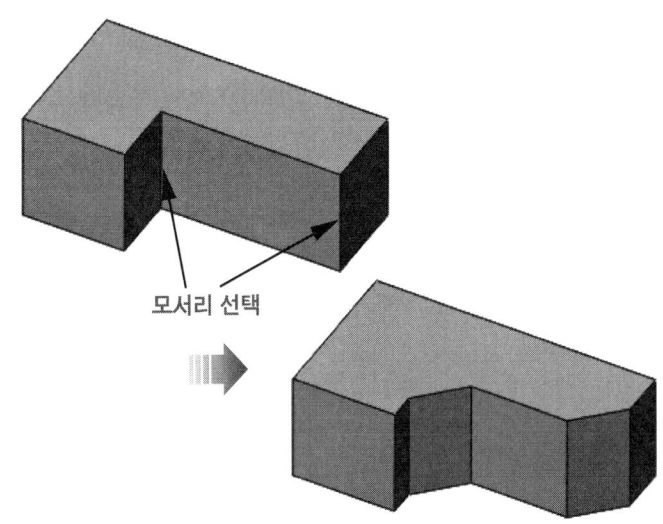

모서리 선택

5.10 선형패턴(▦)

선택한 형상을 직사각형(선형)으로 배열하는 기능이다.

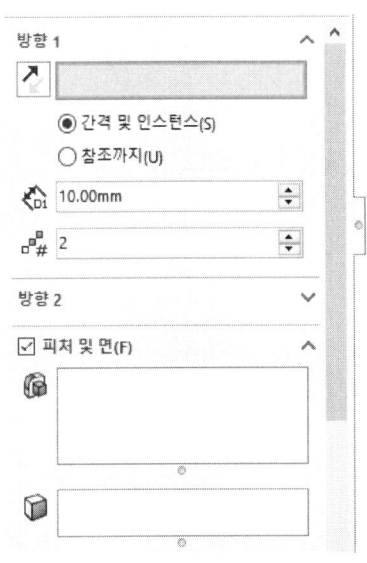

- **방향 1,2** : 패턴의 방향을 지정한다.
- ⌇ **간격** : 패턴 형상의 간격을 설정한다.
- ⌇ **인스턴스 수** : 패턴의 개수를 지정한다.

- ⌇ **패턴할 피처** : 패턴시킬 기준 형상을 선택한다.

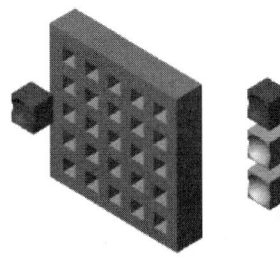
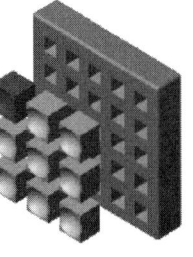

5.11 원형패턴( )

선택한 형상을 원형으로 배열하는 기능이다.

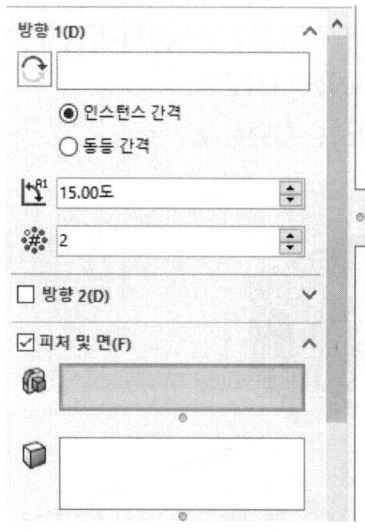

□ 패턴 축 : 원형배열의 중심축을 지정한다.
□ 인스턴스 간격 : 인스턴스 중심사이의 거리를 지정한다.
□ 동등 간격 : 간격을 360도로 지정한다.
□ 각도 : 패턴 형상의 사이 각도를 설정한다.
□ 인스턴스 수 : 패턴의 개수를 지정한다.
□ 패턴할 피처 : 패턴시킬 기준 형상을 선택한다.

5.12 대칭복사( )

형상의 일부 또는 전체를 대칭평면을 기준으로 거울에 반사되는 것처럼 대칭으로 복사하는 기능이다.

□ 면/평면 대칭 복사 : 대칭 복사할 평면을 지정한다.
□ 대칭 복사 피처 : 대칭 복사할 피처를 선택한다.
□ 대칭 복사할 면 : 대칭 복사할 면을 지정한다.

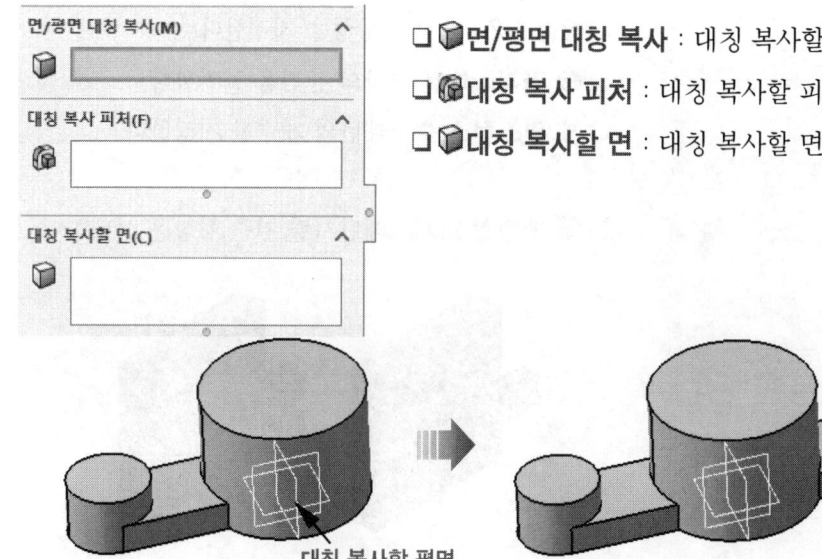

대칭 복사할 평면

5.13 보강대(🗋)

보강대를 생성한다.

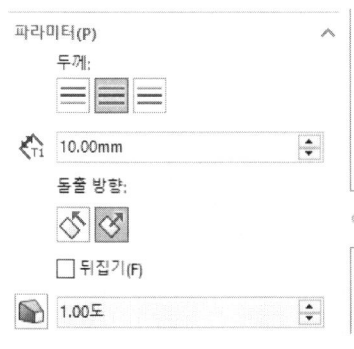

- **두께** : 스케치의 선택한 면에 두께를 추가한다.

  ≡ 왼쪽 / ≡ 양면 / ≡ 면2

- **돌출방향**
  - 스케치에 평행 : 스케치에 평행하게 보강대를 생성
  - 스케치에 수직 : 스케치에 수직으로 보강대를 생성

- **보강대 두께** : 보강대의 두께를 입력한다.

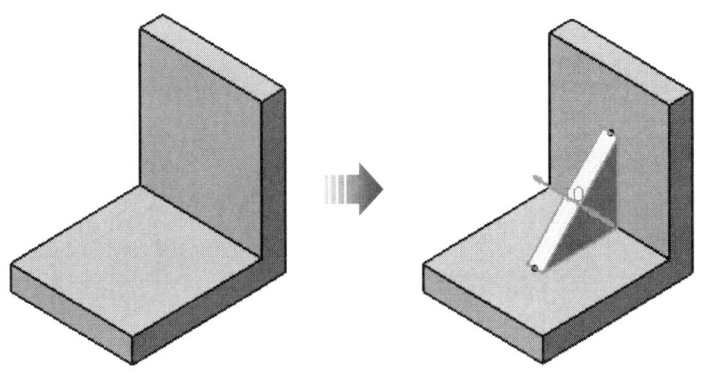

5.14 구배주기(🗋)

기준면을 기준으로 선택한 면에 일정한 각도를 부여하여 경사진 면을 생성한다.

- **구배각도** : 각도를 입력한다. 구배각도는 중립평면에 직각으로 측정한다.
- **중립평면** : 기준면을 지정한다.
- **구배줄 면** : 구배가 적용될 면을 선택한다.

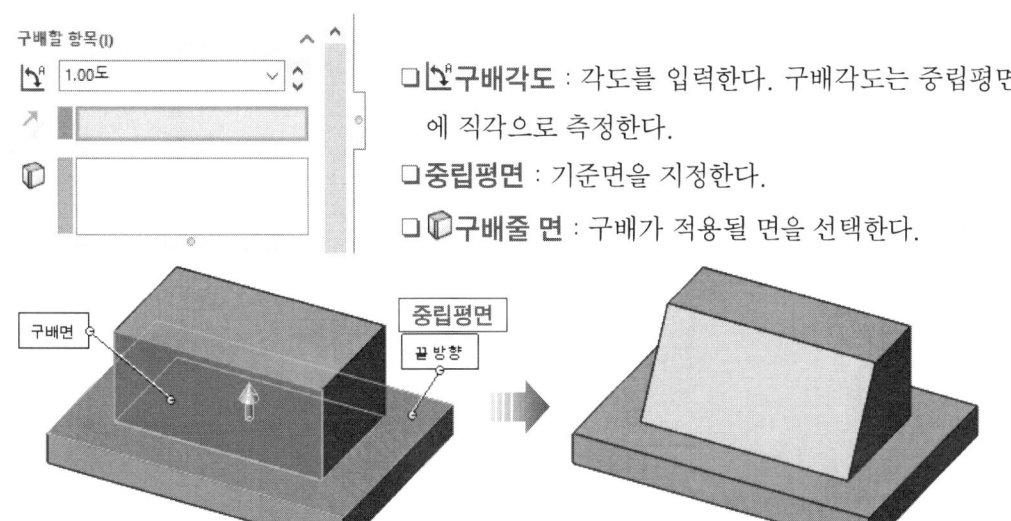

5.15 쉘(🔲)

모델링 형상의 모든 면(평면, 곡면)에 일정한 두께만 남겨두고, 속 내부를 제거하는 기능으로, 주로 중공 형상을 생성할 때 사용한다.

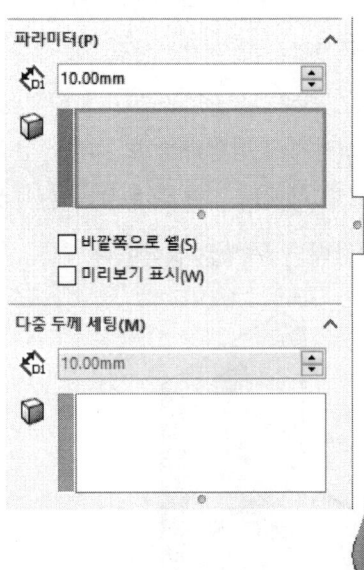

- **두께** : 면의 두께를 지정한다.
- **제거할 면** : 제거할 면을 선택한다.
- **바깥쪽으로 쉘** : 쉘의 두께 방향을 지정한다.
- **다중 두께 세팅** : 두께가 다르게 적용될 면을 지정한다.

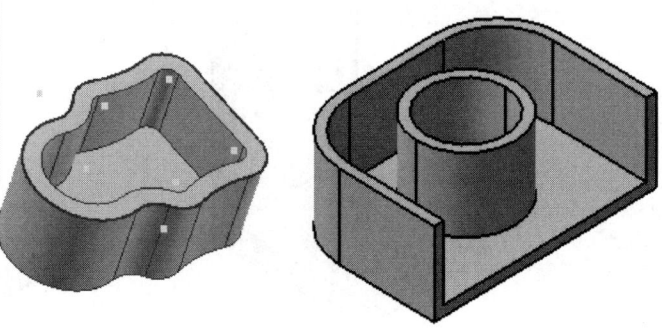

학습 정리하기

Chapter 03
기본 도형 작성하기

01 기본 도형 작성하기 1	02 기본 도형 작성하기 2	03 기본 도형 작성하기 3

Section 1 기본 도형 작성하기 1

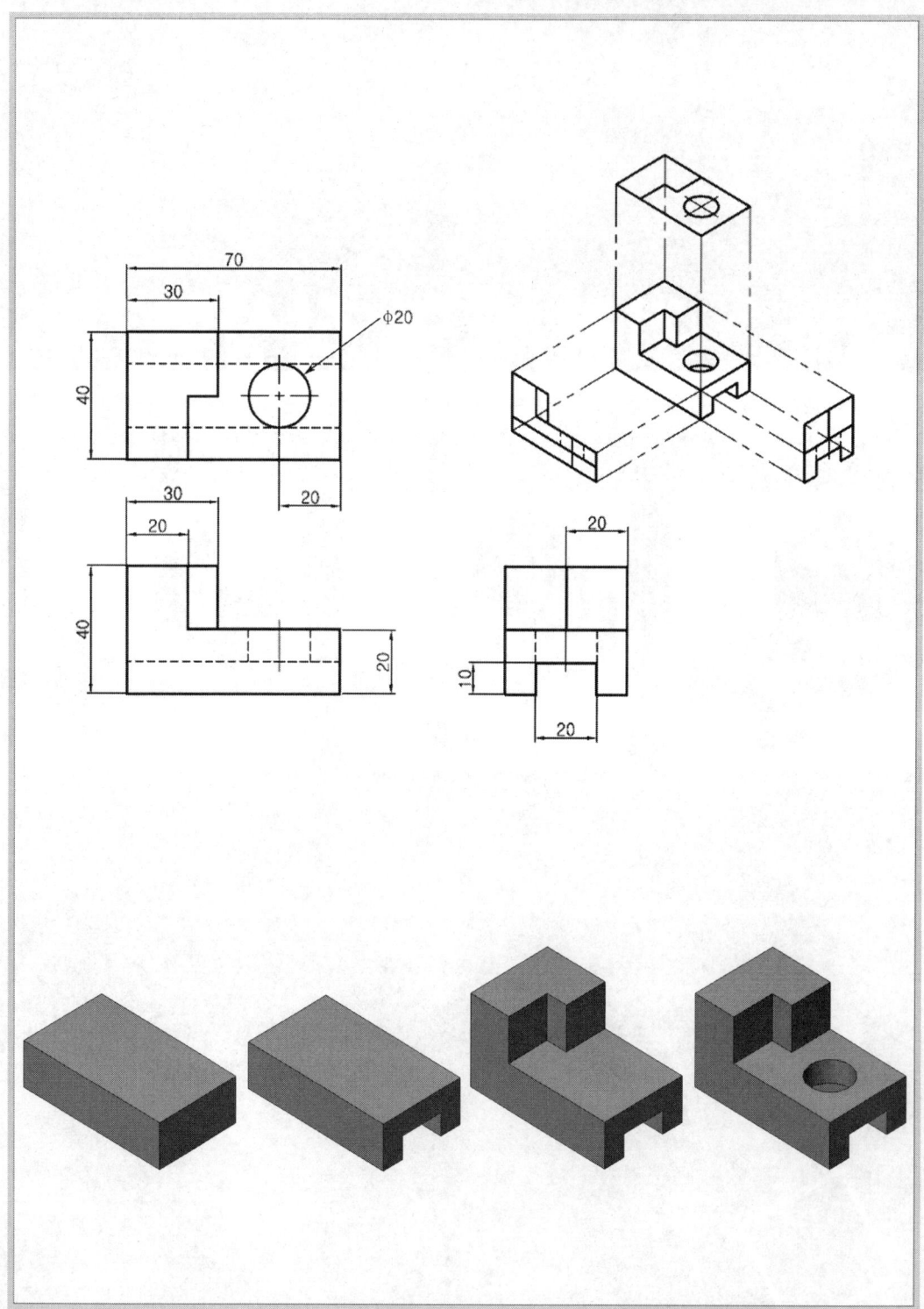

Chapter 03 기본 도형 작성하기

Step 01 새 문서(□)를 클릭한다.

Step 02 파트(🧊)를 선택하고, 확인을 클릭한다.

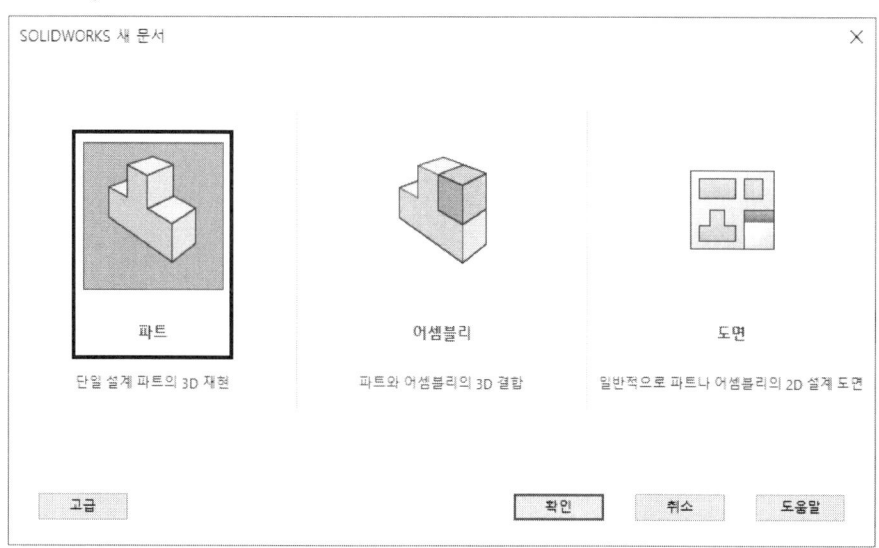

Step 03 FeatureManager 디자인 트리에서 **윗면**을 클릭한다.

Step 04 도구모음에서 스케치(□)를 클릭한다.

Step 05 코너 사각형(□)을 이용하여 다음과 같이 사각형을 작성한다.

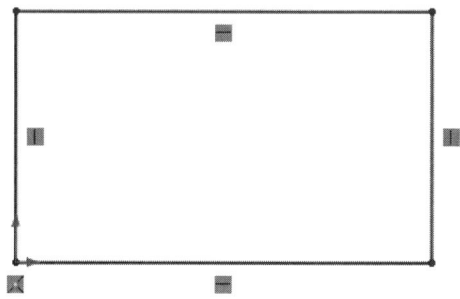

Step 06 지능형 치수( )를 이용하여 다음과 같이 치수를 입력한다.

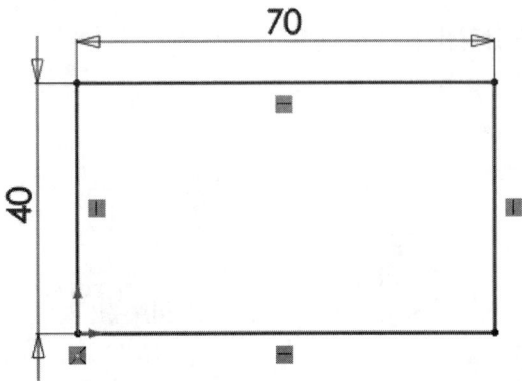

Step 07 스케치 종료( )를 클릭한다.

Step 08 돌출보스/베이스( )를 클릭한다.

Step 09 깊이 20mm을 입력하고, 확인( )을 클릭한다.

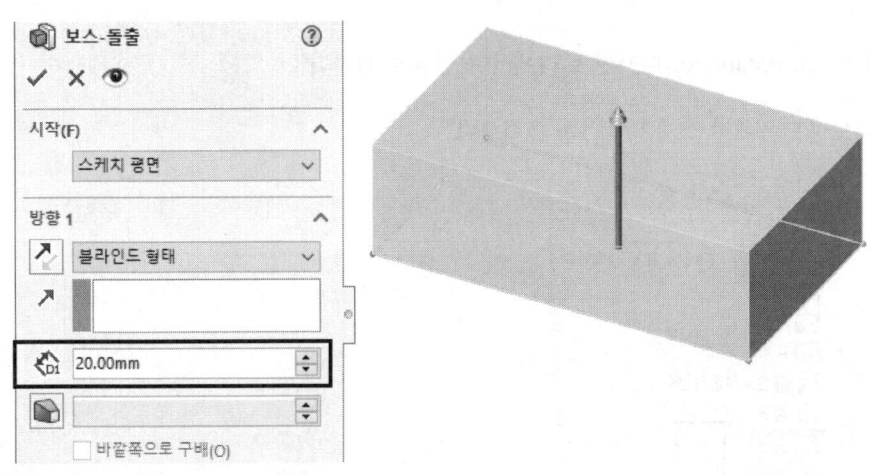

Step 10 생성한 피처의 측면을 선택하여 스케치( )를 시작한다.

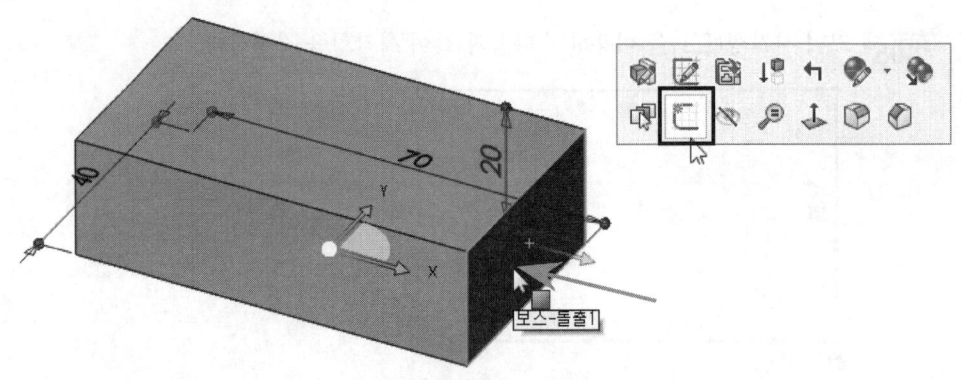

Step 11 Ctrl+8을 클릭하여 선택한 면을 보기 한다.

Step 12 코너 사각형(□)를 이용하여 다음과 같이 사각형을 작성한다.

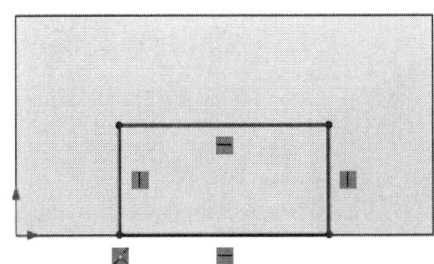

Step 13 지능형 치수(✧)를 이용하여 다음과 같이 치수를 입력한다.

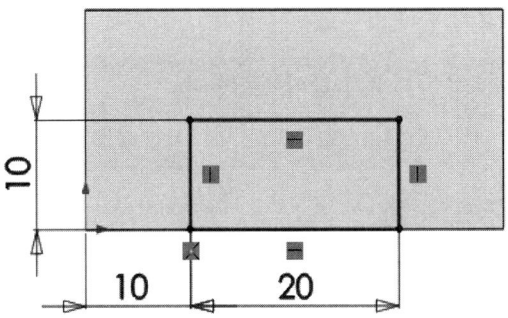

Step 14 스케치 종료(⌐)를 클릭한다.

Step 15 Ctrl+7을 클릭하여 등각보기를 한다.

Step 16 돌출 컷(⊡)을 클릭한다.

Step 17 방향1의 반대방향(↗) 버튼으로 방향을 설정하고, **관통**으로 설정한다. 확인(✓)을 클릭한다.

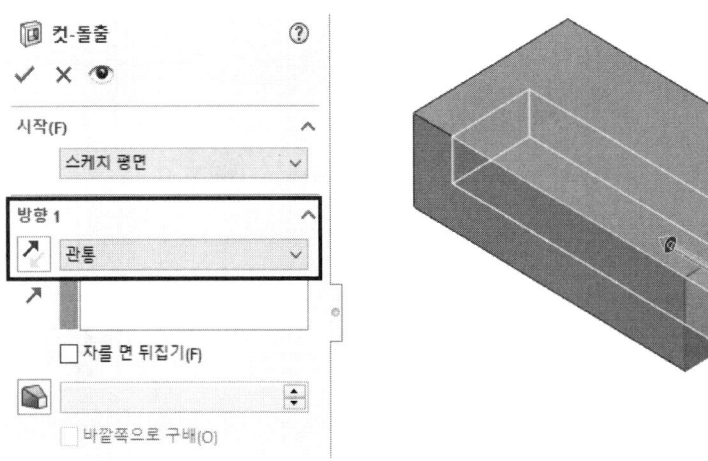

Step 18 생성한 피처의 윗면을 선택하여 스케치(⌐)를 시작한다.

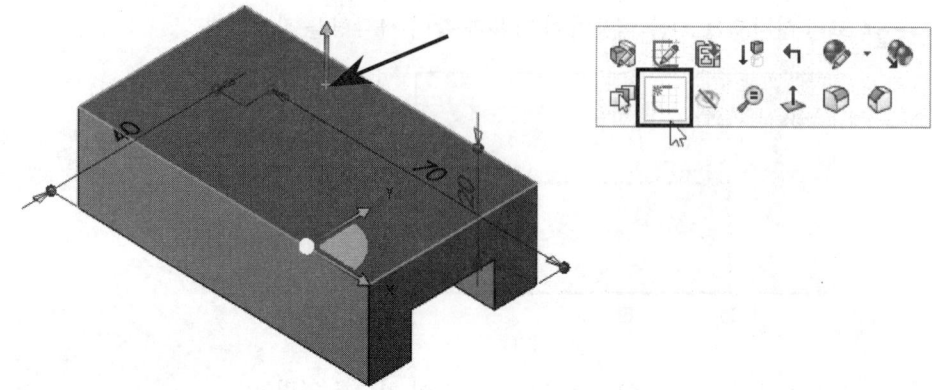

Step 19 Ctrl+8을 클릭하여 선택한 면을 보기 한다.

Step 20 선(/)과 지능형 치수(⌖)를 이용하여 다음과 같이 작성한다.

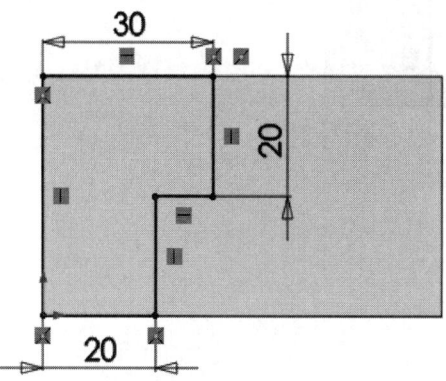

Step 21 스케치 종료(⌐)를 클릭한다. Ctrl+7을 클릭하여 등각보기를 한다.

Step 22 돌출보스/베이스(⌘)를 클릭한다. 20mm을 입력하고, 확인(✓)을 클릭한다.

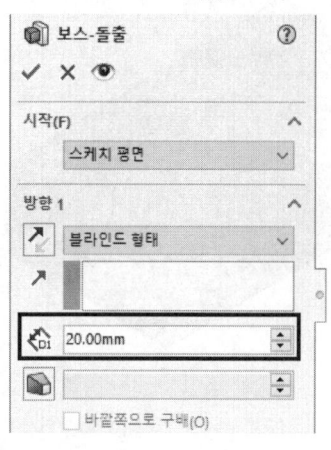
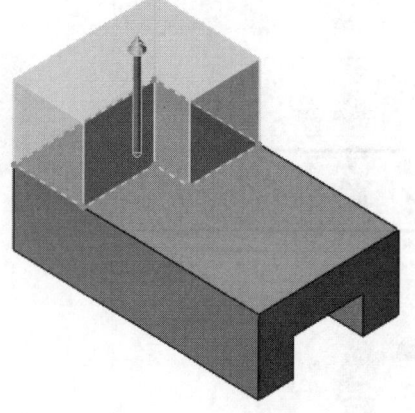

Chapter 03 기본 도형 작성하기

Step 23 생성한 피처의 윗면을 선택하여 스케치( )를 시작한다.

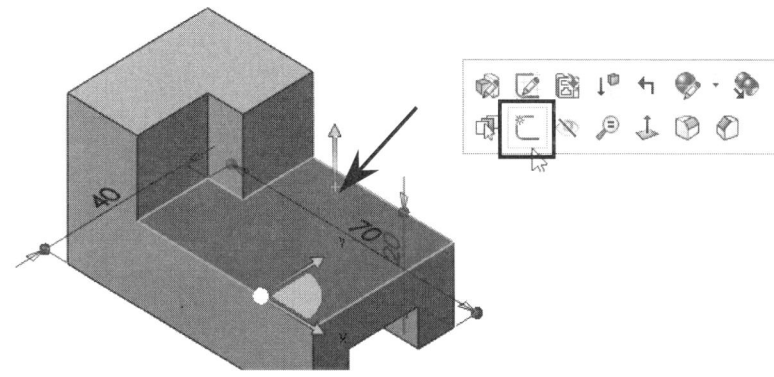

Step 24 Ctrl+8을 클릭하여 선택한 면을 보기 한다.

Step 25 원( )과 지능형 치수( )를 이용하여 다음과 같이 작성한다.

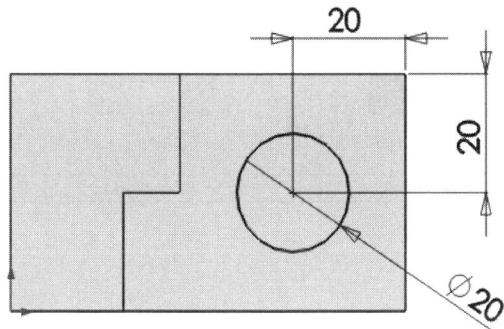

Step 26 스케치 종료( )를 클릭한다. Ctrl+7을 클릭하여 등각보기를 한다.

Step 27 돌출 컷( )을 클릭한다.

Step 28 방향1의 반대방향( ) 버튼으로 방향을 설정하고, **관통**으로 설정한다. 확인( )을 클릭한다.

 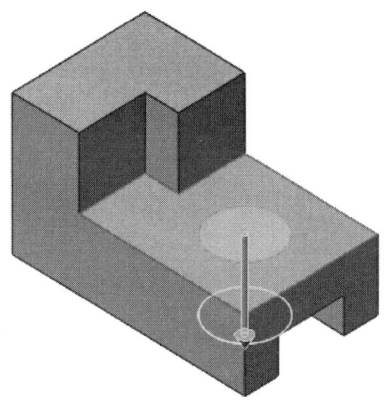

41

Step 29 저장(📄)을 클릭하여 **기본도형작성하기1.SLDPRT**를 입력하고 저장한다.

Step 30 **기본 도형 작성하기** 1이 완성되었다.

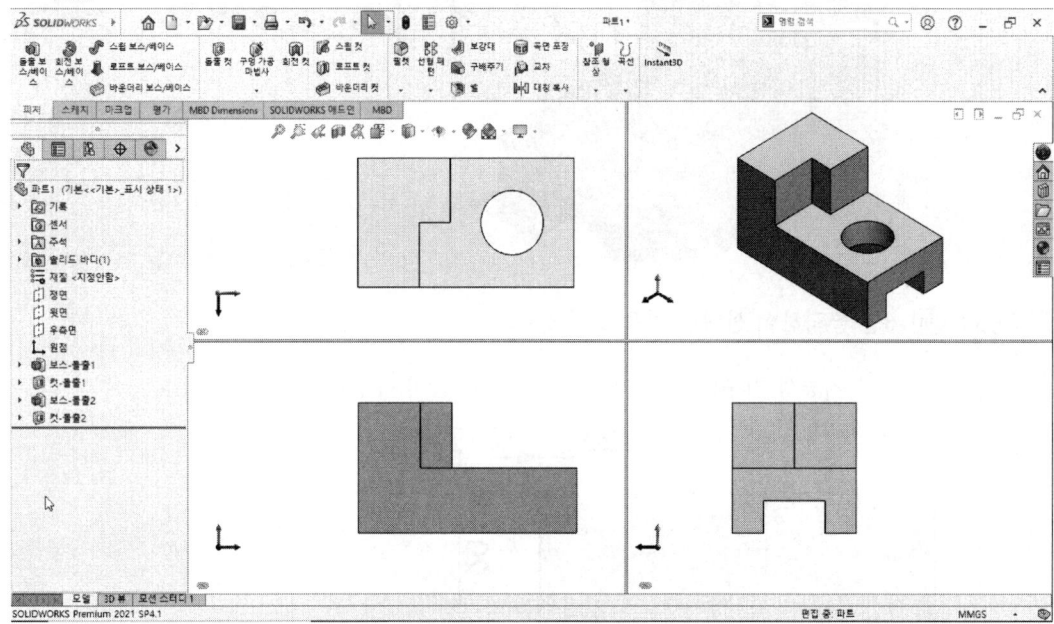

학습 정리하기

Section 2 기본 도형 작성하기 2

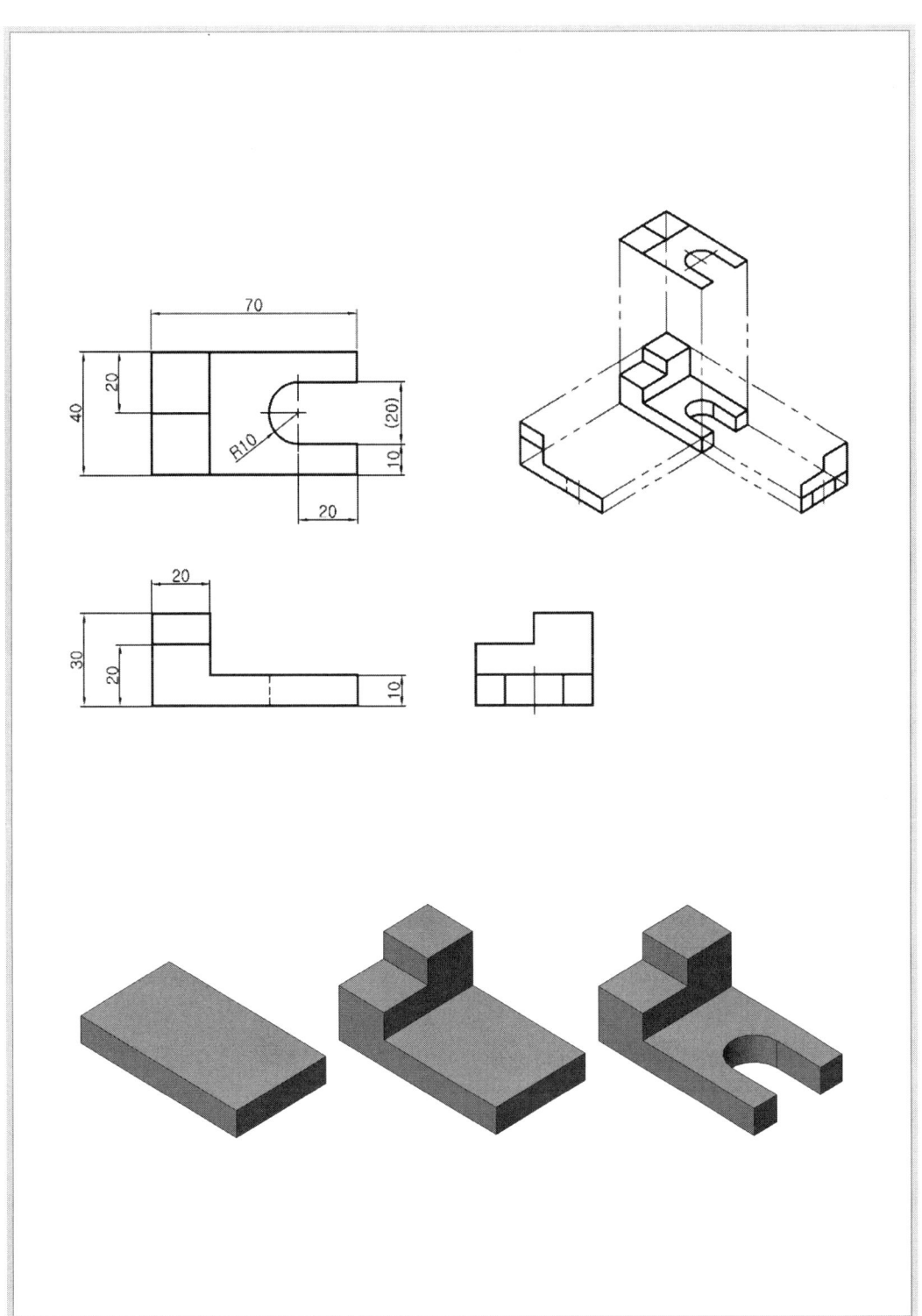

Step 01 새 문서(🗋)를 클릭한다.

Step 02 파트(⬛)를 선택하고, 확인을 클릭한다.

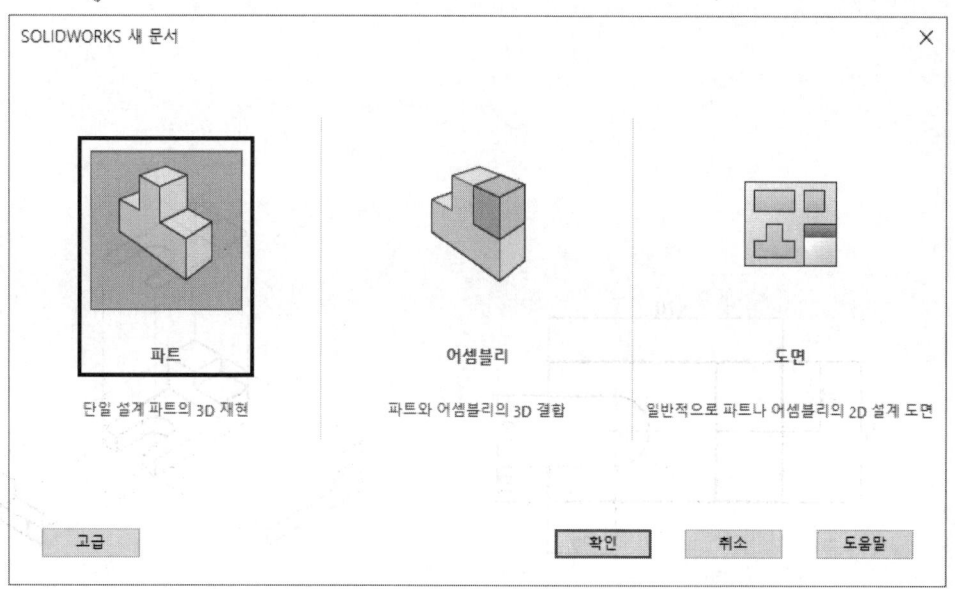

Step 03 FeatureManager 디자인 트리에서 **윗면**을 클릭한다.

Step 04 도구모음에서 스케치(📄)를 클릭한다.

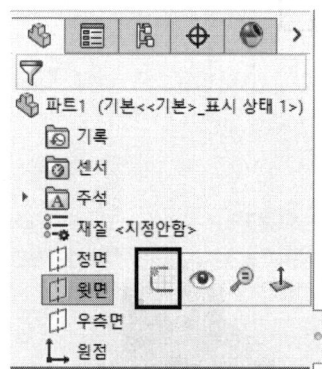

Step 05 코너 사각형(▭)을 이용하여 다음과 같이 사각형을 작성한다.

Step 06 지능형 치수( )를 이용하여 다음과 같이 치수를 입력한다.

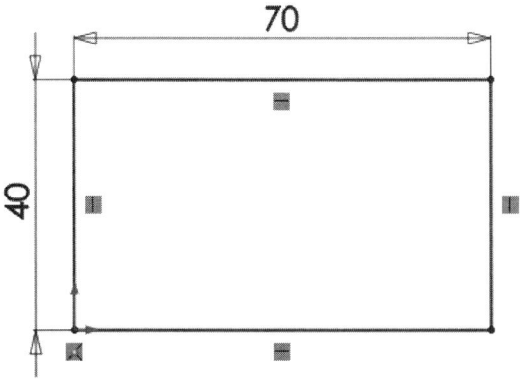

Step 07 스케치 종료( )를 클릭한다.

Step 08 돌출보스/베이스( )를 클릭한다. 10mm을 입력하고, 확인( )을 클릭한다.

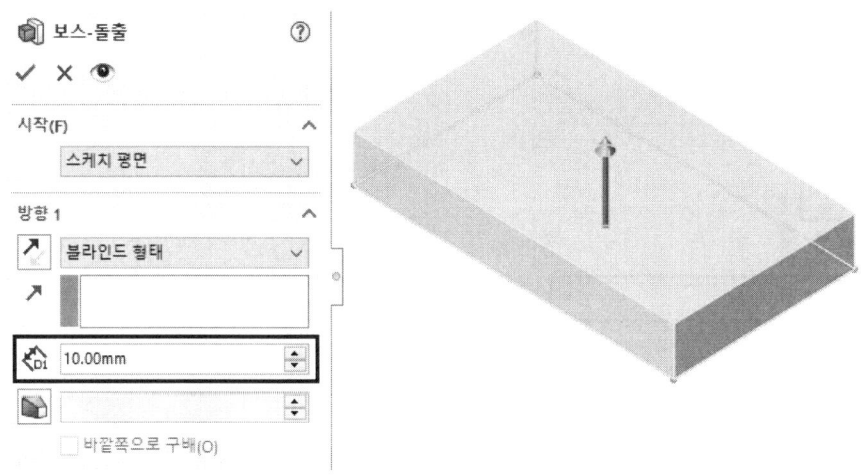

Step 09 생성한 피처의 좌측면을 선택하여 스케치( )를 시작한다.

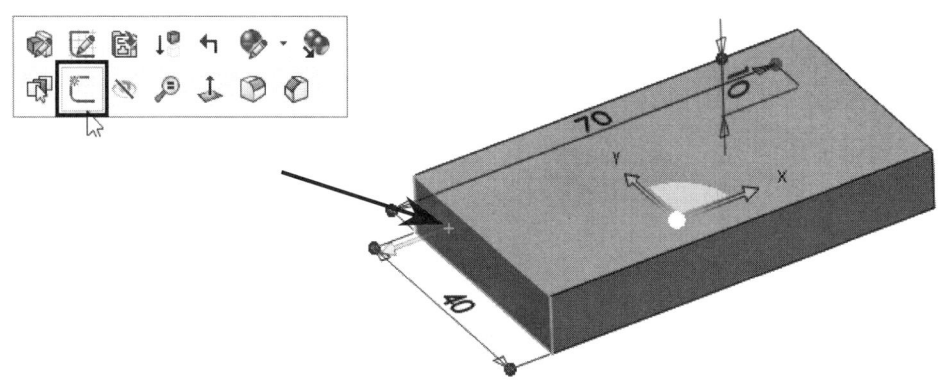

Step 10 Ctrl+8을 클릭하여 선택한 면을 보기 한다.

Step 11 선( )과 지능형 치수( )를 이용하여 다음과 같이 작성한다.

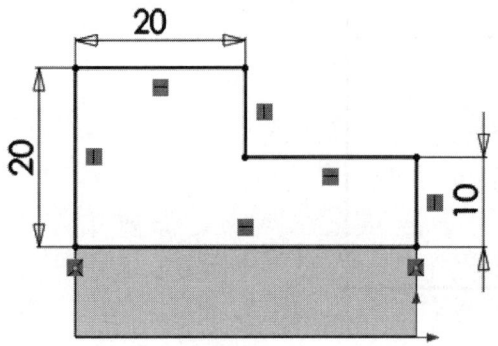

Step 12 스케치 종료( )를 클릭한다. Ctrl+7을 클릭하여 등각보기를 한다.

Step 13 돌출보스/베이스( )를 클릭한다. 반대방향( )으로 방향을 설정한다. 20mm을 입력하고, 확인( )을 클릭한다.

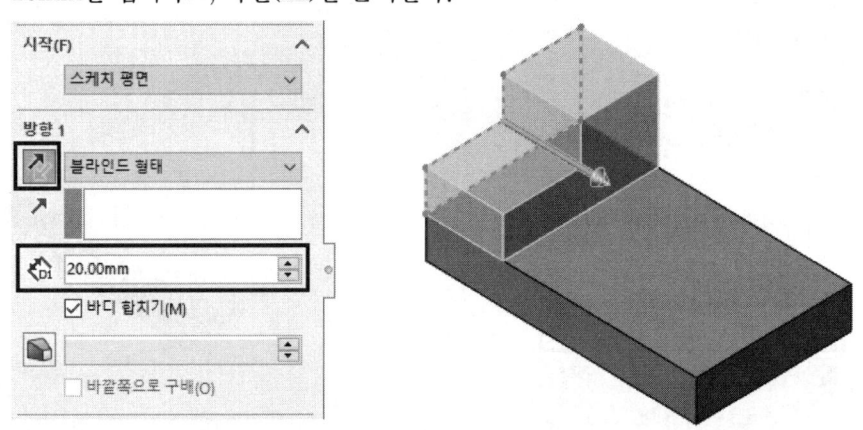

Step 14 생성한 피처의 윗면을 선택하여 스케치( )를 시작한다.

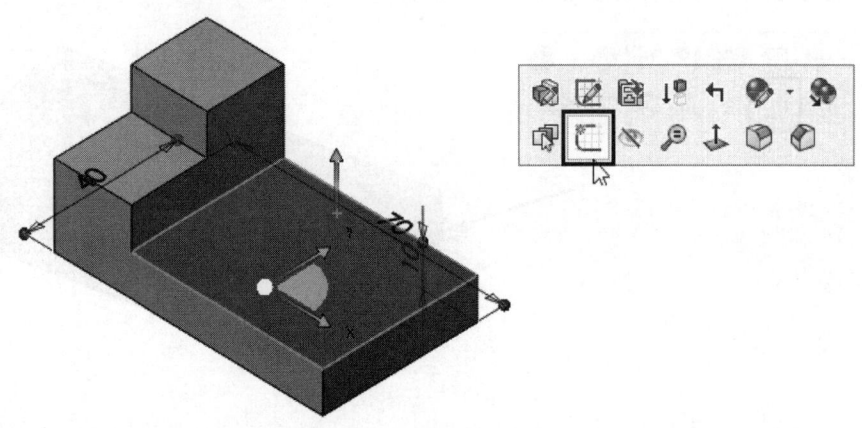

Step 15 Ctrl+8을 클릭하여 선택한 면을 보기 한다.

Step 16 원(⊙)과 지능형 치수(✎)를 이용하여 다음과 같이 작성한다.

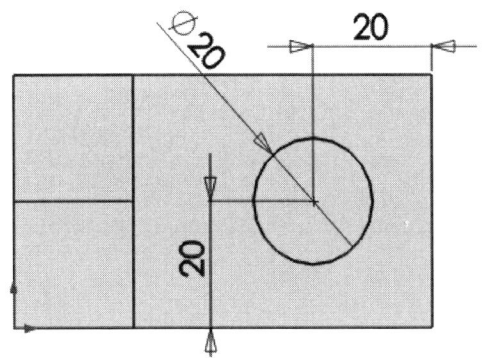

Step 17 선(✎)을 이용하여 다음과 같이 작성한다.

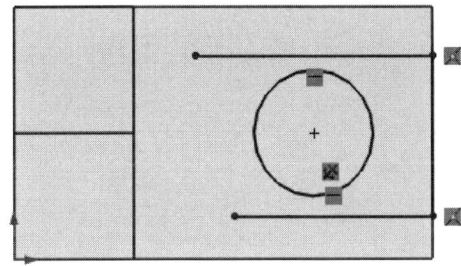

Step 18 Ctrl 키를 누른 채로 선과 원을 클릭한다. 왼쪽 창에서 **탄젠트** 구속조건을 클릭한다. 확인(✓) 을 클릭한다.

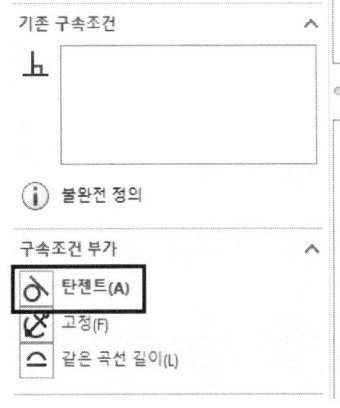
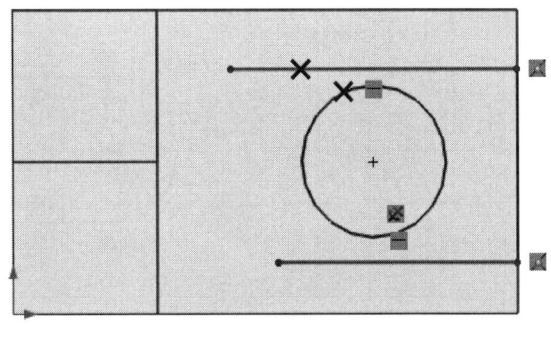

Step 19 Ctrl키를 누른 채로 선과 원을 클릭한다. 왼쪽 창에서 **탄젠트** 구속조건을 클릭한다. 확인(✓)을 클릭한다.

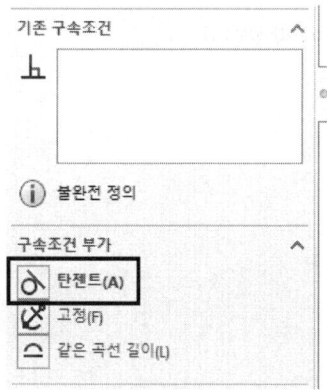 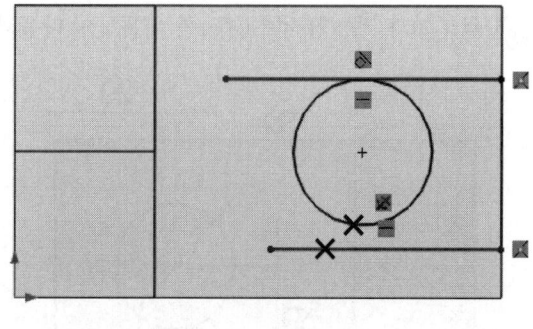

Step 20 요소 잘라내기( )를 클릭한 후, 근접 잘라내기( ) 옵션을 클릭한다.

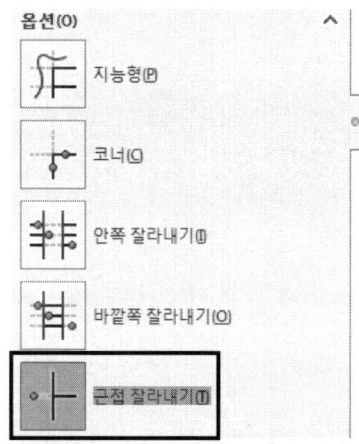

Step 21 다음 그림처럼 잘라내기를 한다.

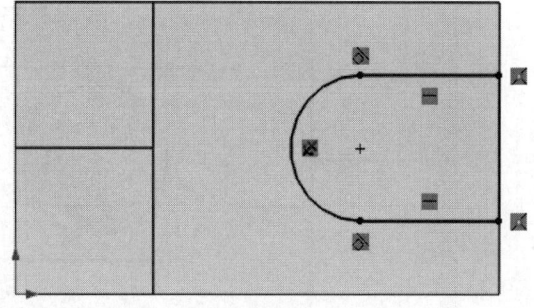

Step 22 스케치 종료( )를 클릭한다. Ctrl+7을 클릭하여 등각보기를 한다.

Step 23 돌출 컷( )을 클릭한다.

Chapter 03 기본 도형 작성하기

Step 24 방향1의 반대방향(↗) 버튼으로 방향을 설정하고, **관통**으로 설정한다. 확인(✓)을 클릭한다.

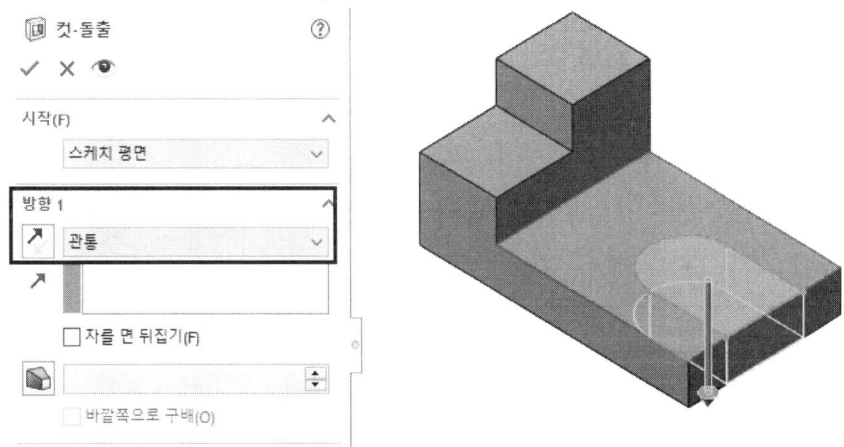

Step 25 저장(💾)을 클릭하여 **기본도형작성하기2.SLDPRT**를 입력하고 저장한다.

Step 26 **기본 도형 작성하기 2**가 완성되었다.

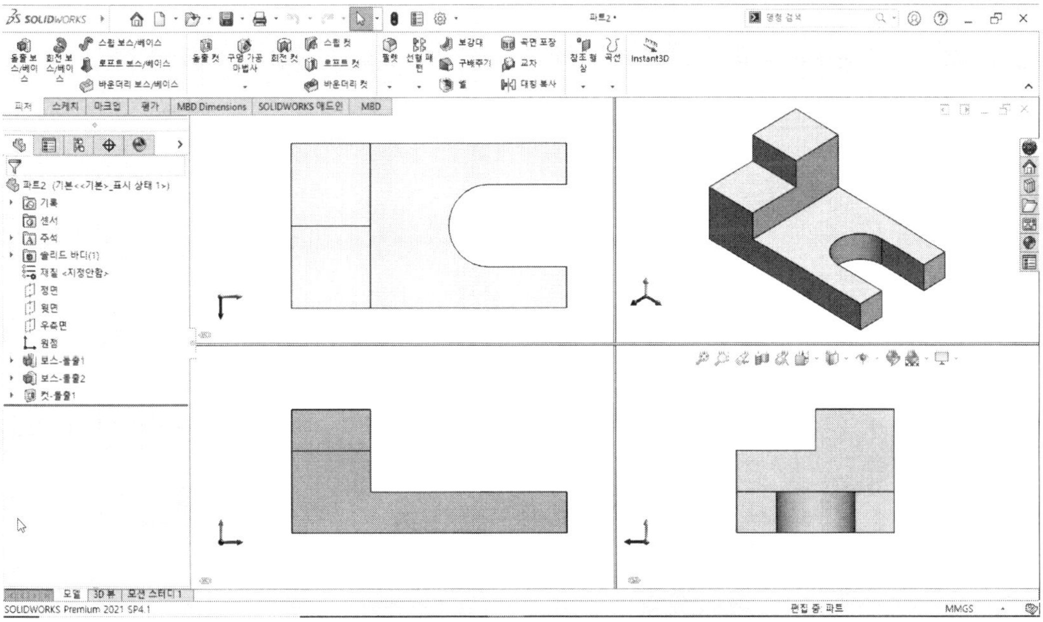

학습 정리하기

Section 3 기본 도형 작성하기 3

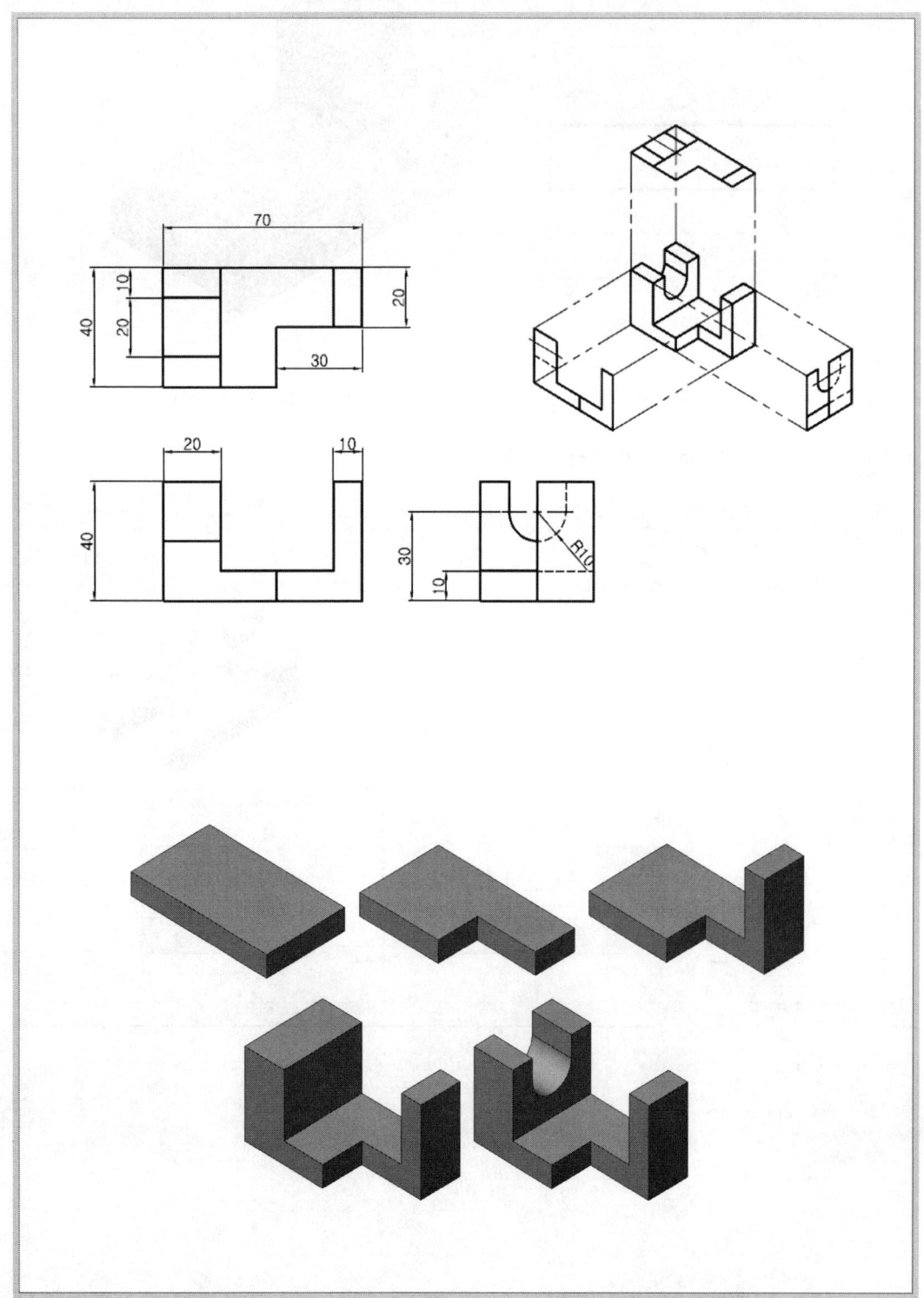

Step 01 새 문서(📄)를 클릭한다. 파트(🧊)를 선택하고, 확인을 클릭한다.

Step 02 FeatureManager 디자인 트리에서 **윗면**을 클릭한다.

Step 03 도구모음에서 스케치(✏️)를 클릭한다.

Step 04 코너 사각형(⬜)과 지능형 치수(📏)를 이용하여 다음과 같이 작성한다.

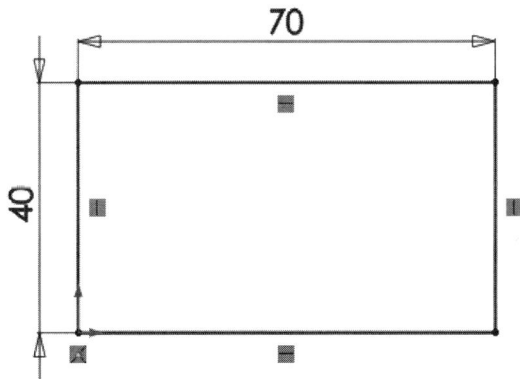

Step 05 스케치 종료(↩)를 클릭한다.

Step 06 돌출보스/베이스(📦)를 클릭한다. 10mm을 입력하고, 확인(✔)을 클릭한다.

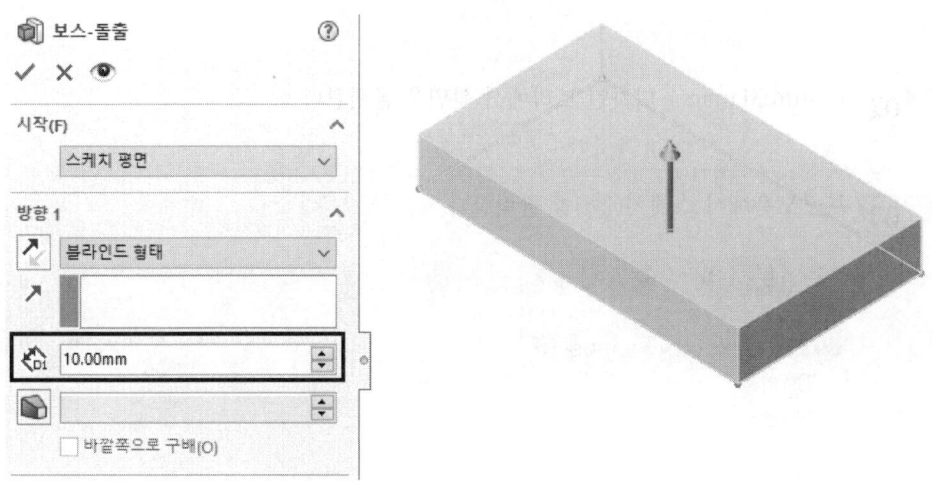

Step 07 생성한 피처의 앞면을 선택하여 스케치(🗒)를 시작한다.

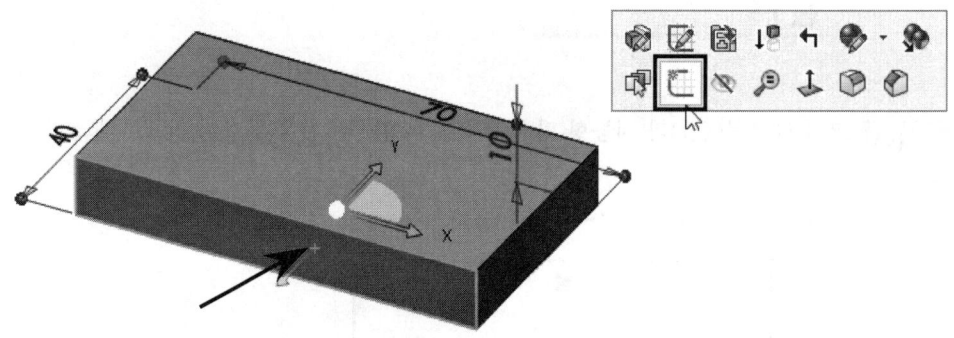

Step 08 Ctrl+8을 클릭하여 선택한 면을 보기 한다.

Step 09 코너 사각형(☐)과 지능형 치수(🗡)를 이용하여 다음과 같이 작성한다.

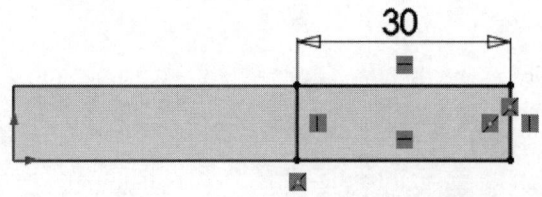

Step 10 스케치 종료(⤴)를 클릭한다. Ctrl+7을 클릭하여 등각보기를 한다.

Step 11 돌출 컷(📄)을 클릭한다.

Step 12 방향1의 반대방향(↗) 버튼으로 방향을 설정하고, 20mm를 입력한다. 확인(✓)을 클릭한다.

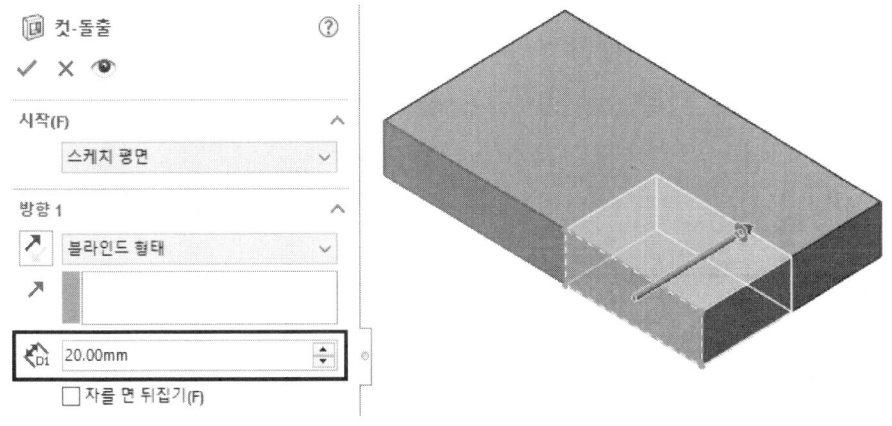

Step 13 생성한 피처의 우측면을 선택하여 스케치( )를 시작한다.

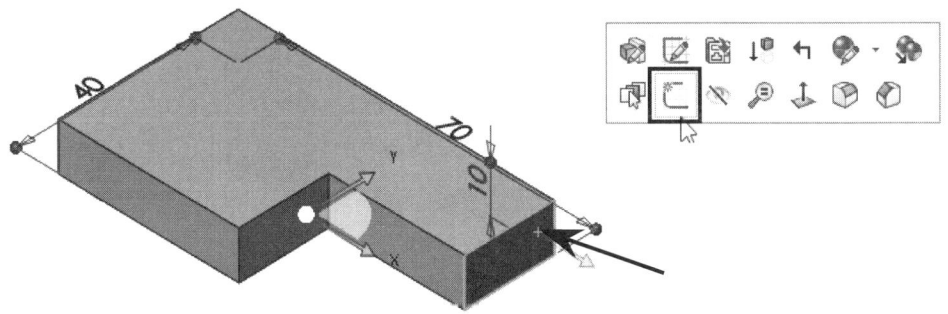

Step 14 코너 사각형(□)과 지능형 치수(✨)를 이용하여 다음과 같이 작성한다.

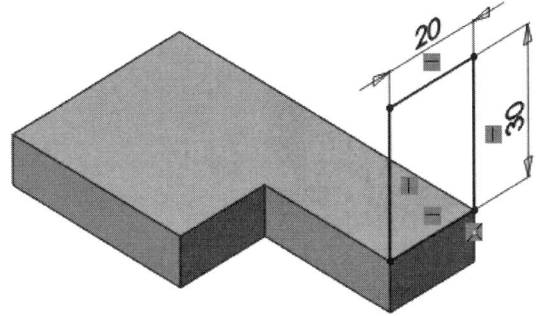

Step 15 스케치 종료( )를 클릭한다.

Step 16 돌출보스/베이스(📦)를 클릭한다. 반대방향(↗) 버튼으로 방향을 설정하고, 10mm을 입력하고, 확인(✓)을 클릭한다.

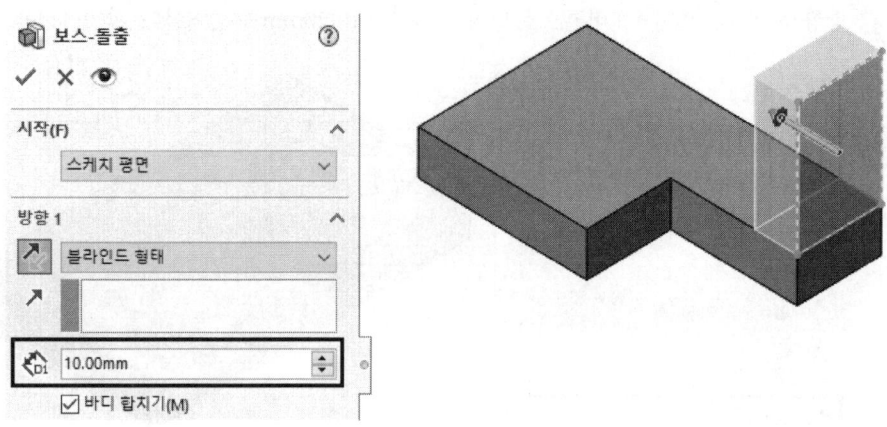

Step 17 생성한 피처의 윗면을 선택하여 스케치(✏)를 시작한다.

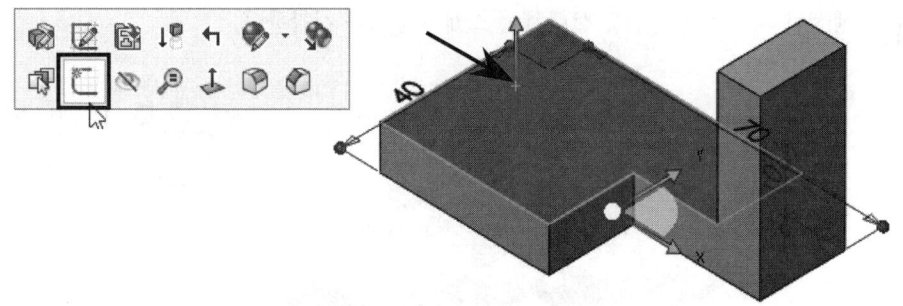

Step 18 코너 사각형(▭)과 지능형 치수(✏)를 이용하여 다음과 같이 작성한다.

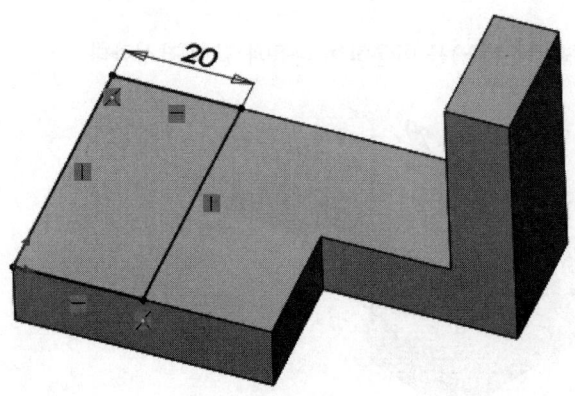

Step 19 스케치 종료(↩)를 클릭한다.

Step 20 돌출보스/베이스(📦)를 클릭한다. 반대방향(↗) 버튼으로 방향을 설정하고, 30mm을 입력하고, 확인(✔)을 클릭한다.

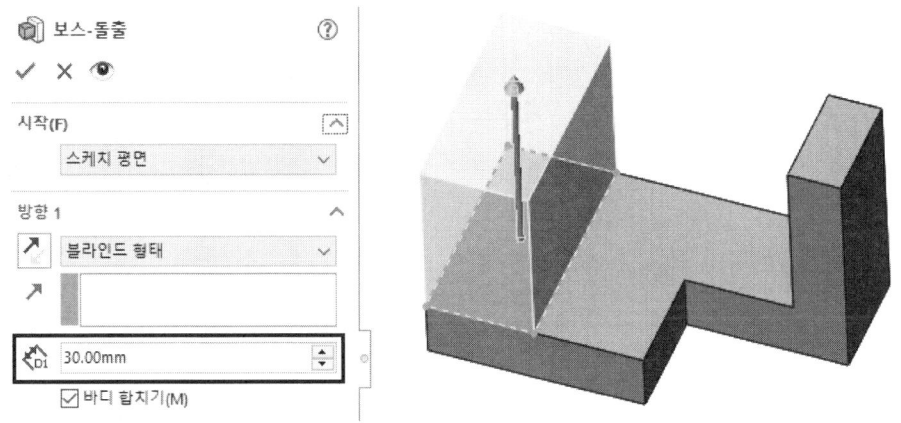

Step 21 생성한 피처의 좌측면을 선택하여 스케치(✏)를 시작한다.

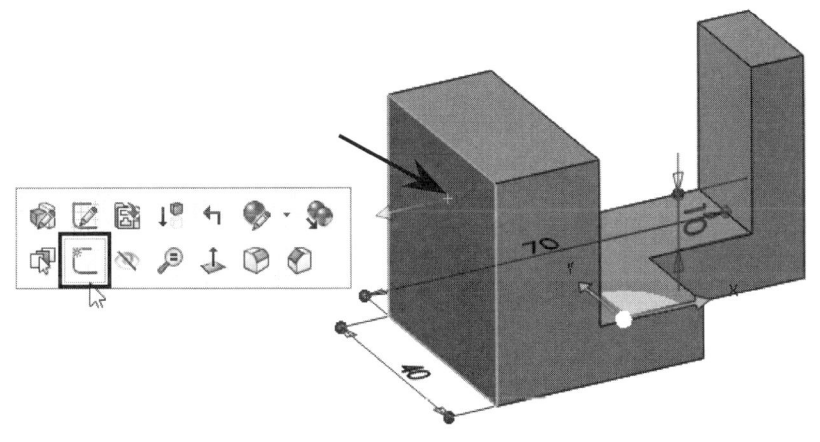

Step 22 Ctrl+8을 클릭하여 선택한 면을 보기 한다.

Step 23 원(◯)과 지능형 치수(✏)를 이용하여 다음과 같이 작성한다.

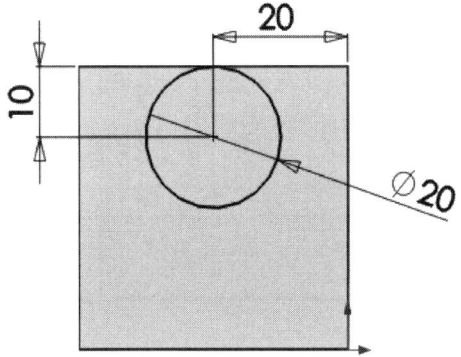

Step 24 선(╱)을 이용하여 다음과 같이 작성한다.

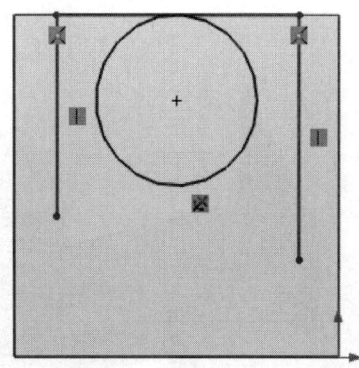

Step 25 [Ctrl]키를 누른 채로 선과 원을 클릭한다. 왼쪽 창에서 **탄젠트** 구속조건을 클릭한다. 확인(✔)을 클릭한다.

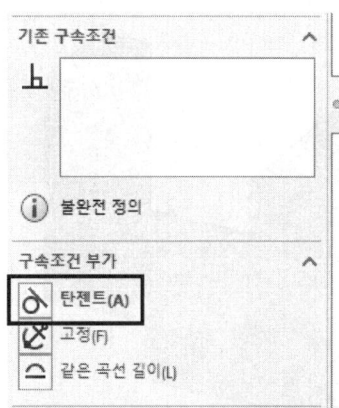 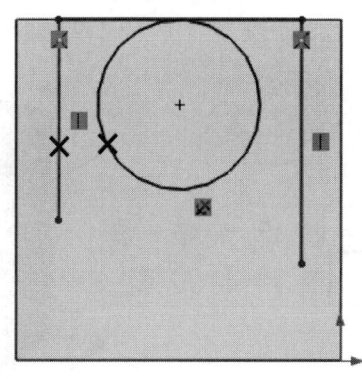

Step 26 [Ctrl]키를 누른 채로 선과 원을 클릭한다. 왼쪽 창에서 **탄젠트** 구속조건을 클릭한다. 확인(✔)을 클릭한다.

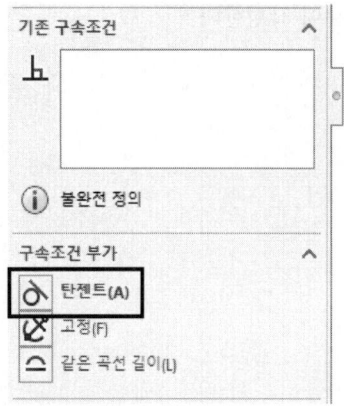 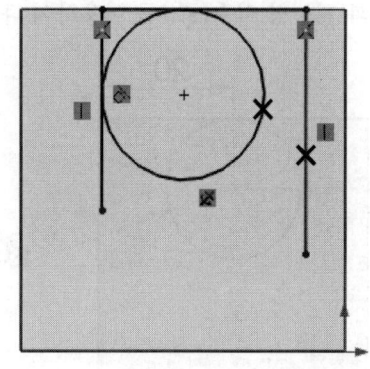

Step 27 요소 잘라내기(✂)에서 근접 잘라내기(。⌐) 옵션을 클릭한다.

Step 28 다음 그림처럼 잘라내기를 한다. 스케치 종료(⤴)를 클릭한다.

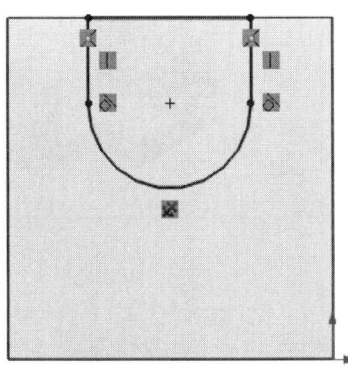

Step 29 돌출 컷(📄)을 클릭한다. 반대방향(↗) 버튼으로 방향을 설정하고, 30mm을 입력하고, 확인(✓)을 클릭한다.

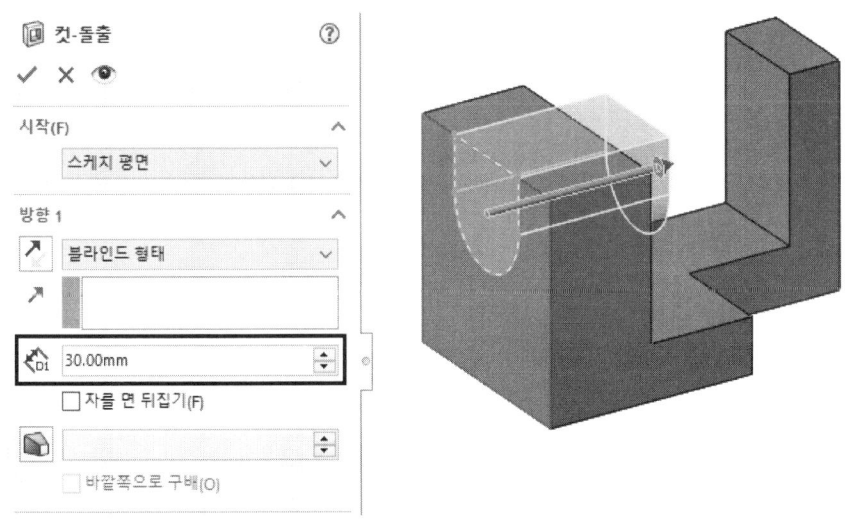

Step 30 저장(💾)을 클릭하여 **기본도형작성하기3.SLDPRT**를 입력하고 저장한다.

Step 31 기본 도형 작성하기 3이 완성되었다.

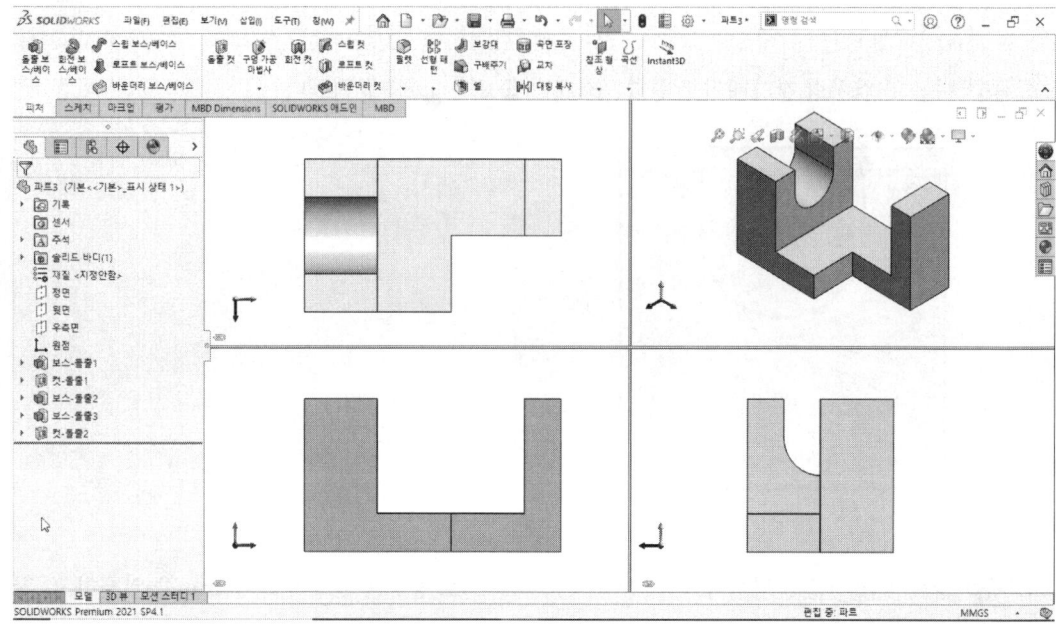

학습 정리하기

응용 도형 작성하기

01 응용 도형 작성하기 1	02 응용 도형 작성하기 2	03 응용 도형 작성하기 3
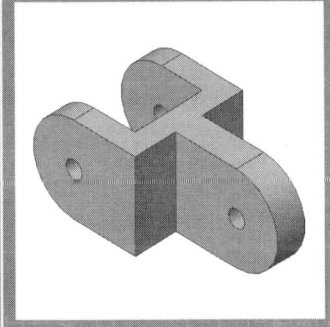	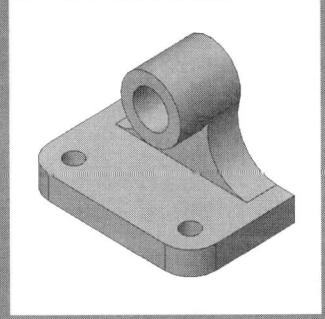	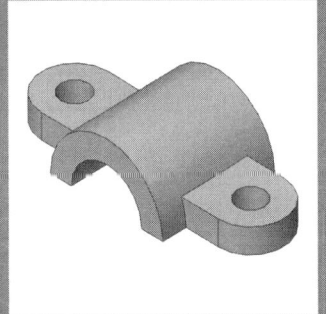

Section 1 응용 도형 작성하기 1

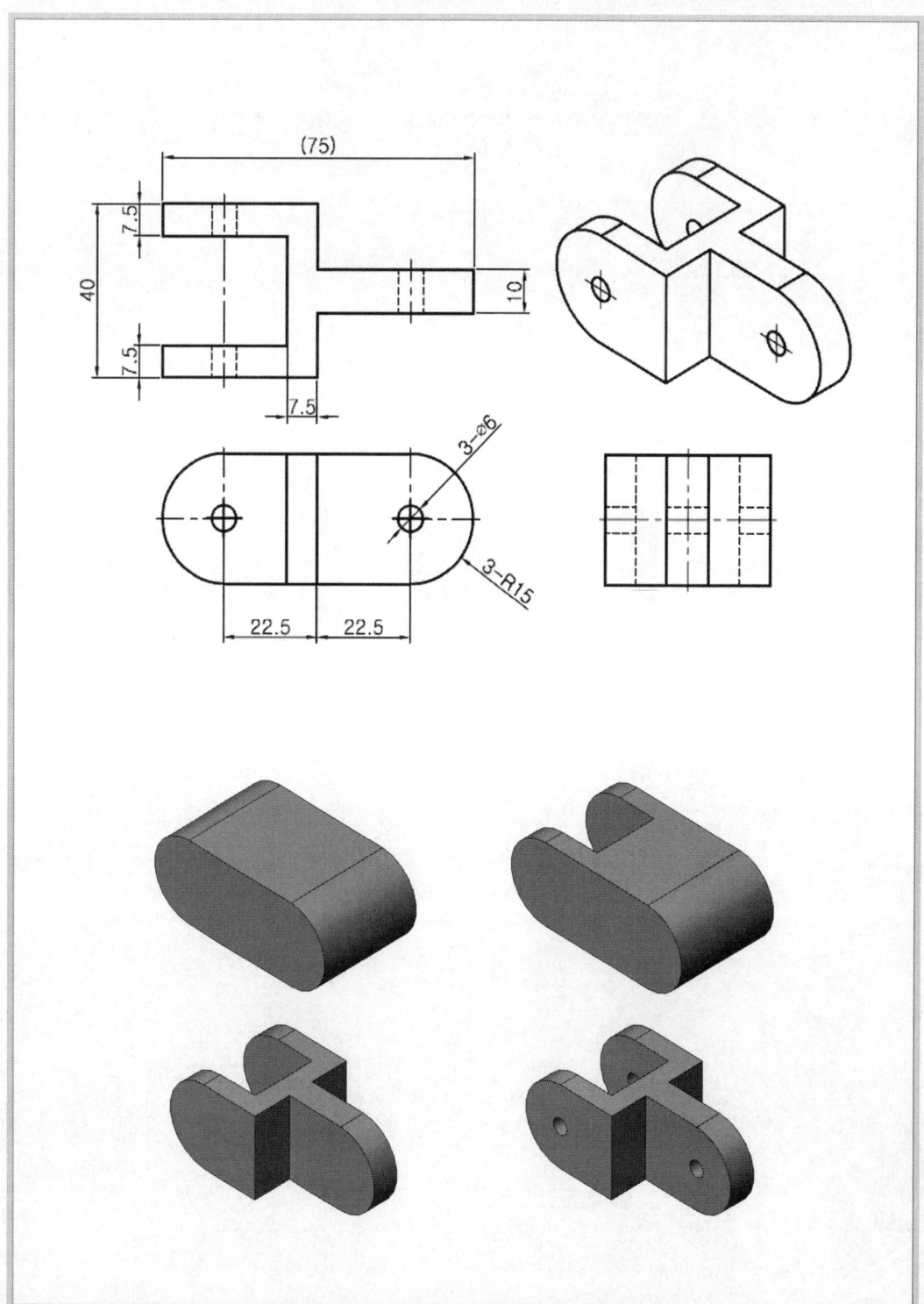

Step 01 새 문서(□)를 클릭한다. 파트(□)를 선택하고, 확인을 클릭한다.

Step 02 FeatureManager 디자인 트리에서 **정면**을 클릭한다.

Step 03 도구모음에서 스케치(□)를 클릭한다.

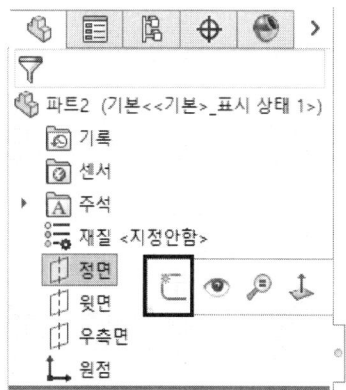

Step 04 직선 홈(□)을 다음과 같이 작성한다.

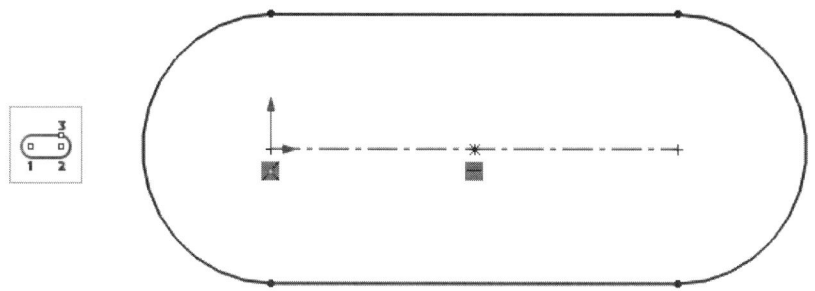

Step 05 지능형 치수(□)를 이용하여 다음과 같이 작성한다.

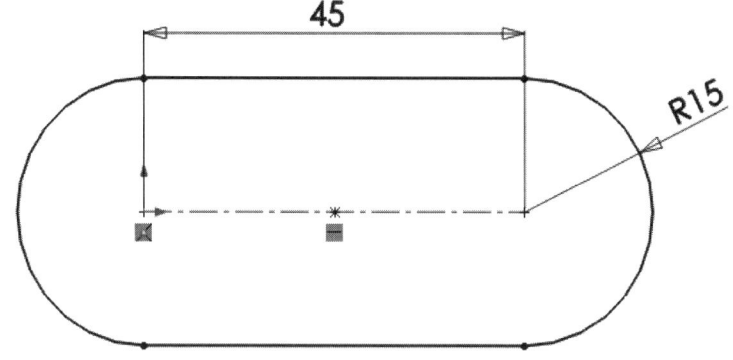

Step 06 스케치 종료(□)를 클릭한다.

Step 07 돌출보스/베이스( )를 클릭한다. 방향1을 중간평면으로 설정하고, 40mm을 입력한다. 확인(✓)을 클릭한다.

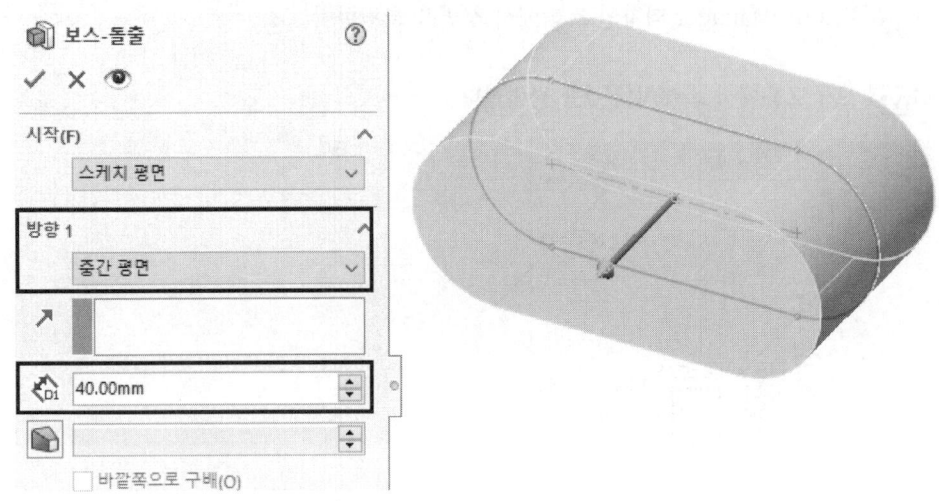

Step 08 생성한 피처의 윗면을 선택하여 스케치( )를 시작한다.

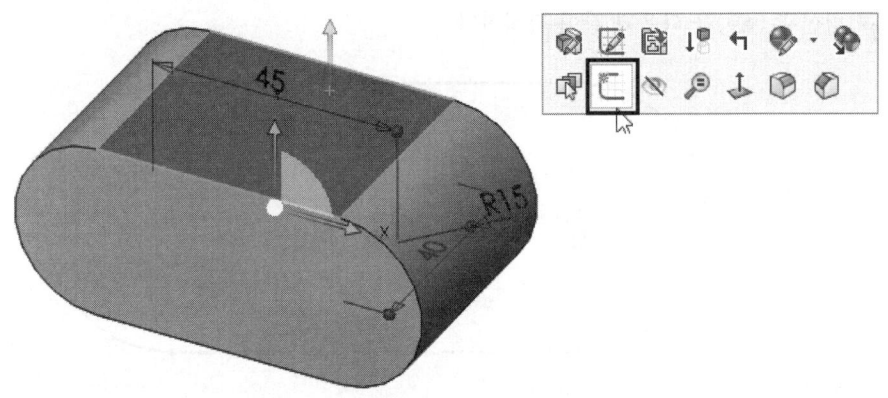

Step 09 [Ctrl]+8을 클릭하여 선택한 면을 보기 한다.

Step 10 코너 사각형( )과 지능형 치수( )를 이용하여 다음과 같이 작성한다.

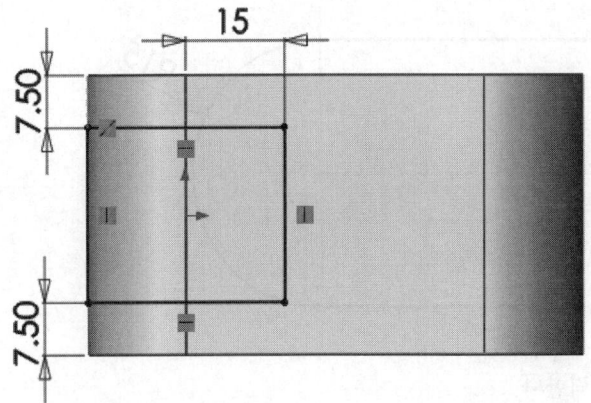

Step 11 스케치 종료( )를 클릭한다. Ctrl+7을 클릭하여 등각보기를 한다.

Step 12 돌출 컷( )을 클릭한다. 반대방향( )으로 방향을 설정하고, **관통**으로 설정한다. 확인( )을 클릭한다.

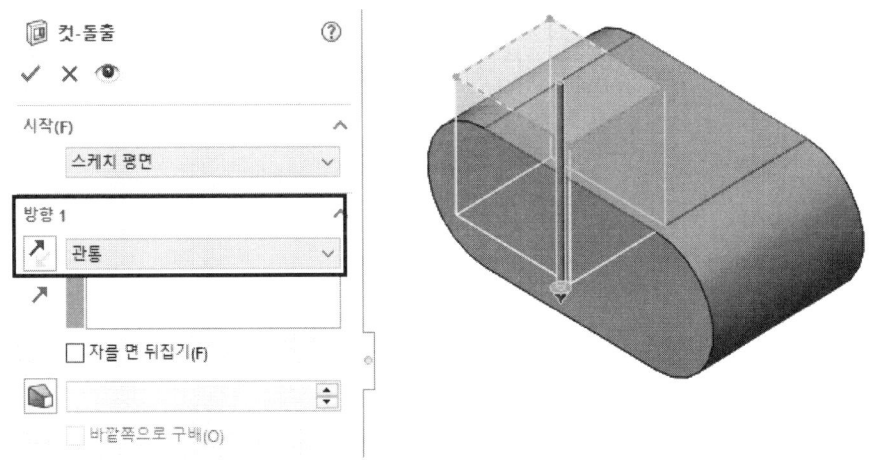

Step 13 생성한 피처의 윗면을 선택하여 스케치( )를 시작한다.

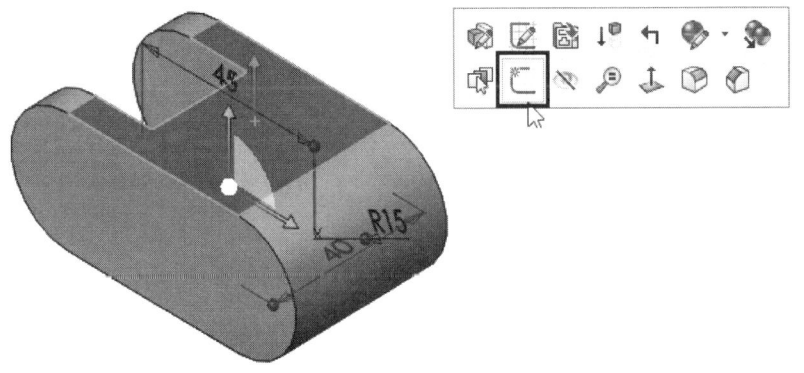

Step 14 Ctrl+8을 클릭하여 선택한 면을 보기 한다.

Step 15 중심선( )을 다음과 같이 작성한다.

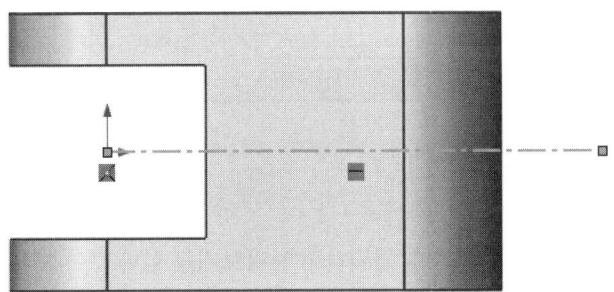

Step 16 코너 사각형(□)과 지능형 치수(⌀)를 이용하여 다음과 같이 작성한다.

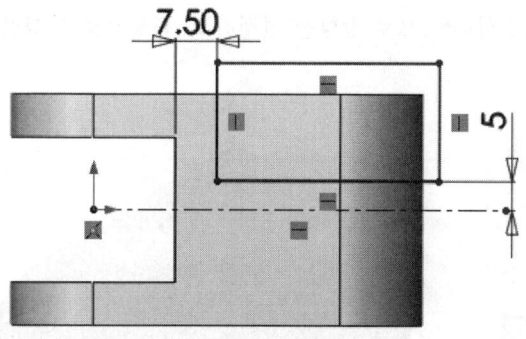

Step 17 요소대칭복사(⊶)를 클릭한다.

Step 18 대칭 복사할 항목으로 사각형을 선택한다.

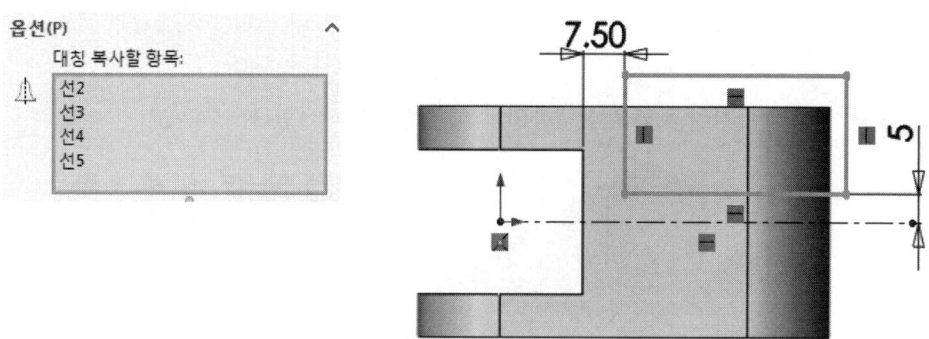

Step 19 대칭 기준 항목을 클릭하고, 중심선을 선택한다.

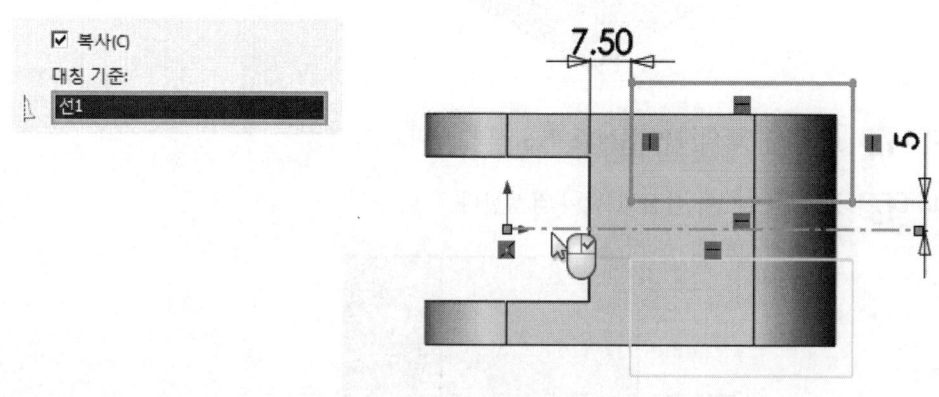

Step 20 확인(✔)을 클릭한다.

Step 21 스케치 종료(⎆)를 클릭한다. Ctrl+7을 클릭하여 등각보기를 한다.

Step 22 돌출 컷(📦)을 클릭한다. 반대방향(↗)으로 방향을 설정하고, **관통**으로 설정한다. 확인(✓)을 클릭한다.

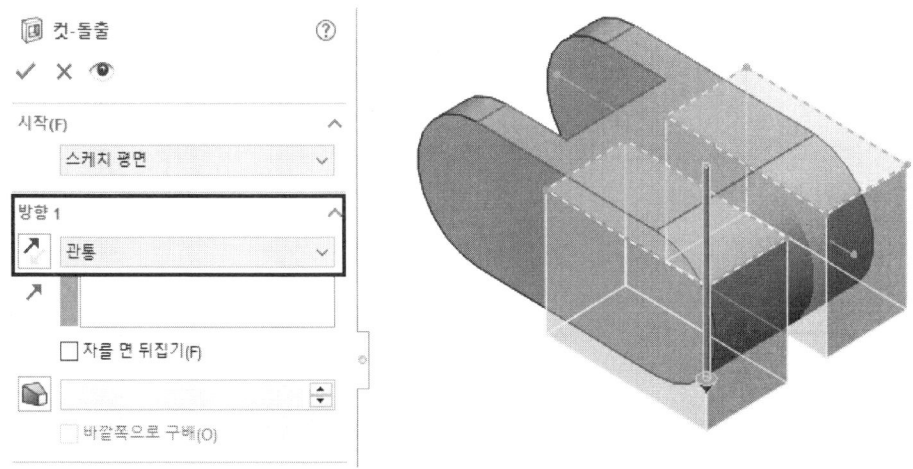

Step 23 생성한 피처의 앞면을 선택하여 스케치(✏)를 시작한다.

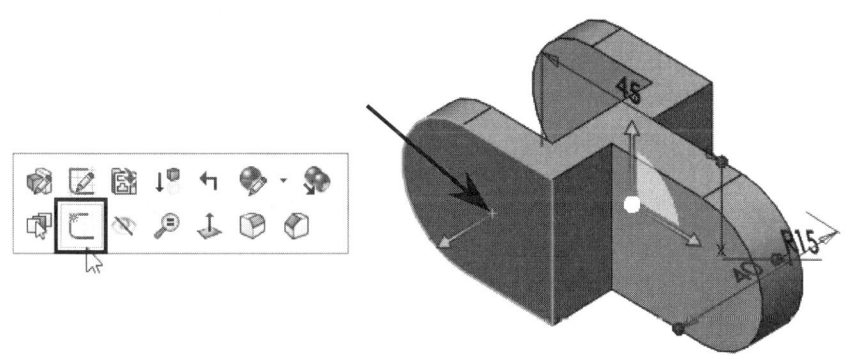

Step 24 Ctrl+8을 클릭하여 선택한 면을 보기 한다.

Step 25 원(⭕)과 지능형 치수(🔖)를 이용하여 다음과 같이 작성한다.

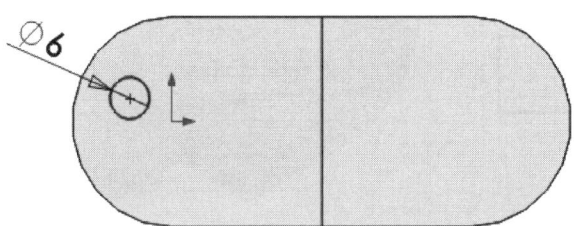

Step 26 [Ctrl] 키를 누른 채로 원과 바깥쪽 원을 클릭한다. 왼쪽 창에서 **동심** 구속조건을 클릭한다. 확인(✓)을 클릭한다.

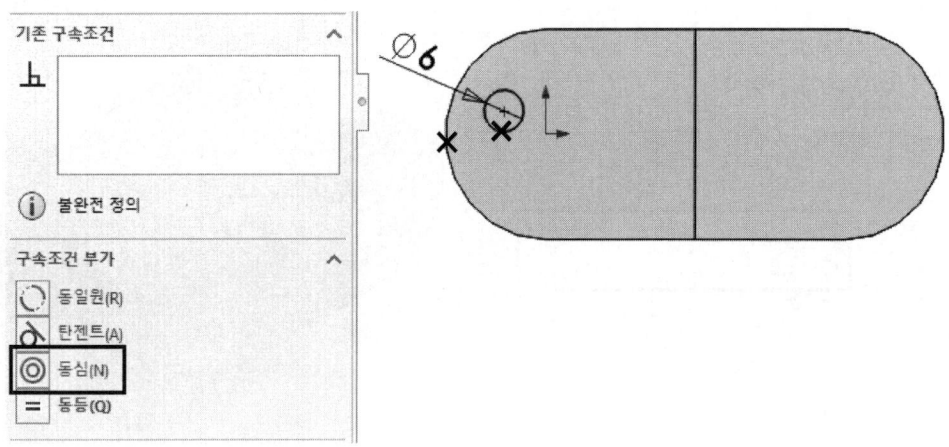

Step 27 오른쪽에도 원(⊙)과 지능형 치수(✧)를 이용하여 작성하고, **동심** 구속조건을 클릭한다. 확인(✓)을 클릭한다.

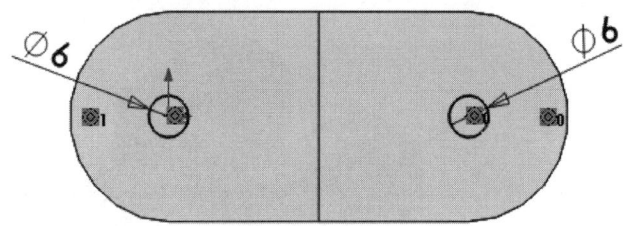

Step 28 스케치 종료(⤴)를 클릭한다. [Ctrl]+7을 클릭하여 등각보기를 한다.

Step 29 돌출 컷(⬚)을 클릭한다. 반대방향(↗)으로 방향을 설정하고, **관통**으로 설정한다. 확인(✓)을 클릭한다.

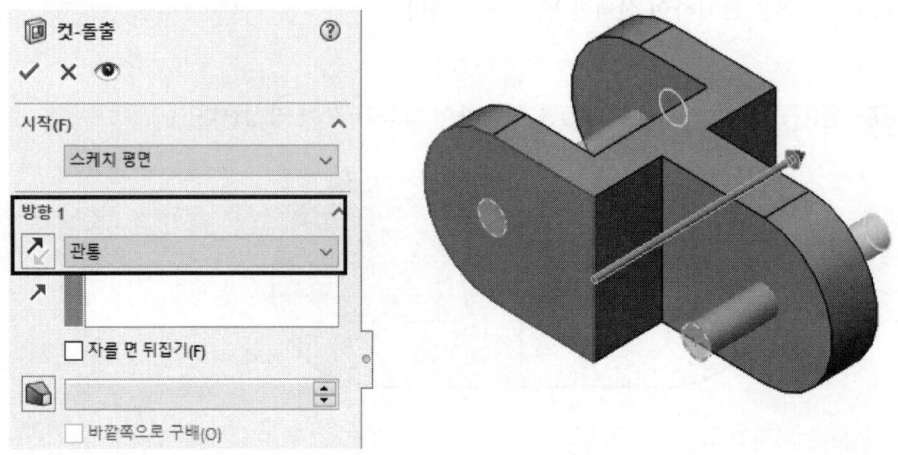

Chapter 04 응용 도형 작성하기

Step 30 저장(💾)을 클릭하여 **응용도형작성하기1.SLDPRT**를 입력하고 저장한다.

Step 31 **응용 도형 작성하기** 1이 완성되었다.

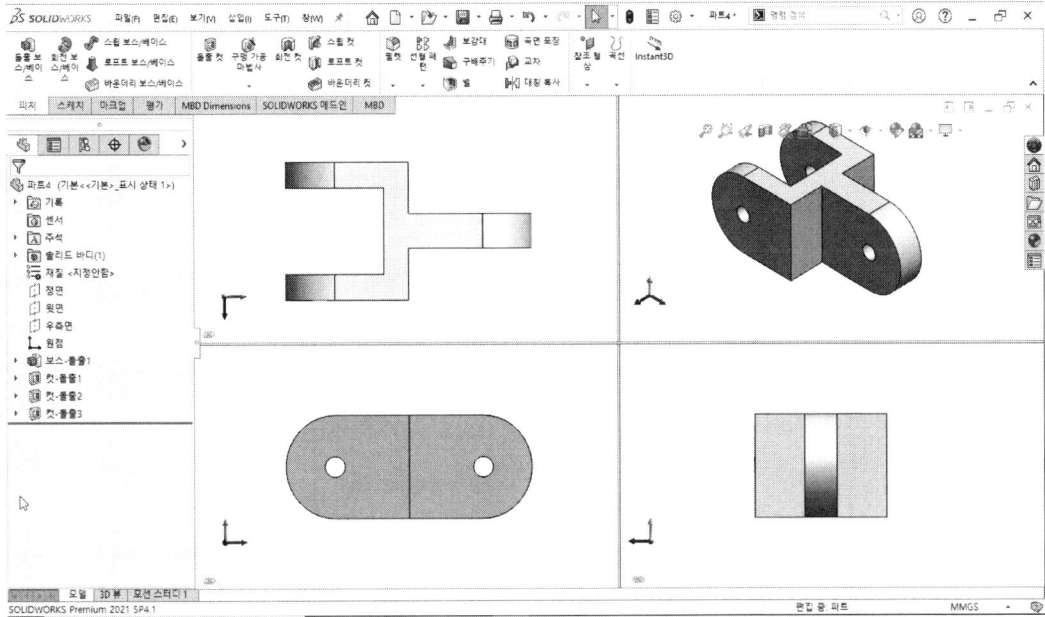

학습 정리하기

Section 2 응용 도형 작성하기 2

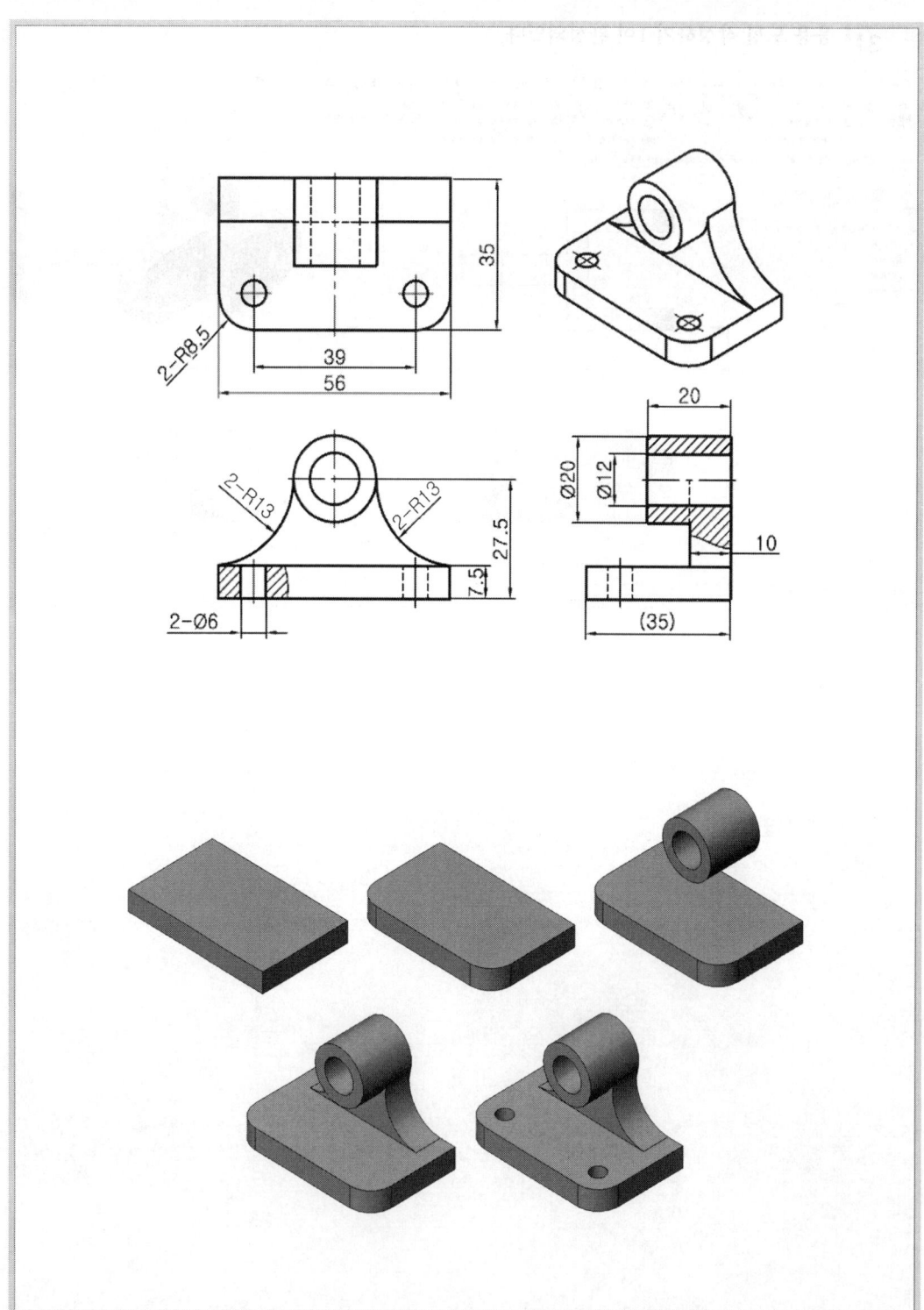

Chapter 04 응용 도형 작성하기

Step 01 새 문서( )를 클릭한다. 파트( )를 선택하고, 확인을 클릭한다.

Step 02 FeatureManager 디자인 트리에서 **윗면**을 클릭한다.

Step 03 도구모음에서 스케치( )를 클릭한다.

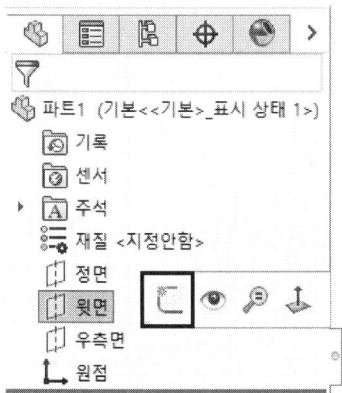

Step 04 코너 사각형( )과 지능형 치수( )를 이용하여 다음과 같이 작성한다.

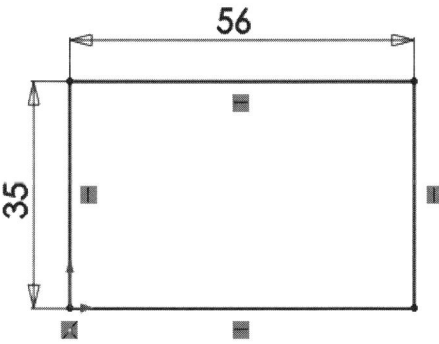

Step 05 스케치 종료( )를 클릭한다.

Step 06 돌출보스/베이스( )를 클릭한다. 7.5mm를 입력하고, 확인(✓)을 클릭한다.

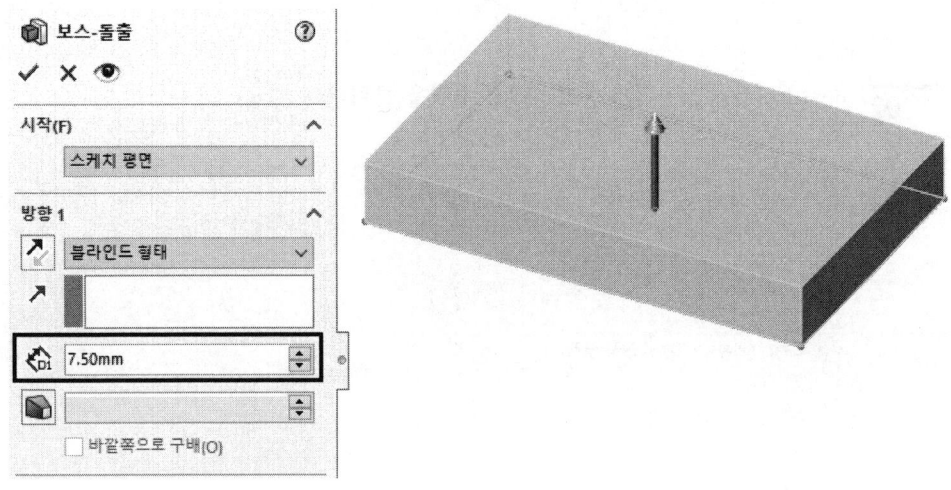

Step 07 필렛( )을 클릭한다.

Step 08 전체 미리보기에 체크를 하고, 반경 8.5mm를 입력한다.

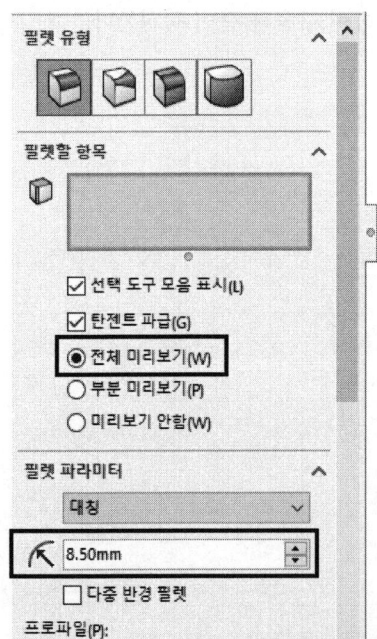

Step 09 필렛이 적용될 2군데 모서리를 클릭한다. 확인(✓)을 클릭한다.

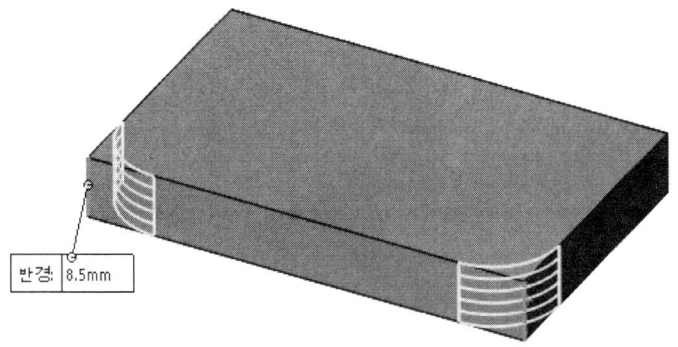

Step 10 생성한 피처의 뒷면을 선택하여 스케치( )를 시작한다.

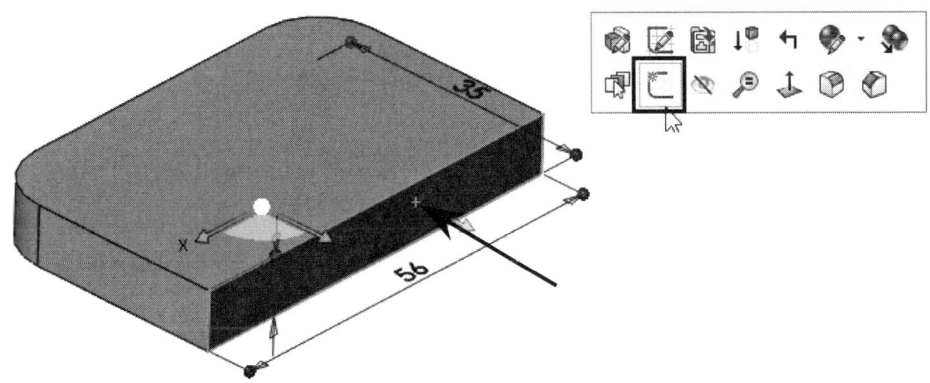

Step 11 Ctrl+8을 클릭하여 선택한 면을 보기 한다.

Step 12 원(◎)과 지능형 치수( )를 이용하여 다음과 같이 2개의 원을 작성한다.

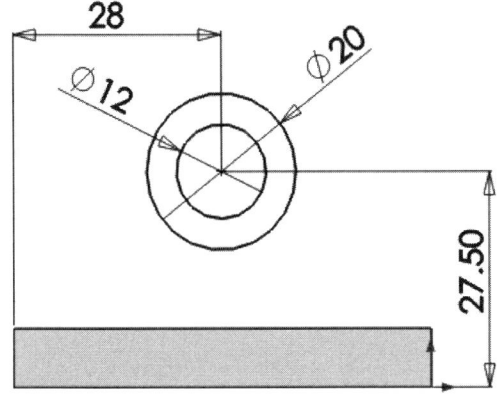

Step 13 스케치 종료( )를 클릭한다. Ctrl+7을 클릭하여 등각보기를 한다.

Step 14 돌출보스/베이스(⬚)를 클릭한다. 반대방향(↗) 버튼으로 방향을 설정하고, 20mm를 입력하고, 확인(✓)을 클릭한다.

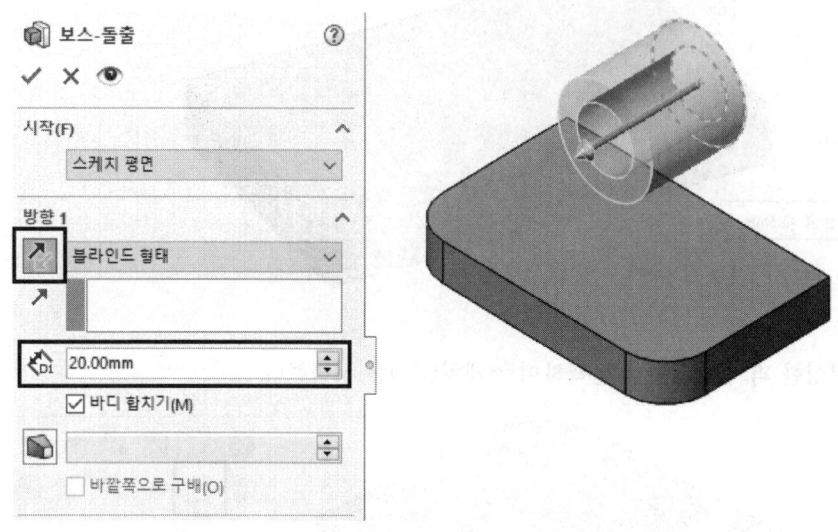

Step 15 생성한 피처의 뒷면을 선택하여 스케치(⬚)를 시작한다.

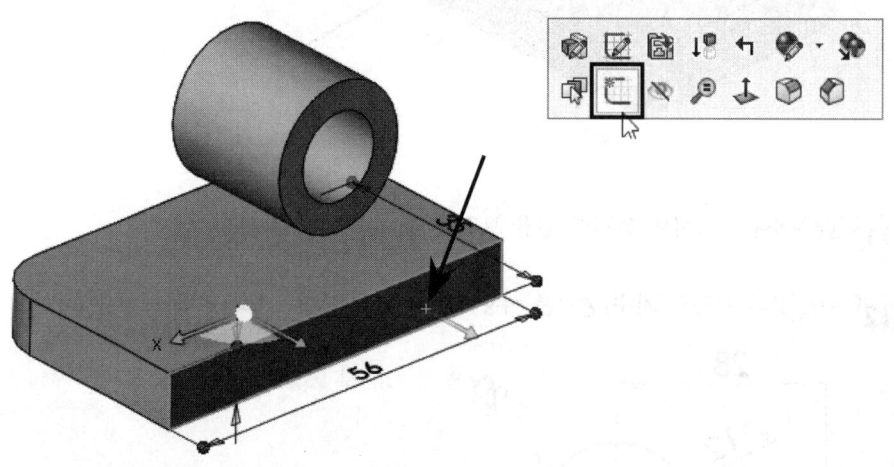

Step 16 [Ctrl]+8을 클릭하여 선택한 면을 보기 한다.

Step 17 요소 변환(⬚)을 클릭한다.

Chapter 04 응용 도형 작성하기

Step 18 바깥쪽 원과 위쪽 사각형 모서리를 선택한다.

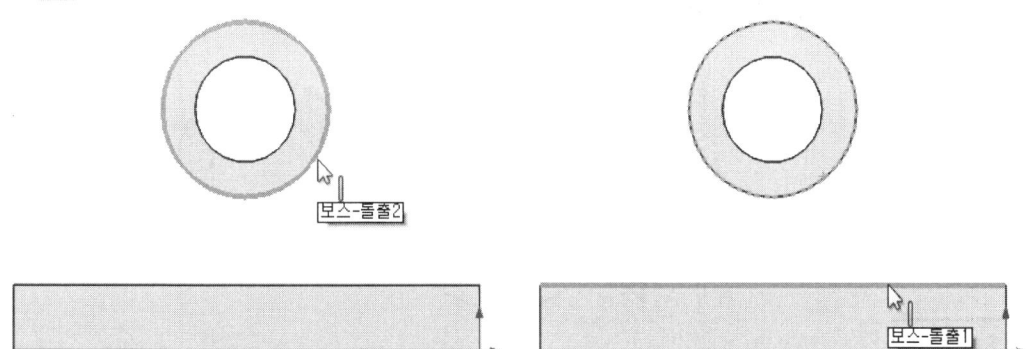

Step 19 확인(✓)을 클릭한다. 선택한 모서리가 스케치에 복사되었다.

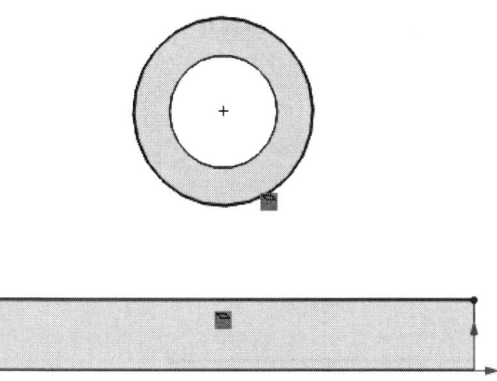

Step 20 원(⊙)과 지능형 치수(✧)를 이용하여 다음과 같이 원을 작성한다.

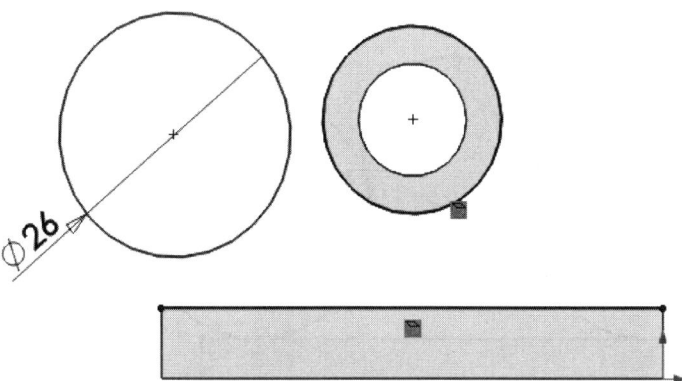

73

Step 21 Ctrl 키를 누른 채로 원과 원형 모서리를 클릭한다. 왼쪽 창에서 **탄젠트** 구속조건을 클릭한다. 확인(✔)을 클릭한다.

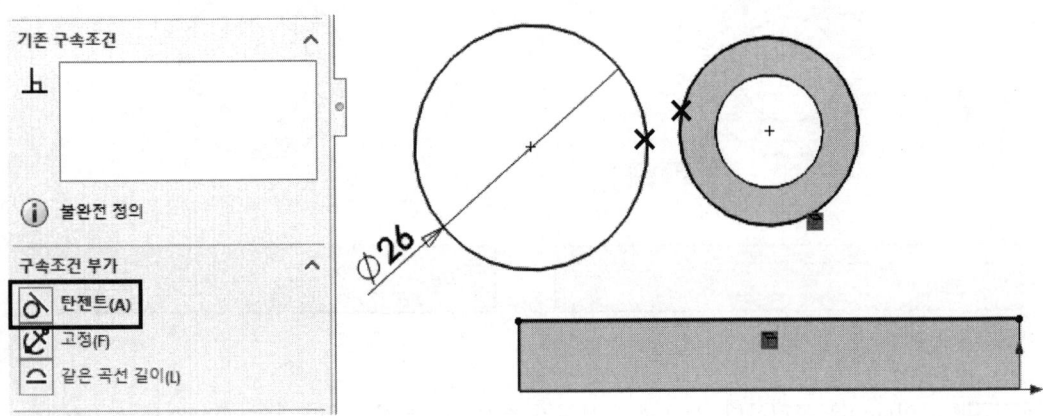

Step 22 탄젠트 구속조건이 적용되었다. 아래 부분의 원도 탄젠트 구속조건을 적용한다.

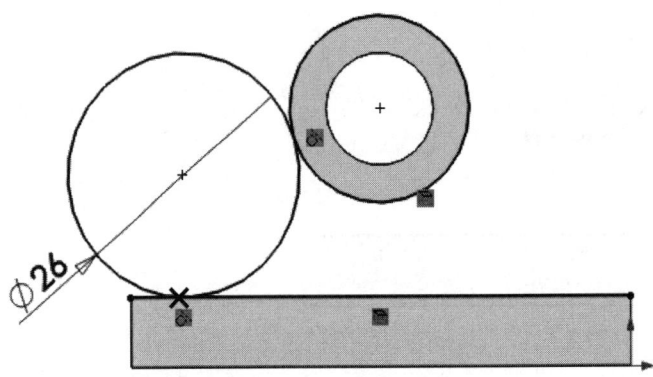

Step 23 오른쪽에도 원을 작성하고, 탄젠트 구속조건을 부가한다.

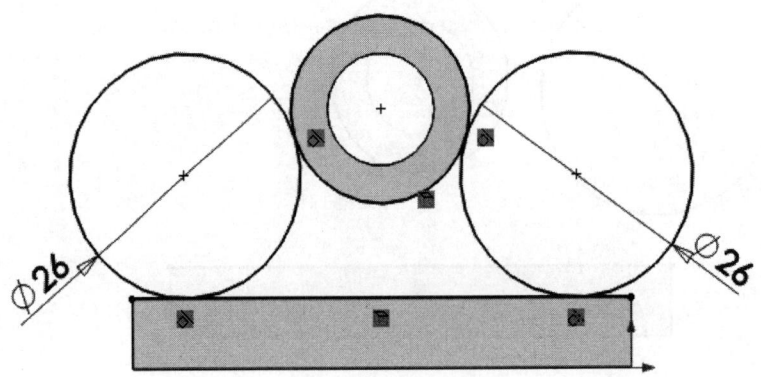

Step 24 요소 잘라내기(✂)에서 근접 잘라내기(⊢) 옵션을 클릭한다.

Chapter 04 응용 도형 작성하기

Step 25 다음 그림처럼 잘라내기를 한다.

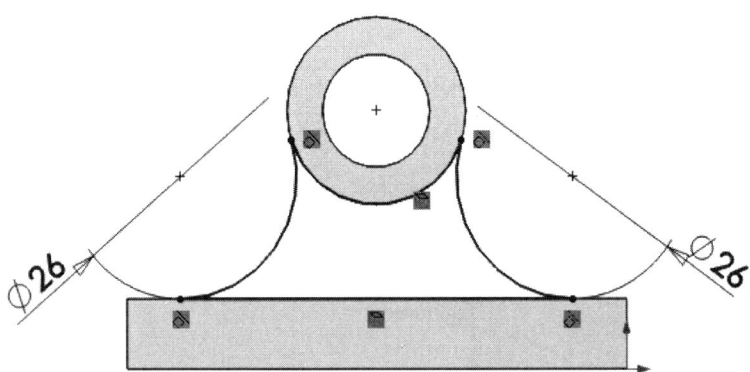

Step 26 스케치 종료( )를 클릭한다. Ctrl+7을 클릭하여 등각보기를 한다.

Step 27 돌출보스/베이스( )를 클릭한다. 반대방향( ) 버튼으로 방향을 설정하고, 10mm를 입력하고, 확인( )을 클릭한다.

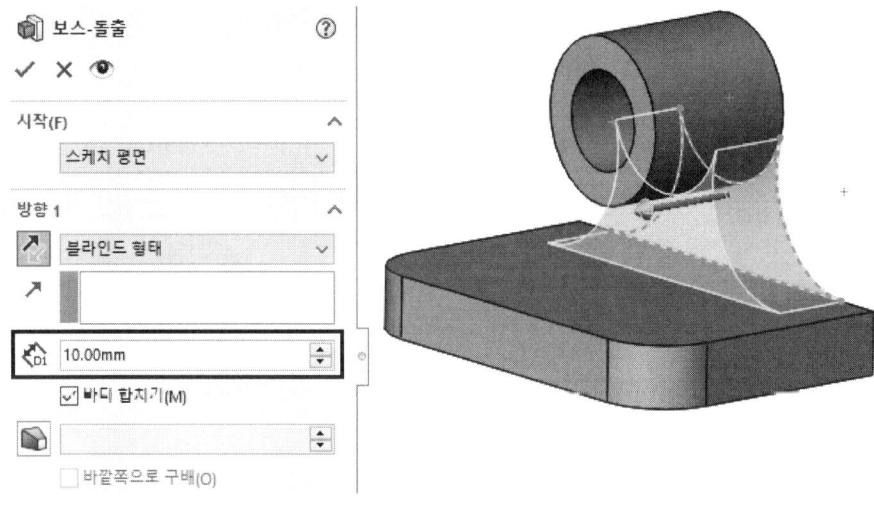

Step 28 생성한 피처의 윗면을 선택하여 스케치( )를 시작한다.

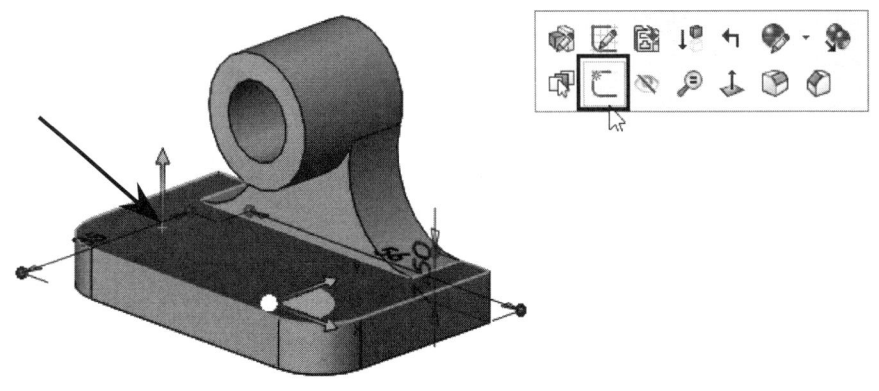

75

Step 29 Ctrl+8을 클릭하여 선택한 면을 보기 한다.

Step 30 원(⊙)을 클릭하고, 필렛한 모서리에 마우스를 가져간다.

Step 31 **필렛한 모서리의 중심**이 표시되면 클릭하여 원을 작성하고, 지능형 치수(✎)를 입력한다.

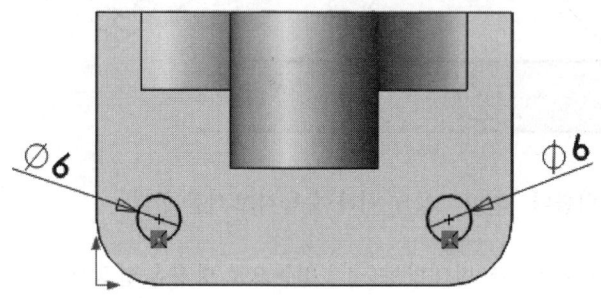

Step 32 스케치 종료(⤺)를 클릭한다. Ctrl+7을 클릭하여 등각보기를 한다.

Step 33 돌출 컷(▣)을 클릭하고, **관통**으로 설정한다. 확인(✔)을 클릭한다.

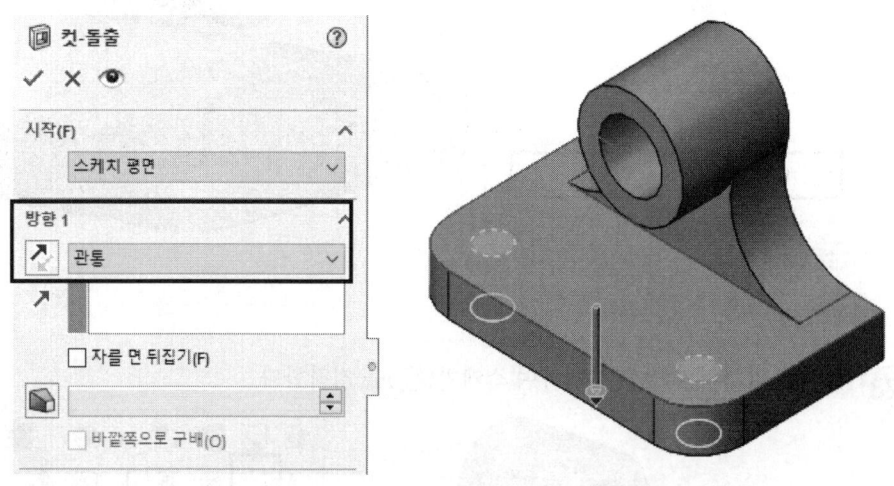

Step 34 저장(💾)을 클릭하여 **응용도형작성하기2.SLDPRT**를 입력하고 저장한다.

Chapter 04 응용 도형 작성하기

Step 35 응용 도형 작성하기 2가 완성되었다.

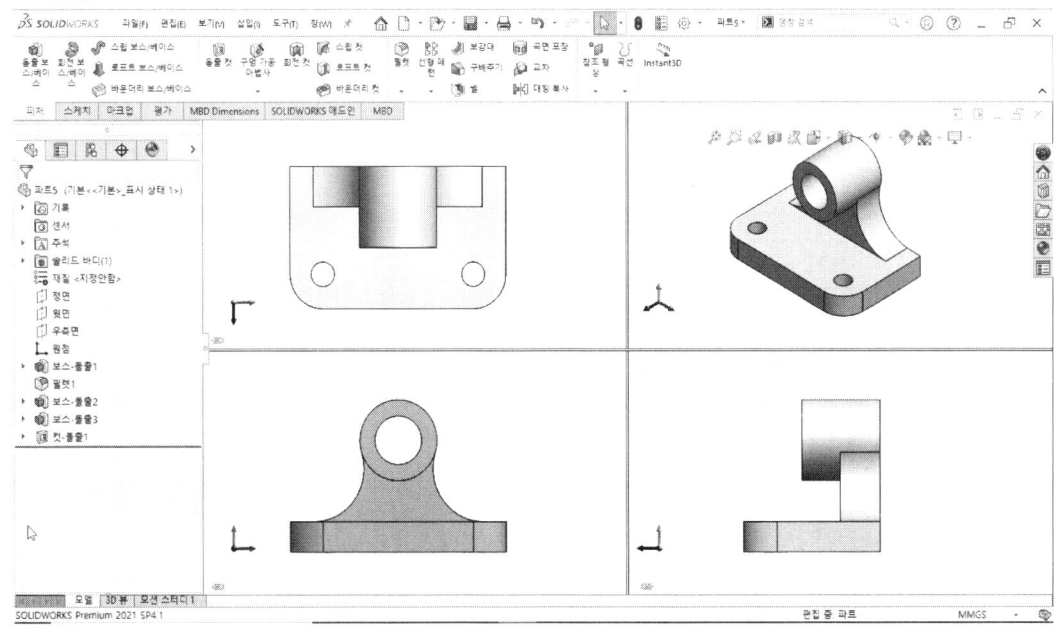

학습 정리하기

Section 3 응용 도형 작성하기 3

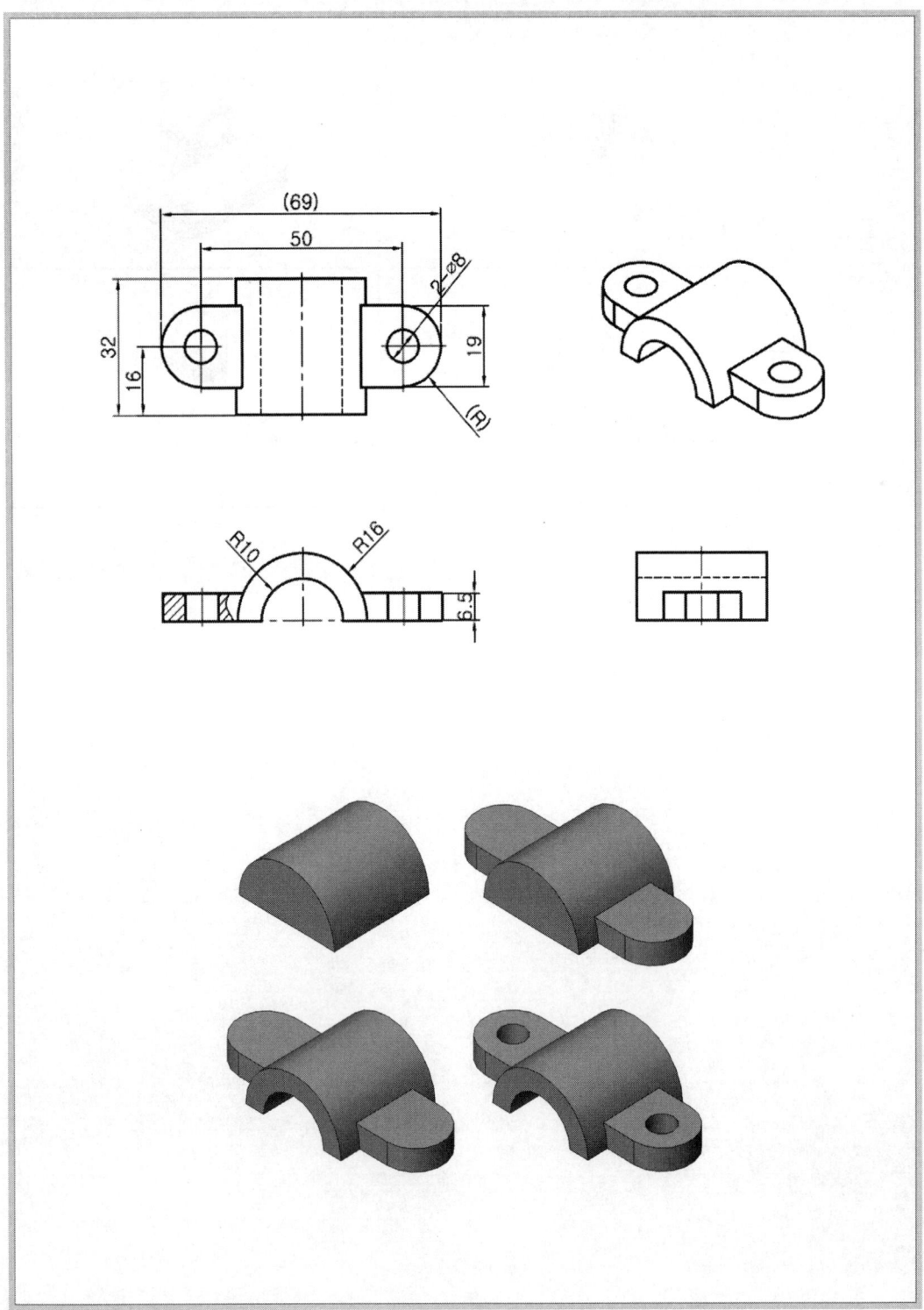

Step 01 새 문서()를 클릭한다. 파트()를 선택하고, 확인을 클릭한다.

Step 02 FeatureManager 디자인 트리에서 **정면**을 클릭한다.

Step 03 도구모음에서 스케치()를 클릭한다.

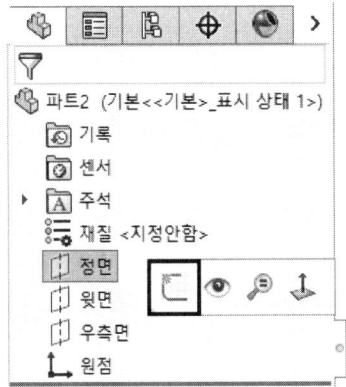

Step 04 원()과 지능형 치수()를 이용하여 다음과 같이 원을 작성한다.

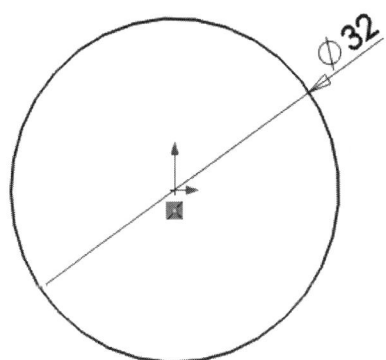

Step 05 선()을 이용하여 중심을 통과하는 선을 작성한다.

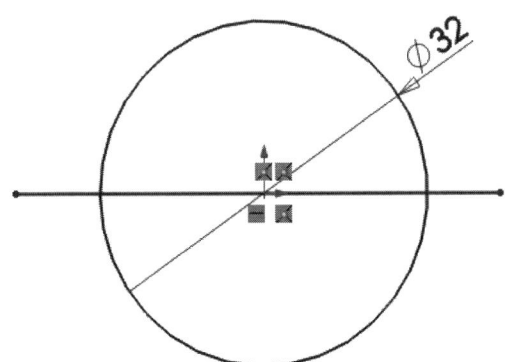

Step 06 요소 잘라내기(⚔) → 근접 잘라내기(⊥)로 다음과 같이 잘라내기를 한다.

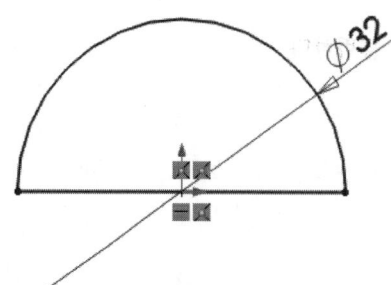

Step 07 스케치 종료(⤴)를 클릭한다.

Step 08 돌출보스/베이스(🗔)를 클릭한다. 방향1을 중간평면으로 설정하고, 32mm를 입력한다. 확인(✓)을 클릭한다.

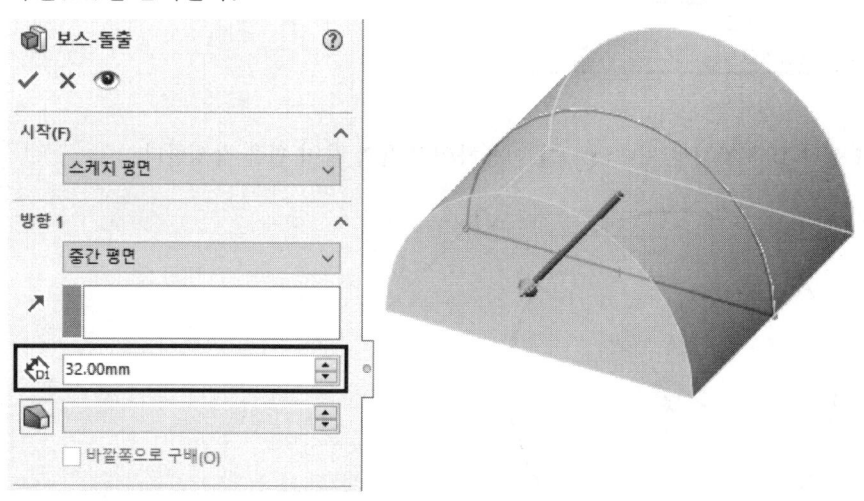

Step 09 생성한 피처의 바닥면을 선택하여 스케치(▭)를 시작한다.

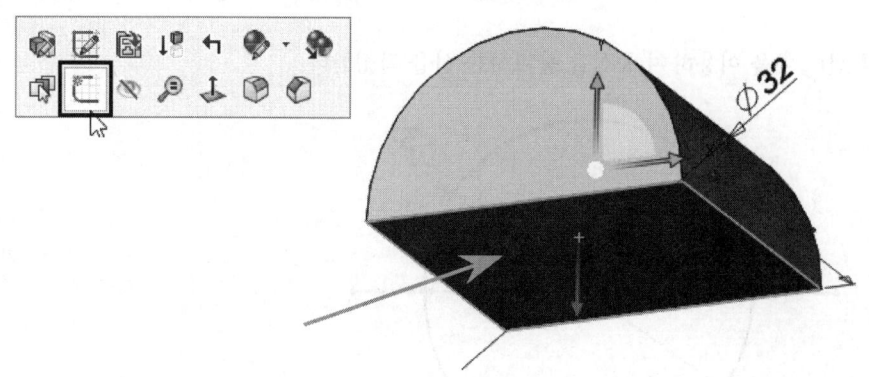

Step 10 Ctrl+8을 클릭하여 선택한 면을 보기 한다.

Chapter 04 응용 도형 작성하기

Step 11 중심점 직선 홈(⌬)을 클릭하고, 다음과 같이 작성한다.

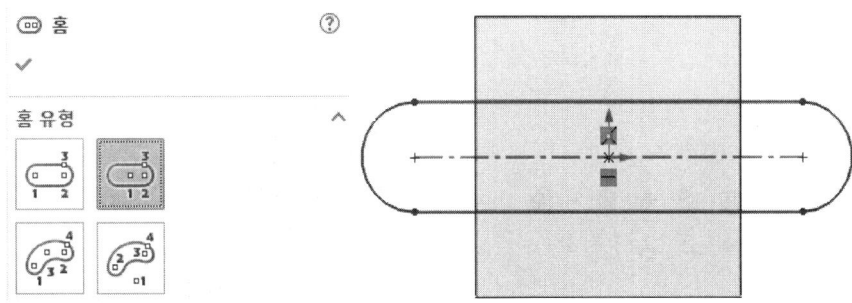

Step 12 지능형 치수(✎)를 이용하여 다음과 같이 치수를 작성한다.

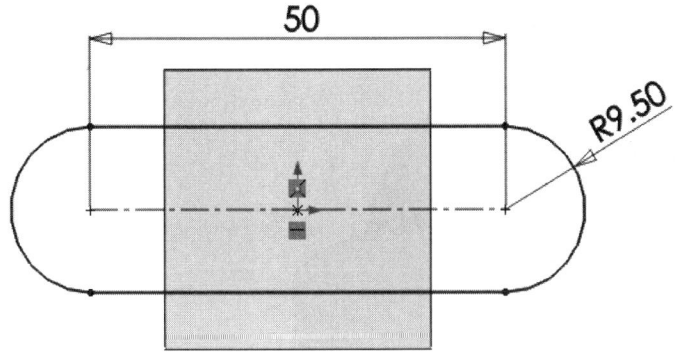

Step 13 스케치 종료(⌮)를 클릭한다.

Step 14 돌출보스/베이스(⬒)를 클릭한다. 반대방향(↗) 버튼으로 방향을 설정하고, 6.5mm를 입력하고, 확인(✓)을 클릭한다.

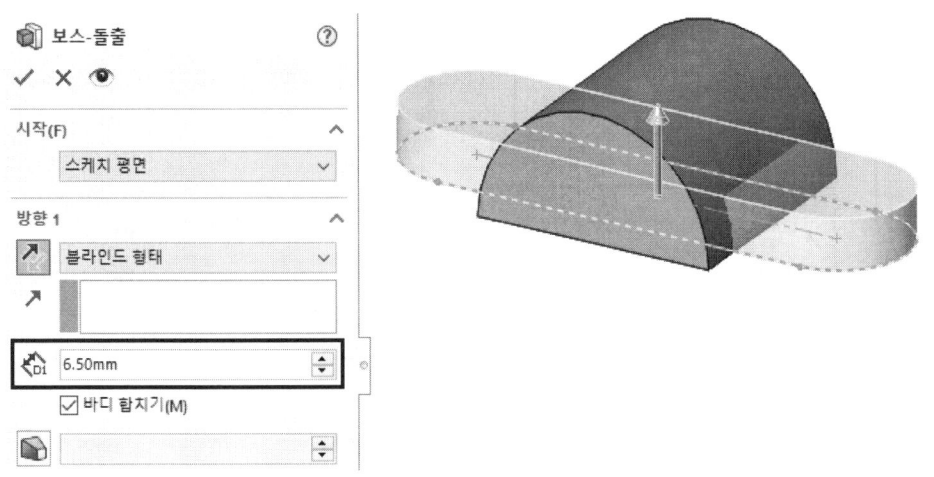

81

Step 15 생성한 피처의 앞면을 선택하여 스케치(⬚)를 시작한다.

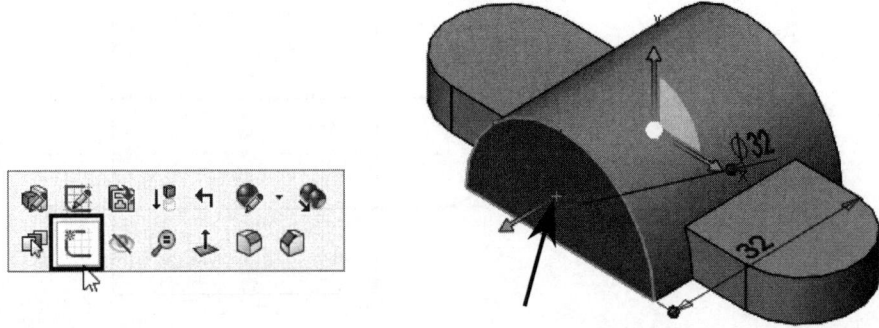

Step 16 원(⊙)을 클릭하고, 원형 모서리에 마우스를 가져간다.

Step 17 **모서리의 중심**이 표시되면 클릭하여 원을 작성하고, 지능형 치수(✎)를 입력한다.

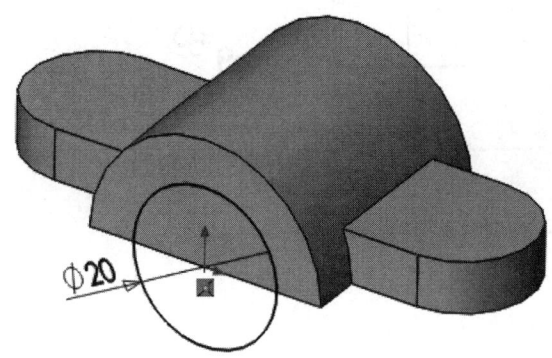

Step 18 스케치 종료(⤺)를 클릭한다.

Step 19 돌출 컷(▦)을 클릭하고, **관통**으로 설정한다. 확인(✔)을 클릭한다.

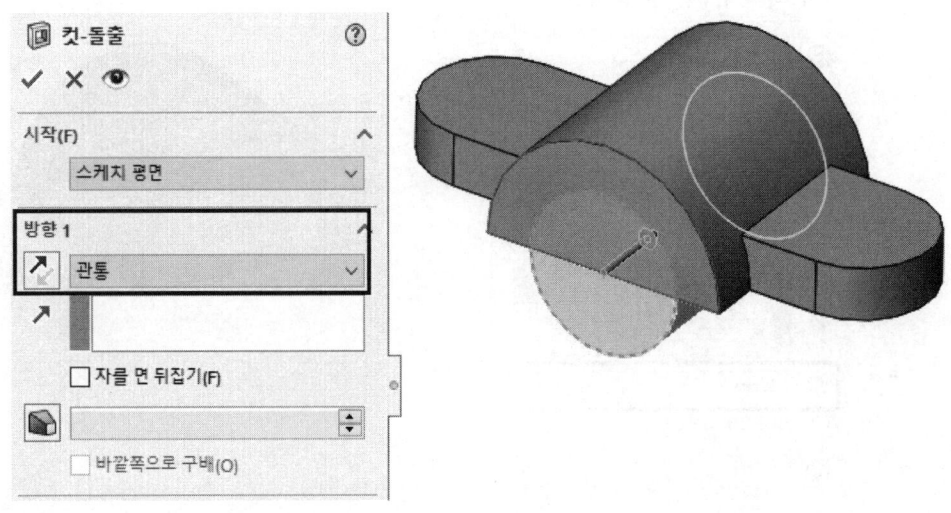

Step 20 생성한 피처의 윗면을 선택하여 스케치( )를 시작한다.

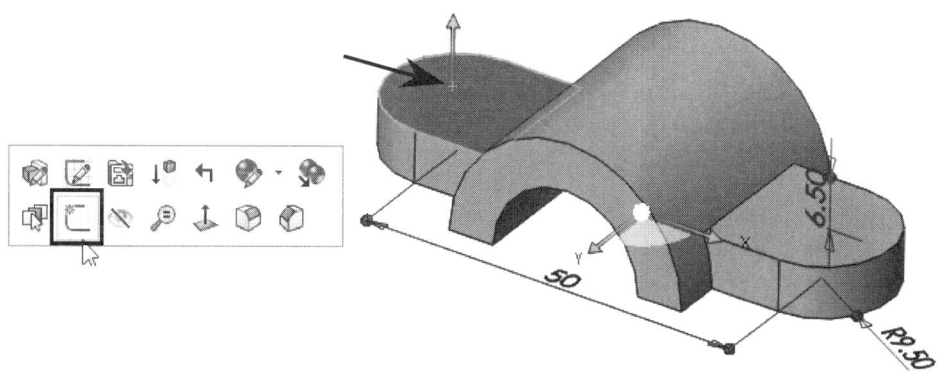

Step 21 원( )을 클릭하고, 원형 모서리에 마우스를 가져간다.

Step 22 **모서리의 중심**이 표시되면 클릭하여 원을 작성하고, 지능형 치수( )를 입력한다.

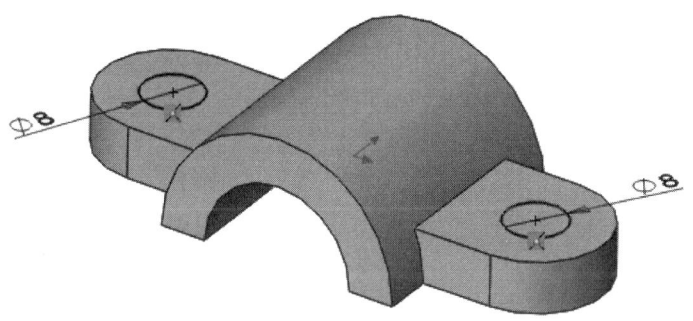

Step 23 스케치 종료( )를 클릭한다.

Step 24 돌출 컷( )을 클릭하고, **관통**으로 설정한다. 확인( )을 클릭한다.

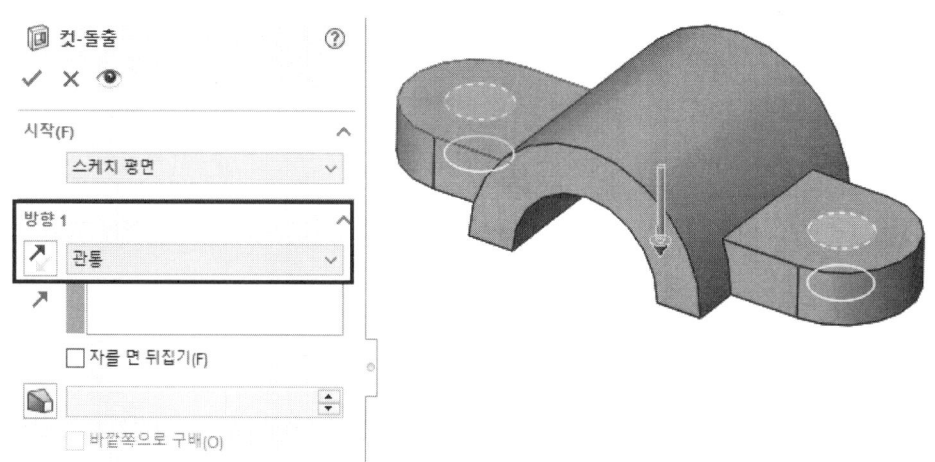

Step 25 저장(📄)을 클릭하여 **응용도형작성하기3.SLDPRT**를 입력하고 저장한다.

Step 26 응용 도형 작성하기 3이 완성되었다.

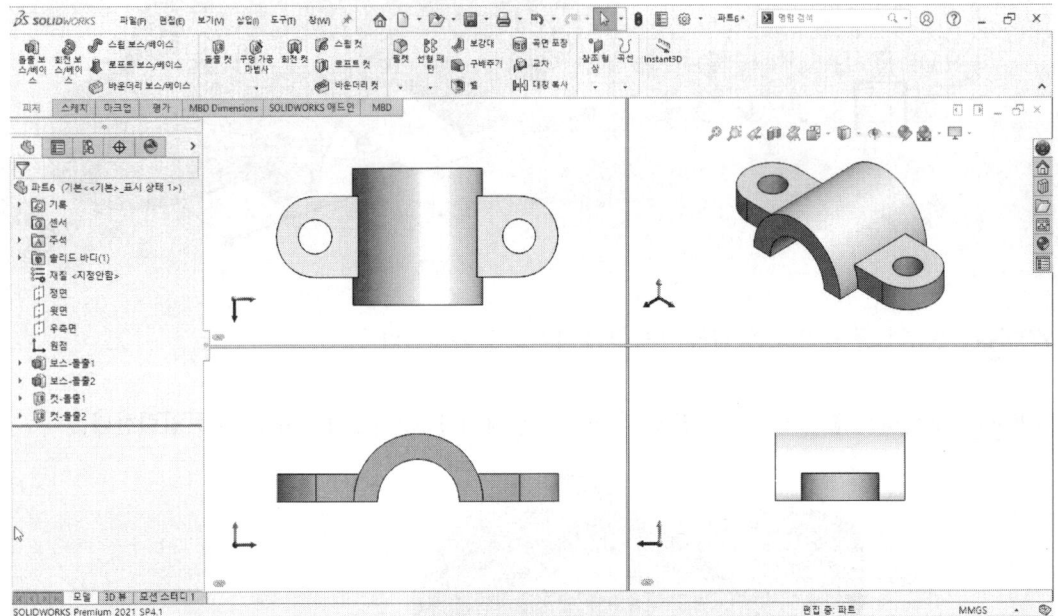

학습 정리하기

Chapter 05
SOLIDWORKS

회전 도형 작성하기

01 회전 도형 작성하기 1

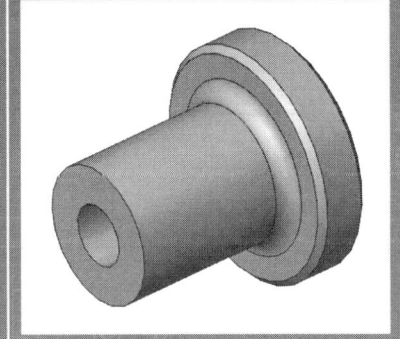

02 회전 도형 작성하기 2

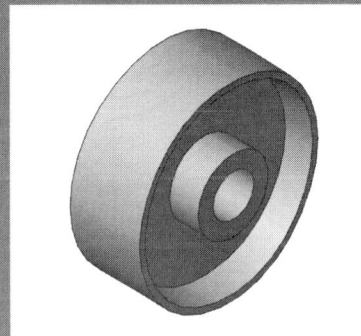

Section 1 회전 도형 작성하기 1

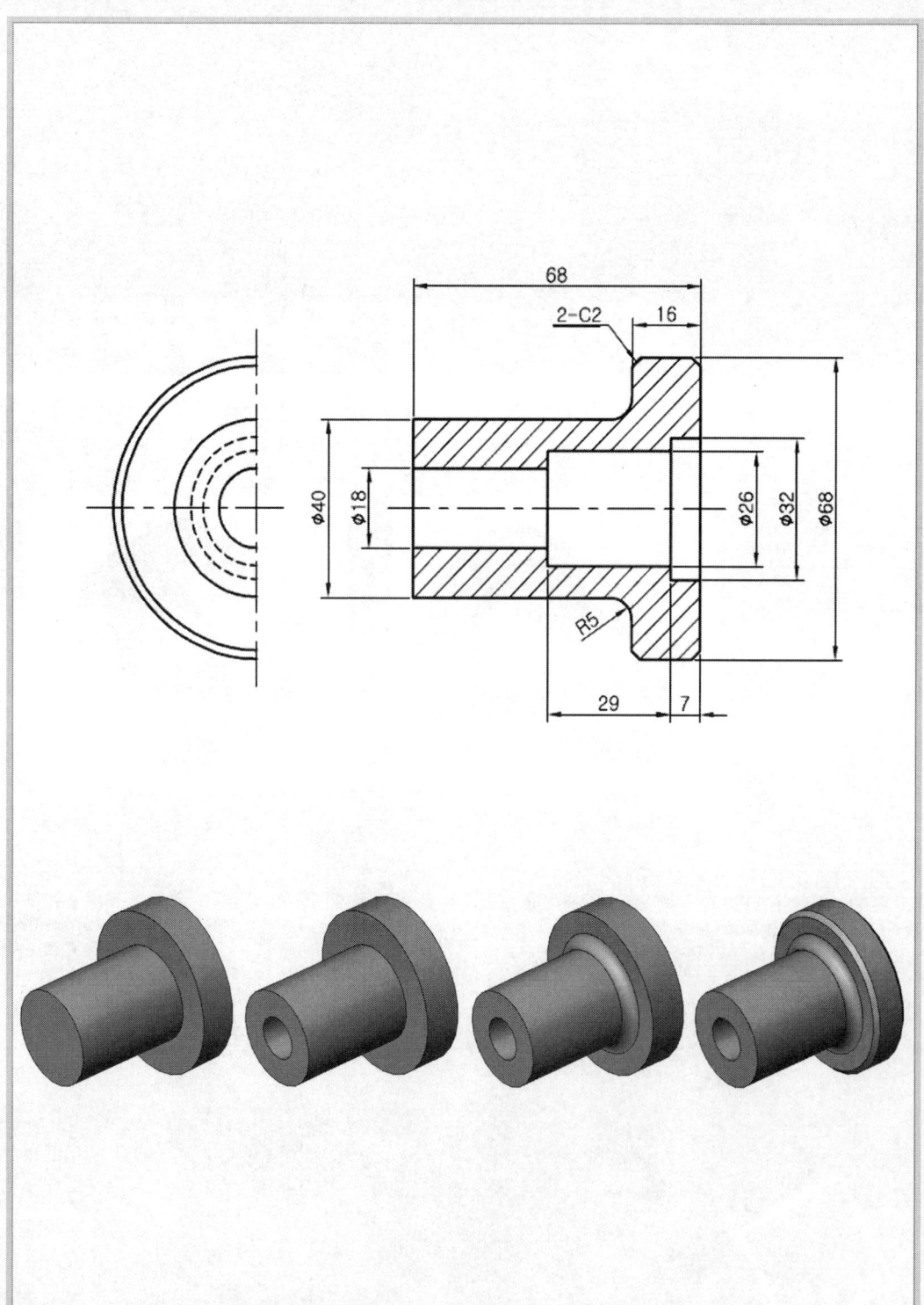

Step 01 새 문서(□)를 클릭한다. 파트( )를 선택하고, 확인을 클릭한다.

Step 02 FeatureManager 디자인 트리에서 **정면**을 클릭한다.

Step 03 도구모음에서 스케치( )를 클릭한다.

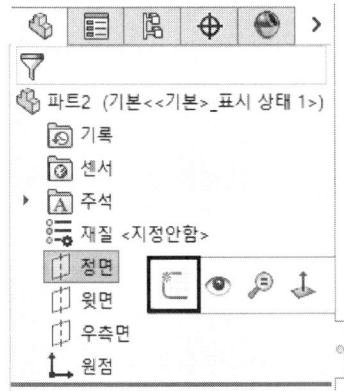

Step 04 중심선( )을 클릭하여 원점을 시작으로 길게 중심선을 작성한다.

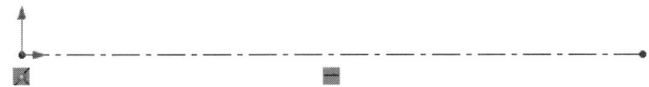

Step 05 선( )을 이용하여 회전체의 바깥 형상을 작성한다.

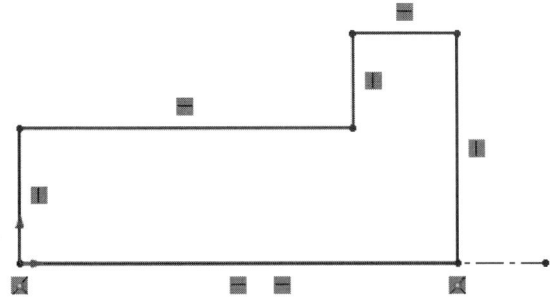

Step 06 지능형 치수( )를 이용하여 회전체의 지름 치수와 선형 치수를 입력한다.
(지름치수는 중심선과 스케치를 선택한다.)

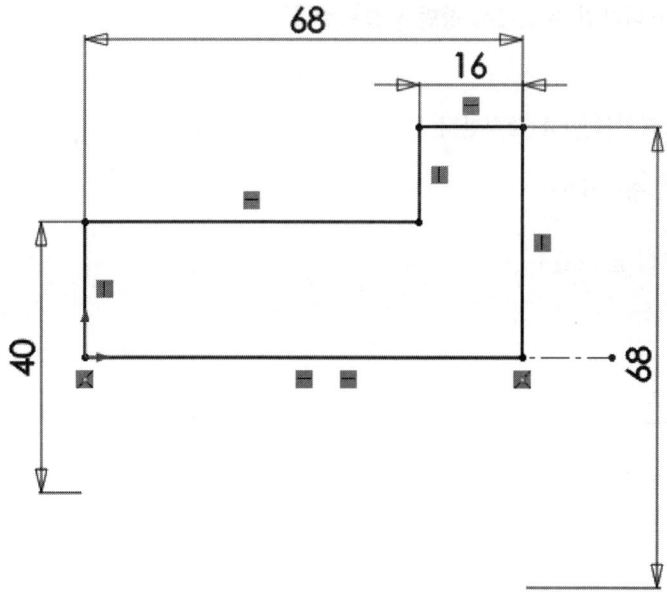

Step 07 스케치 종료( )를 클릭한다.

Step 08 회전보스/베이스( )를 클릭한다.

Step 09 별다른 설정 없이 확인( )을 클릭하여 회전형상을 생성한다.
(스케치에서 작성한 중심선이 회전축으로... 선으로 작성한 스케치가 프로파일이 된다.)

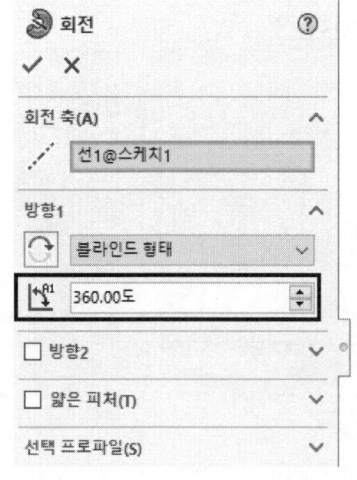 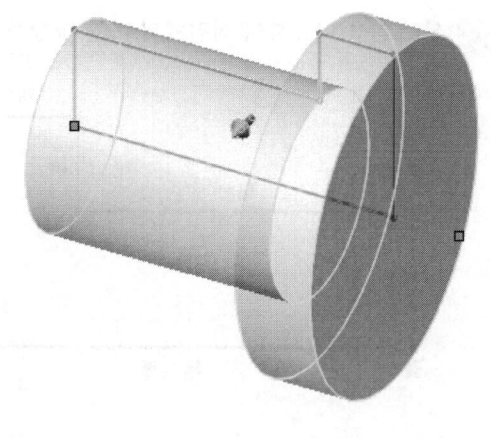

Chapter 05 회전 도형 작성하기

Step 10 도구모음에서 **정면**을 선택하고, 스케치( )를 클릭한다. Ctrl +8을 클릭하여 선택한 면을 보기 한다.

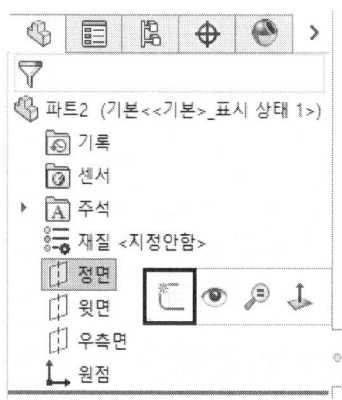

Step 11 중심선( )을 클릭하여 원점을 시작으로 길게 중심선을 작성한다.

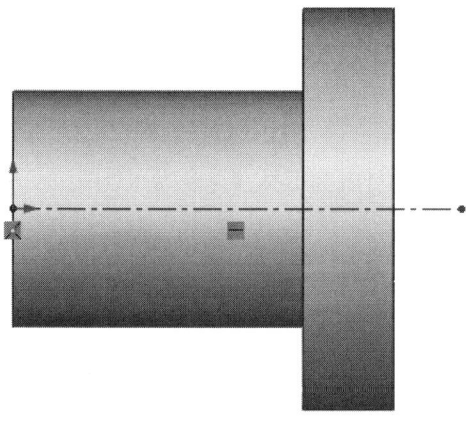

Step 12 선( )을 이용하여 회전체의 내부 형상을 작성한다.

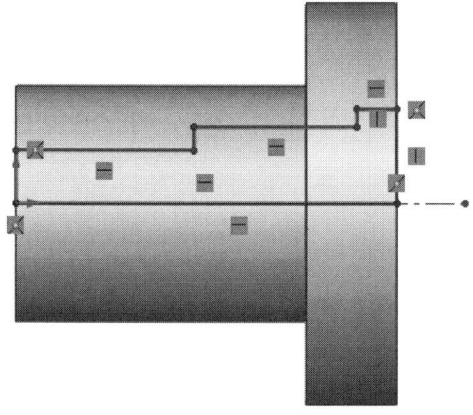

Step 13 지능형 치수(⟡)를 이용하여 회전체의 지름 치수와 선형 치수를 입력한다.
(지름치수는 중심선과 스케치를 선택한다.)

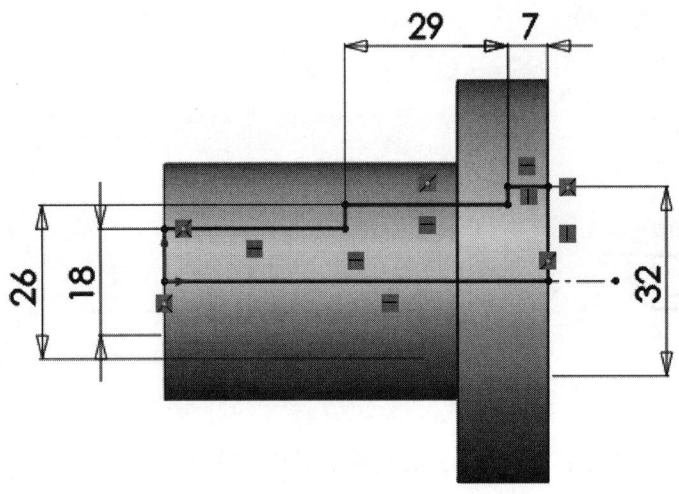

Step 14 스케치 종료(⮌)를 클릭한다.

Step 15 회전컷(🗐)을 클릭하고, 확인(✔)을 클릭하여 회전컷 형상을 생성한다.

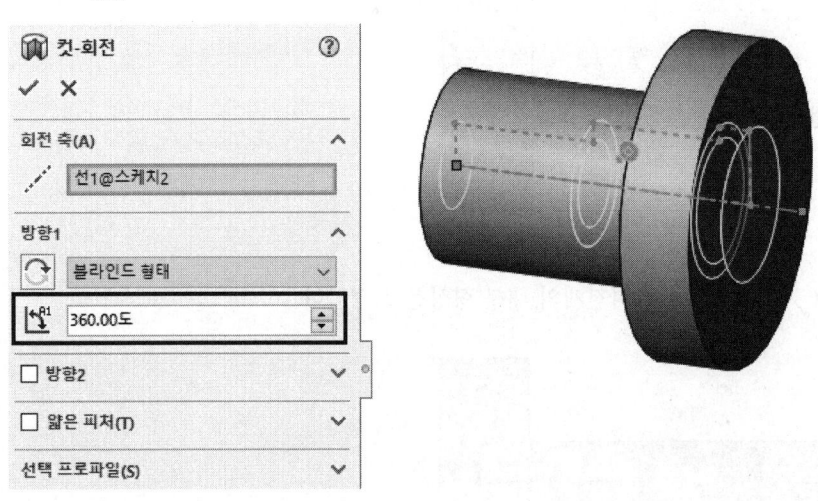

Step 16 필렛(🗐)을 클릭한다.

Step 17 반경 5mm를 입력한다. 필렛이 적용될 2 모서리를 클릭한다. 확인(✔)을 클릭한다.

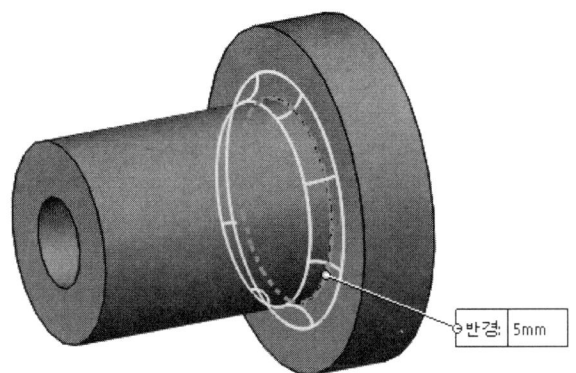

Step 18 모따기(🔲)를 클릭한다. 전체 미리보기에 체크를 하고, 거리값 2mm를 입력한다.

Step 19 모따기가 적용될 2군데 모서리를 클릭한다. 확인(✔)을 클릭한다.

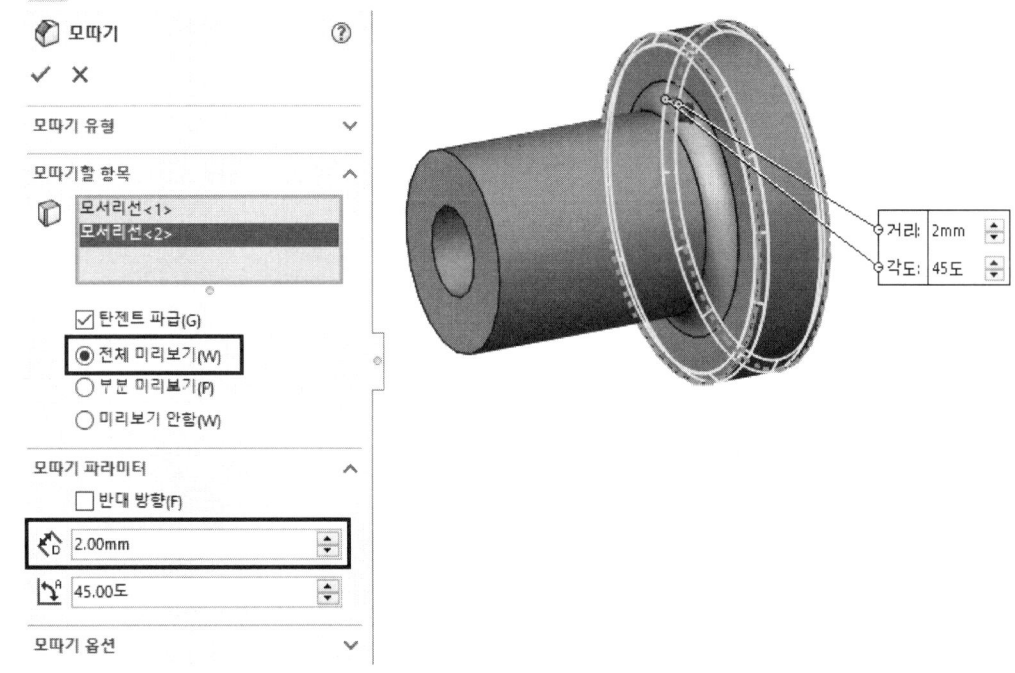

Step 20 단면도(🔲)를 클릭한다.

Step 21 단면1에서 **정면**을 클릭한다. 회전체의 내부형상을 확인할 수 있다.

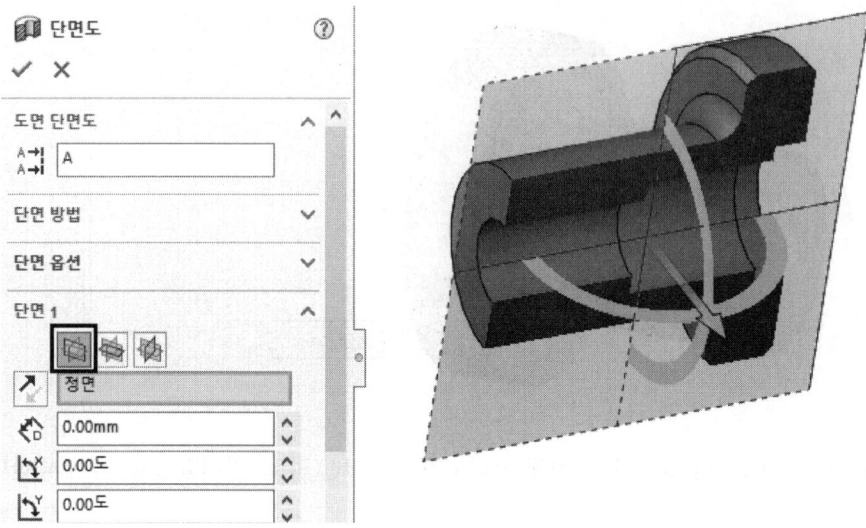

Step 22 저장(📄)을 클릭하여 **회전도형작성하기1.SLDPRT**를 입력하고 저장한다.

Step 23 **회전 도형 작성하기** 1이 완성되었다.

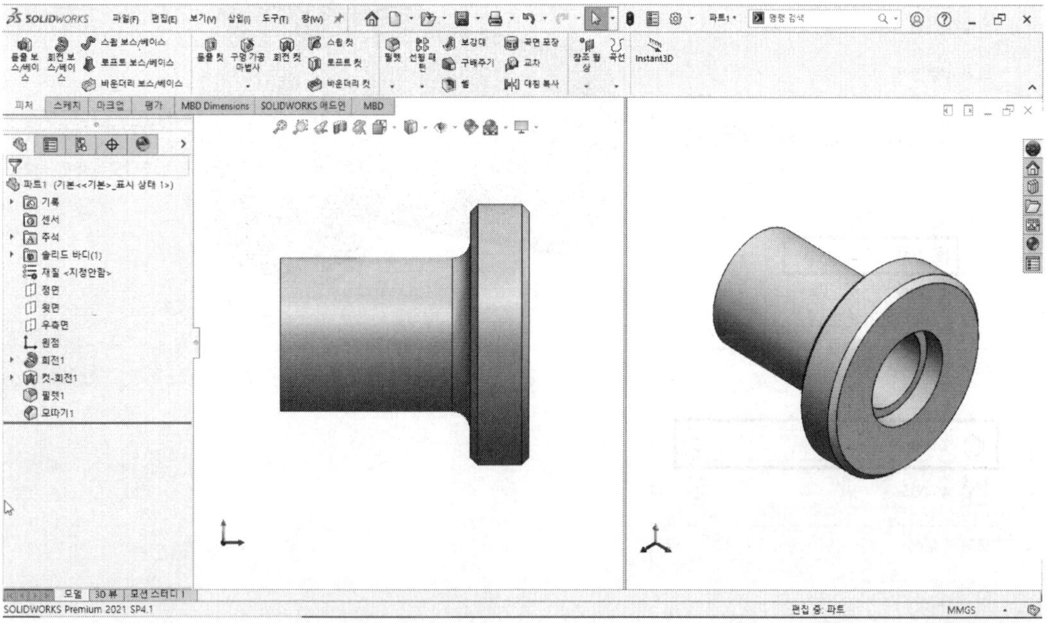

학습 정리하기

Section 2 회전 도형 작성하기 2

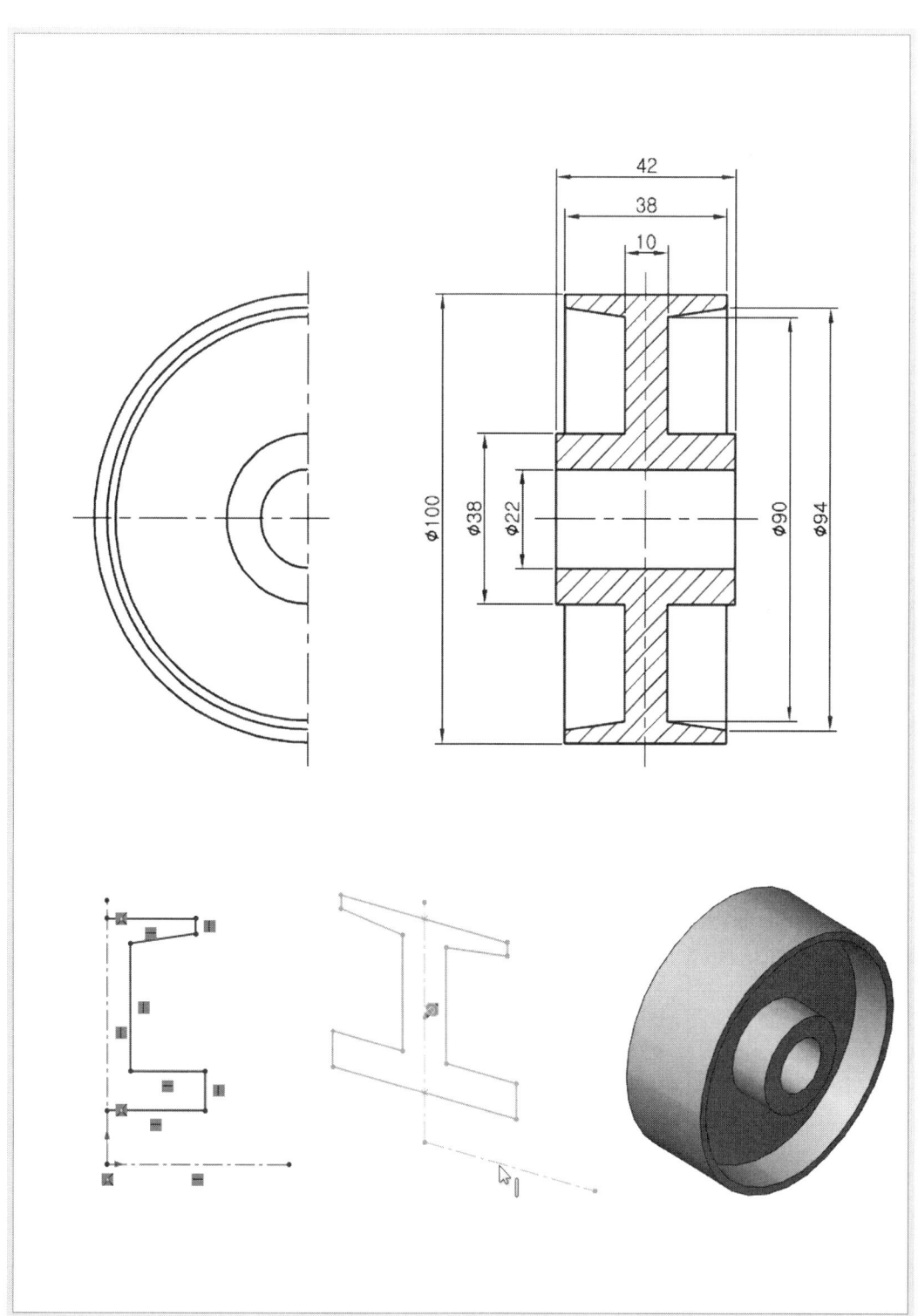

Step 01 새 문서(📄)를 클릭한다. 파트(🧊)를 선택하고, 확인을 클릭한다.

Step 02 FeatureManager 디자인 트리에서 **정면**을 클릭한다.

Step 03 도구모음에서 스케치(┏)를 클릭한다.

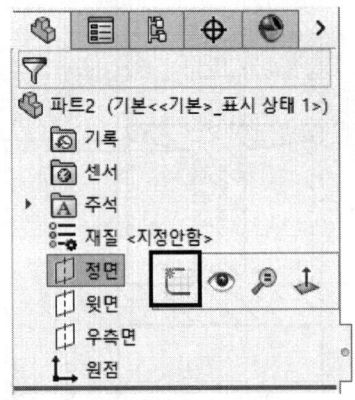

Step 04 중심선(✏)을 클릭하여 원점을 시작으로 수평방향으로 길게 중심선을 작성한다.

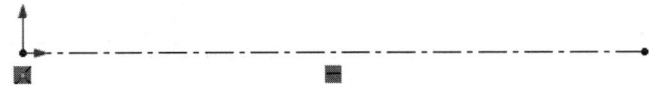

Step 05 중심선(✏)을 클릭하여 원점을 시작으로 수직방향으로 중심선을 작성한다.

Step 06 선( )을 이용하여 회전체의 바깥 형상을 작성한다.

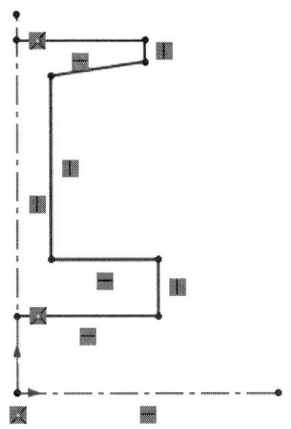

Step 07 요소대칭복사( )를 클릭한다. 대칭 복사할 항목으로 작성한 선을 선택한다.

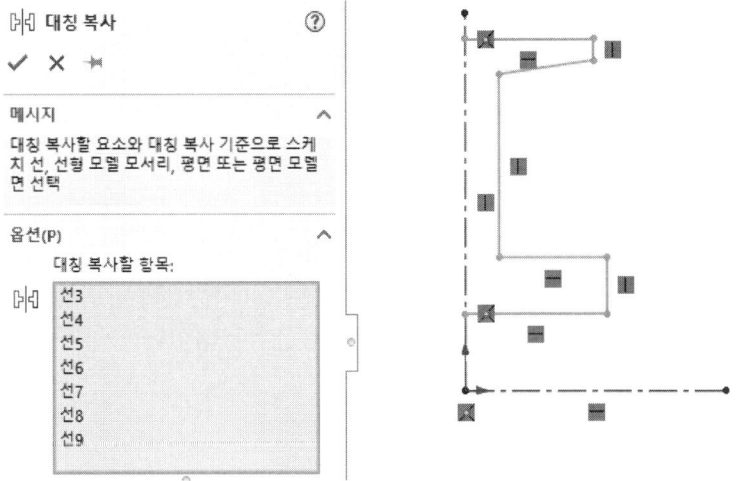

Step 08 대칭 기준 항목을 클릭하고, 수직 중심선을 선택한다.

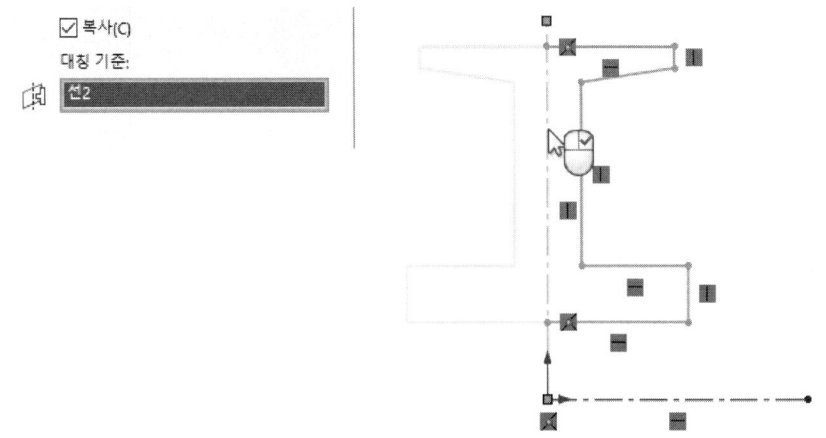

Step 09 확인(✓)을 클릭한다.

Step 10 지능형 치수(◈)를 이용하여 회전체의 지름 치수와 선형 치수를 입력한다.

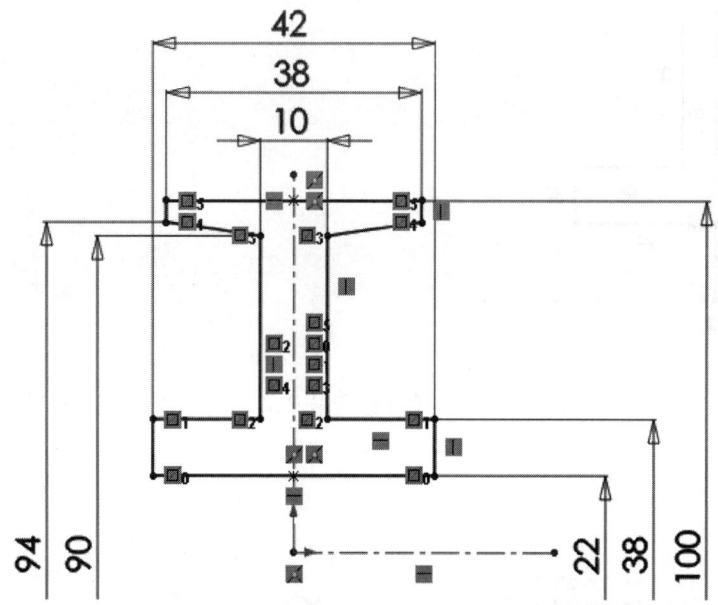

Step 11 스케치 종료(↵)를 클릭한다. Ctrl+7을 클릭하여 등각보기를 한다.

Step 12 회전보스/베이스(⚙)를 클릭한다.

Step 13 수평 중심선을 회전축으로 지정한다.

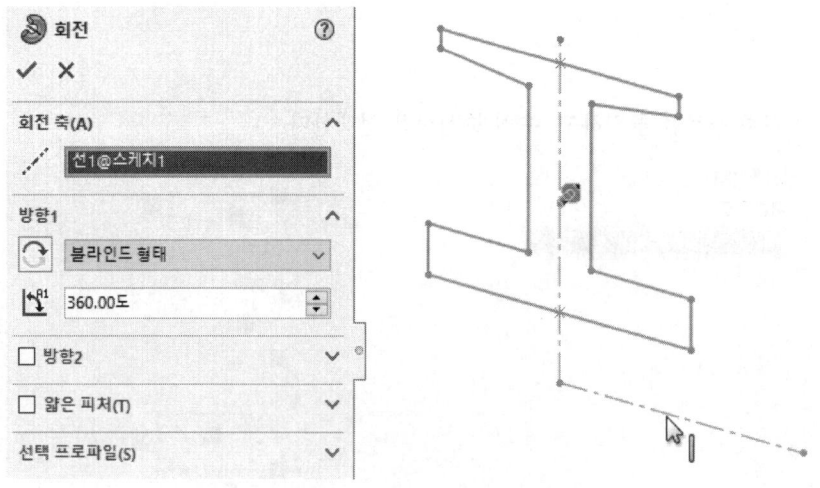

Step 14 확인(✓)을 클릭한다.

Chapter 05 회전 도형 작성하기

Step 15 단면도(▤)를 실행하고, 단면1에서 **정면**을 클릭한다. 회전체의 내부형상을 확인할 수 있다.

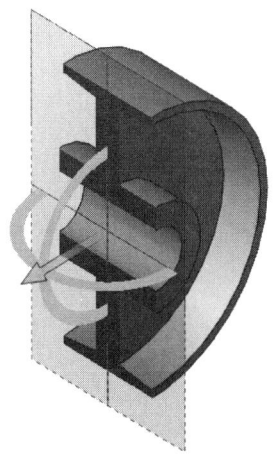

Step 16 저장(▤)을 클릭하여 **회전도형작성하기2.SLDPRT**를 입력하고 저장한다.

Step 17 회전 도형 작성하기 2가 완성되었다.

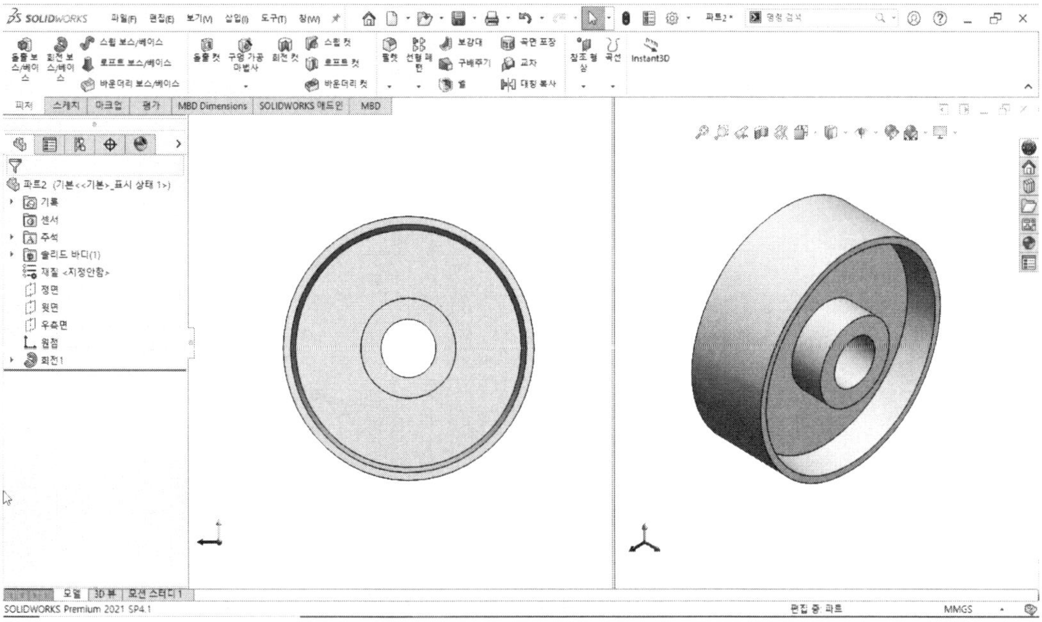

학습 정리하기

기본에 충실한 SolidWorks 창의설계

*SOLID*WORKS

Chapter 06

SOLIDWORKS

도형 복사하기

01 도형 복사하기(패턴) 1

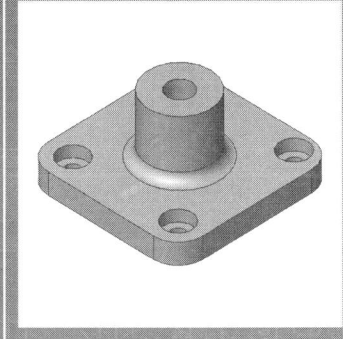

02 도형 복사하기(패턴) 2

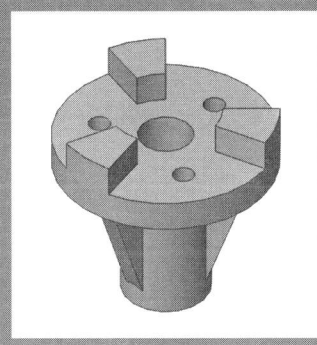

03 도형 복사하기(대칭) 3

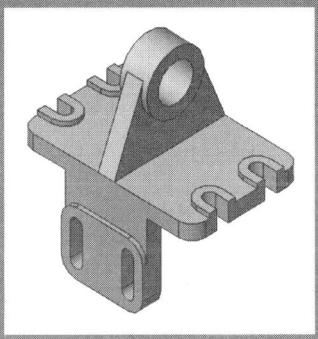

Section 1 도형 복사하기(패턴) 1

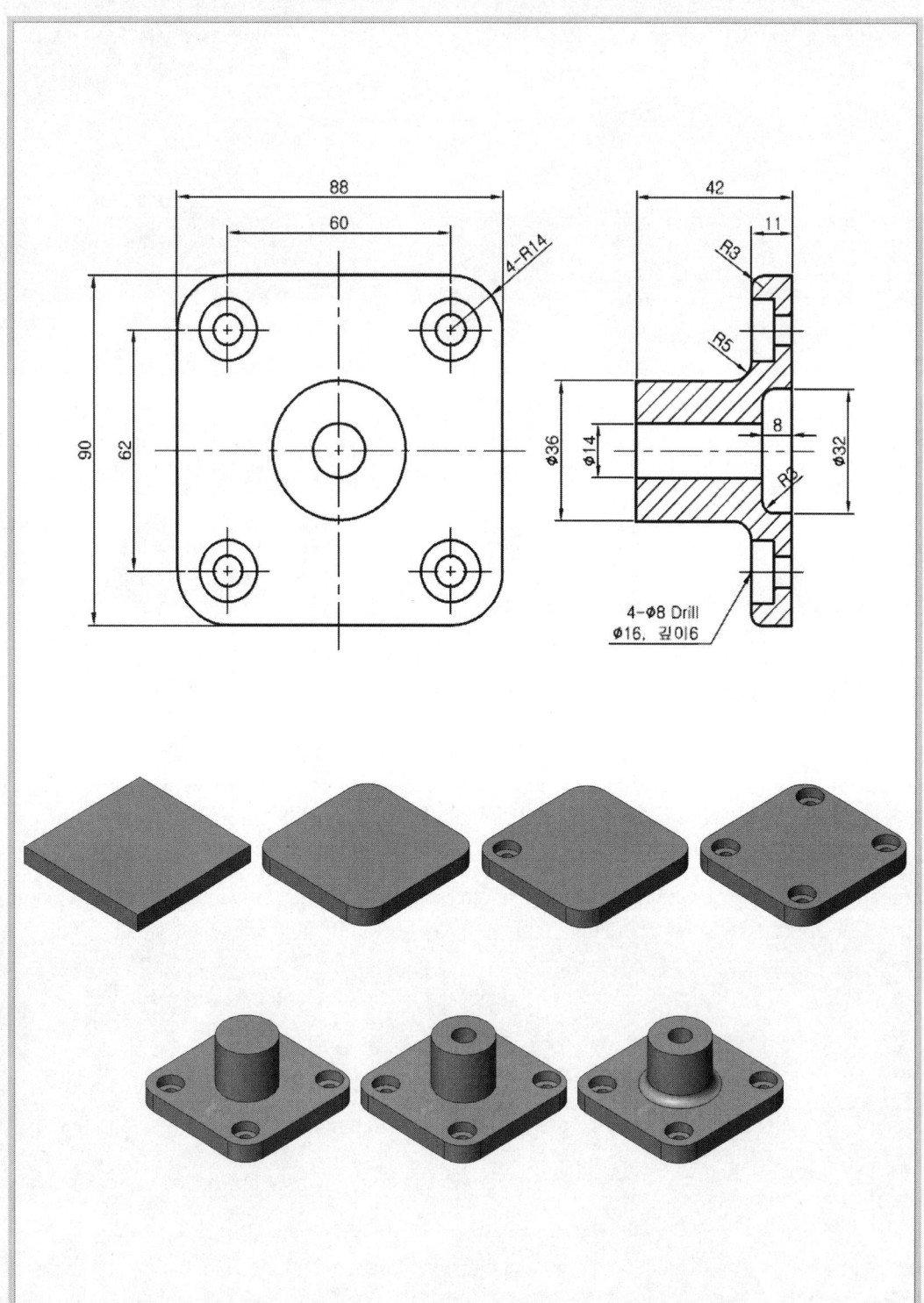

Chapter 06 도형 복사하기

Step 01 새 문서(📄)를 클릭한다. 파트(🧊)를 선택하고, 확인을 클릭한다.

Step 02 FeatureManager 디자인 트리에서 **윗면**을 클릭한다.

Step 03 도구모음에서 스케치(✏️)를 클릭한다.

Step 04 코너 사각형(▢)과 지능형 치수(🖉)를 이용하여 다음과 같이 작성한다.

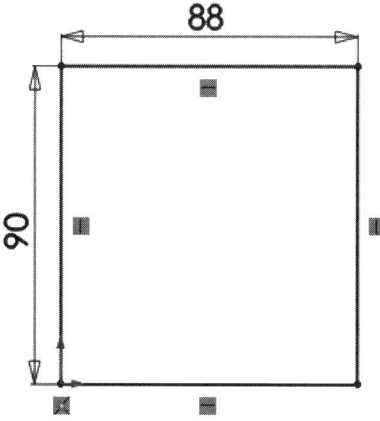

Step 05 스케치 종료(↩)를 클릭한다.

Step 06 돌출보스/베이스(🗃)를 클릭한다. 11mm를 입력하고, 확인(✔)을 클릭한다.

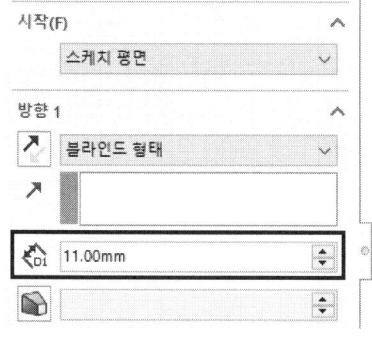 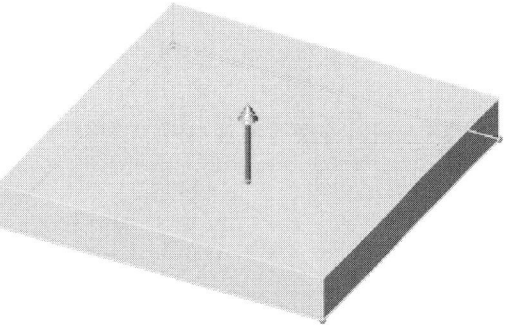

Step 07 필렛(📎)을 클릭한다. 반경 14mm를 입력한다. 적용될 4군데 모서리를 클릭하고, 확인(✓)을 클릭한다.

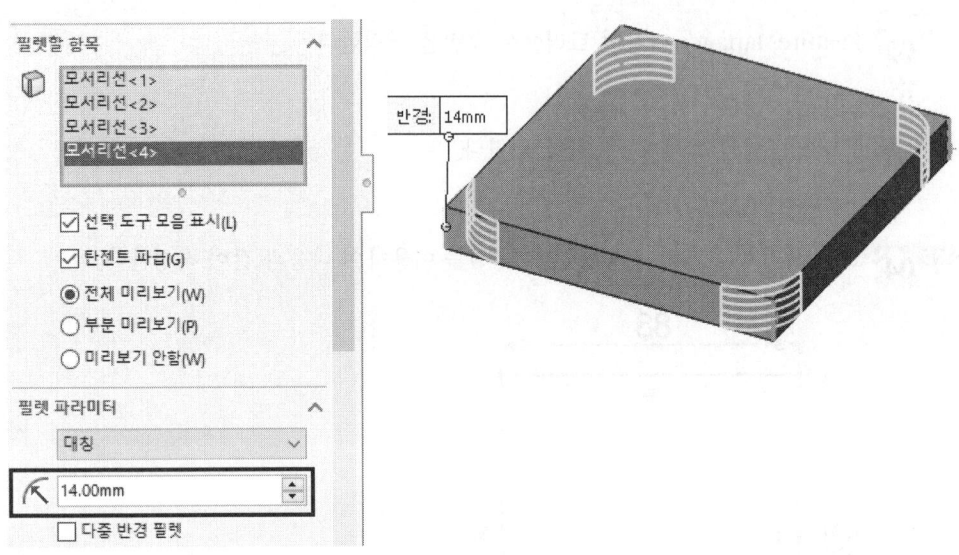

Step 08 생성한 피처의 윗면을 선택하여 스케치(📝)를 시작한다.

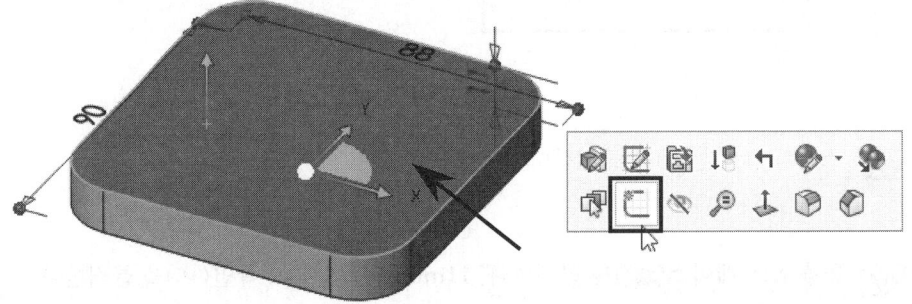

Step 09 점(■)을 클릭하고, 구멍이 생성될 필렛의 원형 모서리에 마우스를 가져간다.

Step 10 모서리의 중심이 표시되면 클릭하여 점을 작성한다.

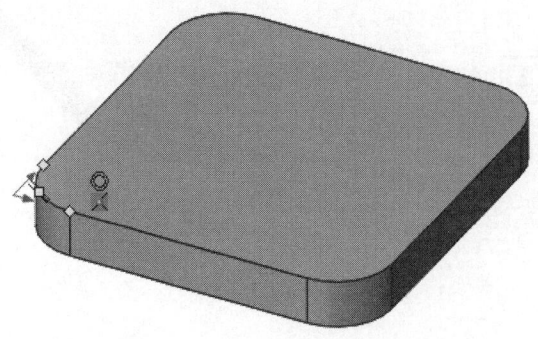

Step 11 스케치 종료(⌁)를 클릭한다.

Step 12 구멍가공마법사(🔩)를 클릭한다.

Step 13 구멍 **위치** 탭을 클릭한다. 구멍이 생성될 형상의 윗면을 클릭한다.

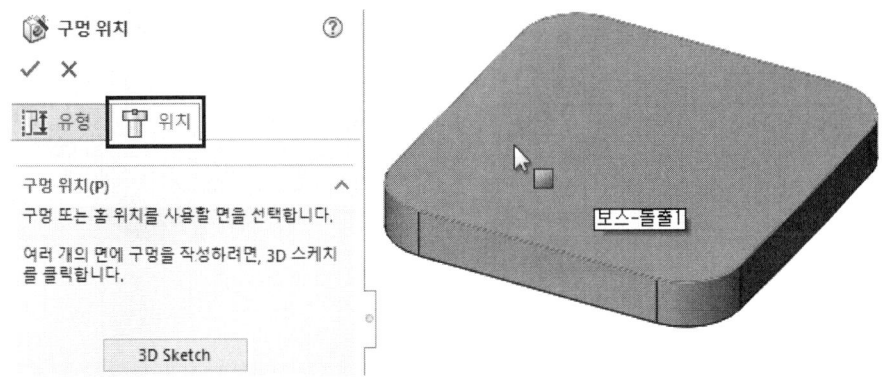

Step 14 생성시킨 스케치 점을 클릭한다.

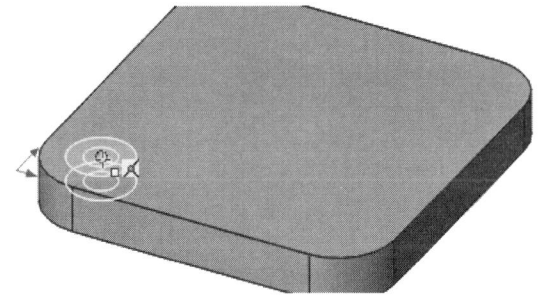

Step 15 유형 탭에서 **카운터보어**와 **ISO**를 선택하여 지정한다.

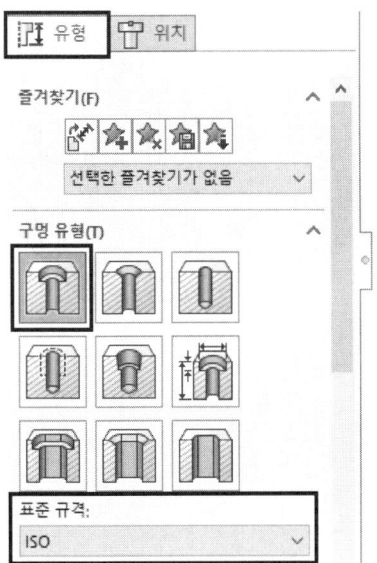

Step 16 사용자 정의크기 표시에 체크 하고, 카운터보어의 구멍 크기를 다음과 같이 입력한다.
마침조건을 관통으로 설정한다.

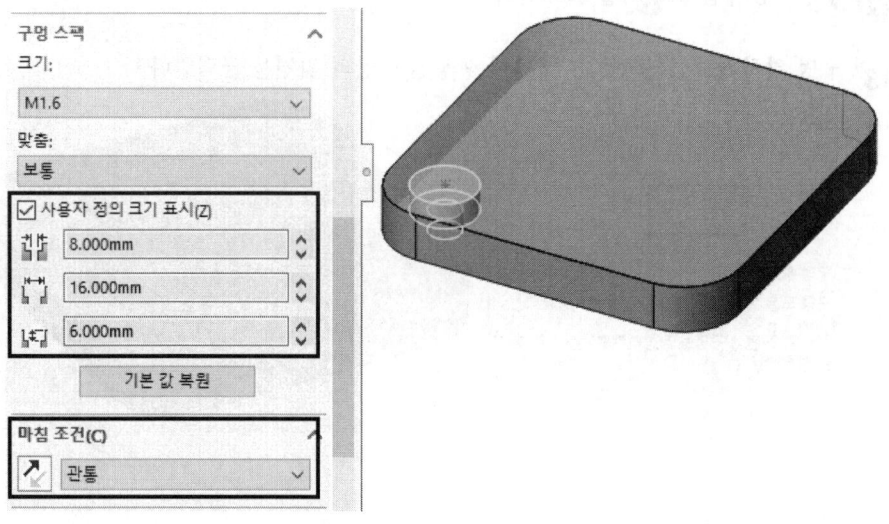

Step 17 확인(✓)을 클릭한다.

Step 18 선형패턴( )을 클릭한다.

Step 19 방향1에서 패턴시킬 모서리를 선택하고, 반대방향(↗) 버튼으로 방향을 설정한다.
간격에 60mm, 인스턴스 수(개수)에 2를 입력한다.

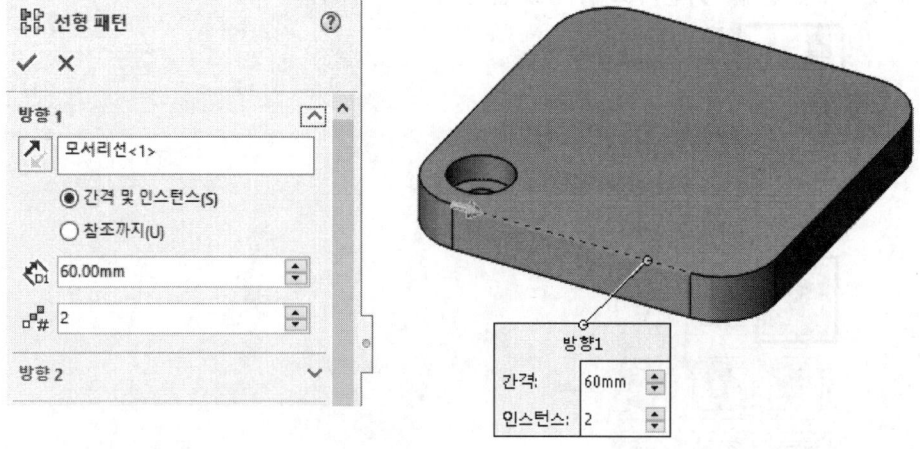

Chapter 06 도형 복사하기

Step 20 **방향2**에서 패턴시킬 모서리를 선택하고, 반대방향(↗) 버튼으로 방향을 설정한다. 간격에 62mm, 인스턴스 수(개수)에 2를 입력한다.

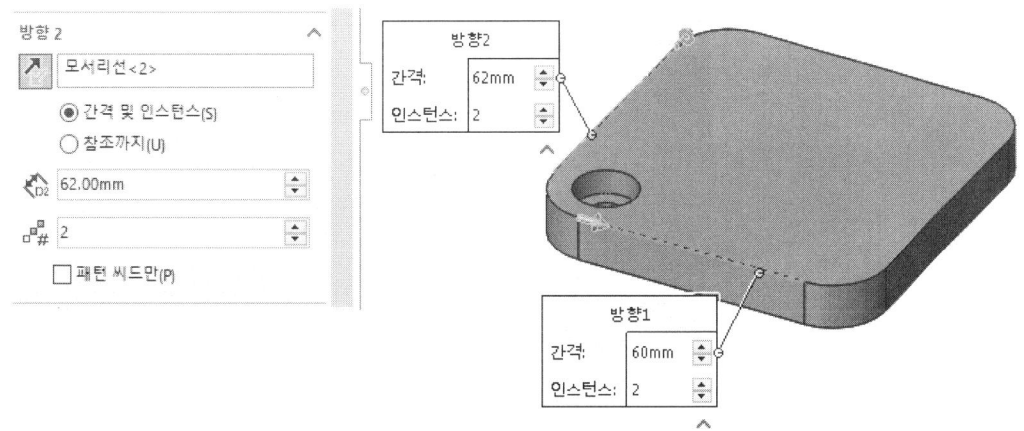

Step 21 패턴할 피처에서 생성시킨 카운터보어 구멍을 클릭한다.

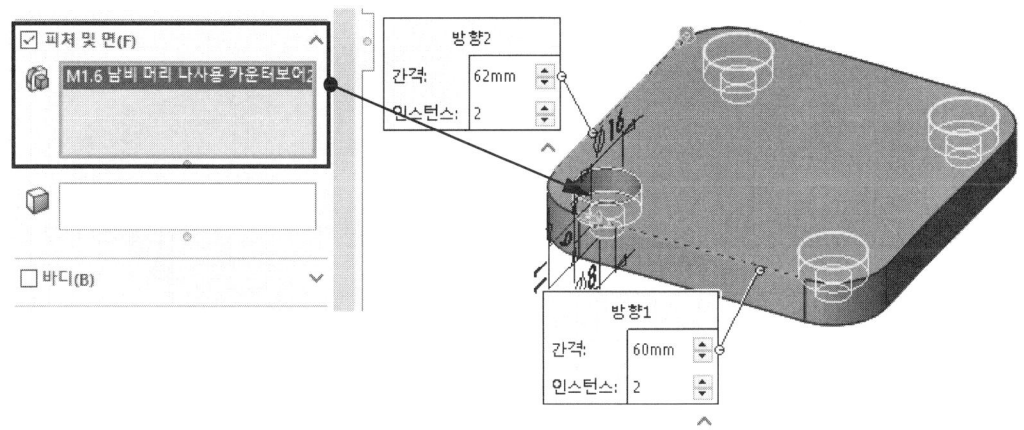

Step 22 확인(✓)을 클릭한다.

Step 23 생성한 피처의 윗면을 선택하여 스케치( )를 시작한다.

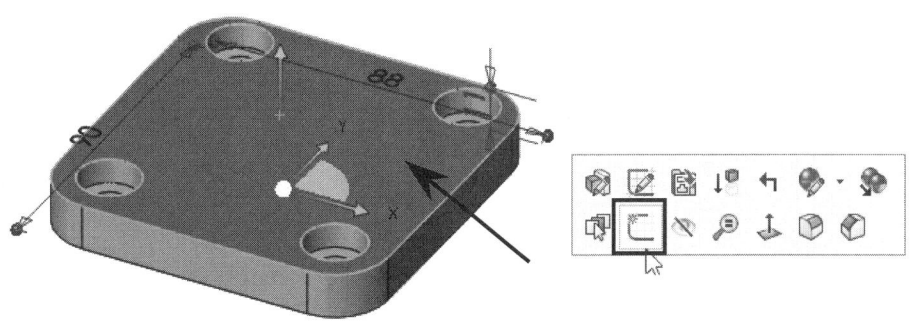

105

Step 24 원(⌾)과 지능형 치수(◇)를 이용하여 다음과 같이 원을 작성한다.

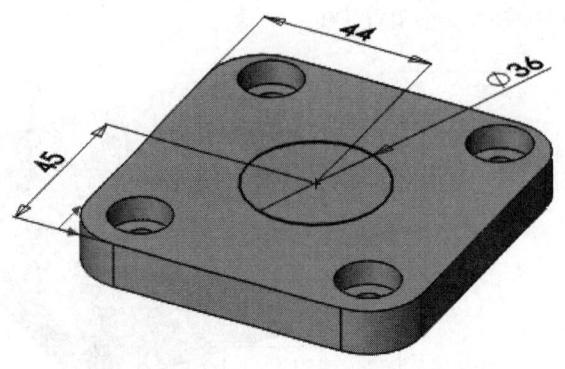

Step 25 스케치 종료(↩)를 클릭한다. Ctrl+7을 클릭하여 등각보기를 한다.

Step 26 돌출보스/베이스(⬢)를 클릭한다. 31mm를 입력하고, 확인(✔)을 클릭한다.

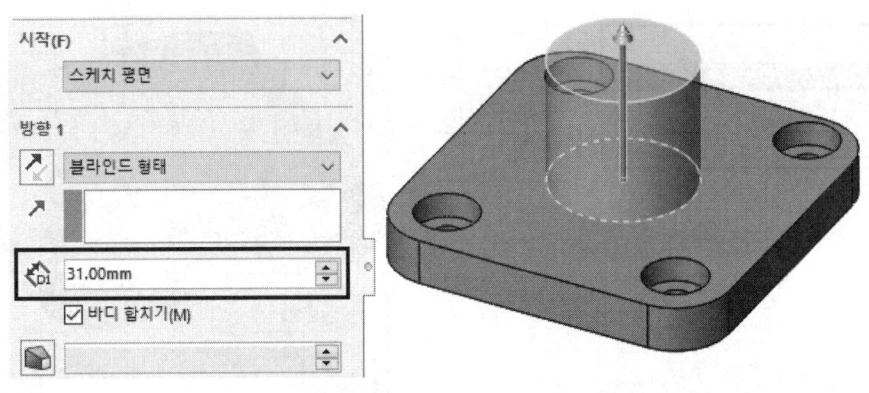

Step 27 참조형상(⬒) → 기준면(⬒)을 클릭한다.

Step 28 형상의 우측면과 좌측면을 클릭한다.

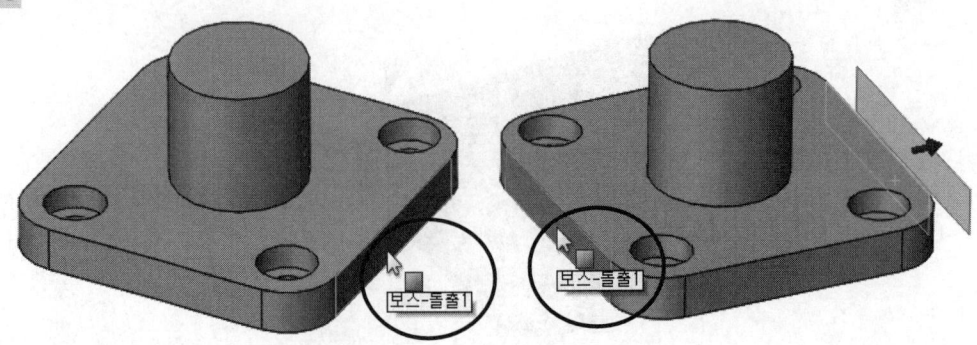

Step 29 중간 평면(≡)에 체크되었다. 확인(✓)을 클릭한다.

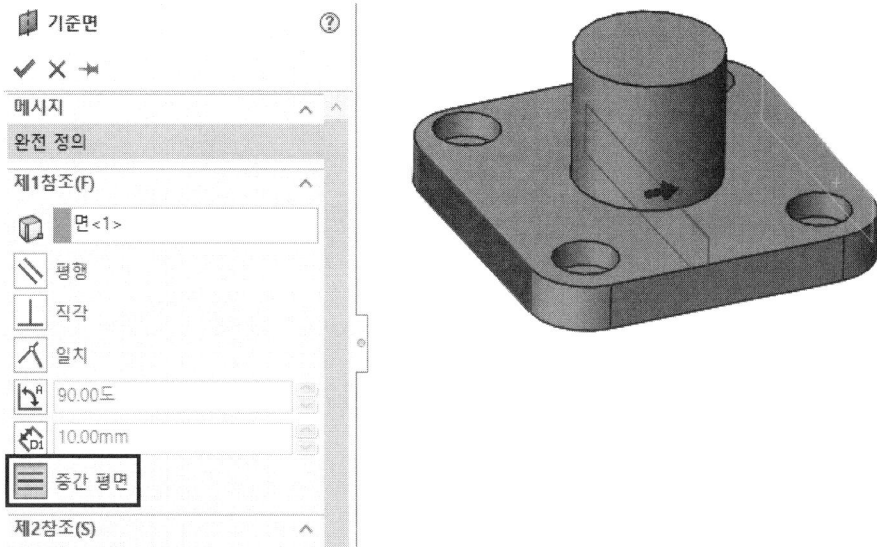

Step 30 생성한 중간평면을 선택하여 스케치(ⵎ)를 시작한다.

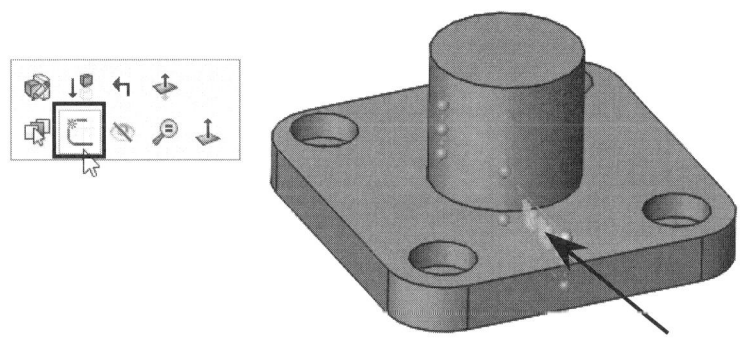

Step 31 Ctrl+8을 클릭하여 선택한 면을 보기 한다.

Step 32 중심선( )을 클릭하여 중간위치에 수직방향으로 길게 중심선을 작성한다.

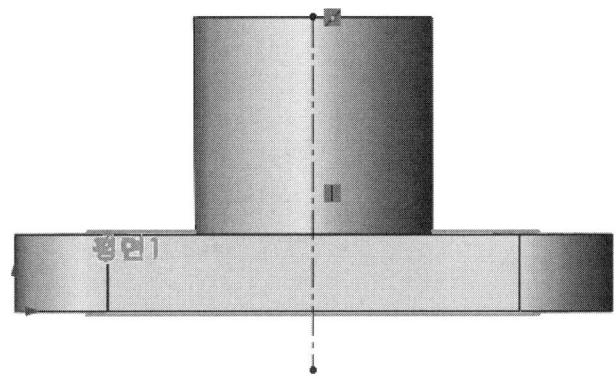

Step 33 선( )을 이용하여 다음과 같이 스케치를 작성한다.

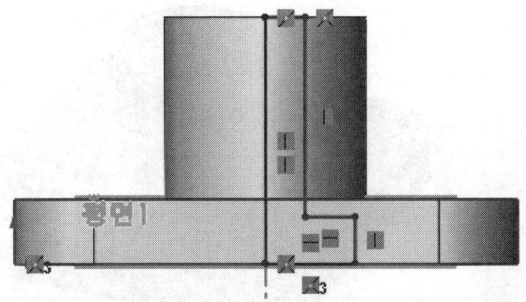

Step 34 지능형 치수( )를 이용하여 회전체의 지름 치수와 선형 치수를 입력한다.

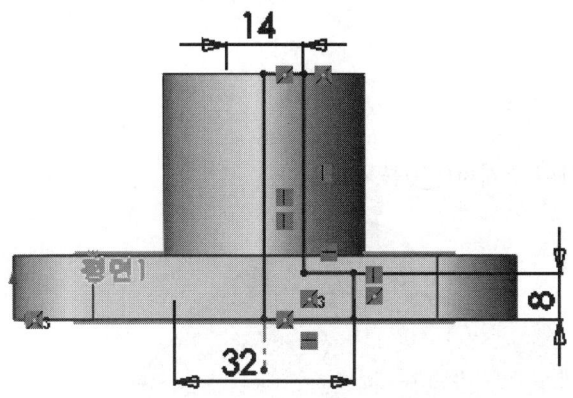

Step 35 스케치 종료( )를 클릭한다. Ctrl+7을 클릭하여 등각보기를 한다.

Step 36 회전컷( )을 클릭하고, 확인( )을 클릭하여 회전컷 형상을 생성한다.

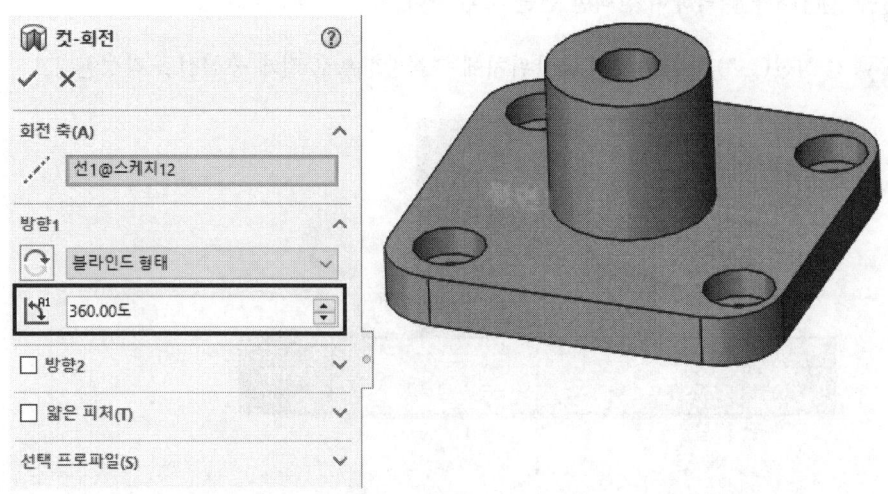

Chapter 06 도형 복사하기

Step 37 필렛( )을 클릭한다.

Step 38 반경 5mm를 입력하고, 필렛이 적용될 모서리를 클릭한다. 확인( )을 클릭한다.

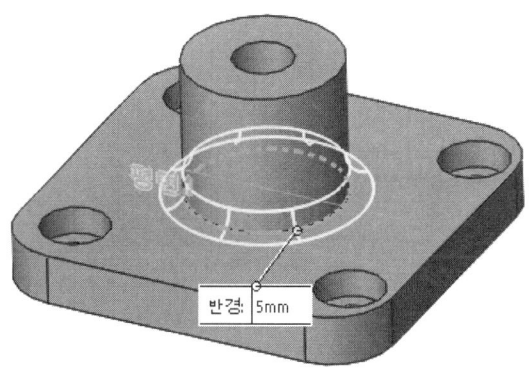

Step 39 필렛( )을 클릭하고, 반경 3mm으로, 필렛이 적용될 모서리를 클릭한다. 확인( )을 클릭한다.

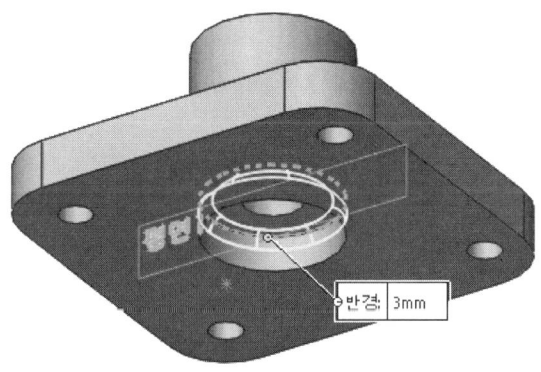

Step 40 단면도( )를 클릭한다.

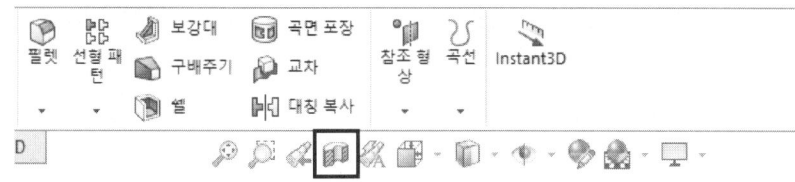

109

Step 41 작업트리를 확장하고, 중간평면을 클릭한다.

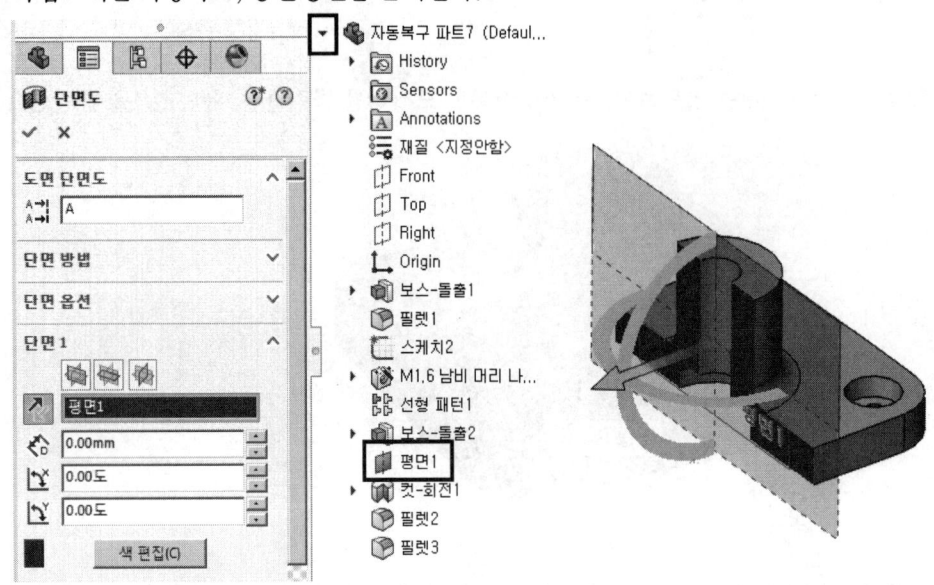

Step 42 저장(💾)을 클릭하여 **도형복사하기1.SLDPRT**를 입력하고 저장한다.

Step 43 도형 복사하기 1이 완성되었다.

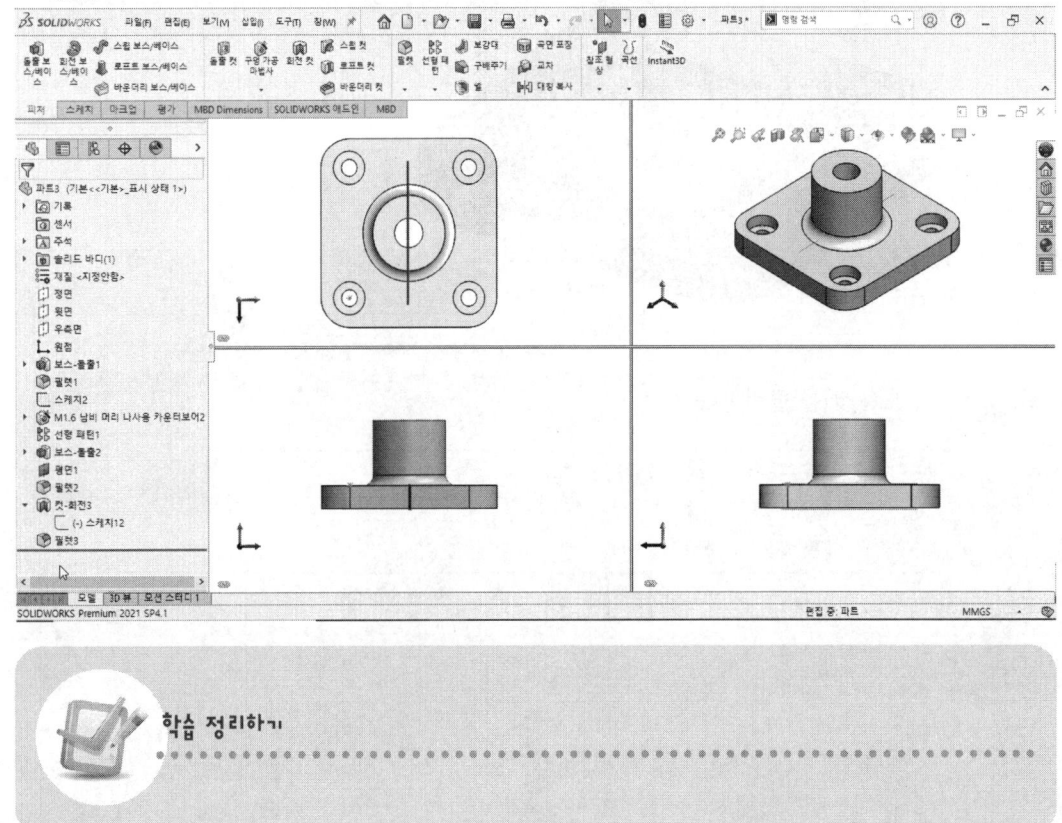

학습 정리하기

Section 2 도형 복사하기(패턴) 2

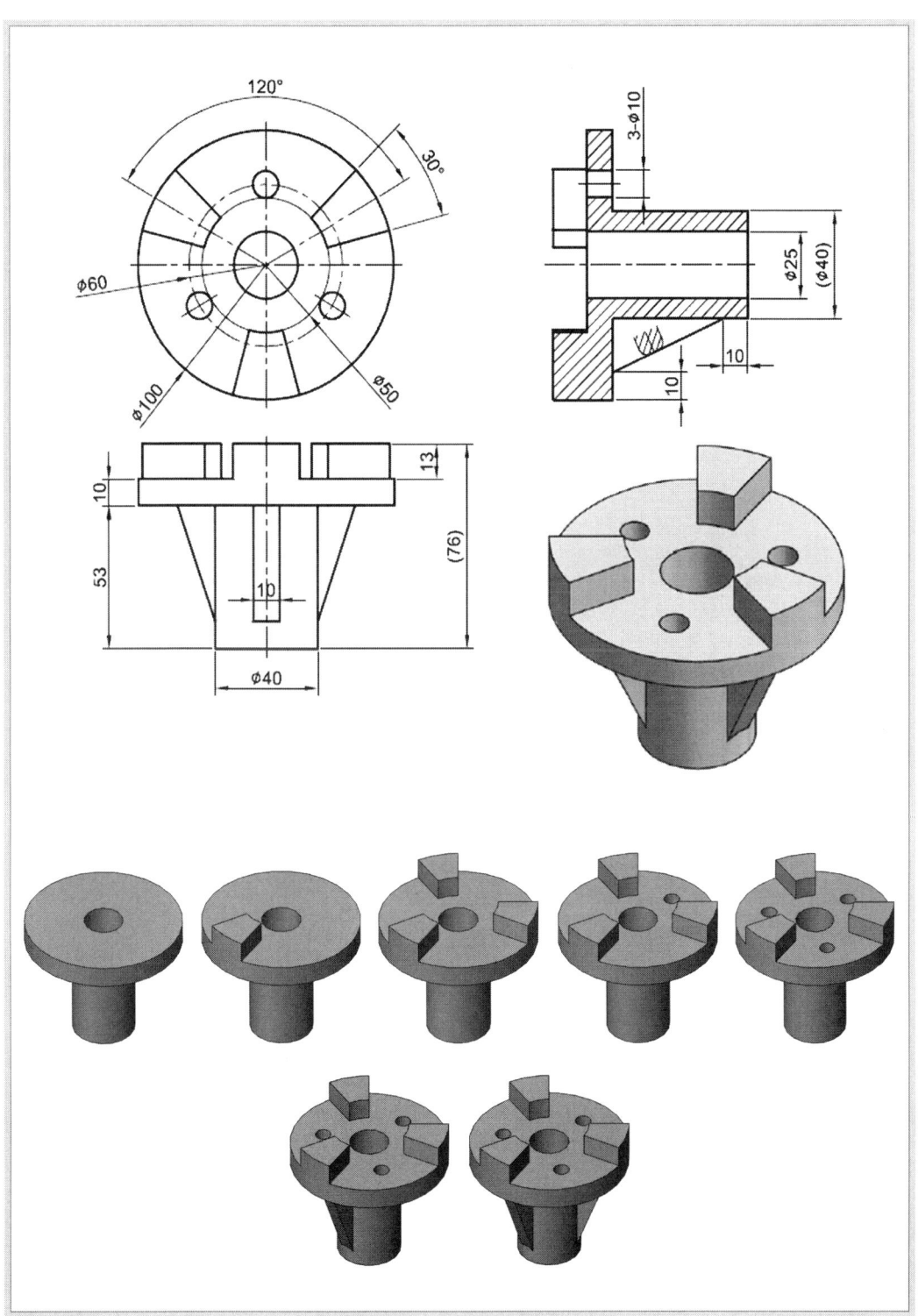

Step 01 새 문서(📄)를 클릭한다. 파트(🧊)를 선택하고, 확인을 클릭한다.

Step 02 FeatureManager 디자인 트리에서 **정면**을 클릭한다.

Step 03 도구모음에서 스케치(✏️)를 클릭한다.

Step 04 중심선(✏️)을 클릭하여 원점을 시작으로 길게 중심선을 작성한다.

Step 05 선(✏️)을 이용하여 형상의 외형을 작성한다.

Step 06 지능형 치수(🔍)를 이용하여 회전체의 지름 치수와 선형 치수를 입력한다.

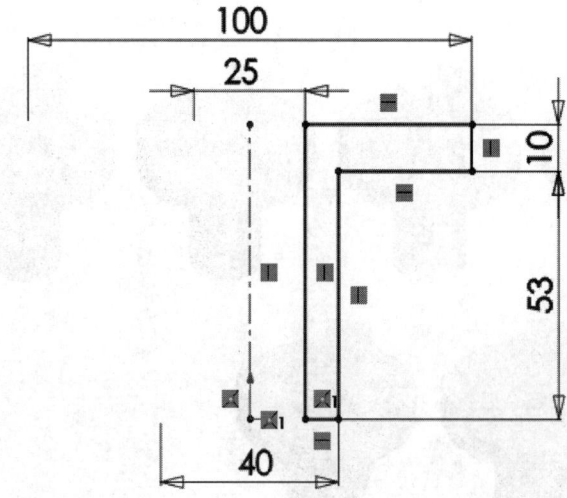

Step 07 스케치 종료(↩️)를 클릭한다.

Chapter 06 도형 복사하기

Step 08 회전보스/베이스(　)를 클릭하고, 확인(✓)을 클릭하여 회전형상을 생성한다.

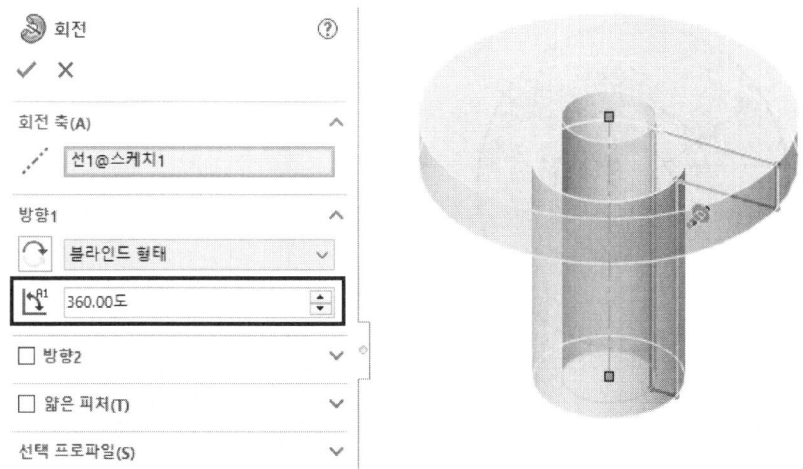

Step 09 생성한 피처의 윗면을 선택하여 스케치(　)를 시작한다.

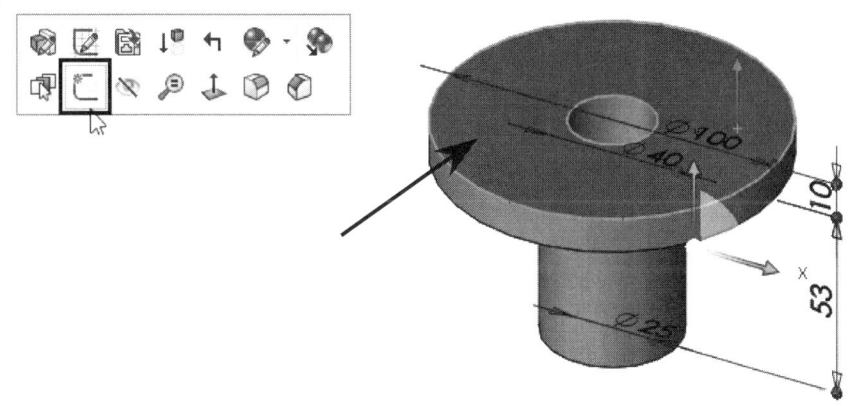

Step 10 중심선(　)을 클릭하여 원점을 통과하는 수직방향의 중심선을 작성한다.

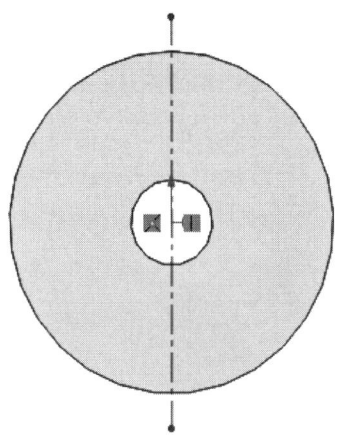

113

Step 11 원(⌀)과 지능형 치수(✎)를 이용하여 다음과 같이 2개의 원을 작성한다.

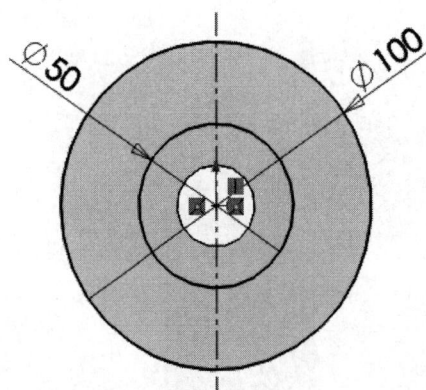

Step 12 선(✎)을 이용하여 양쪽에 대각선을 작성하고, 지능형 치수(✎)를 입력한다.

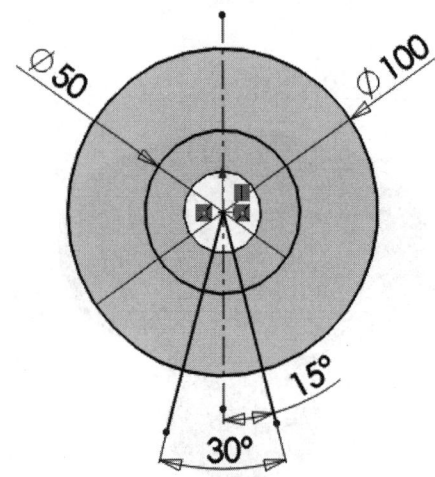

Step 13 요소 잘라내기(✂)에서 근접 잘라내기(⊢) 옵션을 클릭한다.

Step 14 다음 그림처럼 잘라내기를 한다.

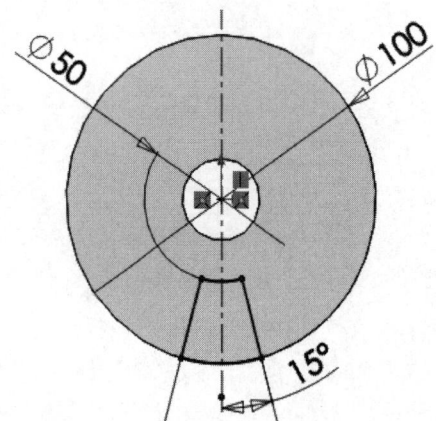

Step 15 스케치 종료(⌐)를 클릭한다. Ctrl+7을 클릭하여 등각보기를 한다.

Step 16 돌출보스/베이스(⬚)를 클릭한다. 반대방향(↗) 버튼으로 방향을 설정하고, 13mm를 입력하고, 확인(✔)을 클릭한다.

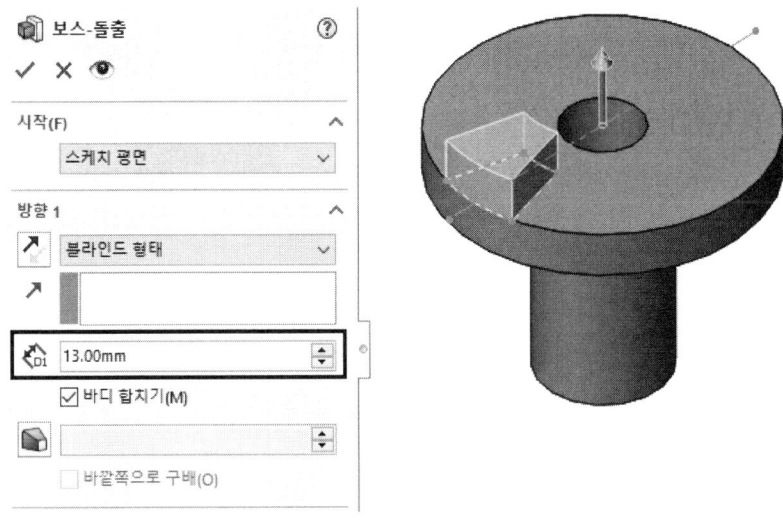

Step 17 원형 패턴(⬚)을 클릭한다.

Step 18 패턴할 피처로 방금 생성한 돌출형상을 선택한다.

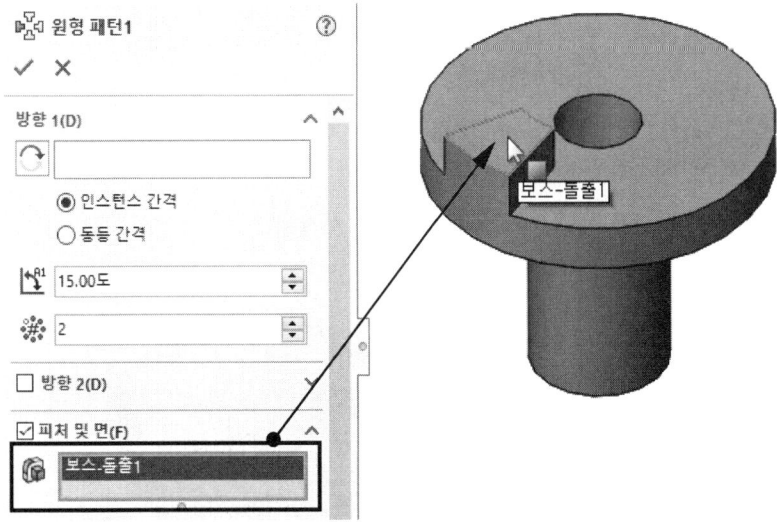

Step 19 패턴 축으로 형상의 원통면을 클릭한다.

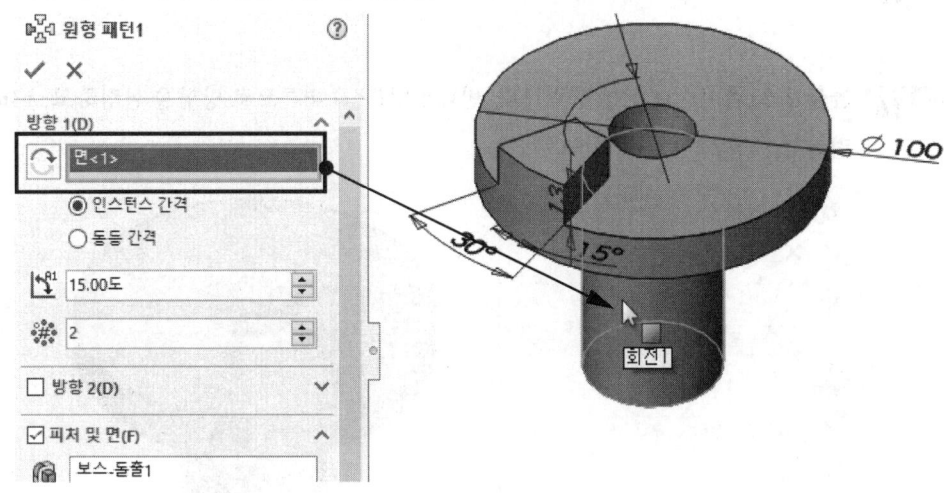

Step 20 각도에 120을 입력하고, 인스턴스 수에 3을 입력한다.

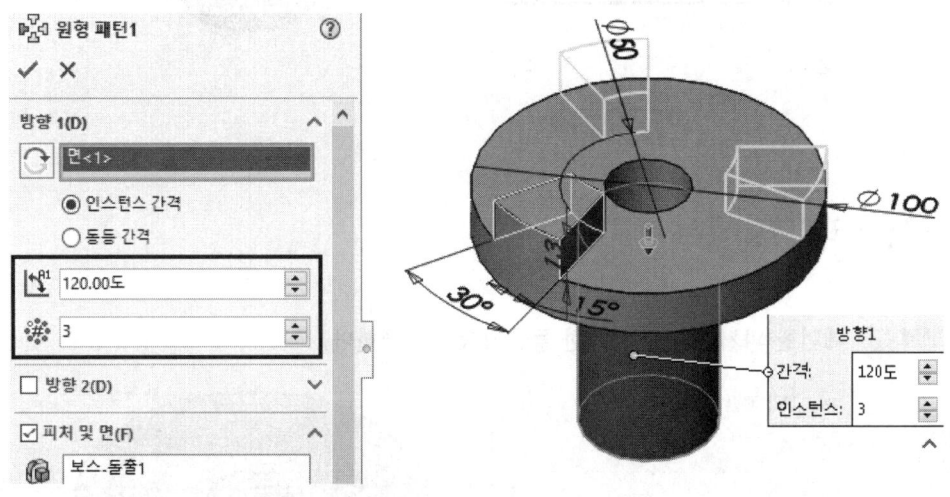

Step 21 확인(✓)을 클릭한다.

Step 22 생성한 피처의 윗면을 선택하여 스케치( )를 시작한다.

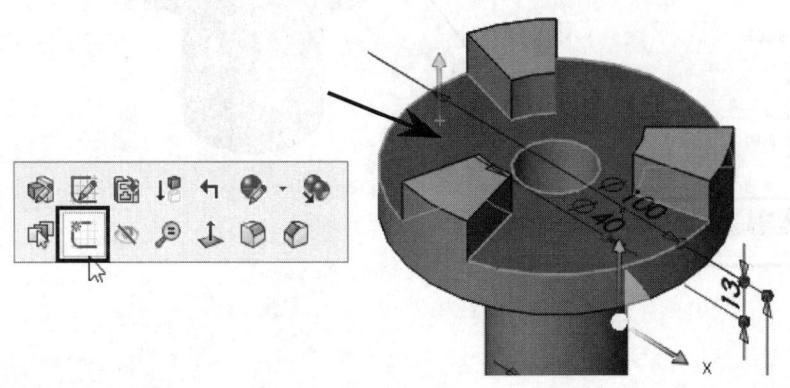

Step 23 Ctrl+8을 클릭하여 선택한 면을 보기 한다.

Step 24 중심선( )을 클릭하여 원점을 통과하는 수직방향의 중심선을 작성한다.

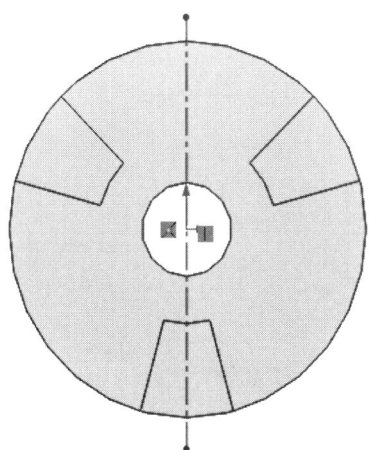

Step 25 원( )과 지능형 치수( )를 이용하여 다음과 같이 원을 작성한다.

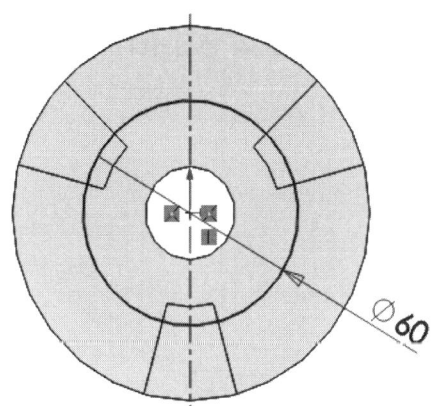

Step 26 원을 클릭하고, 보조선에 체크를 한다. 생성한 원이 보조(중심)원으로 변경되었다.

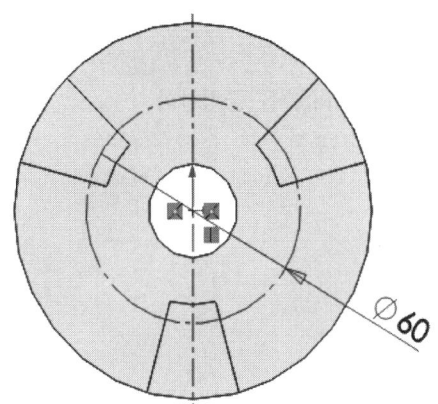

Step 27 중심선과 보조(중심)원이 만나는 교차지점에 원(◎)을 작성하고, 지능형 치수(◆)를 입력한다.

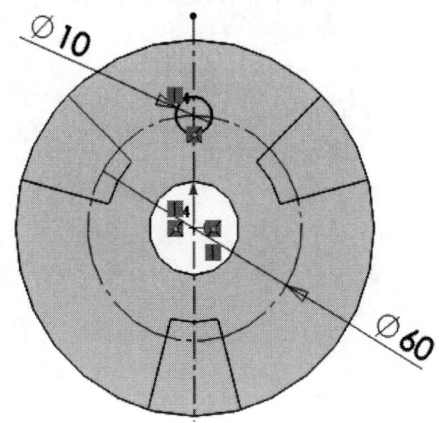

Step 28 스케치 종료(↵)를 클릭한다. Ctrl+7을 클릭하여 등각보기를 한다.

Step 29 돌출 컷(◩)을 클릭하고, **관통**으로 설정한다. 확인(✔)을 클릭한다.

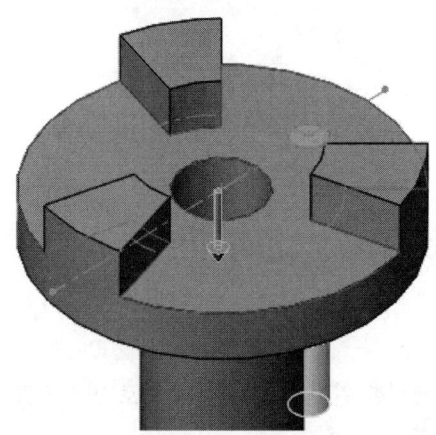

Step 30 원형 패턴(◈)을 클릭한다.

Step 31 패턴 할 피처로 방금 생성한 돌출컷 형상을 선택한다.

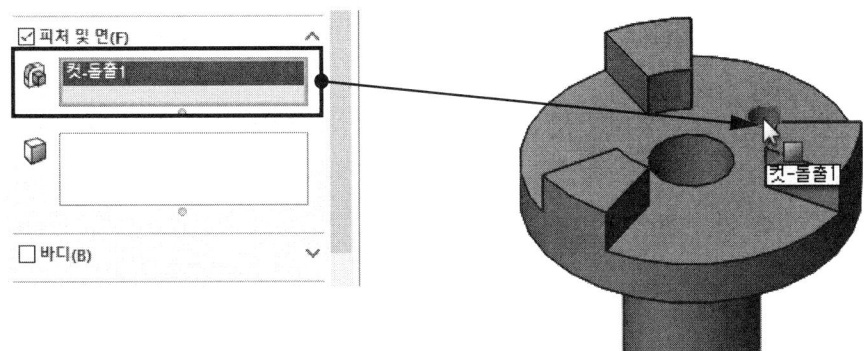

Step 32 패턴 축으로 형상의 원통면을 클릭한다.

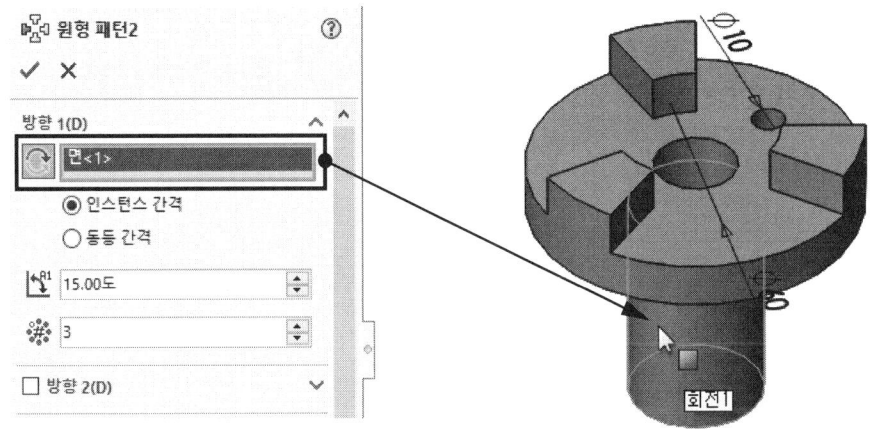

Step 33 각도에 120을 입력하고, 인스턴스 수에 3을 입력한다.

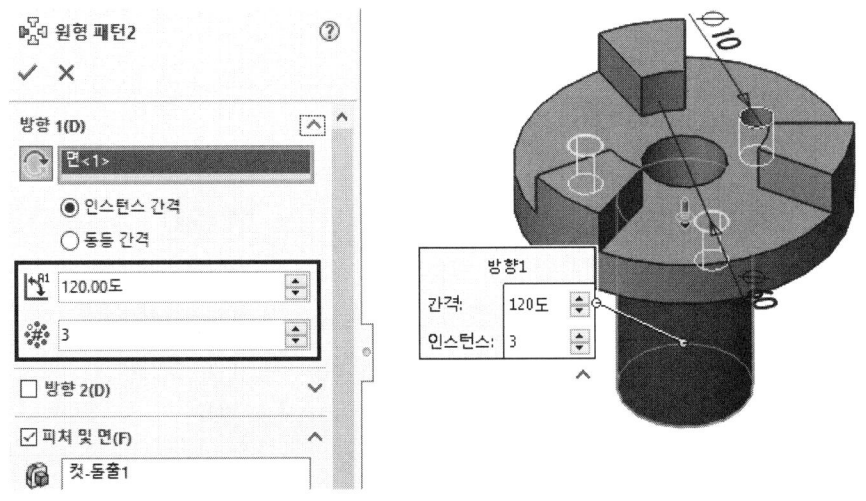

Step 34 확인(✔)을 클릭한다.

Step 35 FeatureManager 디자인 트리에서 **우측면**을 클릭한다. 스케치( )를 클릭한다.

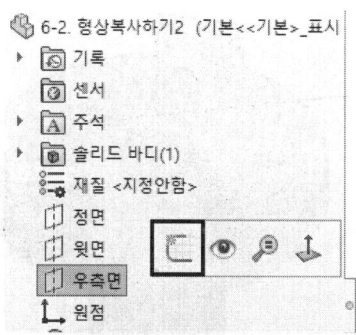

Step 36 [Ctrl]+8을 클릭하여 선택한 면을 보기 한다.

Step 37 선( )과 지능형 치수( )를 이용하여 다음과 같이 선을 작성한다.

Step 38 스케치 종료( )를 클릭한다.

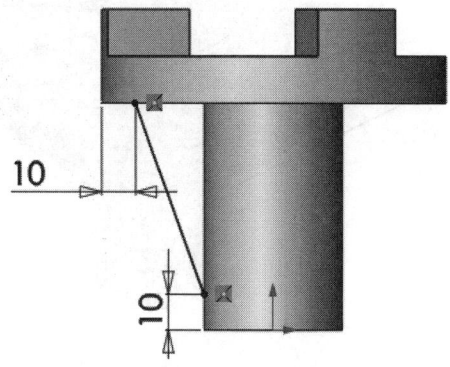

Step 39 보강대( )를 클릭한다.

Step 40 보강대의 두께에 **10mm**를 입력하고, **뒤집기**를 클릭하여 보강대 방향을 안쪽으로 설정한다. 확인( )을 클릭한다.

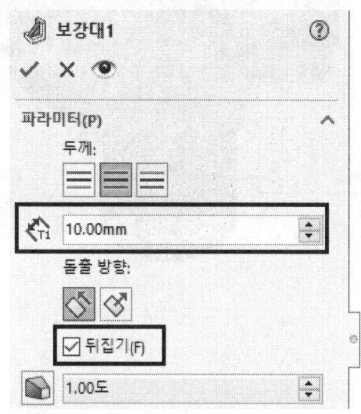
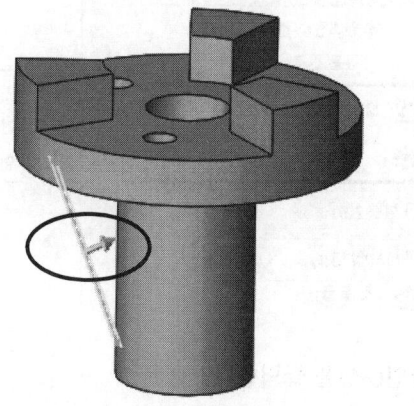

Chapter 06 도형 복사하기

Step 41 원형 패턴(🔄)을 클릭한다.

Step 42 패턴할 피처로 방금 생성한 보강대 형상을 선택한다.

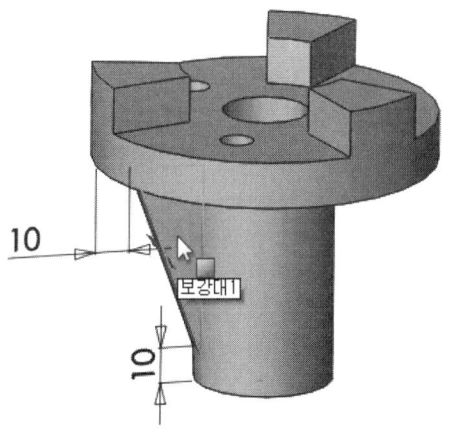

Step 43 패턴 축으로 형상의 원통면을 클릭한다.

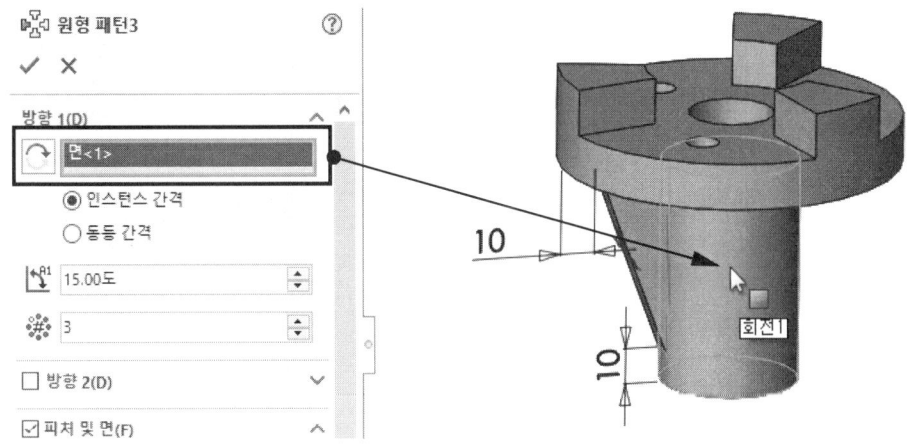

Step 44 각도에 120을 입력하고, 인스턴스 수에 3을 입력한다.

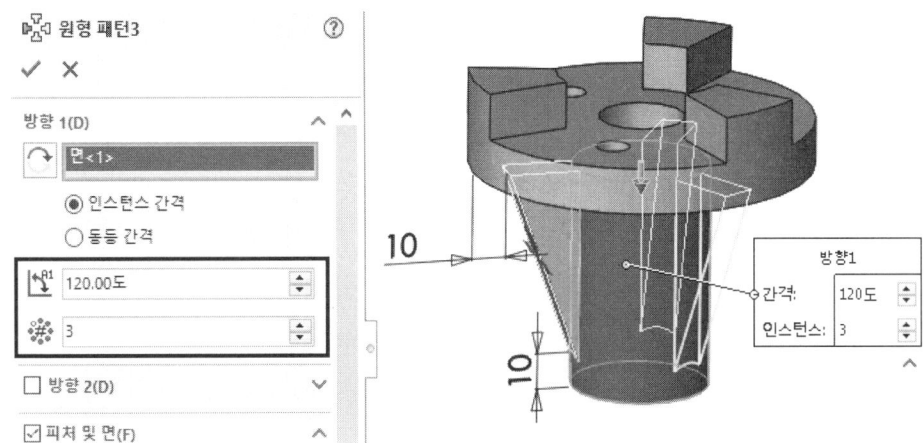

121

Step 45 확인(✔)을 클릭한다.

Step 46 저장(💾)을 클릭하여 **도형복사하기2.SLDPRT**를 입력하고 저장한다.

Step 47 도형 복사하기 2가 완성되었다.

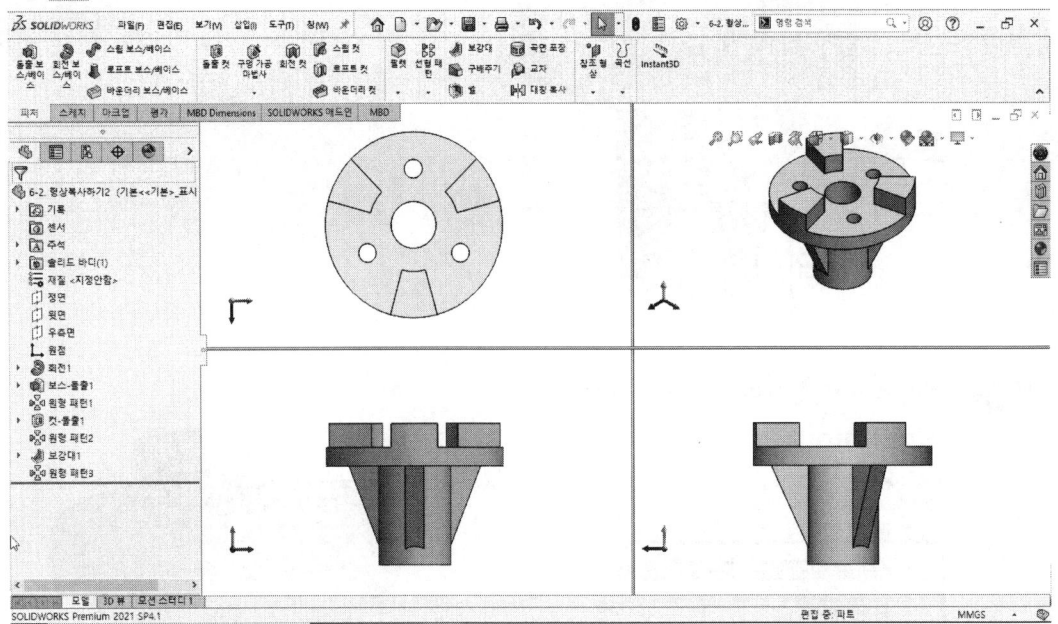

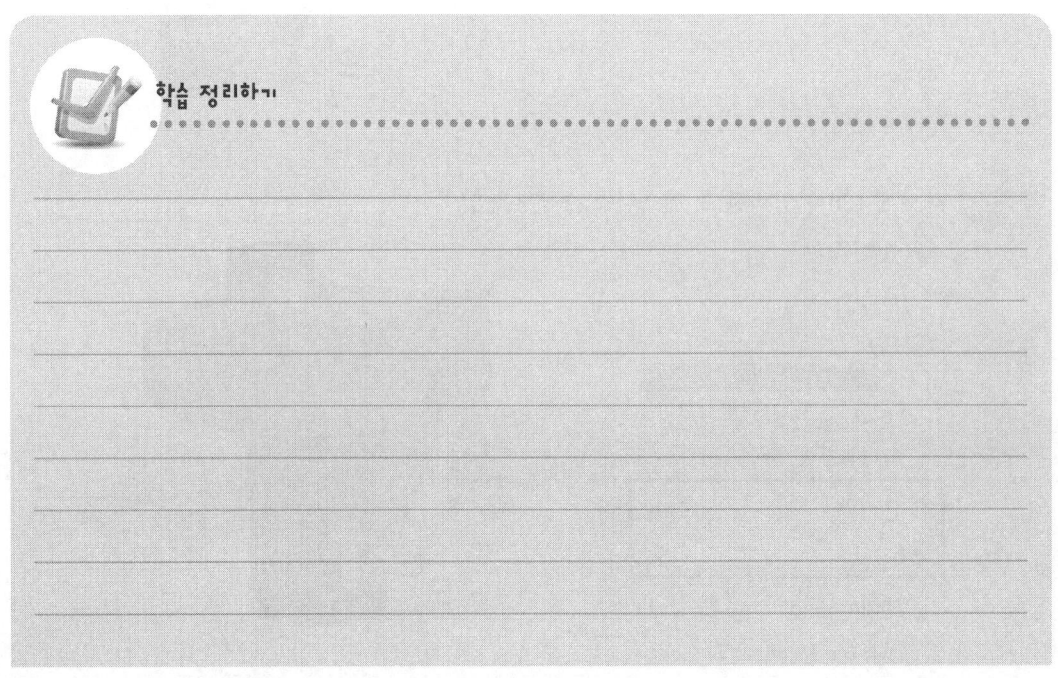

Section 3 도형 복사하기(대칭) 3

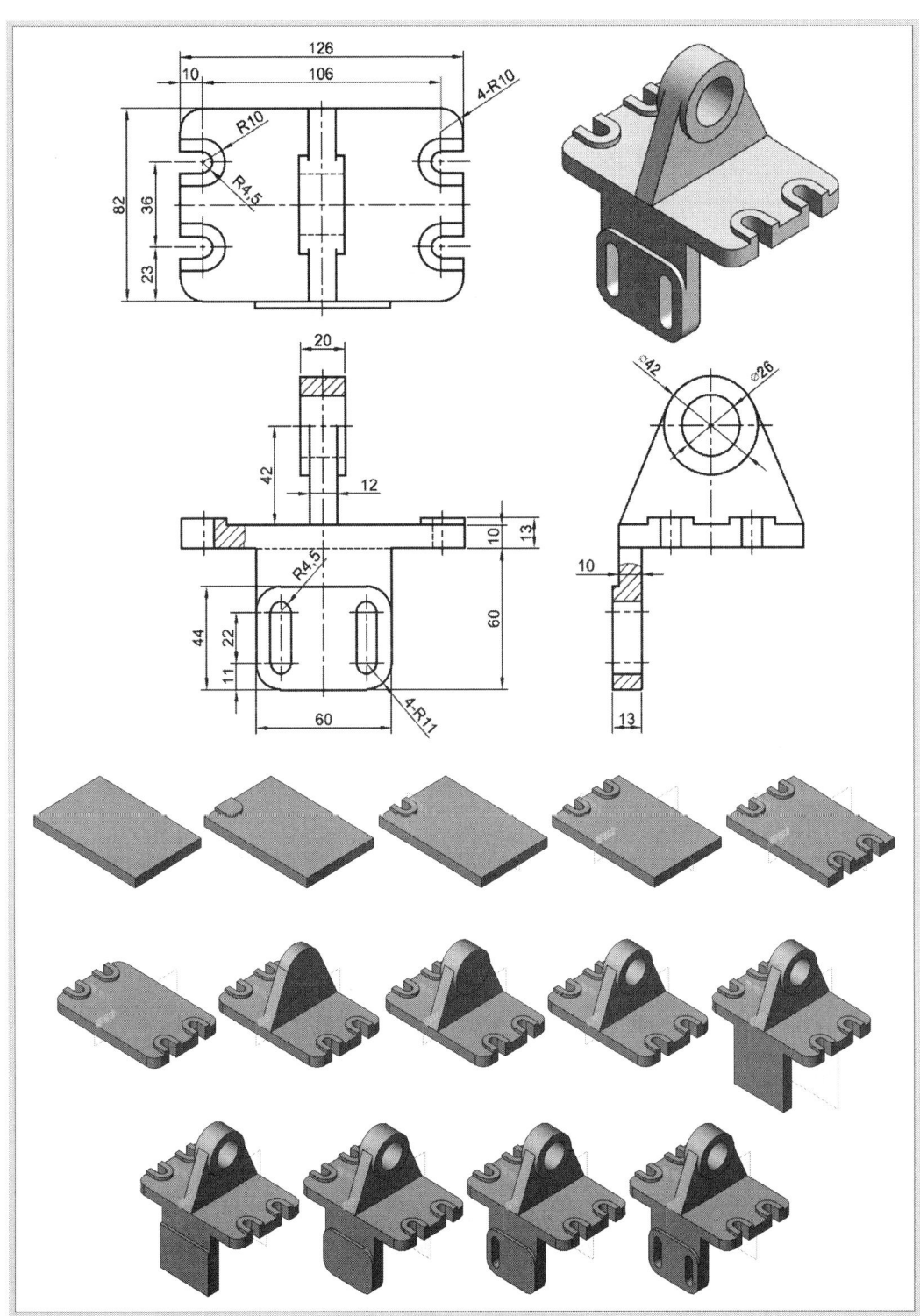

Step 01 새 문서(📄)를 클릭한다. 파트(🧊)를 선택하고, 확인을 클릭한다.

Step 02 FeatureManager 디자인 트리에서 **윗면**을 클릭한다.

Step 03 도구모음에서 스케치(✏️)를 클릭한다.

Step 04 코너 사각형(▭)과 지능형 치수(🔍)를 이용하여 다음과 같이 작성한다.

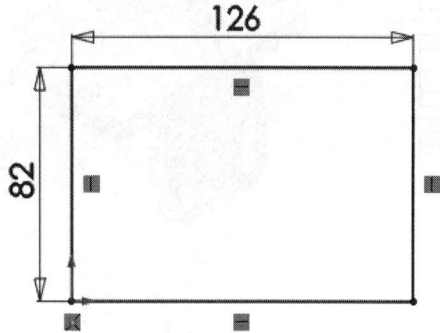

Step 05 스케치 종료(↩️)를 클릭한다.

Step 06 돌출보스/베이스(🧊)를 클릭한다. 10mm를 입력하고, 확인(✓)을 클릭한다.

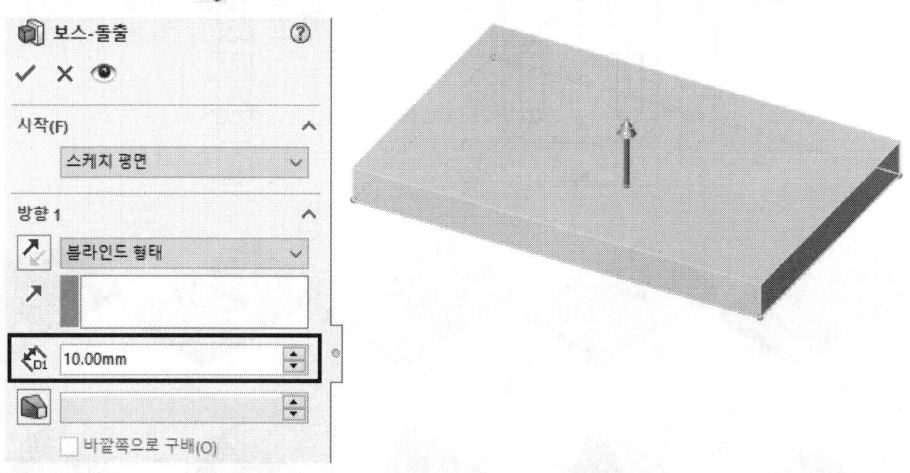

Step 07 생성한 피처의 윗면을 선택하여 스케치(✏️)를 시작한다.

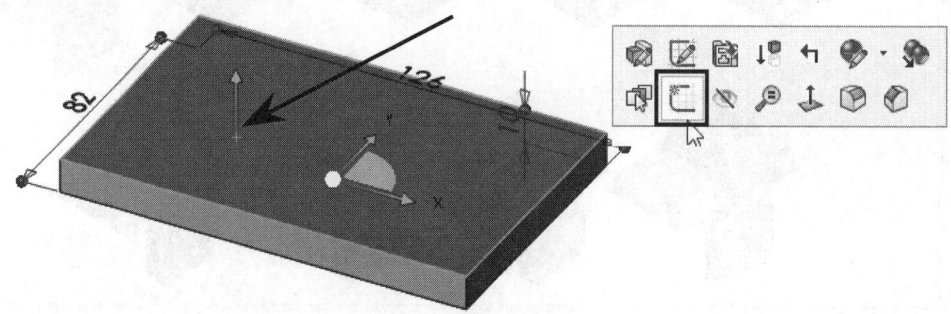

Step 08 Ctrl+8을 클릭하여 선택한 면을 보기 한다.

Step 09 직선 홈(⬜)과 지능형 치수(✎)를 이용하여 다음과 같이 작성한다.

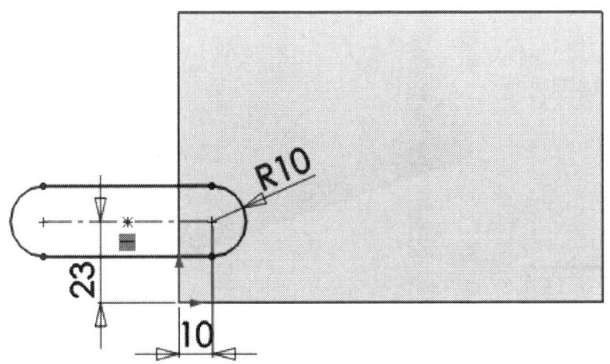

Step 10 요소 변환(📦)을 클릭하고, 왼쪽 모서리를 클릭한다. 확인(✔)을 클릭한다.

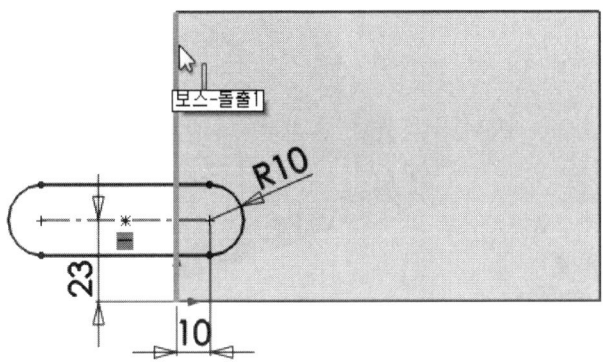

Step 11 요소 잘라내기(✂)에서 근접 잘라내기(∘┘) 옵션을 클릭한다.

Step 12 다음 그림처럼 잘라내기를 한다. 아래 창에서 **확인**을 클릭한다.

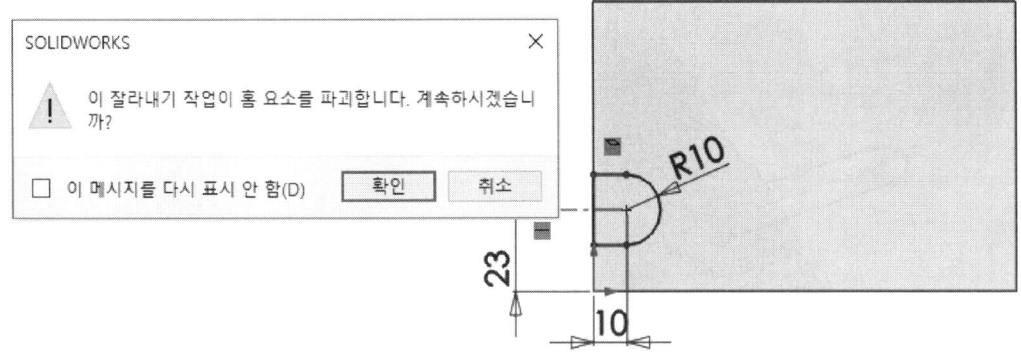

Step 13 스케치 종료(↩)를 클릭한다.

Step 14 돌출보스/베이스(📦)를 클릭한다. 3mm을 입력하고, 확인(✔)을 클릭한다.

Step 15 생성한 피처의 윗면을 선택하여 스케치(📝)를 시작한다.

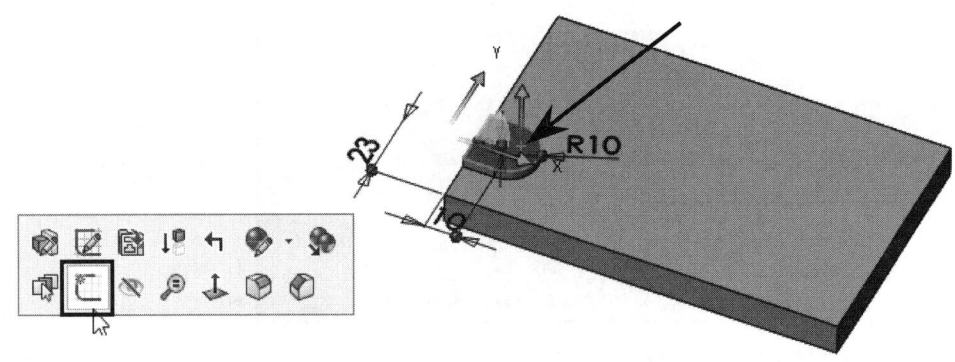

Step 16 직선 홈(⬭)을 클릭하고, 원형 모서리에 마우스를 가져간다.

Step 17 **원형 모서리의 중심이 표시되면 클릭하여 직선 홈을 작성한다.**

Step 18 지능형 치수(🗡)를 이용하여 다음과 같이 작성한다.

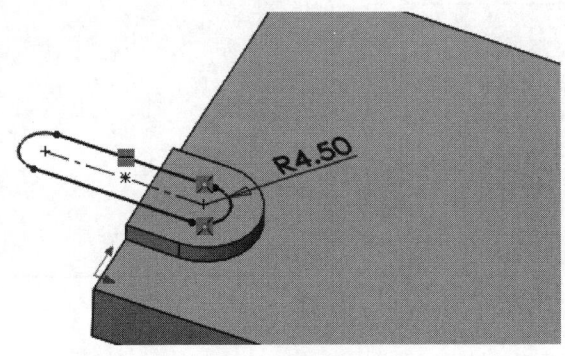

Step 19 스케치 종료(📝)를 클릭한다.

Step 20 돌출 컷(📦)을 클릭하고, **관통**으로 설정한다. 확인(✔)을 클릭한다.

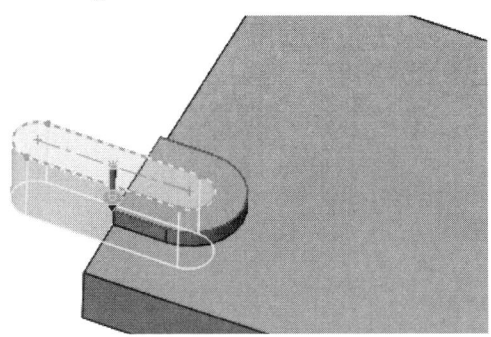

Step 21 참조형상(📐) → 기준면(📄)을 클릭한다.

Step 22 형상의 앞면을 클릭한다.

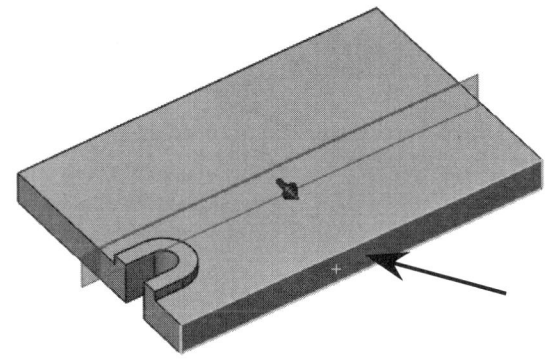

Step 23 오프셋(📏) 거리 버튼을 클릭하고, 거리값 41mm를 입력한다. 오프셋 뒤집기에 체크를 하여 방향을 바꾼다.

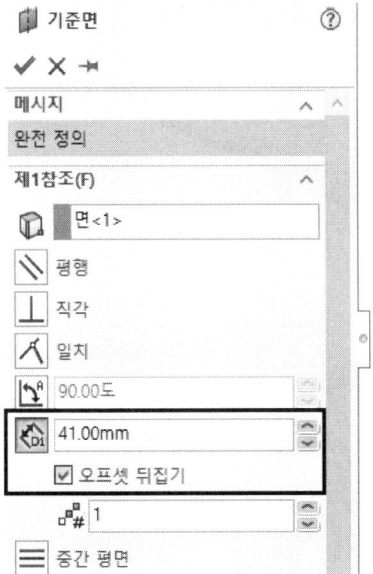

Step 24 확인(✓)을 클릭한다.

Step 25 대칭복사(⊨⊣)를 클릭한다.

Step 26 대칭 복사할 기준면으로 위에서 생성한 기준면을 클릭한다.

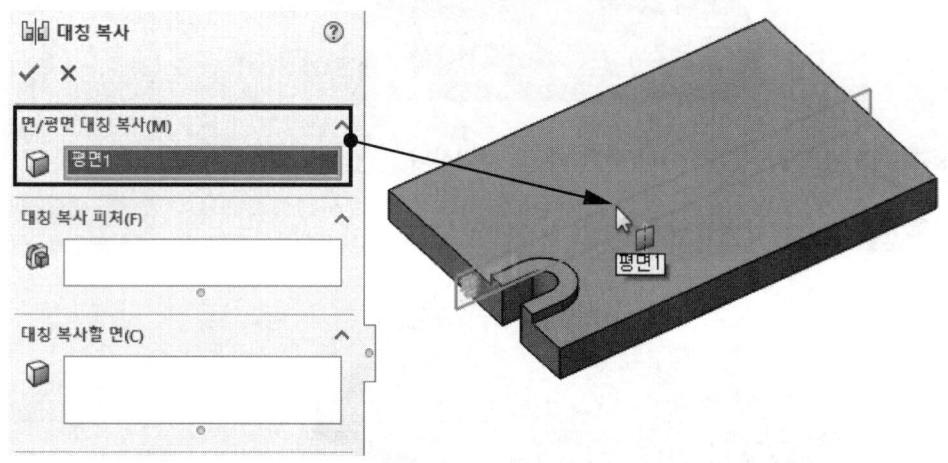

Step 27 대칭 복사할 피처로 **보스-돌출**과 **컷-돌출**을 클릭한다. 확인(✓)을 클릭한다.

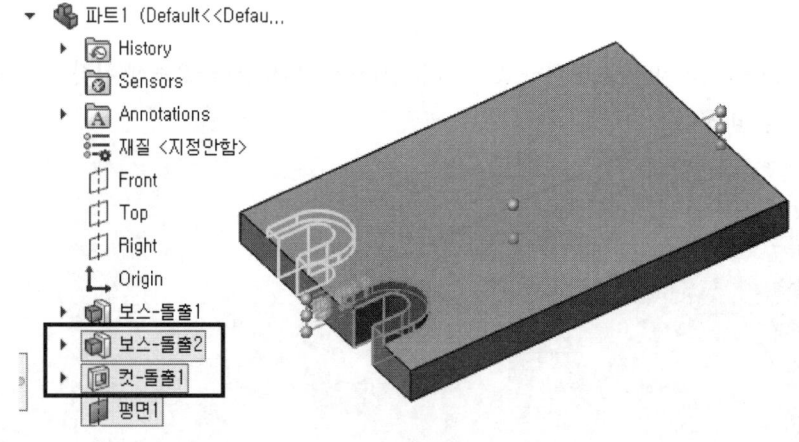

Step 28 참조형상(▤) → 기준면(▤)을 클릭하고, 형상의 측면을 클릭한다.

Step 29 오프셋(⟦⟧) 거리 버튼을 클릭하고, 거리값 63mm를 입력한다. 오프셋 뒤집기에 체크를 하여 방향을 바꾼다.

Chapter 06 도형 복사하기

Step 30 확인(✓)을 클릭한다.

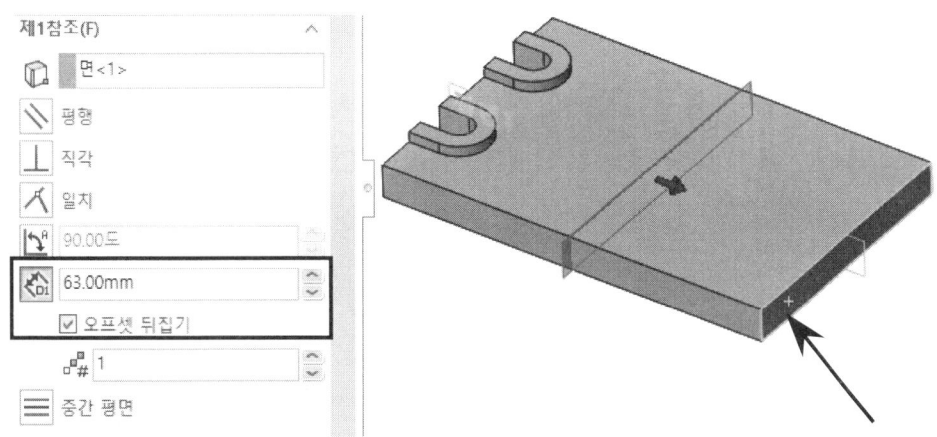

Step 31 대칭복사(▶|◀)를 클릭한다.

Step 32 대칭 복사할 기준면으로 위에서 생성한 기준면을 클릭한다.

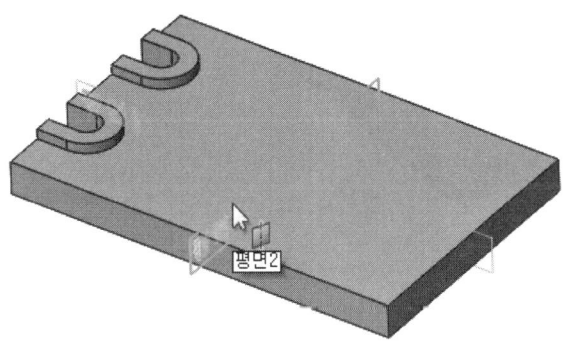

Step 33 대칭 복사할 피처로 **보스-돌출, 컷-돌출, 대칭복사**1을 클릭한다. 확인(✓)을 클릭한다.

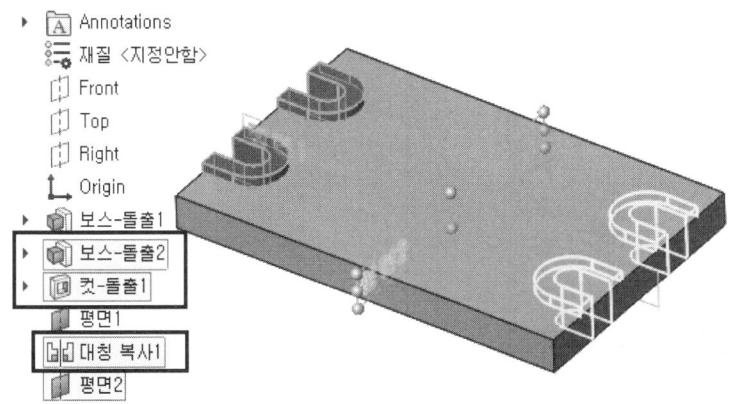

129

Step 34 | 필렛(📦)을 클릭한다. 반경 10mm를 입력한다. 적용될 4군데 모서리를 클릭하고, 확인(✔)을 클릭한다.

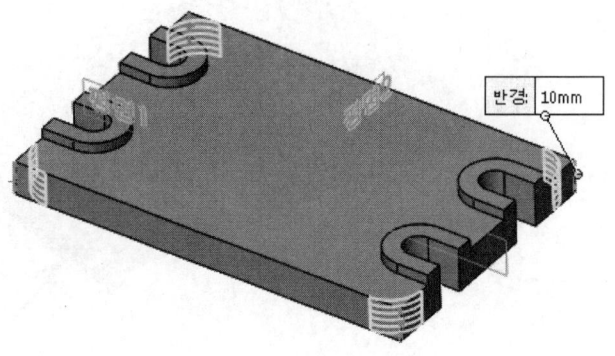

Step 35 | step30에서 생성한 기준면을 선택하여 스케치(📝)를 시작한다.

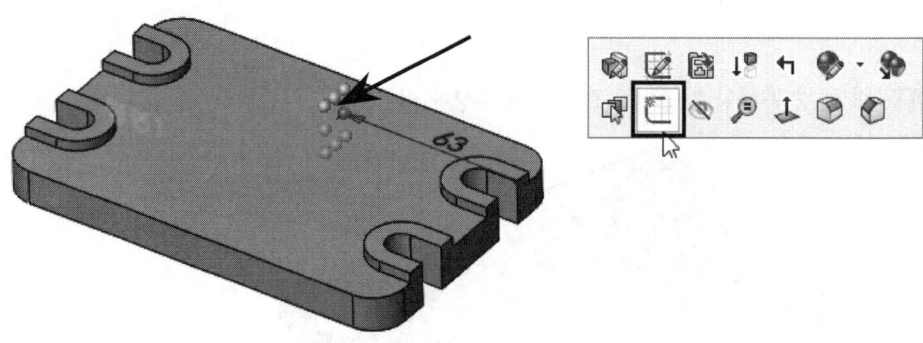

Step 36 | Ctrl+8을 클릭하여 선택한 면을 보기 한다.

Step 37 | 원(⊙)과 지능형 치수(✎)를 이용하여 다음과 같이 원을 작성한다.

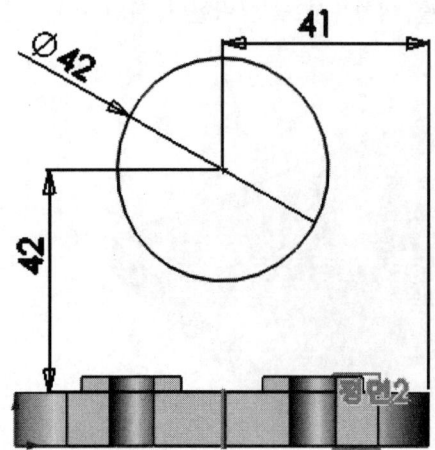

Step 38 선(∕)을 이용하여 다음과 같이 선을 작성한다.

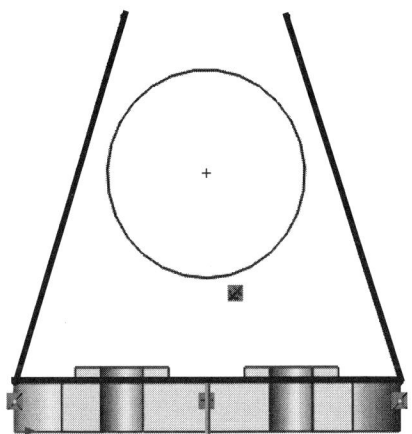

Step 39 [Ctrl]키를 누른 채로 원과 선을 클릭한다. 왼쪽 창에서 **탄젠트** 구속조건을 클릭한다. 확인(✔)을 클릭한다.

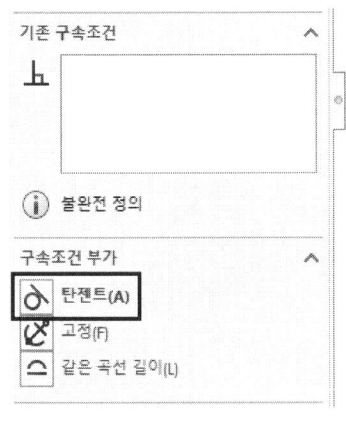 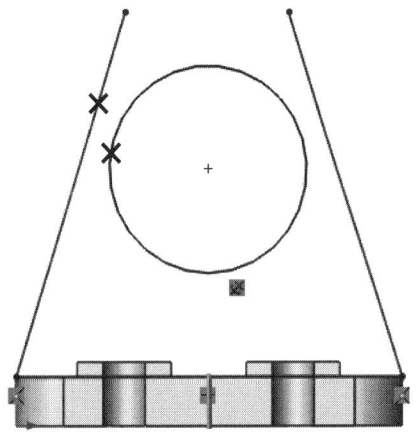

Step 40 오른쪽 원과 선에도 탄젠트 구속조건을 부가한다.

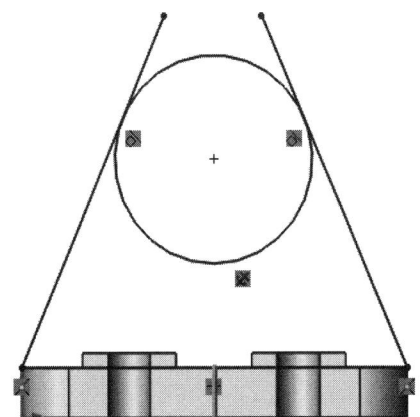

Step 41 요소 잘라내기( )에서 근접 잘라내기( ) 옵션을 클릭한다.

Step 42 다음 그림처럼 잘라내기를 한다. 스케치 종료( )를 클릭한다.

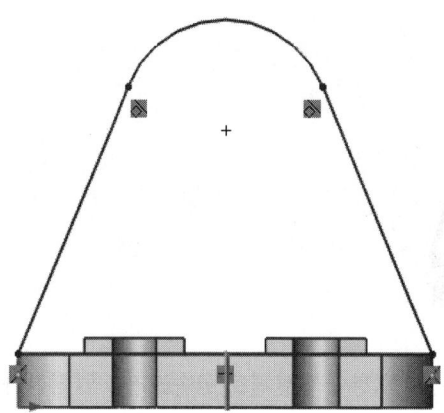

Step 43 돌출보스/베이스( )를 클릭한다. 방향1을 **중간평면**으로 설정하고, 12mm을 입력한다. 확인( )을 클릭한다.

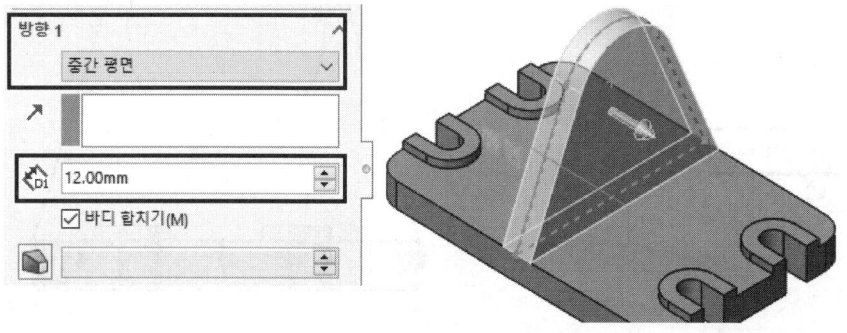

Step 44 생성한 기준면을 선택하여 스케치( )를 시작한다.

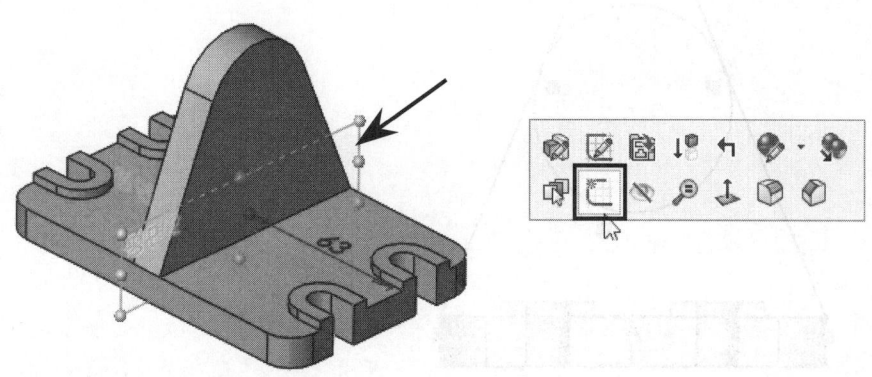

Step 45 원(⊙)을 다음과 같이 작성한다. 스케치 종료(↵)를 클릭한다.

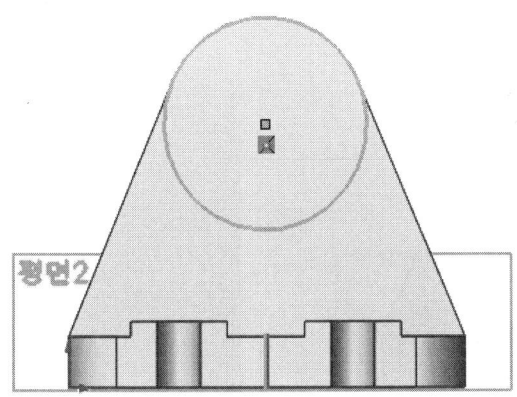

Step 46 돌출보스/베이스(📦)를 클릭한다. 방향1을 **중간평면**으로 설정하고, 20mm을 입력한다. 확인(✓)을 클릭한다.

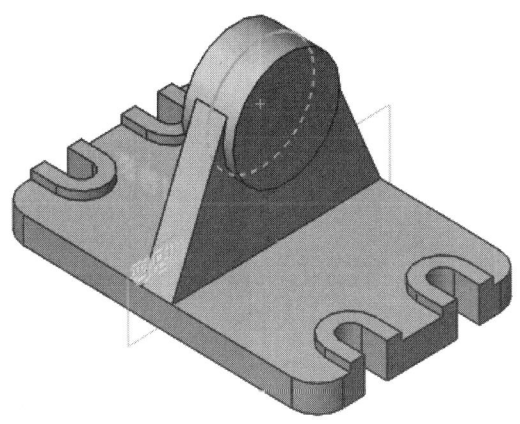

Step 47 생성한 기준면을 선택하여 스케치(📝)를 시작한다.

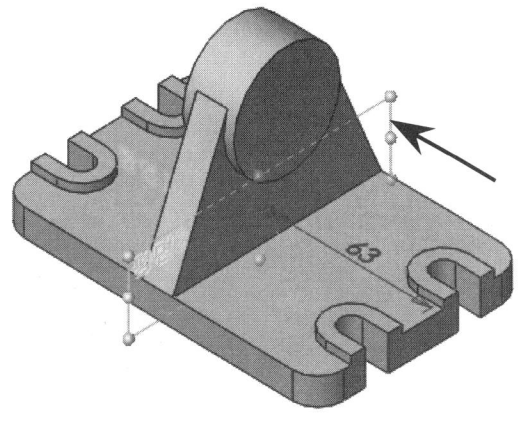

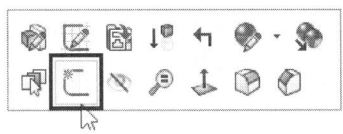

Step 48 원(⊙)을 다음과 같이 작성한다. 스케치 종료(⤶)를 클릭한다.

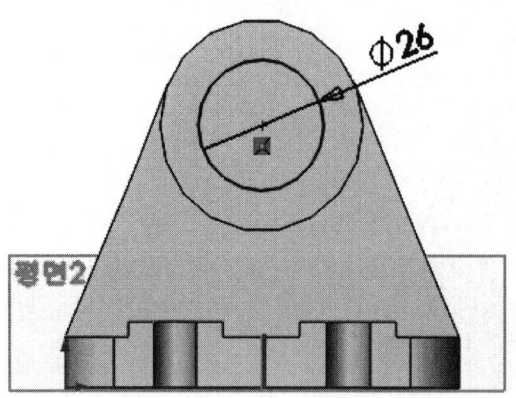

Step 49 돌출 컷(􀀁)을 클릭한다. **관통-양쪽**으로 설정하고, 확인(✔)을 클릭한다.

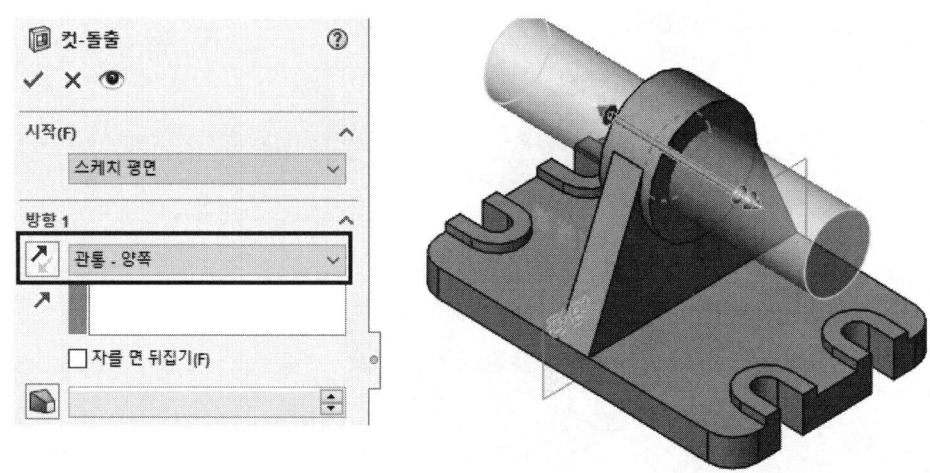

Step 50 생성한 피처의 앞면을 선택하여 스케치(􀀁)를 시작한다.

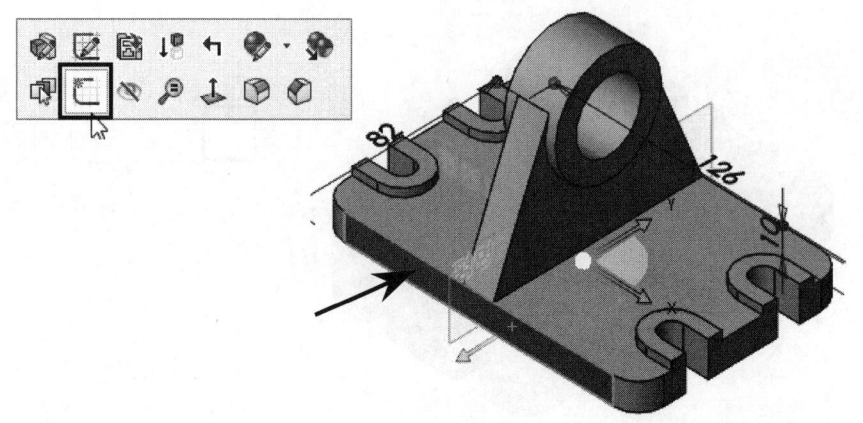

Step 51 코너 사각형(□)과 지능형 치수(◆)를 이용하여 사각형을 작성한다. 스케치 종료(↵)를 클릭한다.

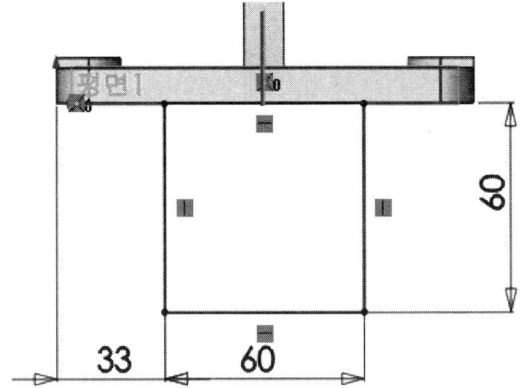

Step 52 돌출보스/베이스(⬚)를 클릭한다. 10mm을 입력하고, 확인(✔)을 클릭한다.

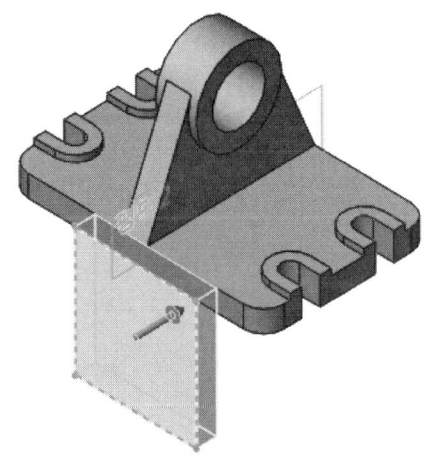

Step 53 생성한 피처의 앞면을 선택하여 스케치(▭)를 시작한다.

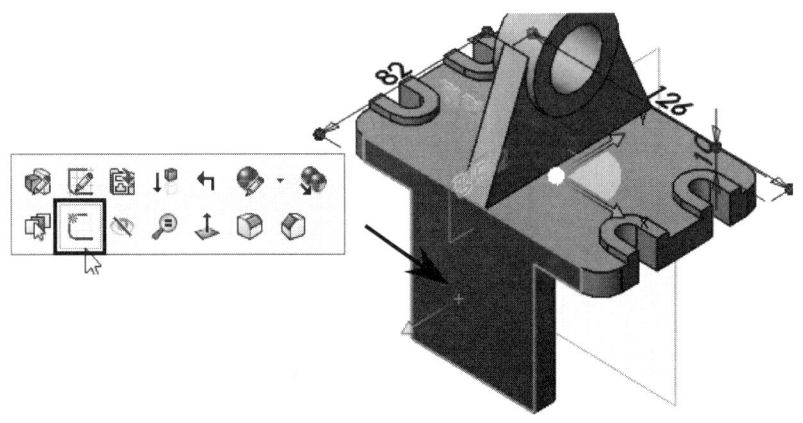

Step 54   코너 사각형(□)과 지능형 치수(✎)를 이용하여 사각형을 작성한다. 스케치 종료(┗)를 클릭한다.

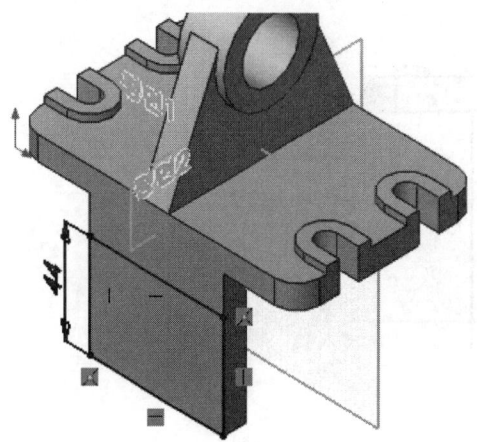

Step 55   돌출보스/베이스(🗐)를 클릭한다. 3mm을 입력하고, 확인(✓)을 클릭한다.

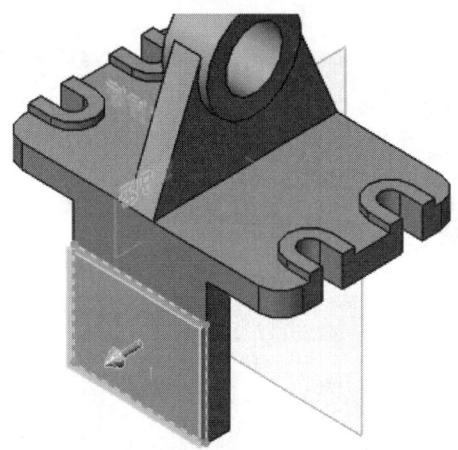

Step 56   필렛(🗐)을 클릭한다. 반경 11mm를 입력한다. 적용될 4군데 모서리를 클릭하고, 확인(✓)을 클릭한다.

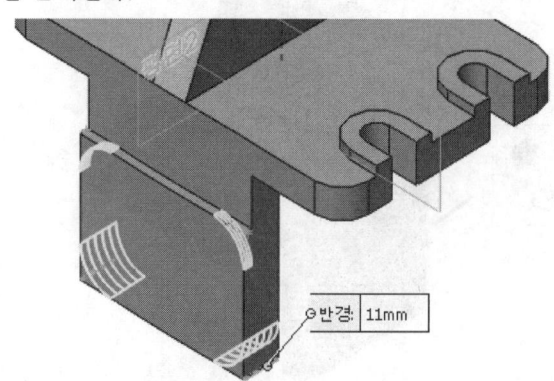

Step 57 생성한 피처의 앞면을 선택하여 스케치(⌒)를 시작한다.

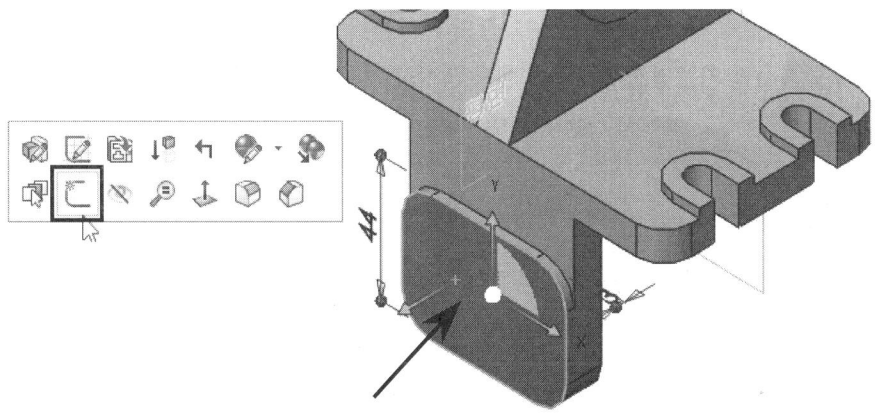

Step 58 직선 홈(⬮)을 클릭하고, 원형 모서리에 마우스를 가져간다.

Step 59 **원형 모서리의 중심**이 표시되면 클릭하여 직선 홈을 작성한다.

Step 60 지능형 치수(✎)를 이용하여 다음과 같이 작성한다.

Step 61 스케치 종료(⌒)를 클릭한다.

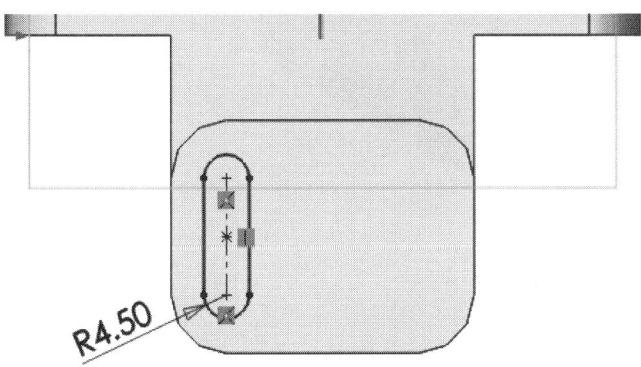

Step 62 돌출 컷(▥)을 클릭하고, **관통**으로 설정한다. 확인(✓)을 클릭한다.

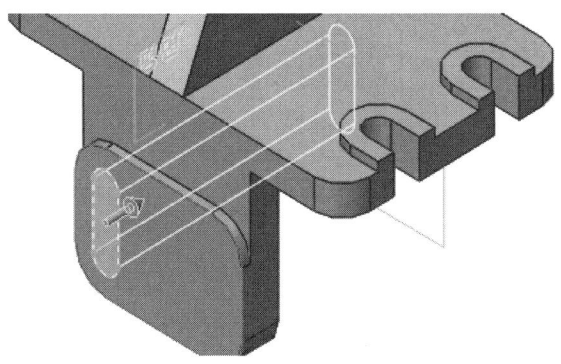

Step 63 대칭복사(⊞)를 클릭한다.

Step 64 대칭 복사할 기준면으로 Step30에서 생성한 기준면을 클릭한다.

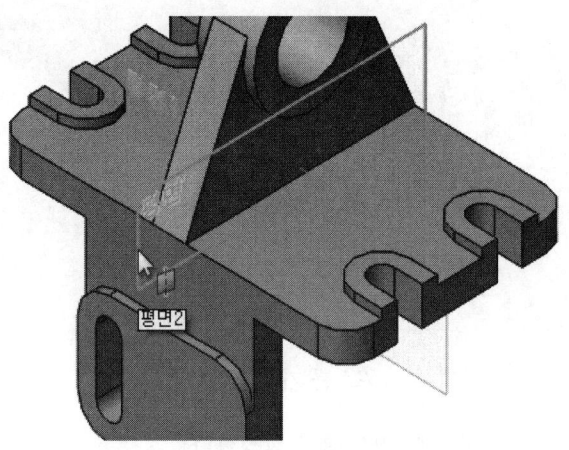

Step 65 대칭 복사할 피처로 **컷-돌출**을 클릭한다. 확인(✓)을 클릭한다.

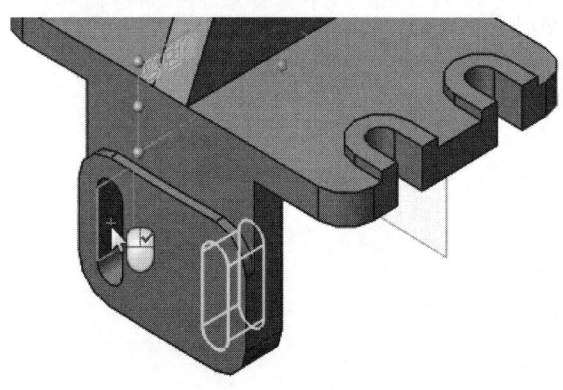

Step 66 저장(💾)을 클릭하여 **도형복사하기3.SLDPRT**를 입력하고 저장한다.

Chapter 06 도형 복사하기

Step 67 도형 복사하기 3이 완성되었다.

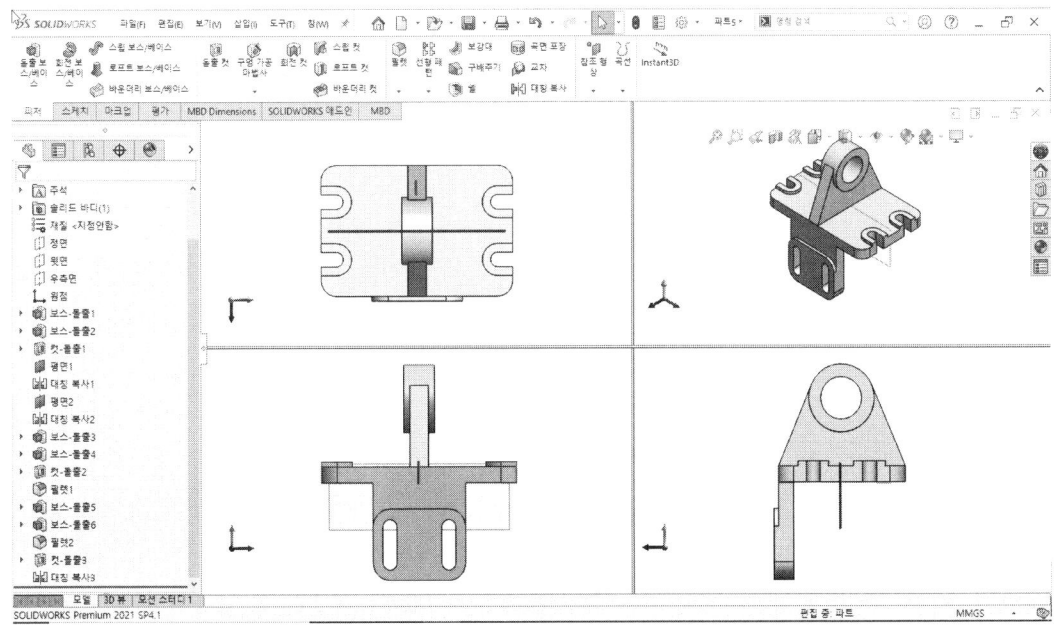

학습 정리하기

기본에 충실한 SolidWorks 창의설계

SOLIDWORKS

Chapter 07

SOLIDWORKS

브라켓 작성하기

01 브라켓 작성하기 1

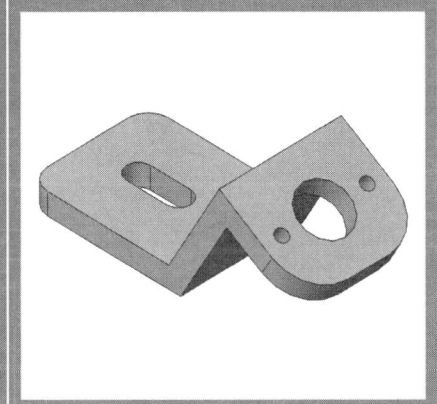

02 브라켓 작성하기 2

Section 1 브라켓 작성하기 1

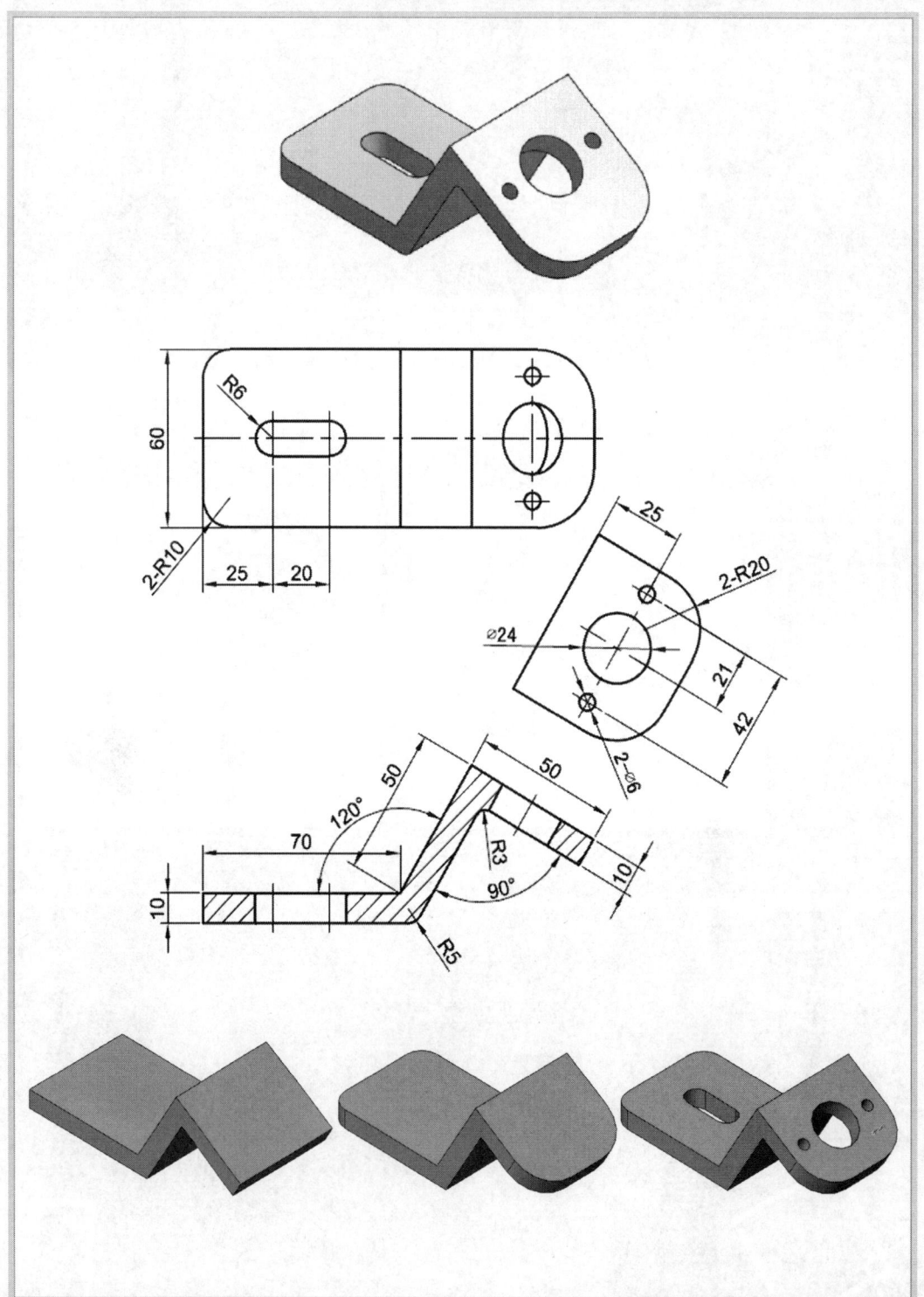

Chapter 07 브라켓 작성하기

Step 01 새 문서(📄)를 클릭한다. 파트(🧊)를 선택하고, 확인을 클릭한다.

Step 02 디자인 트리에서 **정면**을 클릭하고, 스케치(✏)를 클릭한다.

Step 03 선(✏)을 이용하여 스케치를 작성한다.

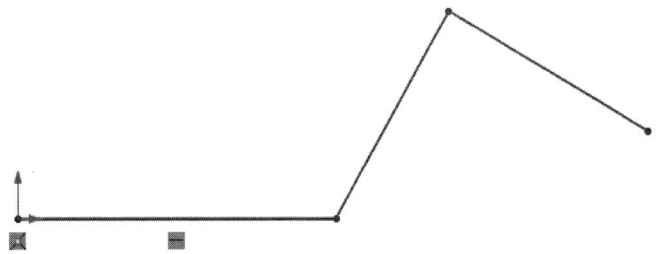

Step 04 지능형 치수(📐)를 이용하여 치수를 입력한다.

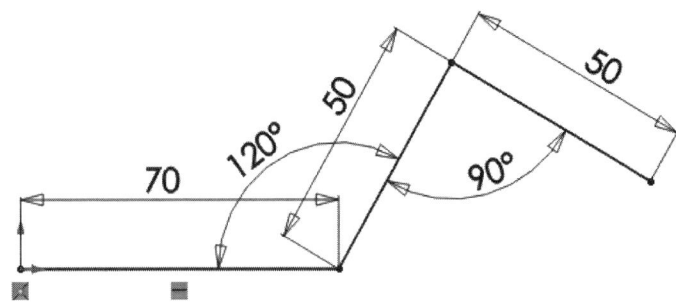

Step 05 스케치 종료(↪)를 클릭한다.

Step 06 돌출보스/베이스(🧊)를 클릭한다.

Step 07 방향1의 깊이에 60mm을, 얇은 피처에 두께 10mm을 입력하고, 확인(✔)을 클릭한다.

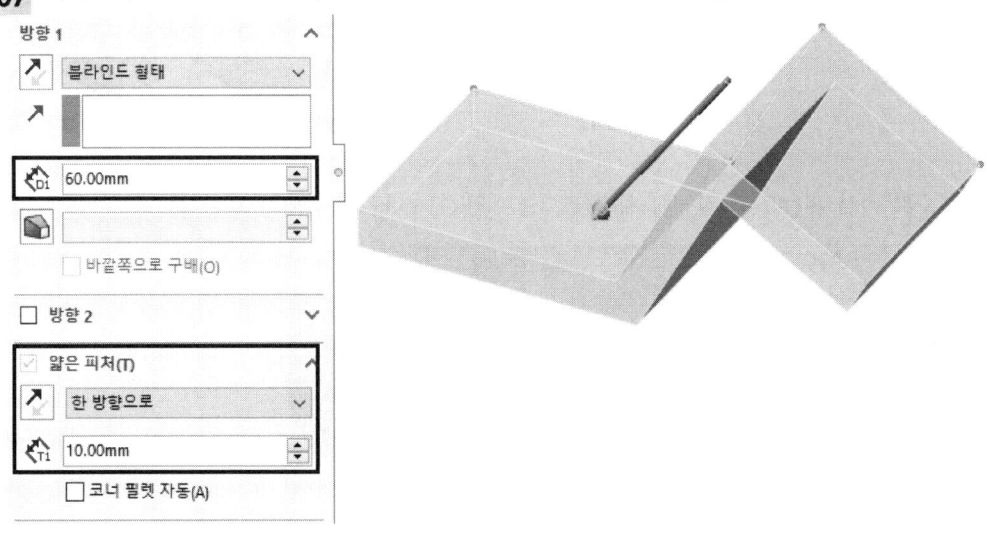

143

Step 08 필렛(🗃)을 클릭한다. 반경 10mm를 입력한다. 2군데 모서리를 클릭하고, 확인(✓)을 클릭한다.

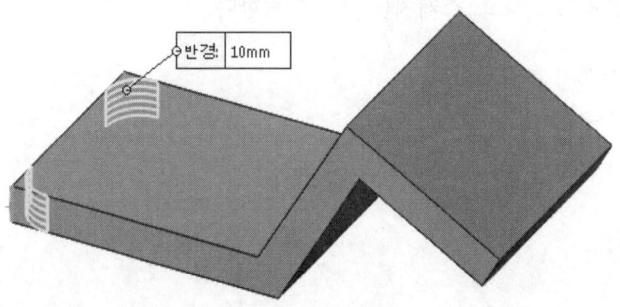

Step 09 필렛(🗃)을 클릭한다. 반경 20mm를 입력한다. 2군데 모서리를 클릭하고, 확인(✓)을 클릭한다.

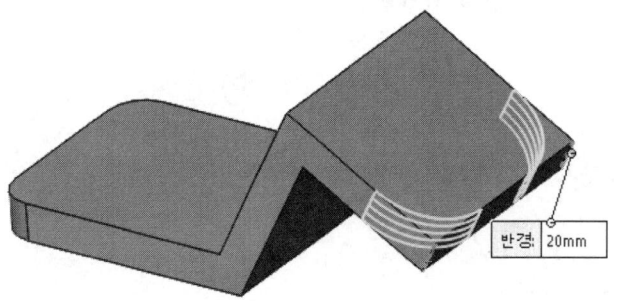

Step 10 생성한 피처의 윗면을 선택하여 스케치(✏)를 시작한다.

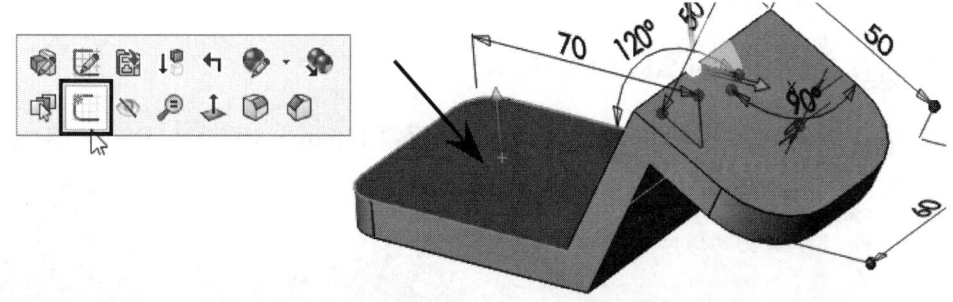

Step 11 직선 홈(⬜)과 지능형 치수(✏)를 이용하여 다음과 같이 작성한다.

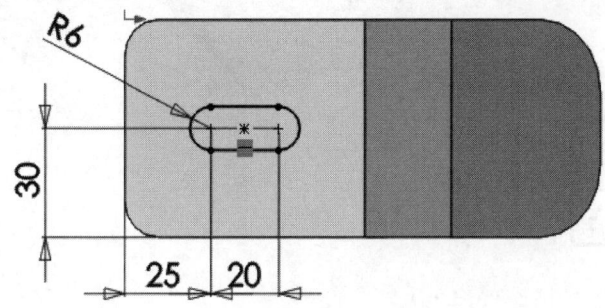

Step 12 스케치 종료(⌁)를 클릭한다.

Step 13 돌출 컷(⌁)을 클릭하고, **관통**으로 설정한다. 확인(✓)을 클릭한다.

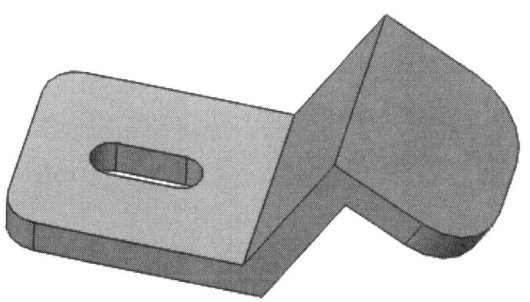

Step 14 생성한 피처의 경사면을 선택하여 스케치(⌁)를 시작한다.

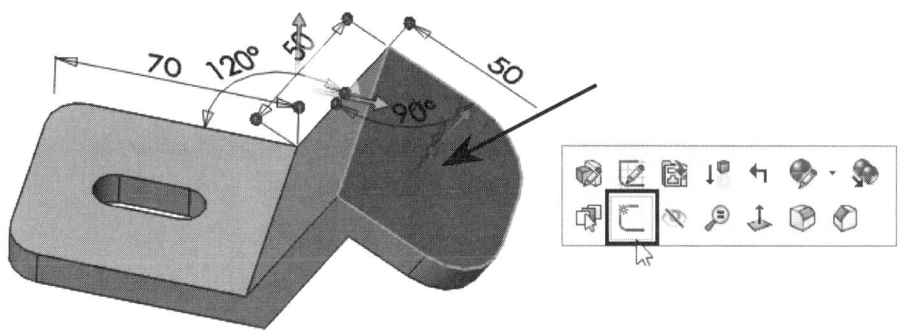

Step 15 원(⌁)과 지능형 치수(⌁)를 이용하여 다음과 같이 원을 작성한다.

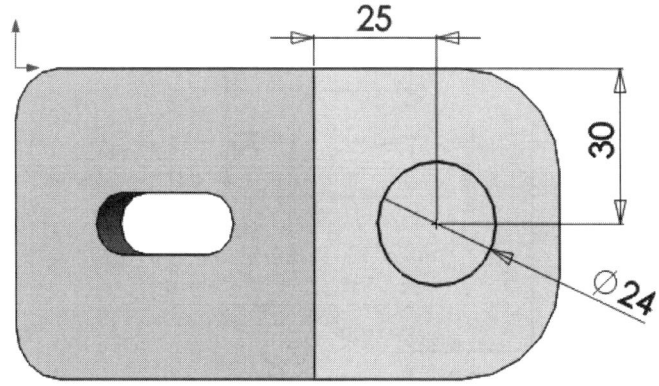

Step 16 스케치 종료(⌁)를 클릭한다.

Step 17 돌출 컷(􀀀)을 클릭하고, **관통**으로 설정한다. 확인(✔)을 클릭한다.

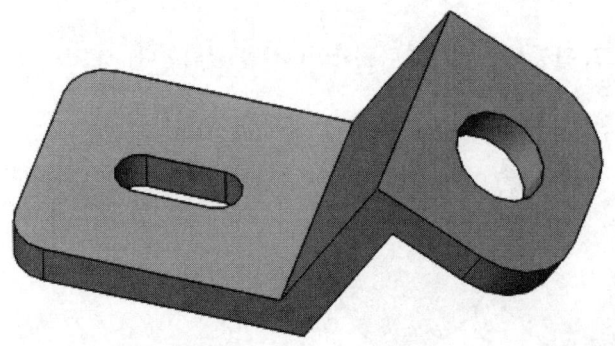

Step 18 생성한 피처의 경사면을 선택하여 스케치(􀀀)를 시작한다.

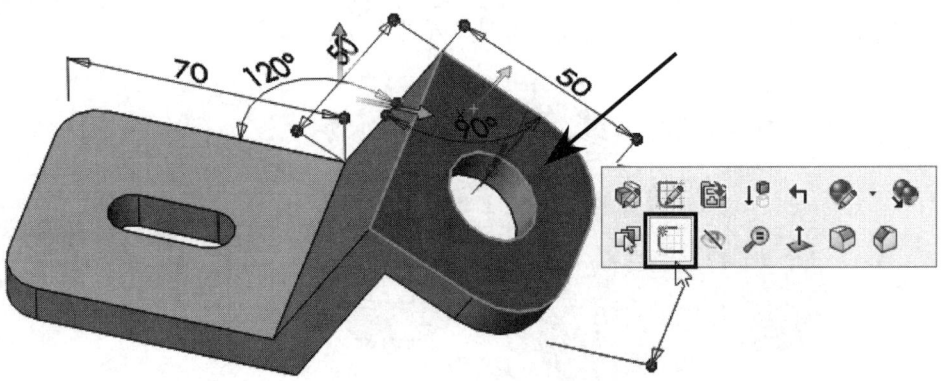

Step 19 원(􀀀)과 지능형 치수(􀀀)를 이용하여 다음과 같이 원을 작성한다.

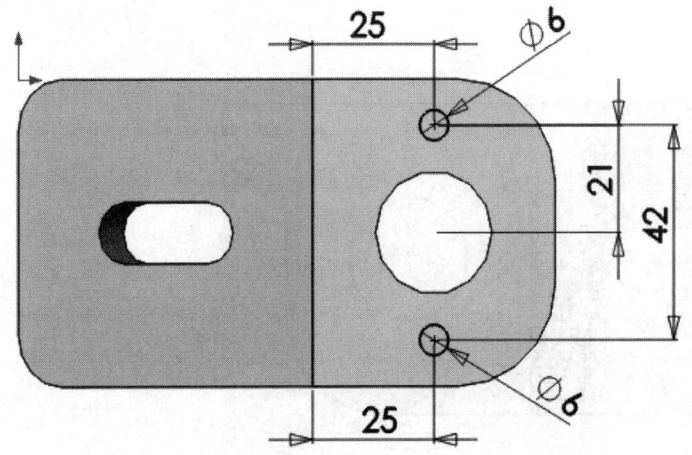

Step 20 스케치 종료(􀀀)를 클릭한다.

Chapter 07 브라켓 작성하기

Step 21 돌출 컷(📄)을 클릭하고, **관통**으로 설정한다. 확인(✓)을 클릭한다.

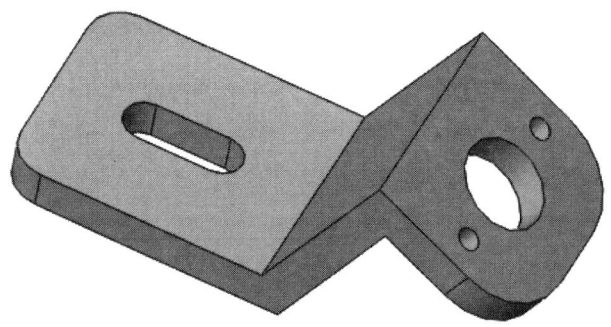

Step 22 저장(💾)을 클릭하여 **브라켓작성하기1.SLDPRT**를 입력하고 저장한다.

Step 23 브라켓 작성하기 1이 완성되었다.

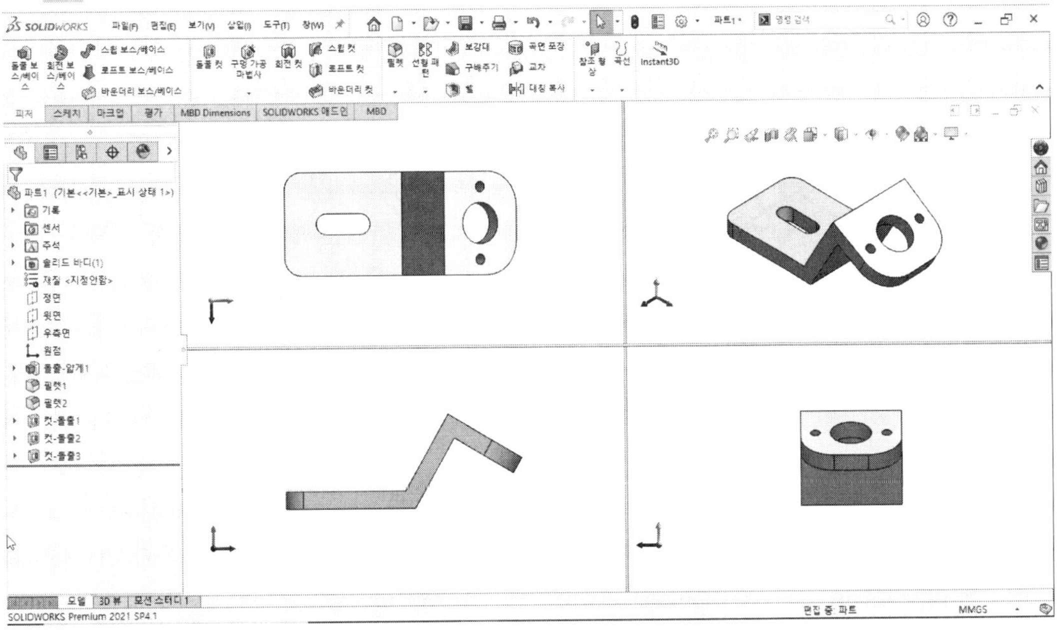

학습 정리하기

Section 2 브라켓 작성하기 2

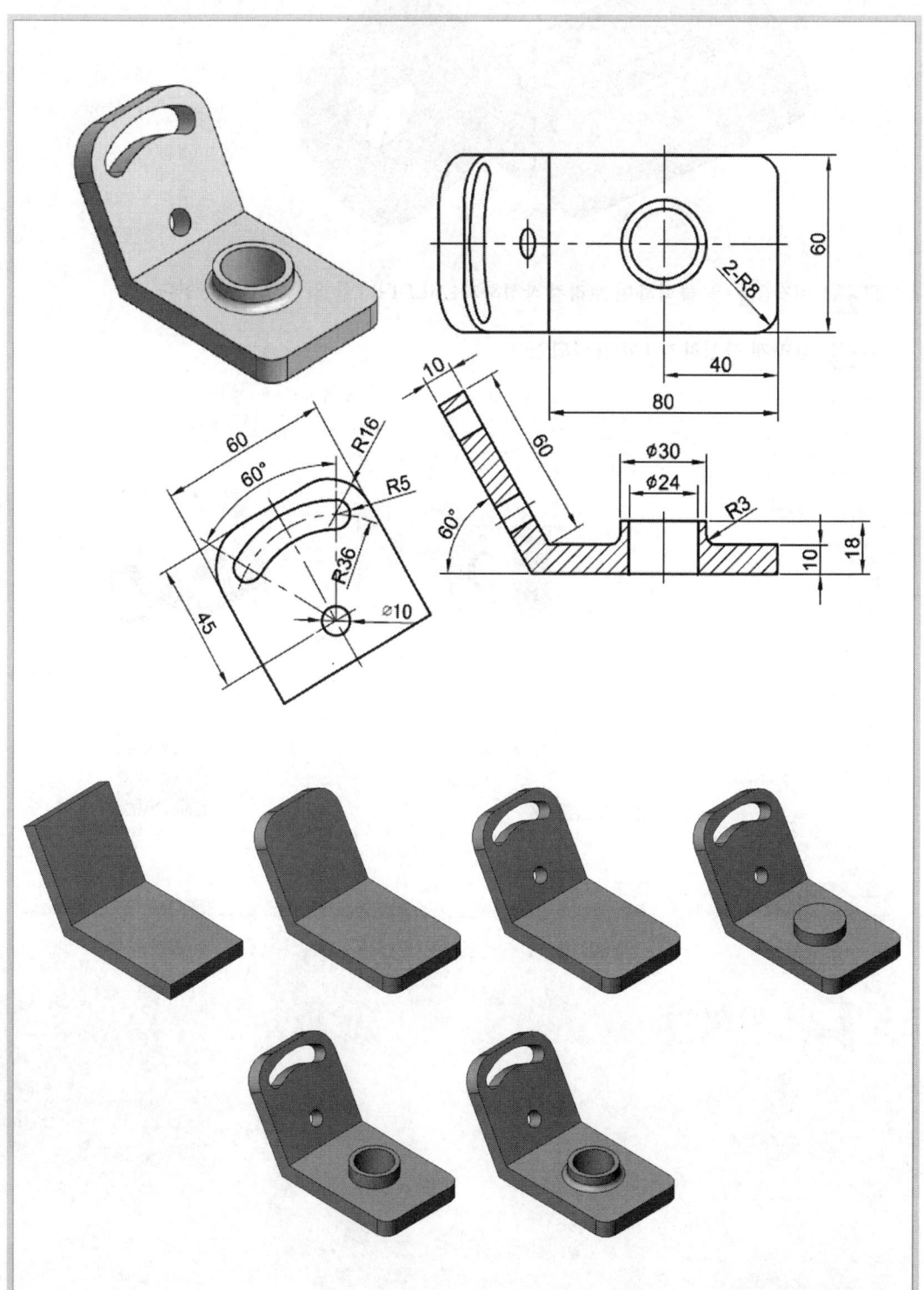

Chapter 07 브라켓 작성하기

Step 01 새 문서(□)를 클릭한다. 파트(◇)를 선택하고, 확인을 클릭한다.

Step 02 디자인 트리에서 **정면**을 클릭하고, 스케치(⌂)를 클릭한다.

Step 03 선(╱)을 이용하여 스케치를 작성한다.

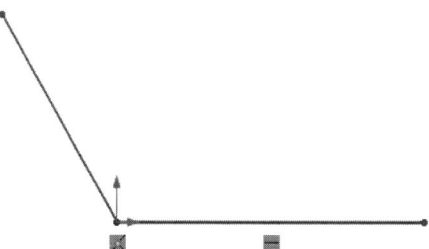

Step 04 지능형 치수(⌂)를 이용하여 치수를 입력한다.

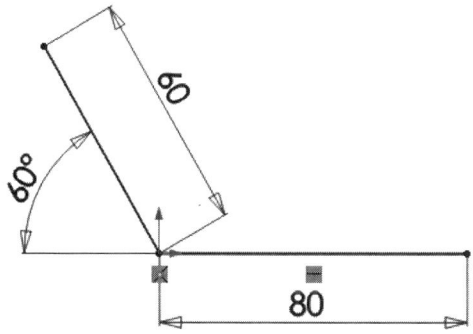

Step 05 스케치 종료(⌂)를 클릭한다.

Step 06 돌출보스/베이스(⌂)를 클릭한다.

Step 07 방향1의 깊이에 60mm을, 얇은 피처에 두께 10mm을 입력하고, 확인(✓)을 클릭한다.

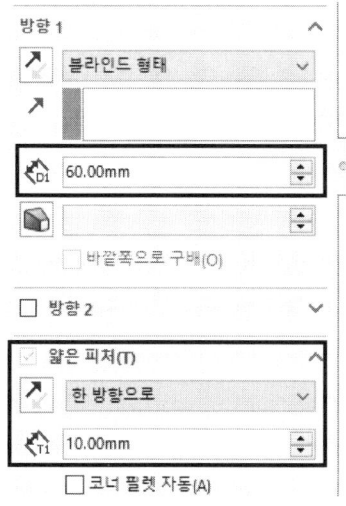
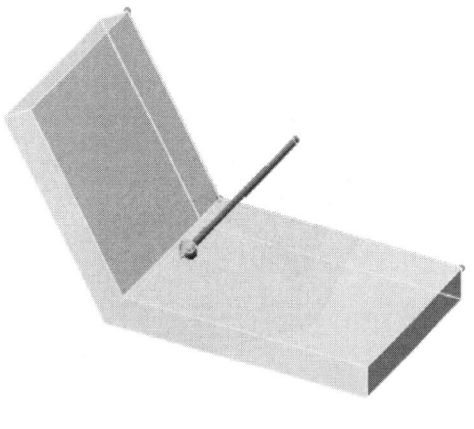

149

Step 08 필렛(🔲)을 클릭한다. 2군데 모서리에 반경 16mm로 필렛을 한다.

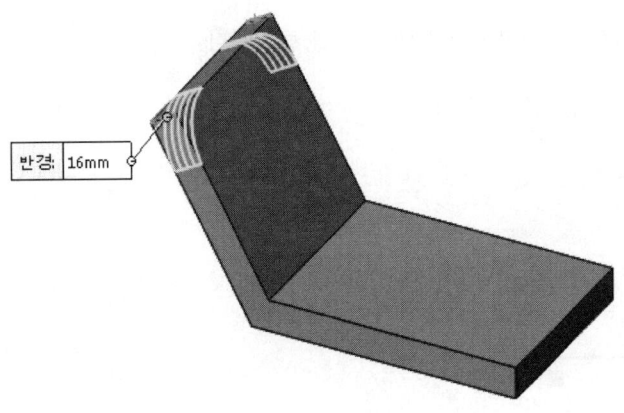

Step 09 필렛(🔲)을 클릭한다. 2군데 모서리에 반경 8mm로 필렛을 한다.

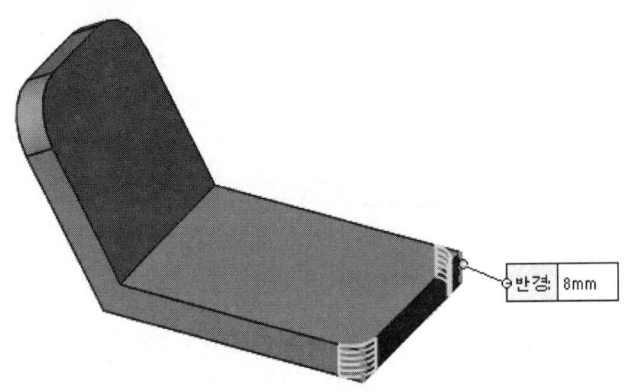

Step 10 생성한 피처의 경사면을 선택하여 스케치(🔲)를 시작한다.

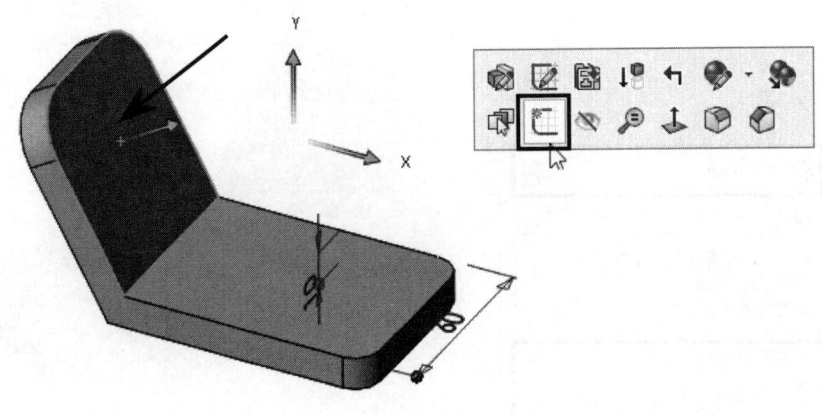

Step 11 원(⊙)과 지능형 치수(↙)를 이용하여 다음과 같이 원을 작성한다.

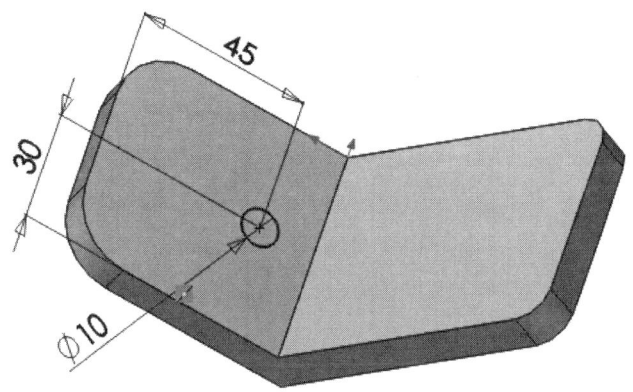

Step 12 스케치 종료(↻)를 클릭한다.

Step 13 돌출 컷(▣)을 클릭하고, **관통**으로 설정한다. 확인(✓)을 클릭한다.

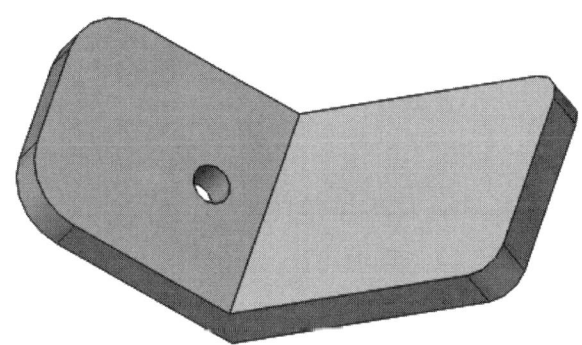

Step 14 생성한 피처의 경사면을 선택하여 스케치(◠)를 시작한다.

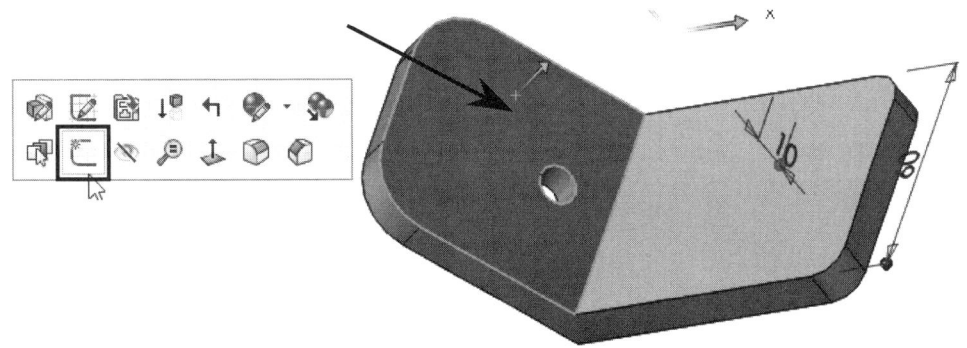

Step 15 중심선( )을 클릭하여 수평방향으로 길게 중심선을 작성한다.

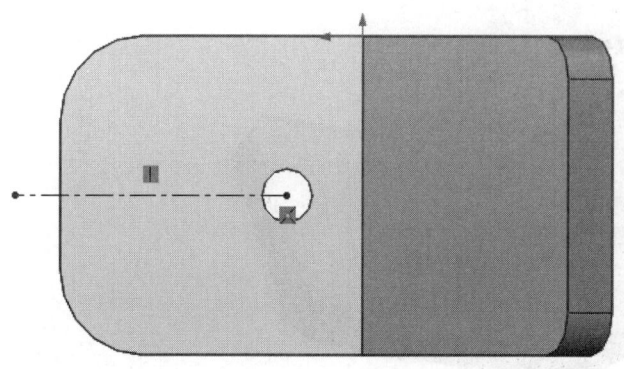

Step 16 중심선( )을 클릭하여 대각선 방향으로 길게 중심선을 작성한다.

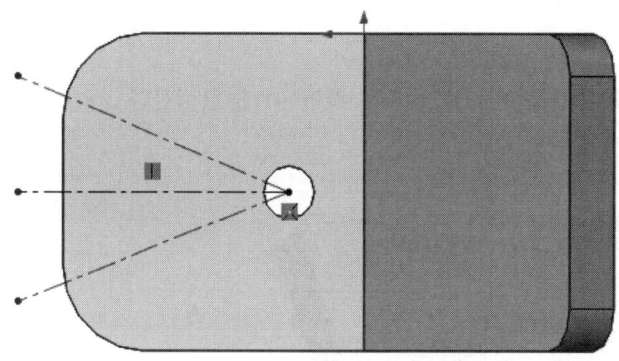

Step 17 지능형 치수( )를 이용하여 다음과 같이 대각선에 각도 치수를 작성한다.

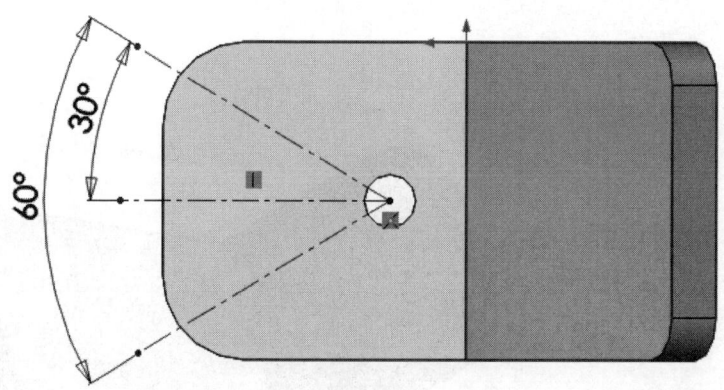

Step 18 원(⊙)과 지능형 치수(✎)를 이용하여 다음과 같이 원을 작성한다.

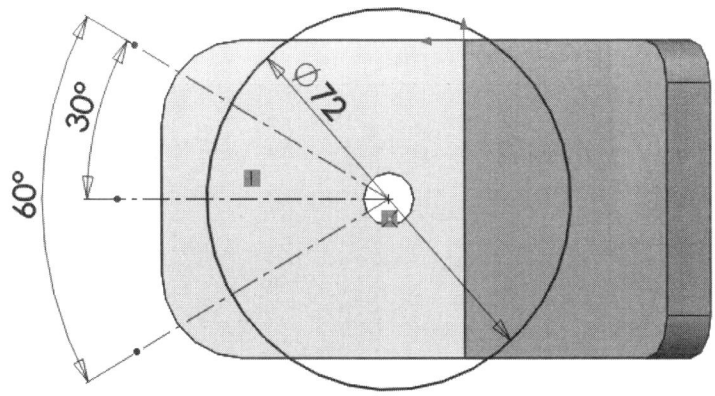

Step 19 작성한 원을 클릭하여 보조선에 체크를 한다. (보조원 또는 중심원으로 변경)

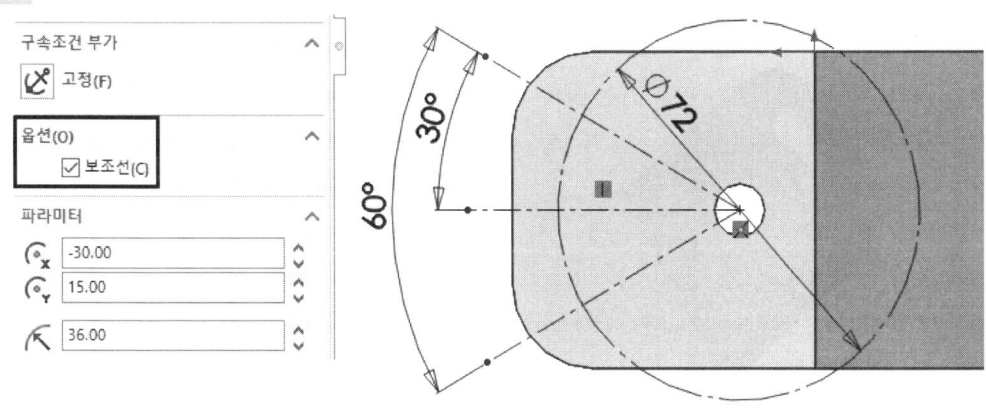

Step 20 중심점 호 홈(⌒)을 작성한다.

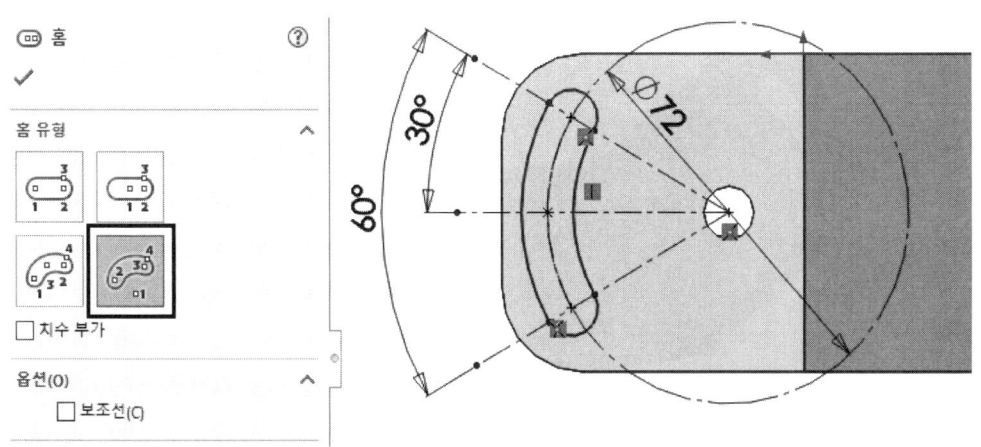

Step 21 | 지능형 치수( )로 R5 치수를 입력하고, 스케치 종료( )를 클릭한다.

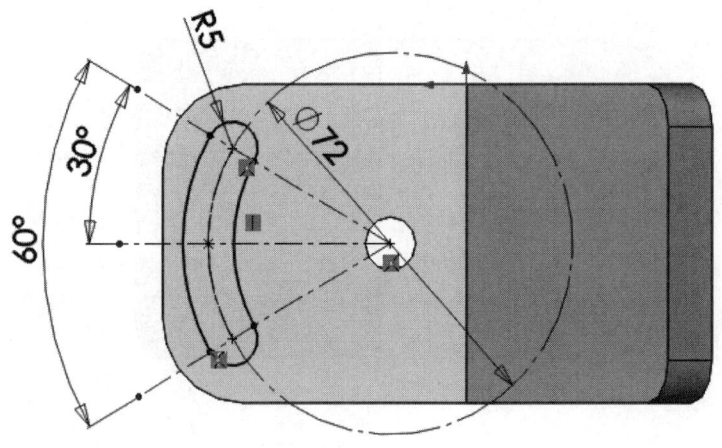

Step 22 | 돌출 컷( )을 클릭하고, **관통**으로 설정한다. 확인( )을 클릭한다.

Step 23 | 생성한 피처의 윗면을 선택하여 스케치( )를 시작한다.

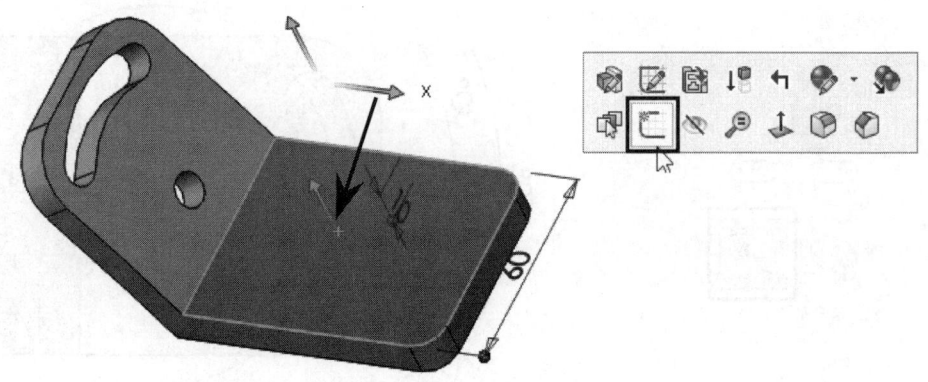

Chapter 07 브라켓 작성하기

Step 24 원(⊙)과 지능형 치수(✏)를 이용하여 다음과 같이 원을 작성한다.

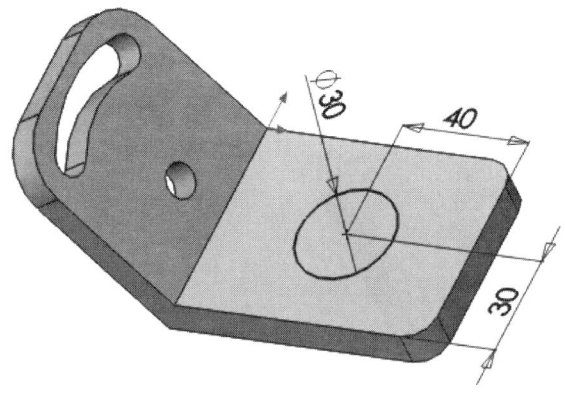

Step 25 스케치 종료(⤵)를 클릭한다.

Step 26 돌출보스/베이스(🗃)를 클릭한다. 8mm을 입력하고, 확인(✓)을 클릭한다.

Step 27 생성한 피처의 윗면을 선택하여 스케치(🗂)를 시작한다.

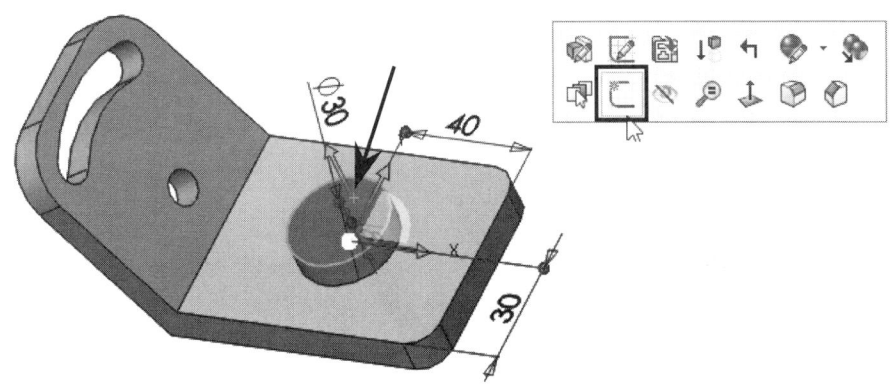

Step 28 원(⊙)과 지능형 치수(✎)를 이용하여 다음과 같이 원을 작성한다.

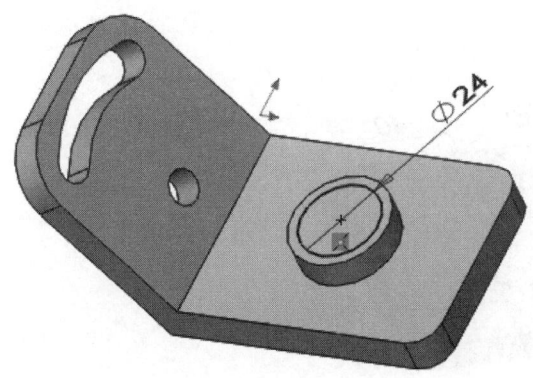

Step 29 스케치 종료(↵)를 클릭한다.

Step 30 돌출 컷(▣)을 클릭하고, **관통**으로 설정한다. 확인(✔)을 클릭한다.

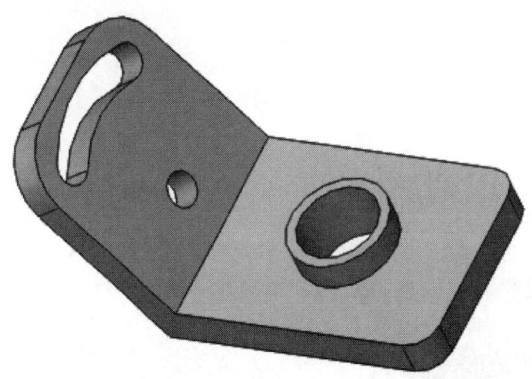

Step 31 필렛(◉)을 클릭한다. 선택한 모서리에 반경 3mm로 필렛을 한다.

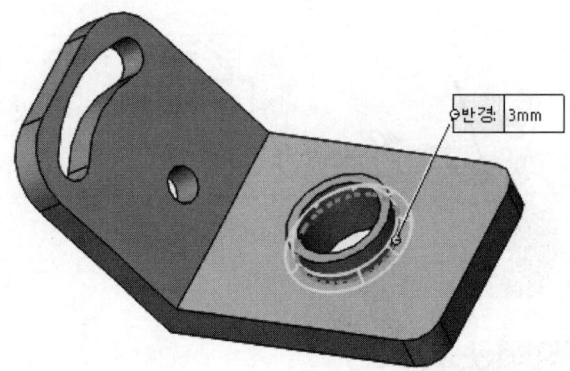

Step 32 저장(💾)을 클릭하여 **브라켓작성하기**2.**SLDPRT**를 입력하고 저장한다.

Step 33 **브라켓 작성하기** 2가 완성되었다.

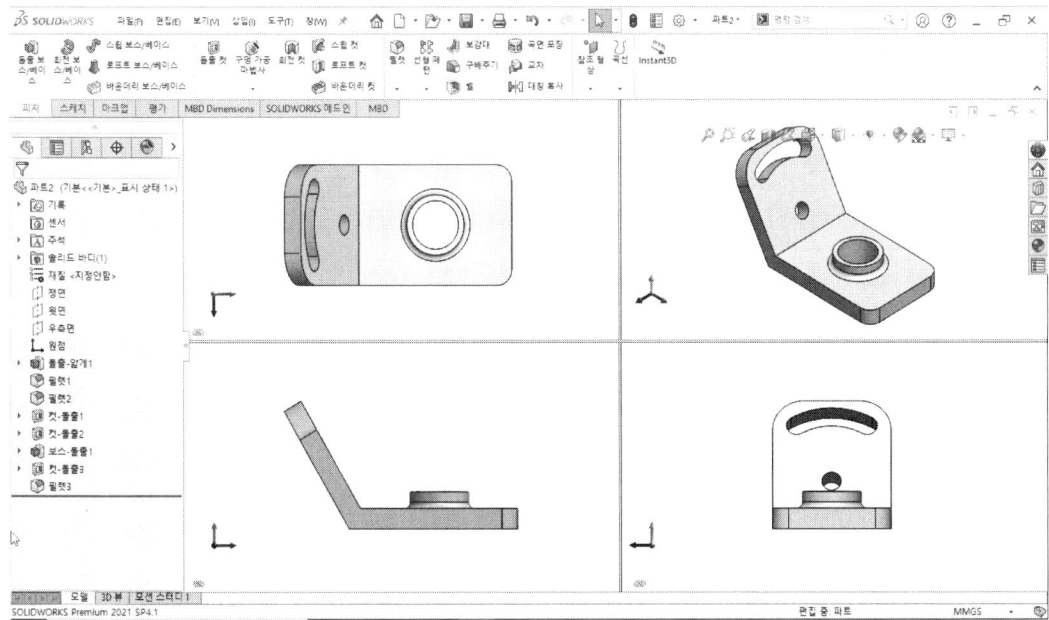

학습 정리하기

기본에 충실한 SolidWorks 창의설계

*SOLID*WORKS

Chapter 08 — SOLIDWORKS

지지대 작성하기

01 지지대 작성하기 1

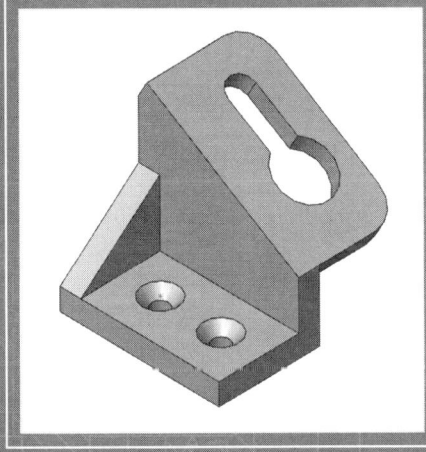

02 지지대 작성하기 2

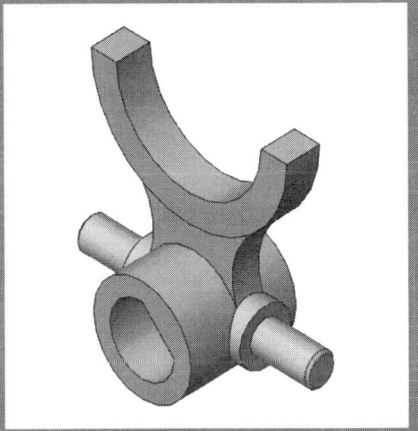

Section 1 지지대 작성하기 1

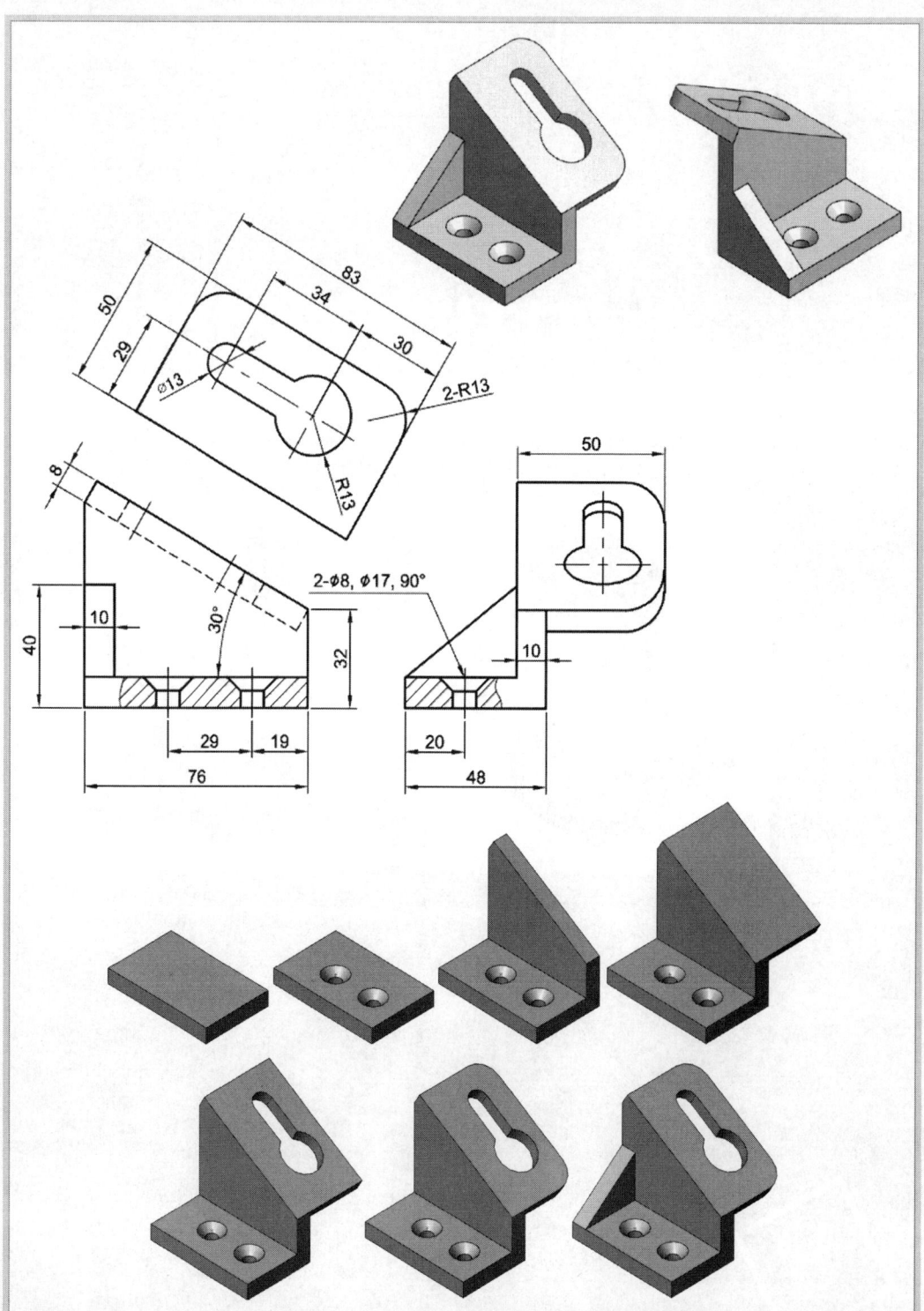

Step 01 새 문서(📄)를 클릭한다. 파트(🧊)를 선택하고, 확인을 클릭한다.

Step 02 디자인 트리에서 **윗면**을 클릭하고, 스케치(✏️)를 클릭한다.

Step 03 코너 사각형(▭)과 지능형 치수(✎)를 이용하여 다음과 같이 작성한다.

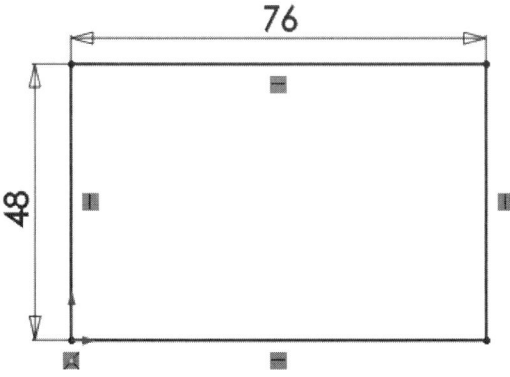

Step 04 스케치 종료(↵)를 클릭한다.

Step 05 돌출보스/베이스(🧊)로 방향1의 깊이에 **10mm**을 입력하고, 확인(✔)을 클릭한다.

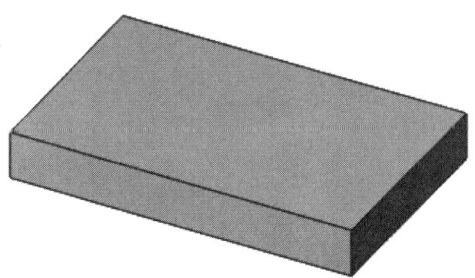

Step 06 생성한 피처의 윗면을 선택하여 스케치(✏️)를 시작한다.

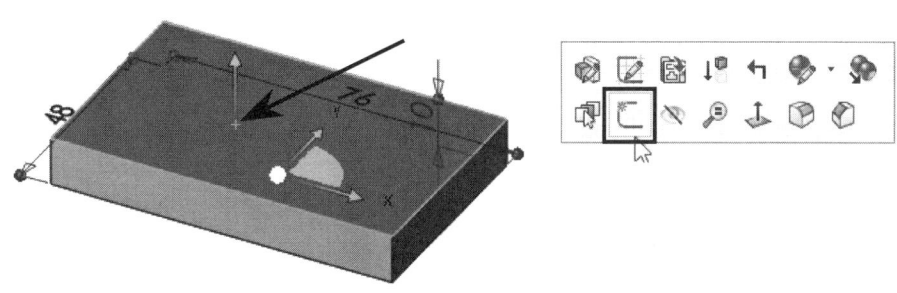

Step 07 점(■)을 클릭하고, 구멍이 생성될 위치에 점을 작성하고, 지능형 치수( )를 이용하여 다음과 같이 작성한다.

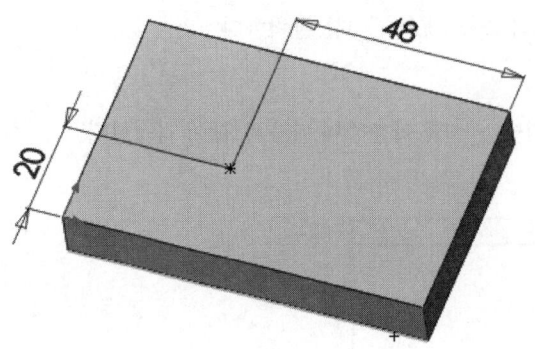

Step 08 스케치 종료( )를 클릭한다.

Step 09 구멍가공마법사( )를 클릭한다.

Step 10 구멍 위치 탭을 클릭한다. 구멍이 생성될 형상의 윗면을 클릭한다.

Step 11 생성시킨 스케치 점을 클릭한다.

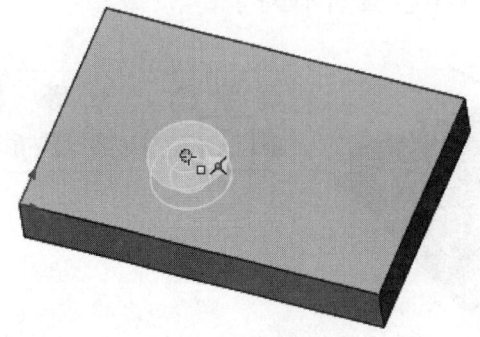

Step 12 유형 탭에서 **카운터싱크**를 선택하여 지정한다.

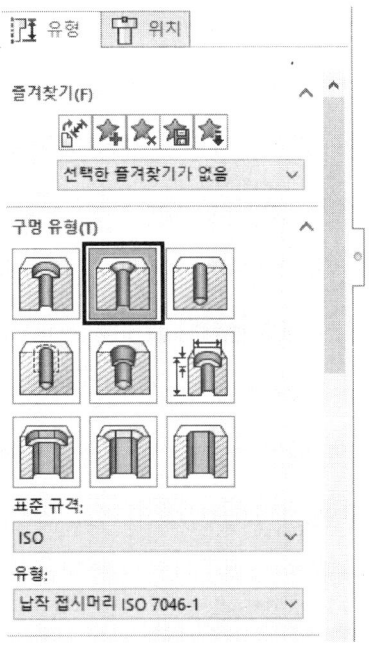

Step 13 사용자 정의크기 표시에 체크 하고, 카운터싱크의 구멍 크기를 다음과 같이 입력한다.
마침조건을 **관통**으로 설정한다.

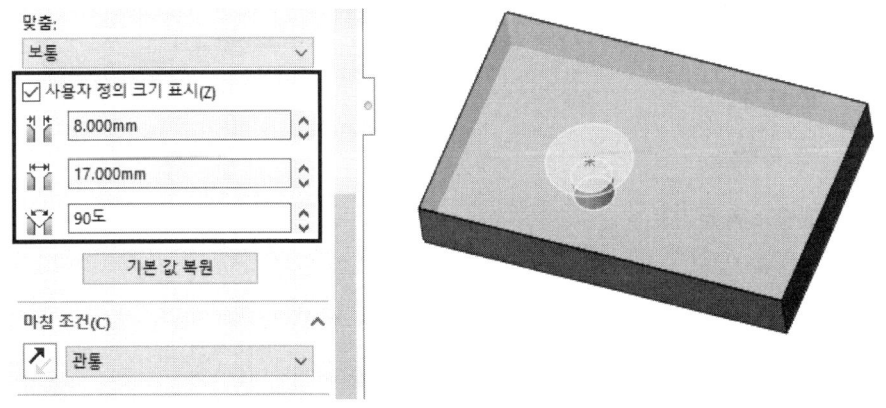

Step 14 확인(✔)을 클릭한다.

Step 15 선형패턴(🔳)을 클릭한다.

Step 16 **방향**1에서 패턴시킬 모서리를 선택하고, 반대방향(↗) 버튼으로 방향을 설정한다.
간격에 29mm, 인스턴스 수(개수)에 2를 입력한다.

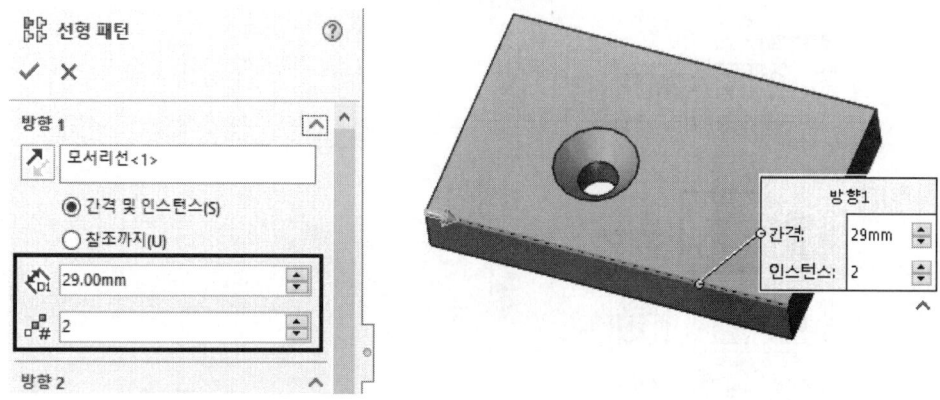

Step 17 패턴할 피처에서 생성시킨 카운터싱크 구멍을 클릭한다.

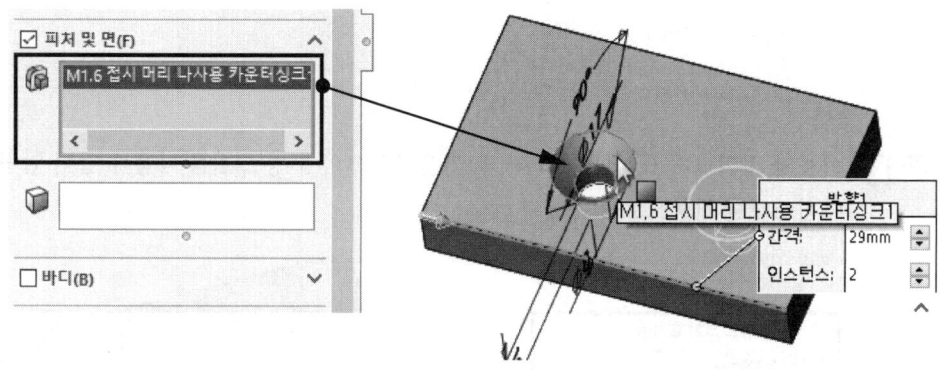

Step 18 확인(✓)을 클릭한다.

Step 19 생성한 피처의 뒷면을 선택하여 스케치(□)를 시작한다.

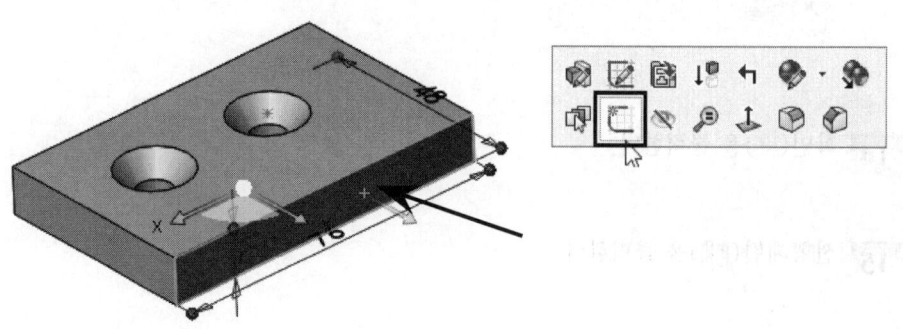

Step 20 선(￼)과 지능형 치수(￼)로 스케치를 작성한다.

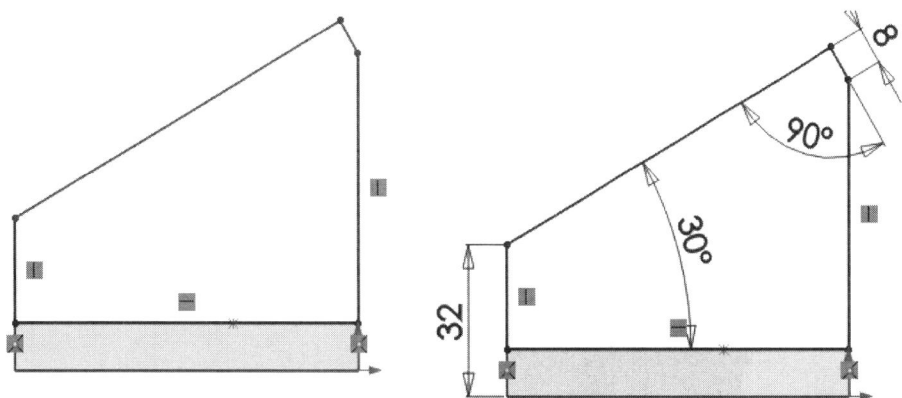

Step 21 스케치 종료(￼)를 클릭한다. Ctrl+7을 클릭하여 등각보기를 한다.

Step 22 돌출보스/베이스(￼)를 클릭한다. ￼ 버튼으로 방향을 설정하고, 10mm을 입력한 다음, 확인(✔)을 클릭한다.

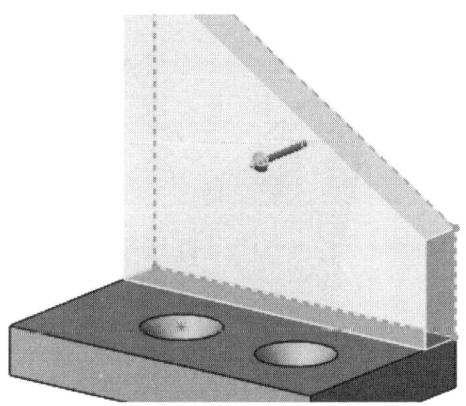

Step 23 생성한 피처의 경사면을 선택하여 스케치(￼)를 시작한다.

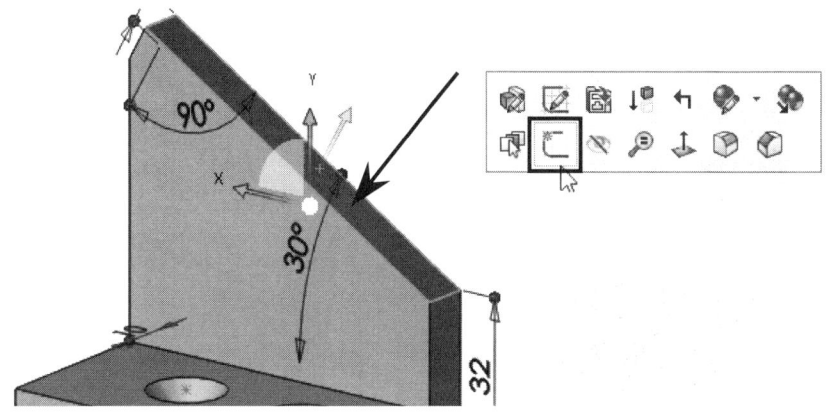

Step 24 코너 사각형(□)과 지능형 치수(♦)를 이용하여 사각형을 작성한다. 스케치 종료(↳)를 클릭한다.

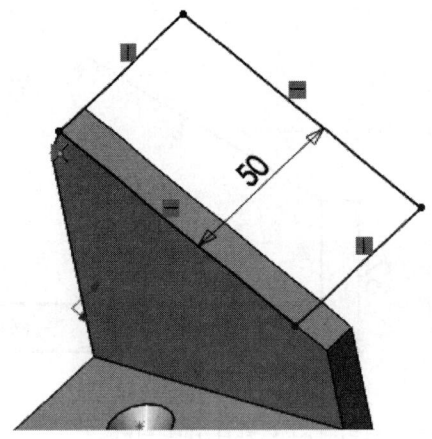

Step 25 [Ctrl]키를 누른 채로 선과 모서리를 클릭한다. 왼쪽 창에서 **동일선상** 구속조건을 클릭한다. 확인(✓)을 클릭한다.

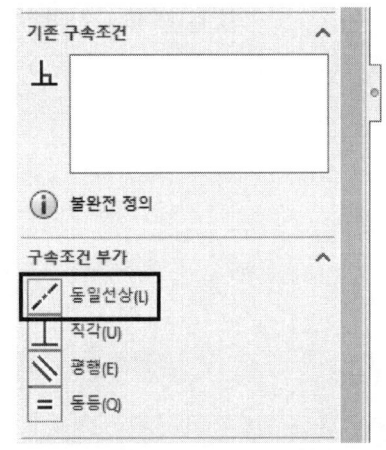
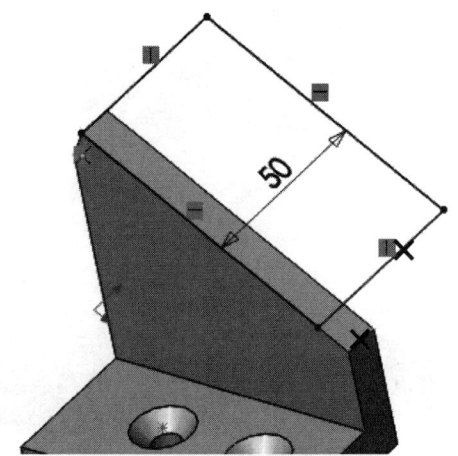

Step 26 스케치 종료(↳)를 클릭한다. [Ctrl]+7을 클릭하여 등각보기를 한다.

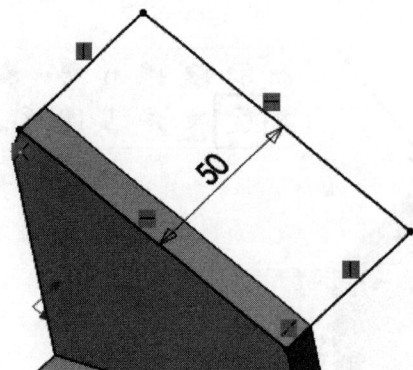

Chapter 08 지지대 작성하기

Step 27 돌출보스/베이스(📦)를 클릭한다. ↗ 버튼으로 방향을 설정하고, 8mm을 입력한 다음, 확인(✔)을 클릭한다.

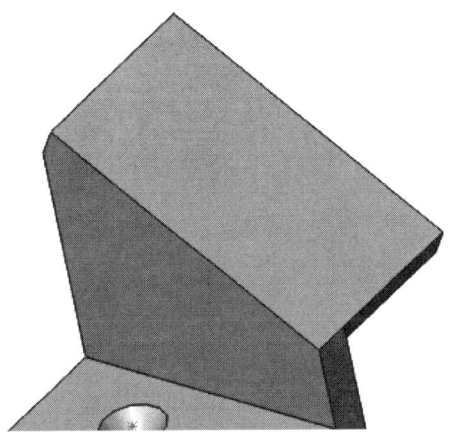

Step 28 생성한 피처의 경사면을 선택하여 스케치(✏)를 시작한다.

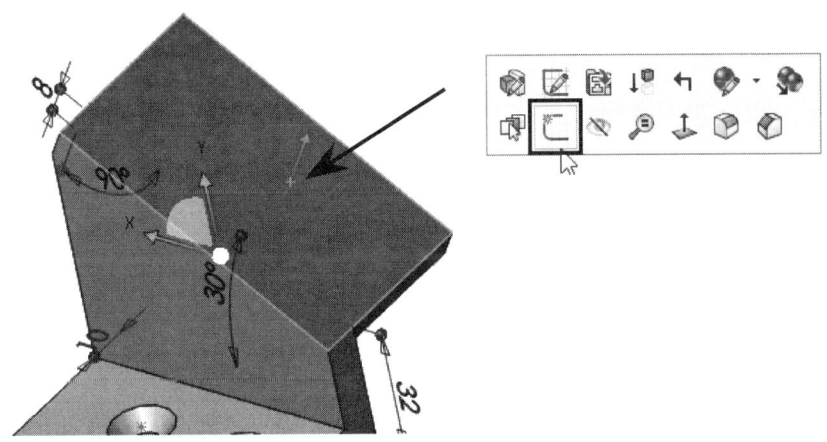

Step 29 직선 홈(⬜)과 지능형 치수(✏)를 이용하여 다음과 같이 작성한다.

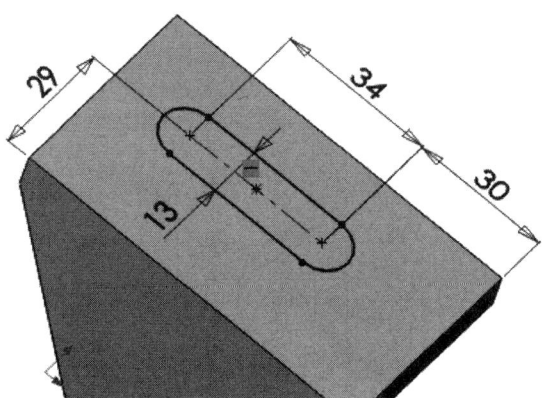

167

Step 30 직선 홈 끝에 원(⊙)과 지능형 치수(✎)를 이용하여 다음과 같이 원을 작성한다.

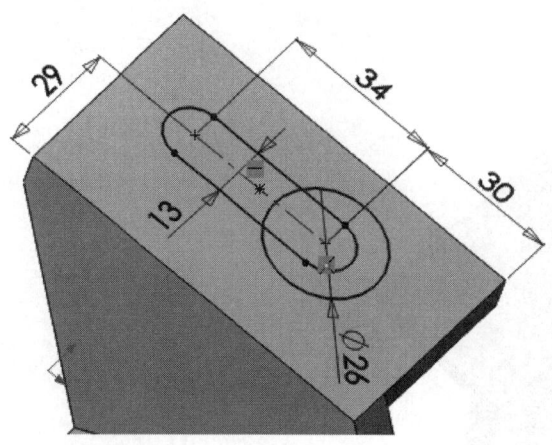

Step 31 요소 잘라내기(⚔)에서 근접 잘라내기(⌐) 옵션을 클릭한다.

Step 32 다음 그림처럼 잘라내기를 한다. 스케치 종료(⎋)를 클릭한다.

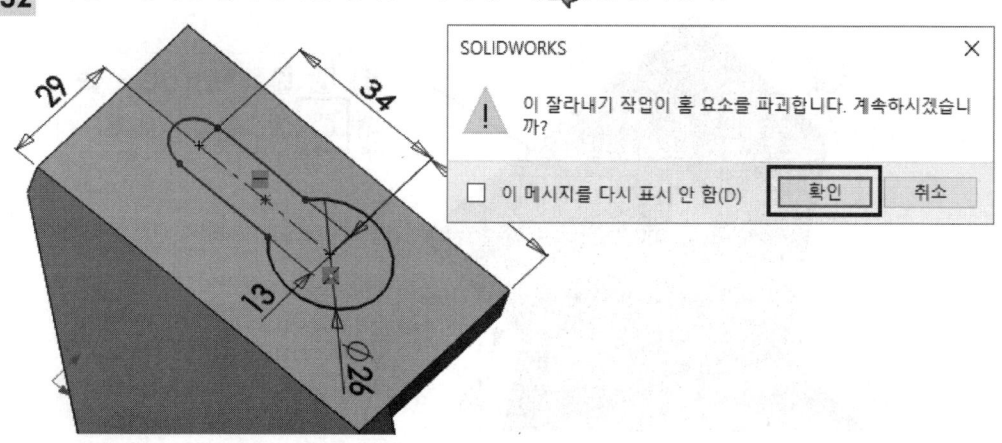

Step 33 돌출 컷(▣)을 클릭하고, **관통**으로 설정한다. 확인(✓)을 클릭한다.

Step 34 필렛(🔲)을 클릭한다. 선택한 모서리에 반경 13mm로 필렛을 한다.

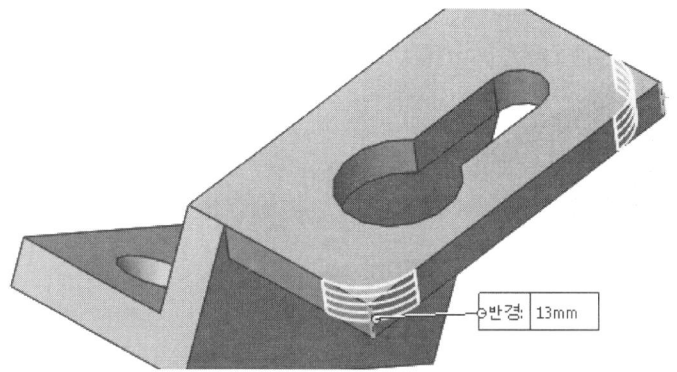

Step 35 생성한 피처의 좌측면을 선택하여 스케치(🔲)를 시작한다.

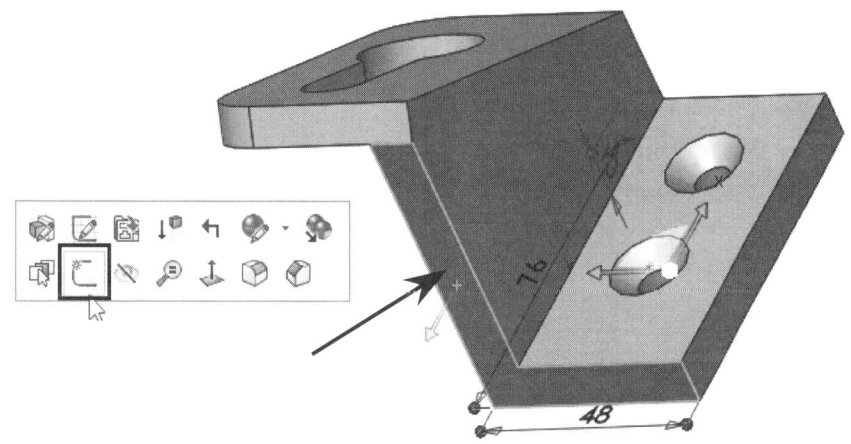

Step 36 선(✏)을 이용하여 다음과 같이 삼각형을 작성한다.

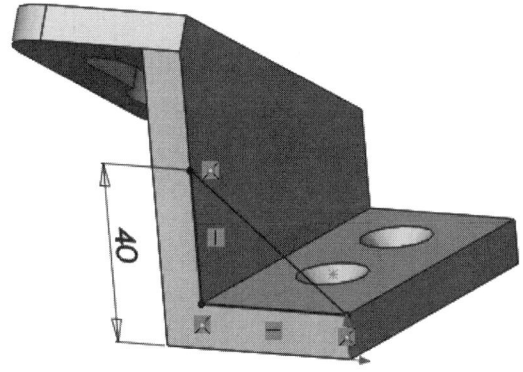

Step 37 스케치 종료(🔲)를 클릭한다.

Step 38 돌출보스/베이스(🗔)를 클릭한다. ↗ 버튼으로 방향을 설정하고, 10mm을 입력한 다음, 확인(✔)을 클릭한다.

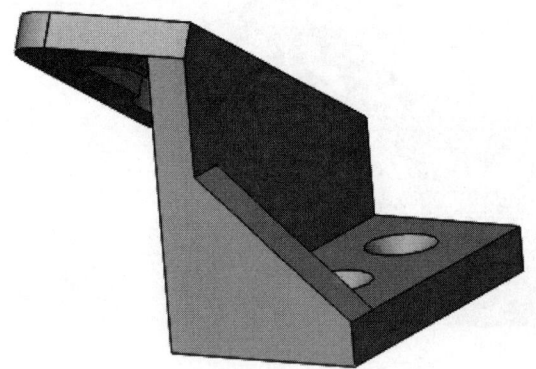

Step 39 저장(💾)을 클릭하여 **지지대작성하기1.SLDPRT**를 입력하고 저장한다.

Step 40 지지대 작성하기 1이 완성되었다.

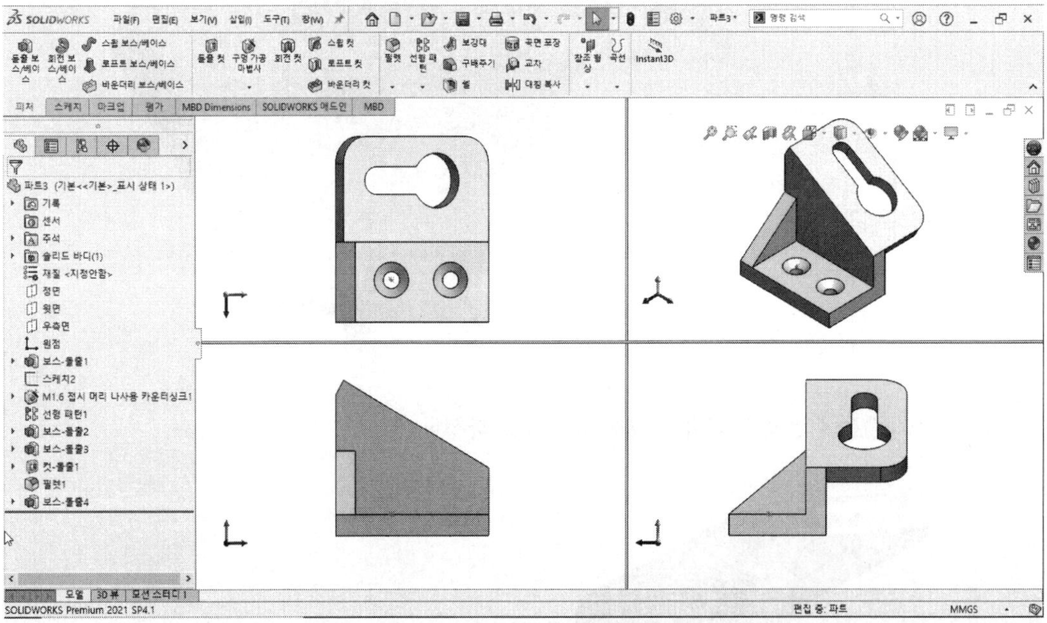

학습 정리하기

Section 2 지지대 작성하기 2

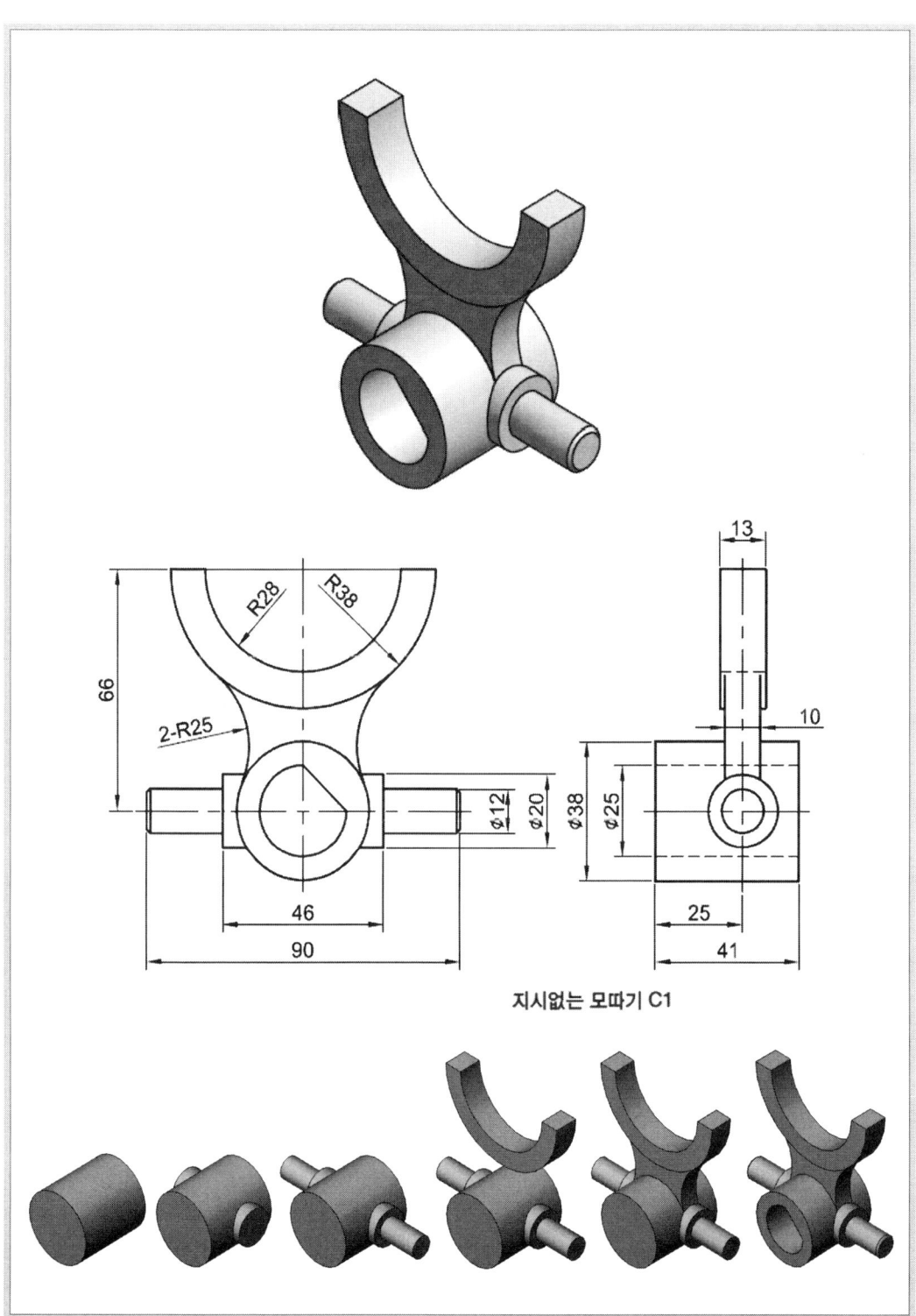

지시없는 모따기 C1

Step 01 새 문서(📄)를 클릭한다. 파트(🧊)를 선택하고, 확인을 클릭한다.

Step 02 디자인 트리에서 **정면**을 클릭하고, 스케치(✏)를 클릭한다.

Step 03 원(⊙)과 지능형 치수(🔗)를 이용하여 원점을 중심으로 원을 작성한다.

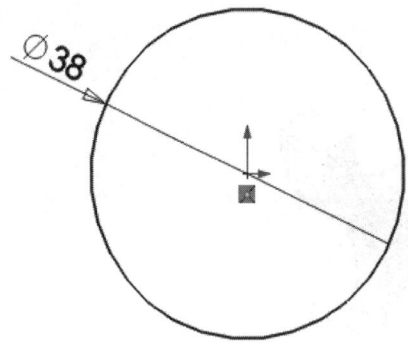

Step 04 스케치 종료(↩)를 클릭한다.

Step 05 돌출보스/베이스(🧊)를 클릭한다. 41mm을 입력한 다음, 확인(✔)을 클릭한다.

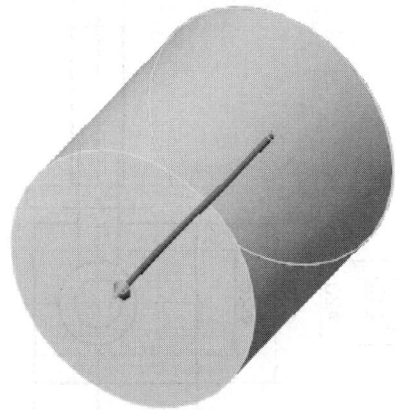

Step 06 FeatureManager 디자인 트리에서 **우측면**을 클릭한다. 스케치(✏)를 클릭한다.

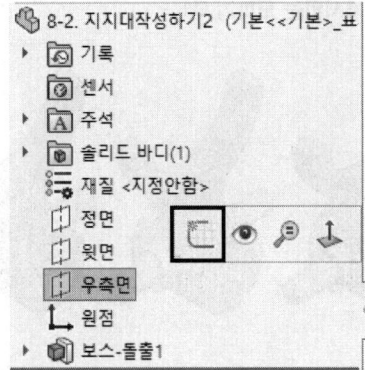

Step 07 Ctrl+8을 클릭하여 선택한 면을 보기 한다.

Step 08 중심선( )을 클릭하여 원점에서 수평방향으로 길게 중심선을 작성한다.

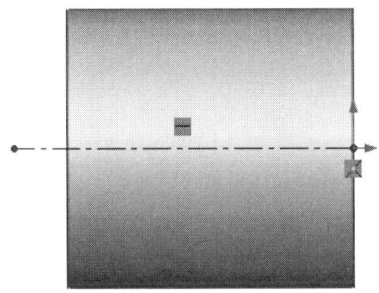

Step 09 중심선 위에 원( )을 그리고, 지능형 치수( )로 치수를 작성한다.

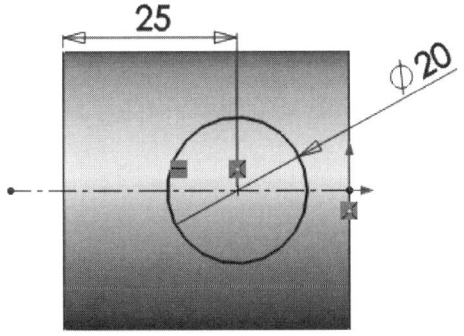

Step 10 스케치 종료( )를 클릭한다.

Step 11 돌출보스/베이스( )를 클릭힌다. 방향1을 **중간평면**으로 설정하고, 46mm을 입력한다.
확인( )을 클릭한다.

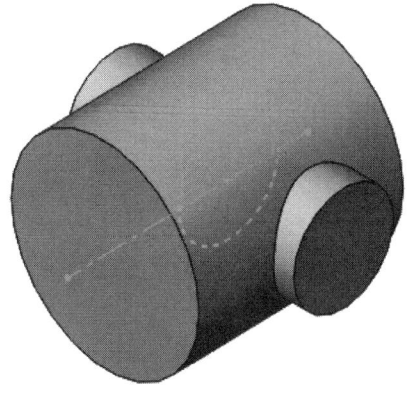

Step 12 FeatureManager 디자인 트리에서 **우측면**을 클릭한다. 스케치( )를 클릭한다.

Step 13 Ctrl+8을 클릭하여 선택한 면을 보기 한다.

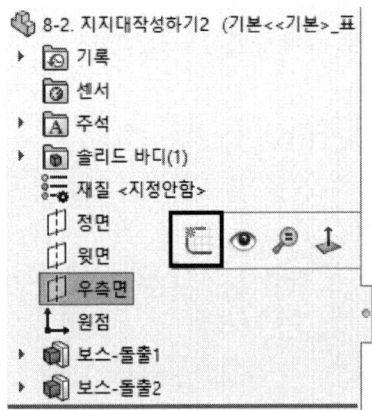

Step 14 원형모서리 중심에 원(⊙)을 그리고, 지능형 치수(✎)로 치수를 작성한다.

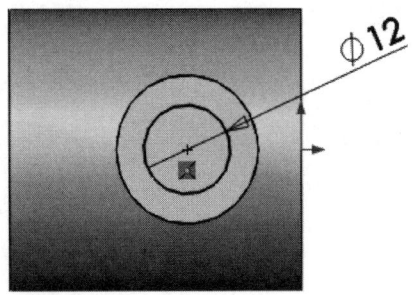

Step 15 스케치 종료(↵)를 클릭한다.

Step 16 돌출보스/베이스(⬚)를 클릭한다. 방향1을 **중간평면**으로 설정하고, 90mm을 입력한다. 확인(✔)을 클릭한다.

Step 17 참조형상(▯) → 기준면(▯)을 클릭한다. 형상의 **윗면**을 클릭한다.

Chapter 08 지지대 작성하기

Step 18 오프셋( ) 거리 버튼을 클릭하고, 거리값 25mm를 입력한다. 오프셋 뒤집기에 체크를 하여 방향을 바꾼다.

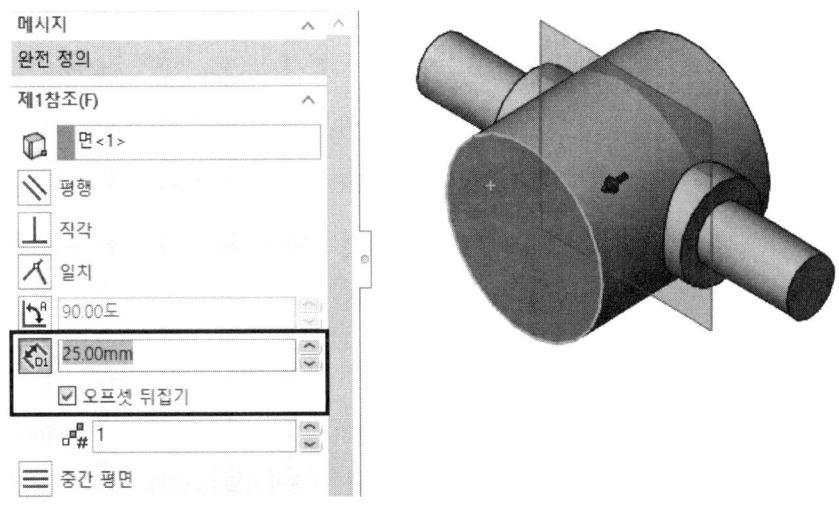

Step 19 생성한 기준면을 선택하여 스케치( )를 시작한다.

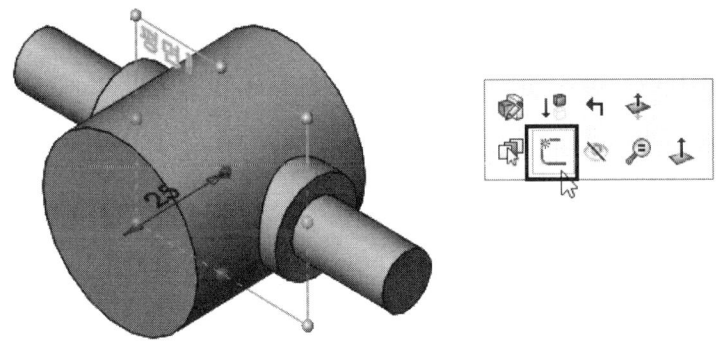

Step 20 Ctrl+8을 클릭하여 선택한 면을 보기 한다.

Step 21 중심선( )을 클릭하여 원점에서 수직방향으로 길게 중심선을 작성하고, 지능형 치수( )로 치수를 작성한다.

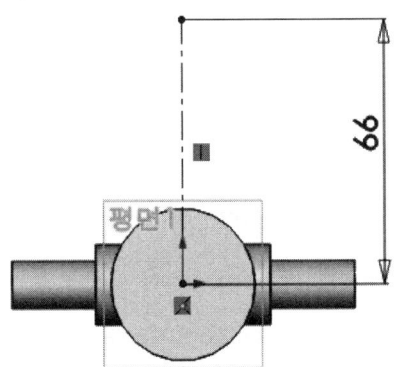

175

Step 22 중심선 끝점에 원(⊙)을 그리고, 지능형 치수(◈)로 치수를 작성한다.

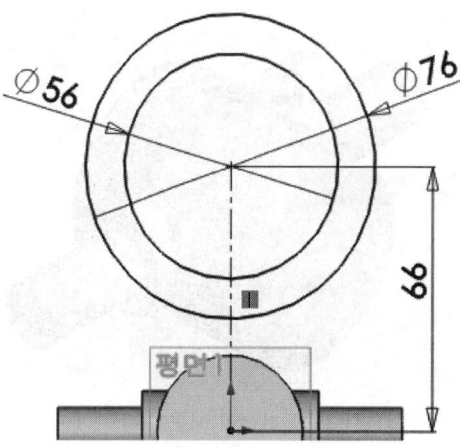

Step 23 선(╱)으로 중심선 끝점을 지나는 수평선을 길게 작성한다.

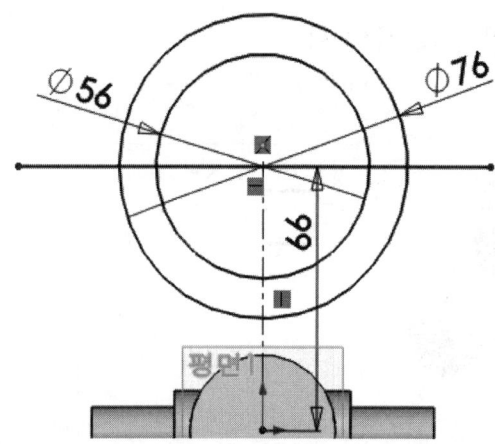

Step 24 요소 잘라내기(❀)에서 근접 잘라내기(├─) 옵션을 클릭하여, 다음 그림처럼 잘라내기를 한다.

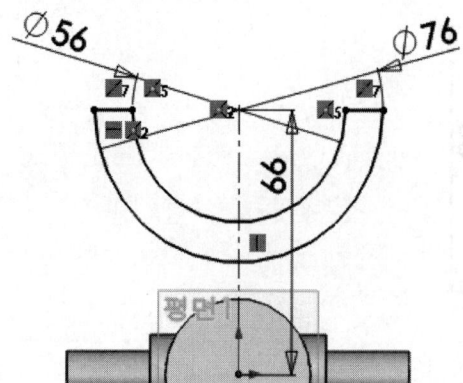

Step 25 스케치 종료(↳)를 클릭한다.

Step 26 돌출보스/베이스(🗐)를 클릭한다. 방향1을 **중간평면**으로 설정하고, 13mm을 입력한다. 확인(✓)을 클릭한다.

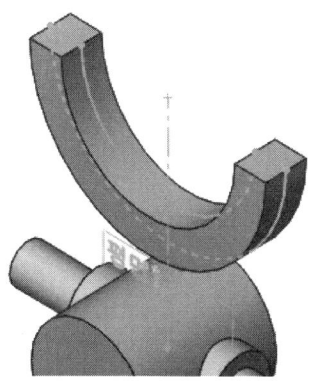

Step 27 생성한 기준면을 선택하여 스케치(📐)를 시작한다.

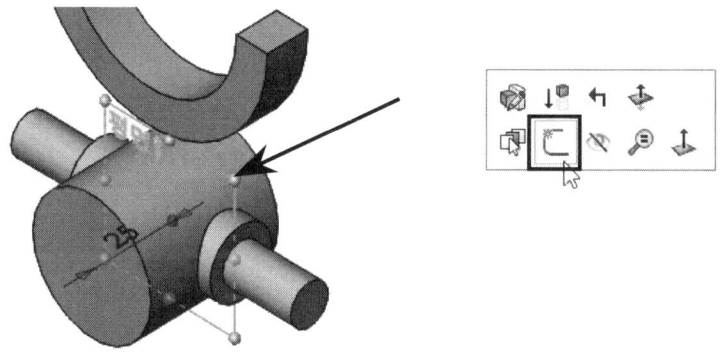

Step 28 Ctrl+8을 클릭하여 선택한 면을 보기 한다.

Step 29 요소 변환(🗍)을 클릭한다. 위, 아래 원형모서리를 선택한다.

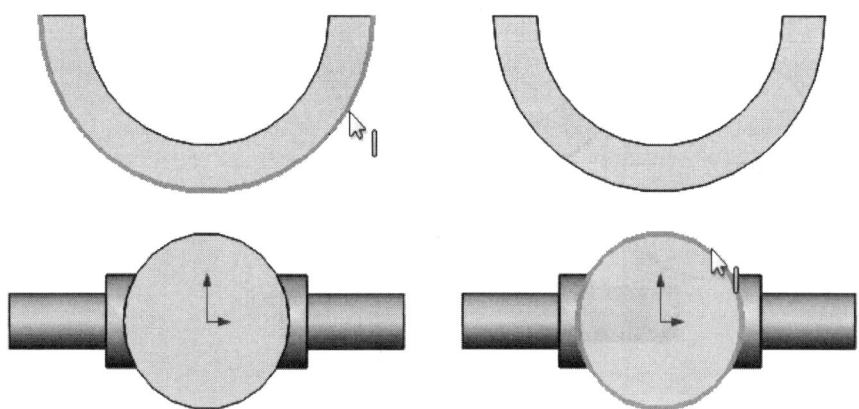

Step 30 확인(✓)을 클릭한다. 선택한 모서리가 스케치에 복사되었다.

Step 31 원(⊙)을 그리고, 지능형 치수(✎)로 치수를 작성한다.

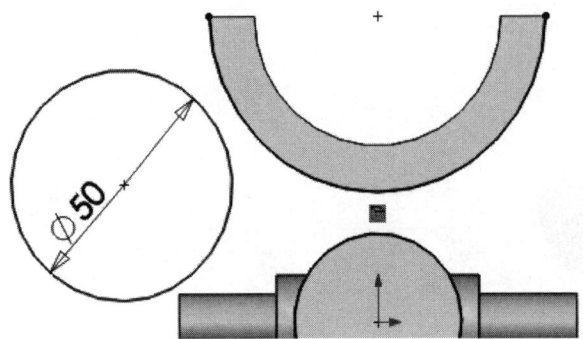

Step 32 Ctrl 키를 누른 채로 원과 원형 모서리를 클릭한다. 왼쪽 창에서 **탄젠트** 구속조건을 클릭한다. 확인(✓)을 클릭한다.

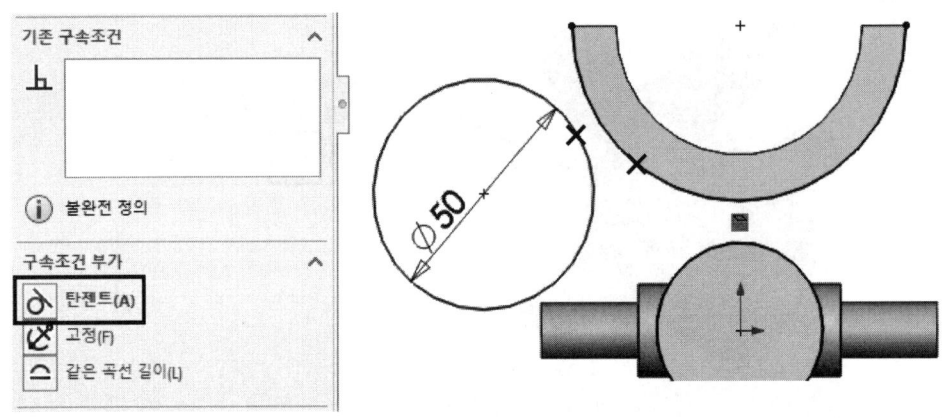

Step 33 아래의 원과 원형 모서리에도 **탄젠트** 구속조건을 부가한다. 확인(✓)을 클릭한다.

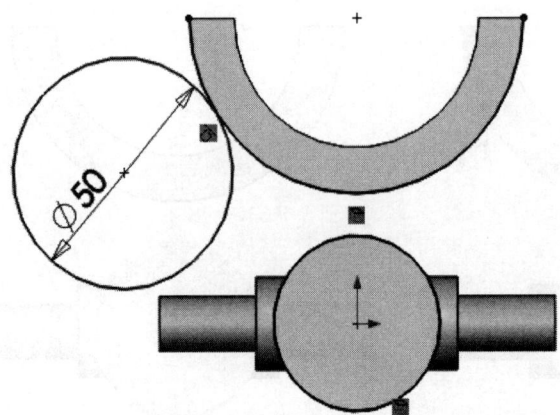

Chapter 08 지지대 작성하기

Step 34 오른쪽에도 원을 작성하고, **탄젠트** 구속조건을 부가한다.

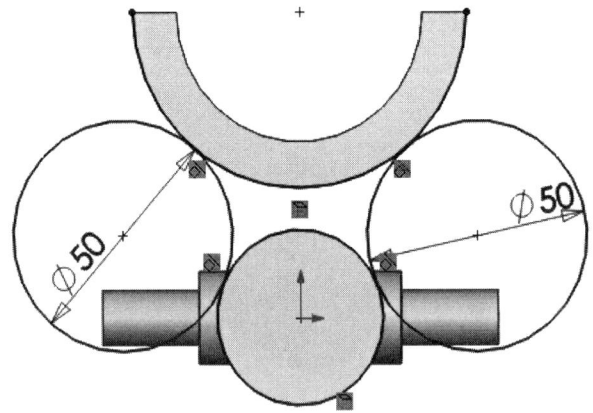

Step 35 요소 잘라내기( )에서 근접 잘라내기( )에서 다음 그림처럼 잘라내기를 한다.

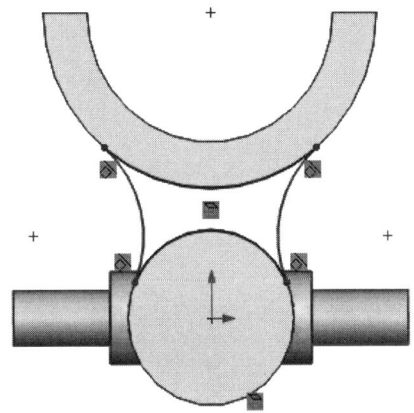

Step 36 스케치 종료( )를 클릭한다.

Step 37 돌출보스/베이스( )를 클릭한다. 방향1을 **중간평면**으로 설정하고, 10mm을 입력한다. 확인( )을 클릭한다.

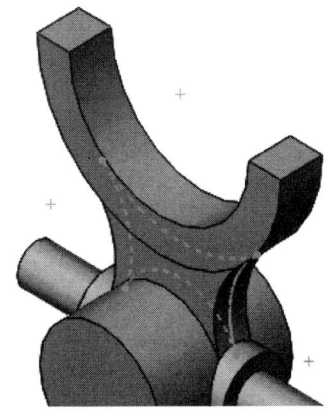

Step 38 생성한 앞면을 선택하여 스케치(□)를 시작한다.

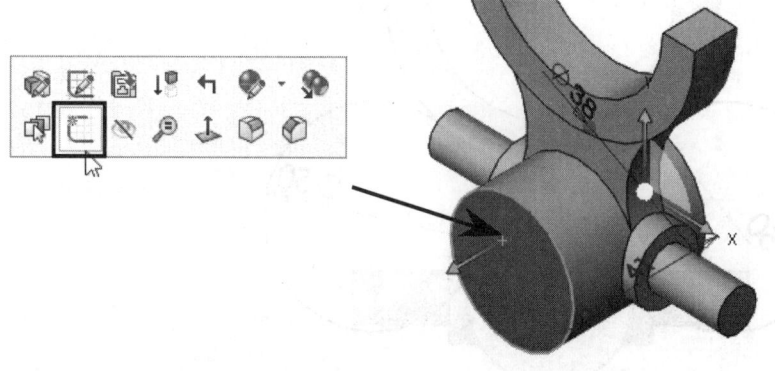

Step 39 원(⊙)을 그리고, 지능형 치수(◆)로 치수를 작성한다.

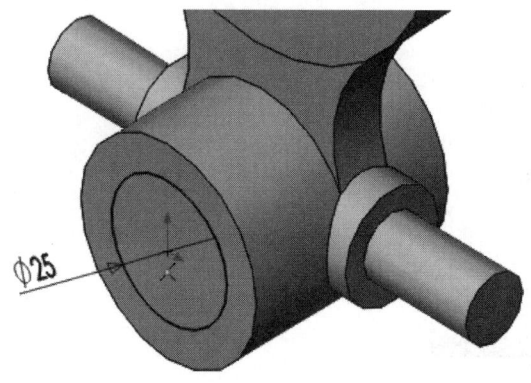

Step 40 선(✎)을 이용하여 원의 사분점 지점에 선을 작성한다.

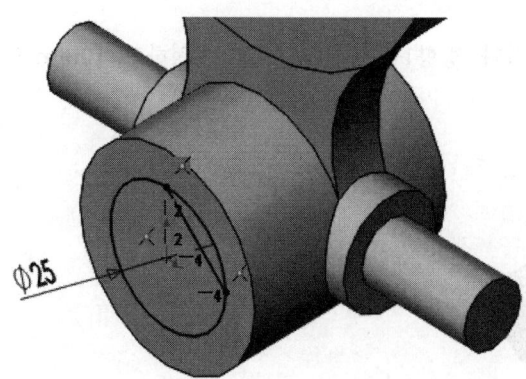

Step 41 요소 잘라내기(✂)에서 근접 잘라내기(⌐)에서 다음 그림처럼 잘라내기를 한다.

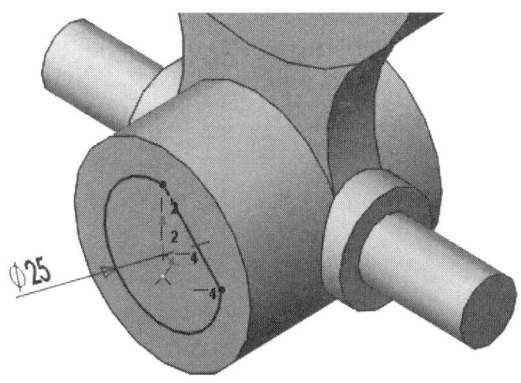

Step 42 스케치 종료(↵)를 클릭한다.

Step 43 돌출 컷(▣)을 클릭하고, **관통**으로 설정한다. 확인(✔)을 클릭한다.

Step 44 모따기(◈)를 클릭하고, 거리에 1mm를 입력하고, 모서리를 선택한다.

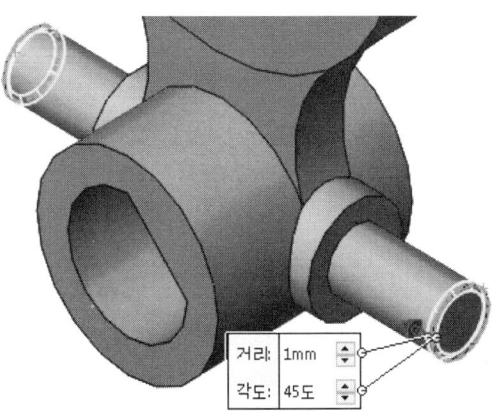

Step 45 확인(✔)을 클릭한다.

Step 46 저장(💾)을 클릭하여 **지지대작성하기2.SLDPRT**를 입력하고 저장한다.

Step 47 지지대 작성하기 2가 완성되었다.

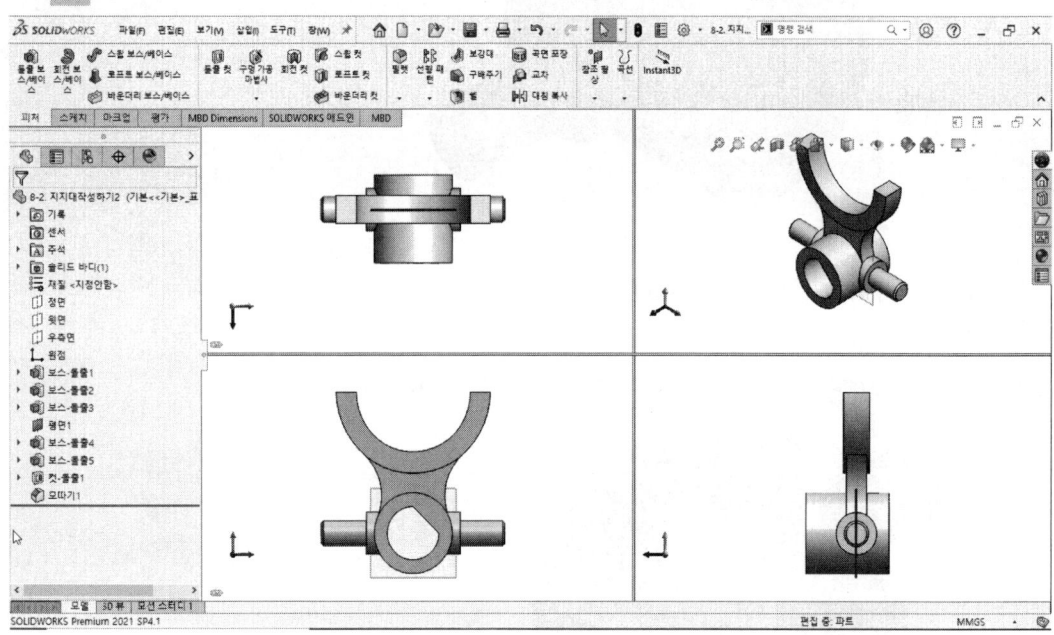

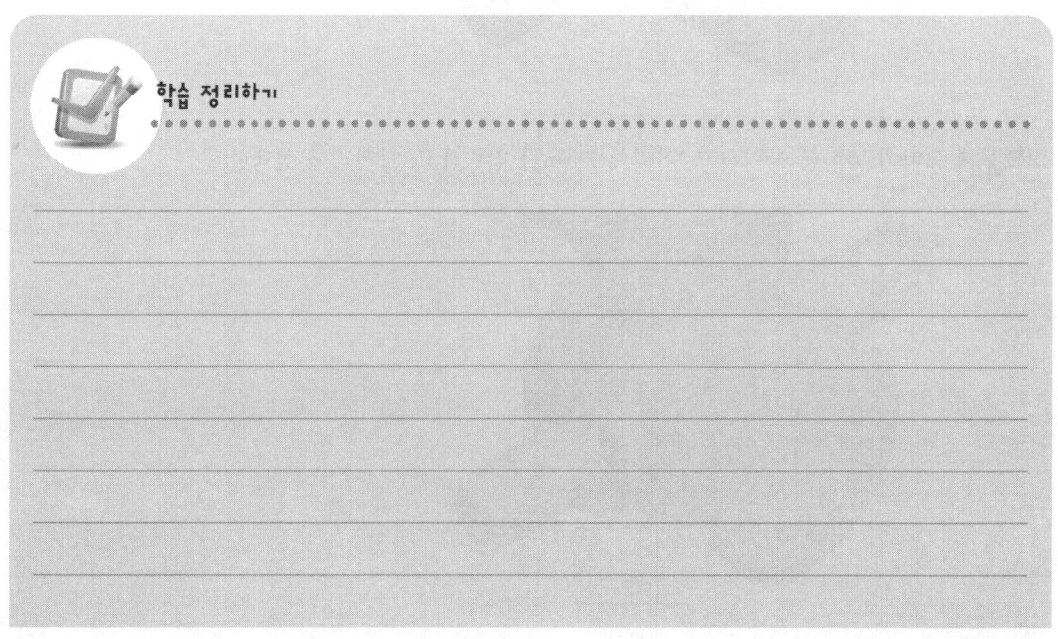

학습 정리하기

Chapter 09

SOLIDWORKS

본체 작성하기

01 본체 작성하기 1

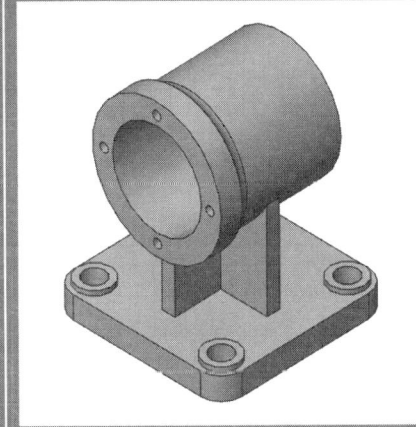

02 본체 작성하기 2

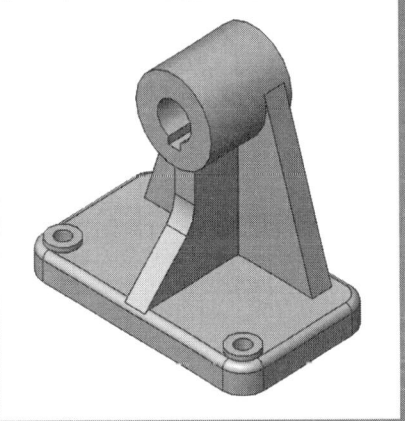

Section 1 본체 작성하기 1

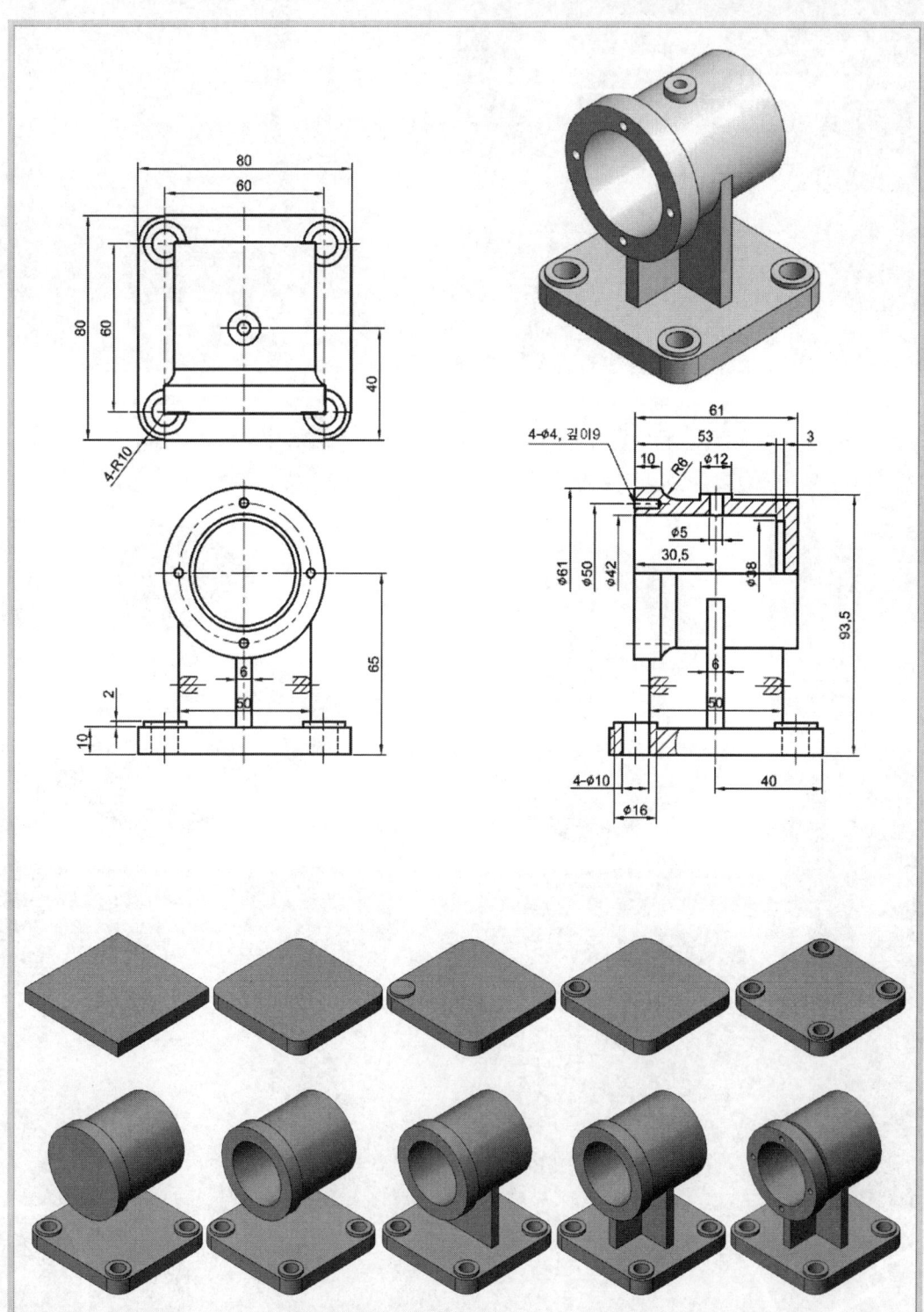

Chapter 09 본체 작성하기

Step 01 새 문서(□)를 클릭한다. 파트(□)를 선택하고, 확인을 클릭한다.

Step 02 디자인 트리에서 **윗면**을 클릭하고, 스케치(□)를 클릭한다.

Step 03 코너 사각형(□)과 지능형 치수(□)를 이용하여 다음과 같이 작성한다.

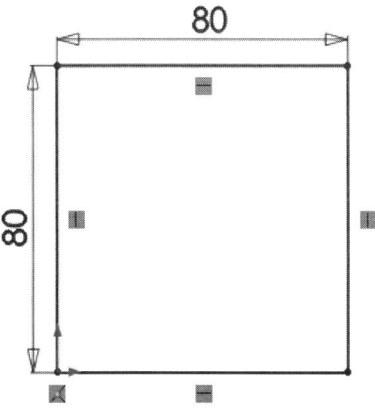

Step 04 스케치 종료(□)를 클릭한다.

Step 05 돌출보스/베이스(□)로 방향1의 깊이에 10mm를 입력하고, 확인(✓)을 클릭한다.

Step 06 필렛(□)을 클릭한다. 선택한 모서리에 반경 10mm로 필렛을 한다.

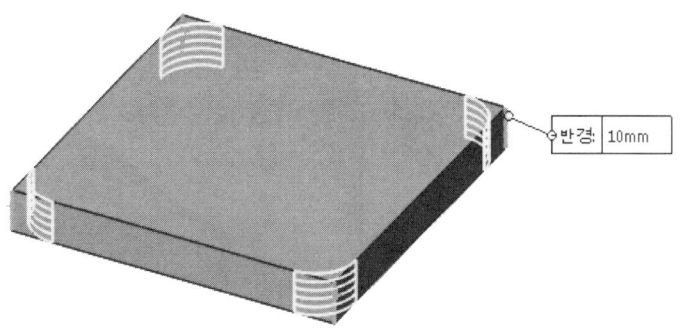

Step 07 생성한 피처의 윗면을 선택하여 스케치(⌂)를 시작한다.

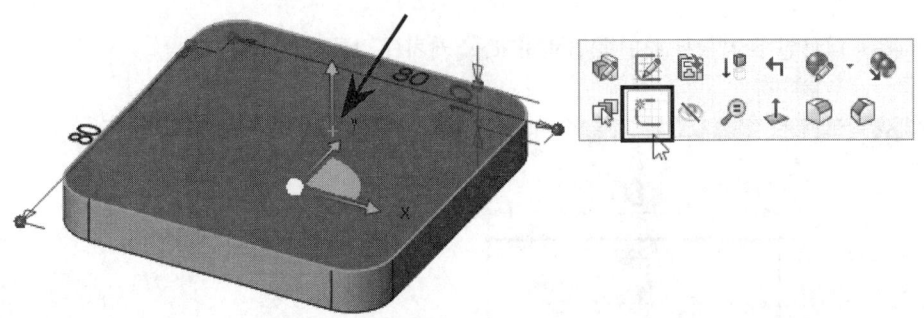

Step 08 원(⊙)을 그리고, 지능형 치수(✎)로 치수를 작성한다. 스케치 종료(⌂)를 클릭한다.

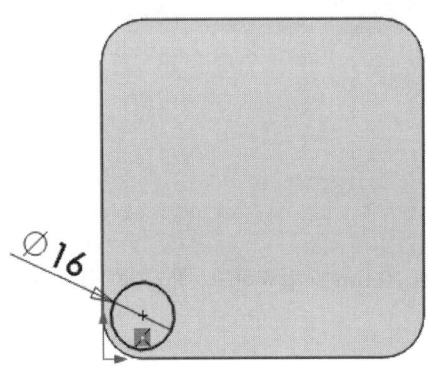

Step 09 돌출보스/베이스(⬚)로 방향1의 깊이에 **2mm**를 입력하고, 확인(✔)을 클릭한다.

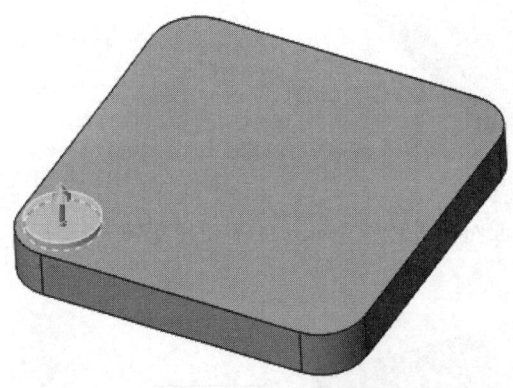

Chapter 09 본체 작성하기

Step 10 생성한 피처의 윗면을 선택하여 스케치(⌒)를 시작한다.

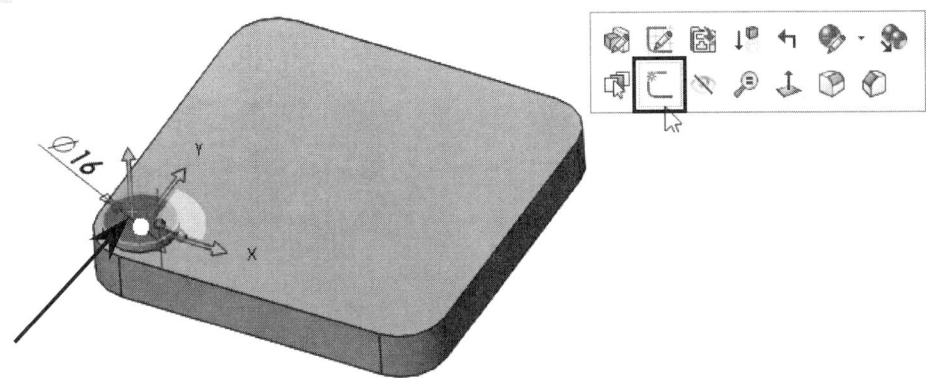

Step 11 원(⊙)을 그리고, 지능형 치수(✎)로 치수를 작성한다. 스케치 종료(⌒)를 클릭한다.

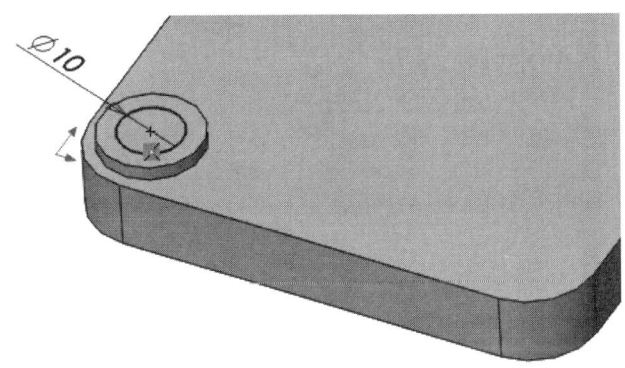

Step 12 돌출 컷(▥)을 클릭하고, **관통**으로 설정한다. 확인(✔)을 클릭한다.

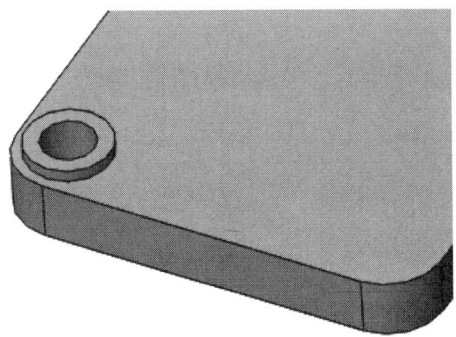

Step 13 선형패턴(▦)을 클릭한다.

Step 14 방향1에서 패턴시킬 모서리를 선택하고, 반대방향(↗) 버튼으로 방향을 설정한다.
간격에 60mm, 인스턴스 수(개수)에 2를 입력한다.

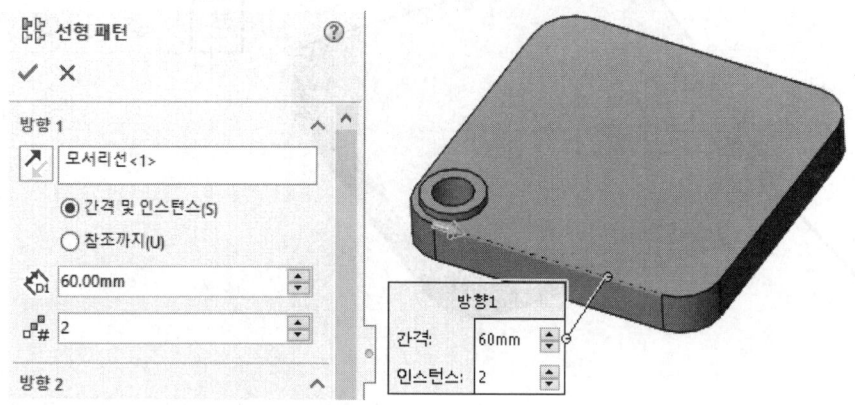

Step 15 방향2에서 패턴시킬 모서리를 선택하고, 반대방향(↗) 버튼으로 방향을 설정한다.
간격에 60mm, 인스턴스 수(개수)에 2를 입력한다.

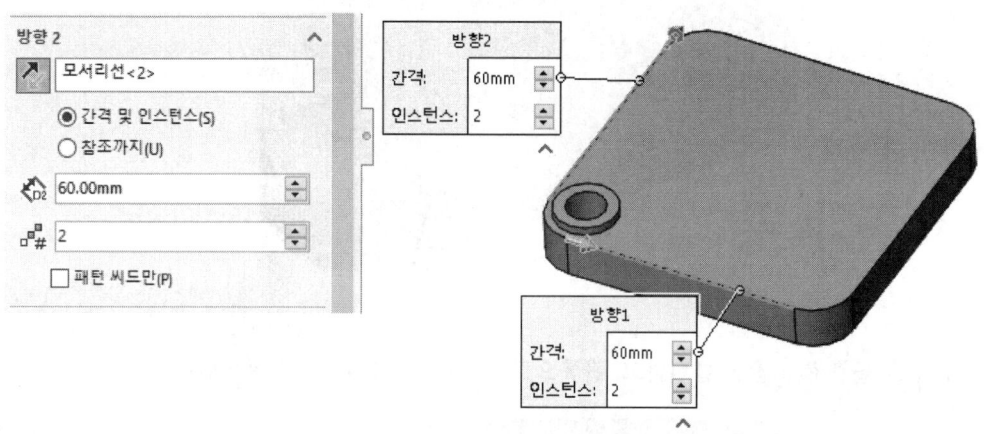

Step 16 패턴할 피처에서 생성시킨 보스-돌출과 컷-돌출을 선택한다.

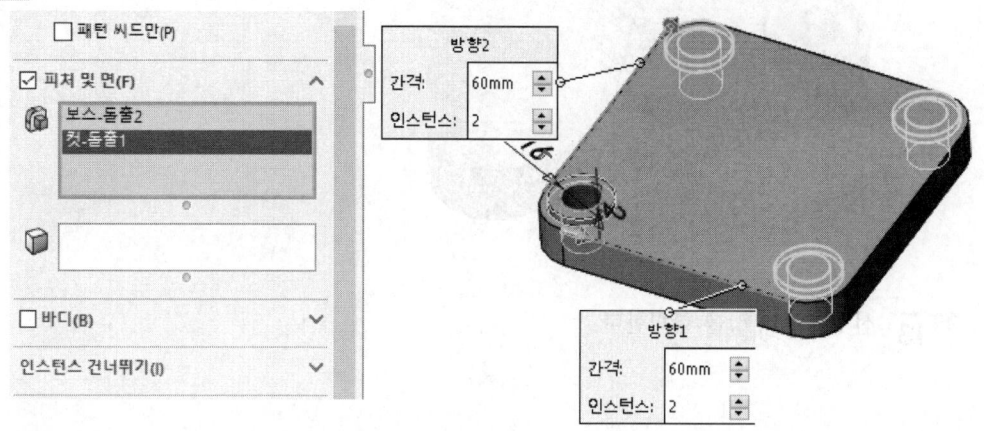

Step 17 확인(✓)을 클릭한다.

Step 18 참조형상( ) → 기준면( )을 클릭한다. 형상의 **우측면**을 클릭한다.

Step 19 오프셋( ) 거리 버튼을 클릭하고, 거리값 40mm를 입력한다. 오프셋 뒤집기에 체크를 하여 방향을 바꾼다.

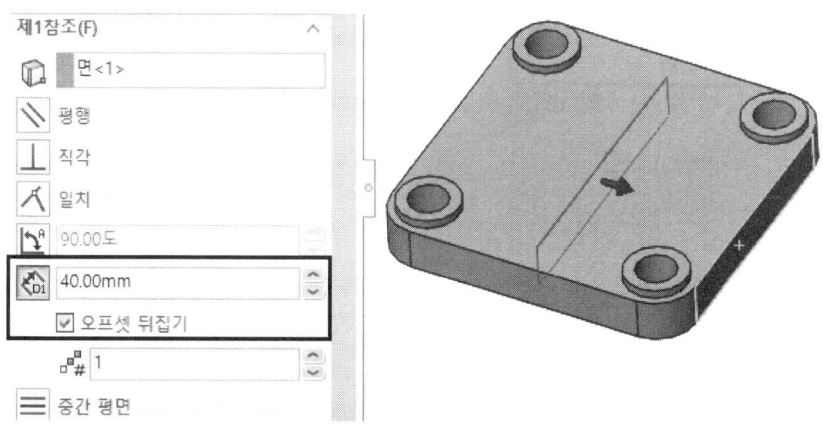

Step 20 생성한 기준면을 선택하여 스케치( )를 시작한다.

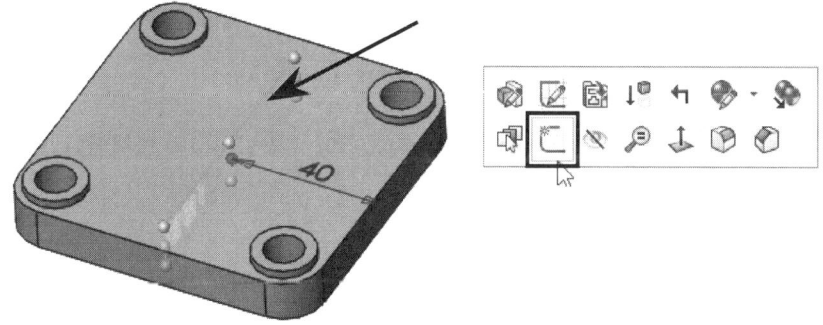

Step 21 [Ctrl]+8을 클릭하여 선택한 면을 보기 한다.

Step 22 중심선( )을 클릭하여 수평방향으로 길게 중심선을 작성하고, 지능형 치수( )로 치수를 작성한다.

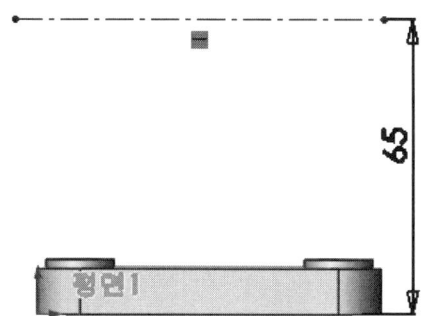

Step 23 선(/)을 이용하여 스케치를 작성한다.

Step 24 지능형 치수(↔)를 이용하여 치수를 입력한다.

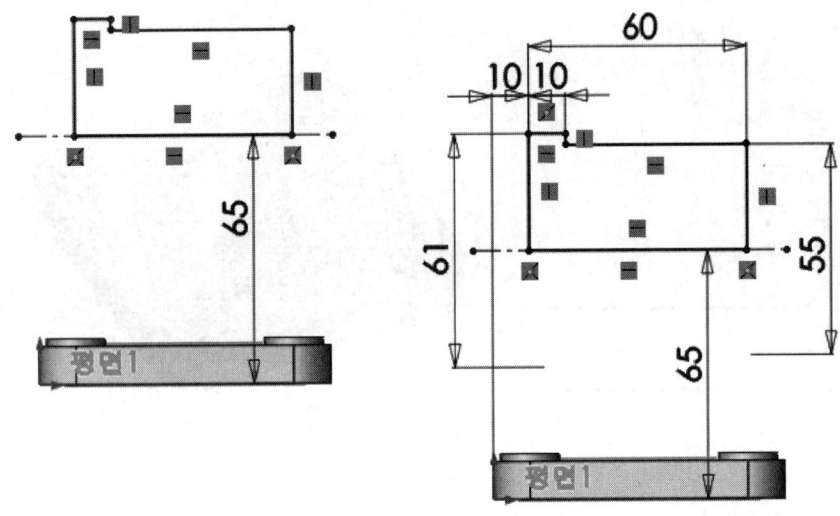

Step 25 스케치 종료(⤴)를 클릭한다.

Step 26 회전보스/베이스(🗘)를 클릭한다. 별다른 작업없이 확인(✓)을 클릭한다.

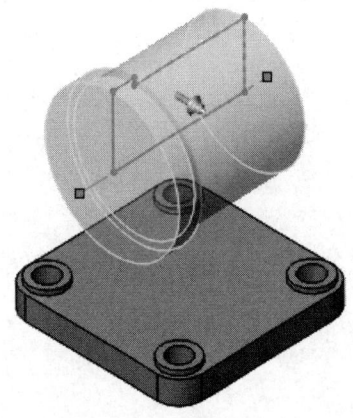

Step 27 Setp19에서 생성한 기준면을 선택하여 스케치( )를 시작한다. Ctrl+8을 클릭하여 선택한 면을 보기 한다.

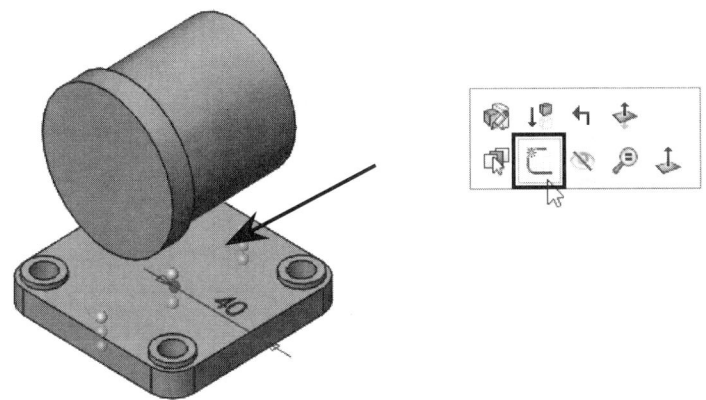

Step 28 수평방향으로 길게 중심선( )을 작성하고, 지능형 치수( )로 치수를 작성한다.

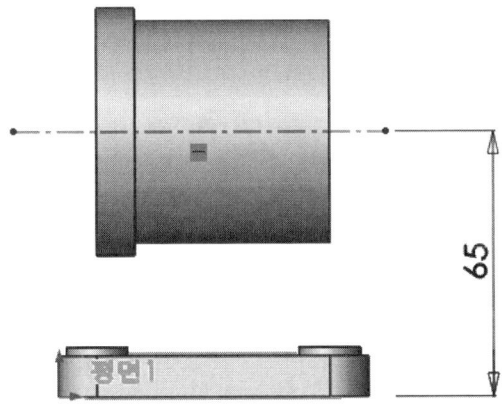

Step 29 선( )을 이용하여 스케치를 작성한다.

Step 30 지능형 치수( )를 이용하여 치수를 입력한다.

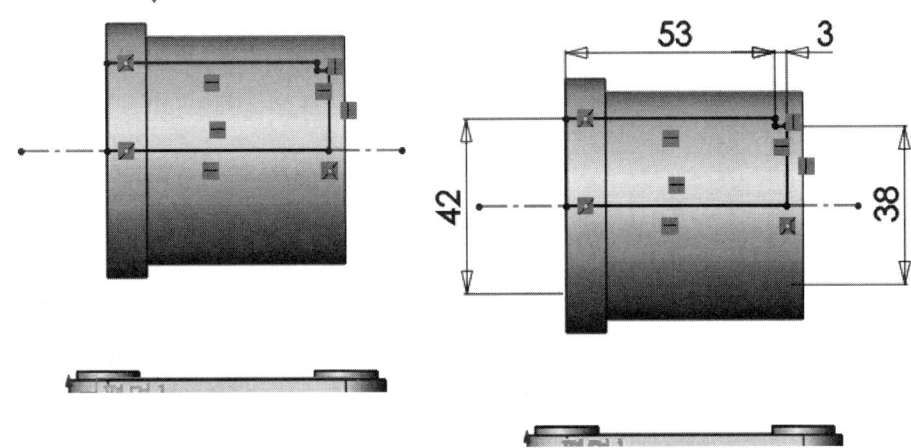

Step 31 스케치 종료( )를 클릭한다.

Step 32 회전컷( )을 클릭한다. 별다른 작업없이 확인( )을 클릭한다.

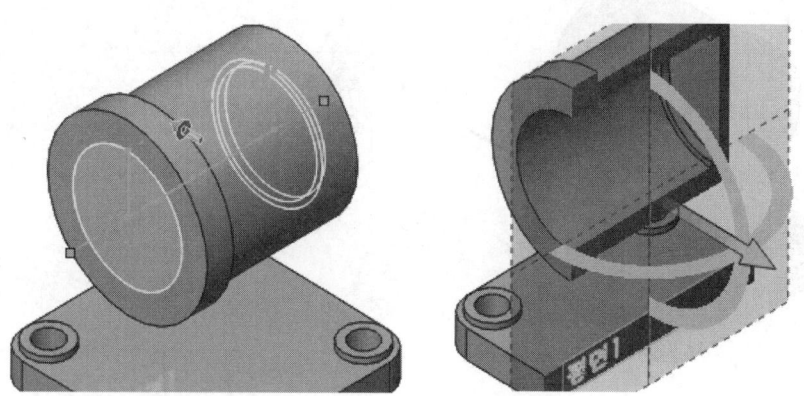

Step 33 생성한 피처의 윗면을 선택하여 스케치( )를 시작한다.

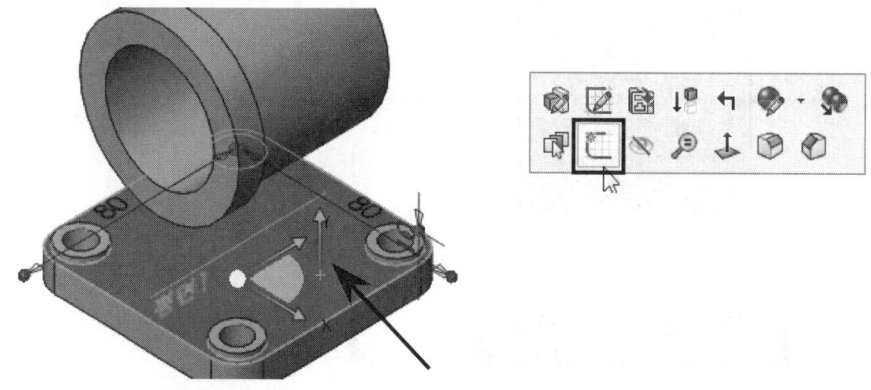

Step 34 Ctrl+8을 클릭한다.

Step 35 코너 사각형( )과 지능형 치수( )를 이용하여 다음과 같이 작성한다.

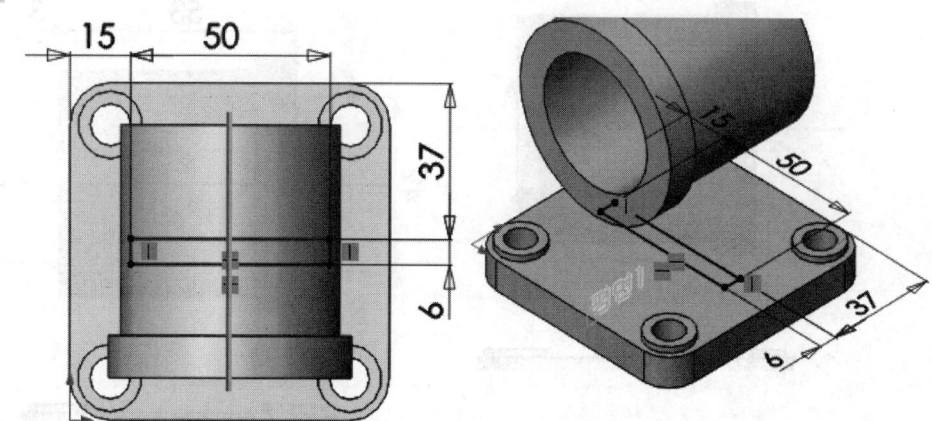

Chapter 09 본체 작성하기

Step 36 스케치 종료(⌐)를 클릭한다.

Step 37 돌출보스/베이스(🗐)에서 방향1을 **다음까지**로 설정하고, 확인(✓)을 클릭한다.

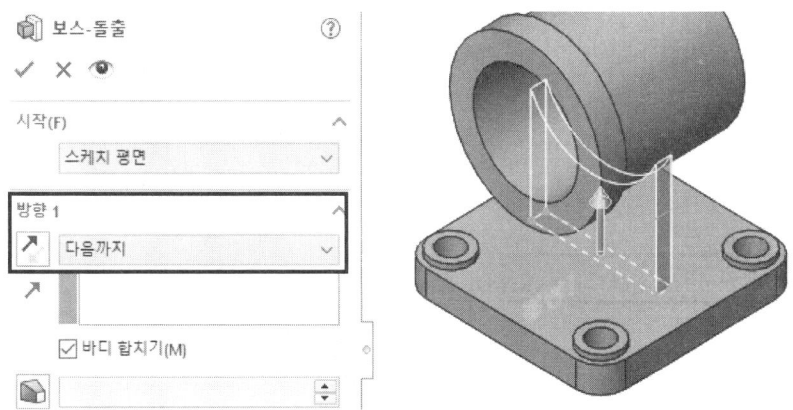

Step 38 Setp19에서 생성한 기준면을 선택하여 스케치(℃)를 시작한다. Ctrl+8을 클릭한다.

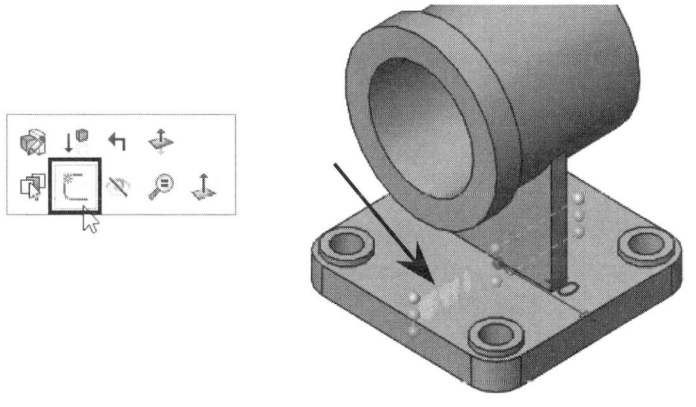

Step 39 선(╱)과 지능형 치수(✧)를 이용하여 보강대 작업을 위한 선을 작성한다.
(그림처럼 보강대를 위한 스케치는 짧게 그려도, 자동 연장이 된다.)

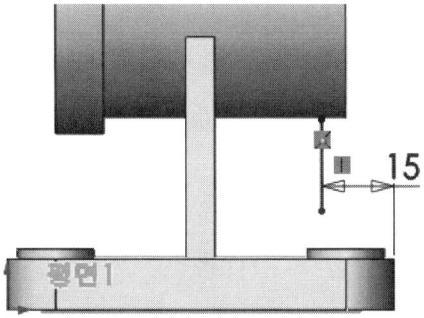

Step 40 스케치 종료(⌐)를 클릭한다.

Step 41   보강대( )를 클릭한다.

Step 42   보강대의 두께에 **6mm**를 입력하고, **뒤집기**로 방향을 안쪽으로 설정한다. 확인( )을 클릭한다.

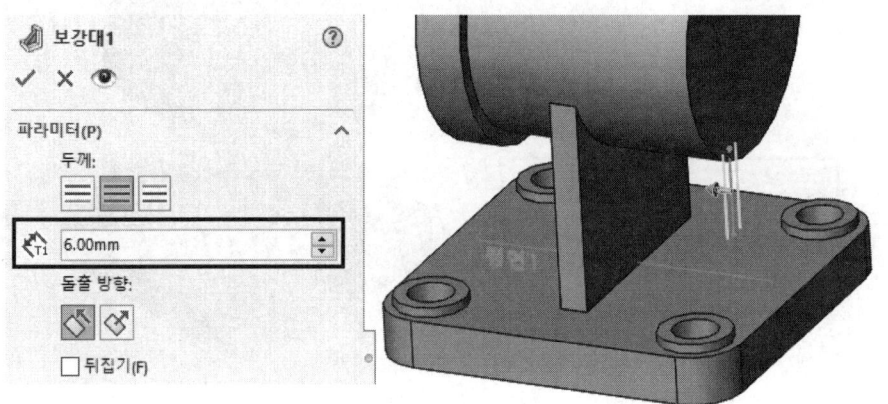

Step 43   Step19에서 생성한 기준면을 선택하여 스케치( )를 시작한다. Ctrl+8을 클릭한다.

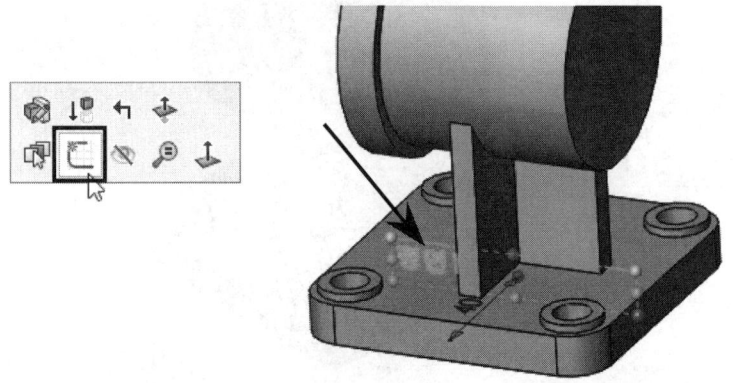

Step 44   선( )과 지능형 치수( )를 이용하여 보강대 작업을 위한 선을 작성한다.

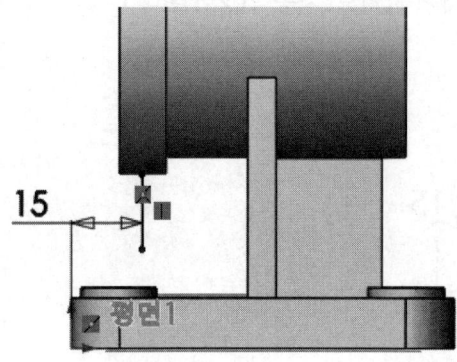

Step 45   스케치 종료( )를 클릭한다.

194

Chapter 09 본체 작성하기

Step 46 보강대(⬛)를 클릭한다.

Step 47 보강대의 두께에 6mm를 입력하고, **뒤집기**로 방향을 안쪽으로 설정한다. 확인(✔)을 클릭한다.

Step 48 생성한 피처의 앞면을 선택하여 스케치(⬛)를 시작한다.

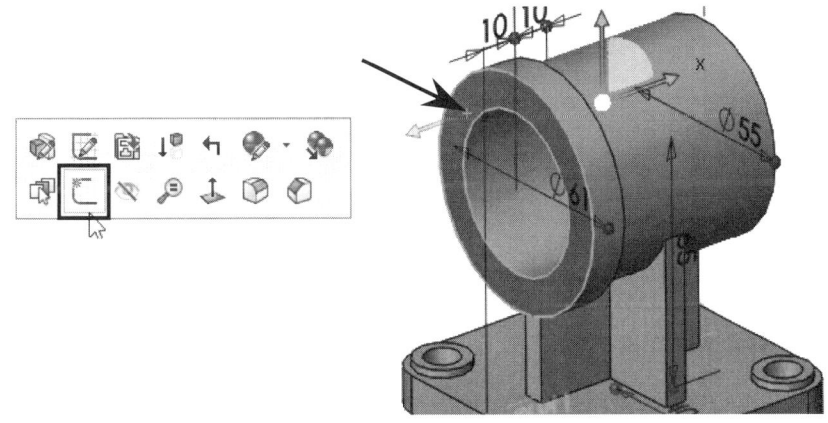

Step 49 중심선( )으로 수평방향으로 길게 중심선을 작성한다.

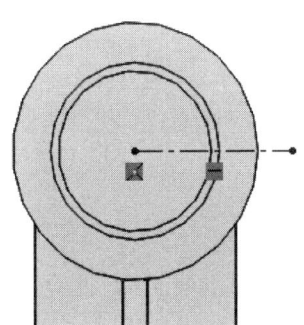

Step 50 점(▫)을 클릭하고, 중심선 위에 점을 작성하고, 지능형 치수(⬩)를 이용하여 다음과 같이 작성한다.

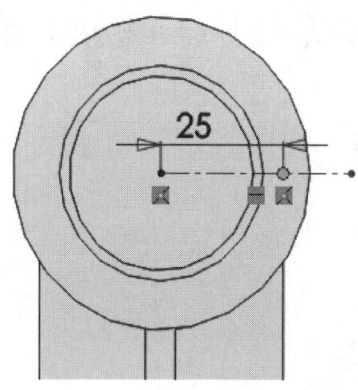

Step 51 스케치 종료(↵)를 클릭한다.

Step 52 구멍가공마법사(🔩)에서 구멍 위치 탭을 클릭하고, 구멍이 생성될 형상의 앞면을 클릭한다.

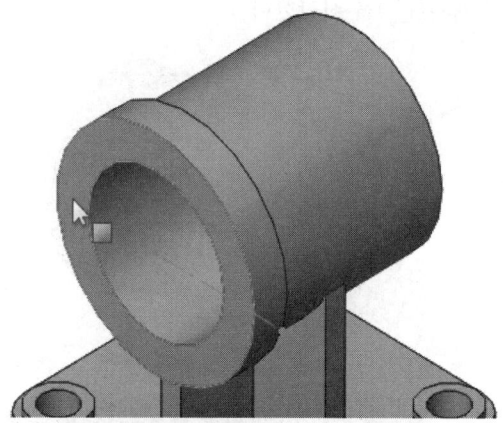

Step 53 생성시킨 스케치 점을 클릭한다.

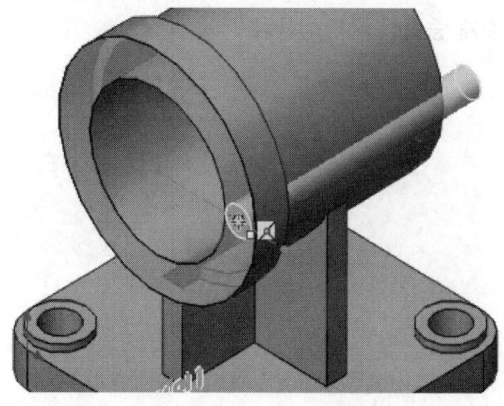

Step 54 유형 탭을 클릭하고, **구멍**을 선택하여 지정한다.

Step 55 사용자 정의크기 표시에 체크 하고, 구멍지름 4mm, 마침조건을 블라인드 형태로 구멍깊이 9mm를 입력한다.

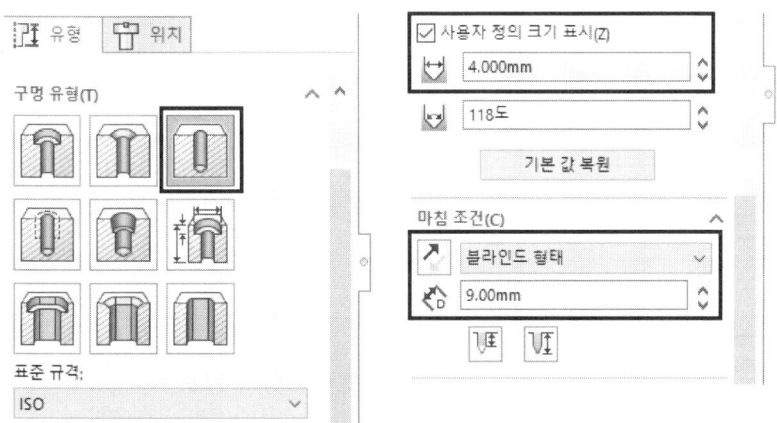

Step 56 확인(✔)을 클릭한다.

Step 57 원형 패턴(⚙)을 클릭하고, 패턴할 피처로 방금 생성한 구멍을 선택한다.

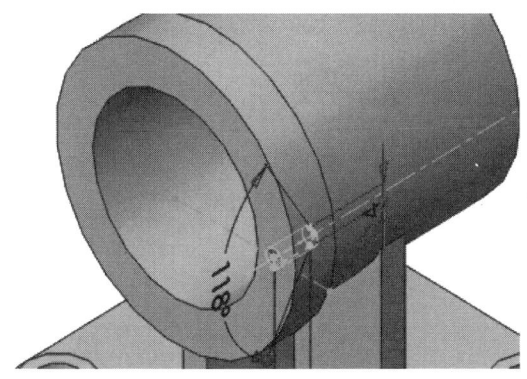

Step 58 패턴 축으로 형상의 원통면을 클릭한다.

Step 59 각도에 90을 입력하고, 인스턴스 수에 4를 입력한다.

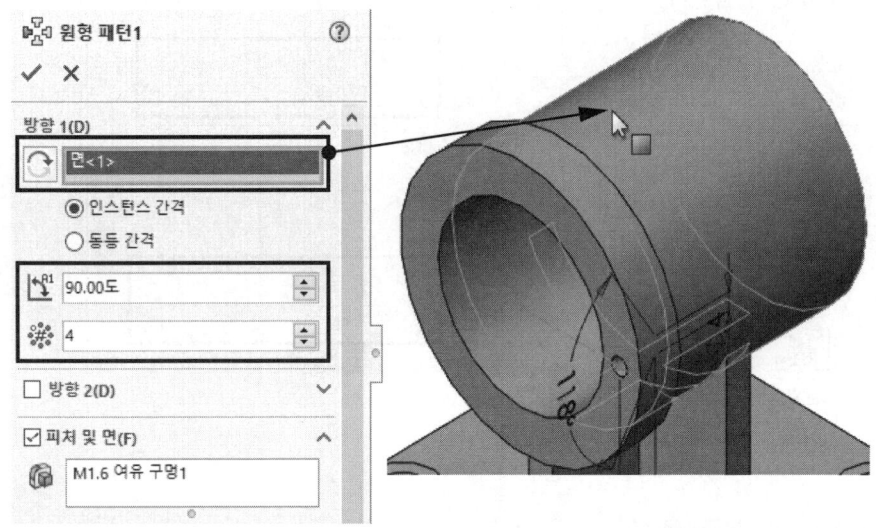

Step 60 확인(✔)을 클릭한다.

Step 61 필렛(🗍)을 클릭한다. 선택한 모서리에 반경 6mm로 필렛을 한다.

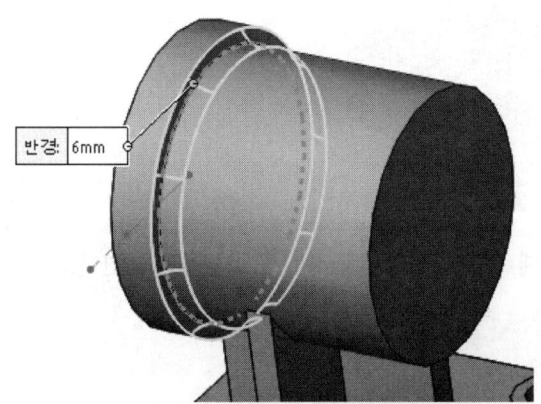

Step 62 저장(💾)을 클릭하여 **본체작성하기1.SLDPRT**를 입력하고 저장한다.

Step 63 본체 작성하기 1이 완성되었다.

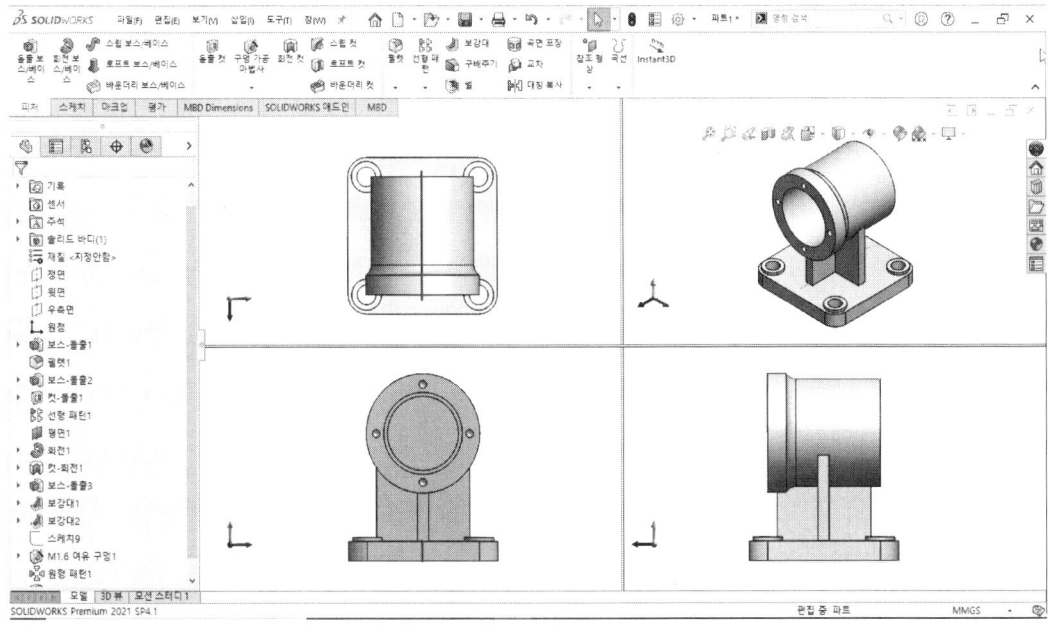

학습 정리하기

Section 2 본체 작성하기 2

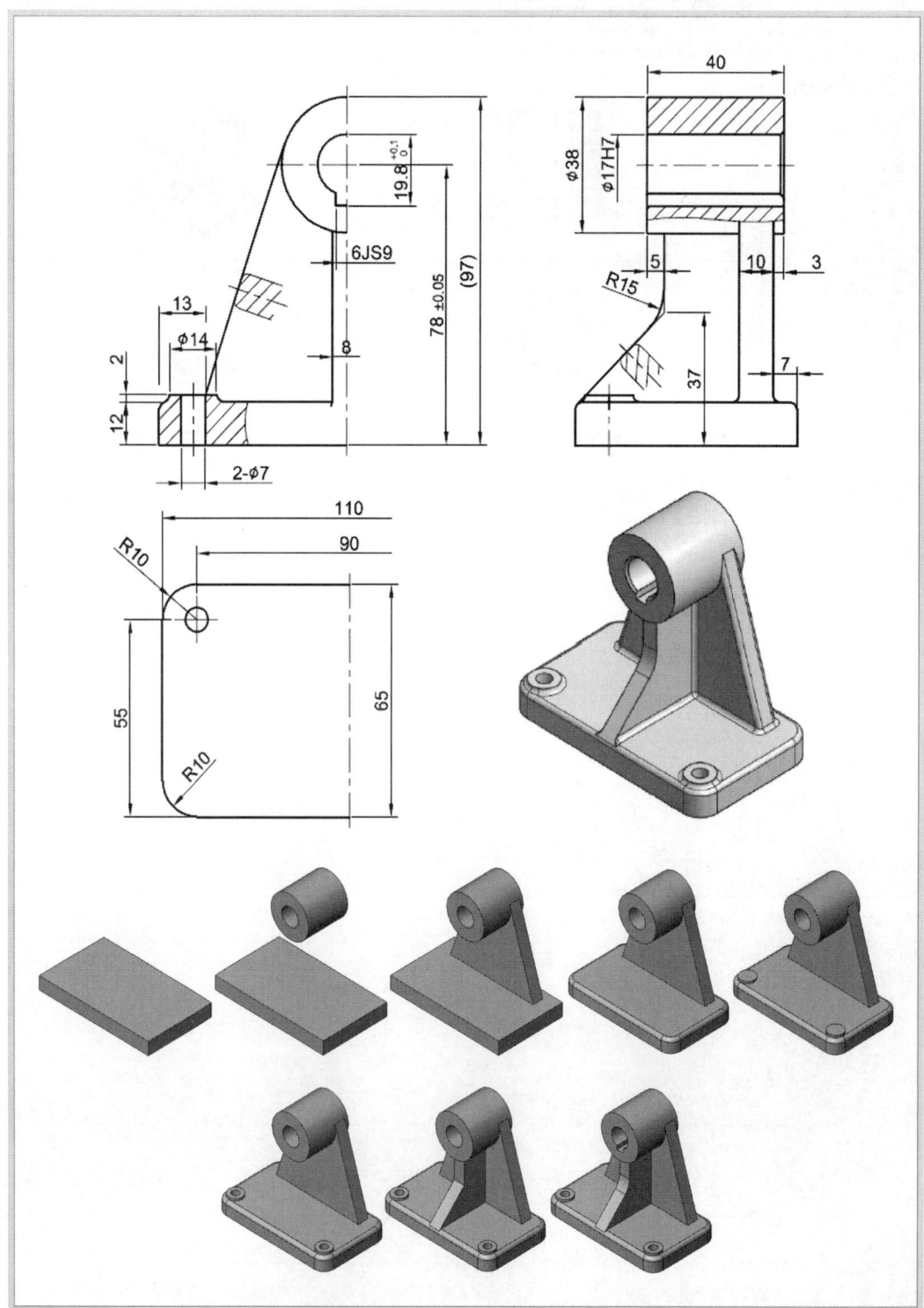

Step 01 새 문서(□)를 클릭한다. 파트(◇)를 선택하고, 확인을 클릭한다.

Step 02 디자인 트리에서 **윗면**을 클릭하고, 스케치(□)를 클릭한다.

Step 03 코너 사각형(□)과 지능형 치수(◇)를 이용하여 다음과 같이 작성한다.

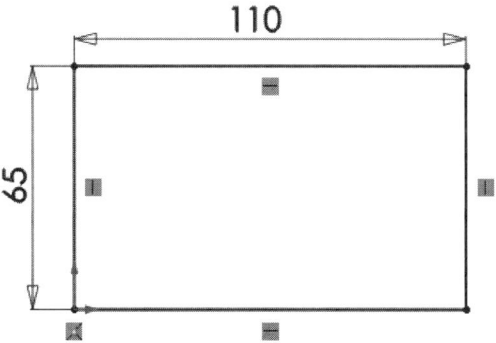

Step 04 돌출보스/베이스(◇)에서 높이 12mm를 설정합니다.

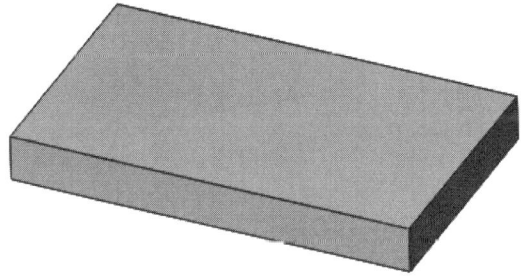

Step 05 참조형상(◇) → 기준면(◇)으로 형상의 **앞면**을 클릭한다. 거리값 21mm 만큼 오프셋(◇)한다.

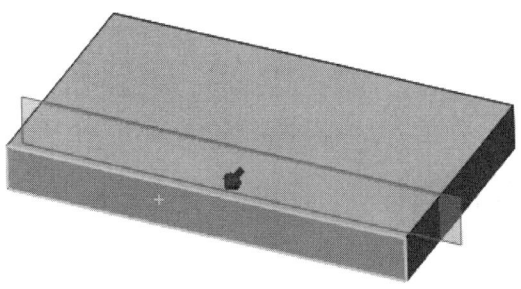

Step 06 생성한 기준면을 선택하여 스케치(⌐)를 시작한다.

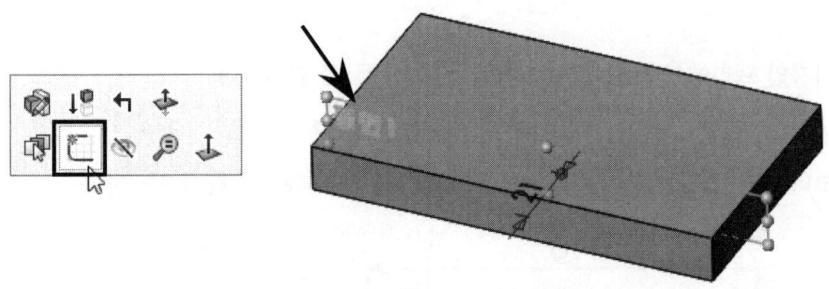

Step 07 원(⊙)을 그리고, 지능형 치수(✐)로 치수를 작성한다.

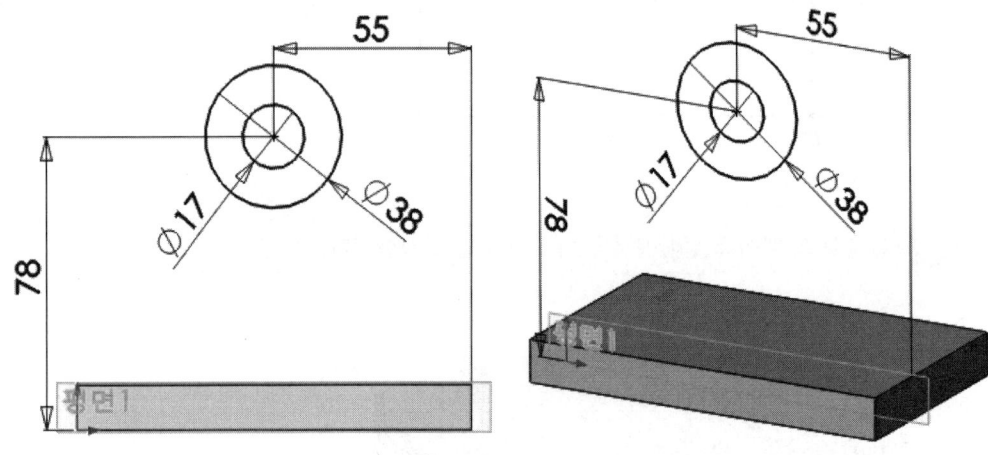

Step 08 돌출보스/베이스(⬚)에서 높이 40mm를 설정합니다.

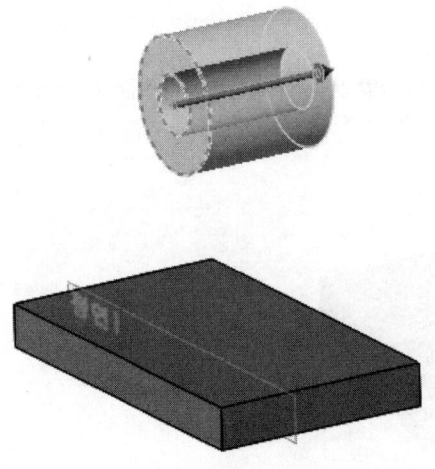

Chapter 09 본체 작성하기

Step 09 참조형상( ) → 기준면( )으로 형상의 **앞면**을 클릭한다. 거리값 48mm 만큼 오프셋( )한다.

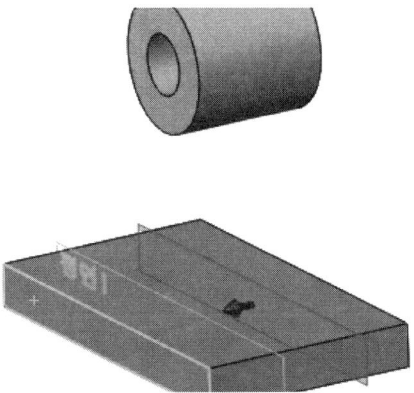

Step 10 생성한 기준면을 선택하여 스케치( )를 시작한다.

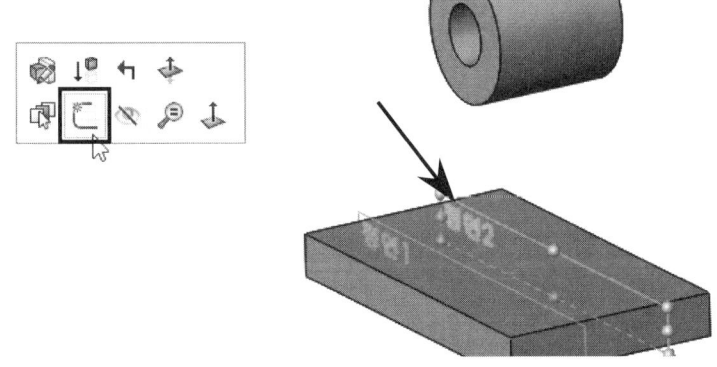

Step 11 요소 변환( )을 클릭한다. 위의 원형 모서리를 선택한다.

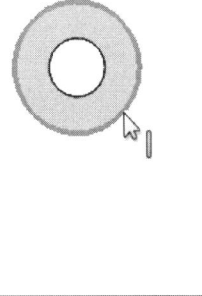

Step 12 선( )을 이용하여 다음과 같이 선을 작성한다.

203

Step 13 [Ctrl]키를 누른 채로 원과 선을 클릭하고 **탄젠트** 구속조건을 클릭한다.

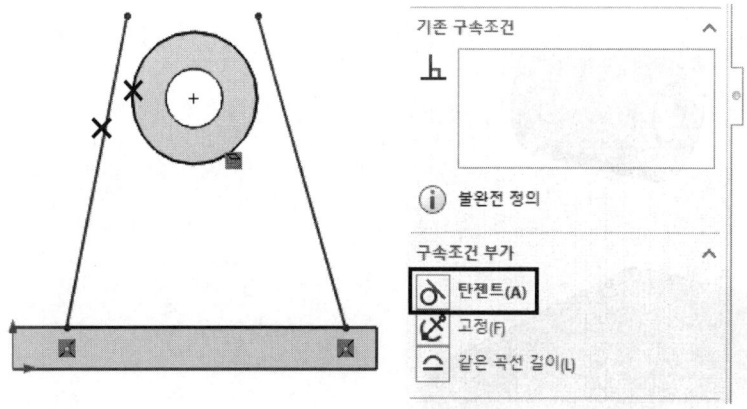

Step 14 오른쪽도 [Ctrl]키를 누른 채로 원과 선을 클릭하고 **탄젠트** 구속조건을 클릭한다.

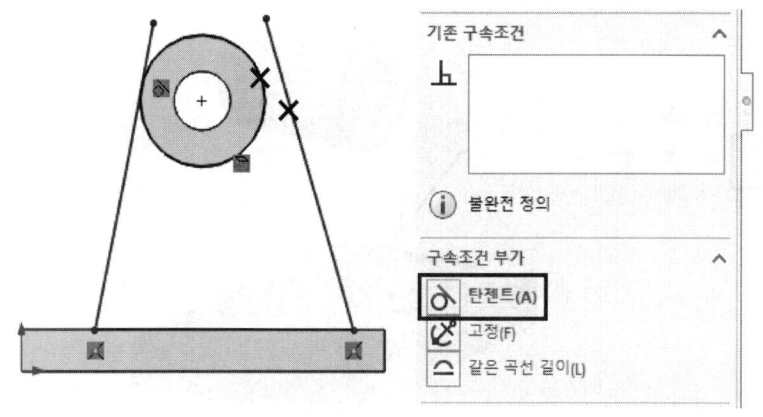

Step 15 지능형 치수(◆)로 치수를 작성한다.

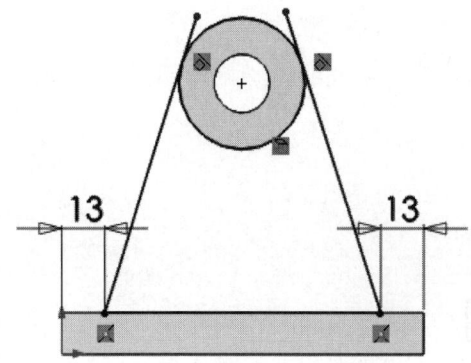

Step 16 요소 잘라내기( )에서 근접 잘라내기( )에서 다음 그림처럼 잘라내기를 한다.

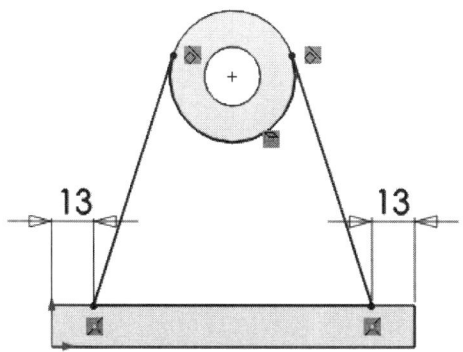

Step 17 돌출보스/베이스( )에서 높이 10mm를 설정합니다.

Step 18 필렛( )을 클릭한다. 선택한 모서리에 반경 10mm로 필렛을 한다.

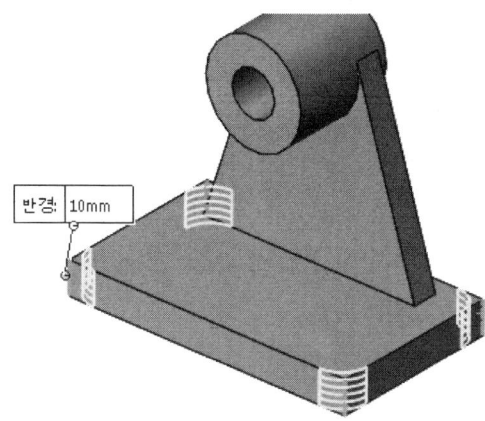

Step 19 필렛(⬚)을 클릭한다. 선택한 모서리에 반경 3mm로 필렛을 한다.

반경: 3mm

Step 20 생성한 피처의 윗면을 선택하여 스케치(⬚)를 시작한다.

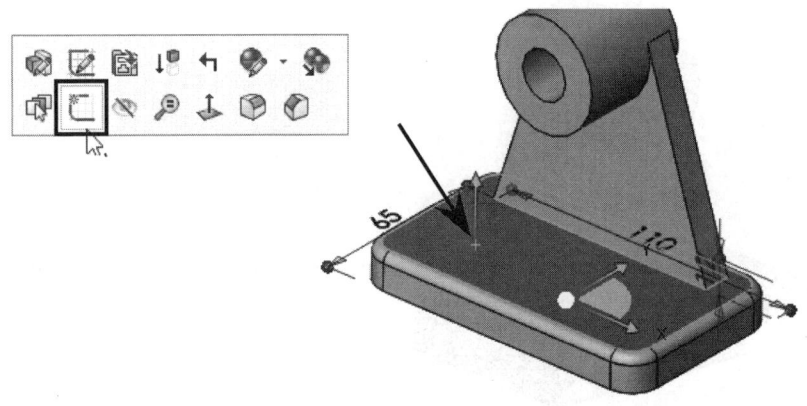

Step 21 원(⬚)을 그리고, 지능형 치수(⬚)로 치수를 작성한다.

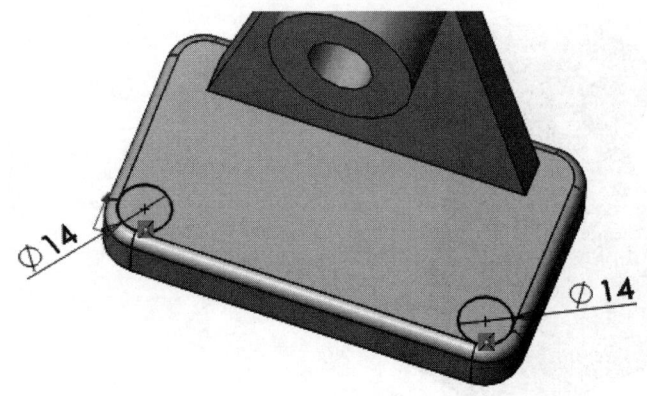

⌀14   ⌀14

Chapter 09 본체 작성하기

Step 22 돌출보스/베이스( )에서 높이 2mm를 설정합니다.

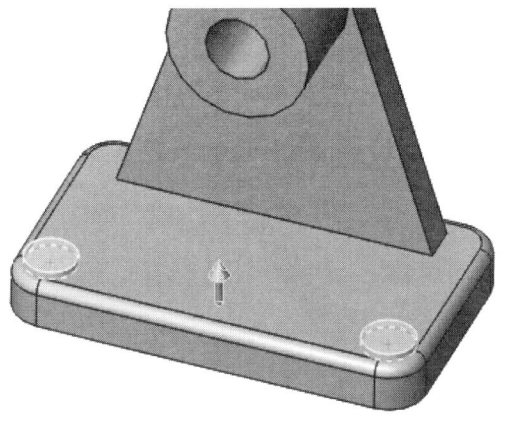

Step 23 생성한 피처의 윗면을 선택하여 스케치( )를 시작한다.

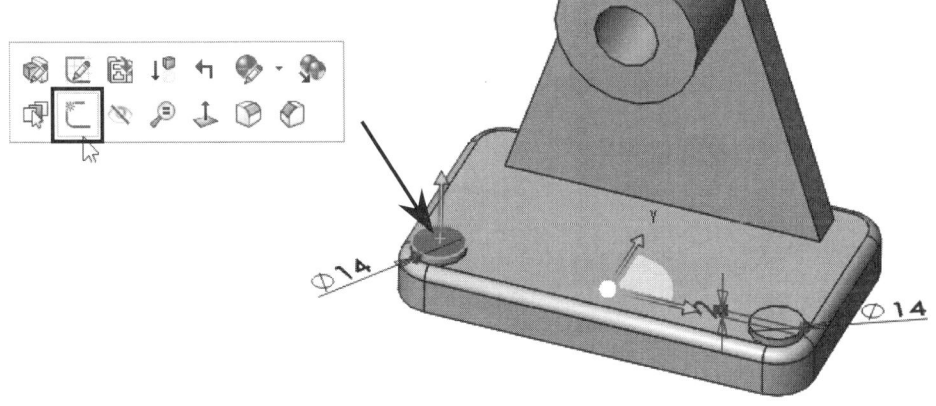

Step 24 원( )을 그리고, 지능형 치수( )로 치수를 작성한다.

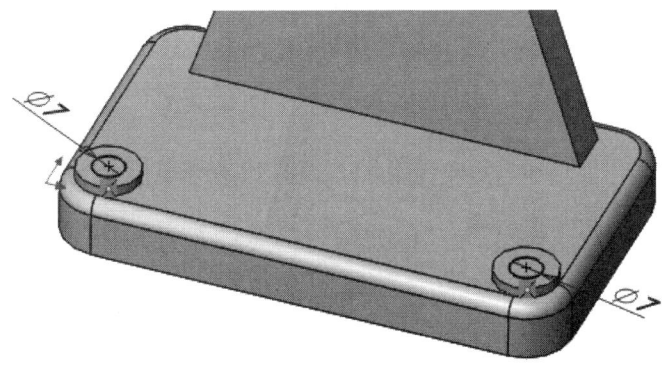

Step 25 돌출 컷(⬚)을 클릭하고, **관통**으로 설정한다. 확인(✓)을 클릭한다.

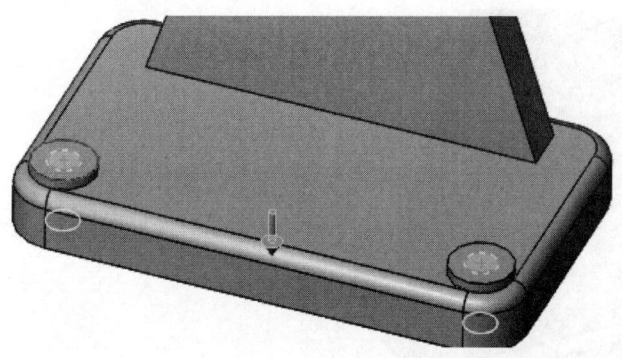

Step 26 참조형상(⬚) → 기준면(⬚)으로 형상의 **우측면**을 클릭한다. 거리값 55mm 만큼 오프셋(⬚)한다.

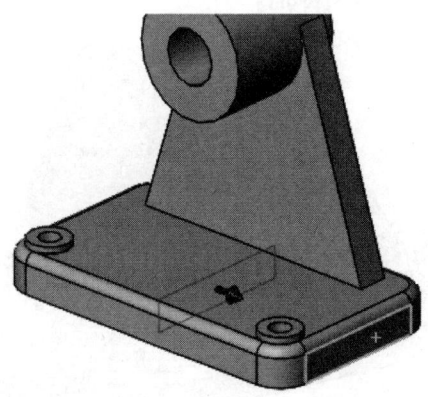

Step 27 생성한 기준면을 선택하여 스케치(⬚)를 시작한다.

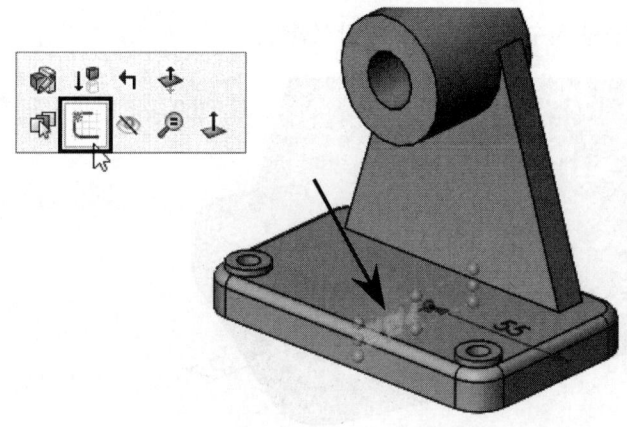

Step 28 선(✎)을 이용하여 보강대 작업을 위한 선을 작성한다.

Step 29 Ctrl키를 누른 채로 선과 필렛 모서리를 클릭하고 **탄젠트** 구속조건을 클릭한다.

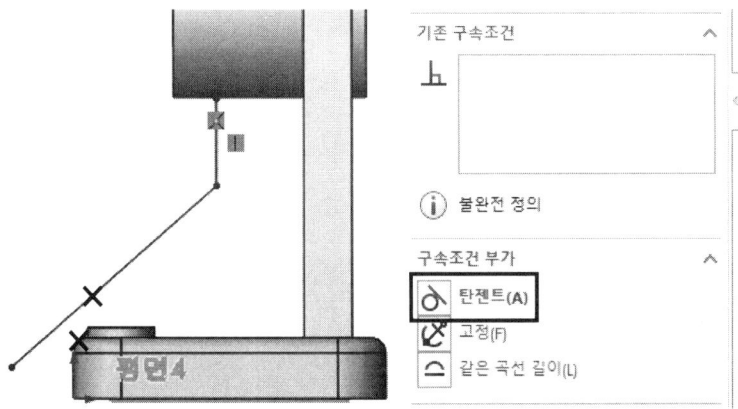

Step 30 지능형 치수()로 치수를 작성한다. 스케치 종료()를 클릭한다.

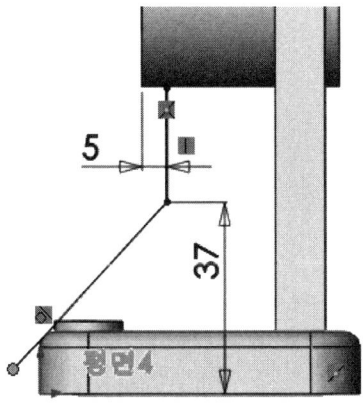

Step 31 보강대()를 클릭한다.

Step 32 보강대의 두께에 8mm를 입력하고, **뒤집기**로 방향을 안쪽으로 설정한다. 확인(✓)을 클릭한다.

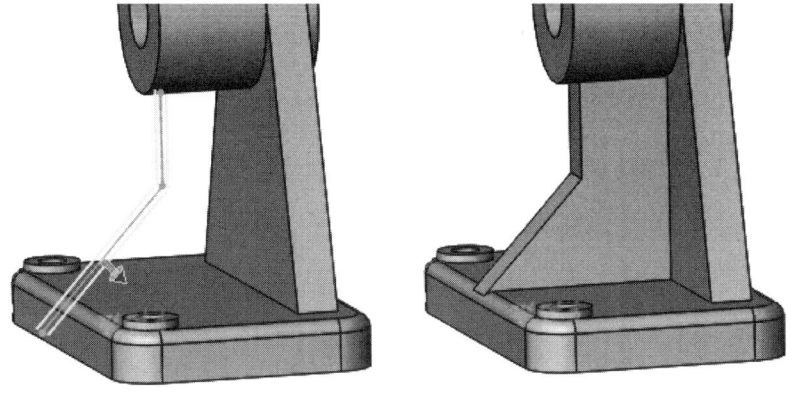

Step 33 생성한 피처의 앞면을 선택하여 스케치( )를 시작한다.

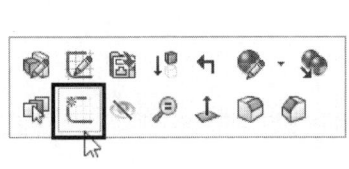
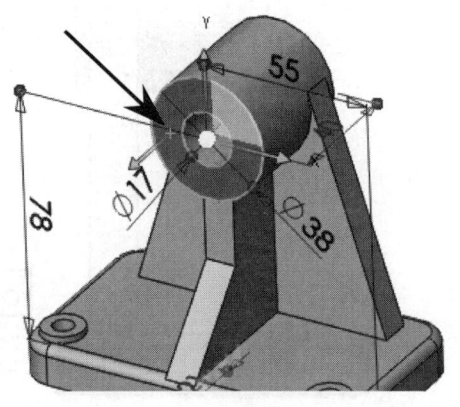

Step 34 코너 사각형( )과 지능형 치수( )를 이용하여 작성한다.

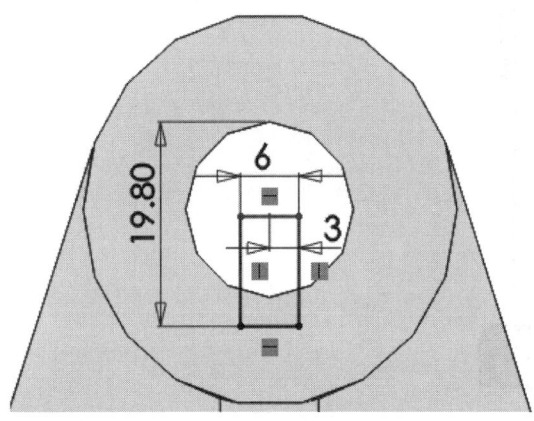

Step 35 돌출 컷( )을 클릭하고, **관통**으로 설정한다. 확인( )을 클릭한다.

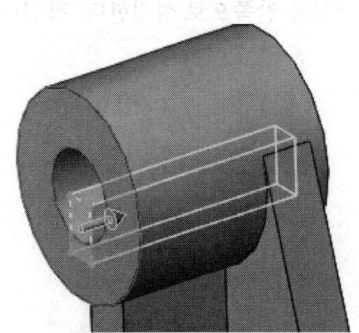

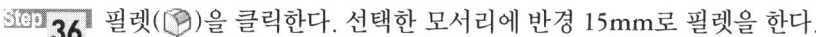

Step 36 필렛( )을 클릭한다. 선택한 모서리에 반경 15mm로 필렛을 한다.

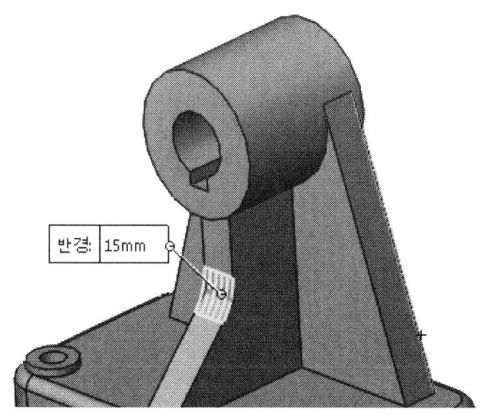

Step 37 저장( )을 클릭하여 **본체작성하기2.SLDPRT**를 입력하고 저장한다.

Step 38 **본체 작성하기** 2가 완성되었다.

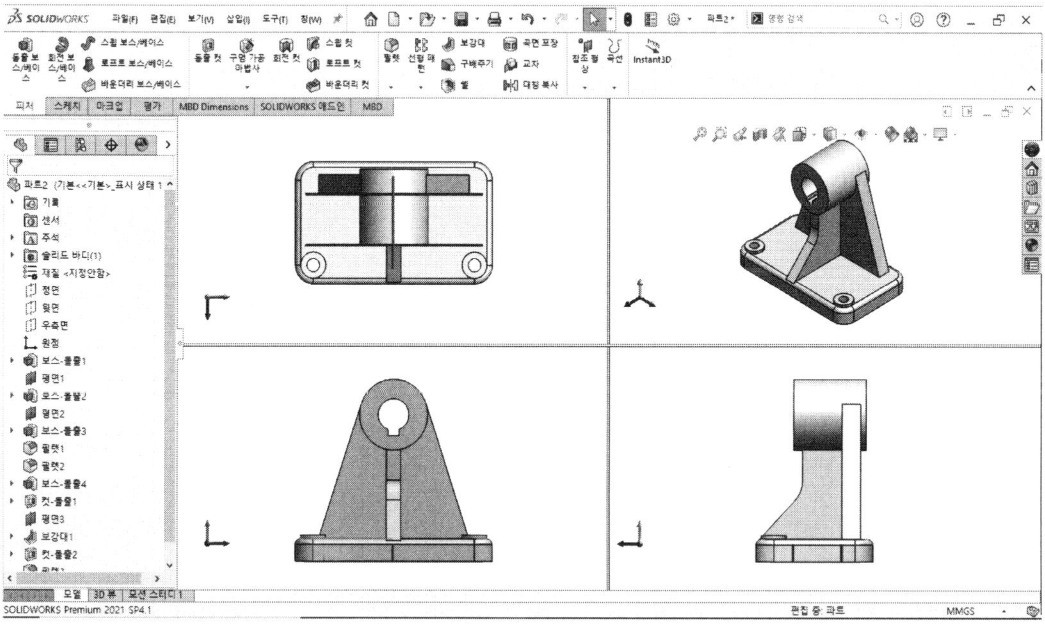

학습 정리하기

기본에 충실한 SolidWorks 창의설계

SOLIDWORKS

Chapter 10

SOLIDWORKS

부품 작성하기

| 01 ㄱ형 슬라이더 | 02 4지형 레버 에어척 | 03 워터펌프 |

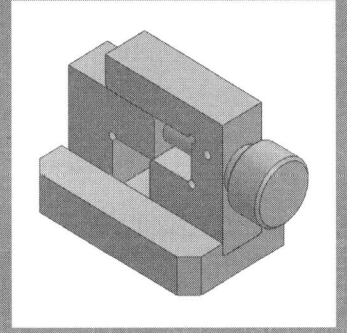 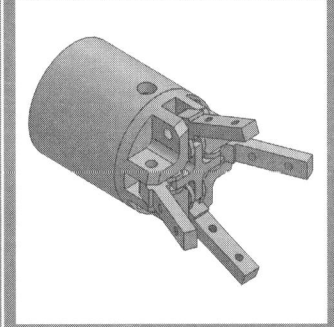 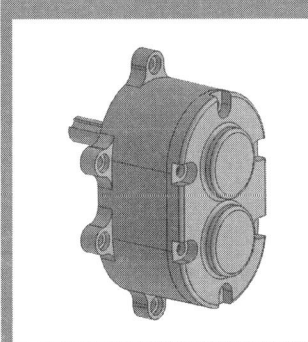

Section 1 ㄱ형 슬라이더

단계 1 베이스

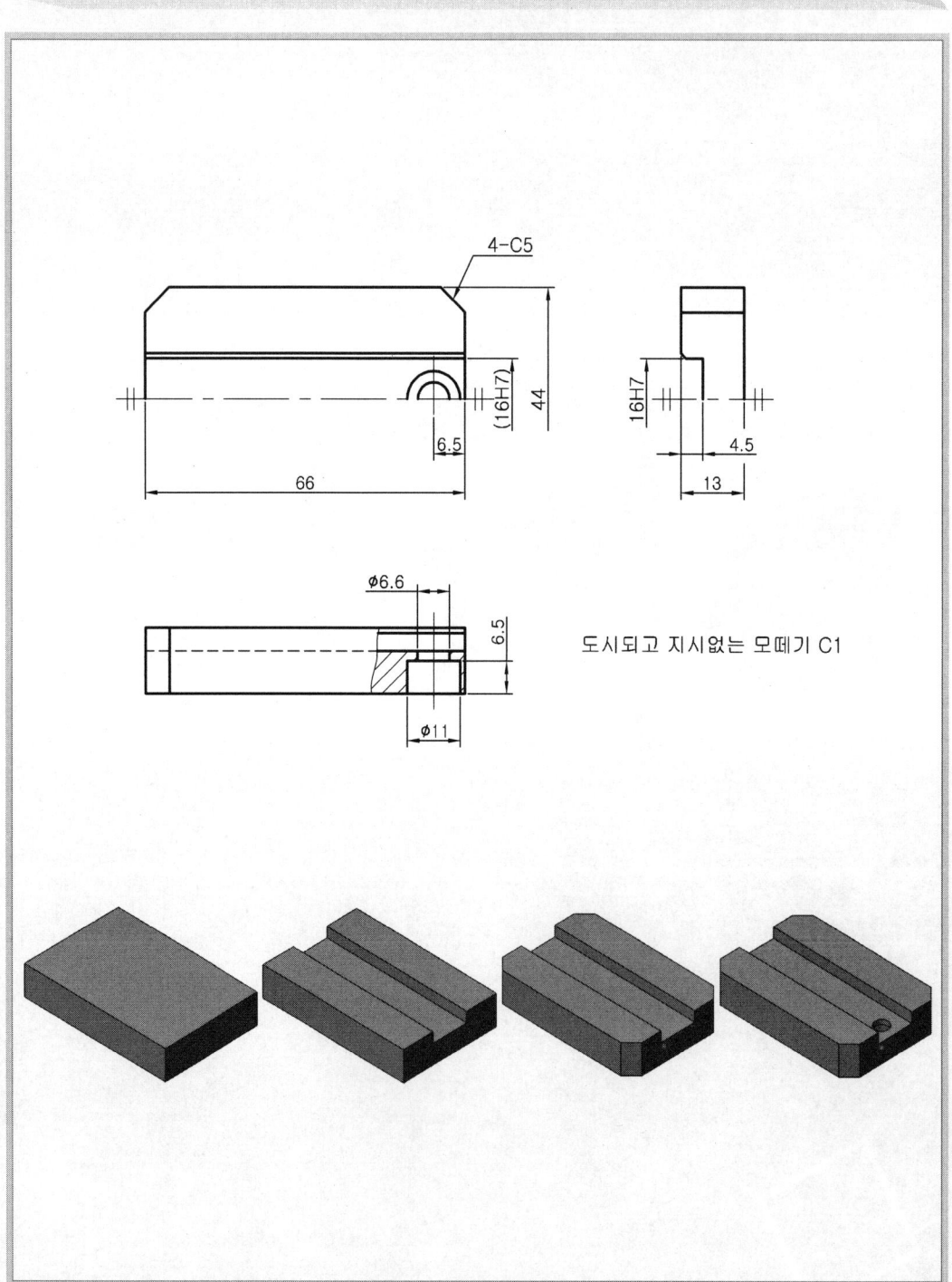

도시되고 지시없는 모떼기 C1

Chapter 10 부품 작성하기

Step 01 새 문서(📄)를 클릭한다. 파트(🧊)를 선택하고, 확인을 클릭한다.

Step 02 디자인 트리에서 **윗면**을 클릭하고, 스케치(✏️)를 클릭한다.

Step 03 코너 사각형(⬜)과 지능형 치수(🔖)를 이용하여 다음과 같이 작성한다.

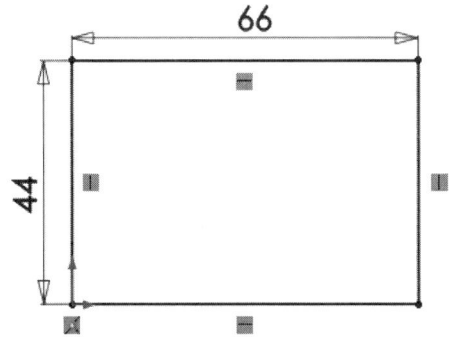

Step 04 돌출보스/베이스(🧊)에서 높이 13mm를 설정합니다.

Step 05 생성한 피처의 윗면을 선택하여 스케치(✏️)를 시작한다.

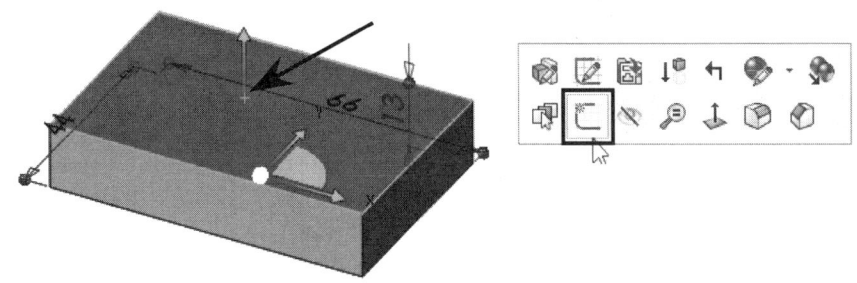

Step 06 코너 사각형(□)과 지능형 치수(⌀)를 이용하여 다음과 같이 작성한다.

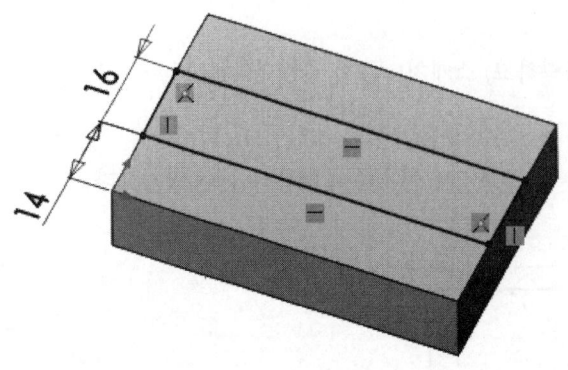

Step 07 돌출 컷(▣)을 실행하고, 깊이 4.5mm로 설정한다. 확인(✔)을 클릭한다.

Step 08 모따기(◈)를 클릭하고, 거리에 5mm를 입력하고, 모서리를 선택한다.

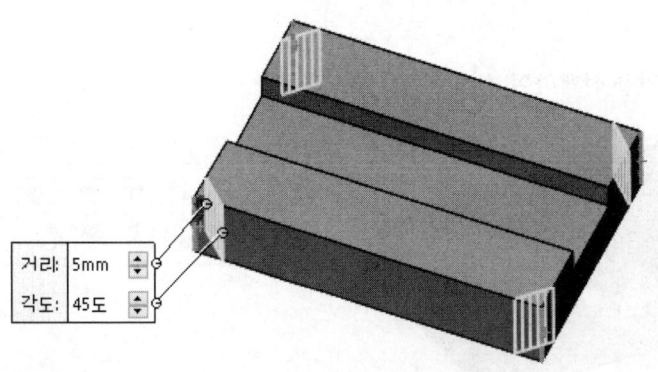

Step 09 생성한 피처의 바닥면을 선택하여 스케치( )를 시작한다.

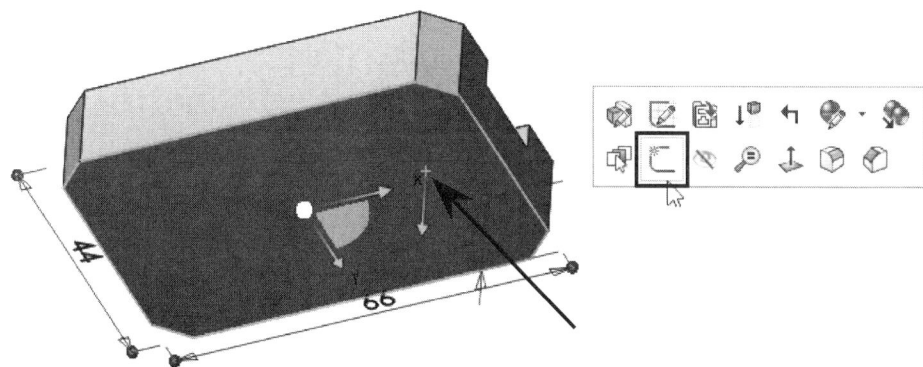

Step 10 점(■)을 클릭하여 작성하고, 지능형 치수( )를 이용하여 다음과 같이 작성한다.

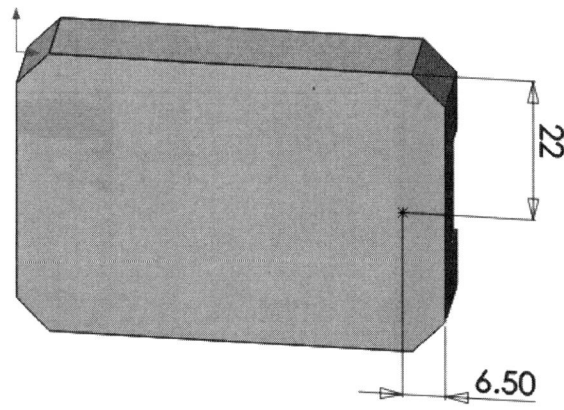

Step 11 구멍가공마법사( )에서 구멍 위치 탭을 클릭하고, 구멍이 생성될 형상의 바닥면을 클릭한다.

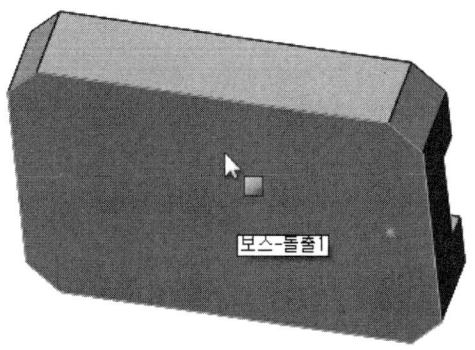

217

Step 12 생성시킨 스케치 점을 클릭한다.

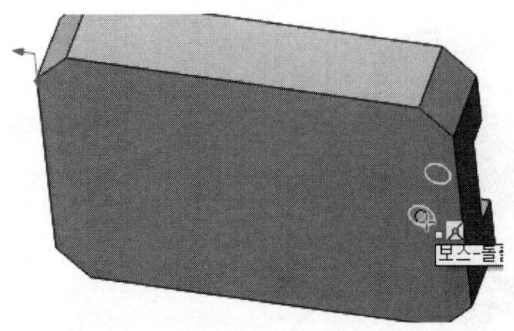

Step 13 유형 탭에서 **카운터보어**를 선택하여 지정한다.

Step 14 사용자 정의크기 표시에 체크 하고, 카운터보어의 크기를 입력한다. 마침조건을 관통으로 한다.

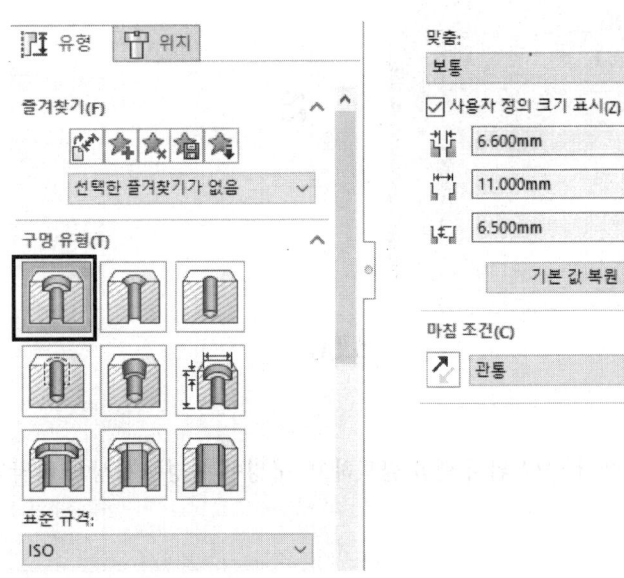

Step 15 확인(✔)을 클릭한다.

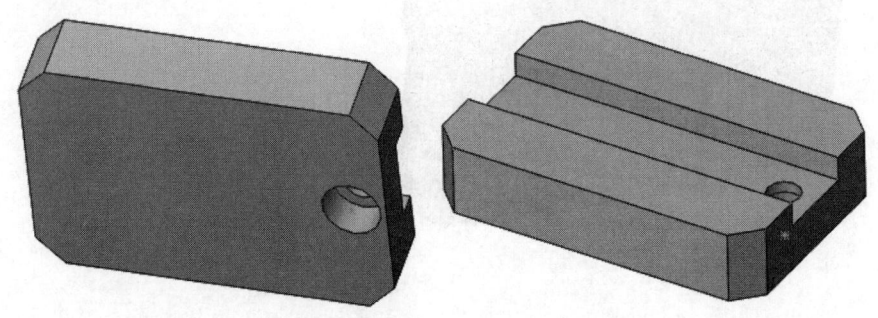

Step 16 저장(💾)을 클릭하여 ㄱ형슬라이더-베이스.SLDPRT를 입력하고 저장한다.

Step 17 ㄱ형슬라이더 베이스가 완성되었다.

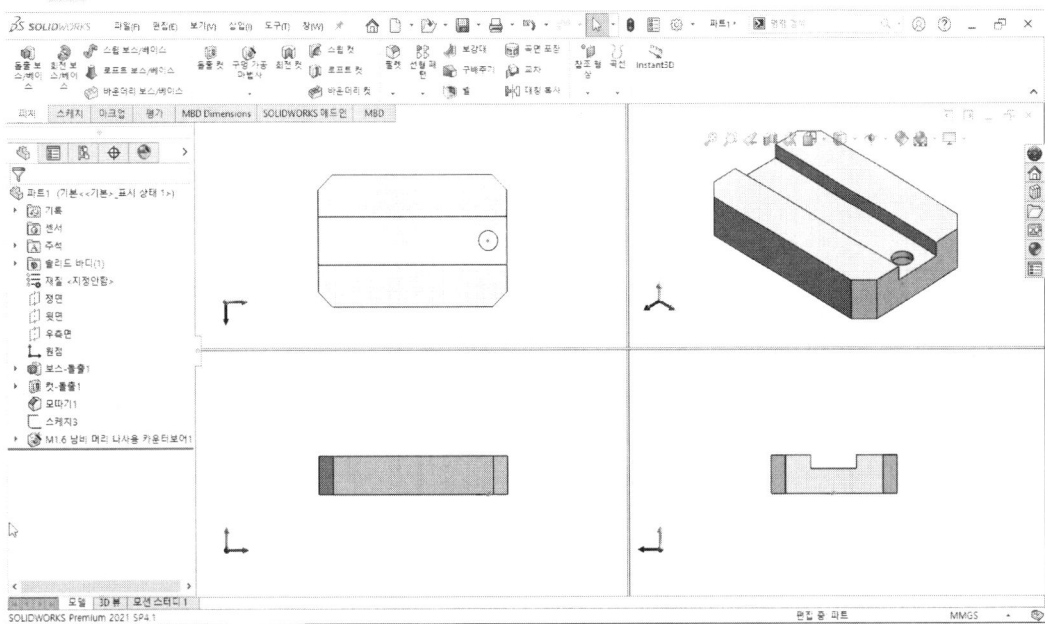

학습 정리하기

단계 2 플레이트

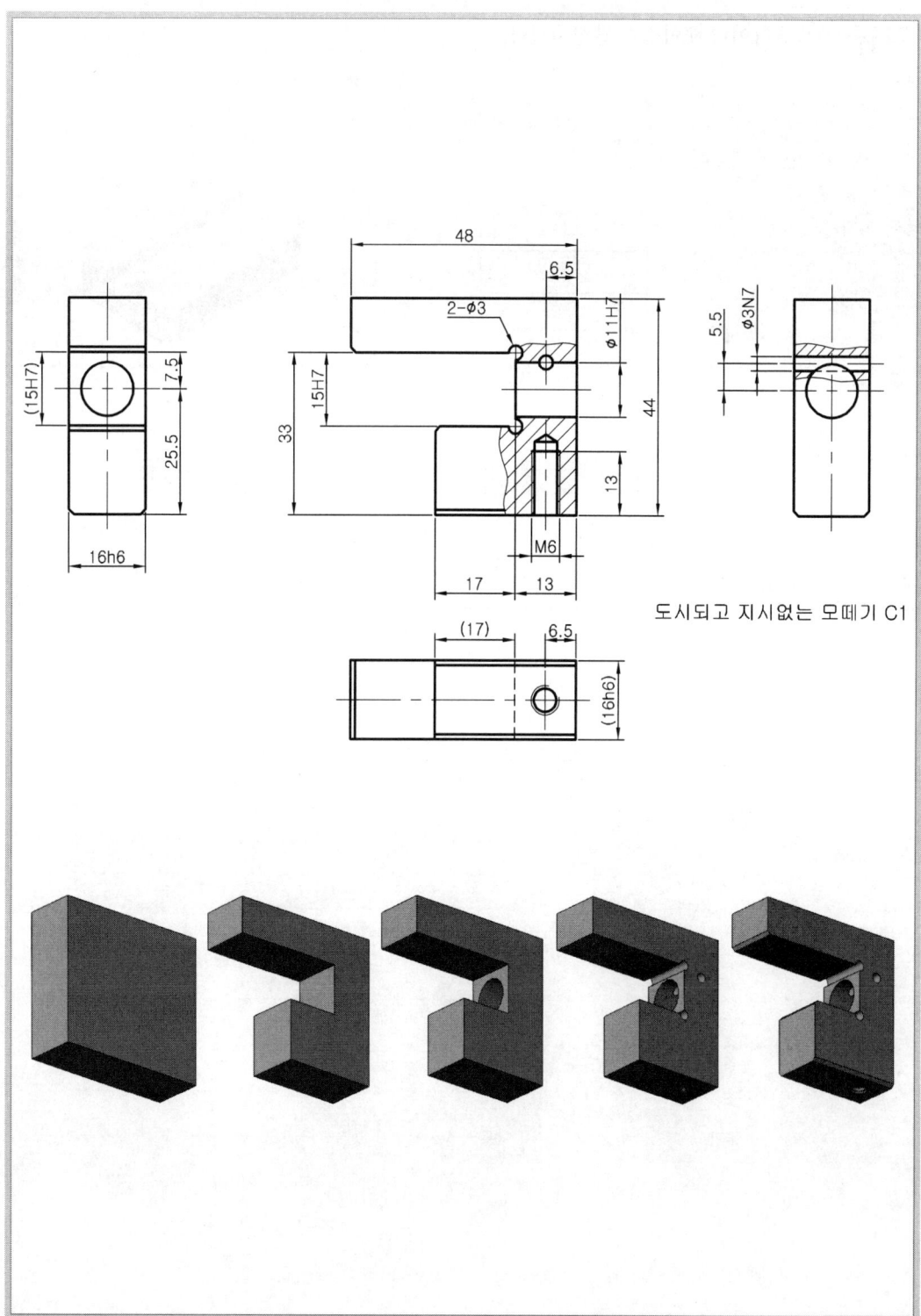

Step 01 새 문서(□)를 클릭한다. 파트(◇)를 선택하고, 확인을 클릭한다.

Step 02 디자인 트리에서 **정면**을 클릭하고, 스케치(□)를 클릭한다.

Step 03 코너 사각형(□)과 지능형 치수(♦)를 이용하여 다음과 같이 작성한다.

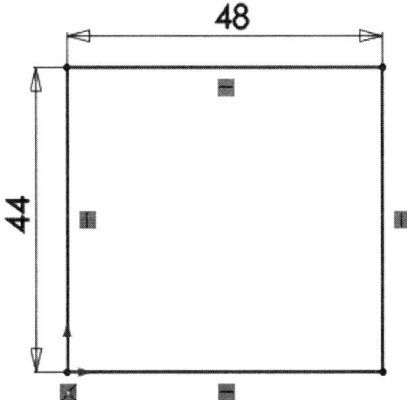

Step 04 돌출보스/베이스(◈)에서 높이 16mm를 설정합니다.

Step 05 생성한 피처의 앞면을 선택하여 스케치(□)를 시작한다.

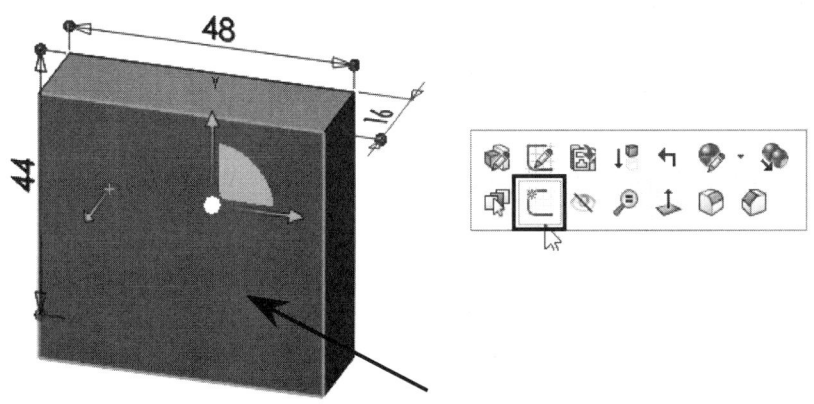

Step 06 선( )과 지능형 치수( )를 이용하여 다음과 같이 작성한다.

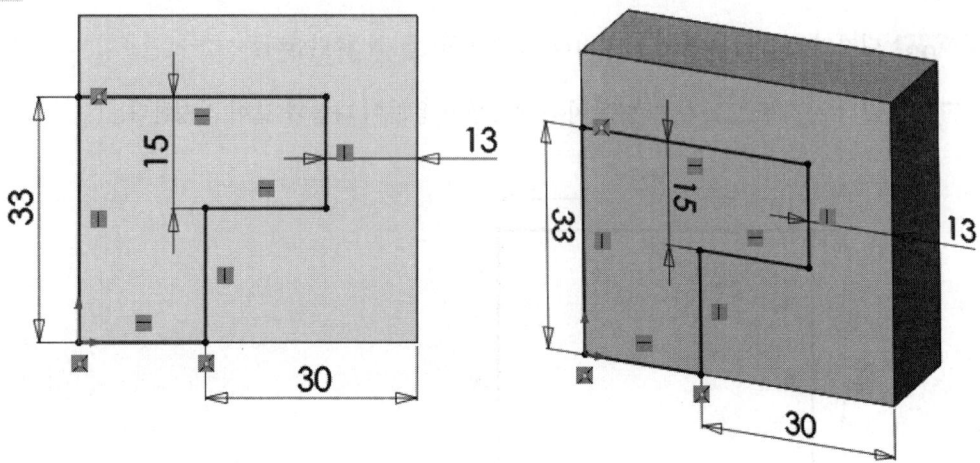

Step 07 돌출 컷( )을 클릭하고, **관통**으로 설정한다. 확인( )을 클릭한다.

Step 08 생성한 피처의 우측면을 선택하여 스케치( )를 시작한다.

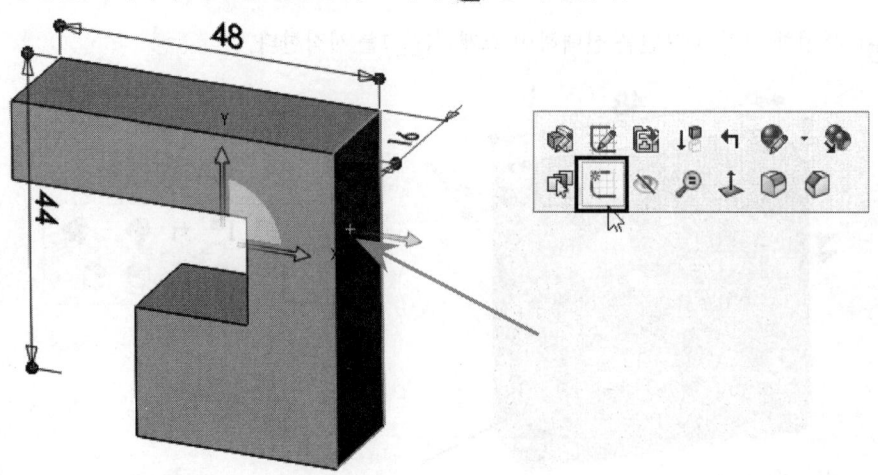

Step 09 원(⊙)을 그리고, 지능형 치수(✧)로 치수를 작성한다.

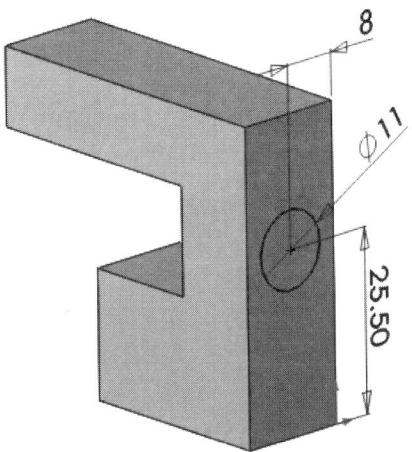

Step 10 돌출 컷(⬚)을 클릭하고, **관통**으로 설정한다. 확인(✓)을 클릭한다.

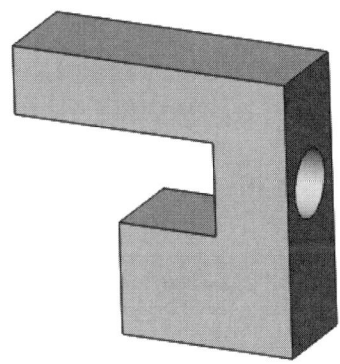

Step 11 생성한 피처의 앞면을 선택하여 스케치(✎)를 시작한다.

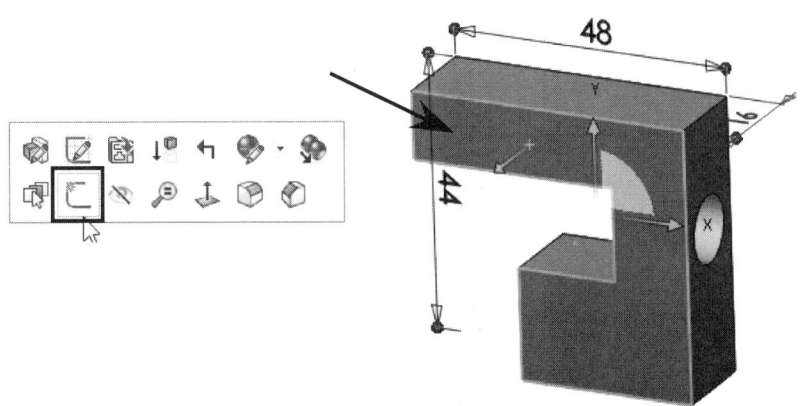

Step 12 원(◎)을 그리고, 지능형 치수(✎)로 치수를 작성한다.

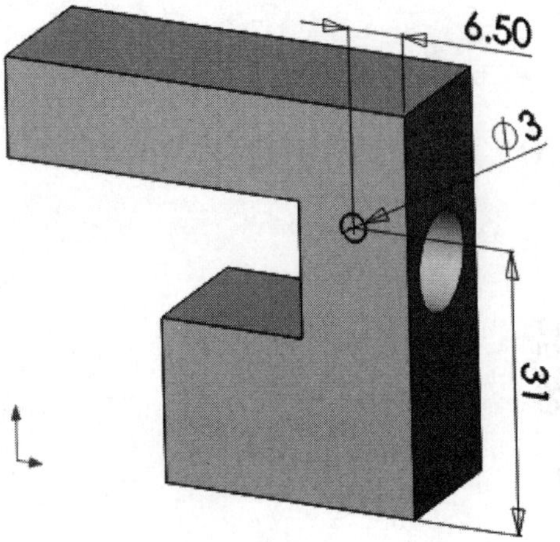

Step 13 나머지 2개의 원도 작성을 한다.

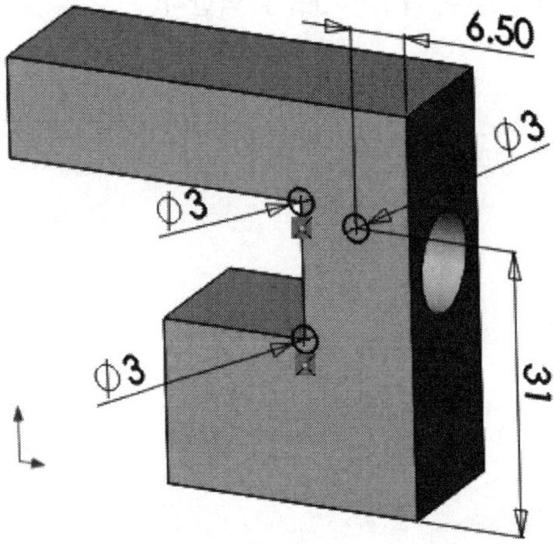

Step 14 돌출 컷(▣)을 클릭하고, **관통**으로 설정한다. 확인(✔)을 클릭한다.

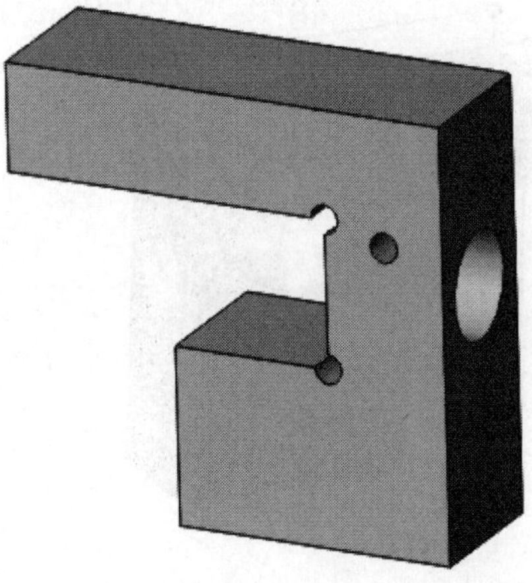

Chapter 10 부품 작성하기

Step 15 생성한 피처의 바닥면을 선택하여 스케치( )를 시작한다.

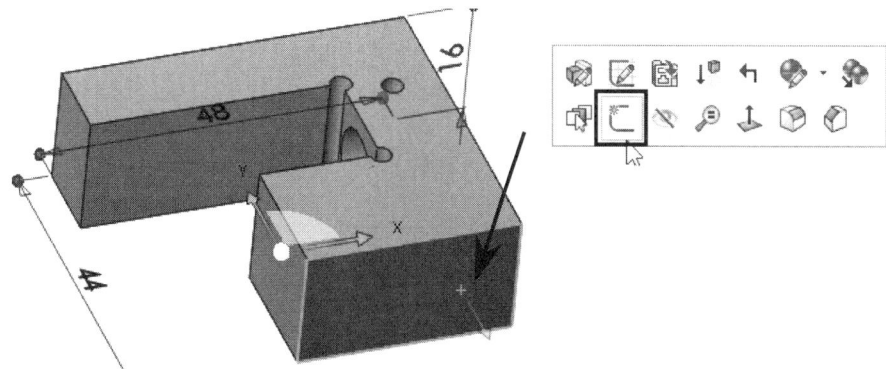

Step 16 점(■)을 클릭하여 작성하고, 지능형 치수( )를 이용하여 다음과 같이 작성한다.

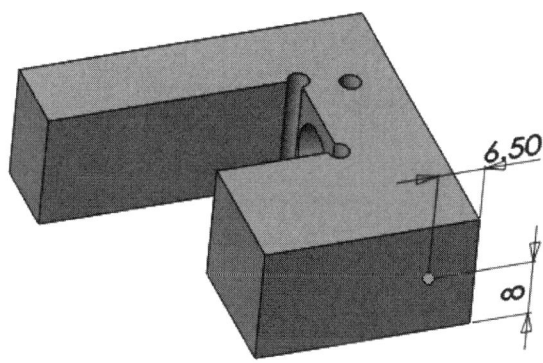

Step 17 구멍가공마법사( )에서 구멍 위치 탭을 클릭하고, 구멍이 생성될 형상의 바닥면을 클릭한다.

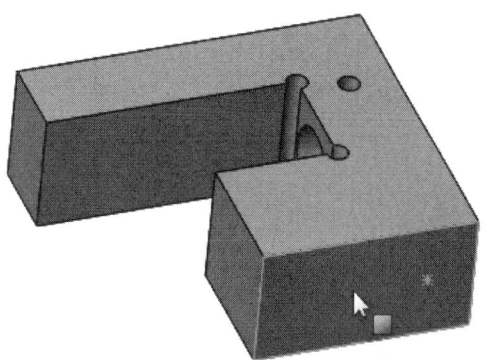

225

Step 18 생성시킨 스케치 점을 클릭한다.

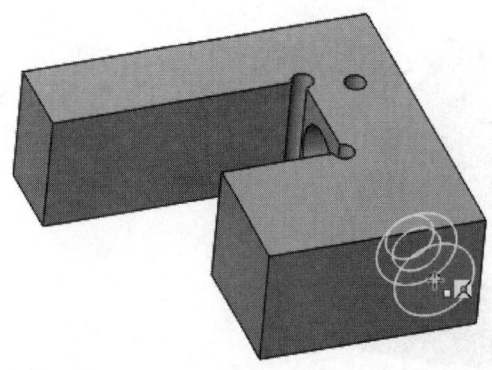

Step 19 유형 탭에서 **직선 탭** 및 **탭 구멍**을 선택하여 지정한다.

Step 20 구멍스팩의 크기에 **M6**, 사용자 정의크기 표시에 체크를 해제하고, 마침조건은 블라인드 형태로 15mm를, 나사산은 13mm을 입력한다.

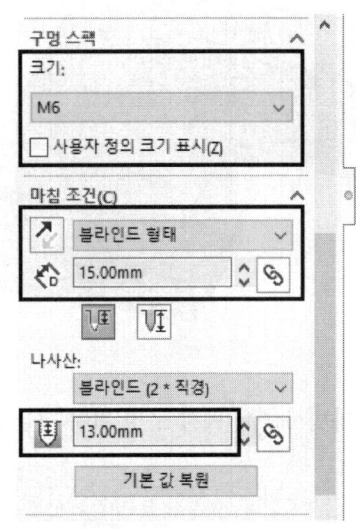

Step 21 확인(✔)을 클릭한다.

Chapter 10 부품 작성하기

Step 22 모따기(⬧)를 클릭하고, 거리에 1mm를 입력하고, 모서리를 선택한다.

Step 23 확인(✓)을 클릭한다.

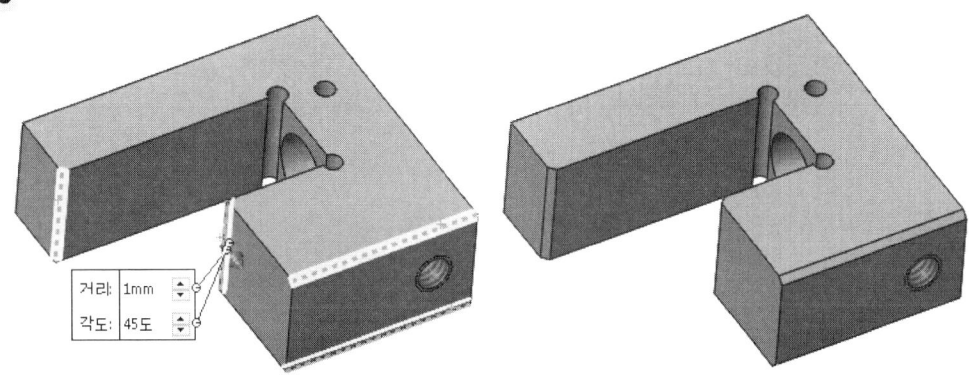

Step 24 저장(💾)을 클릭하여 **ㄱ형슬라이더-플레이트.SLDPRT**를 입력하고 저장한다.

Step 25 **ㄱ형슬라이더 플레이트**가 완성되었다.

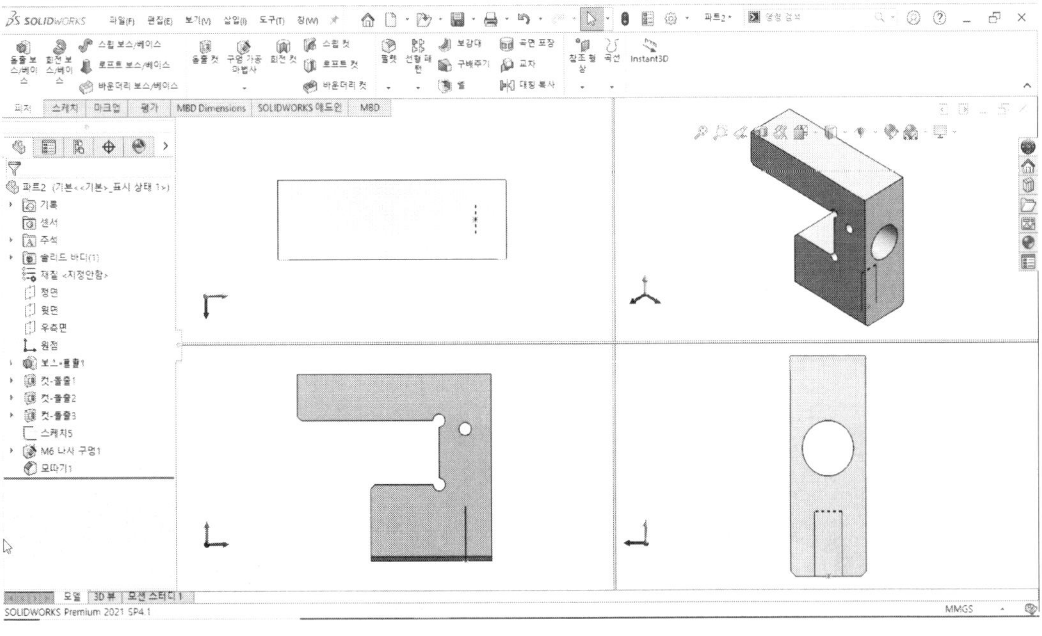

학습 정리하기

단계 3 슬라이더

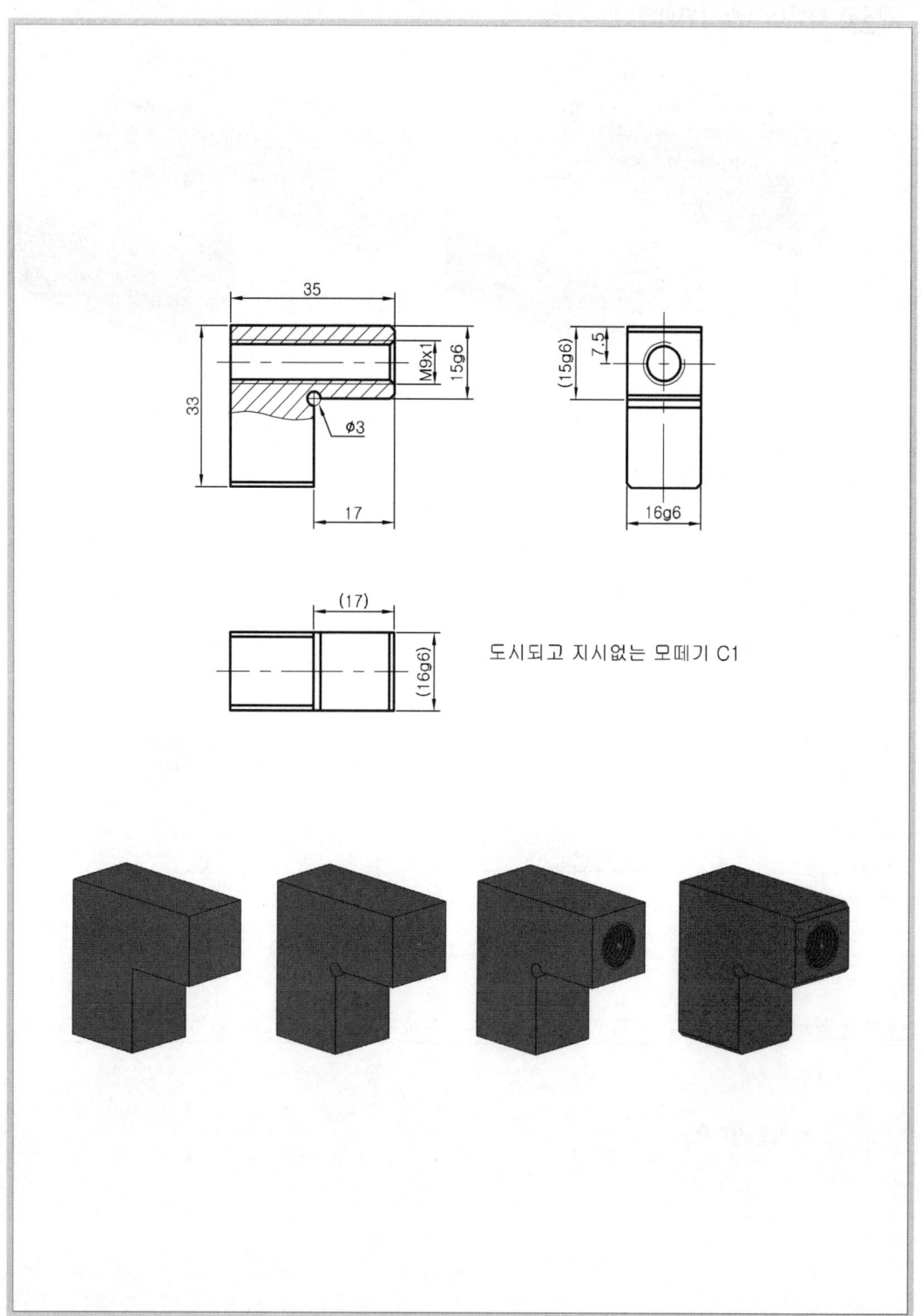

도시되고 지시없는 모떼기 C1

Step 01 새 문서(□)를 클릭한다. 파트(⬚)를 선택하고, 확인을 클릭한다.

Step 02 디자인 트리에서 **정면**을 클릭하고, 스케치(⌐)를 클릭한다.

Step 03 선(╱)과 지능형 치수(✦)를 이용하여 다음과 같이 작성한다.

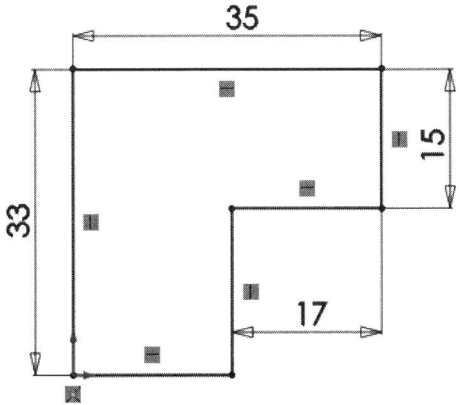

Step 04 돌출보스/베이스(⬚)에서 높이 16mm를 설정합니다.

Step 05 생성한 피처의 앞면을 선택하여 스케치(⌐)를 시작한다.

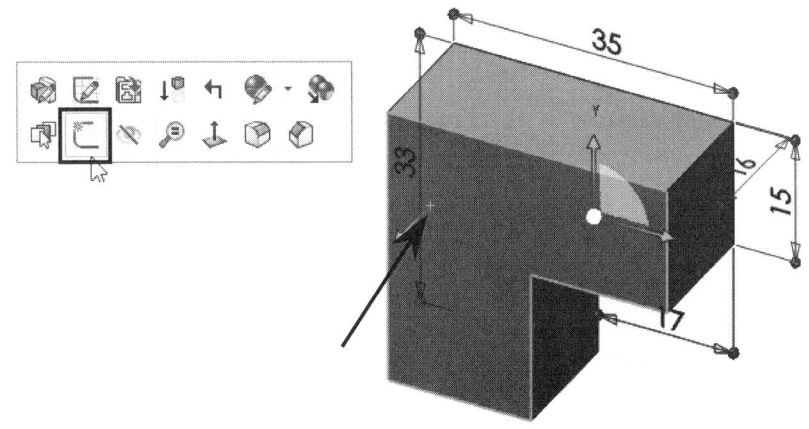

Step 06 원(⊙)을 그리고, 지능형 치수(♦)로 치수를 작성한다.

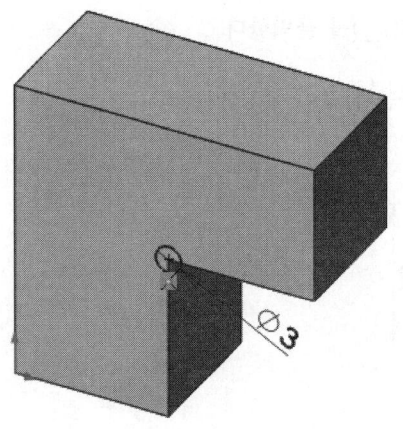

Step 07 돌출 컷(⊞)을 클릭하고, **관통**으로 설정한다. 확인(✔)을 클릭한다.

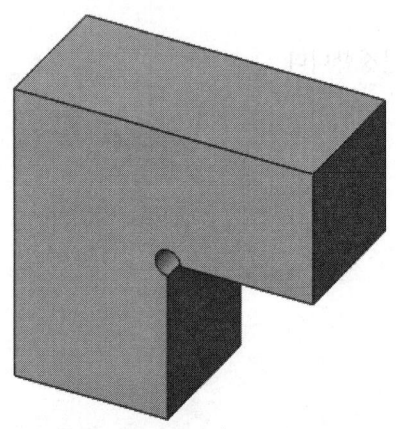

Step 08 생성한 피처의 우측면을 선택하여 스케치(⊏)를 시작한다.

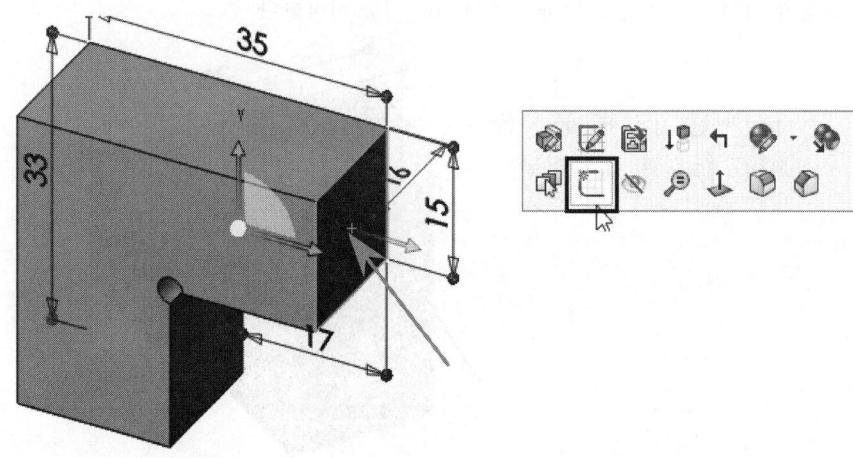

Step 09 점(□)을 클릭하여 작성하고, 지능형 치수(⚘)를 이용하여 다음과 같이 작성한다.

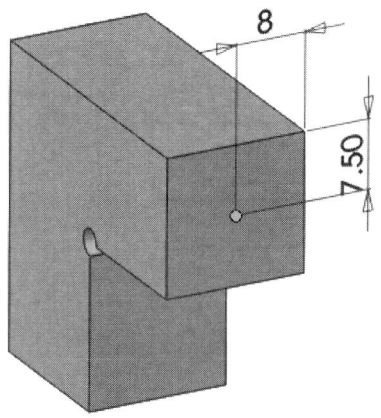

Step 10 구멍가공마법사(⚙)에서 구멍 위치 탭을 클릭하고, 구멍이 생성될 형상의 측면을 클릭한다.

Step 11 생성시킨 스케치 점을 클릭한다.

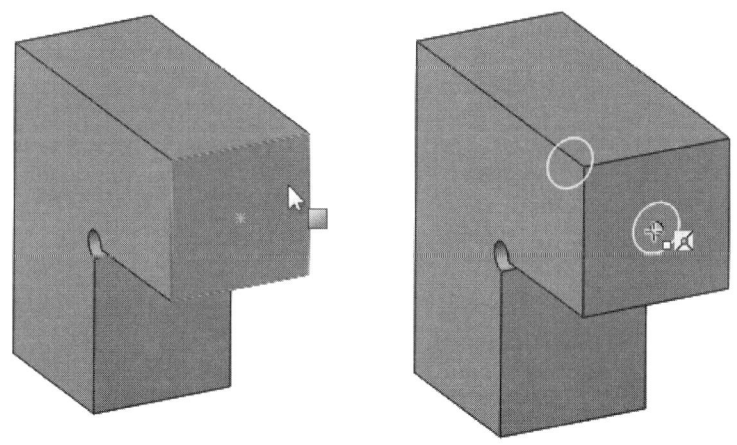

Step 12 유형 탭에서 **직선 탭** 및 **탭 구멍**을 선택하여 지정한다.

Step 13 구멍 스팩의 크기에 M10, 사용자 정의크기 표시에 체크를 해제하고, 마침조건은 **관통**으로 입력한다.

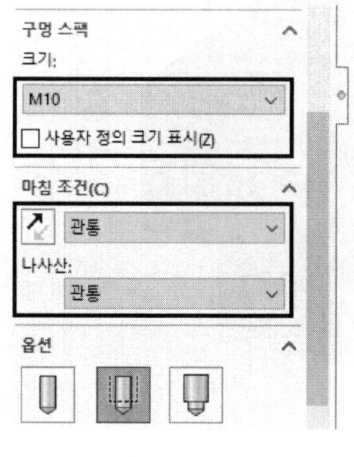

Step 14 확인(✓)을 클릭한다.

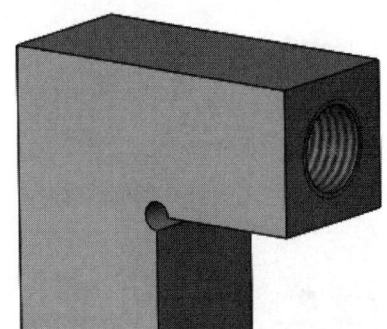

Step 15 모따기(◈)를 클릭하고, 거리에 1mm를 입력하고, 모서리를 선택한다.

Step 16 확인(✓)을 클릭한다.

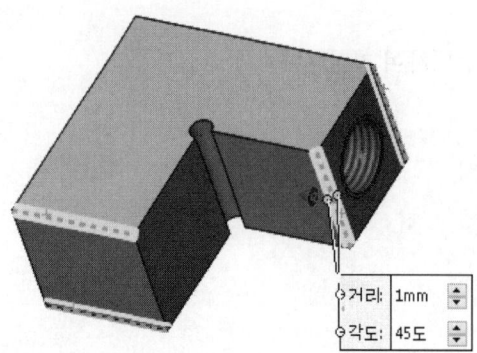

Chapter 10 부품 작성하기

Step 17 저장(💾)을 클릭하여 ㄱ**형슬라이더-슬라이더.SLDPRT**를 입력하고 저장한다.

Step 18 ㄱ**형슬라이더 슬라이더**가 완성되었다.

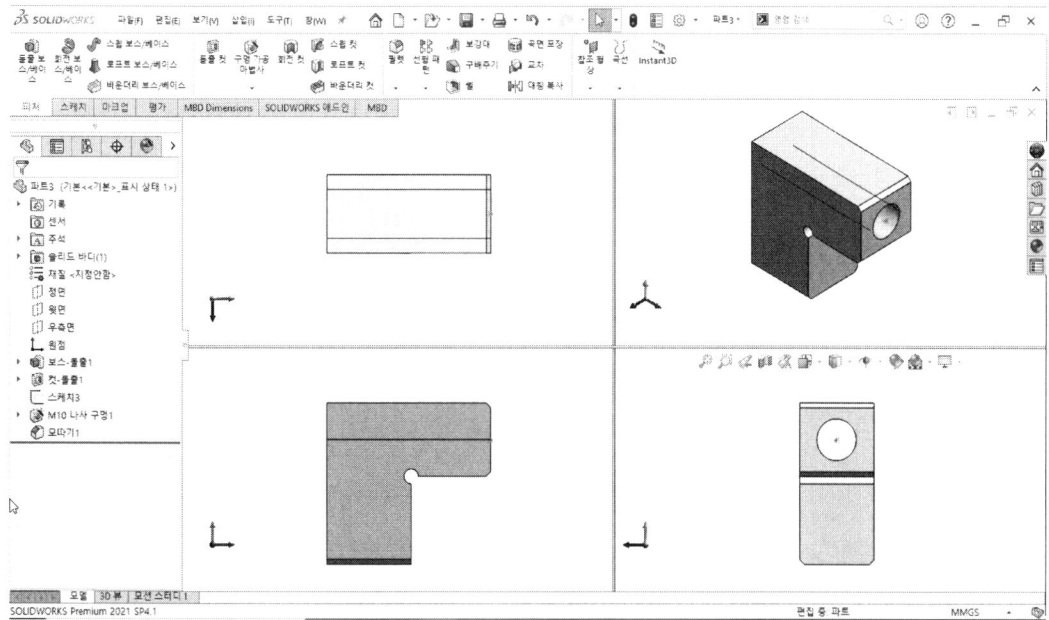

학습 정리하기

단계 4 리드 스크류

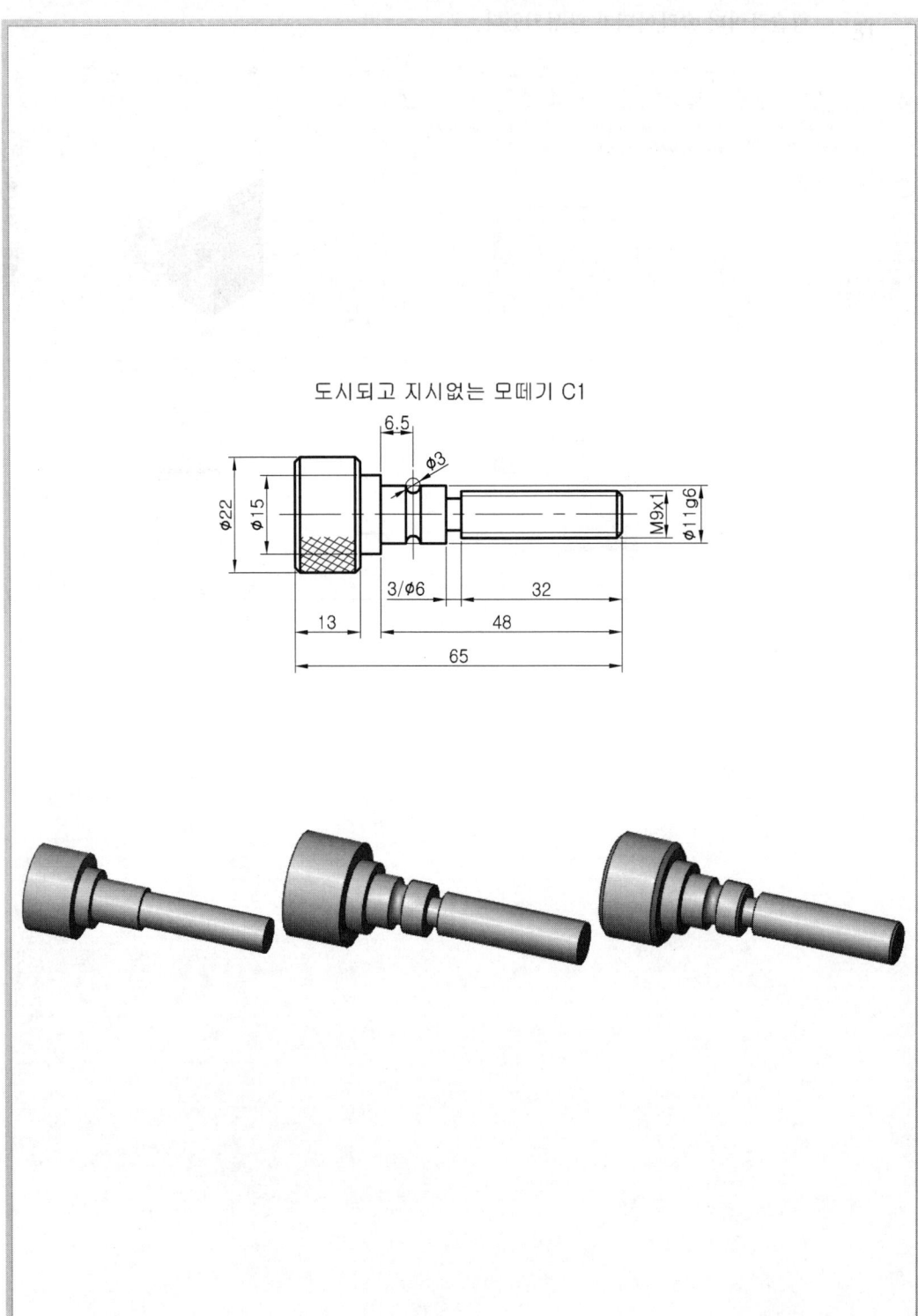

Step 01 새 문서(□)를 클릭한다. 파트(◈)를 선택하고, 확인을 클릭한다.

Step 02 디자인 트리에서 **정면**을 클릭하고, 스케치(✏)를 클릭한다.

Step 03 중심선(⋰)으로 원점에서 수평방향으로 길게 중심선을 작성한다.

Step 04 선(✏)으로 다음을 스케치한다.

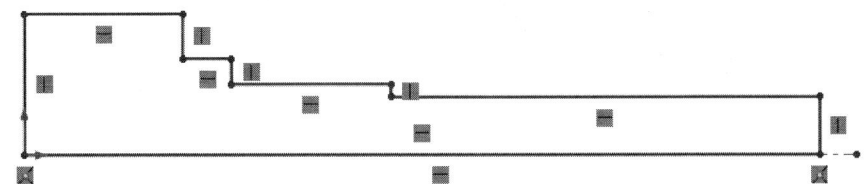

Step 05 지능형 치수(✏)를 이용하여 다음과 같이 작성한다.

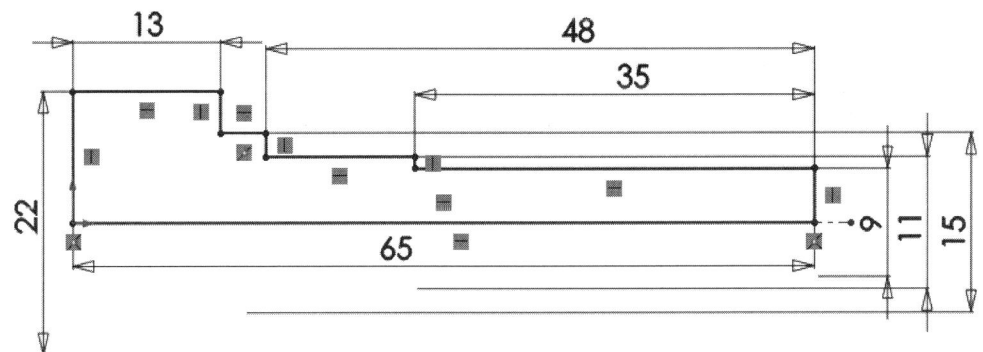

Step 06 회전보스/베이스(⟳)를 클릭한다. 확인(✓)을 클릭하여 회전형상을 생성한다.

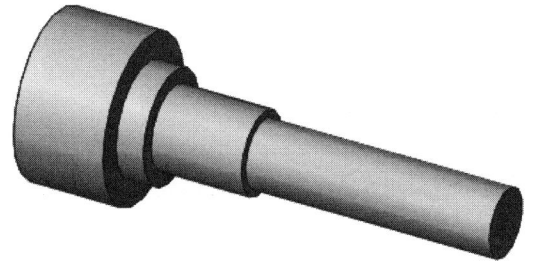

Step 07 디자인 트리에서 **정면**을 클릭하고, 스케치( )를 클릭한다.

Step 08 중심선( )으로 원점에서 수평방향으로 길게 중심선을 작성한다.

Step 09 원( )과 지능형 치수( )로 스케치를 작성한다. 스케치 종료( )를 클릭한다.

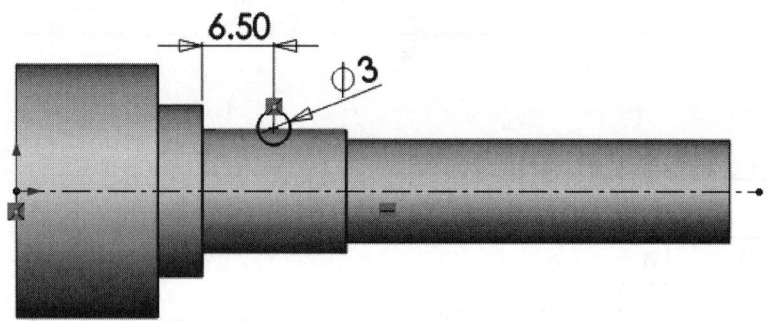

Step 10 회전컷( )을 클릭하고, 확인( )을 클릭하여 회전컷 형상을 생성한다.

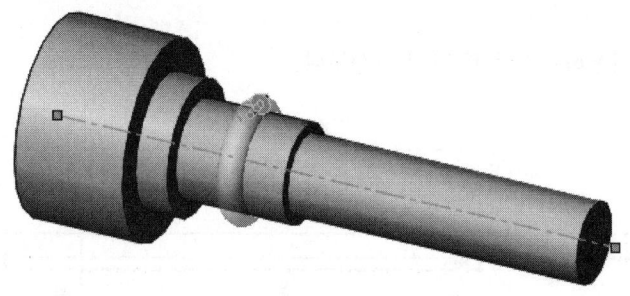

Step 11 디자인 트리에서 **정면**을 클릭하고, 스케치( )를 클릭한다.

Step 12 중심선( ), 코너 사각형( ), 지능형 치수( )로 스케치를 작성한다. 스케치 종료( )를 클릭한다.

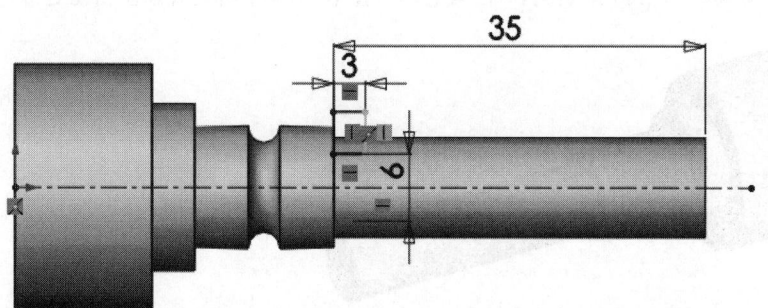

Step 13 회전컷(圓)을 클릭하고, 확인(✓)을 클릭하여 회전컷 형상을 생성한다.

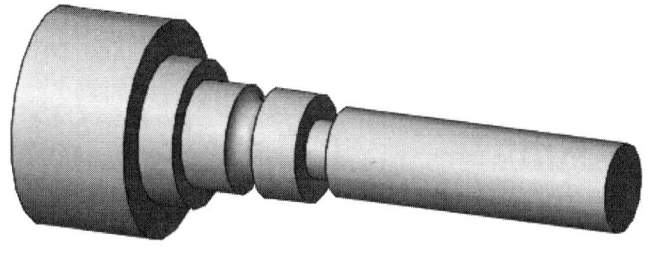

Step 14 모따기(◈)를 클릭하고, 거리에 1mm를 입력하고, 모서리를 선택한다.

Step 15 확인(✓)을 클릭한다.

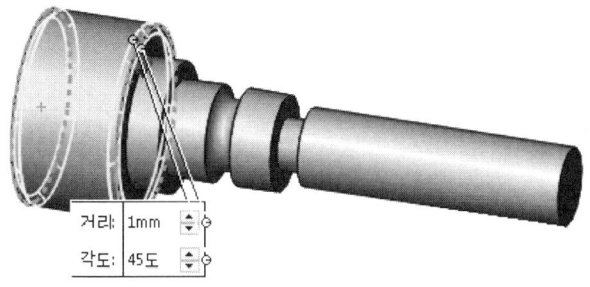

Step 16 모따기(◈)를 클릭하고, 거리에 0.5mm를 입력하고, 모서리를 선택한다.

Step 17 확인(✓)을 클릭한다.

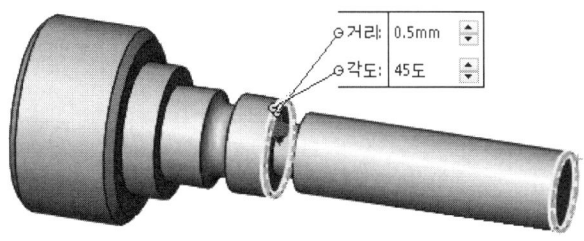

Step 18 저장(💾)을 클릭하여 ㄱ형슬라이더-리드스크류.SLDPRT를 입력하고 저장한다.

Step 19 ㄱ형슬라이더 리드스크류가 완성되었다.

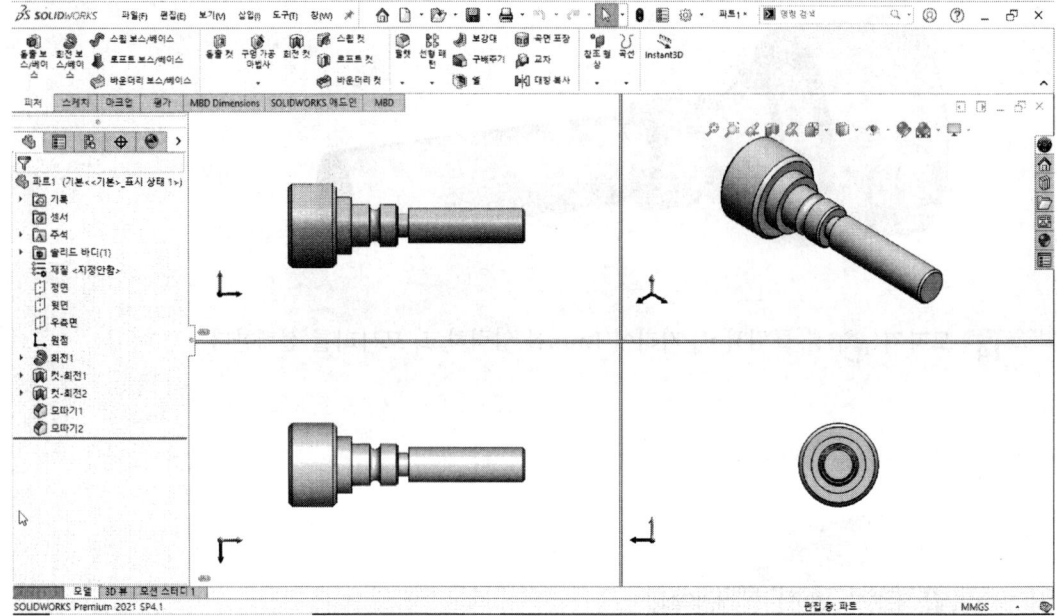

학습 정리하기

Section 2 · 4지형 레버에어척

단계 1 · 하우징

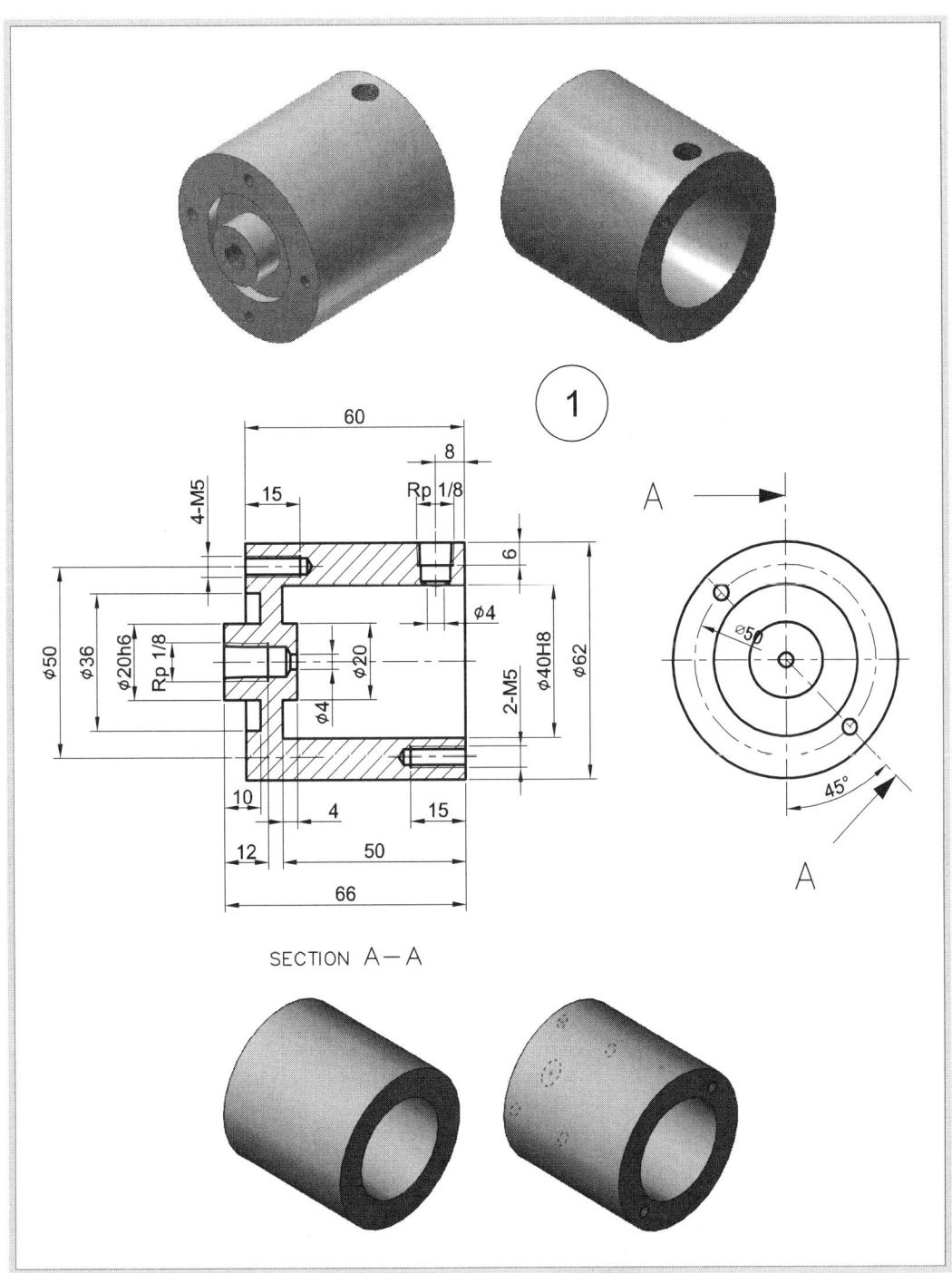

SECTION A–A

Step 01 새 문서(📄)를 클릭한다. 파트(🧊)를 선택하고, 확인을 클릭한다.

Step 02 디자인 트리에서 **윗면**을 클릭하고, 스케치(✏)를 클릭한다.

Step 03 선(／)과 중심선(🖋), 지능형 치수(🔖)를 이용하여 다음과 같이 작성한다.

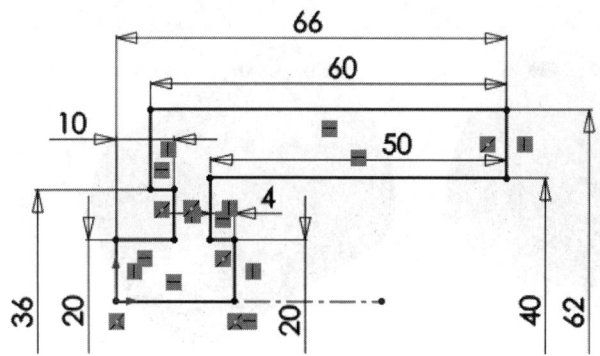

Step 04 회전보스/베이스(🌀)를 클릭하고, 확인(✔)을 누른다.

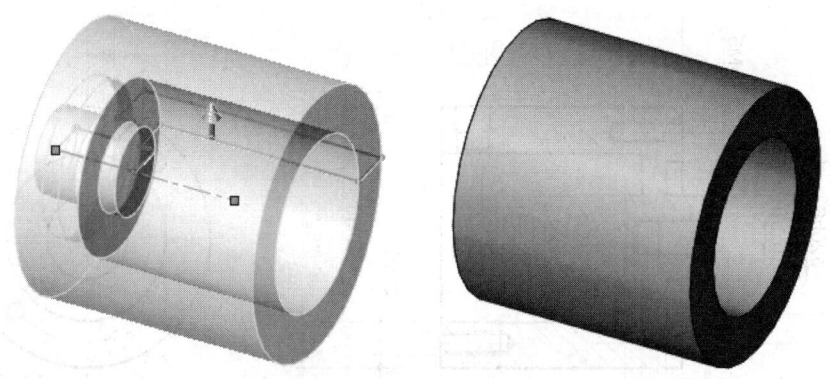

Step 05 생성한 피처의 우측면을 선택하여 스케치(✏)를 시작한다.

Step 06 점(■)을 작성하고, 지능형 치수(🔖)를 이용하여 다음과 같이 작성한다.

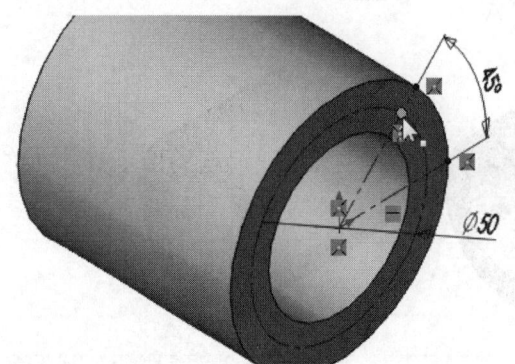

Chapter 10 부품 작성하기

Step 07 구멍가공마법사( )의 위치 탭에서 구멍이 생성될 형상의 우측면과 생성시킨 스케치 점을 클릭한다.

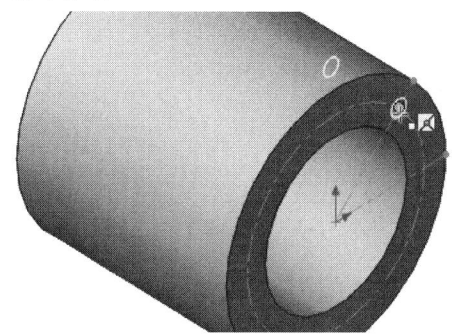

Step 08 유형 탭에서 **직선 탭**을 선택하여 지정한다.

Step 09 사용자 정의크기 표시에 체크 해제, 표준규격 : ISO, 유형 : 탭 구멍, 크기 : M5로 지정한다.

Step 10 마침조건은 다음과 같이 설정한다. 확인(✔)을 누른다.

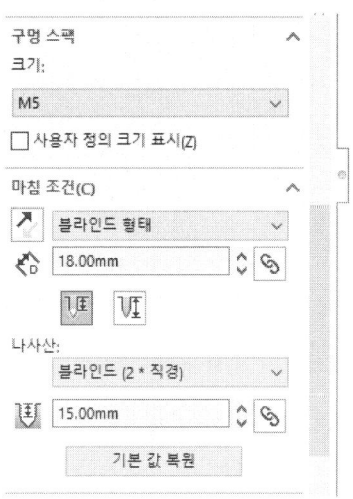

Step 11 원형 패턴( )을 클릭하고, 방금 생성한 구멍을 패턴하여 2개 작성한다.

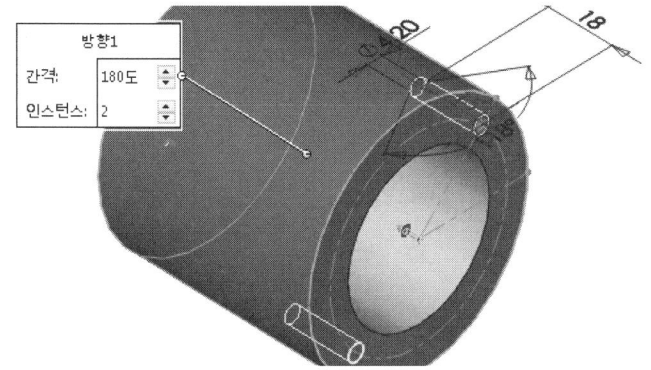

241

Step 12 생성한 피처의 좌측면을 선택하여 스케치(□)를 시작한다.

Step 13 점(■)을 작성하고, 지능형 치수(◇)를 이용하여 다음과 같이 작성한다.

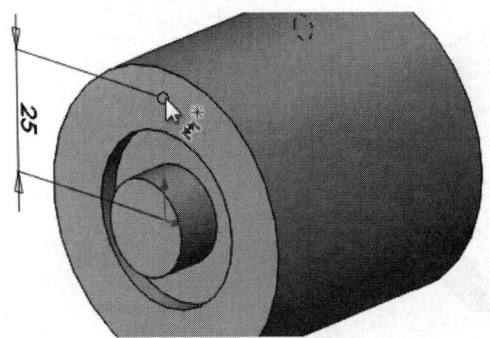

Step 14 구멍가공마법사(🔩)의 위치 탭에서 구멍이 생성될 형상의 좌측면과 생성시킨 스케치 점을 클릭한다.

Step 15 유형 탭에서 **직선 탭**을 선택하여 지정한다.

Step 16 사용자 정의크기 표시에 체크 해제, 표준규격 : ISO, 유형 : 탭 구멍, 크기 : M5로 지정한다.

Step 17 마침조건은 다음과 같이 설정한다. 확인(✓)을 누른다.

 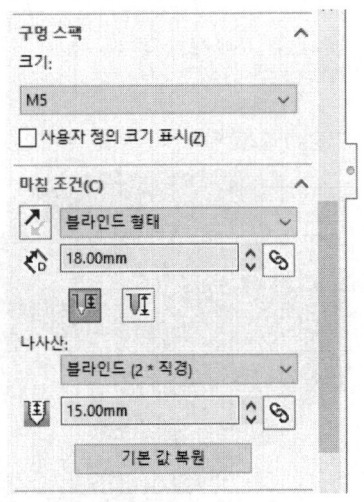

Step 18 원형 패턴( )을 클릭하고, 방금 생성한 구멍을 4개 생성한다.

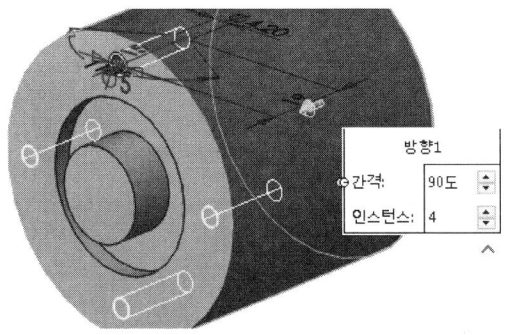

Step 19 좌측면에 스케치( )를 작성하고, 점(■)을 생성한다.

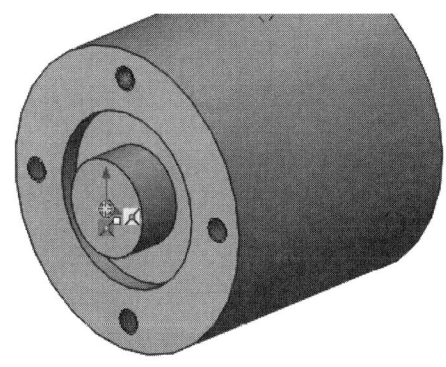

Step 20 구멍가공마법사( )로 위치 탭에서는 구멍의 위치를 결정하고, 유형 탭에서는 다음과 같이 설정한다.

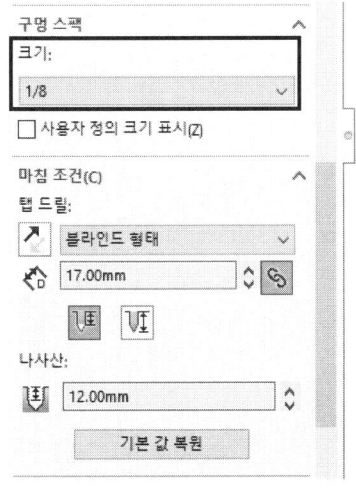

Step 21 테이퍼 탭 구멍 안쪽으로 ⌀4의 구멍을 생성한다.

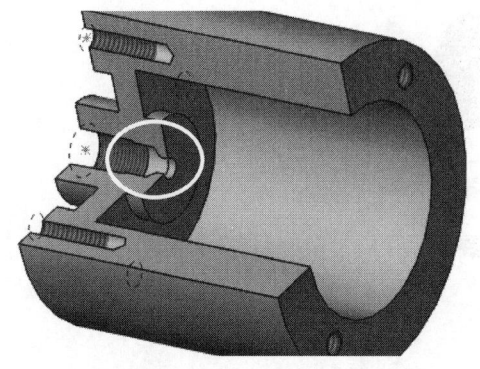

Step 22 기준면( )을 클릭한다. **윗면**을 클릭한다.

Step 23 오프셋( ) 거리 버튼을 클릭하고, 거리값 **31mm**를 입력한다.

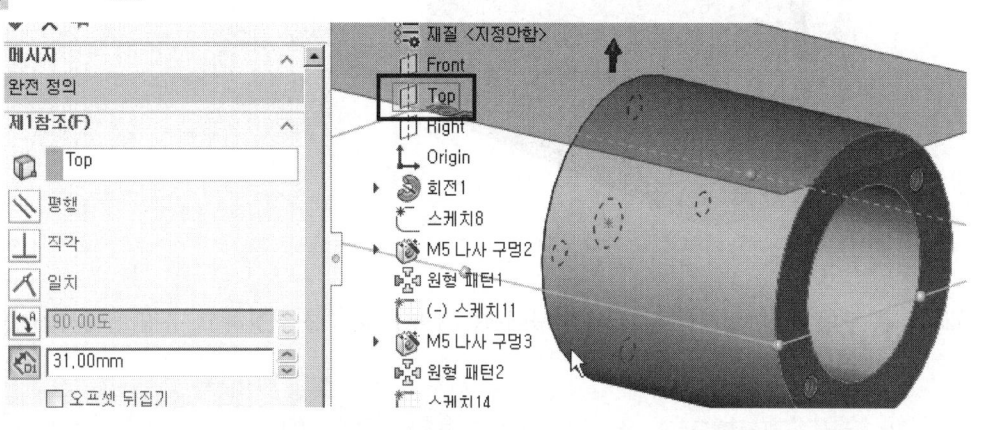

Step 24 생성된 평면에 스케치( )를 작성하고, 점( )을 생성한다.

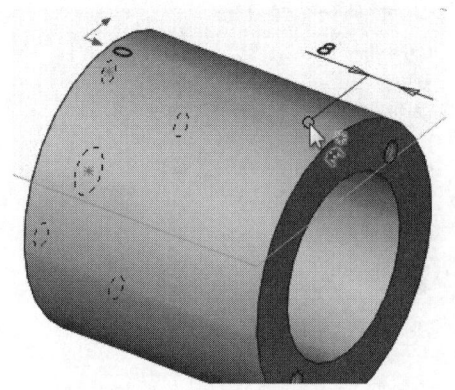

Step 25 구멍가공마법사( )로 위치 탭에서는 구멍의 위치를 결정하고, 유형 탭에서는 다음과 같이 설정한다.

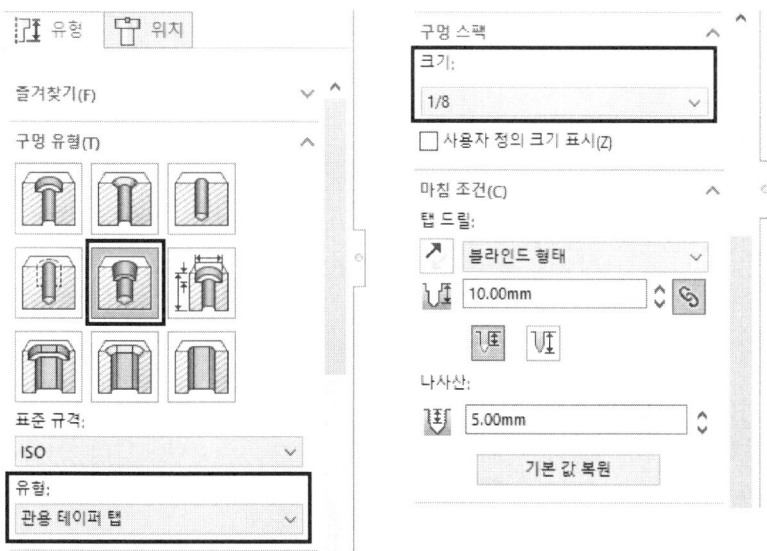

Step 26 확인(✓)을 클릭한다.

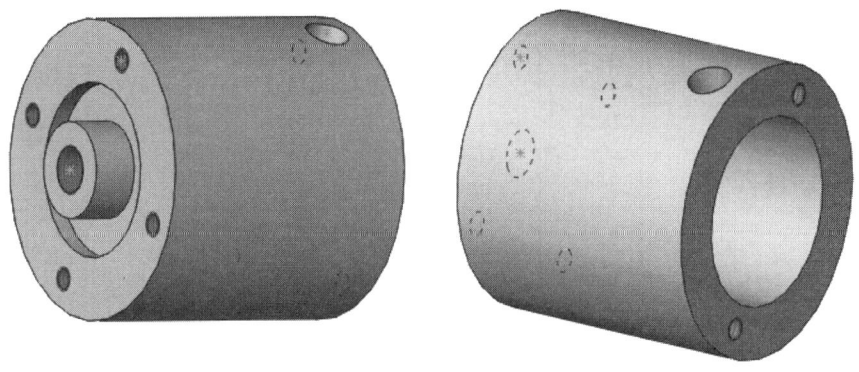

Step 27 저장( )을 클릭하여 **4지형레버에어척-하우징**.SLDPRT를 입력하고 저장한다.

Step 28 4지형레버에어척 하우징이 완성되었다.

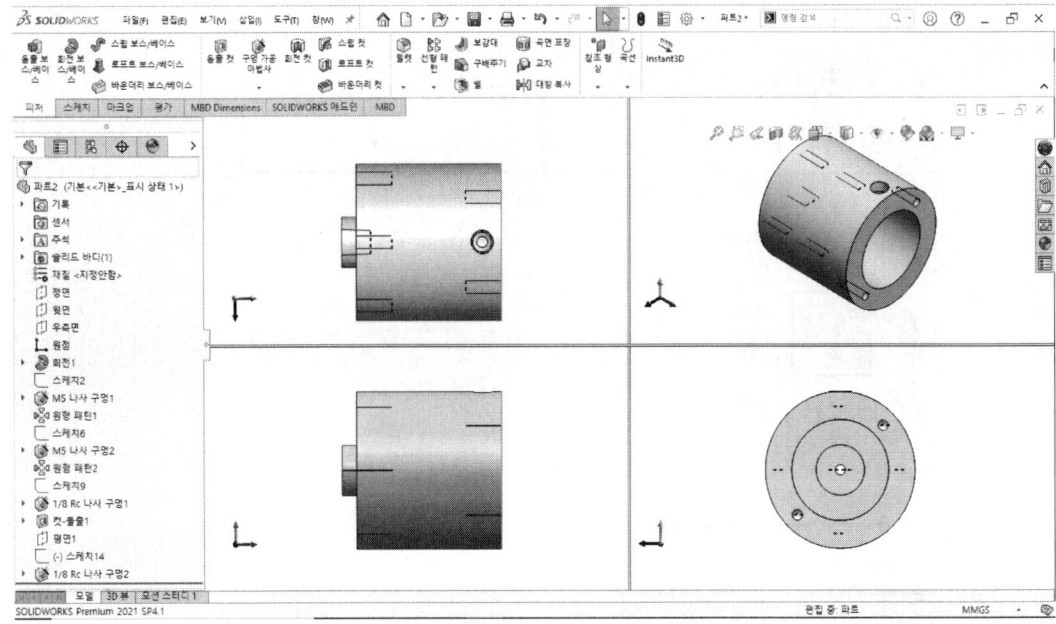

학습 정리하기

단계 2 레버형핑거

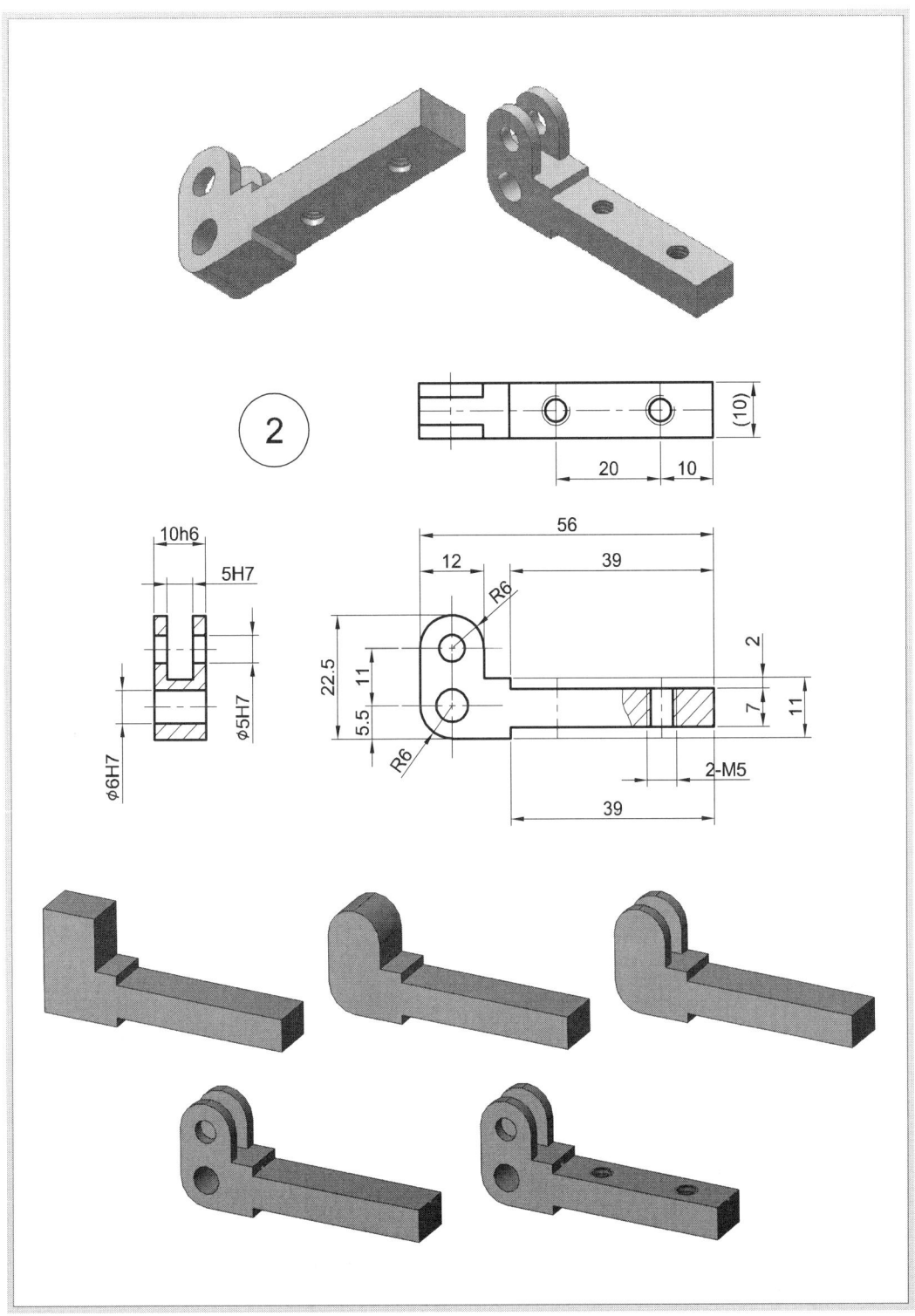

Step 01 새 문서(□)를 클릭한다. 파트(◇)를 선택하고, 확인을 클릭한다.

Step 02 디자인 트리에서 **정면**을 클릭하고, 스케치(⌐)를 클릭한다.

Step 03 선(/), 지능형 치수(✧)를 이용하여 다음과 같이 작성한다.

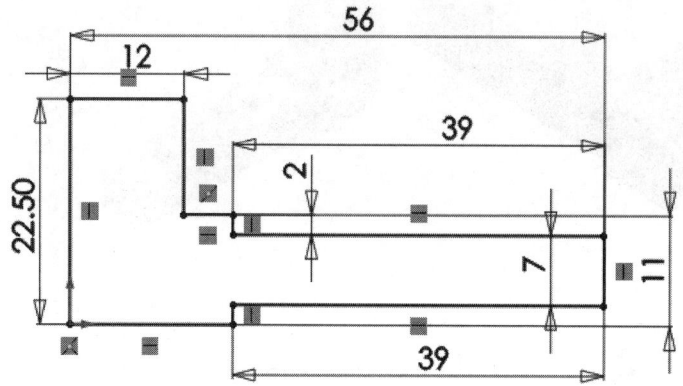

Step 04 돌출보스/베이스(⬚)로 방향1의 깊이에 10mm를 입력하고, 확인(✓)을 클릭한다.

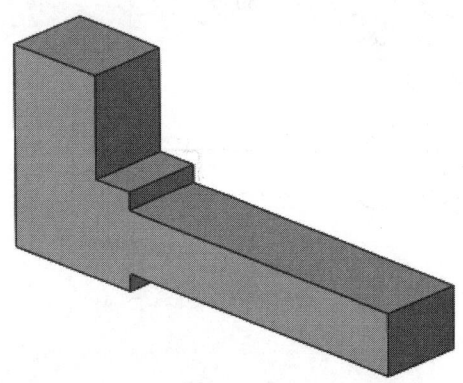

Step 05 필렛(▷)을 클릭한다. 선택한 모서리에 반경 6mm로 필렛을 한다.

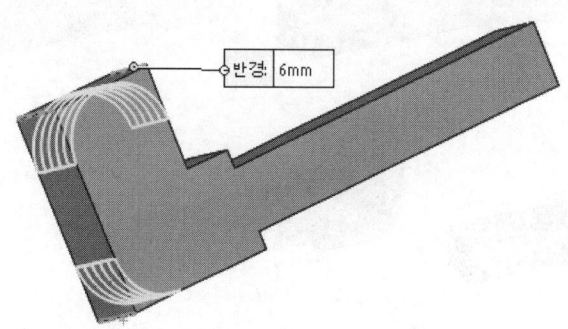

Step 06 좌측면에 코너 사각형(□)과 지능형 치수(✎)를 이용하여 다음과 같이 스케치(◌)를 작성한다.

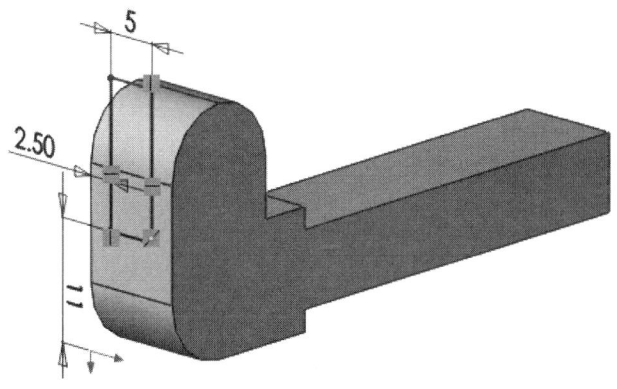

Step 07 돌출 컷(◨)을 클릭하고, **관통**으로 설정한다. 확인(✓)을 클릭한다.

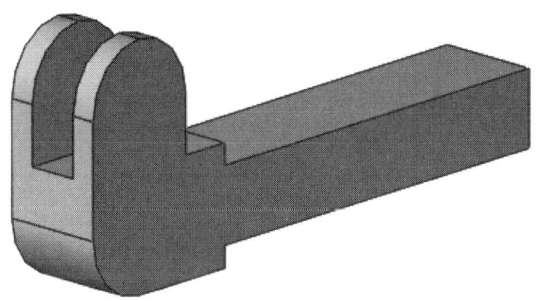

Step 08 앞면에 원(⊙)을 그리고, 지능형 치수(✎)를 이용하여 다음과 같이 스케치(◌)를 작성한다.

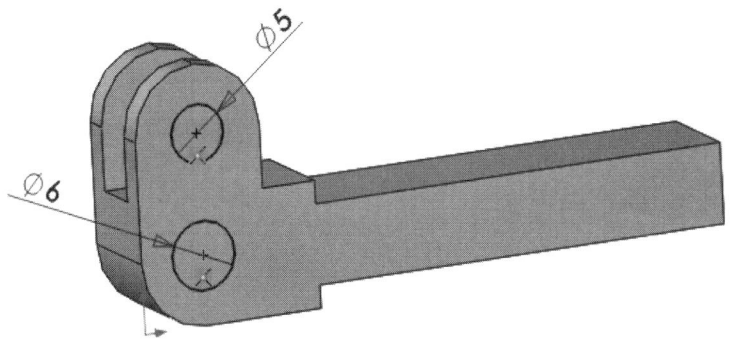

Step 09 돌출 컷(圖)을 클릭하고, **관통**으로 설정한다. 확인(✓)을 클릭한다.

Step 10 윗면에 점(■)과 지능형 치수(✏)를 이용하여 다음과 같이 스케치(□)를 작성한다.

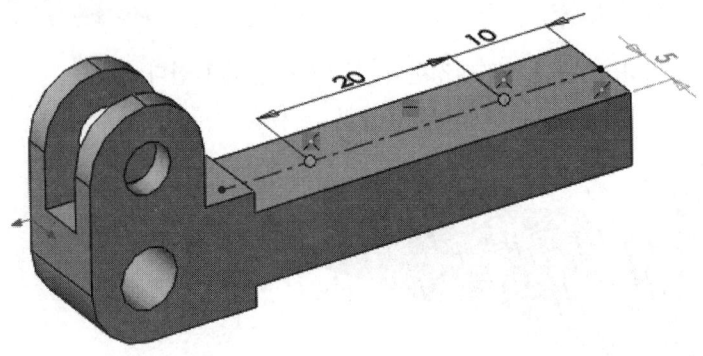

Step 11 구멍가공마법사(⬚)의 위치 탭에서 구멍이 생성될 형상의 윗면과 생성시킨 스케치 점을 클릭한다.

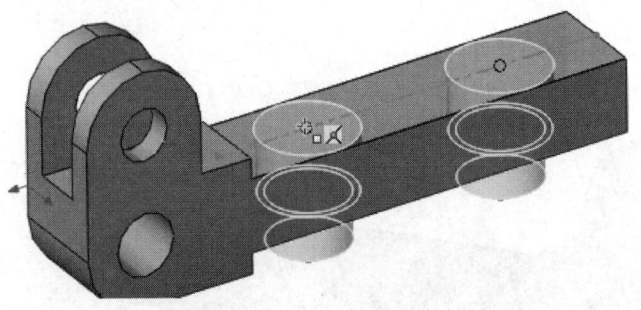

Step 12 유형 탭에서 **직선 탭**을 선택하여 지정한다.

Step 13 사용자 정의크기 표시에 체크 해제, 표준규격 : ISO, 유형 : 탭 구멍, 크기 : M5로 지정한다.

Chapter 10 부품 작성하기

Step 14 마침조건은 탭 드릴과 나사산을 관통으로 설정한다. 확인(✔)을 누른다.

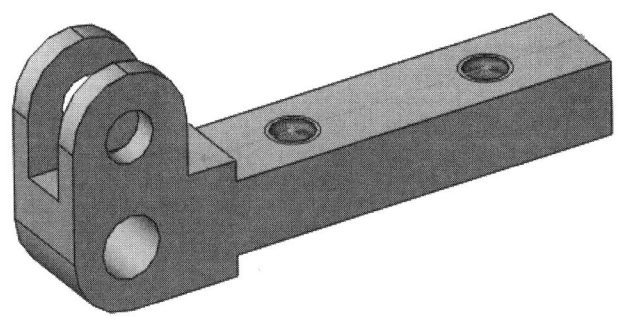

Step 15 저장(💾)을 클릭하여 4지형레버에어척-레버형핑거.SLDPRT를 입력하고 저장한다.

Step 16 4지형레버에어척 레버형핑거가 완성되었다.

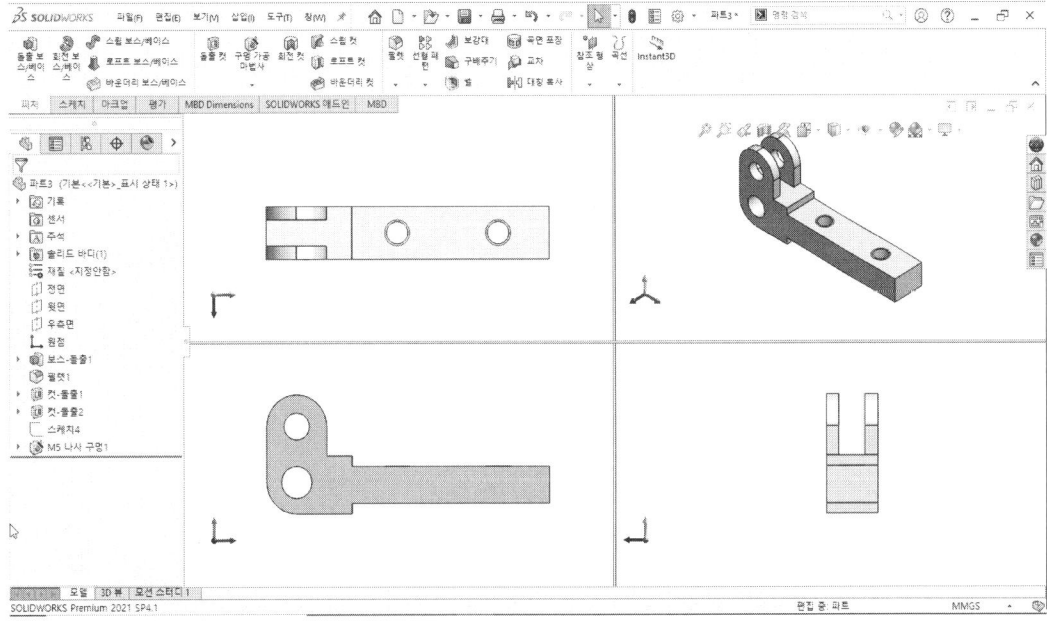

학습 정리하기

단계 3 피스톤

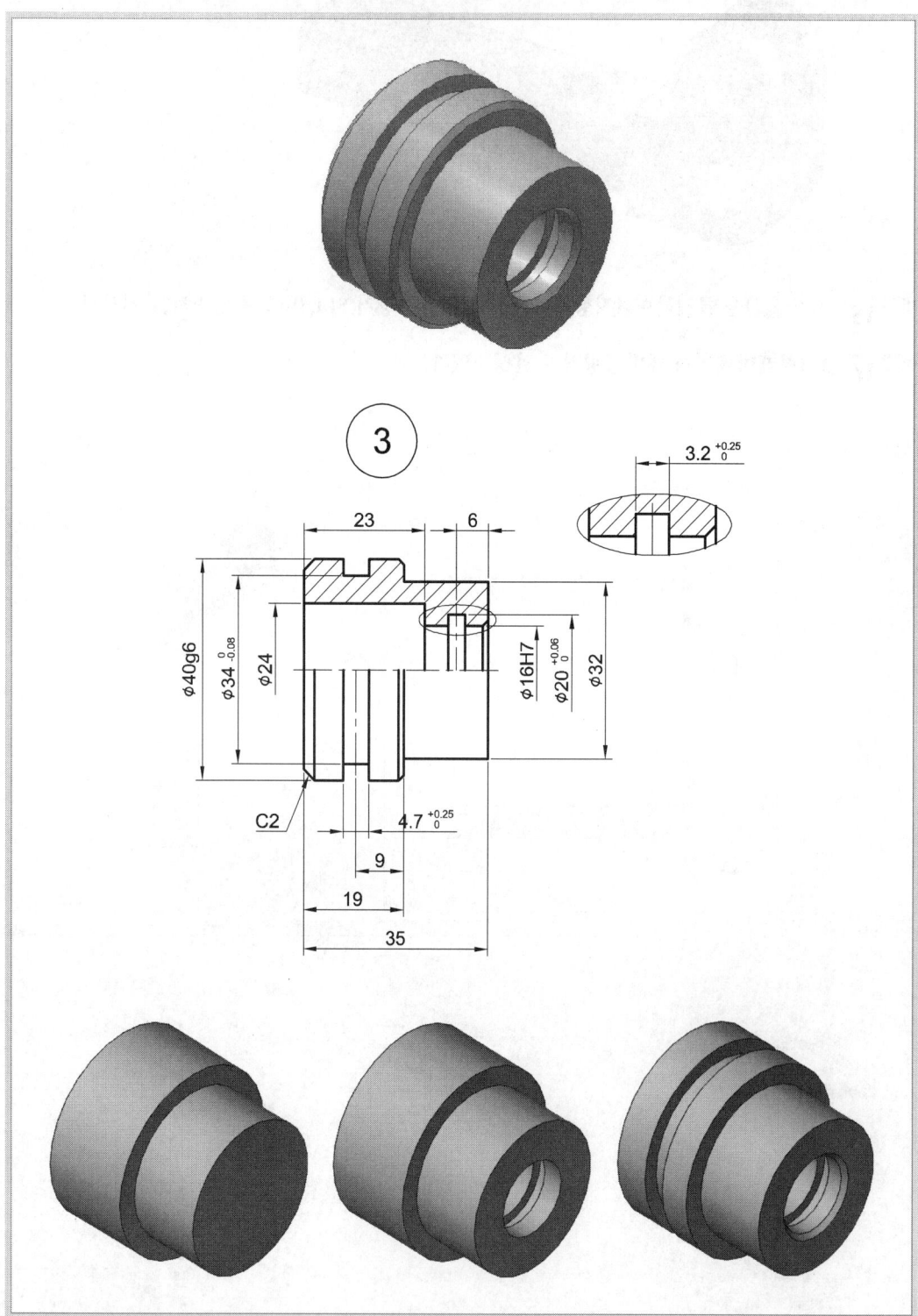

Chapter 10 부품 작성하기

Step 01 새 문서(□)를 클릭한다. 파트(□)를 선택하고, 확인을 클릭한다.

Step 02 디자인 트리에서 **윗면**을 클릭하고, 스케치(□)를 클릭한다.

Step 03 선(∕)과 중심선(͘ ͘), 지능형 치수( )를 이용하여 다음과 같이 작성한다.

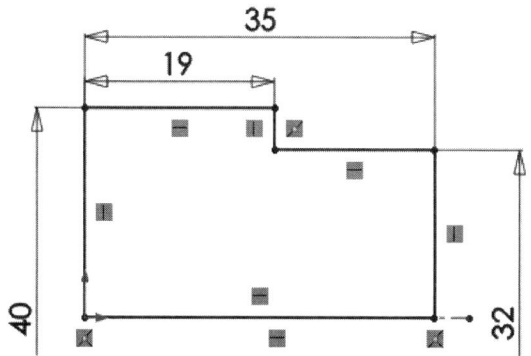

Step 04 회전보스/베이스( )를 클릭하고, 확인(✓)을 누른다.

Step 05 윗면에 선(∕)과 중심선(͘ ͘), 지능형 치수( )로 스케치(□)를 작성한다.

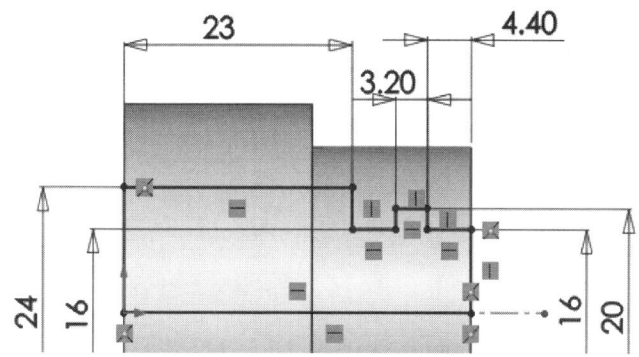

253

Step 06 회전컷(🔲)을 클릭하고, 확인(✓)을 누른다.

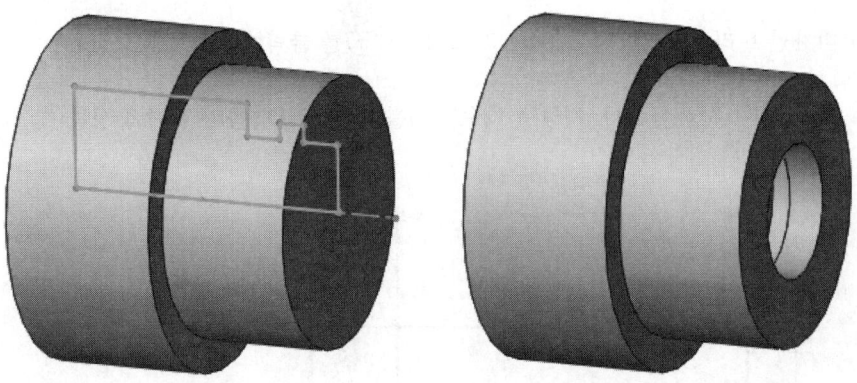

Step 07 윗면에 코너사각형(▢)과 중심선(⋮), 지능형 치수(✎)로 스케치(▣)를 작성한다.

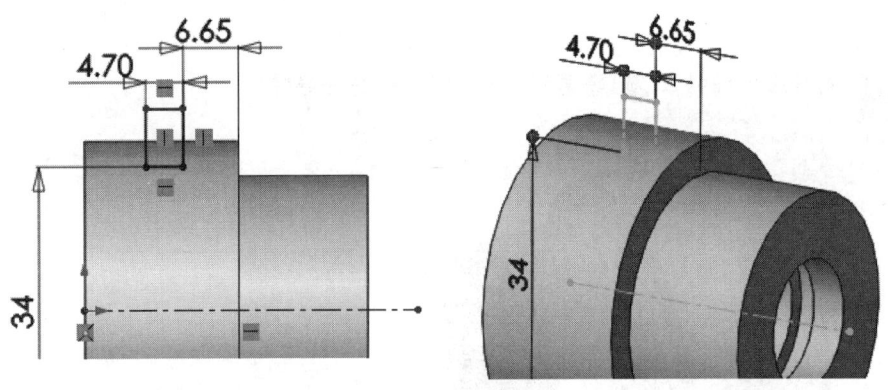

Step 08 회전컷(🔲)을 클릭하고, 확인(✓)을 누른다.

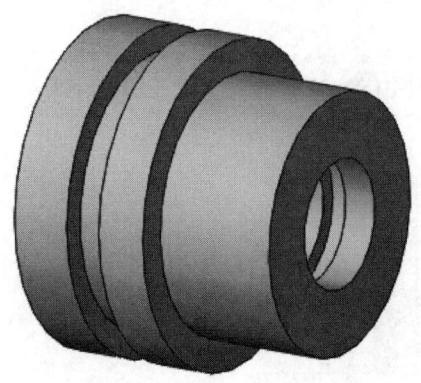

Chapter 10 부품 작성하기

Step 09 모따기( )를 클릭한다. 선택한 모서리에 거리 1mm로 모따기를 한다.

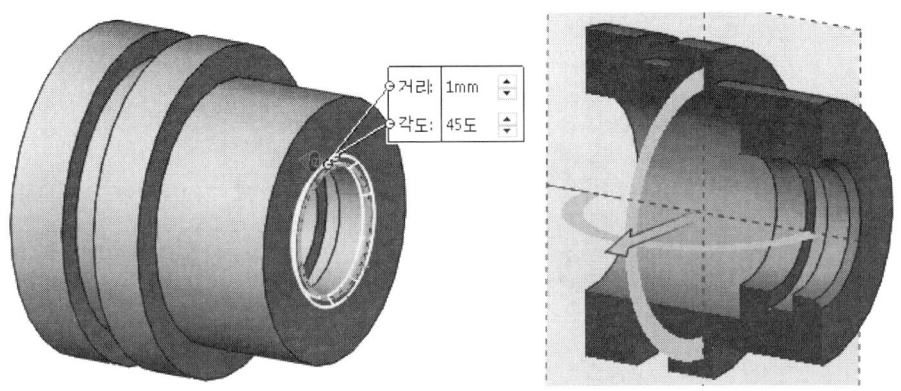

Step 10 저장( )을 클릭하여 4지형레버에어척-피스톤.SLDPRT를 입력하고 저장한다.

Step 11 4지형레버에어척 피스톤이 완성되었다.

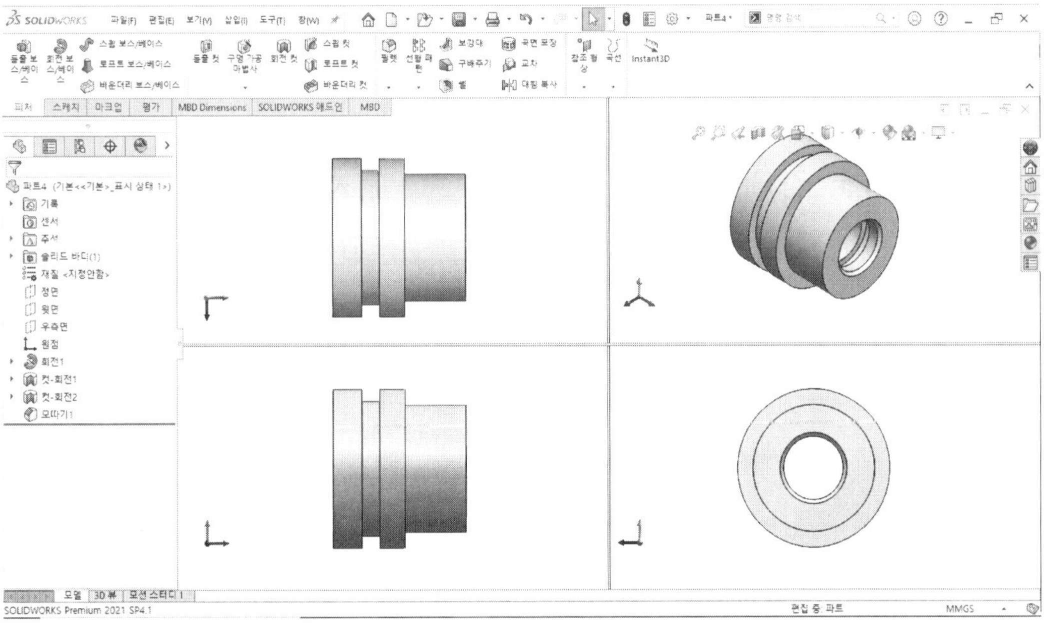

학습 정리하기

단계 4 호이스트 축

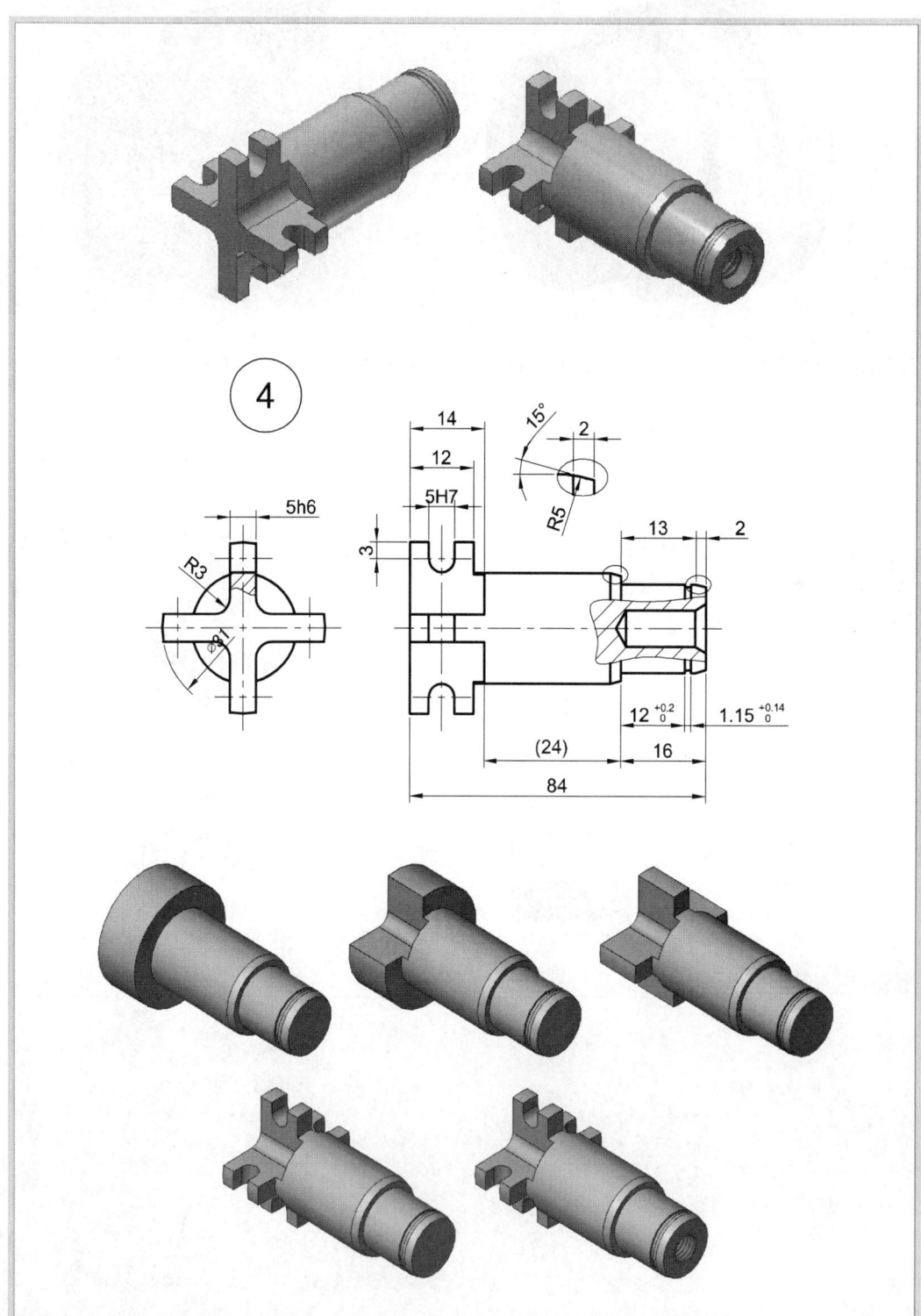

Step 01 새 문서(□)를 클릭한다. 파트( )를 선택하고, 확인을 클릭한다.

Step 02 디자인 트리에서 **윗면**을 클릭하고, 스케치( )를 클릭한다.

Step 03 선( )과 중심선( ), 지능형 치수( )를 이용하여 다음과 같이 작성한다.

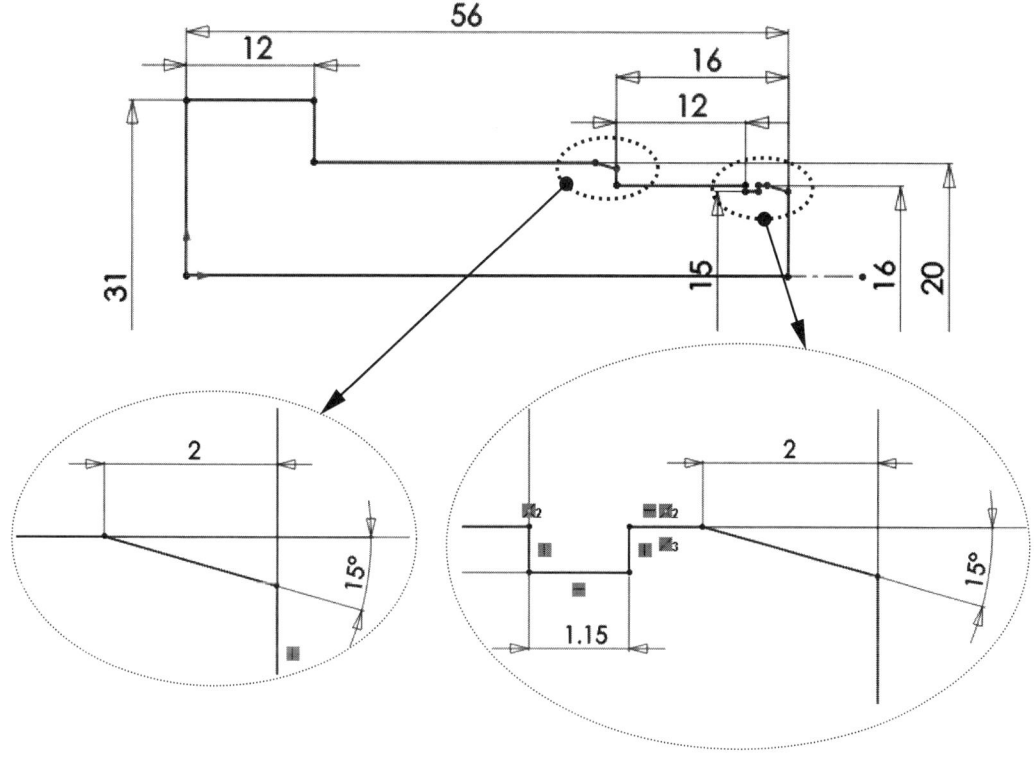

Step 04 회전보스/베이스( )를 클릭하고, 확인(✓)을 누른다.

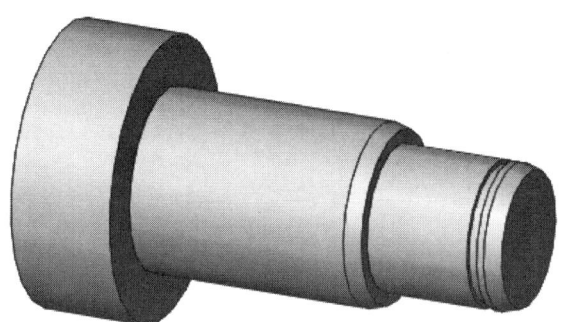

Step 05 좌측면에 코너 사각형(□)과 지능형 치수(◈)로 스케치(￢)를 작성한다.

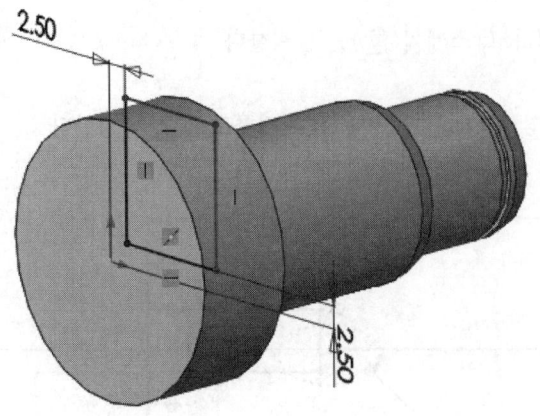

Step 06 돌출 컷(▥)을 클릭하고, **블라인드** 형태의 깊이 14mm로 설정한다. 확인(✓)을 클릭한다.

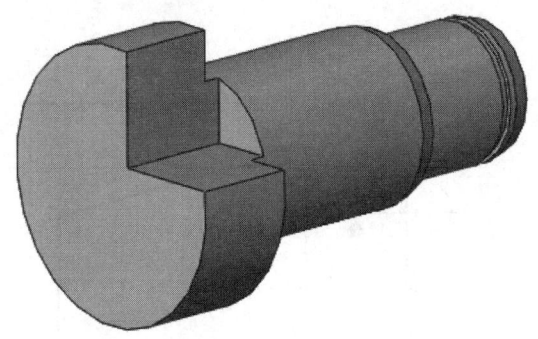

Step 07 필렛(▥)을 클릭한다. 선택한 모서리에 반경 3mm로 필렛을 한다.

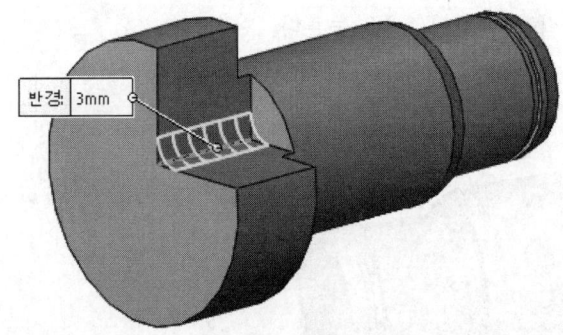

Step 08 원형 패턴( )을 클릭하고, 방금 생성한 돌출 컷과 필렛을 4개 패턴하여 생성한다.

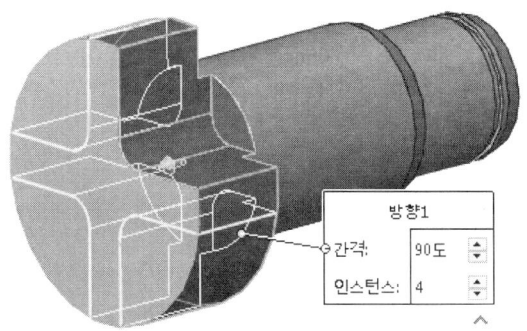

Step 09 우측면에 직선 홈( )과 지능형 치수( )로 스케치( )를 작성한다.

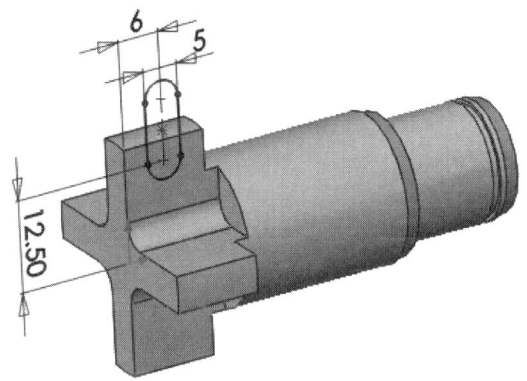

Step 10 돌출 컷( )을 클릭하고, **관통**으로 설정한다. 확인( )을 클릭한다.

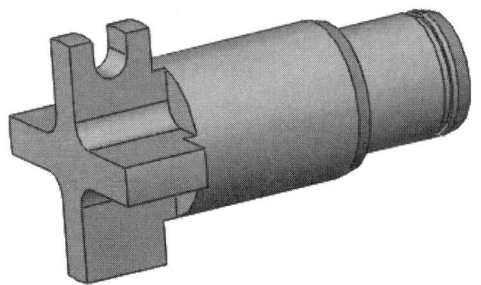

Step 11 원형 패턴(　)을 클릭하고, 방금 생성한 직선 홈을 4개 패턴하여 생성한다.

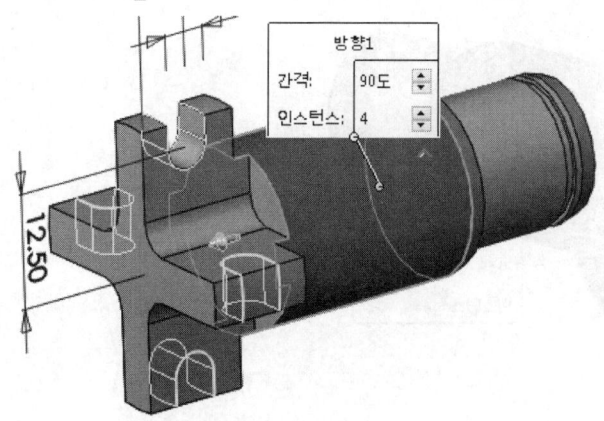

Step 12 우측면에 점(■)을 이용하여 다음과 같이 스케치(　)를 작성한다.

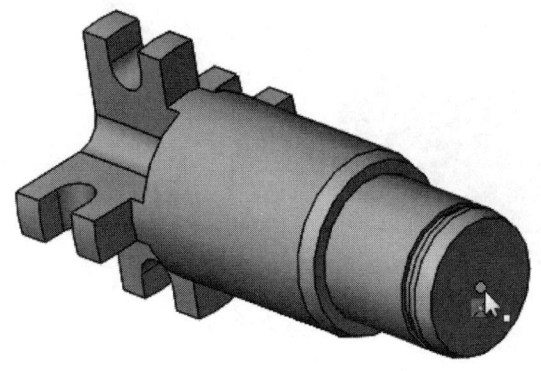

Step 13 구멍가공마법사(　)의 위치 탭에서 구멍이 생성될 형상의 우측면과 생성시킨 스케치 점을 클릭한다.

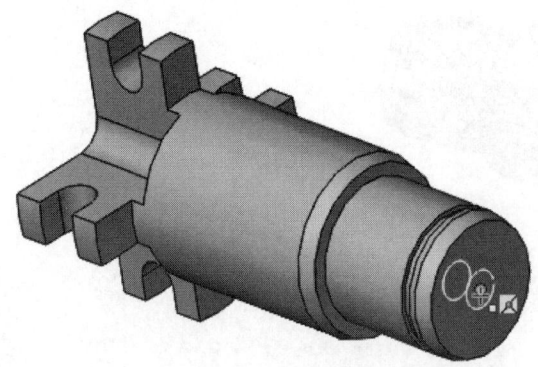

Step 14 유형 탭에서 **직선 탭**을 선택하여 지정한다.

Step 15 사용자 정의크기 표시에 체크 해제, 표준규격 : ISO, 유형 : 탭 구멍, 크기 : M8로 지정한다.

Chapter 10 부품 작성하기

Step 16 마침조건은 블라인트 형태로 구멍깊이 16mm, 탭 깊이 13mm을 입력한다.

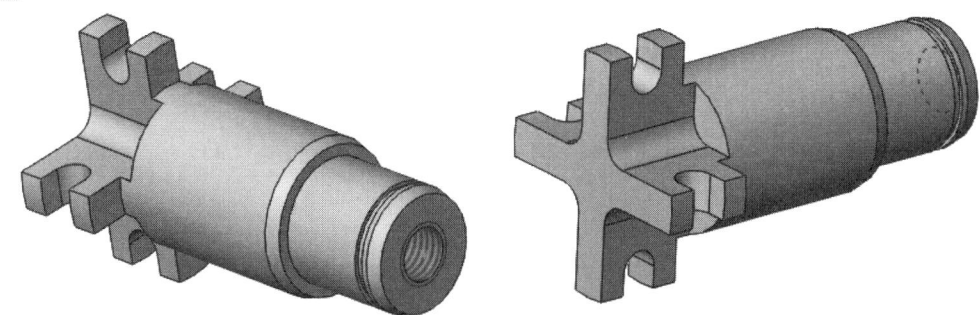

Step 17 저장(💾)을 클릭하여 4지형레버에어척-호이스트 축.SLDPRT를 입력하고 저장한다.

Step 18 4지형레버에어척 호이스트 축이 완성되었다.

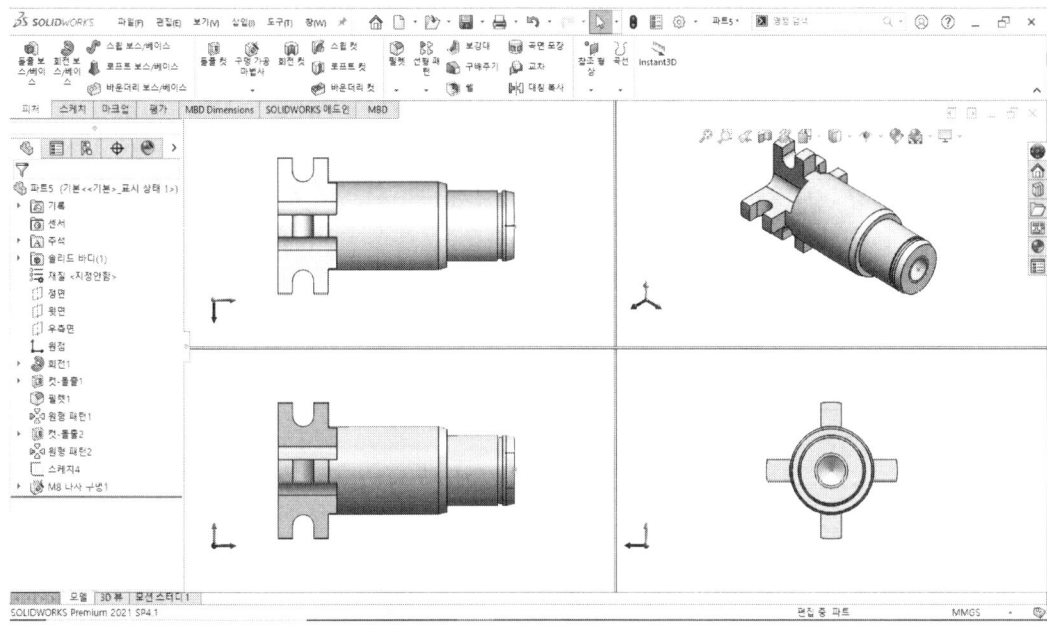

학습 정리하기

단계 5 하우징 커버

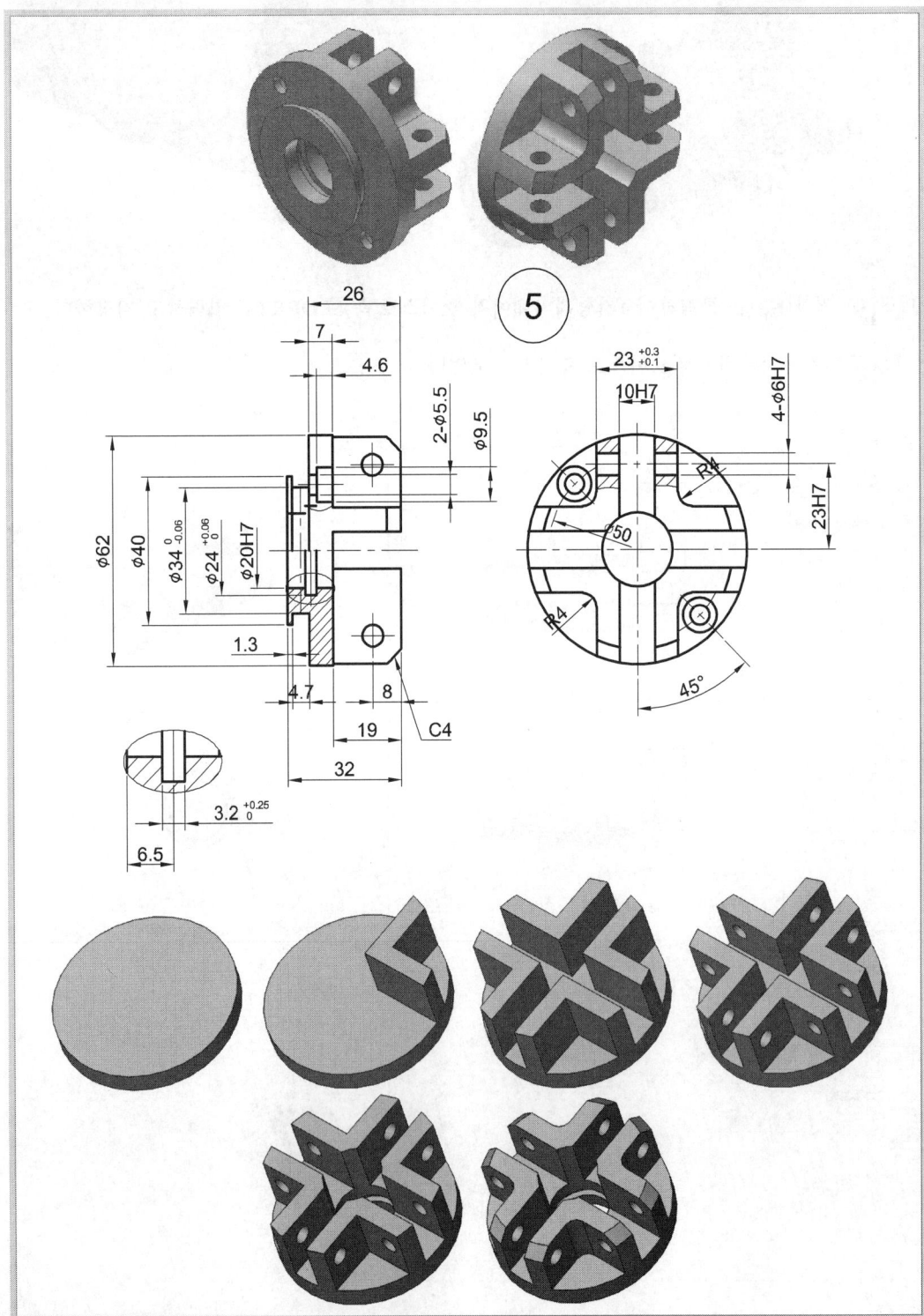

Step 01 새 문서( )를 클릭한다. 파트( )를 선택하고, 확인을 클릭한다.

Step 02 디자인 트리에서 **윗면**을 클릭하고, 스케치( )를 클릭한다.

Step 03 원( )과 지능형 치수( )를 이용하여 다음과 같이 작성한다.

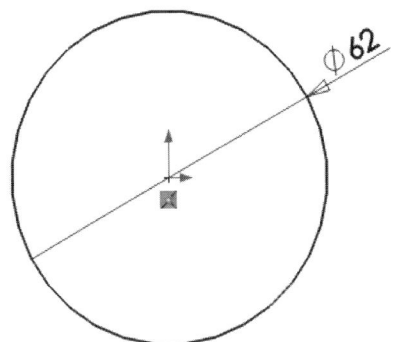

Step 04 돌출보스/베이스( )로 방향1의 높이에 7mm를 입력하고, 확인( )을 클릭한다.

Step 05 윗면에 다음과 같이 스케치( )를 작성한다.

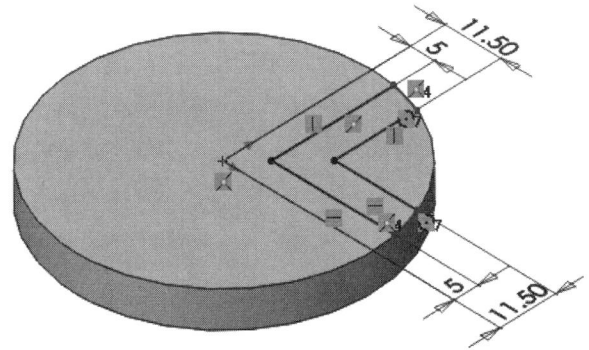

Step 06 돌출보스/베이스(🗋)로 방향1의 높이에 19mm를 입력하고, 확인(✔)을 클릭한다.

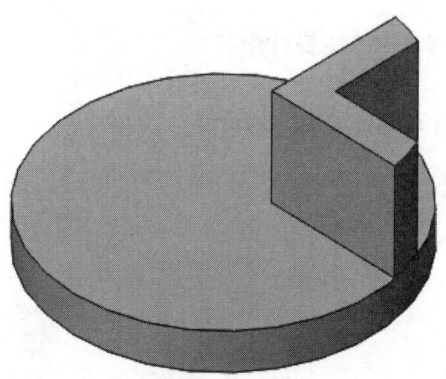

Step 07 원형 패턴(🞰)을 클릭하고, 방금 생성한 돌출보스/베이스를 4개 패턴하여 생성한다.

Step 08 측면에 원(⊙)과 지능형 치수(🖉)를 이용하여 스케치(📋)를 작성한다.

Step 09 돌출 컷(🗍)을 클릭하고, **관통**으로 설정한다. 확인(✔)을 클릭한다.

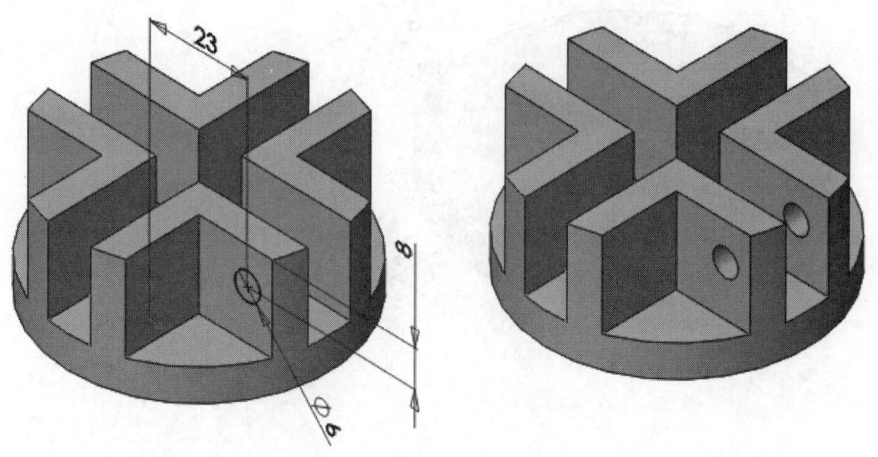

Step 10 원형 패턴(🔘)을 클릭하고, 방금 생성한 돌출컷 구멍을 4개 패턴하여 생성한다.

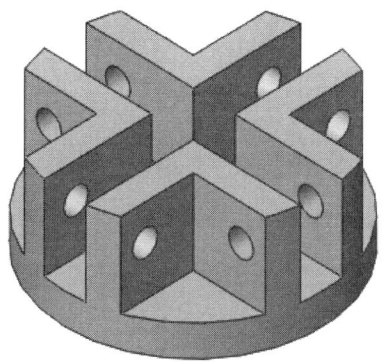

Step 11 바닥면에 원(⊙)과 지능형 치수(📏)를 이용하여 스케치(🖉)를 작성한다.

Step 12 돌출보스/베이스(📦)로 방향1의 높이에 4.7mm를 입력하고, 확인(✔)을 클릭한다.

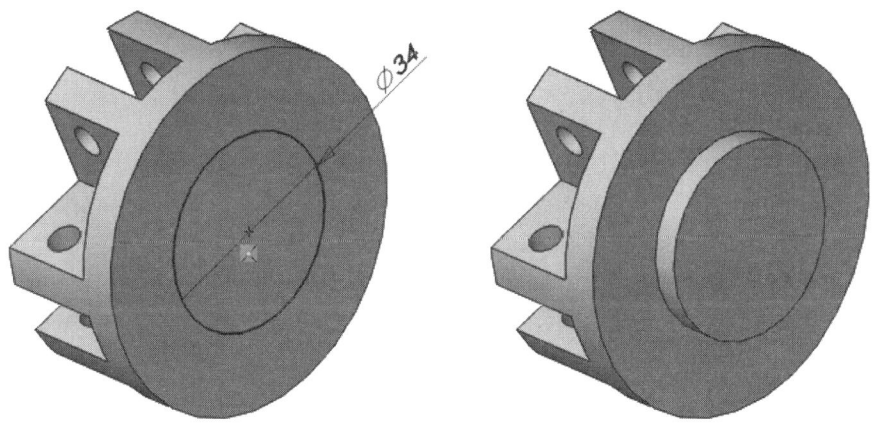

Step 13 바닥면에 원(⊙)과 지능형 치수(📏)를 이용하여 스케치(🖉)를 작성한다.

Step 14 돌출보스/베이스(📦)로 방향1의 높이에 1.3mm를 입력하고, 확인(✔)을 클릭한다.

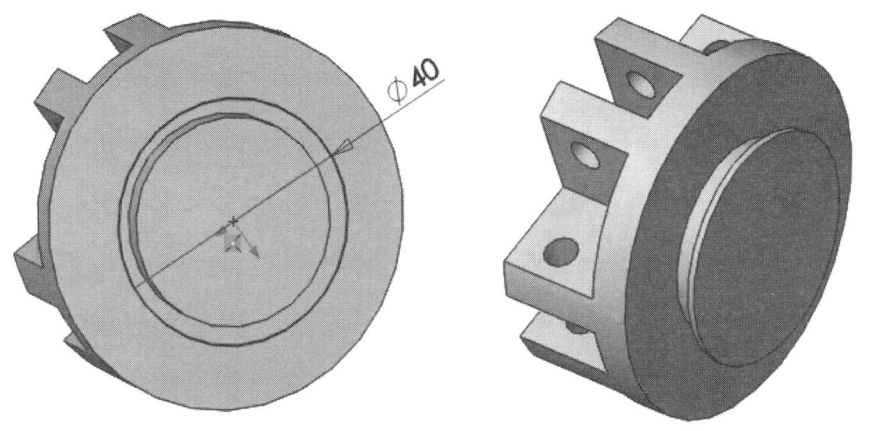

Step 15 정면에 다음과 같이 선( )과 중심선( )을 이용하여 스케치( )를 작성한다.

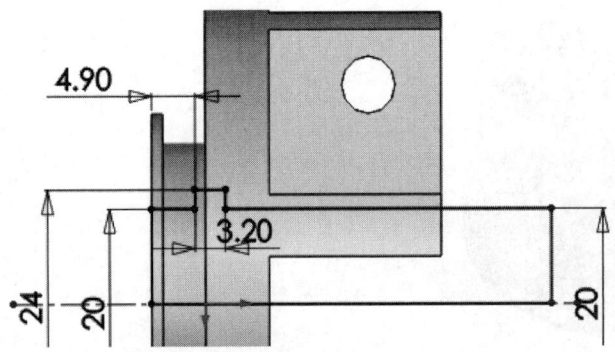

Step 16 회전컷( )을 클릭하고, 확인( )을 누른다.

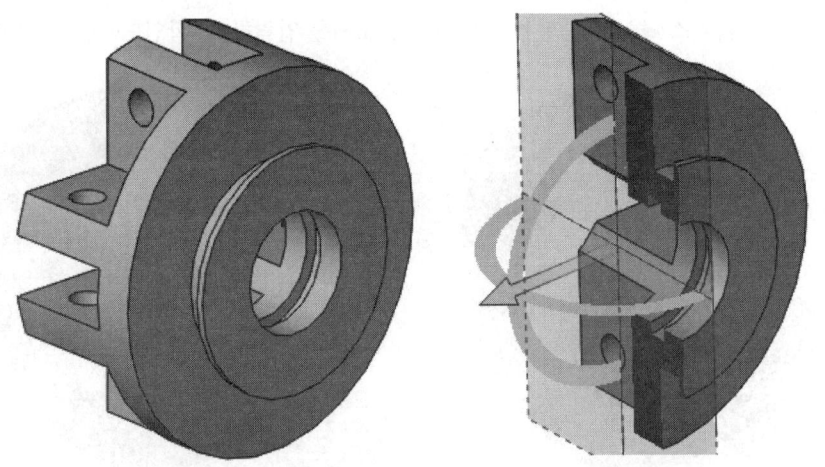

Step 17 필렛( )을 클릭한다. 선택한 모서리에 반경 4mm로 필렛을 한다.

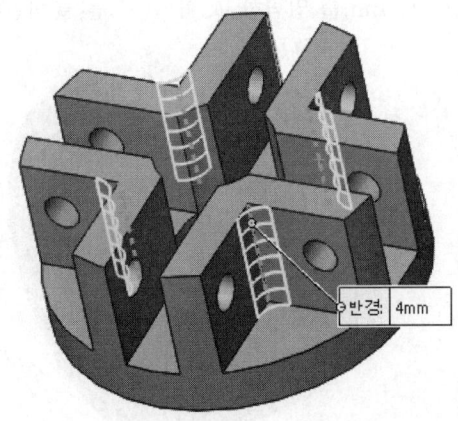

Chapter 10 부품 작성하기

Step 18 모따기(⬦)를 클릭한다. 선택한 모서리에 거리 4mm로 모따기를 한다.

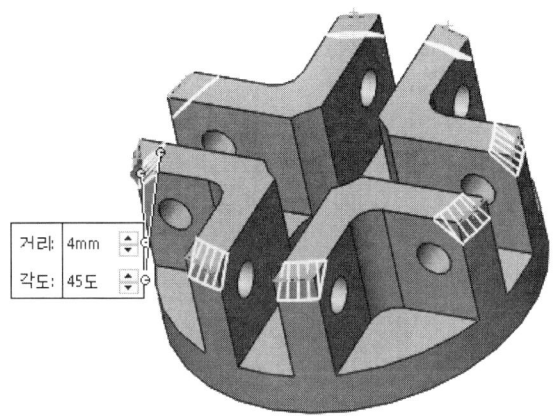

Step 19 윗면에 점(■)과 지능형 치수(✎)를 이용하여 다음과 같이 스케치(⌐)를 작성한다.

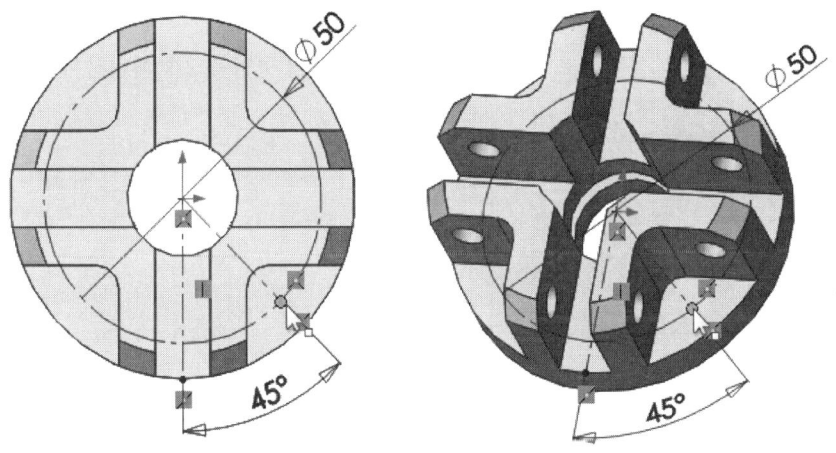

Step 20 구멍가공마법사(⬦)의 위치 탭에서 구멍이 생성될 형상의 윗면과 생성시킨 스케치 점을 클릭한다.

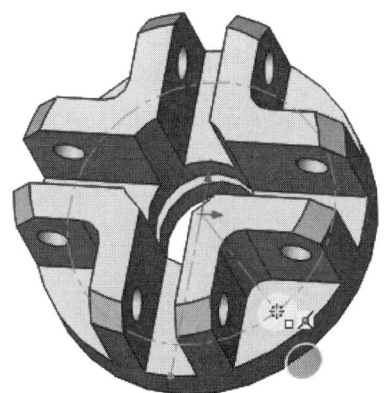

Step 21 유형탭에서 구멍유형은 카운터보어로 설정하고, 사용자 정의 크기 표시에 체크를 한다.

Step 22 카운터 보어의 크기를 다음과 같이 설정한다.

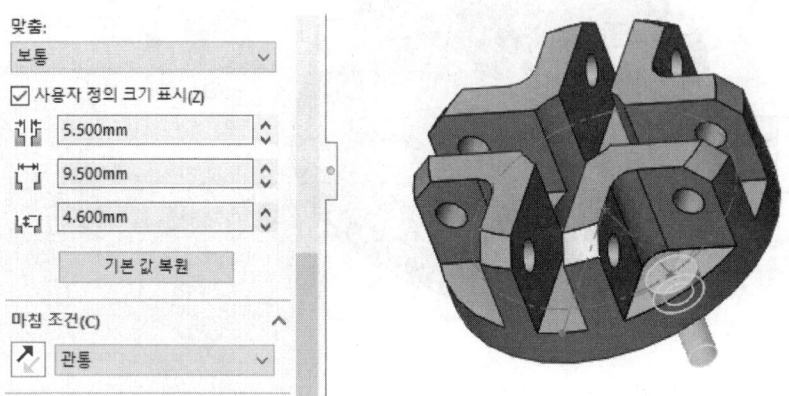

Step 23 원형 패턴( )을 클릭하고, 방금 생성한 카운터보어 구멍을 2개 패턴하여 생성한다.

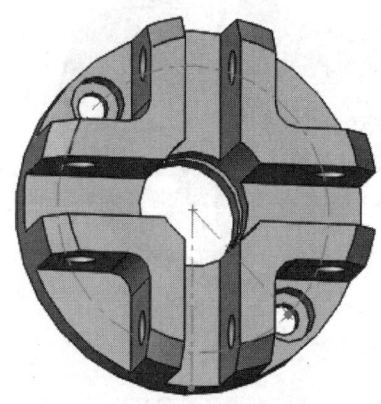

Step 24 저장( )을 클릭하여 4지형레버에어척-하우징 커버.SLDPRT를 입력하고 저장한다.

Chapter 10 부품 작성하기

Step 25 4지형레버에어척 하우징 커버가 완성되었다.

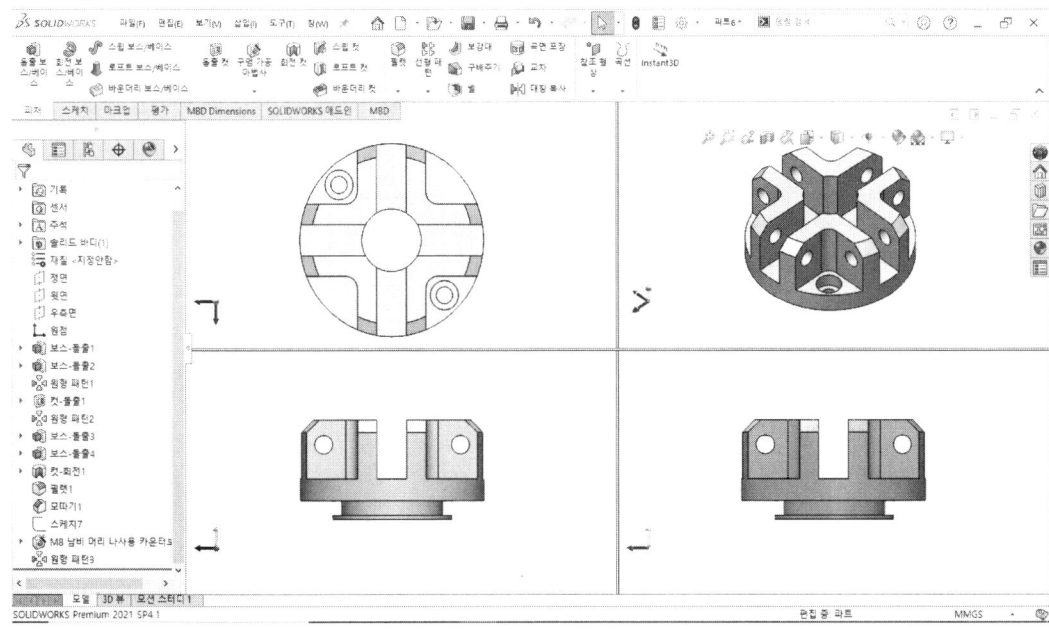

학습 정리하기

Section 3 워터펌프

단계 1 본체

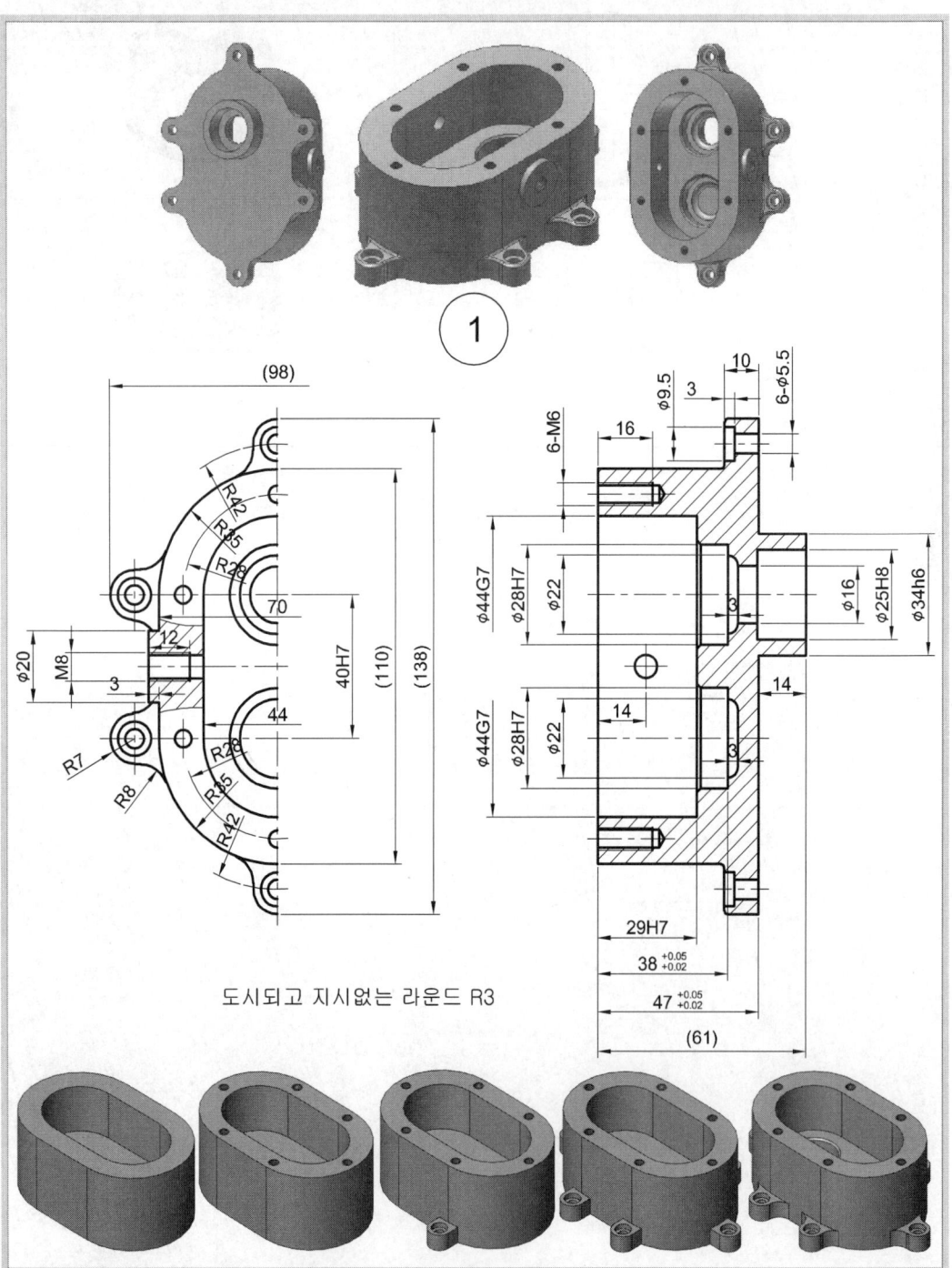

도시되고 지시없는 라운드 R3

Step 01 새 문서( )를 클릭한다. 파트( )를 선택하고, 확인을 클릭한다.

Step 02 디자인 트리에서 **윗면**을 클릭하고, 스케치( )를 클릭한다.

Step 03 중심점 직선 홈( )과 지능형 치수( )를 이용하여 다음과 같이 작성한다.

Step 04 돌출보스/베이스( )로 높이에 47mm를 입력하고, 확인( )을 클릭한다.

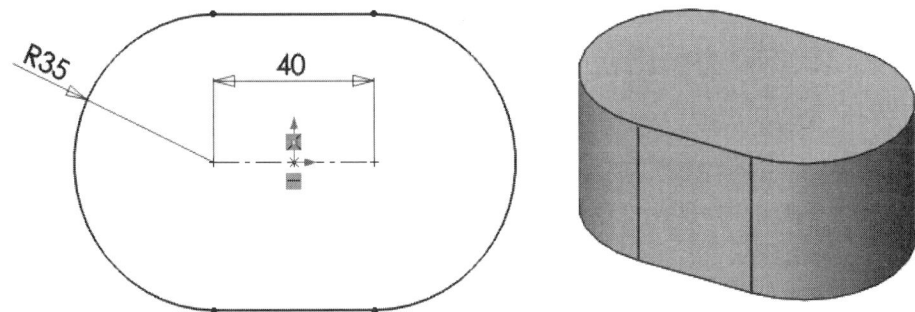

Step 05 윗면에 직선 홈( )과 지능형 치수( )를 이용하여 스케치( )를 작성한다.

Step 06 돌출 컷( )으로 깊이 29mm로 설정한다. 확인( )을 클릭한다.

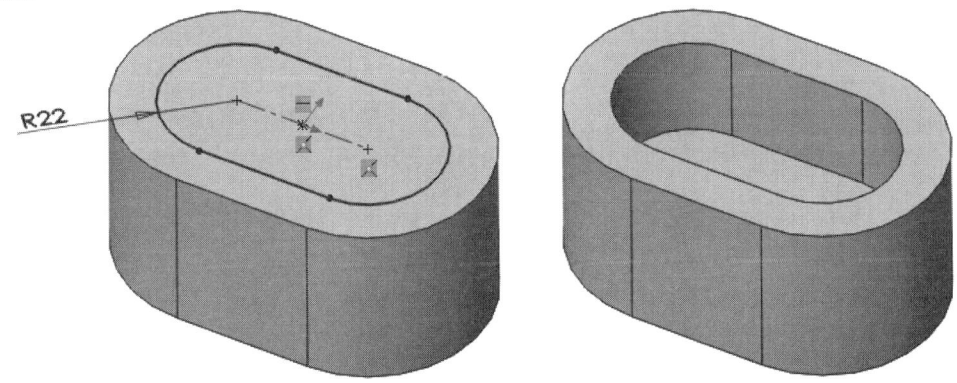

Step 07 윗면에 점( )과 지능형 치수( )를 이용하여 다음과 같이 스케치( )를 작성한다.

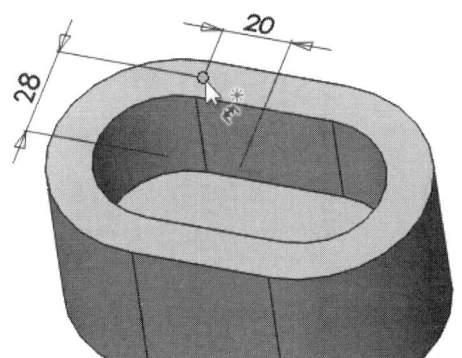

Step 08 구멍가공마법사( )의 위치 탭에서 구멍이 생성될 형상의 윗면과 생성시킨 스케치 점을 클릭한다.

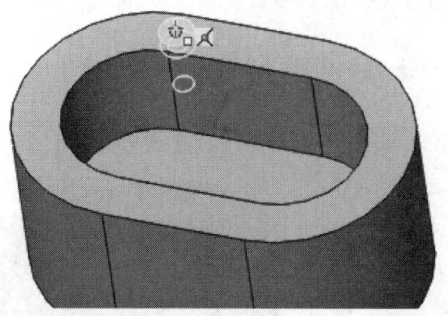

Step 09 유형탭에서 직선탭 및 탭 구멍으로 설정하고, 크기에 M6을 지정한다.

Step 10 사용자 정의 크기 표시에 체크를 해제하고, 구멍 깊이 18mm, 탭 깊이 16mm로 한다.

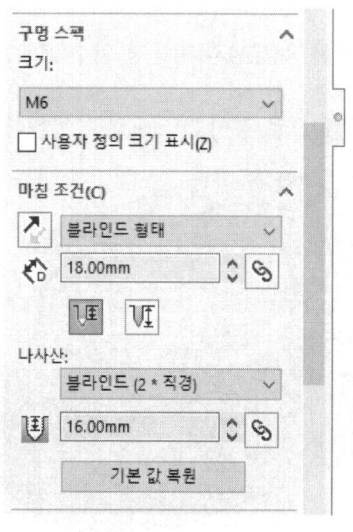

Step 11 확인( )을 클릭한다.

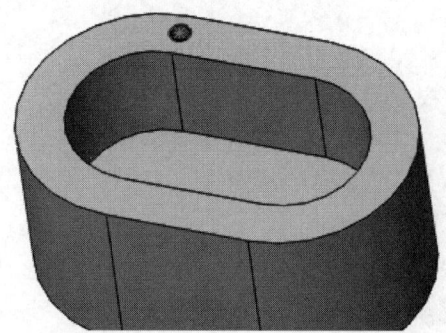

Step 12 원형 패턴(🔘)을 클릭한다. 생성한 탭 구멍을 각도 90, 인스턴스 수 3을 입력하고, 인스턴스 간격에 체크를 한다. 🔄 버튼으로 방향을 전환시킨다.

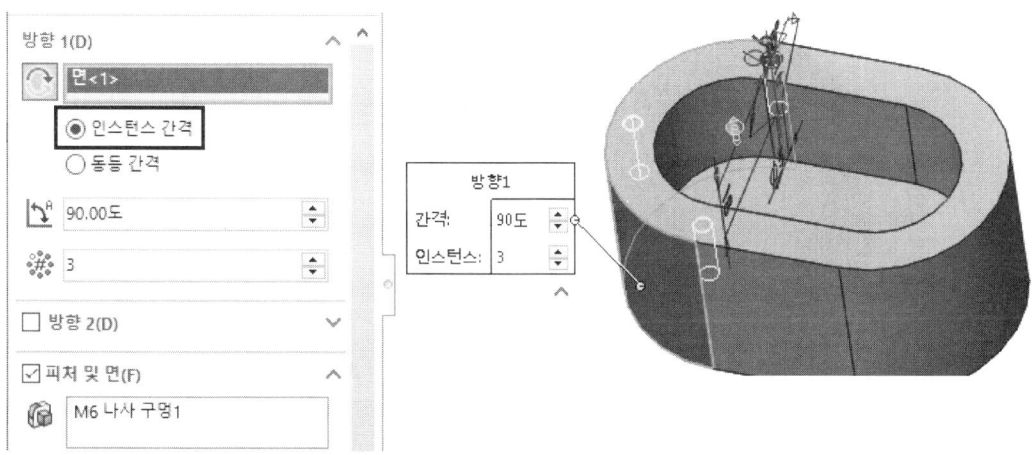

Step 13 대칭복사(🔖)를 클릭한다.

Step 14 대칭평면은 **우측면**를 선택하고, 복사피쳐는 원형패턴을 선택한다. 확인(✓)을 클릭한다.

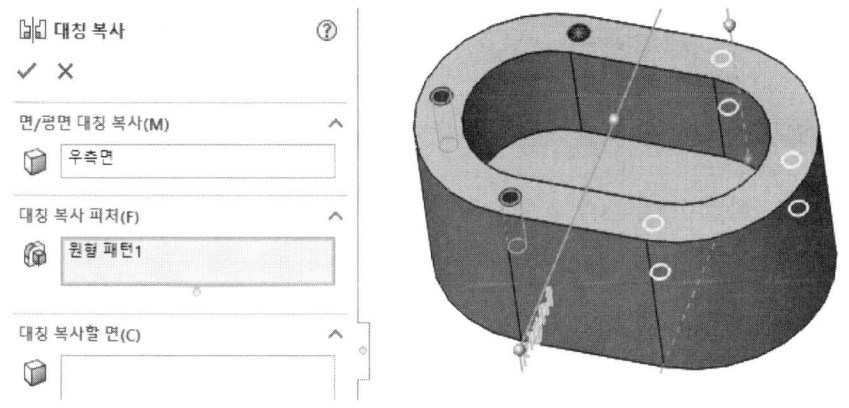

Step 15 바닥면에 중심점 직선 홈(◎)과 지능형 치수(📏)를 이용하여 스케치(🖊)를 작성한다.

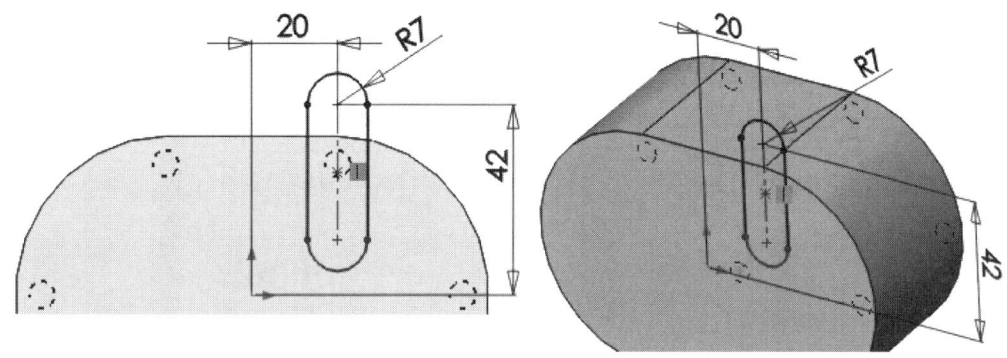

Step 16 돌출보스/베이스(￼)로 높이에 10mm를 입력하고, 확인(✓)을 클릭한다.

Step 17 돌출보스/베이스 윗면에 점(■) 이용하여 스케치(￼)를 작성한다.

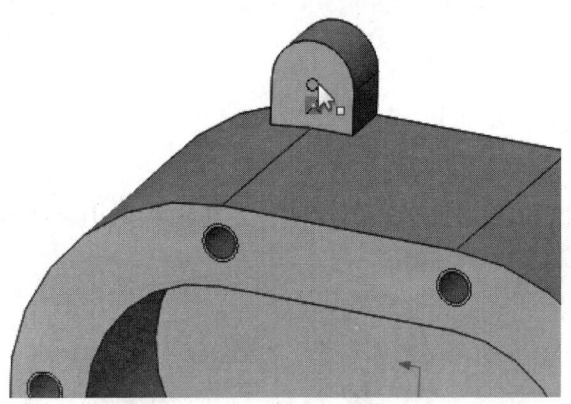

Step 18 구멍가공마법사(￼)의 위치 탭에서 구멍이 생성될 형상의 윗면과 생성시킨 스케치 점을 클릭한다.

Step 19 유형탭에서 카운터보어로 설정하고, 사용자 정의 크기 표시에 체크를 한다.

Step 20 구멍 크기를 다음과 같이 한다.

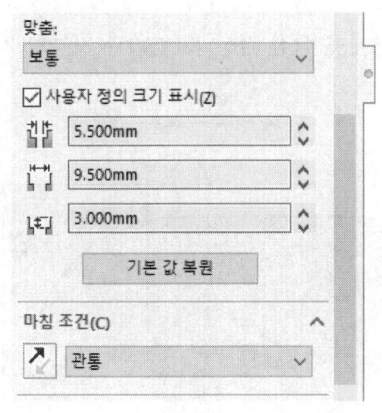

Chapter 10 부품 작성하기

Step 21 원형 패턴(🖳)을 클릭한다. 생성한 탭 구멍을 각도 90, 인스턴스 수 3을 입력하고, 인스턴스 간격에 체크를 한다. 🔄 버튼으로 방향을 전환시킨다.

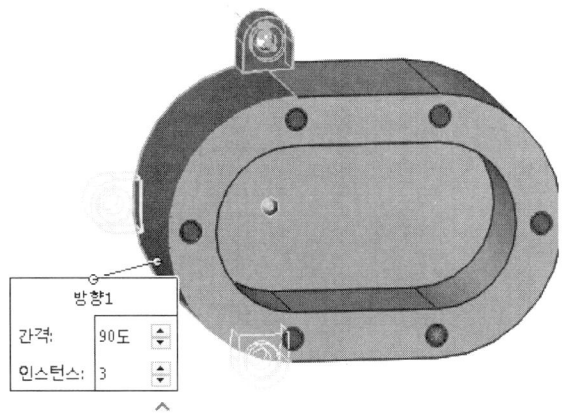

Step 22 대칭복사(🖳)를 클릭한다.

Step 23 대칭평면은 **우측면**을 선택하고, 복사피쳐는 원형패턴을 선택한다. 확인(✔)을 클릭한다.

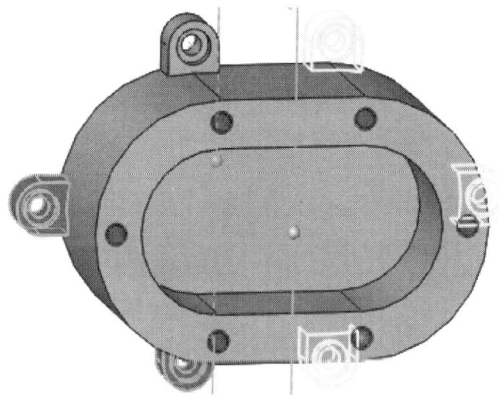

Step 24 바닥면에 원(⭕)과 지능형 치수(🖋)를 이용하여 스케치(🖉)를 작성한다.

Step 25 돌출보스/베이스(🖳)로 방향1의 높이에 14mm를 입력하고, 확인(✔)을 클릭한다.

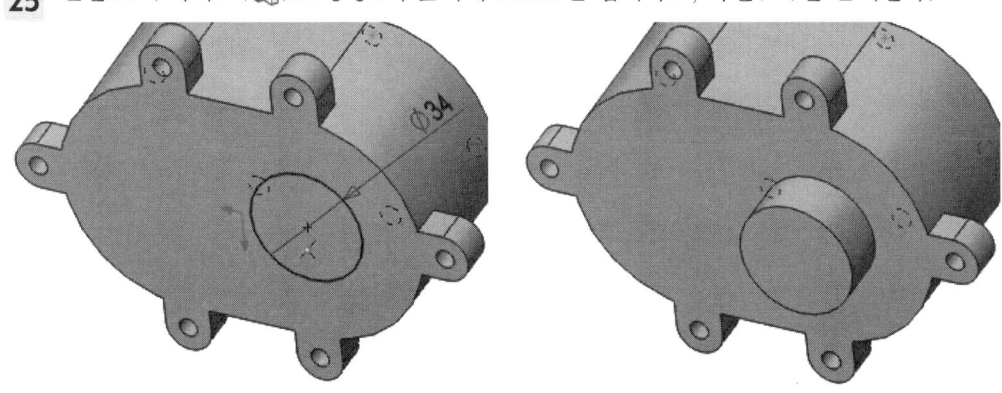

275

Step 26 단면도(⬚)를 클릭하고, **정면**을 지정한다.

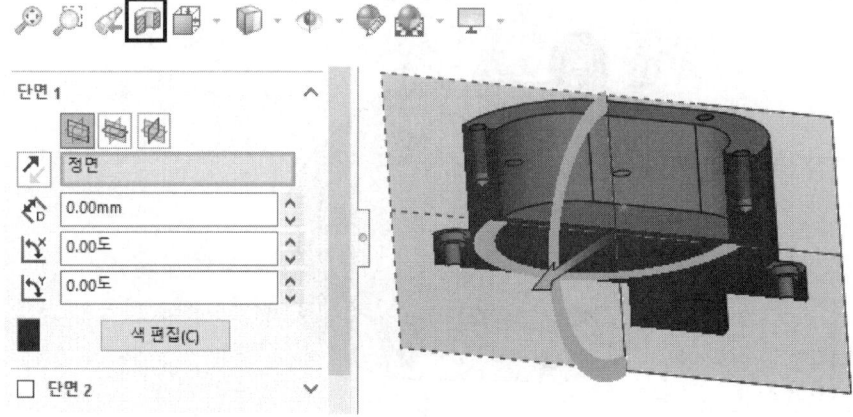

Step 27 **정면**에 다음과 같이 스케치(⬚)를 작성한다.

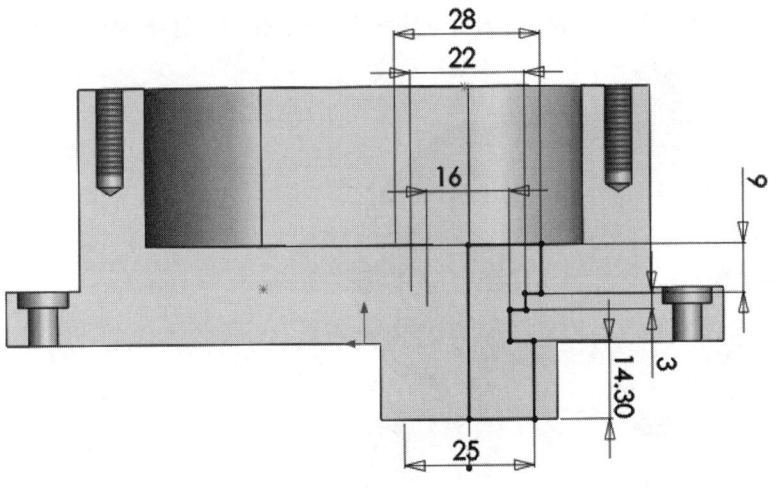

Step 28 회전컷(⬚)을 클릭하고, 확인(✓)을 누른다.

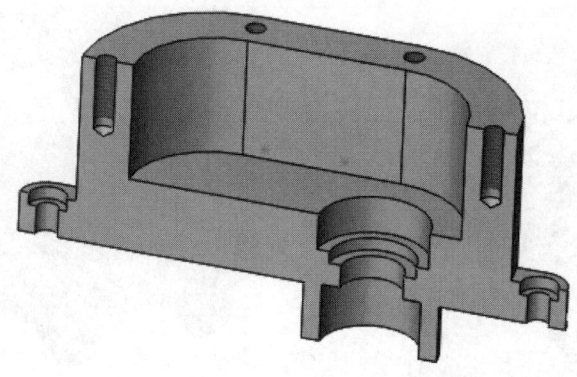

Step 29 정면에 다음과 같이 스케치(⌐)를 작성한다.

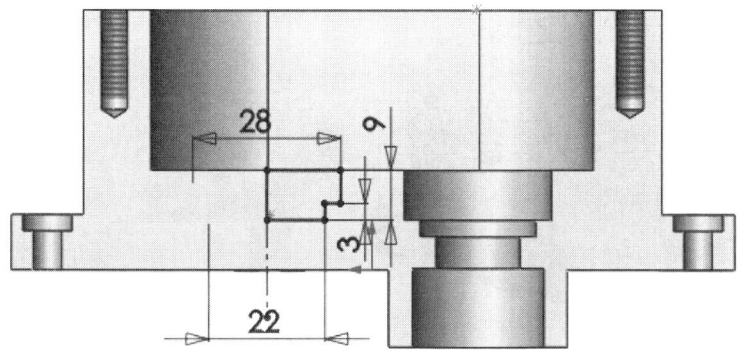

Step 30 회전컷(▥)을 클릭하고, 확인(✓)을 누른다.

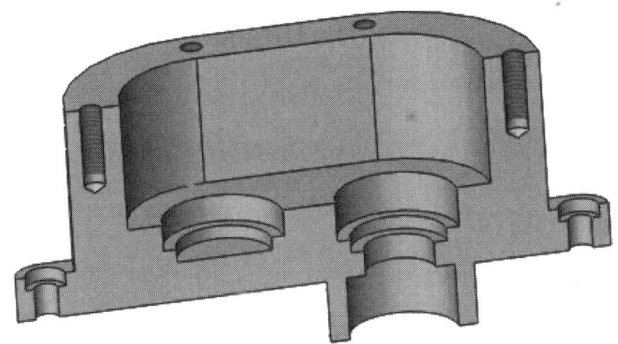

Step 31 필렛(⬢)을 클릭한다. 선택한 모서리에 반경 3mm로 필렛을 한다.

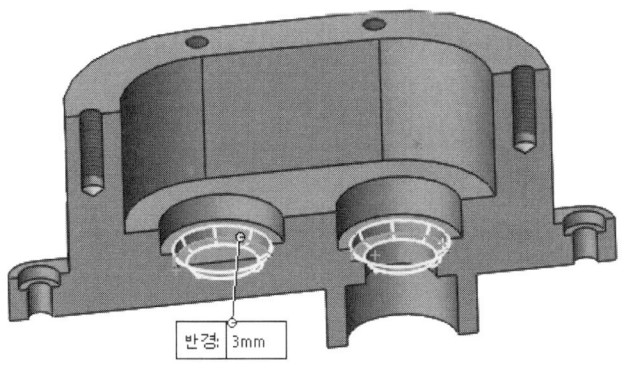

Step 32 단면도(▥)를 다시 클릭하고, 단면도를 해제한다.

Step 33 필렛(⬢)을 클릭한다. 선택한 모서리에 반경 8mm로 필렛을 한다.

Step 34 모따기( )를 클릭한다. 선택한 모서리에 거리 1mm로 모따기를 한다.

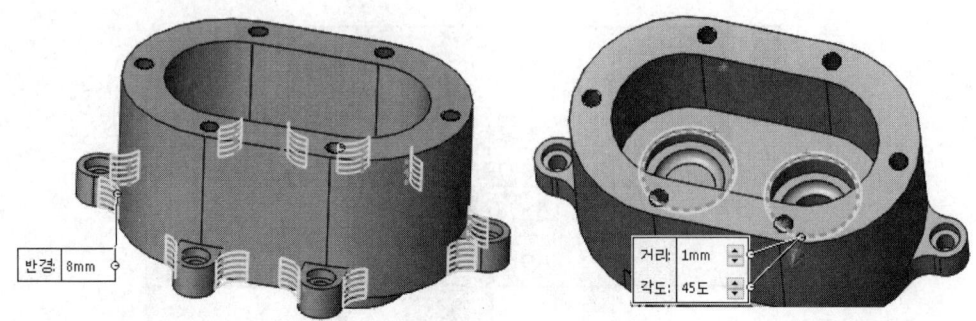

Step 35 저장( )을 클릭하여 **워터펌프-본체.SLDPRT**를 입력하고 저장한다.

Step 36 워터펌프 본체가 완성되었다.

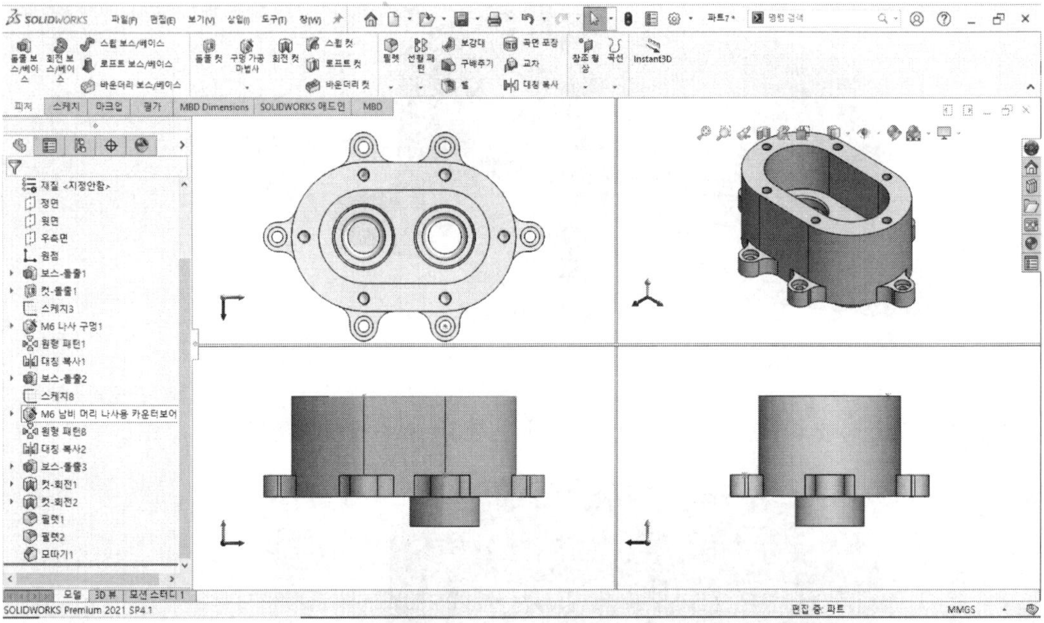

학습 정리하기

단계 2 커버

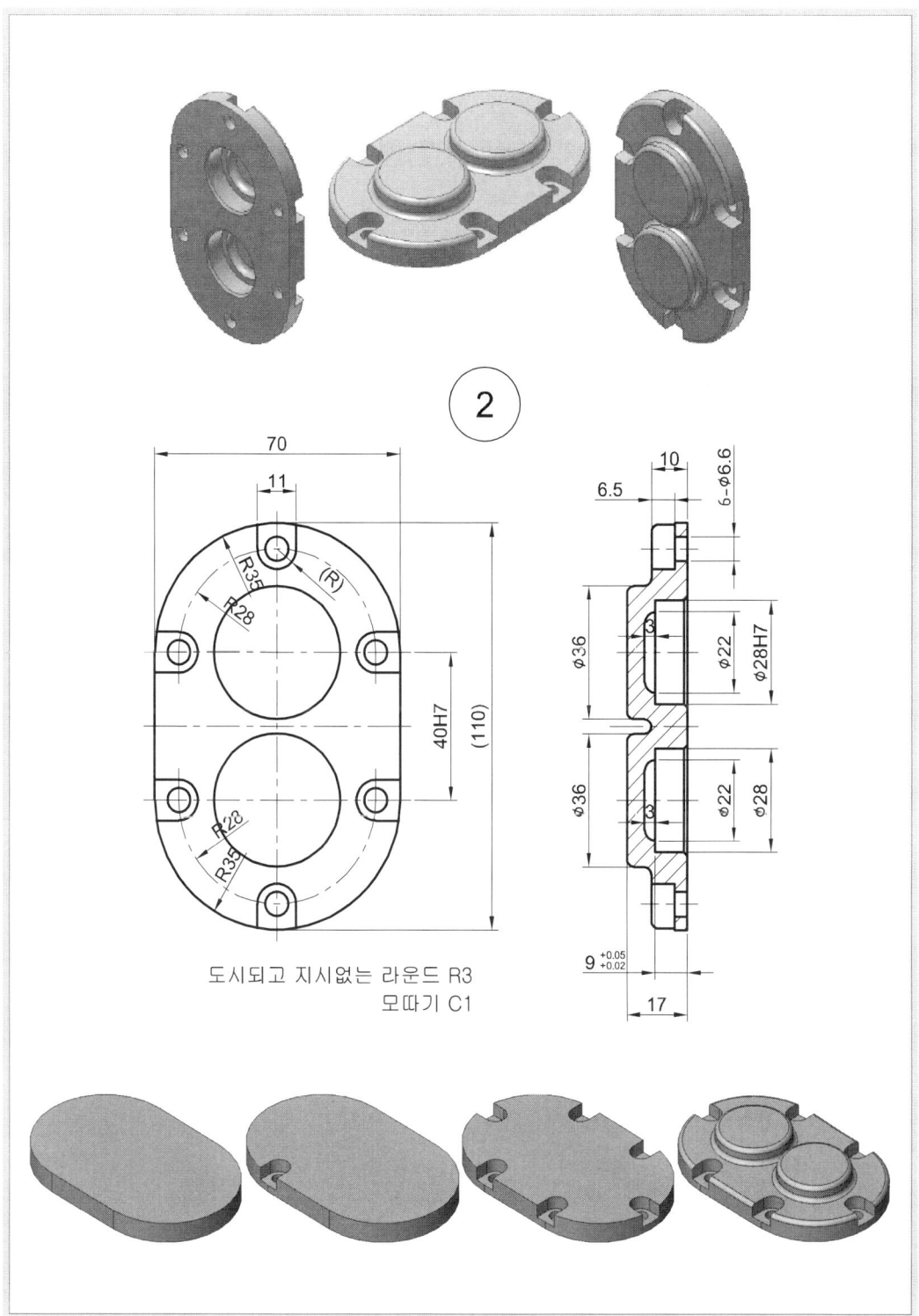

도시되고 지시없는 라운드 R3
모따기 C1

Step 01 새 문서(📄)를 클릭한다. 파트(🧊)를 선택하고, 확인을 클릭한다.

Step 02 디자인 트리에서 **윗면**을 클릭하고, 스케치(✏️)를 클릭한다.

Step 03 중심점 직선 홈(⬭)과 지능형 치수(🗡)를 이용하여 다음과 같이 작성한다.

Step 04 돌출보스/베이스(🧊)로 높이에 10mm를 입력하고, 확인(✔)을 클릭한다.

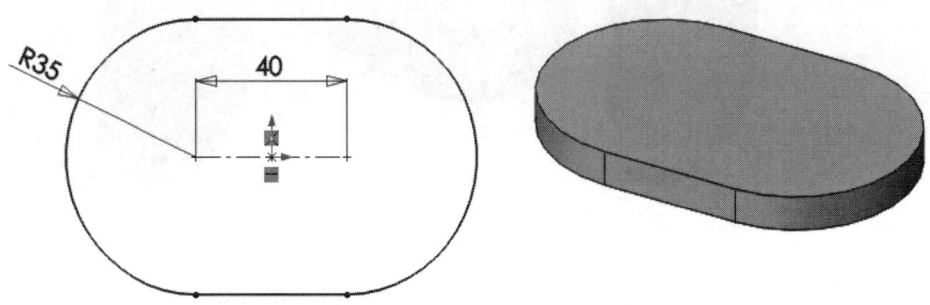

Step 05 윗면에 직선 홈(⬭)과 지능형 치수(🗡)를 이용하여 스케치(✏️)를 작성한다.

Step 06 돌출 컷(🔲)으로 깊이 6.5mm로 설정한다. 확인(✔)을 클릭한다.

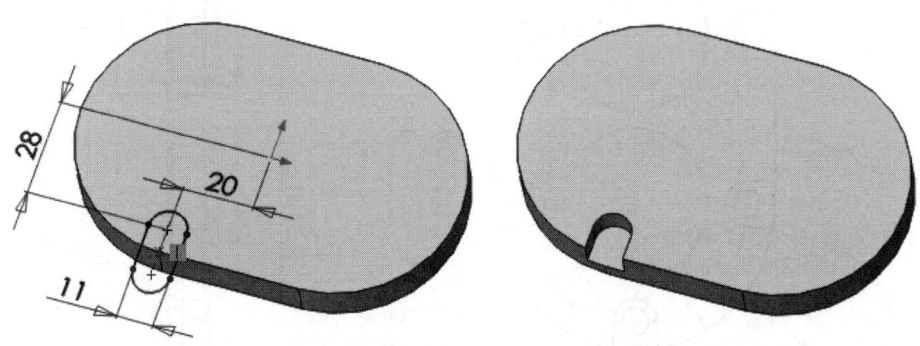

Step 07 돌출 컷 안쪽에 원(⭕) 스케치(✏️)를 작성한다.

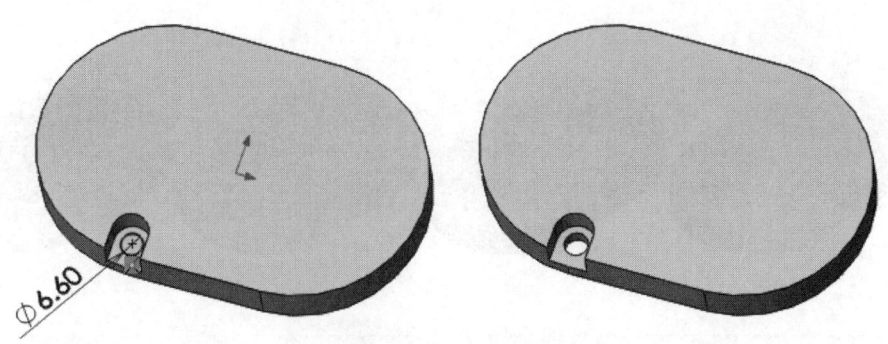

Step 08 원형 패턴(🎯)을 클릭하고, 생성한 돌출 컷과 구멍을 각도 90, 인스턴스 수 3을 입력하고, ↻ 버튼으로 방향을 전환시킨다. (인스턴스 간격옵션에 체크)

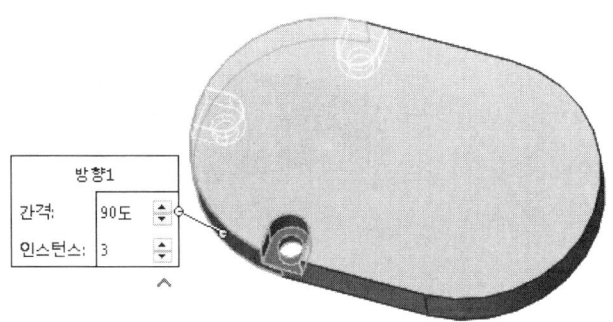

Step 09 대칭복사(🪞)를 클릭한다.

Step 10 대칭평면은 **우측면**을 선택하고, 복사피쳐는 원형패턴을 선택한다. 확인(✔)을 클릭한다.

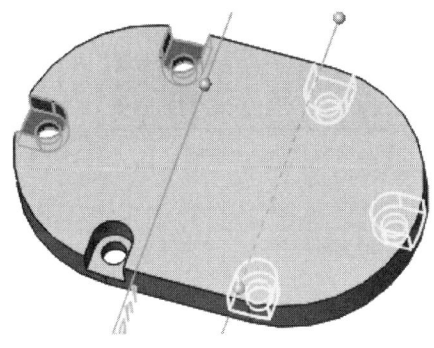

Step 11 윗면에 원(⊙)과 지능형 치수(🔧)로 스케치(✏)를 작성한다.

Step 12 돌출보스/베이스(🔲)로 높이에 7mm를 입력하고, 확인(✔)을 클릭한다.

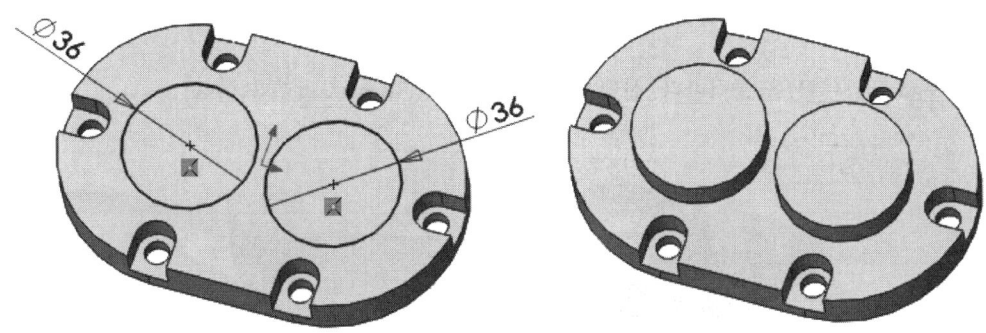

Step 13 단면도(　)를 클릭하고, **정면**을 지정한다.

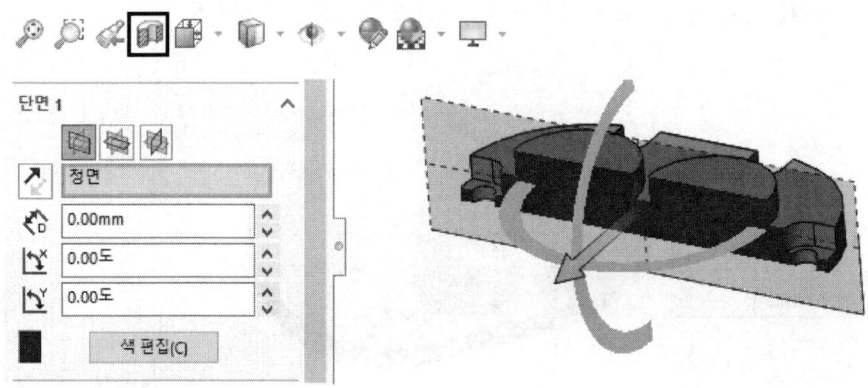

Step 14 **정면**에 다음과 같이 스케치(　)를 작성한다.

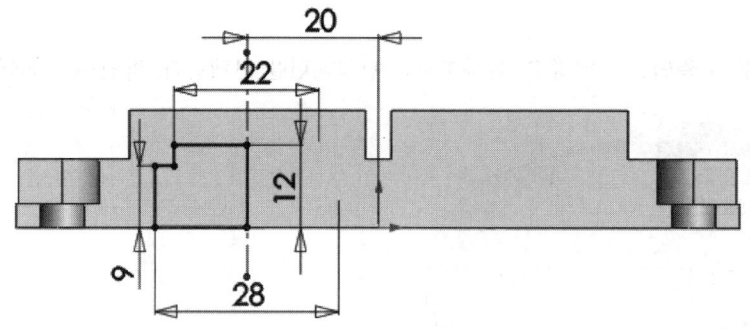

Step 15 회전컷(　)을 클릭하고, 확인(　)을 누른다.

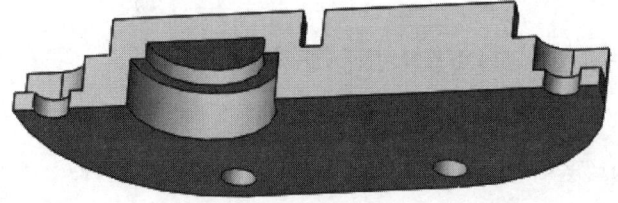

Step 16 필렛(　)을 클릭한다. 선택한 모서리에 반경 3mm로 필렛을 한다.

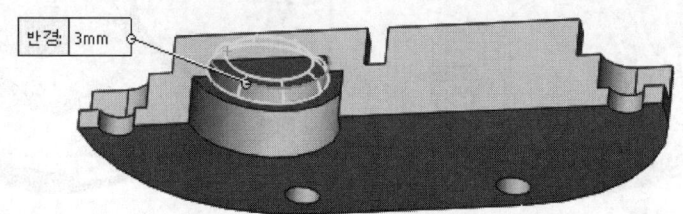

Chapter 10 부품 작성하기

Step 17 대칭복사()를 클릭한다.

Step 18 대칭평면은 **우측면**을 선택하고, 복사피쳐는 회전컷과 필렛을 선택한다. 확인(✓)을 클릭한다.

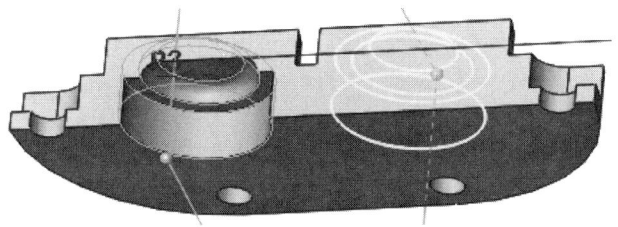

Step 19 단면도()를 다시 클릭하여 해제한다.

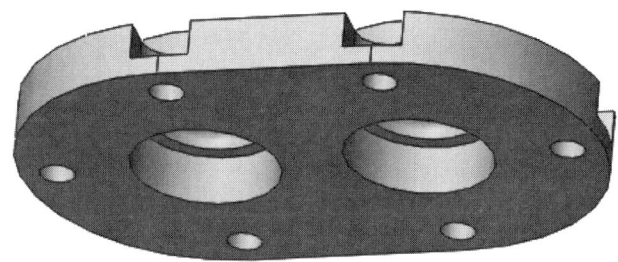

Step 20 필렛()을 클릭한다. 선택한 모서리에 반경 3mm로 필렛을 한다.

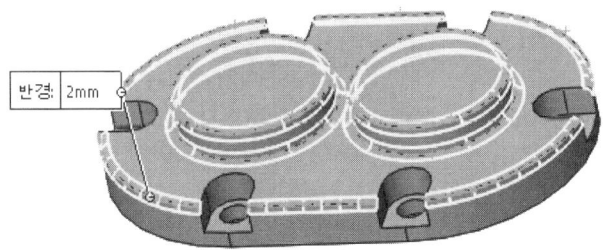

Step 21 모따기()를 클릭한다. 선택한 모서리에 거리 1mm로 모따기를 한다.

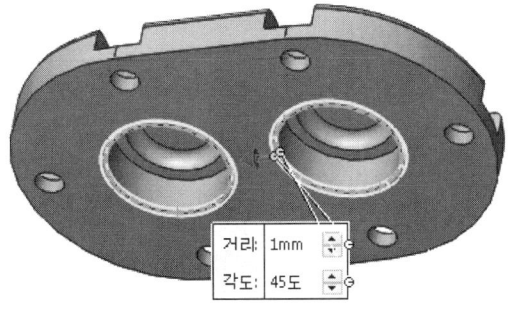

283

Step 22 저장(💾)을 클릭하여 **워터펌프-커버.SLDPRT**를 입력하고 저장한다.

Step 23 **워터펌프 커버**가 완성되었다.

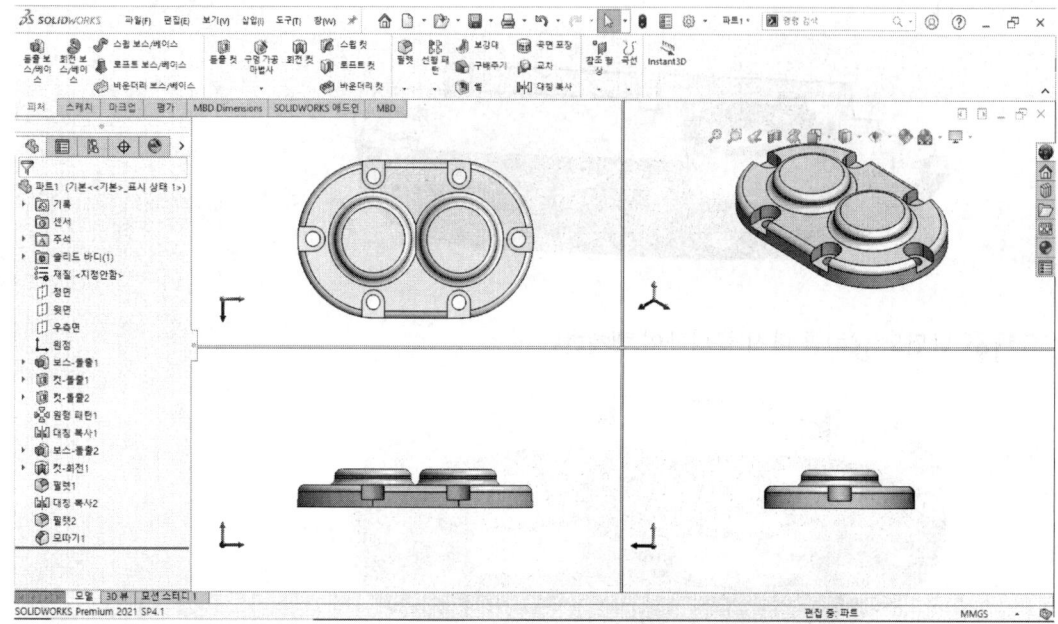

학습 정리하기

단계 3 스퍼기어 축

스퍼기어 요목표		
기어 치형		표준
공구	치형	보통이
	모듈	2
	압력각	20°
잇 수		20
피치원지름		⌀40
전체이높이		4.5
다듬질방법		호브절삭
정밀도		KS B ISO 1328

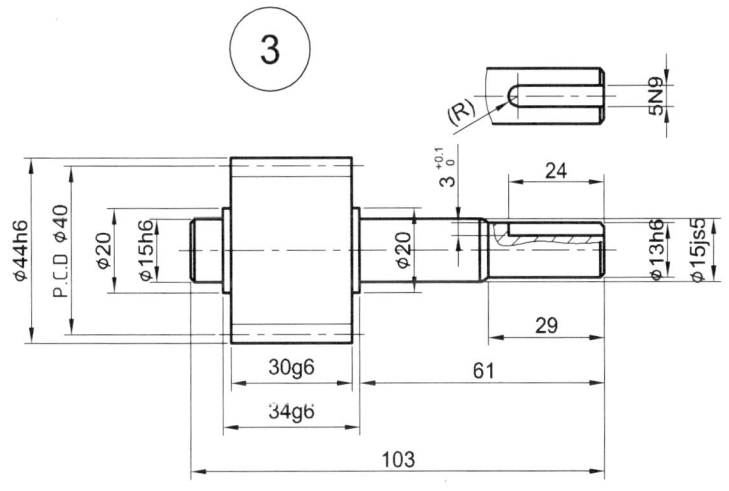

도시되고 지시없는 모따기 C1

★스퍼기어 작성 요령 스퍼기어 이끝원 지름 = P.C.D + 2M
피치원지름(P.C.D) = M × Z
스퍼기어 이뿌리원 지름 = P.C.D − 1.25M × 2
★ P.C.D = 피치원 지름 / M = 모듈 / Z = 잇수

Step 01 새 문서( )를 클릭한다. 파트( )를 선택하고, 확인을 클릭한다.

Step 02 디자인 트리에서 **윗면**을 클릭하고, 스케치( )를 클릭한다.

Step 03 선( )과 지능형 치수( )를 이용하여 다음과 같이 작성한다.

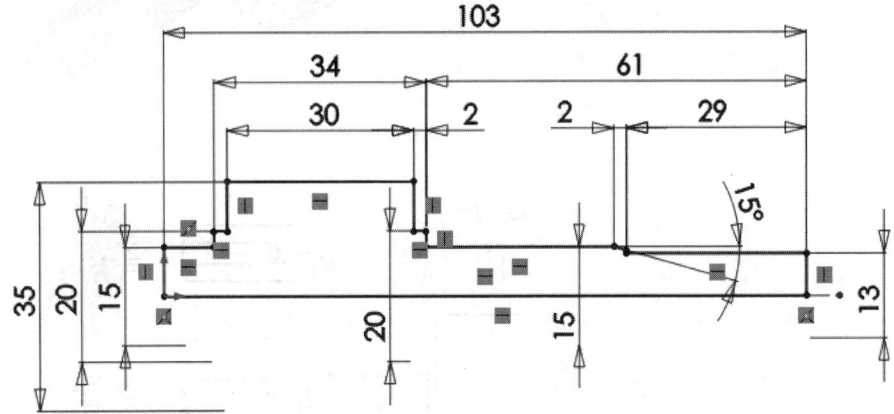

Step 04 회전보스/베이스( )를 클릭하고, 확인( )을 누른다.

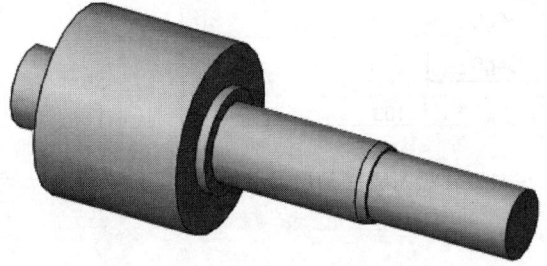

Step 05 생성한 피처의 측면을 선택하여 스케치( )를 시작한다.

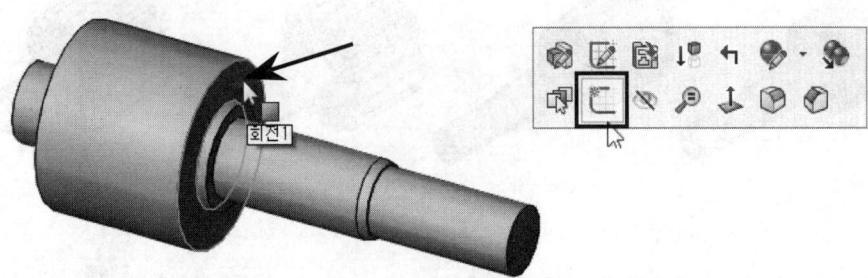

Chapter 10 부품 작성하기

Step 06 다음 순서와 같이 치형곡선을 작성한다.

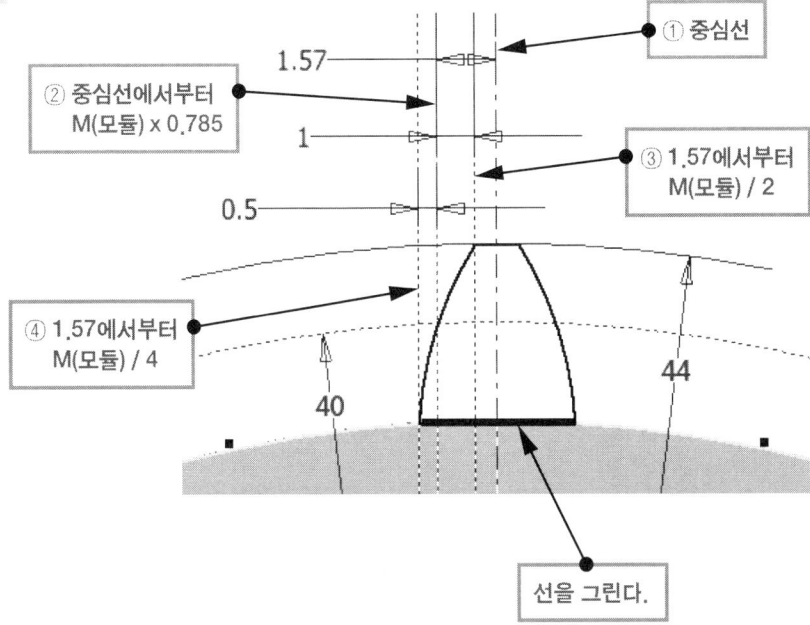

★ **피치원(∅40)과 이끝원(∅44)에 해당하는 원(◯)을 그린다.** ★

① 중심선을 그린다. →
② 중심선으로부터 왼쪽에 **M(모듈) × 0.785** 지점에 선을 그린다. →
③ ②항에서 그린 선을 중심선 방향으로 **M(모듈) / 2** 지점에 선을 그린다. →
④ ②항에서 그린 선을 중심선 반대 방향으로 **M(모듈) / 4** 지점에 선을 그린다. →
⑤ 각 지점을 지나는 곳에 3점호(⌒)를 그린다. →
⑥ ⑤항에서 작성한 호를 반대쪽으로 요소대칭복사(⊢⊣)를 한다. →
⑦ 아래에 선(╱)을 그려준다. →
⑧ 나머지 선들은 요소잘라내기(✂)를 하여 잘라내거나 지운다.

Step 07 치형곡선이 작성되었다.

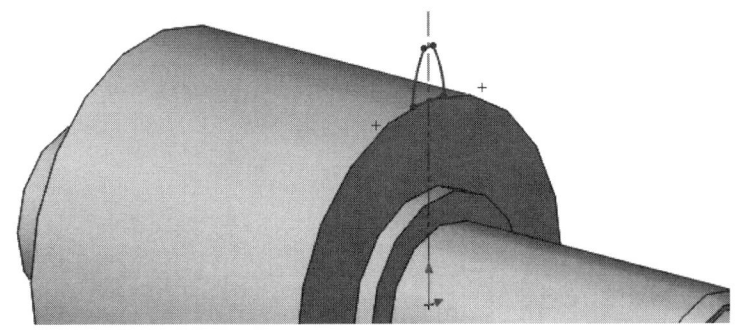

Step 08 돌출보스/베이스(🗔)로 높이에 30mm를 입력하고, 확인(✔)을 클릭한다.

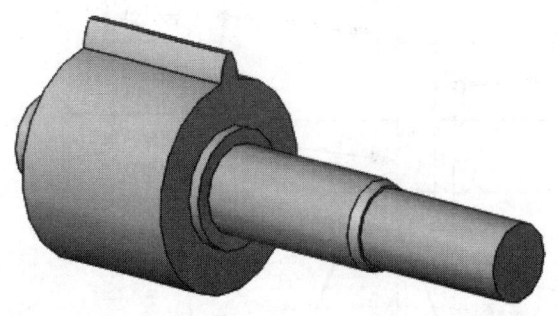

Step 09 모따기(🔲)를 클릭한다. 선택한 모서리에 거리 1mm로 모따기를 한다.

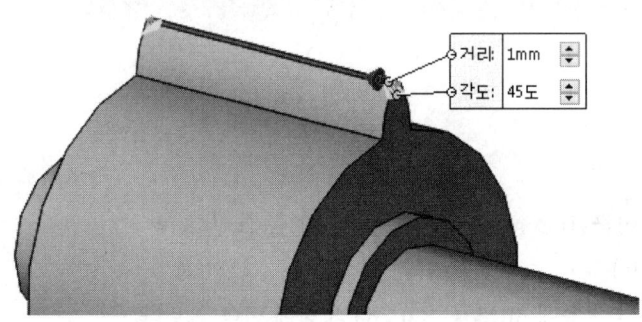

Step 10 원형 패턴(🔃)을 클릭하고, 생성한 돌출보스(기어이)와 모따기를, 각도 360, 인스턴스 수 20, 동등간격에 체크를 하고, 확인(✔)을 클릭한다.

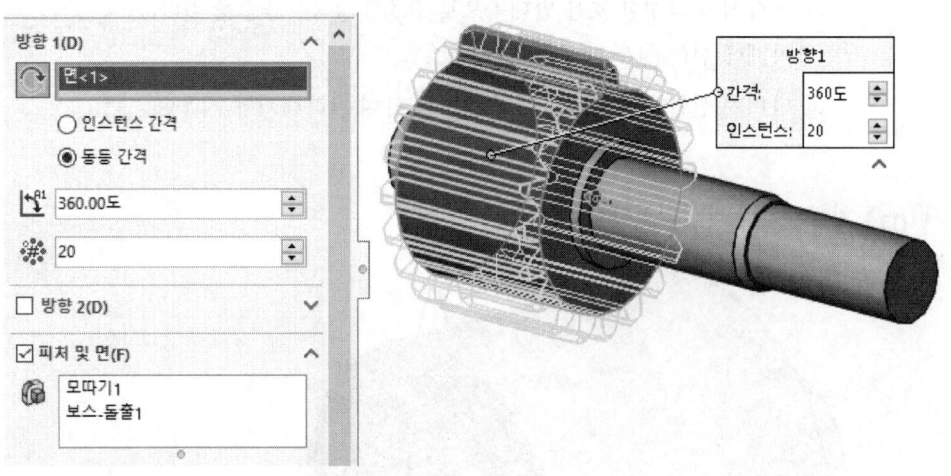

Step 11 기준면(🗔)을 클릭한다. **윗면**을 클릭한다.

Chapter 10 부품 작성하기

Step 12 오프셋( ) 거리 버튼을 클릭하고, 거리값 6.5mm를 입력한다.

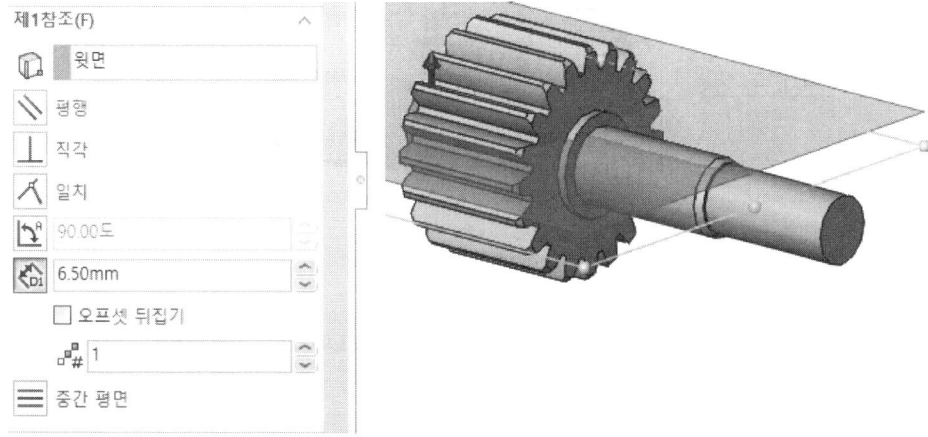

Step 13 생성된 평면에 직선 홈( )을 작성한다.

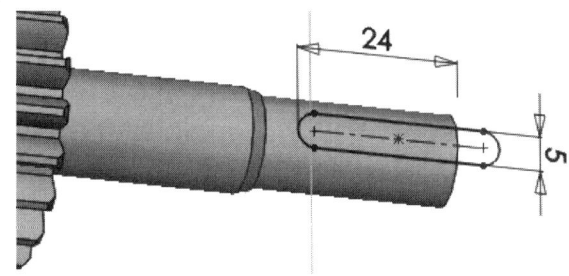

Step 14 돌출 컷( )으로 깊이 3mm로 설정한다. 확인( )을 클릭한다.

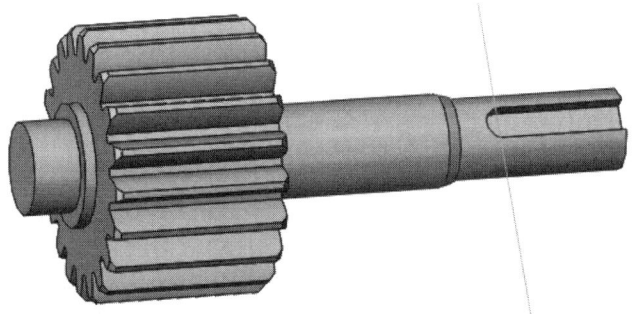

289

Step 15 모따기( )를 클릭한다. 선택한 모서리에 거리 1mm로 모따기를 한다.

Step 16 저장( )을 클릭하여 **워터펌프-스퍼기어축.SLDPRT**를 입력하고 저장한다.

Step 17 **워터펌프 스퍼기어축**이 완성되었다.

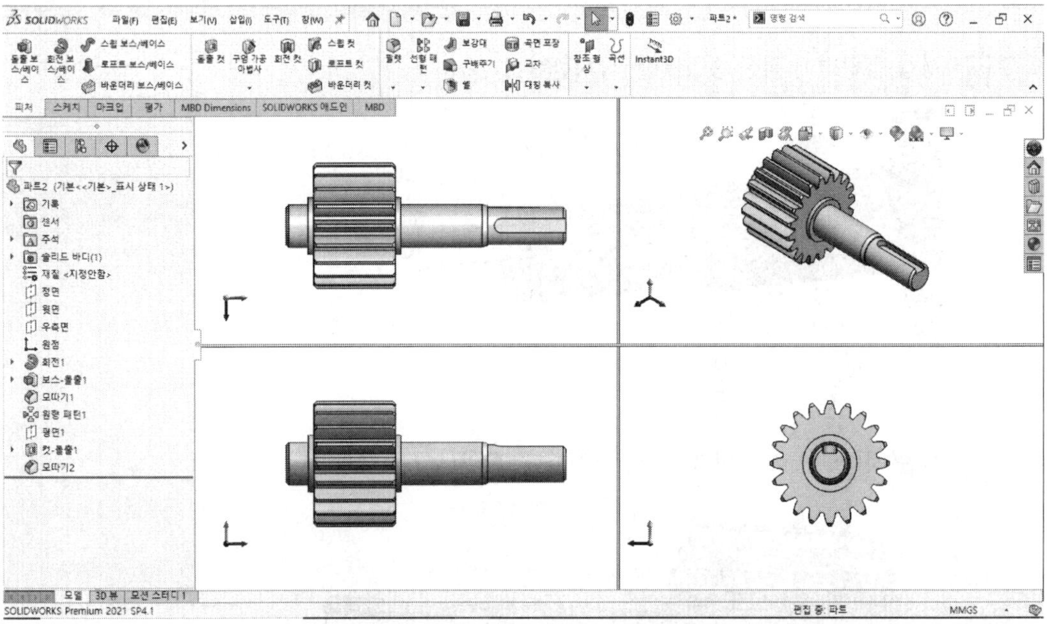

학습 정리하기

단계 4   스퍼기어

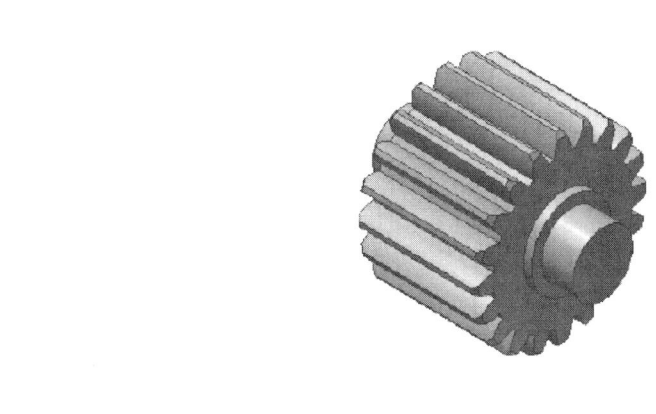

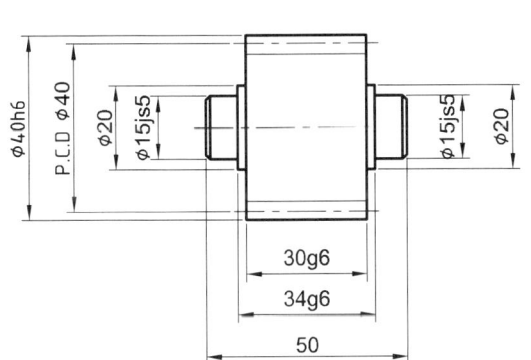

스퍼기어 요목표	
기어 치형	표 준
공구 치형	보통이
공구 모듈	2
공구 압력각	20°
잇 수	20
피치원지름	⌀40
전체이높이	4.5
다듬질방법	호브절삭
정밀도	KS B ISO 1328

도시되고 지시없는 모따기 C1

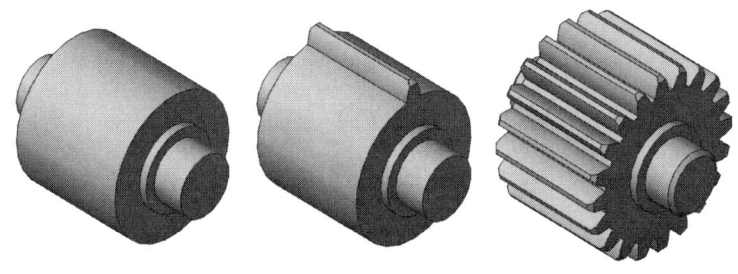

Step 01 새 문서(📄)를 클릭한다. 파트(🧊)를 선택하고, 확인을 클릭한다.

Step 02 디자인 트리에서 **윗면**을 클릭하고, 스케치(✏️)를 클릭한다.

Step 03 선(╱)과 지능형 치수(🔍)를 이용하여 다음과 같이 작성한다.

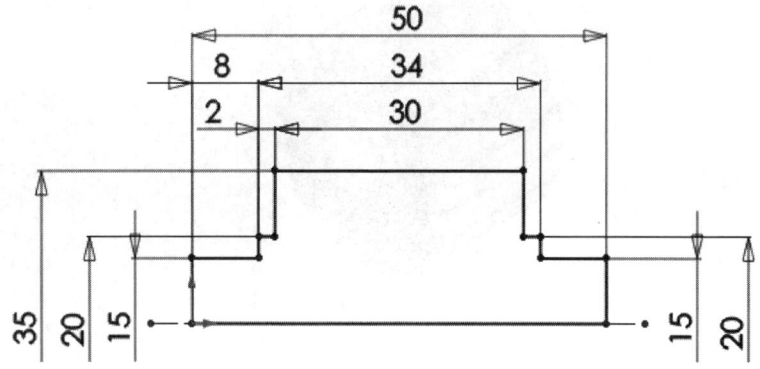

Step 04 회전보스/베이스(🔄)를 클릭하고, 확인(✔)을 누른다.

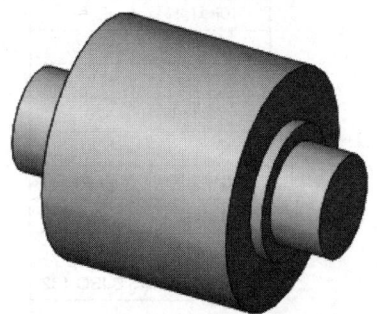

Step 05 "스퍼기어 작성요령"에 따라 측면에 치형곡선을 스케치한다.
[피치원(⌀40)과 이끝원(⌀44)]

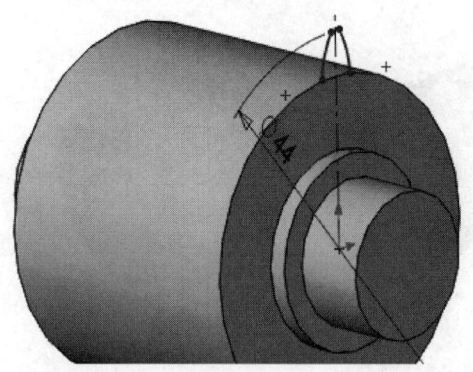

Step 06 돌출보스/베이스( )로 높이에 30mm를 입력하고, 확인(✓)을 클릭한다.

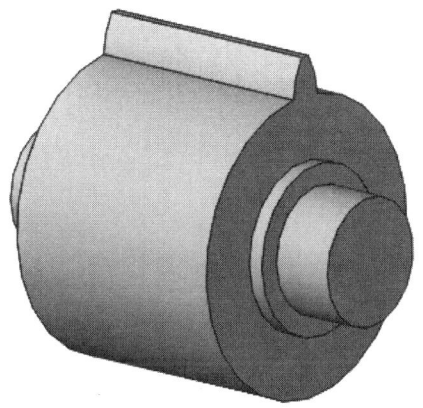

Step 07 모따기( )를 클릭한다. 선택한 모서리에 거리 1mm로 모따기를 한다.

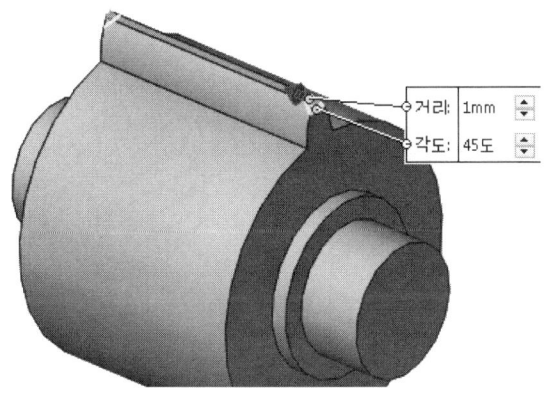

Step 08 원형 패턴( )을 클릭하고, 생성한 돌출보스(기어 이)와 모따기를 각도에 360, 인스턴스 수 20, 동등간격에 체크를 하고, 확인(✓)을 클릭한다.

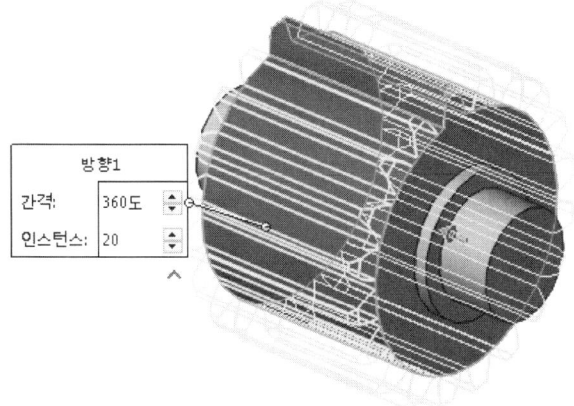

Step 09 모따기( )를 클릭한다. 선택한 모서리에 거리 1mm로 모따기를 한다.

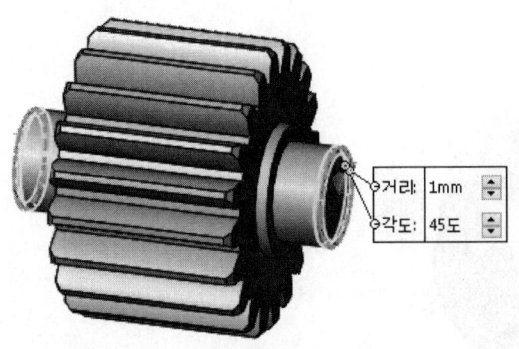

Step 10 저장( )을 클릭하여 **워터펌프-스퍼기어.SLDPRT**를 입력하고 저장한다.

Step 11 **워터펌프 스퍼기어**가 완성되었다.

학습 정리하기

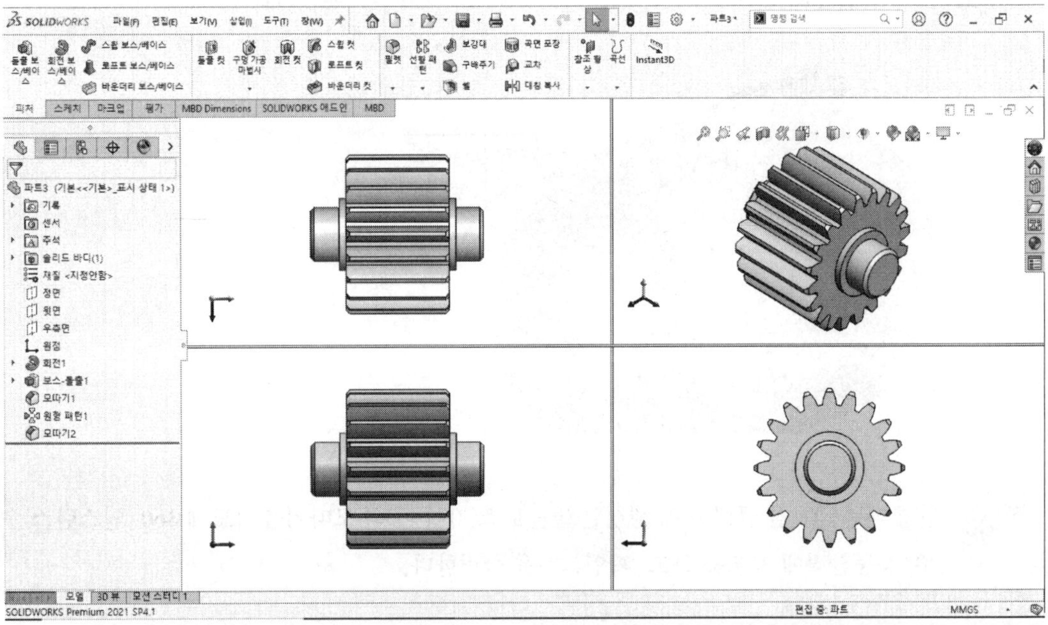

Chapter 11

SOLIDWORKS

조립품 작성하기

01 ㄱ형 슬라이더
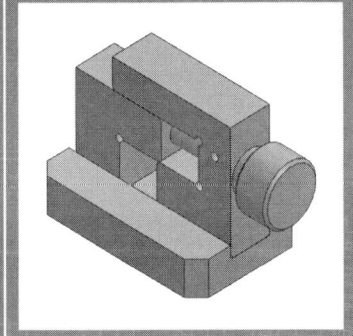

02 4지형 레버 에어척
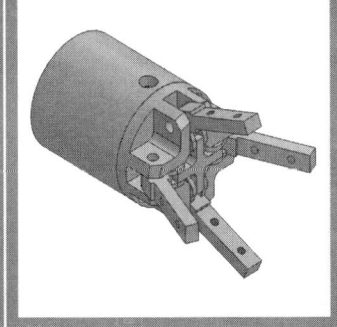

03 워터펌프
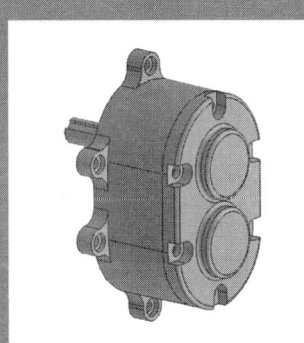

Assembly 1 ㄱ형 슬라이더

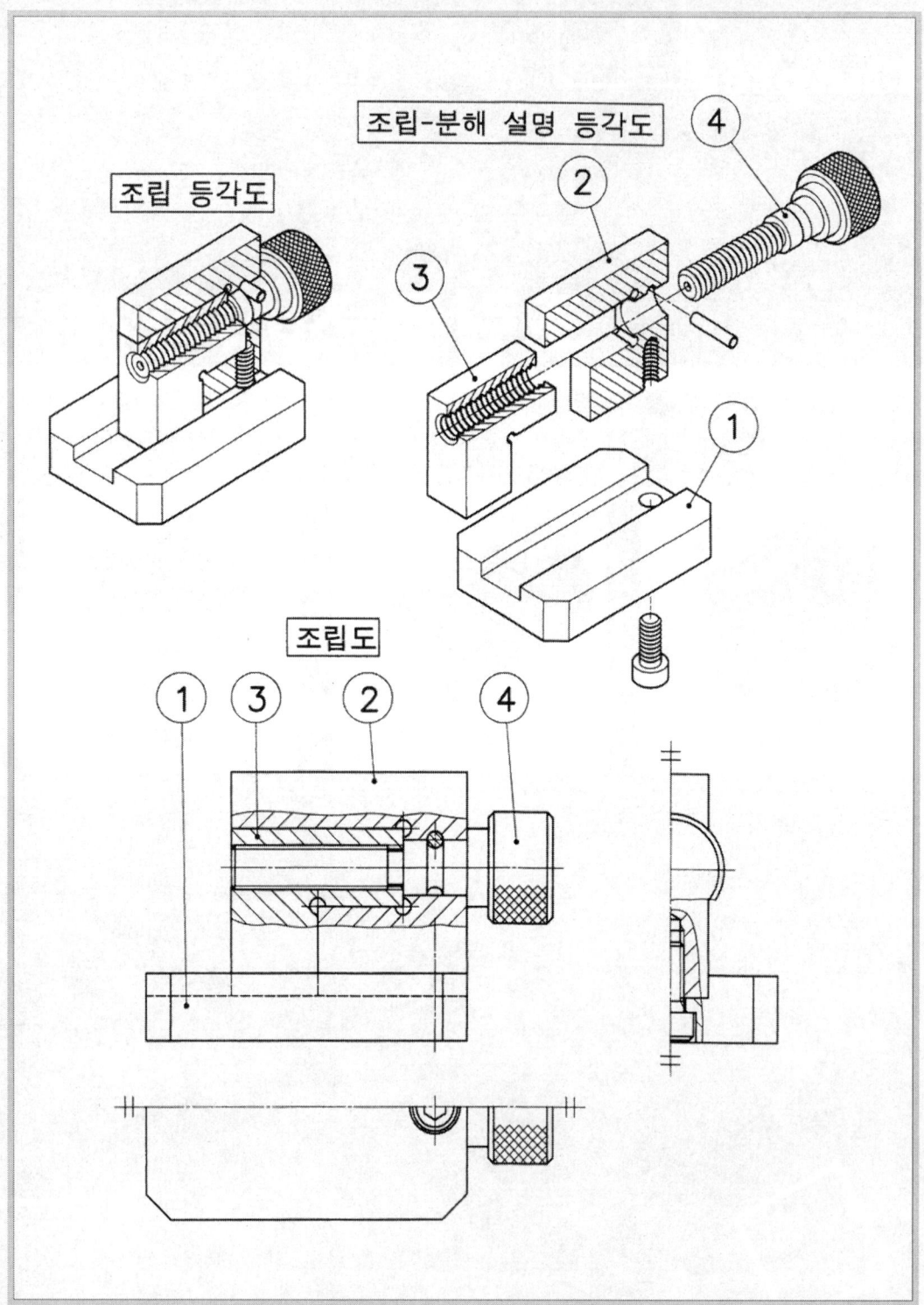

조립 등각도

조립-분해 설명 등각도

조립도

Chapter 11 조립품 작성하기

Step 01 새 문서(🗋)를 클릭한다. 어셈블리(🟦)를 선택하고, 확인을 클릭한다.

Step 02 파일 열기 창과 왼쪽의 어셈블리 시작 메뉴에서 취소(✖)를 눌러 창을 닫는다.

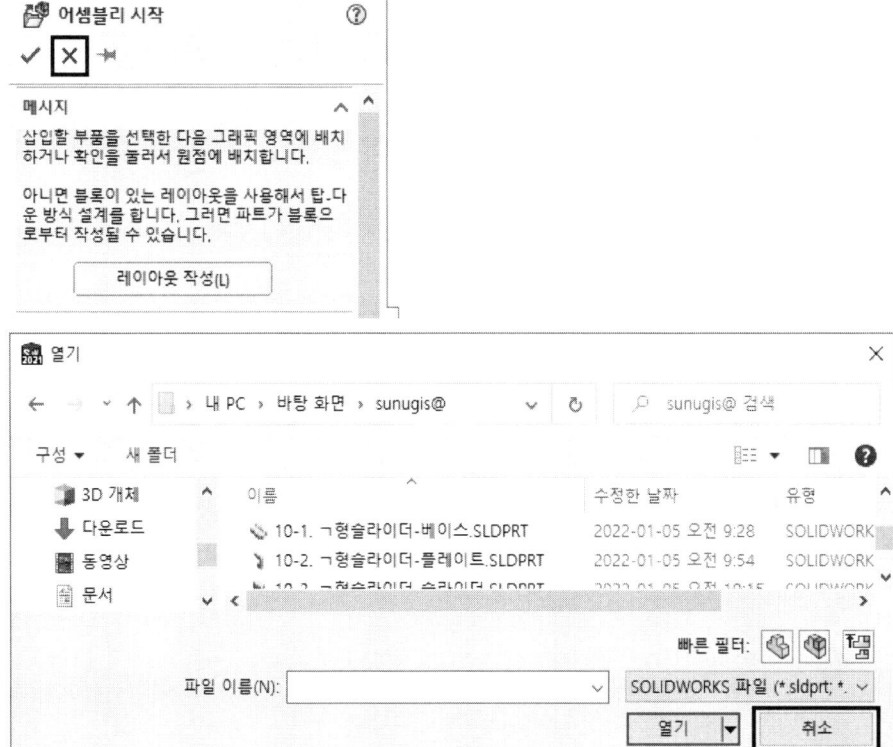

Step 03 부품삽입(🗁)을 클릭하여 조립할 부품을 불러온다. (찾아보기 버튼을 클릭한다.)

Step 04 조립할 ㄱ**형슬라이더_베이스.SLDPRT** 파일을 선택하고, 열기를 누른다.

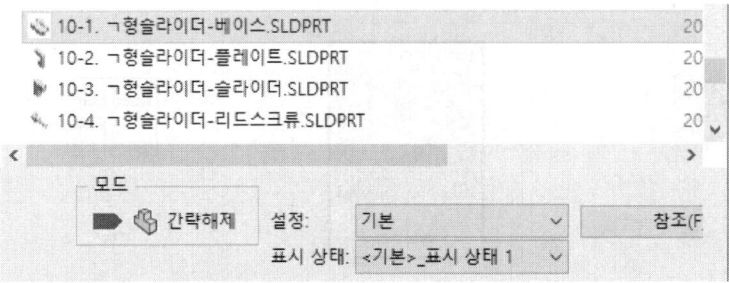

Step 05 화면의 적당한 위치를 클릭하여 부품삽입을 완료한다.

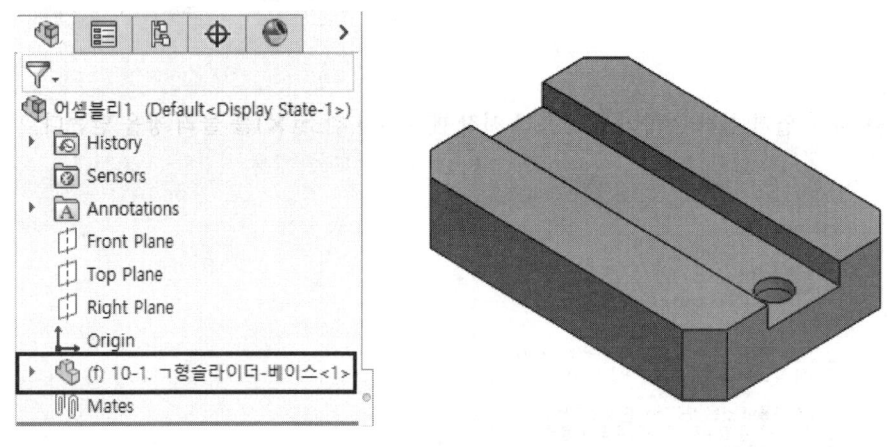

Step 06 부품삽입(🗁)을 클릭한다. (찾아보기 버튼을 클릭한다.)

Step 07 조립할 ㄱ**형슬라이더_플레이트.SLDPRT** 파일을 선택하고, 열기를 누른다.

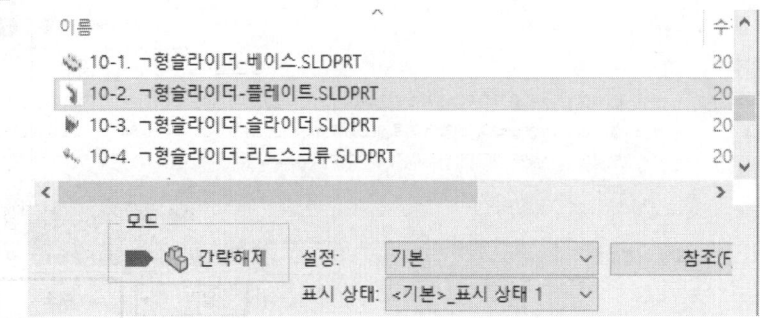

Chapter 11 조립품 작성하기

Step 08 화면의 적당한 위치를 클릭하여 부품삽입을 완료한다.

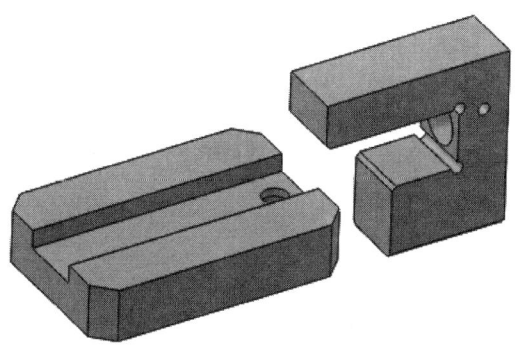

Step 09 메이트(◎)를 클릭하여 조립명령을 실행한다.

Step 10 **베이스**의 중간면과 **플레이트**의 바닥면을 클릭하여 선택한다.

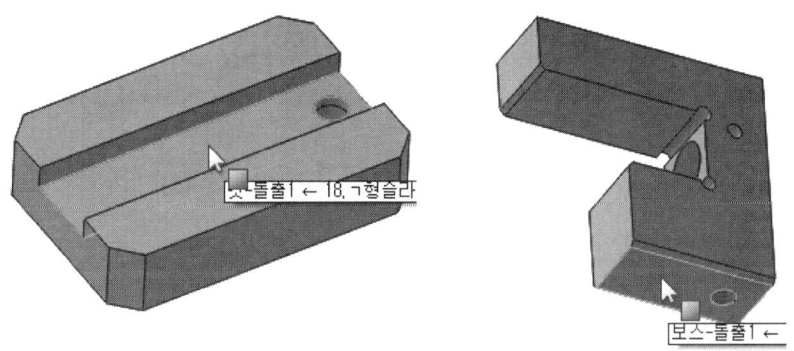

Step 11 표준 메이트는 **일치**(⼈), 메이트 맞춤은 **반대맞춤**(⇅) 및 **확인**(✓)을 클릭한다.
(자동으로 조립조건이 설정된다.)

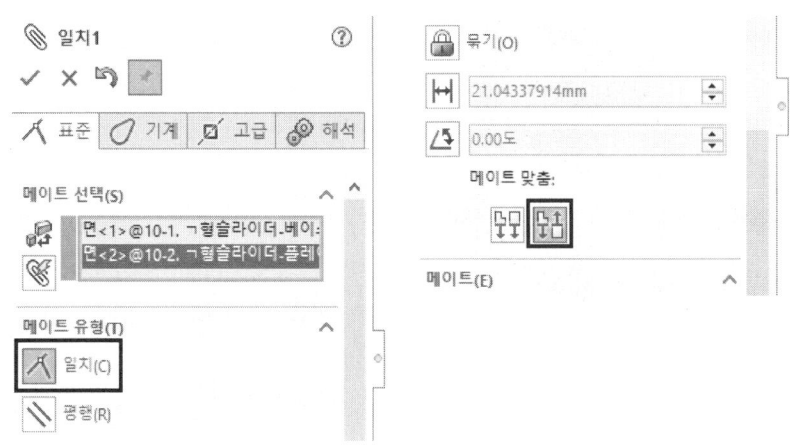

299

Step 12 베이스의 구멍 원통면과 플레이트의 나사구멍 원통면을 클릭하여 선택한다.

Step 13 표준 메이트는 **동심**(◉), 메이트 맞춤은 **맞춤**(⬇⬇) 및 **확인**(✔)을 클릭한다.
(자동으로 조립조건이 설정된다.)

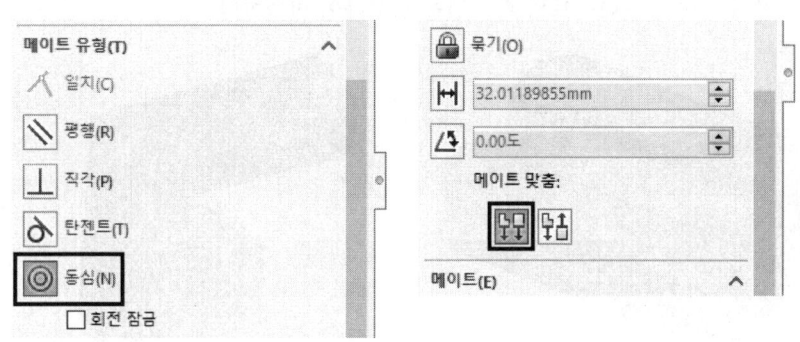

Step 14 **플레이트** 부품을 마우스 왼쪽 버튼으로 끌기(Drag)하면 **회전**됨을 확인할 수 있다.

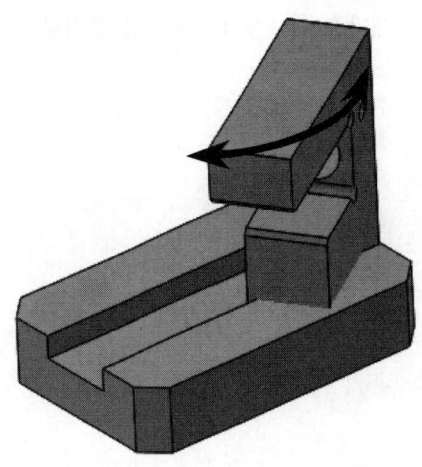

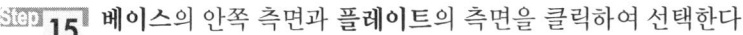

Step 15 베이스의 안쪽 측면과 플레이트의 측면을 클릭하여 선택한다.

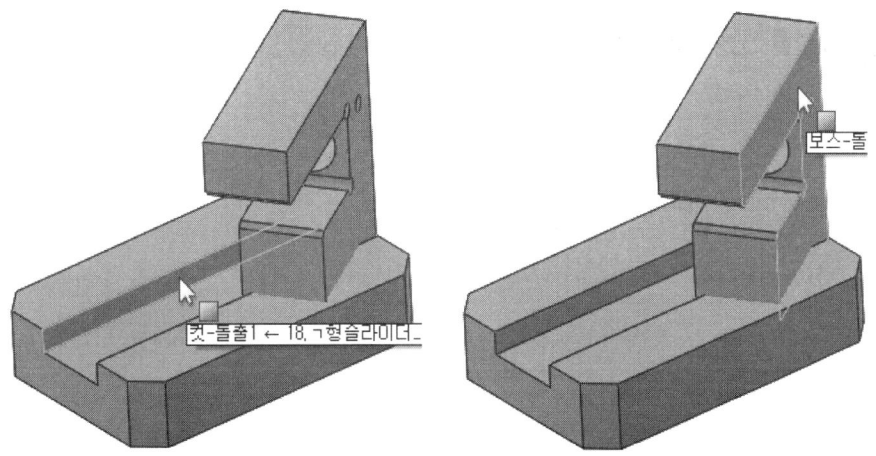

Step 16 표준 메이트는 평행(\), 메이트 맞춤은 맞춤(️) 및 확인(✓)을 클릭한다.

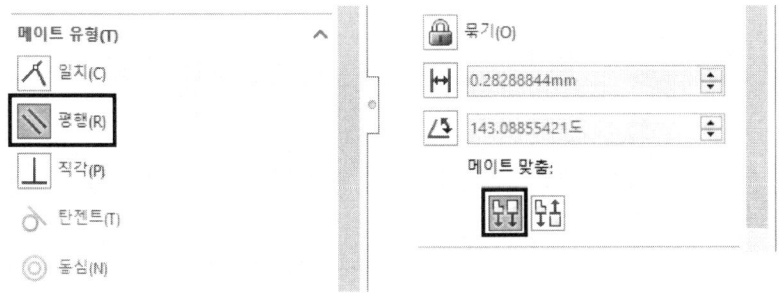

Step 17 플레이트 부품을 마우스로 끌기(Drag)하면 움직이지 않는다. 조립이 완성되었다.

Step 18 확인(✓)을 클릭하여 메이트 조립명령을 끝낸다.

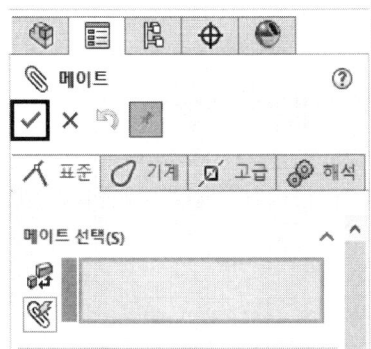

Step 19 부품삽입(📎)을 클릭한다. (찾아보기 버튼을 클릭한다.)

Step 20 조립할 ㄱ**형슬라이더_리드스크류.SLDPRT** 파일을 선택하고, 열기를 누른다.

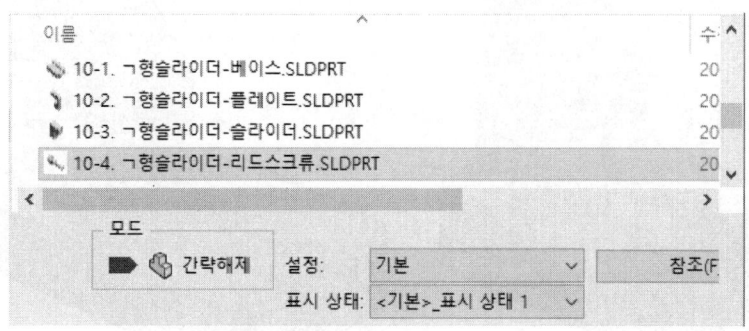

Step 21 화면의 적당한 위치를 클릭하여 부품삽입을 완료한다.

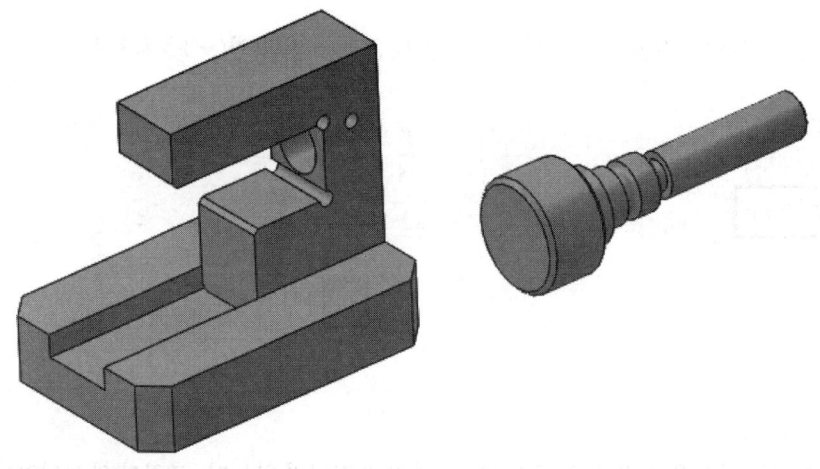

Step 22 메이트(🔗)를 클릭하여 조립명령을 실행한다.

Step 23 **플레이트**의 측면과 **리드스크류**의 측면을 클릭하여 선택한다.

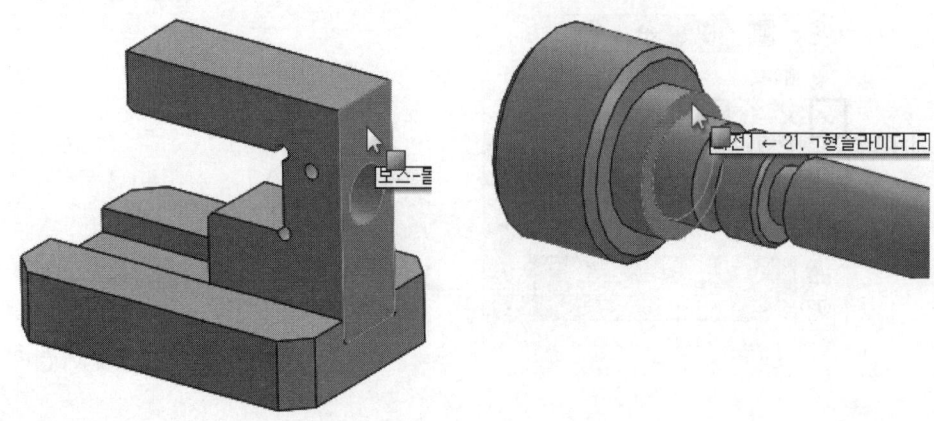

Step 24 표준 메이트는 **일치**(🗙), 메이트 맞춤은 **반대맞춤**(🔃) 및 **확인**(✔)을 클릭한다.

Step 25 **플레이트**의 구멍 원통면과 **리드스크류**의 축 원통면을 클릭하여 선택한다.

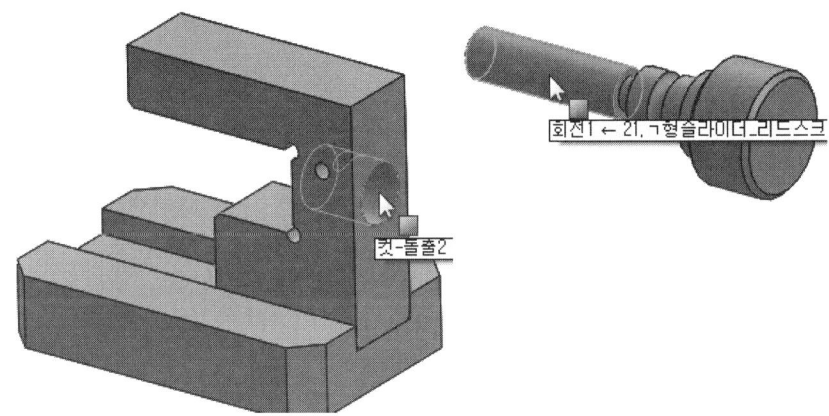

Step 26 표준 메이트는 **동심**(◎), 메이트 맞춤은 **맞춤**(🔃) 및 **확인**(✔)을 클릭한다.

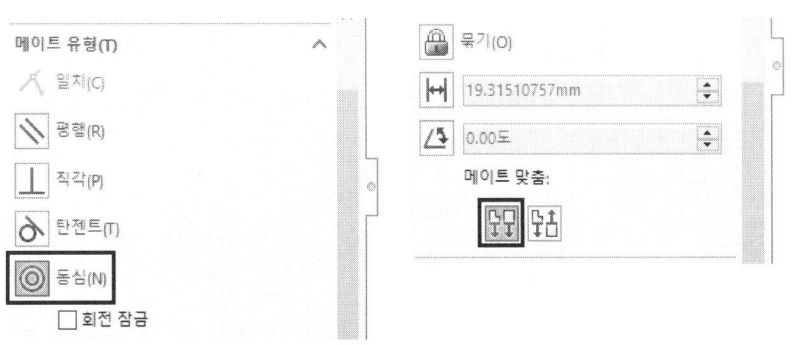

Step 27 리드스크류를 마우스로 끌기(Drag)하면 제자리에서 회전만 된다. 조립이 완성되었다.

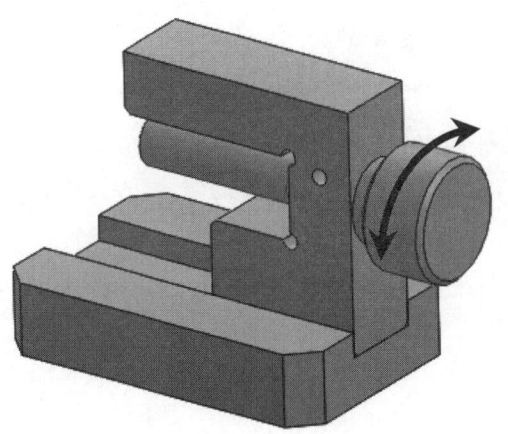

Step 28 확인(✓)을 클릭하여 메이트 조립명령을 끝낸다.

Step 29 부품삽입(📎)을 클릭한다. (찾아보기 버튼을 클릭한다.)

Step 30 조립할 ㄱ형슬라이더_슬라이더.SLDPRT 파일을 선택하고, 열기를 누른다.

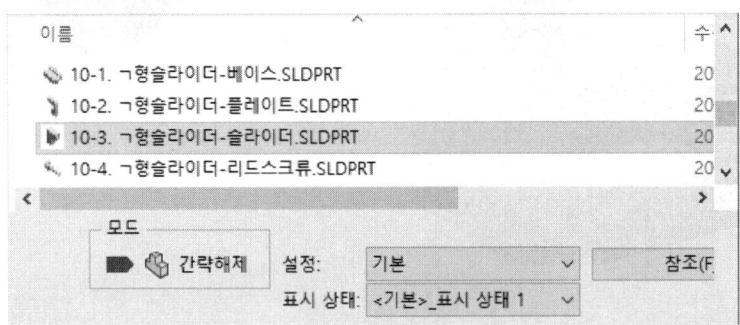

Step 31 화면의 적당한 위치를 클릭하여 부품삽입을 완료한다.

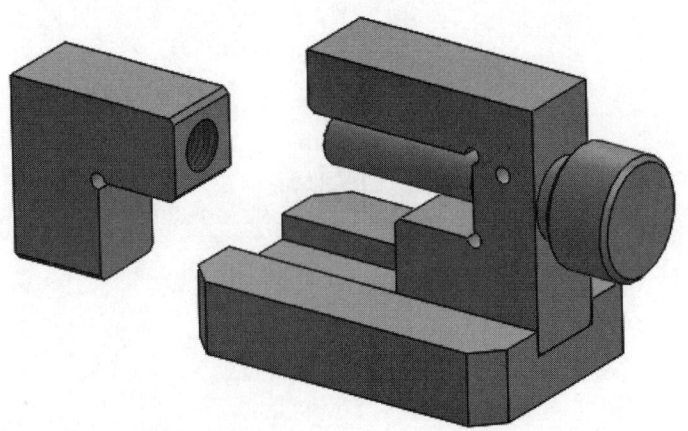

Chapter 11 조립품 작성하기

Step 32 메이트(⚙)를 클릭하여 조립명령을 실행한다.

Step 33 슬라이더의 구멍 원통면과 리드스크류의 축 원통면을 클릭하여 선택한다.

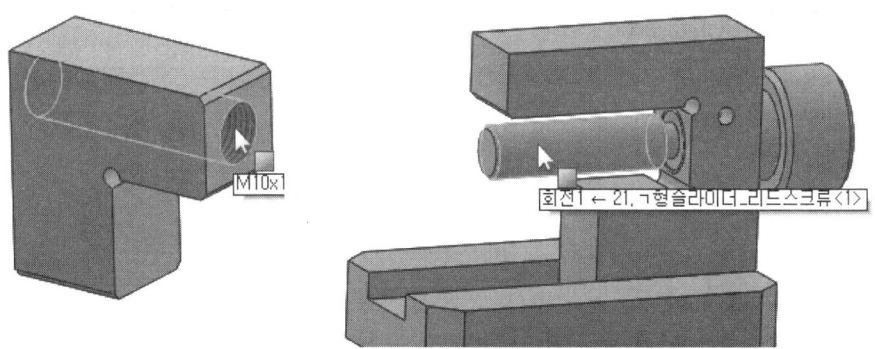

Step 34 표준 메이트는 동심(◎), 메이트 맞춤은 맞춤(🔃) 및 확인(✔)을 클릭한다.

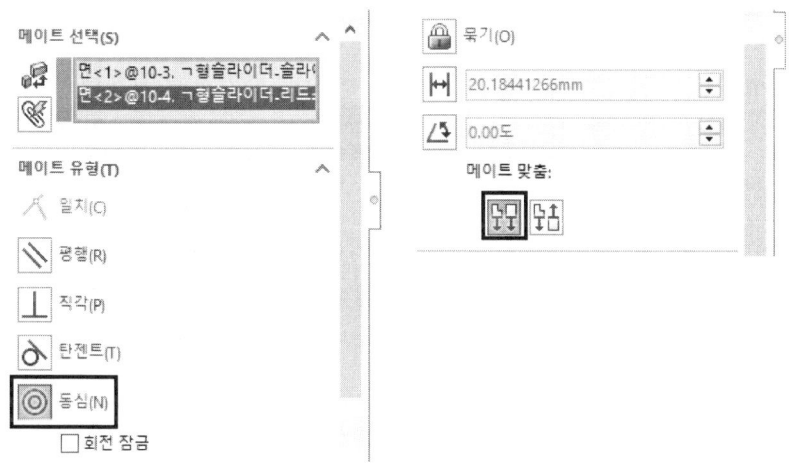

Step 35 슬라이더를 마우스로 끌기(Drag)하면 축 방향으로 회전과 이동이 된다.

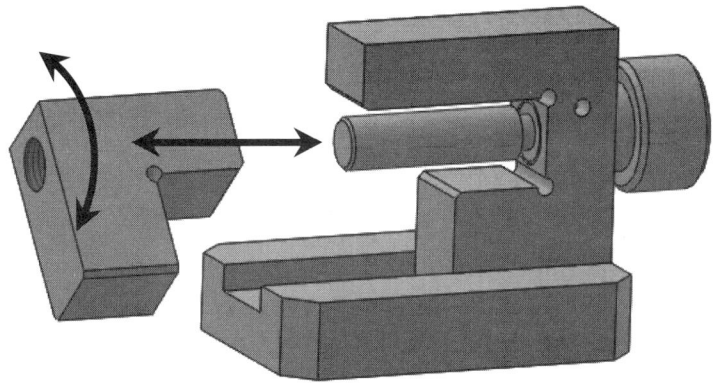

305

Step 36 슬라이더의 측면과 플레이트의 측면을 클릭하여 선택한다.

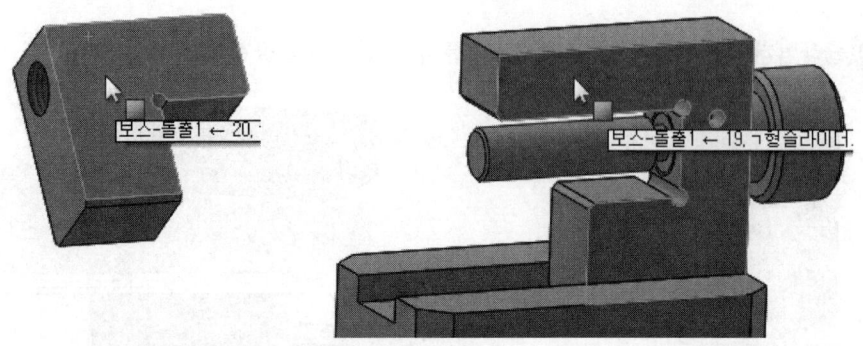

Step 37 표준 메이트는 **일치**(), 메이트 맞춤은 **맞춤**() 및 **확인**()을 클릭한다.

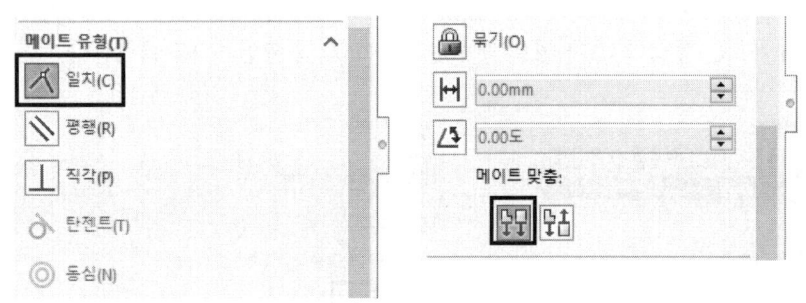

Step 38 슬라이더를 마우스로 끌기(Drag)하면 축 방향으로 이동만 된다. 조립이 완성되었다.

Step 39 **확인**()을 클릭하여 메이트 조립명령을 끝낸다.

Step 40 저장()을 클릭하여 ㄱ**형슬라이더_조립하기하기.SLDASM**을 입력하고 저장한다.

Step 41 ㄱ형슬라이더 조립이 완성되었다.

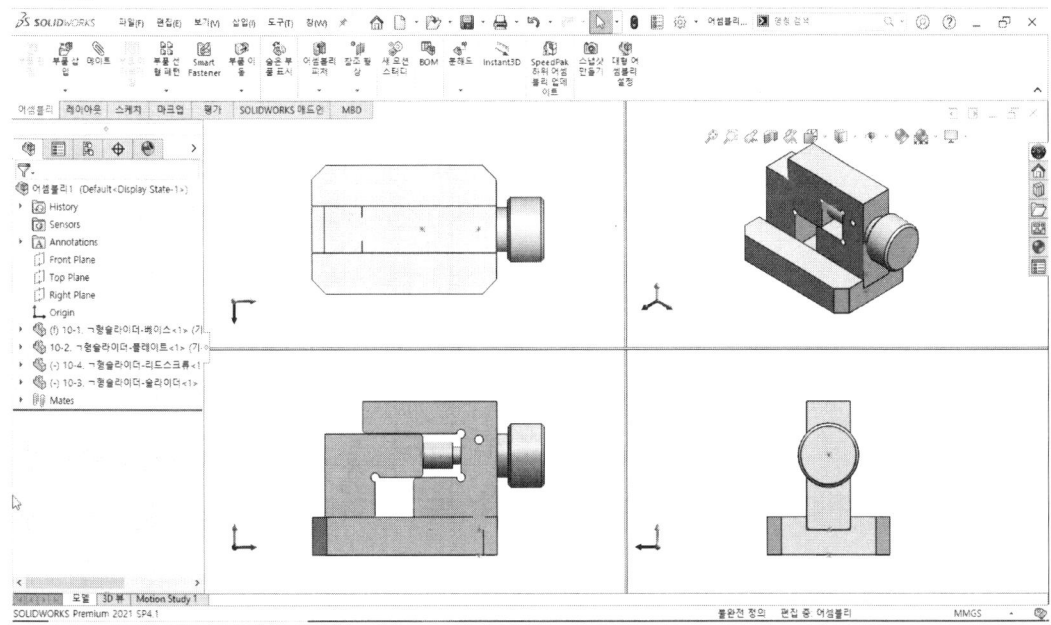

학습 정리하기

Assembly 2 — 4지형 레버에어척

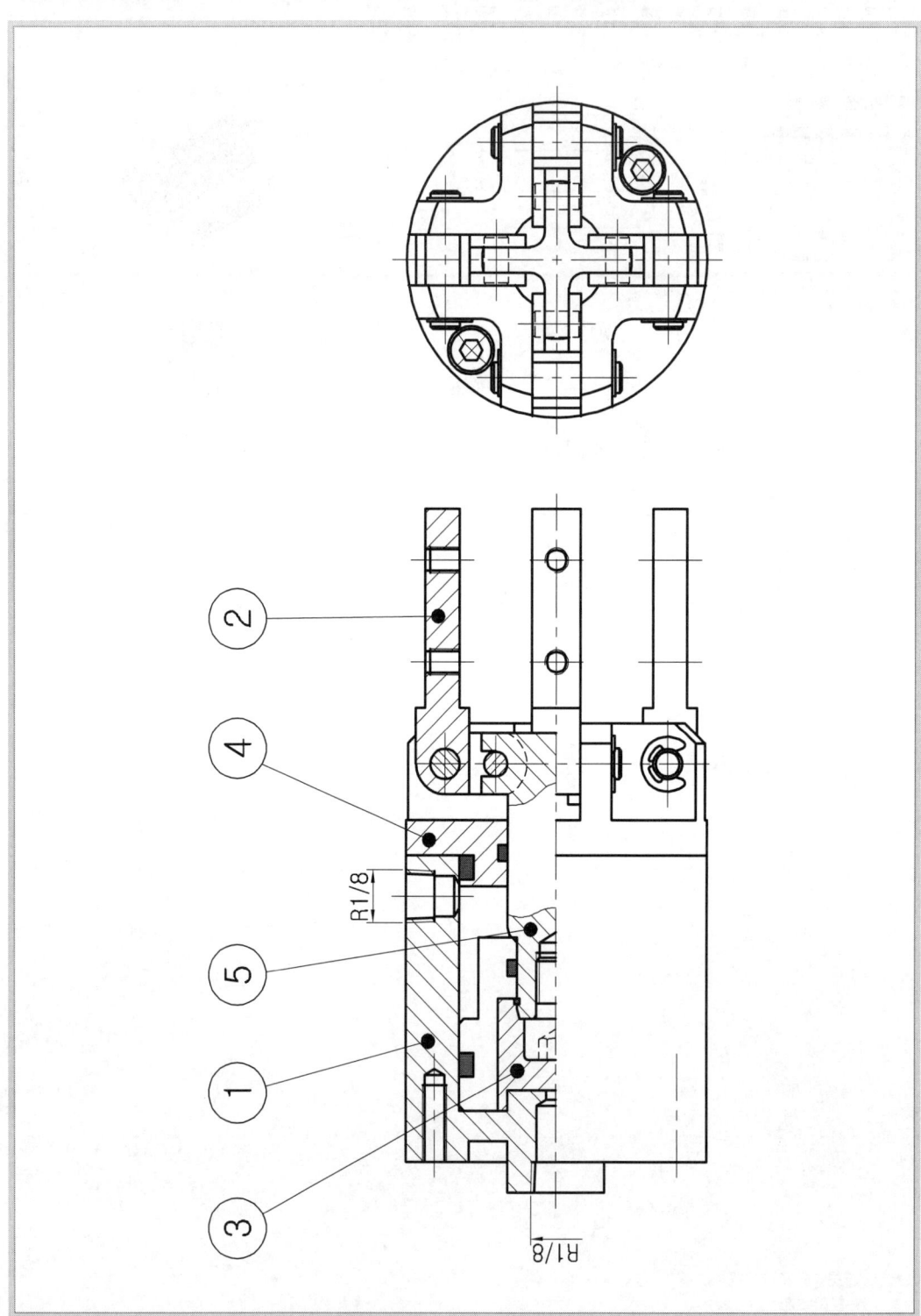

Chapter 11 조립품 작성하기

Step 01 새 문서(□)를 클릭한다. 어셈블리(□)를 선택하고, 확인을 클릭한다.

Step 02 파일 열기 창과 왼쪽의 어셈블리 시작 메뉴에서 취소(✖)를 눌러 창을 닫는다.

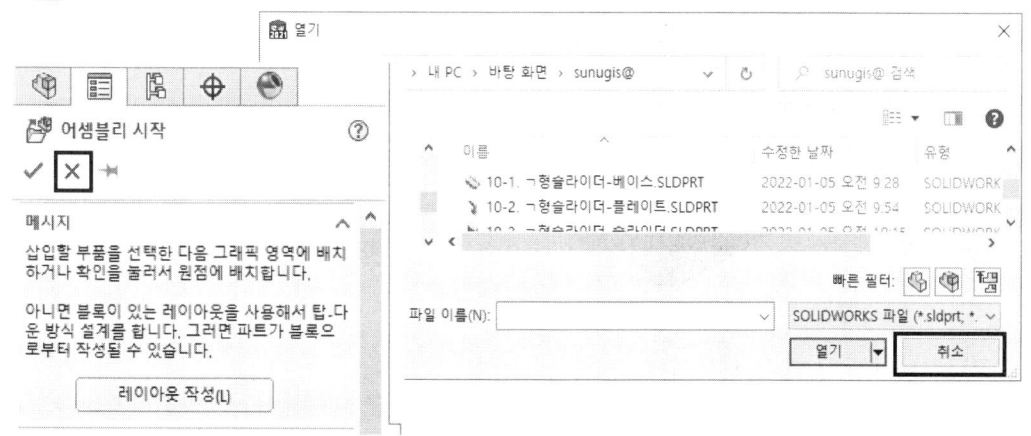

Step 03 부품삽입(□)을 클릭한다. (찾아보기 버튼을 클릭한다.)

Step 04 조립할 4지형레버에어척_하우징.SLDPRT 파일을 선택하고, 열기를 누른다.

Step 05 화면의 적당한 위치를 클릭하여 부품삽입을 완료한다.

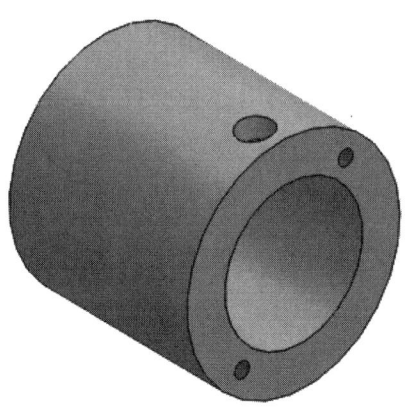

Step 06 부품삽입(□)을 클릭한다. (찾아보기 버튼을 클릭한다.)

Step 07 조립할 4지형레버에어척_피스톤.SLDPRT 파일을 선택하고, 열기를 누른다.

Step 08 화면의 적당한 위치를 클릭하여 부품삽입을 완료한다.

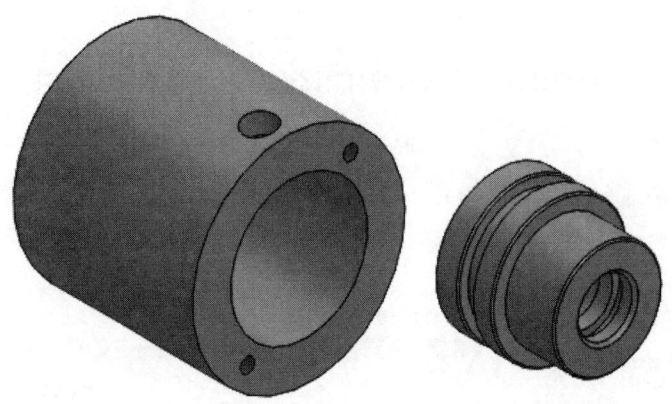

Step 09 메이트(⬚)를 클릭하여 조립명령을 실행한다.

Step 10 **하우징**의 구멍 원통면과 **피스톤**의 축 원통면을 클릭하여 선택한다.

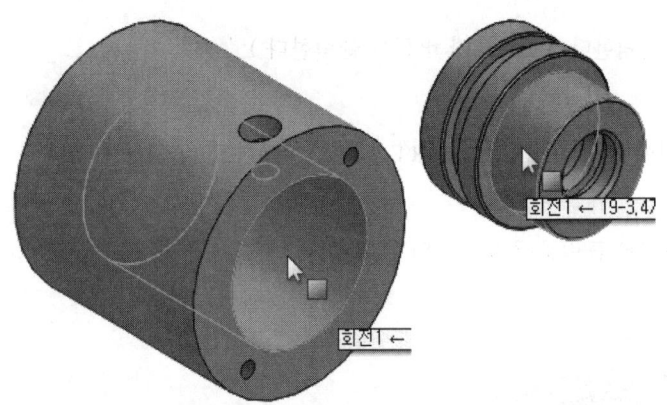

Step 11 표준 메이트 동심(◎) 조건으로 확인(✓)을 클릭한다.

Step 12 **하우징**을 마우스로 끌기(Drag)하면 축 방향으로 이동만 된다. 조립이 완성되었다.

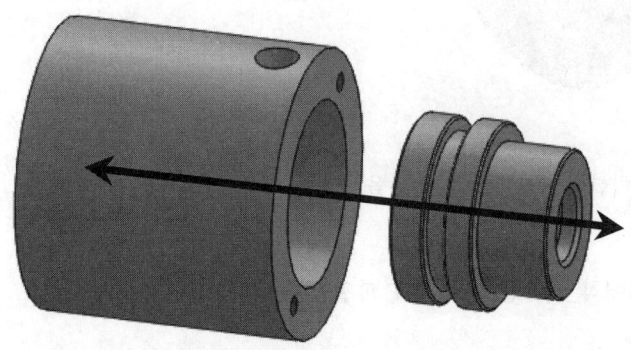

Step 13 부품삽입(📂)을 클릭한다. (찾아보기 버튼을 클릭한다.)

Step 14 조립할 4지형레버에어척_호이스트축.SLDPRT 파일을 선택하고, 열기를 누른다.

Step 15 화면의 적당한 위치를 클릭하여 부품삽입을 완료한다.

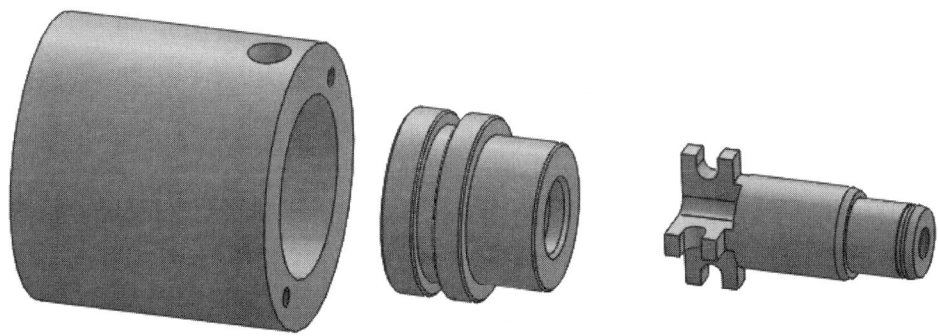

Step 16 부품회전(🔄)을 클릭하고, **호이스트 축**을 조립하기 쉬운 방향으로 전환한다.

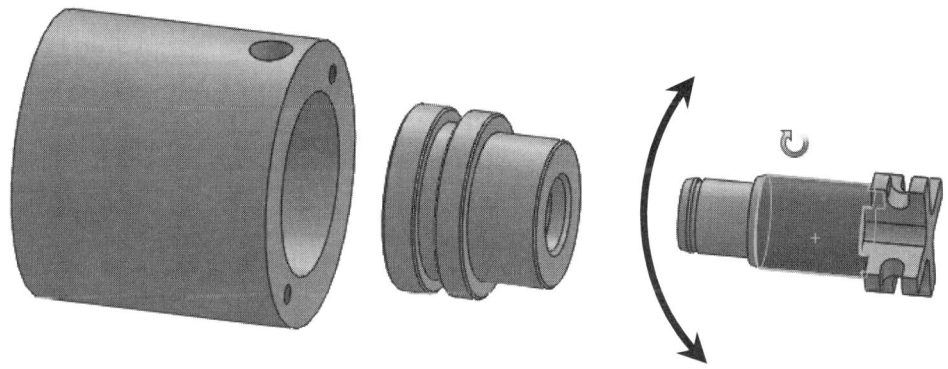

Step 17 메이트(🔗)를 클릭하여 조립명령을 실행한다.

Step 18 **피스톤**의 구멍 원통면과 **호이스트 축**의 원통면을 클릭하여 선택한다.

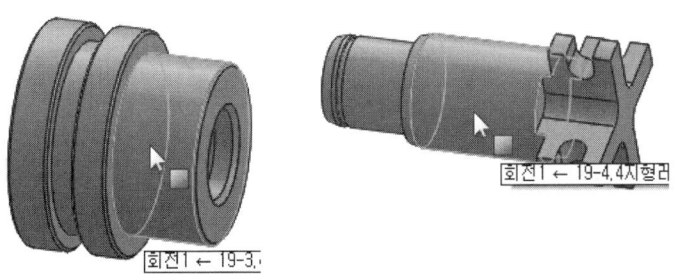

Step 19 표준 메이트 동심(◎) 조건으로 확인(✓)을 클릭한다.

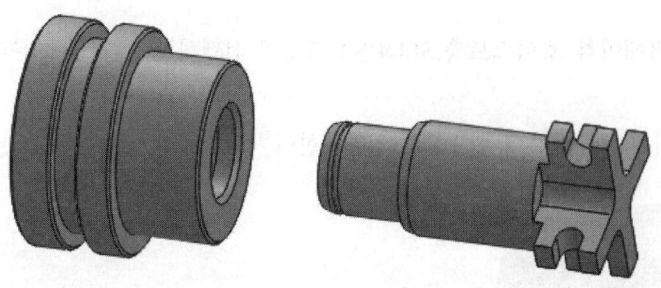

Step 20 피스톤의 측면과 호이스트 축의 측면을 클릭하여 선택한다.

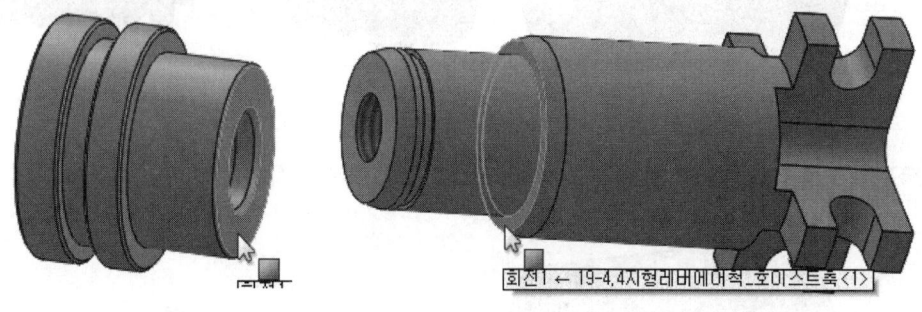

Step 21 표준 메이트 일치(⅄) 조건으로 확인(✓)을 클릭한다.

Step 22 피스톤을 마우스로 끌기(Drag)하면 호이스트 축과 함께 축 방향으로 이동만 한다. 호이스트 축은 피스톤 안에서 회전만 된다. 조립이 완성되었다.

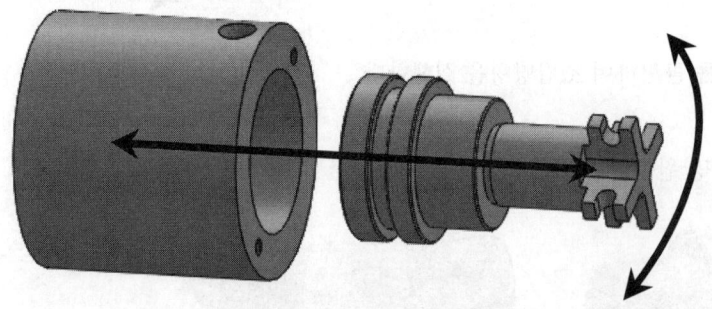

Step 23 부품삽입(📂)을 클릭한다. (찾아보기 버튼을 클릭한다.)

Step 24 조립할 4지형레버에어척_하우징커버.SLDPRT 파일을 선택하고, 열기를 누른다.

Chapter 11 조립품 작성하기

Step 25 화면의 적당한 위치를 클릭하여 부품삽입을 완료한다.

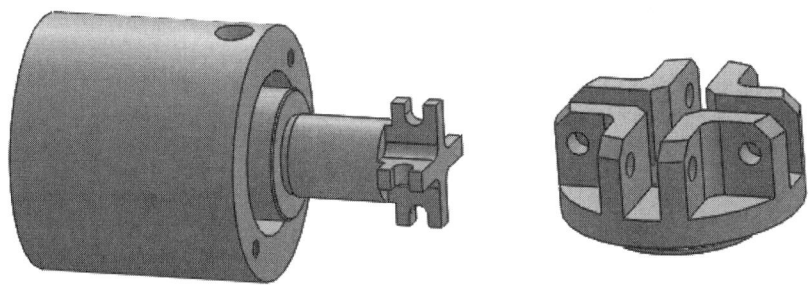

Step 26 부품회전( )을 클릭하고, **하우징 커버**를 조립하기 쉬운 방향으로 전환한다.

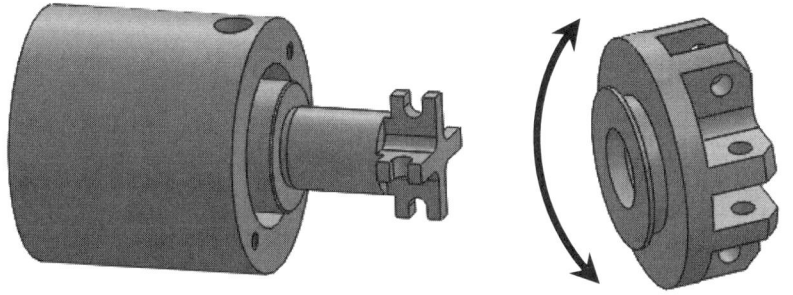

Step 27 메이트( )를 클릭하여 조립명령을 실행한다.

Step 28 **하우징**의 측면과 **하우징 커버**의 측면을 클릭하여 선택한다.

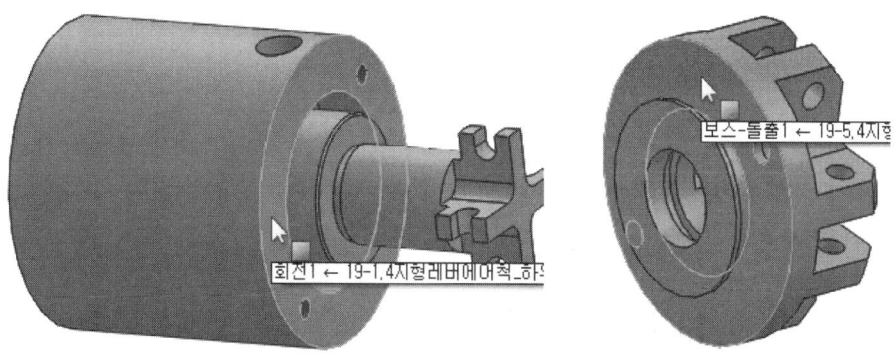

Step 29 표준 메이트 **일치**( ) 조건으로 확인( )을 클릭한다.

Step 30 하우징의 나사구멍 원통면과 **하우징 커버**의 구멍 원통면을 클릭하여 선택한다.

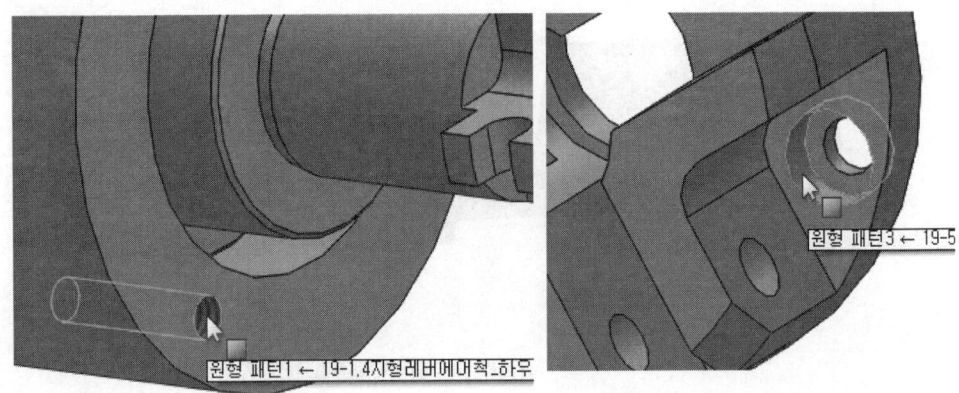

Step 31 표준 메이트 동심(◎) 조건으로 확인(✔)을 클릭한다.

Step 32 반대편 **하우징**의 나사구멍 원통면과 **하우징 커버**의 구멍 원통면을 클릭하여 선택한다.

Step 33 표준 메이트 동심(◎) 조건으로 확인(✔)을 클릭한다.

Step 34 하우징 커버는 완전고정으로 조립되어 움직임이 없다.

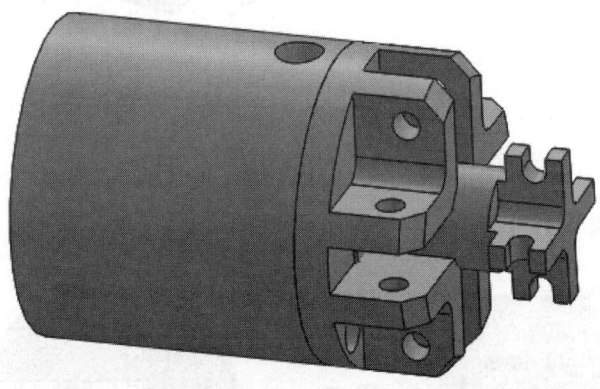

Step 35 하우징 커버의 측면과 호이스트 축의 측면을 클릭하여 선택한다.

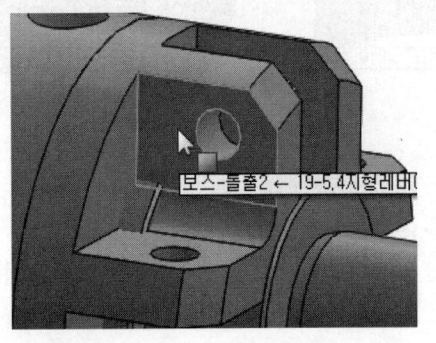
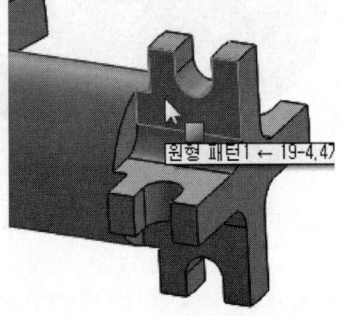

Chapter 11 조립품 작성하기

Step 36 표준 메이트 평행( ) 조건으로 확인(✓)을 클릭한다.

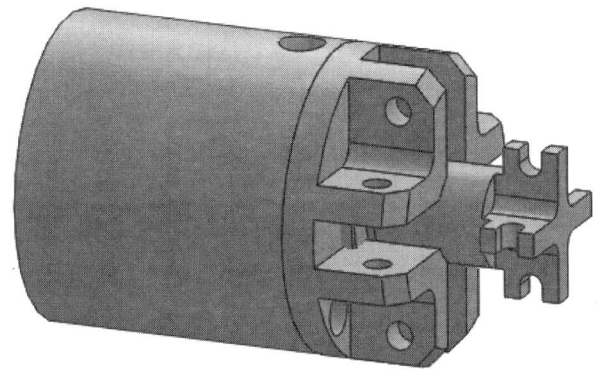

Step 37 부품삽입( )을 클릭한다. (찾아보기 버튼을 클릭한다.)

Step 38 조립할 4지형레버에어척_레버형핑거.SLDPRT 파일을 선택하고, 열기를 누른다.

Step 39 화면의 적당한 위치를 클릭하여 부품삽입을 완료하고, 부품회전( )으로 조립하기 쉬운 방향으로 전환한다.

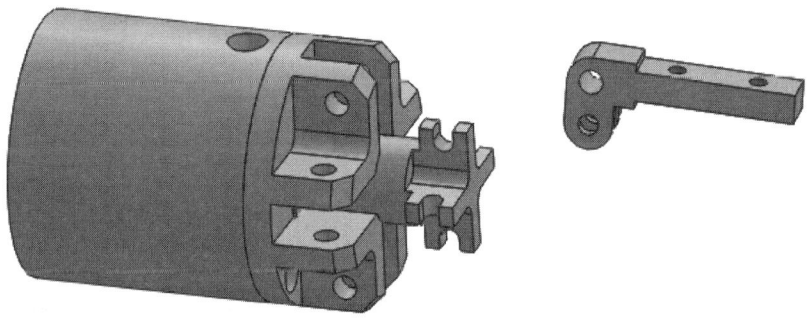

Step 40 메이트( )를 클릭하여 조립명령을 실행한다.

Step 41 하우징 커버의 구멍 원통면과 레버형 핑거의 구멍 원통면을 클릭하여 선택한다.

Step 42 표준 메이트 동심(◎) 조건으로 확인(✓)을 클릭한다.

Step 43 하우징 커버의 측면과 레버형 핑거의 측면을 클릭하여 선택한다.

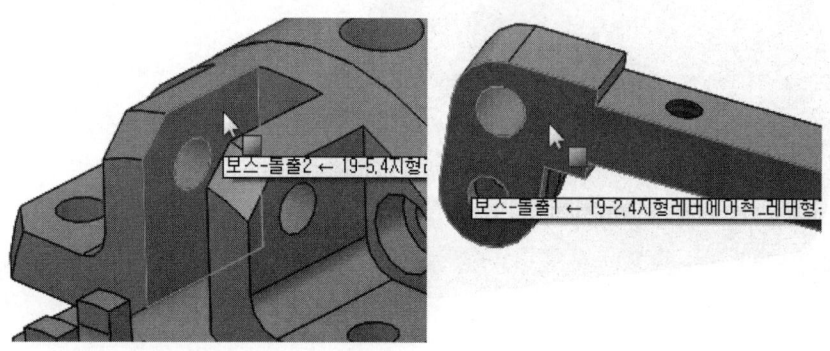

Step 44 표준 메이트 일치(⋏) 조건으로 확인(✓)을 클릭한다.

Step 45 (중요) 레버형 핑거의 구멍 원통면과 호이스트 축의 측면 클릭하여 선택한다.
(이해를 돕기 위해 하우징커버는 숨기기를 하였다)

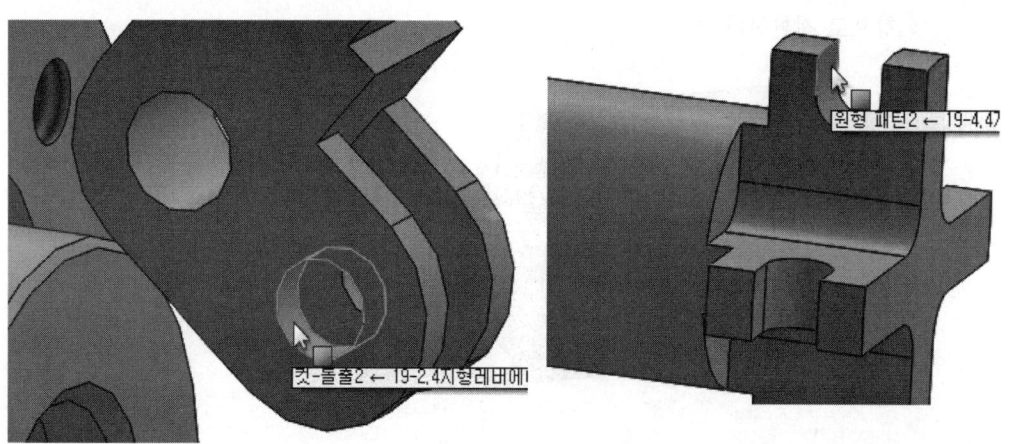

Step 46 표준 메이트 탄젠트(⌀), 메이트 맞춤 반대맞춤(⇅)으로 확인(✓)을 클릭한다.

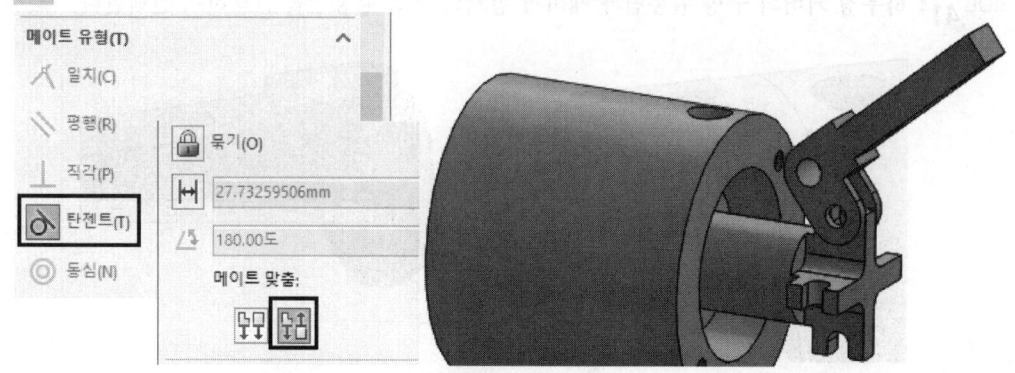

Chapter 11 조립품 작성하기

Step 47 호이스트 축이 앞,뒤로 직선운동을 하면 **레버형핑거**는 회전운동을 한다.

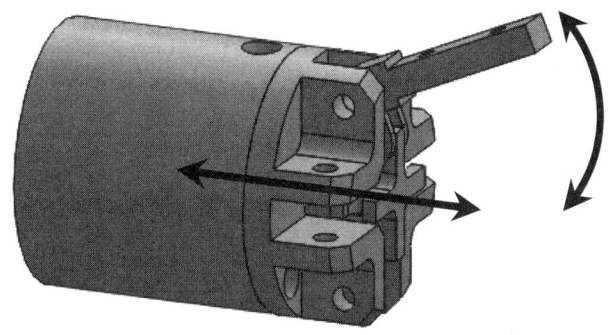

Step 48 부품원형패턴( )을 클릭한다.

Step 49 호이스트 축을 4개 원형패턴 한다. (조립조건까지 원형패턴이 된다.)

Step 50 조립이 완성되었다.

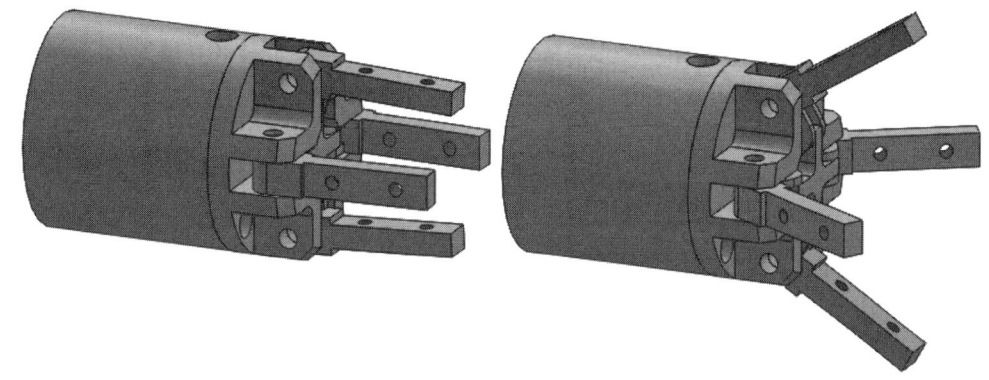

317

Step 51 저장(📁)을 클릭하여 **4지형 레버에어척.SLDASM**을 입력하고 저장한다.

Step 52 4지형 레버에어척 조립하기가 완성되었다.

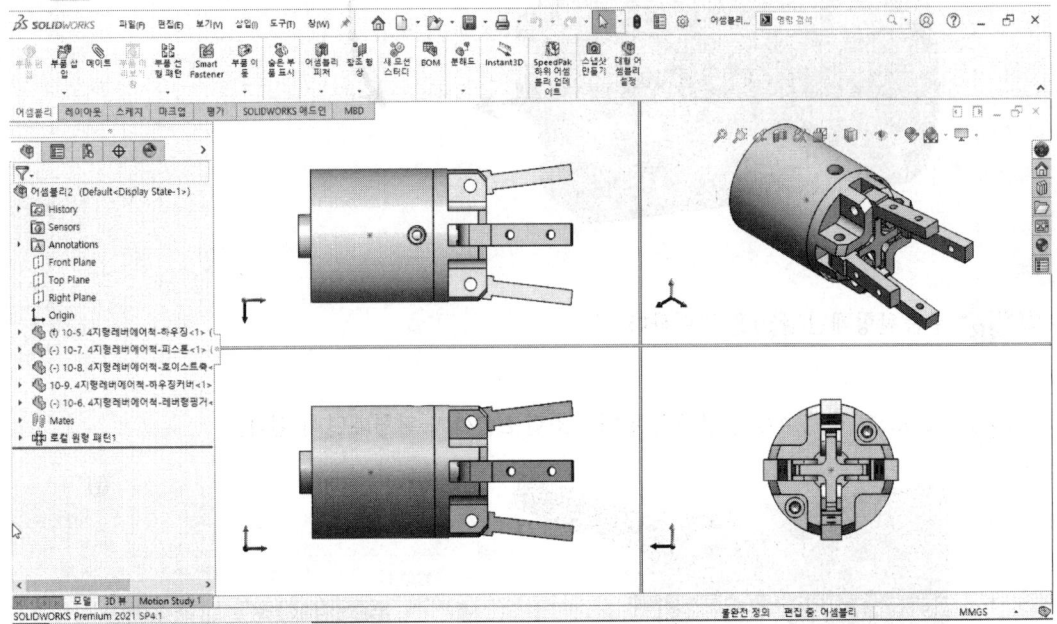

학습 정리하기

Assembly 3 워터펌프

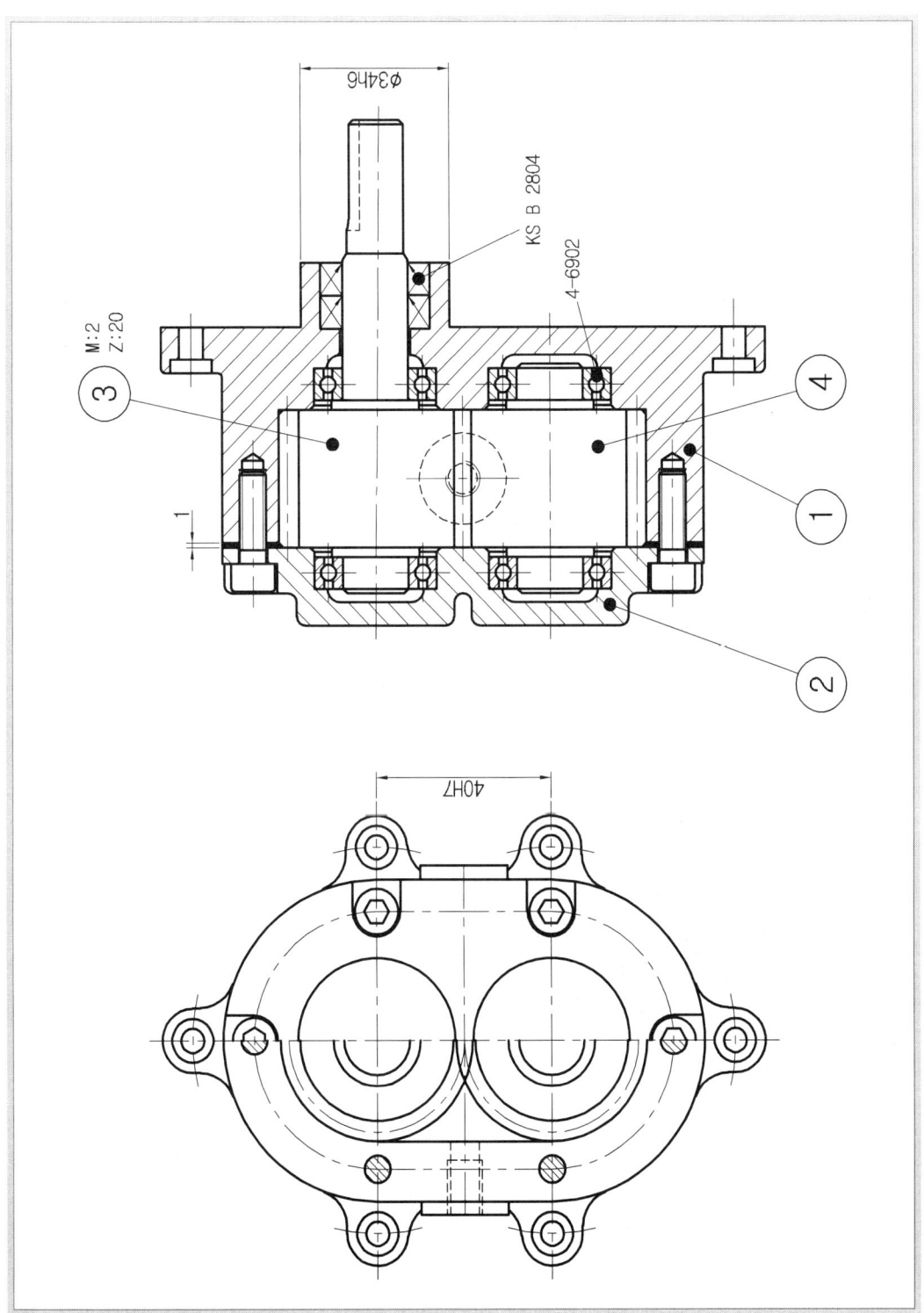

Step 01 새 문서(🗋)를 클릭한다. 어셈블리(🗊)를 선택하고, 확인을 클릭한다.

Step 02 파일 열기 창과 왼쪽의 어셈블리 시작 메뉴에서 취소(✖)를 눌러 창을 닫는다.

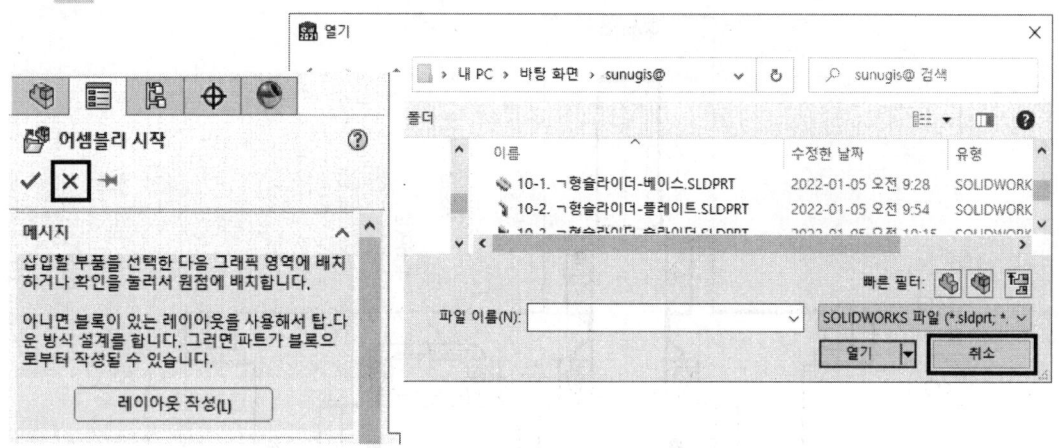

Step 03 부품삽입(🗊)을 클릭한다. (찾아보기 버튼을 클릭한다.)

Step 04 조립할 **워터펌프_본체.SLDPRT** 파일을 선택하고, 열기를 누른다.

Step 05 화면의 적당한 위치를 클릭하여 부품삽입을 완료한다.

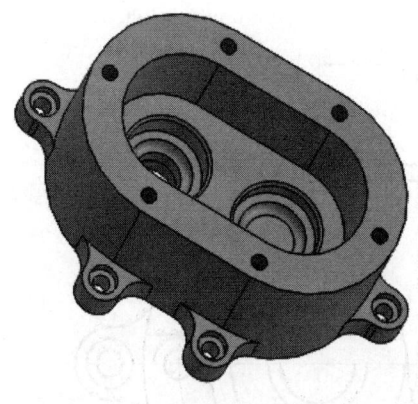

Step 06 부품삽입(🗊)을 클릭한다. (찾아보기 버튼을 클릭한다.)

Step 07 조립할 **워터펌프_스퍼기어축.SLDPRT** 파일을 선택하고, 열기를 누른다.

Step 08 화면의 적당한 위치를 클릭하여 부품삽입을 완료하고, 부품회전( )으로 조립하기 쉬운 방향으로 전환한다.

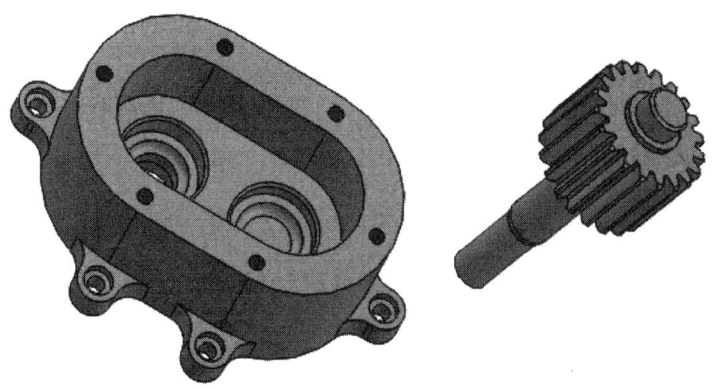

Step 09 메이트( )를 클릭하여 조립명령을 실행한다.

Step 10 **본체**의 구멍 원통면과 **스피거어축**의 원통면을 클릭하여 선택한다.

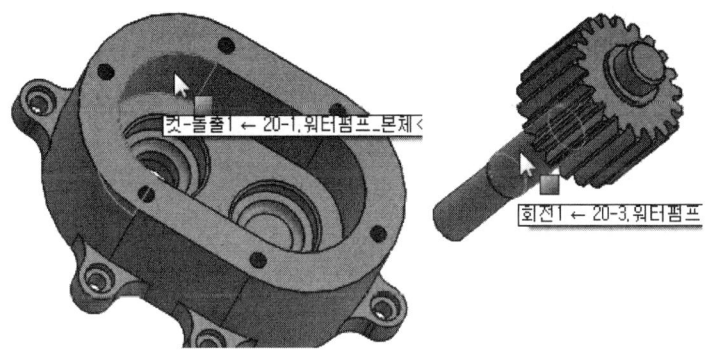

Step 11 표준 메이트 **동심**( ) 조건으로 **확인**(✔)을 클릭한다.

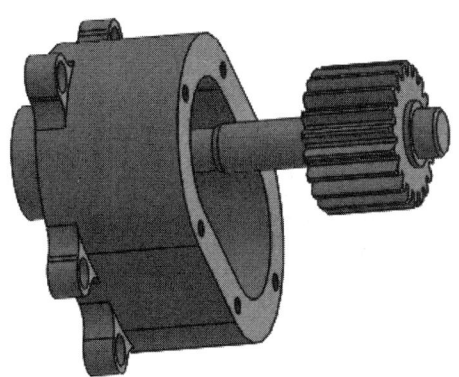

Step 12 본체의 바닥면과 스퍼기어축의 측면을 클릭하여 선택한다.

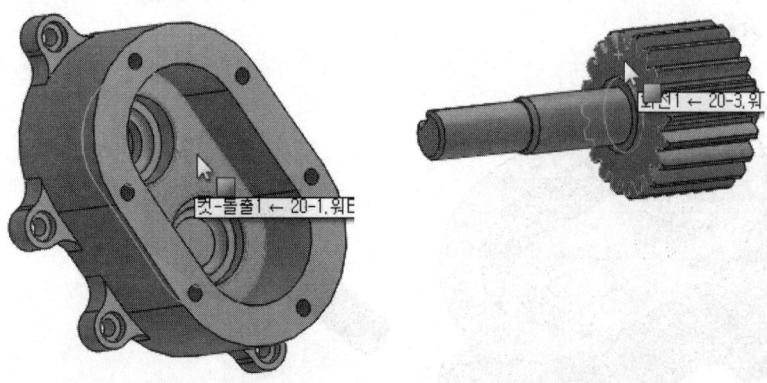

Step 13 표준 메이트 일치(人) 조건으로 확인(✔)을 클릭한다.

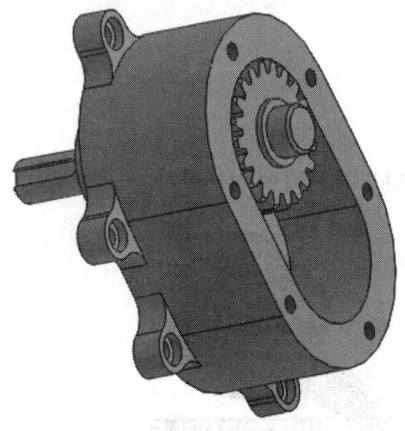

Step 14 부품삽입( )을 클릭한다. (찾아보기 버튼을 클릭한다.)

Step 15 조립할 **워터펌프_스퍼기어.SLDPRT** 파일을 선택하고, 열기를 누른다.

Step 16 화면의 적당한 위치를 클릭하여 부품삽입을 완료하고, 부품회전( )으로 조립하기 쉬운 방향으로 전환한다.

Chapter 11 조립품 작성하기

Step 17 메이트(◎)를 클릭하여 조립명령을 실행한다.

Step 18 **본체**의 구멍 원통면과 **스피거어**의 원통면을 클릭하여 선택한다.

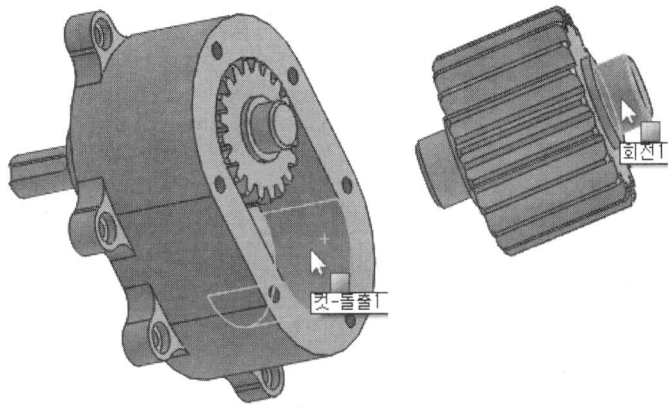

Step 19 표준 메이트 **동심**(◎) 조건으로 **확인**(✓)을 클릭한다.

Step 20 **본체**의 바닥면과 **스피거어**의 측면을 클릭하여 선택한다.

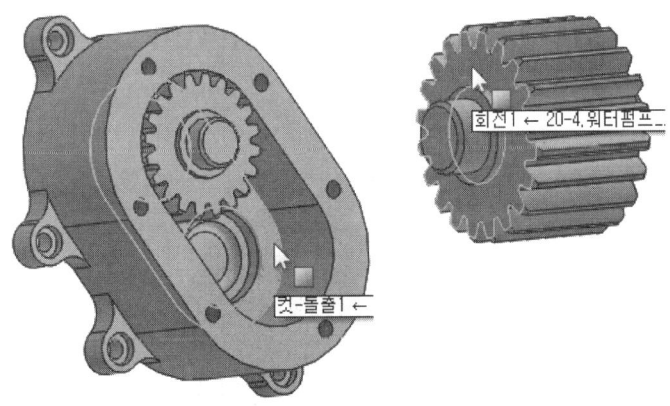

Step 21 표준 메이트 **일치**(⋏) 조건으로 **확인**(✓)을 클릭한다.

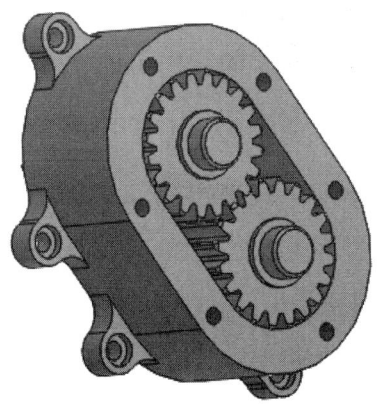

323

Step 22 부품삽입(🗂)을 클릭한다. (찾아보기 버튼을 클릭한다.)

Step 23 조립할 **워터펌프_커버.SLDPRT** 파일을 선택하고, 열기를 누른다.

Step 24 화면의 적당한 위치를 클릭하여 부품삽입을 완료하고, 부품회전(🔄)으로 조립하기 쉬운 방향으로 전환한다.

Step 25 메이트(🔗)로 **본체**의 윗면과 **커버**의 바닥면을 클릭하여 선택한다.

Step 26 표준 메이트 **일치**(⊼) 조건으로 **확인**(✓)을 클릭한다.

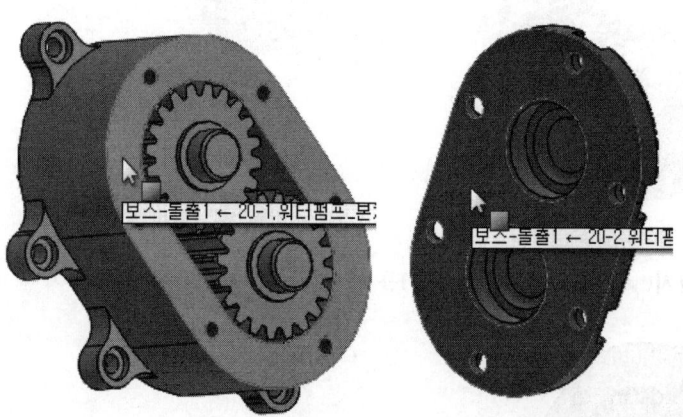

Step 27 **본체**의 구멍 원통면과 **커버**의 구멍 원통면을 클릭하여 선택한다.

Chapter 11 조립품 작성하기

Step 28 표준 메이트 동심(◎) 조건으로 확인(✓)을 클릭한다.

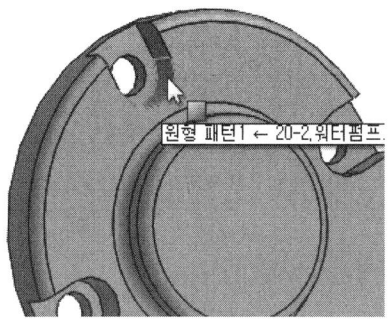

Step 29 **본체**의 반대편 구멍 원통면과 **커버**의 반대편 구멍 원통면을 클릭하여 선택한다.

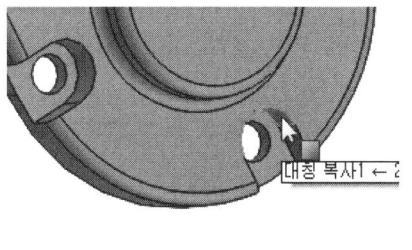

Step 30 표준 메이트 동심(◎) 조건으로 확인(✓)을 클릭한다.

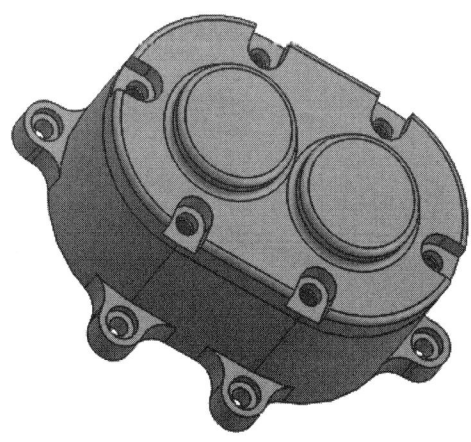

Step 31 저장(💾)을 클릭하여 **워터펌프**.SLDASM을 입력하고 저장한다.

Step 32 워터펌프 조립하기가 완성되었다.

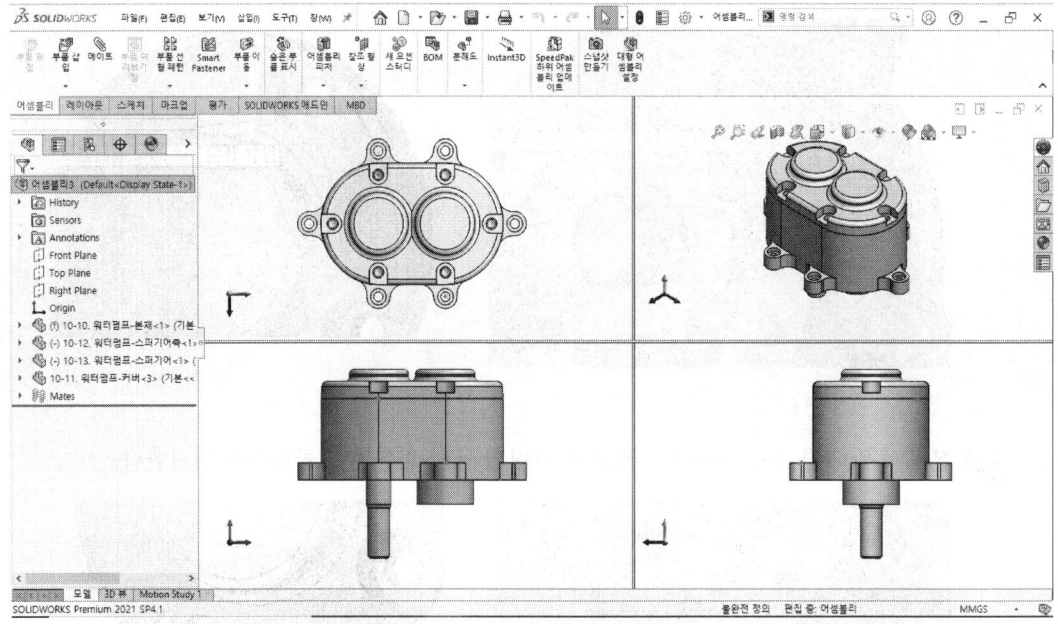

학습 정리하기

Chapter 12

SOLIDWORKS

분해도 작성하기

01 부품 분해하기
02 분해 지시선 작성하기
03 애니메이션 조립/분해하기

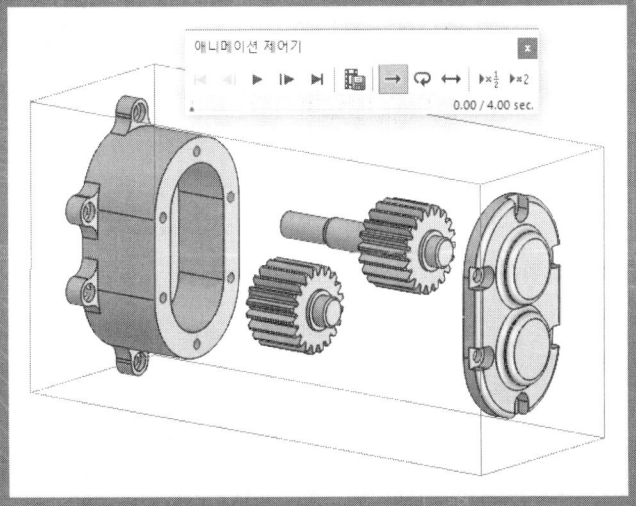

SOLIDWORKS

Section 1 부품 분해하기

Step 01 열기(📂)를 클릭하여 앞에서 조립한 **워터펌프**를 열기한다.

Step 02 분해도(🧊)를 클릭한다.

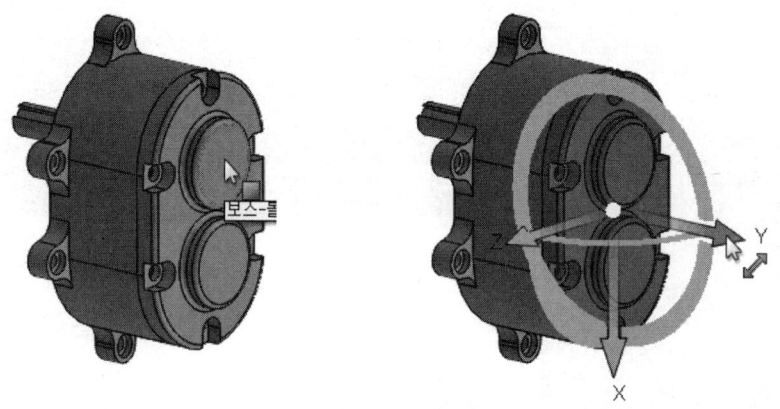

Step 03 **커버**를 클릭하여 선택한다.

Step 04 분해시킬 방향의 축(Y축 화살표)을 클릭한다.

Step 05 왼쪽 설정값에서 거리값 200mm를 입력하고, **단계추가**를 눌러 미리보기를 한다.

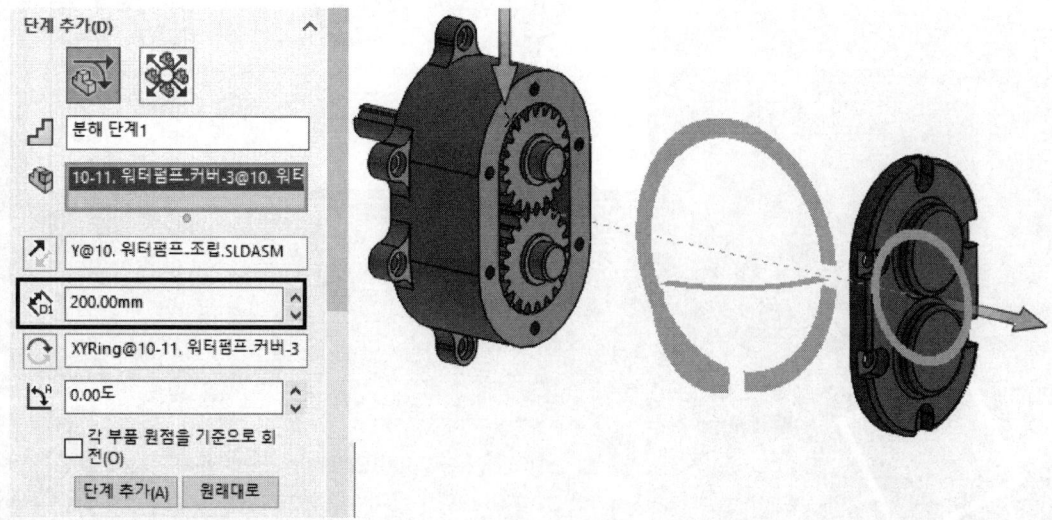

Chapter 12 분해도 작성하기

Step 06 스퍼기어 축을 클릭하고, 분해시킬 방향의 축(Y축 화살표)을 클릭한다.

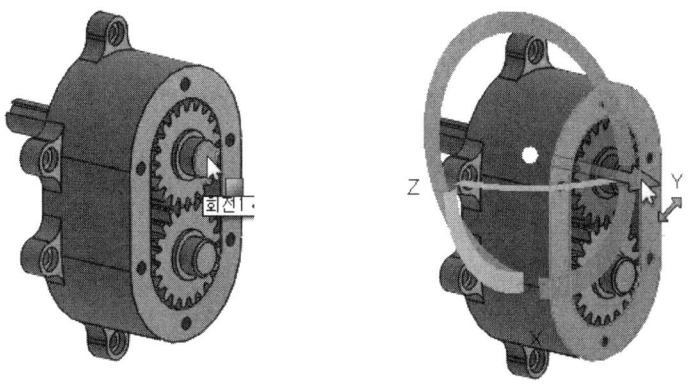

Step 07 왼쪽 설정값에서 거리값 150mm를 입력하고, **단계추가**를 눌러 미리보기를 한다.

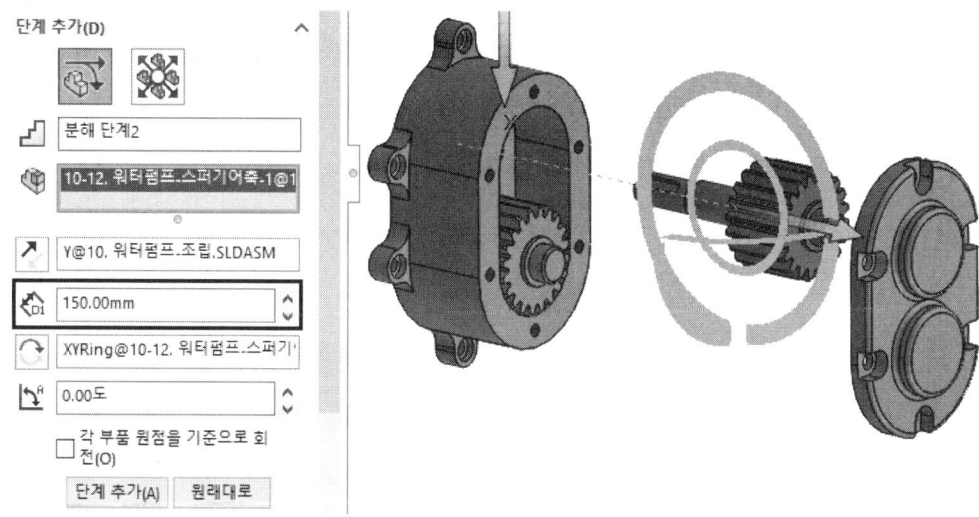

Step 08 스퍼기어를 클릭하고, 축(Y축 화살표)을 클릭한 다음, 오른쪽으로 드래그한다.

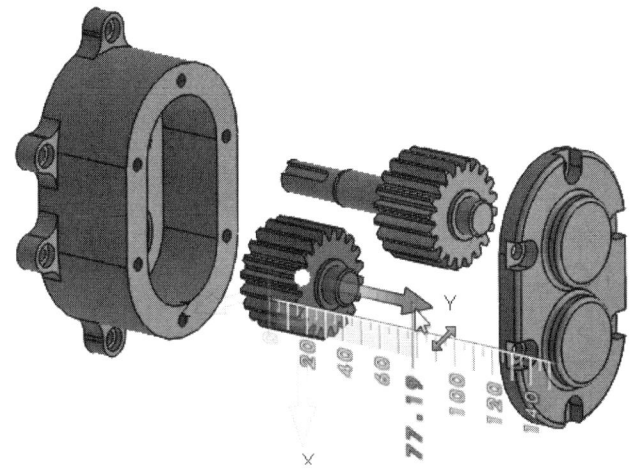

329

Step 09 확인(✓)을 클릭한다.

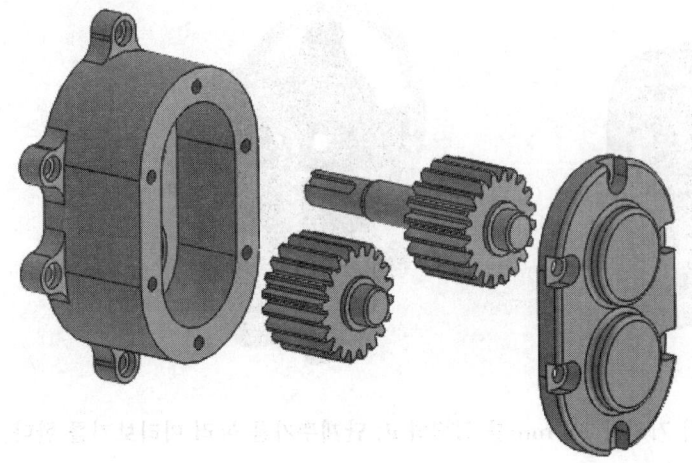

Section 2 분해 지시선 작성하기

Step 01 분해 지시선 스케치(⌘)를 클릭한다.

Step 02 본체의 원통면을 클릭하고, 스퍼기어 축의 원통면을 클릭한다.

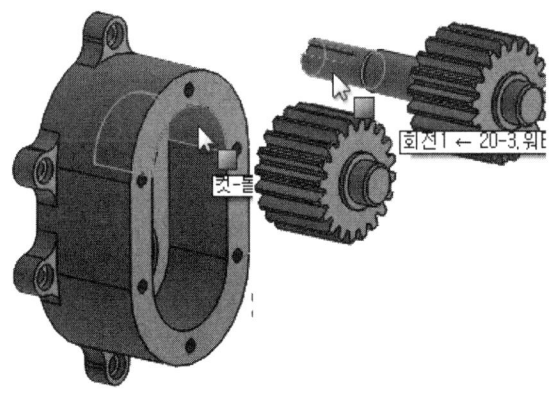

Step 03 중심선이 나타나면 확인(✔)을 클릭한다.

Step 04 같은 방법으로 본체의 원통면과 스퍼기어의 원통면을 클릭하여 중심선을 나타낸다.

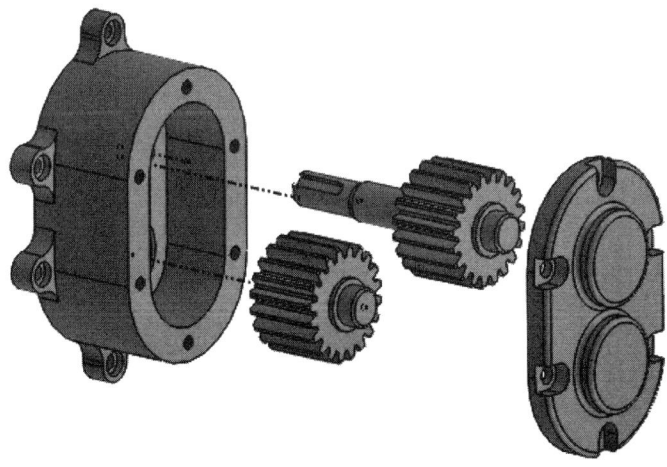

Step 05 확인(✔)을 클릭한다.

Section 3 애니메이션 조립/분해하기

Step 01 어셈블리 창 이름[조립품]에서 마우스 오른쪽 버튼을 클릭하여 나타나는 **애니메이션 조립**을 클릭한다.

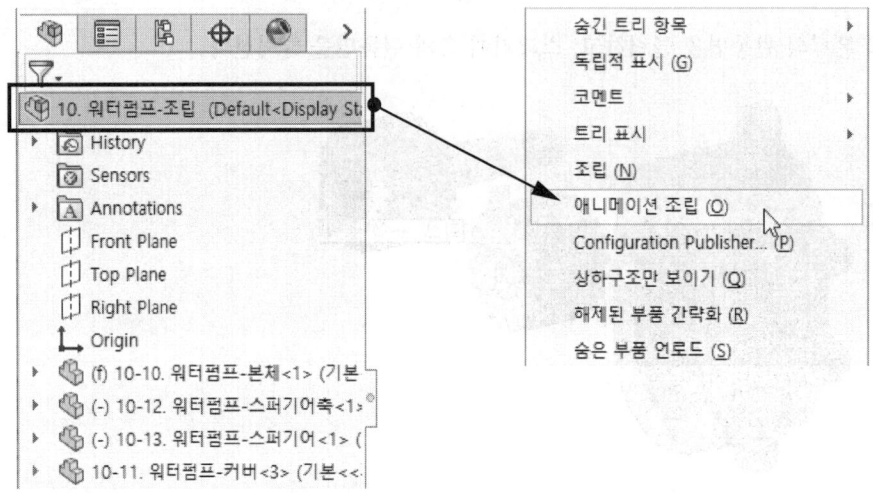

Step 02 애니메이션 제어기가 나타나며, 분해한 순서에 따라 조립과정이 애니메이션으로 나타난다.

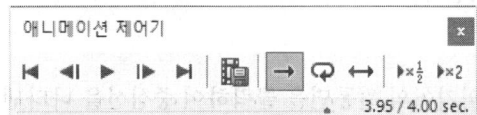

Step 03 분해/조립에 대한 반복재생, 속도제어, AVI 동영상 파일 저장이 가능하다.

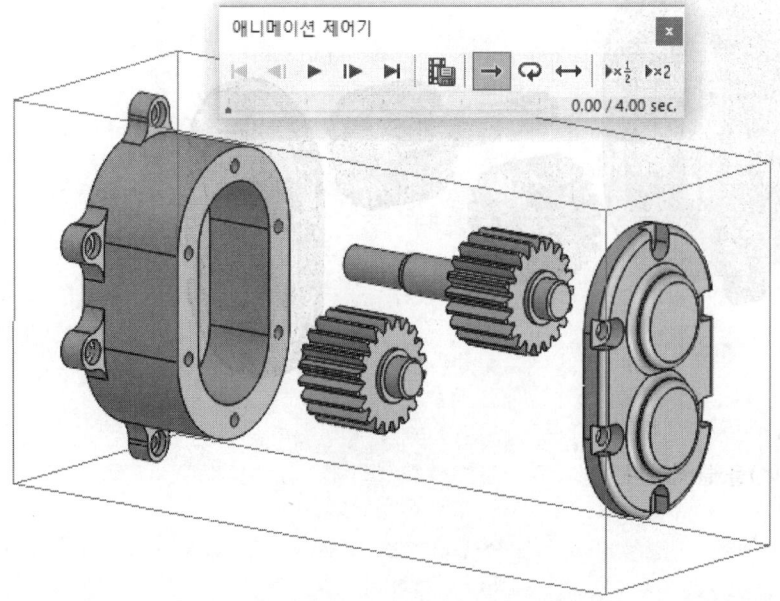

Chapter 13

SOLIDWORKS

도면 배치하기

01 뷰 배치하기
02 치수 기입하기
03 부분 단면도 생성하기
04 중심선 및 치수 생성하기
05 데이텀 피처 및 기하공차 삽입하기
06 표면 거칠기 기입하기
07 조립도 및 분해도 작성하기
08 도면 저장 및 인쇄하기

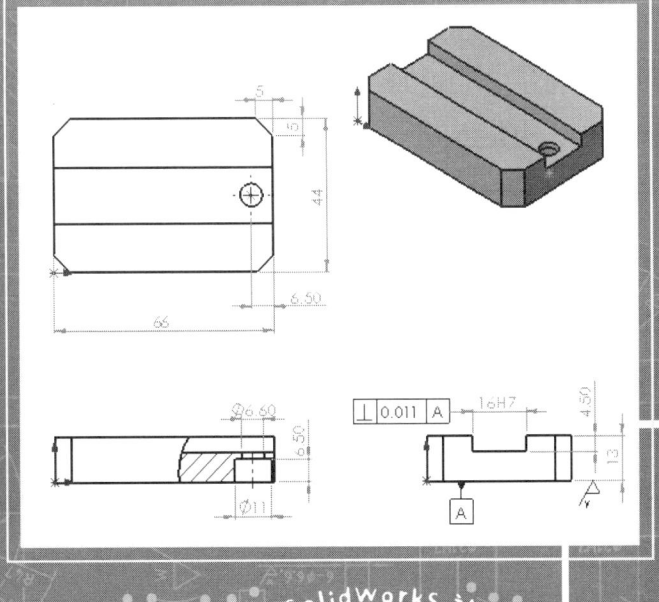

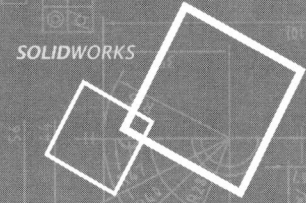

기본에 충실한 SolidWorks 창의설계

Section 1 뷰 배치하기

Step 01 새 문서(□)를 클릭한다. 도면(□□)을 선택하고, 확인을 클릭한다.

Step 02 나타나는 시트형식/크기 창에서 **취소**를 누르고, 왼쪽 모델뷰 창에서 취소(✖)를 클릭하여 창을 닫는다.

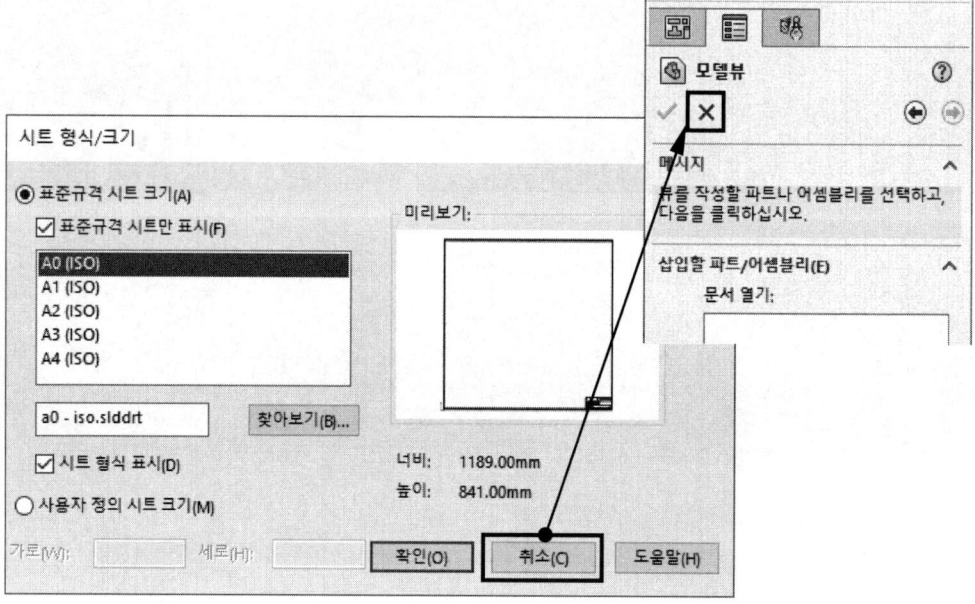

Step 03 왼쪽의 모델트리 Sheet1에서 마우스 오른쪽 버튼으로 **속성**을 클릭한다.

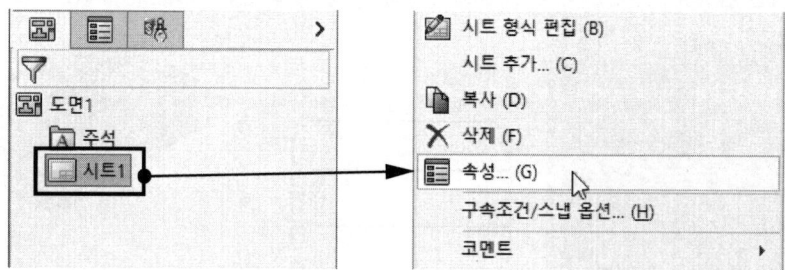

Step 04 시트 속성에서 **A3(ISO)**를 클릭하고, **시트형식표시**에 체크를 해제한다.
투상법 유형은 **3각법**으로 설정하고, **변경적용**을 클릭한다.

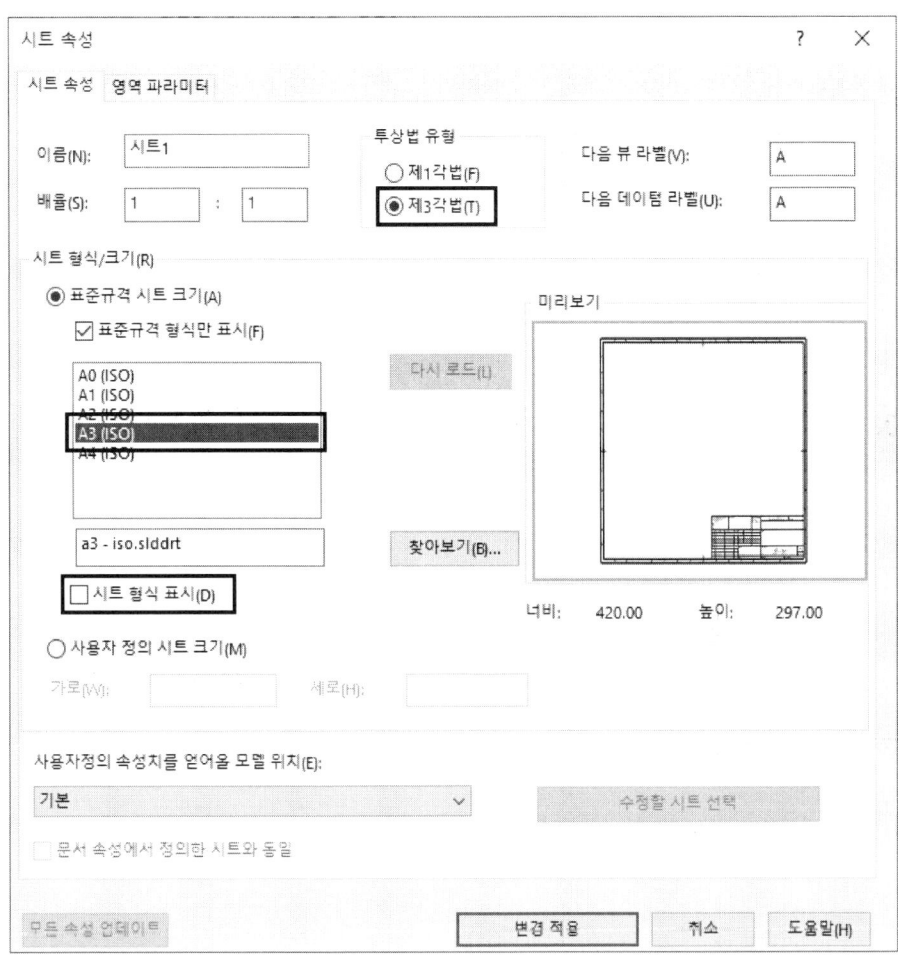

Step 05 모델뷰(🗐)를 클릭한다. (기준뷰-정면도를 생성하는 기능이다.)

Step 06 "찾아보기"를 클릭하고, ㄱ**형슬라이더-베이스** 부품을 선택하고, 열기를 한다.

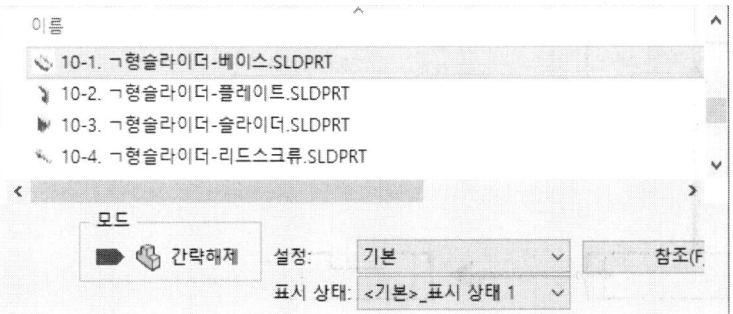

Step 07 사용자정의 배율 사용에 체크하고, 1:1로 설정한다.

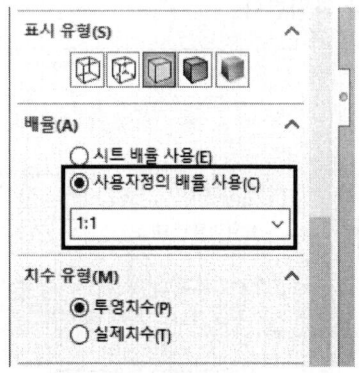

Step 08 "미리보기"에 체크하고, 정면 뷰를 선택한다. 도면에 정면이 위치할 부분을 클릭한다.

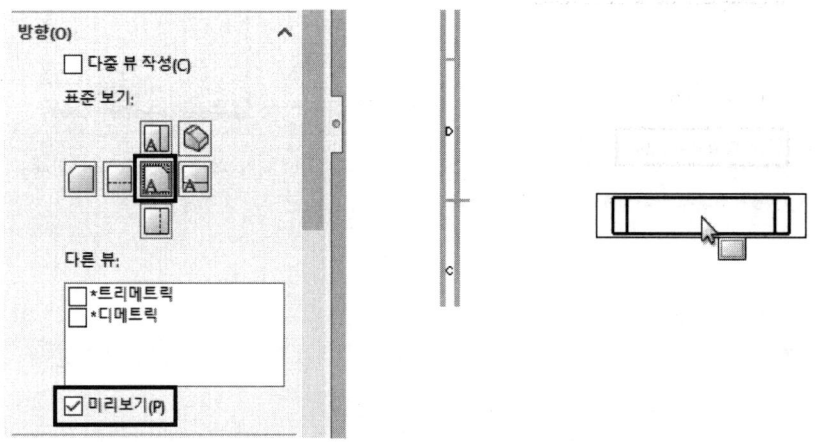

Step 09 정면뷰가 생성되고, 마우스를 위쪽으로 옮겨 클릭하면 평면도가 생성된다.

Step 10 마우스를 오른쪽으로 옮겨 클릭하면 우측면도가 생성된다.

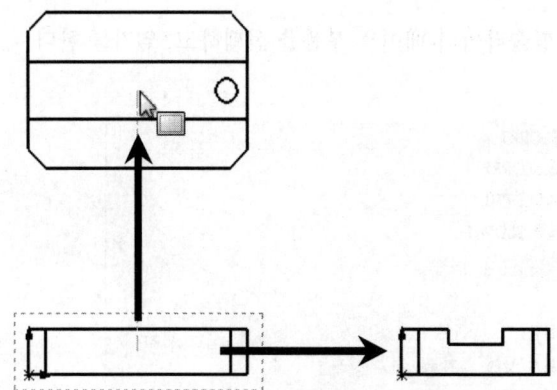

Chapter 13 도면 배치하기

Step 11 마우스를 대각선 방향으로 옮겨 클릭하면 등각뷰가 생성된다.

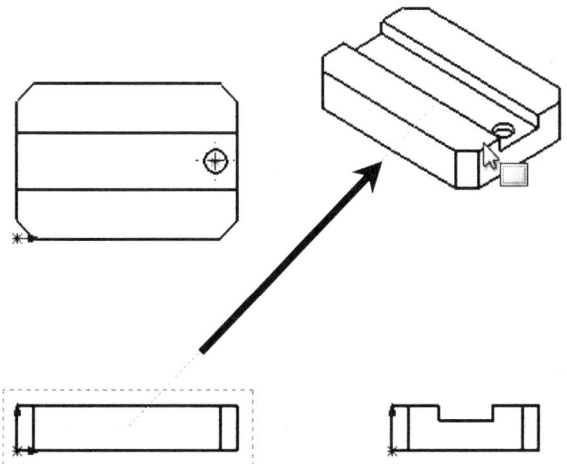

Step 12 뷰가 생성되면 ESC 키를 눌러 뷰 생성을 마친다.

Step 13 등각뷰를 클릭하여 표시 유형을 "모서리표시 음영"으로 변경한다.

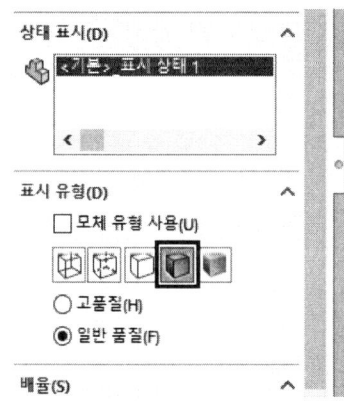
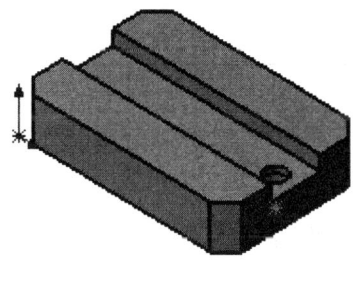

Section 2 치수 기입하기

Step 01 주석 탭에서 지능형 치수(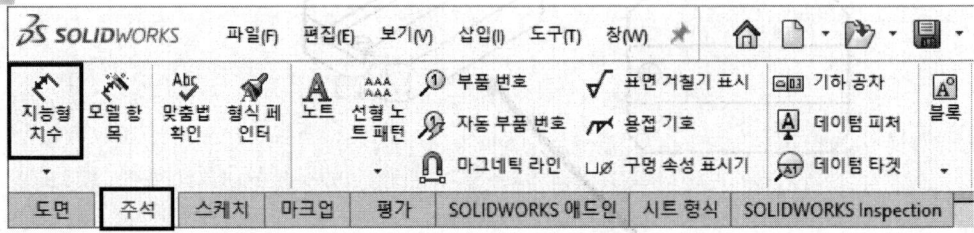)를 클릭한다.

Step 02 평면도에 치수를 기입한다.
(치수기입요령은 부품의 스케치 환경에서 치수를 기입하는 방법과 동일하다.)

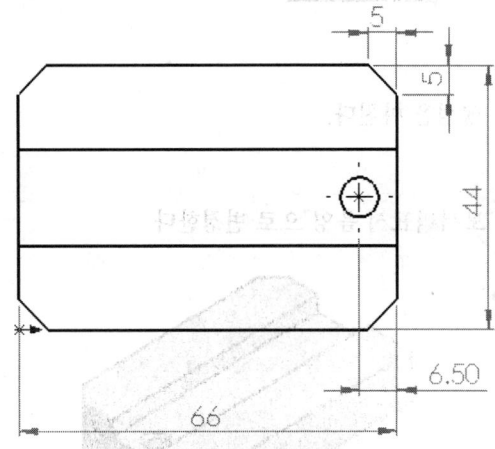

Step 03 우측도에 치수를 기입한다.

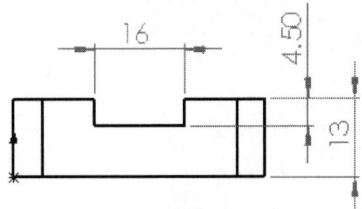

Step 04 가로 16 치수를 클릭하고, 왼쪽 메뉴의 치수 텍스트에서 〈DIM〉H7과 같이 수정한다.

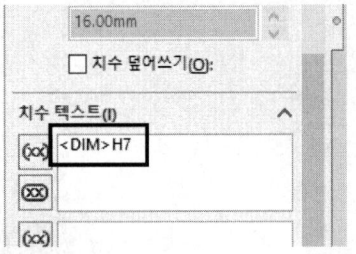 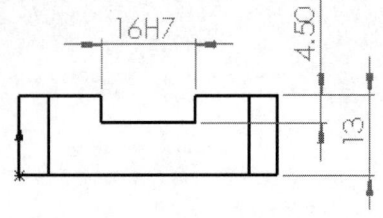

● ● ● ● Chapter 13 도면 배치하기

Section 3 부분 단면도 생성하기

Step 01 도면 탭에서 부분단면도(📷)를 클릭한다.

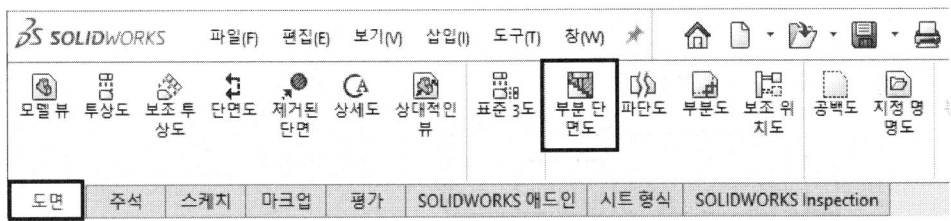

Step 02 자유 곡선 스케치 상태가 되고, 카운터보어 구멍이 있는 위치에 곡선을 생성한다.

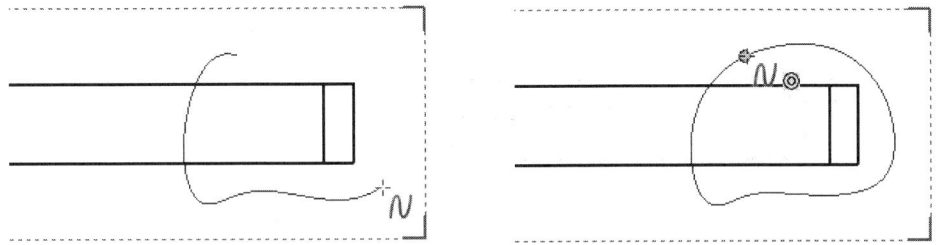

Step 03 깊이 값에 22mm를 입력하고, 미리보기에 체크하고, 확인한다.

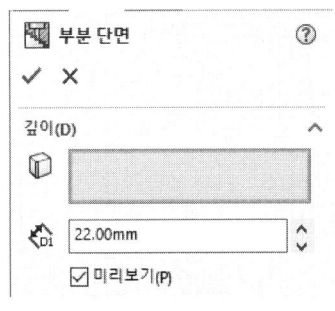 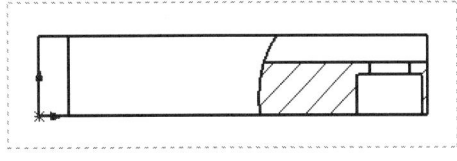

339

Section 4 중심선 및 치수 생성하기

Step 01 주석 탭에서 중심선(□)을 클릭한다.

Step 02 카운터보어의 양쪽 선을 클릭하여 중심선을 생성한다.

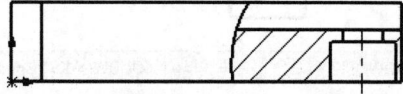

Step 03 지능형 치수(♦)를 이용하여 아래와 같이 치수를 입력한다.

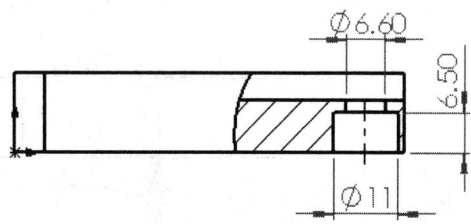

Section 5 데이텀 피처 및 기하공차 삽입하기

Step 01 우측면도를 선택한다.

Step 02 주석 탭에서 데이텀 피처(🅐)를 클릭한다.

Step 03 바닥선을 클릭하고 마우스를 움직여 데이텀 피처의 위치를 결정한다.

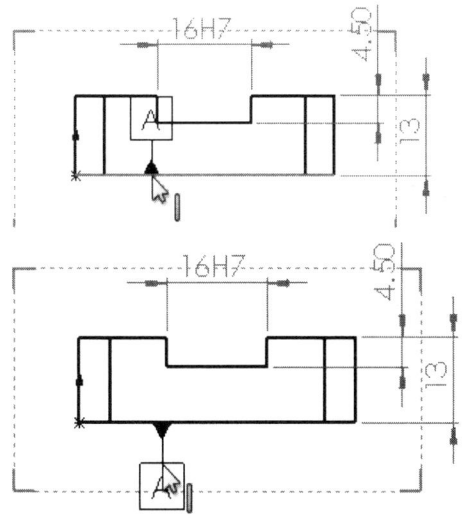

Step 04 주석 탭에서 기하공차(▦)를 클릭한다.

Step 05 기하공차 속성창에서 다음과 같이 기호를 입력한다.

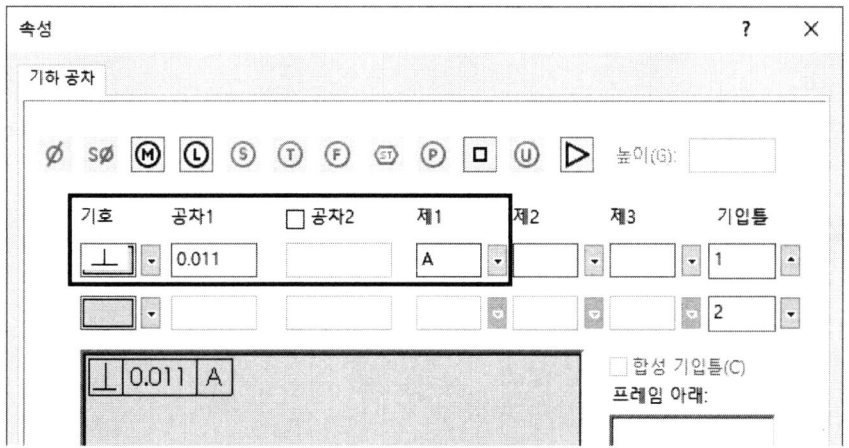

Step 06 속성 창을 닫지 말고, 가로 16H7치수를 클릭한다.

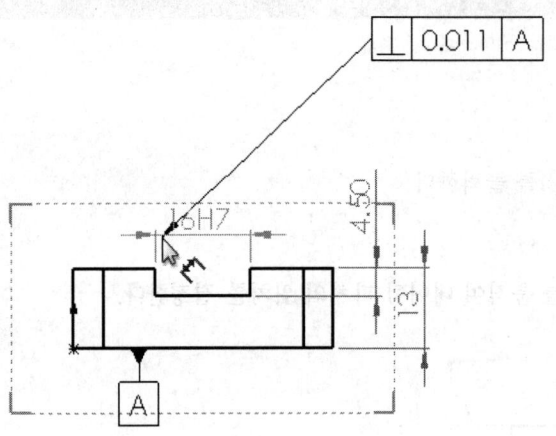

Step 07 데이텀이 생성되면 기하공차 속성창을 닫는다.

Step 08 기하공차를 마우스로 드래그하여 위치를 조정한다.

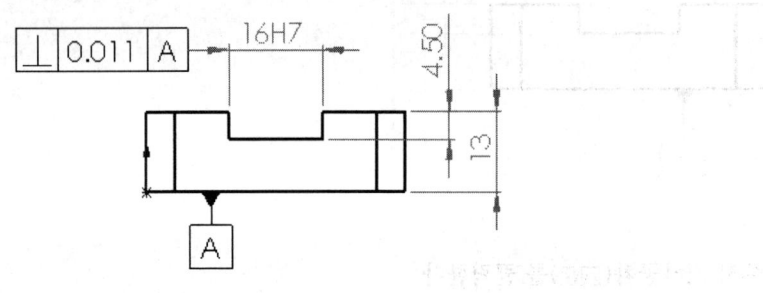

Section 6 표면 거칠기 기입하기

Step 01 주석 탭에서 표면 거칠기 표시(√)를 클릭한다.

Step 02 기호에서 기계가공(√)을 클릭한다.

Step 03 기호 레이아웃에서 최소거칠기 기호 y를 입력한다.

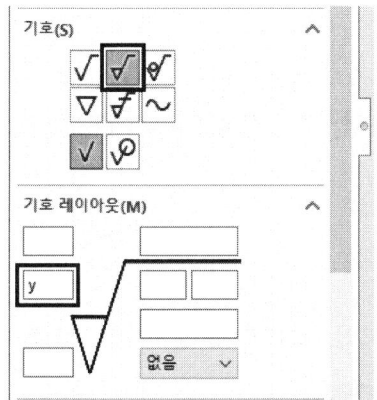

Step 04 형식 항목에서 문서글꼴사용에 체크를 해제하고, 글꼴을 눌러 높이 2.5mm를 입력한다.

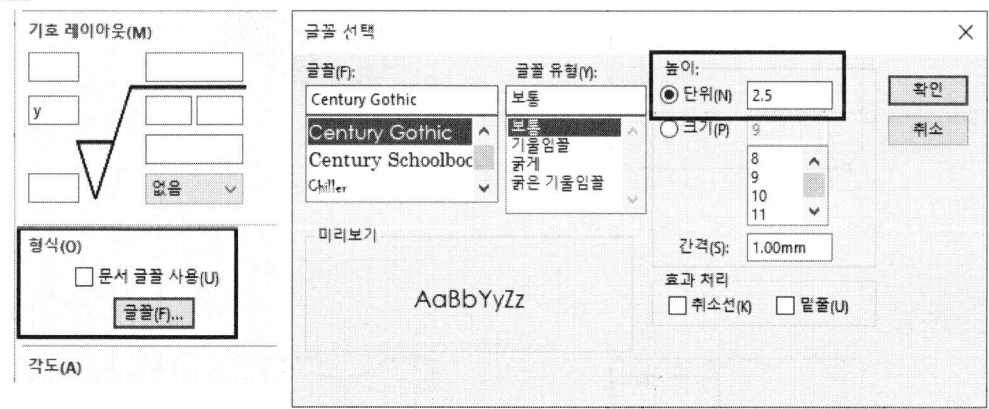

Step 05 표면거칠기를 표시할 치수를 클릭하고, 마우스를 움직여 위치를 결정한다.

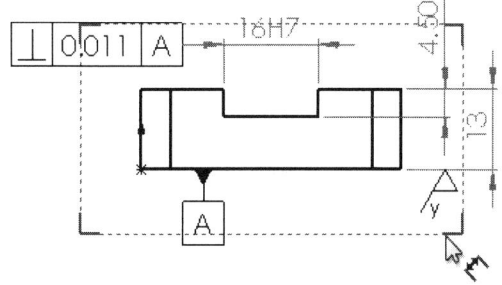

Step 06 그림과 같이 표면 거칠기를 기입한다.

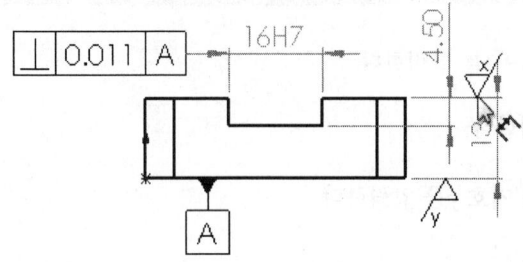

Step 07 저장(💾)을 클릭하여 ㄱ형슬라이더-도면작성하기.SLDDRW를 입력하고 저장한다.

Step 08 도면작성하기가 완성되었다.

Step 09 저장(💾)을 클릭하여 ㄱ형슬라이더_베이스도면.SLDPRT를 입력하고 저장한다.

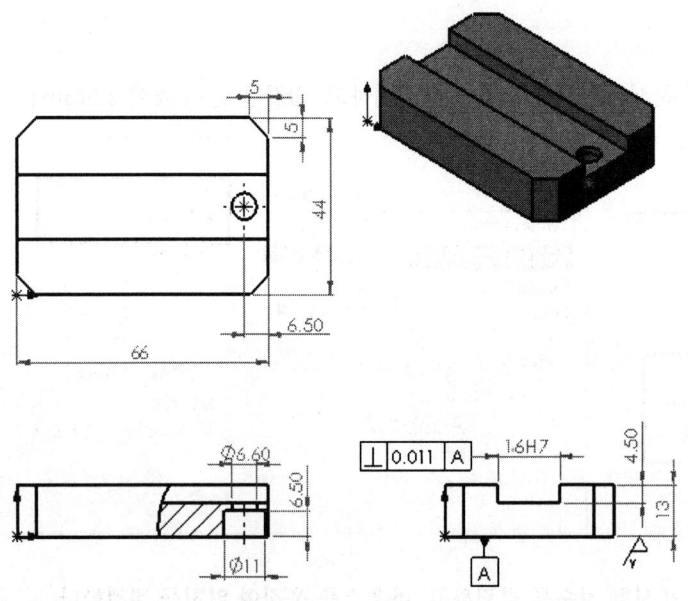

Section 7 조립도 및 분해도 작성하기

Step 01 새 문서(□)를 클릭한다. 도면(□□)을 선택하고, 확인을 클릭한다.

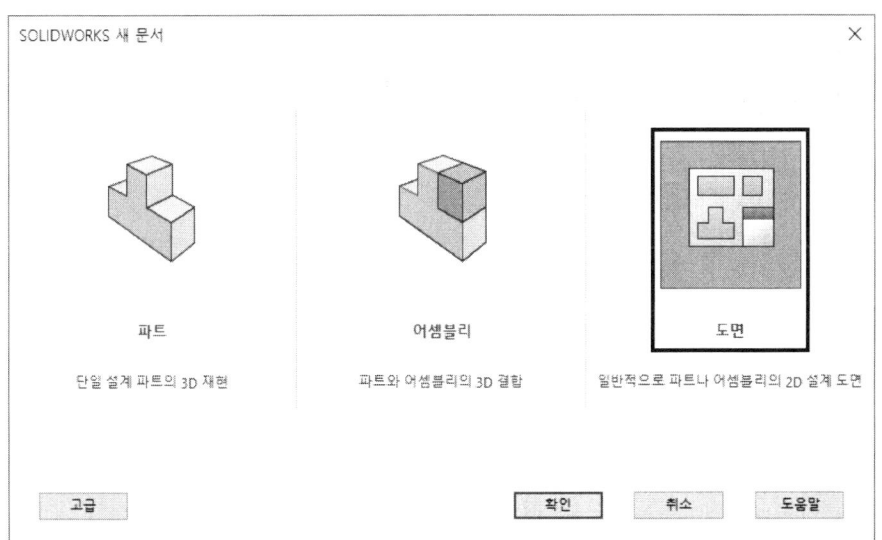

Step 02 나타나는 시트형식/크기 창에서 **취소**를 누르고, 왼쪽 모델뷰 창에서 취소(✖)를 클릭하여 창을 닫는다.

Step 03 왼쪽의 모델트리 Sheet1에서 마우스 오른쪽 버튼으로 **속성**을 클릭한다.

Step 04 시트 속성에서 **A3(ISO)**를 클릭하고, **사용자 정의 시트 크기**에 체크를 해제한다.

Step 05 모델뷰(⊙)를 클릭한다. (기준뷰-정면도를 생성하는 기능이다.)

Step 06 "찾아보기"를 클릭하고, **워터펌프_조립하기** 조립품을 선택하여 열기를 한다.

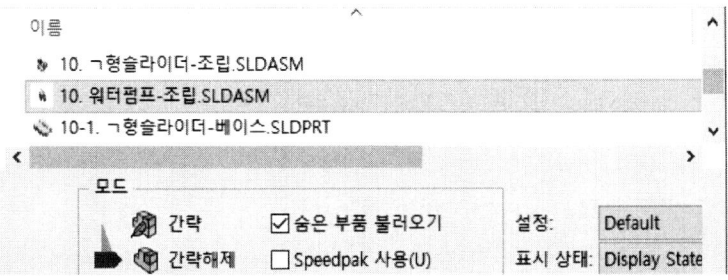

Step 07 분해된 상태 또는 모델 분리 상태로 표시에 체크를 한다.

Step 08 등각보기와 미리보기에 체크를 한다.

Step 09 화면에 마우스를 가져가서 클릭한다. 분해도가 배치되었다. 확인(✔)을 누른다.

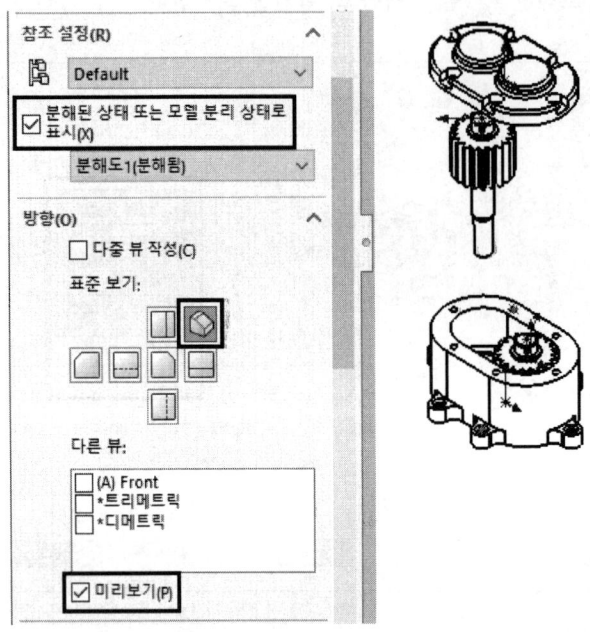

Step 10 모델뷰(🖼)를 클릭한다. (기준뷰-정면도를 생성하는 기능이다.)

Step 11 "찾아보기"를 클릭하고, **워터펌프_조립하기** 조립품을 선택하여 열기를 한다.

Step 12 **분해된 상태 또는 모델 분리 상태로 표시에 체크를 해제한다.**

Step 13 등각보기와 미리보기에 체크를 한다.

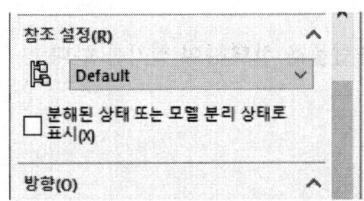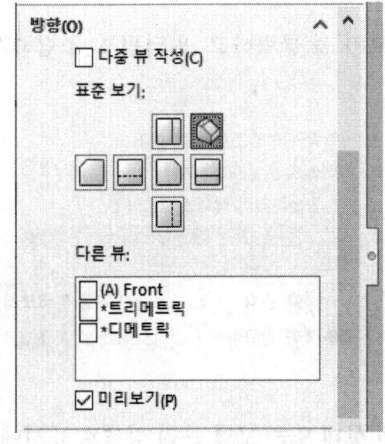

Chapter 13 도면 배치하기

Step 14 화면에 마우스를 가져가서 클릭한다. 분해도가 배치되었다. 확인(✔)을 누른다.

Step 15 도면이 완성되었다.

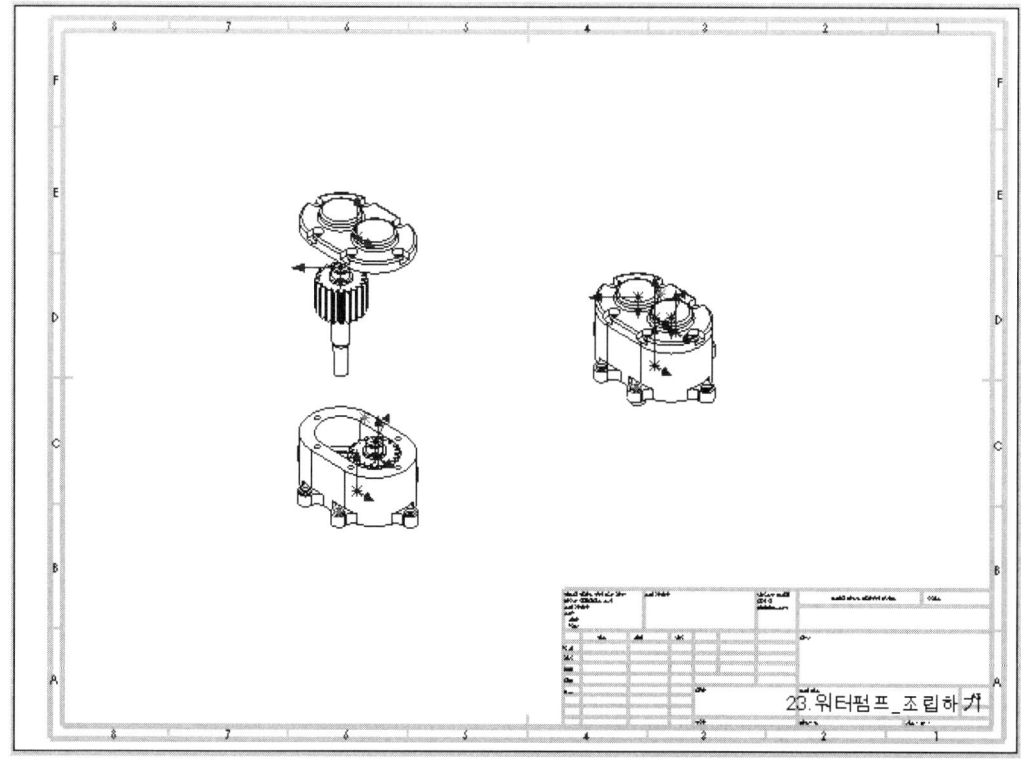

Section 8 도면 저장 및 인쇄하기

Step 01 저장(💾)을 클릭하여 **도면배치하기_분해도.SLDPRT**를 입력하고 저장한다.

Step 02 인쇄(🖨)를 클릭한다.

Step 03 프린터 or 플롯을 지정하고, 페이지 설정을 클릭한다.

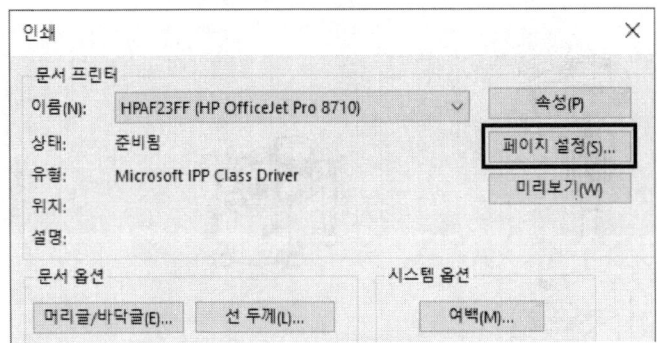

Step 04 배율 100%, 용지크기 A3, 흑백, 가로방향으로 설정한다.

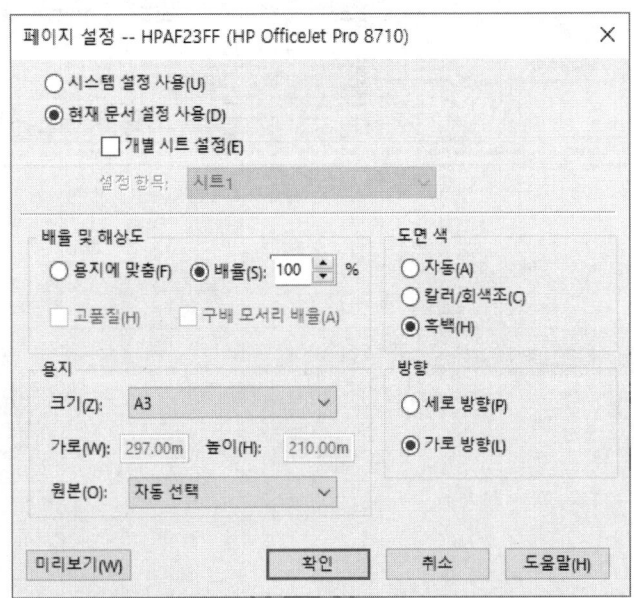

Step 05 확인을 클릭하여 인쇄를 한다.

Chapter 14

SOLIDWORKS

연습도면 작성하기 A

연습도면 01~44
연습도면 45 바이스
연습도면 46 브라켓
연습도면 47 지지대 1 (Support 1)
연습도면 48 지지대 2 (Support 2)
연습도면 49 플랜지 1 (Flange 1)
연습도면 50 플랜지 2 (Flange 2)
연습도면 51 휠 커버 (Wheel Cover)
연습도면 52 동력전달장치 - 베이스
연습도면 53 동력전달장치 - 축
연습도면 54 V-벨트 풀리
연습도면 55 90도 엘보우 관
연습도면 56 리밍지그
연습도면 57 동력전달장치 Ⅰ
연습도면 58 동력전달장치 Ⅱ
연습도면 59 편심왕복장치
연습도면 60 축 받힘 장치

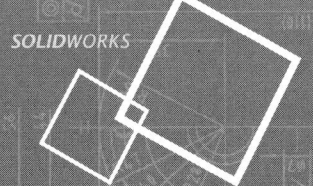
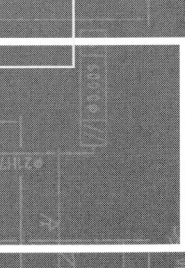

연습도면 01

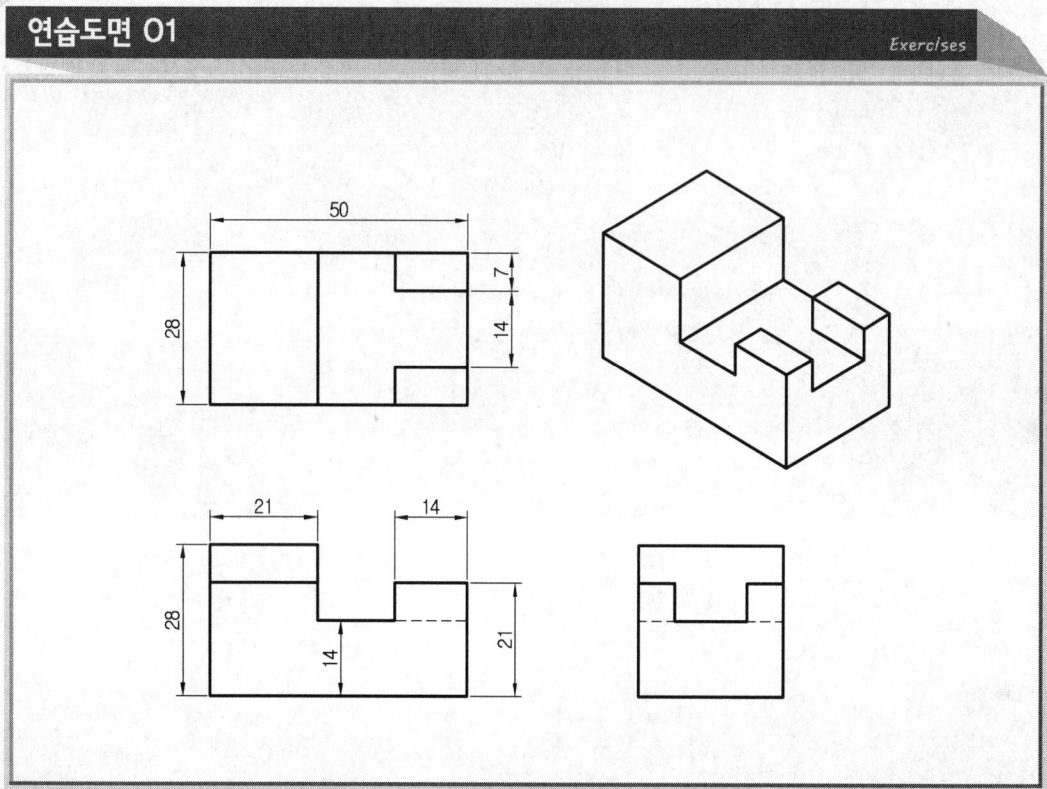

연습도면 02

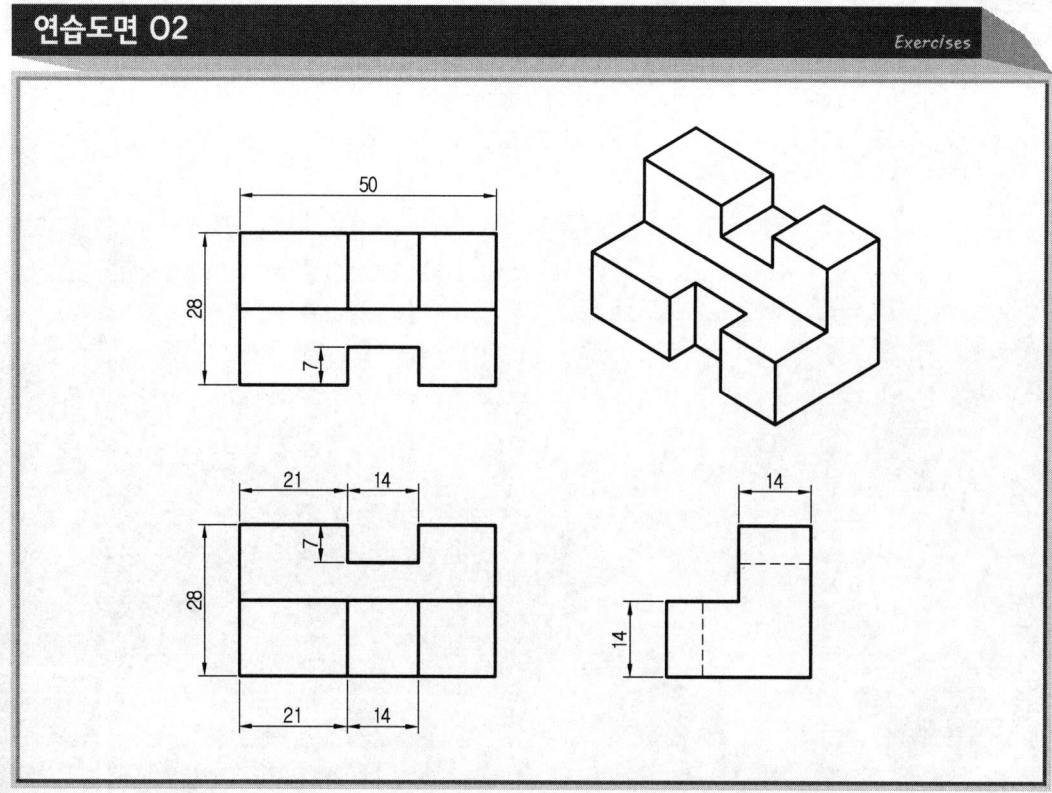

연습도면 03

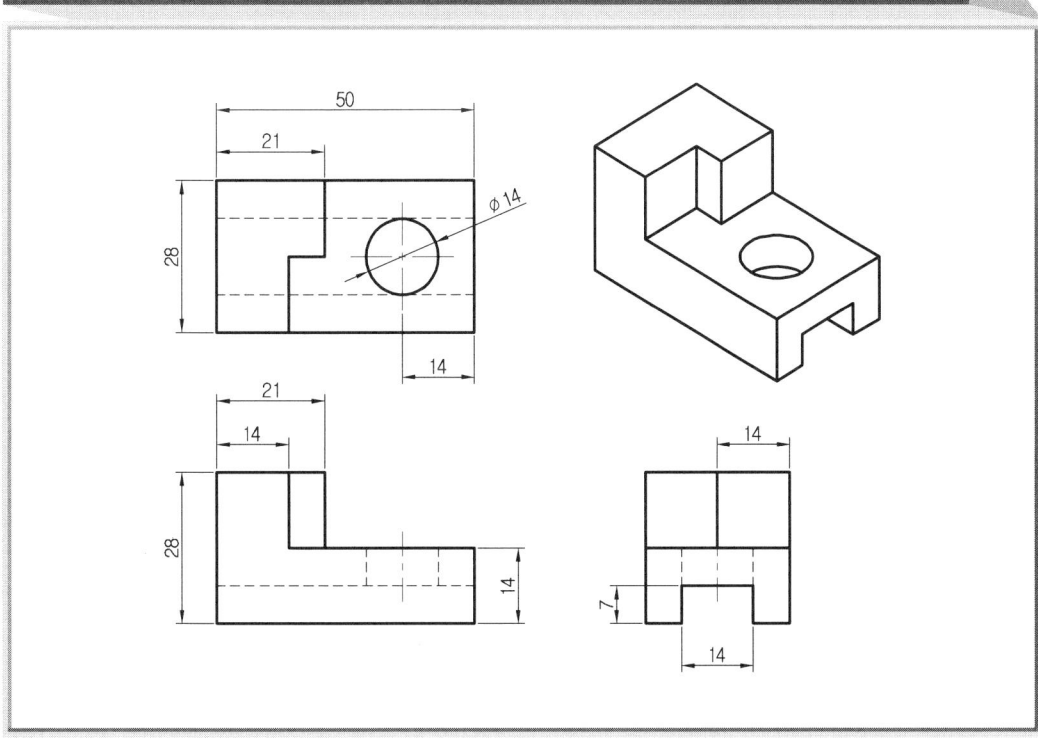

연습도면 04

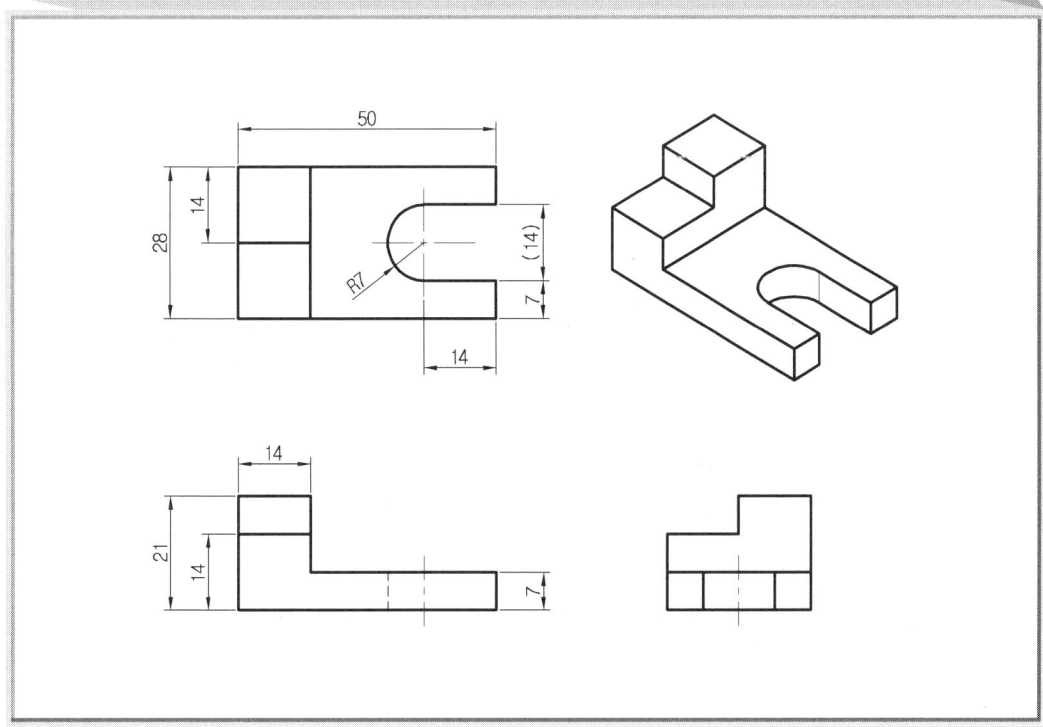

연습도면 05

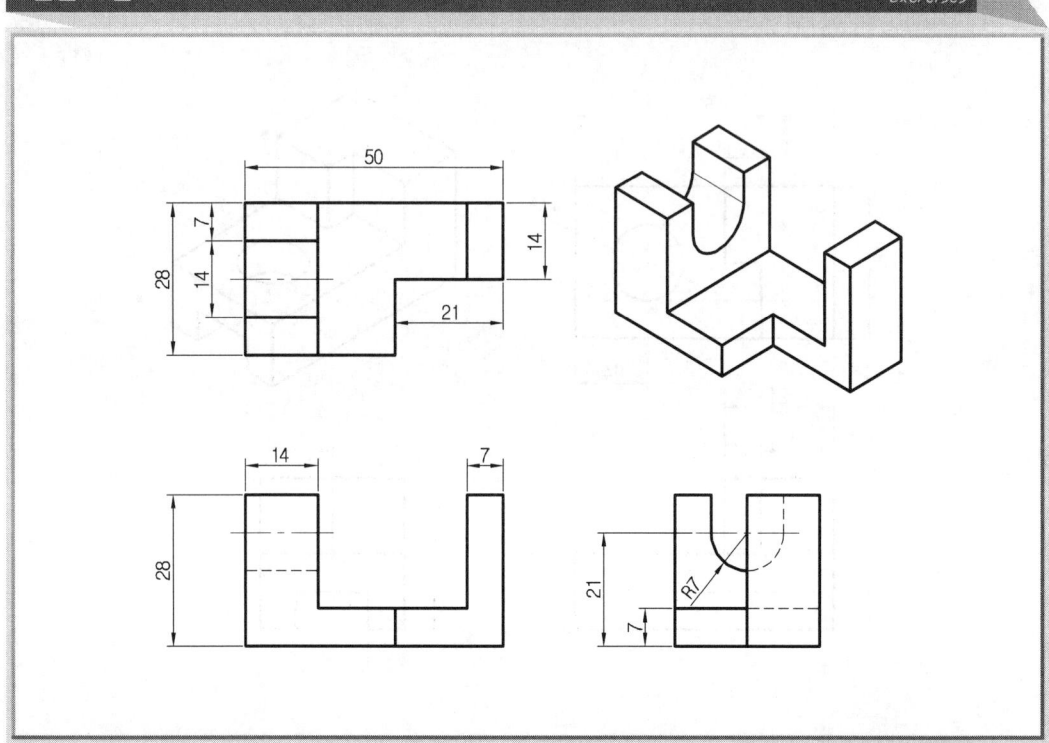

연습도면 06

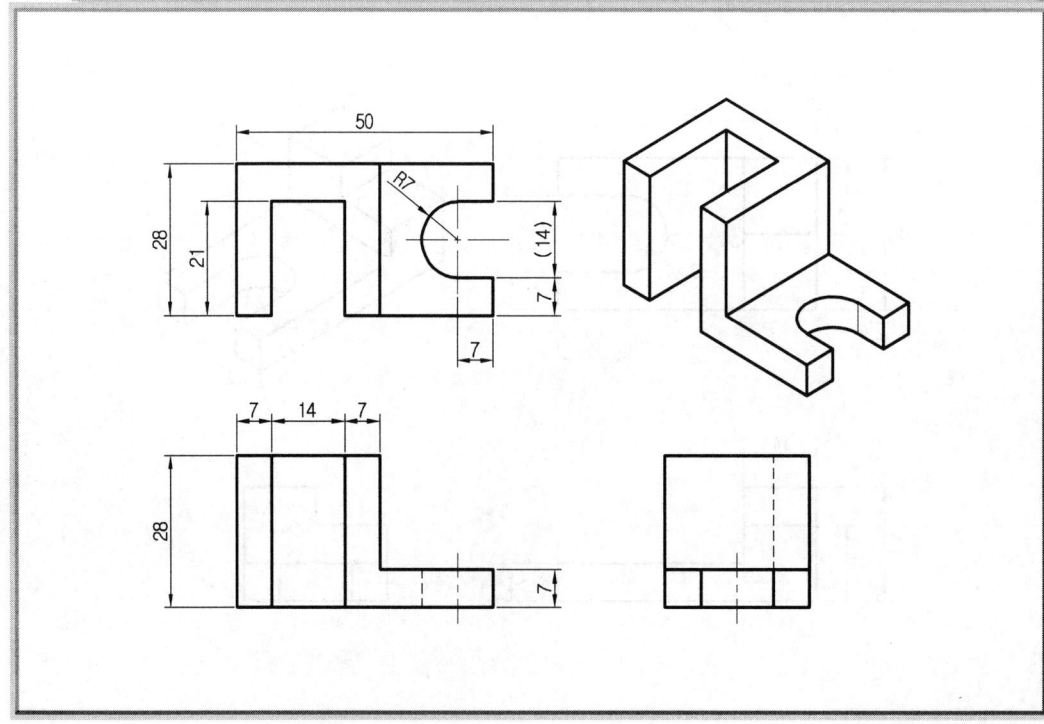

연습도면 07

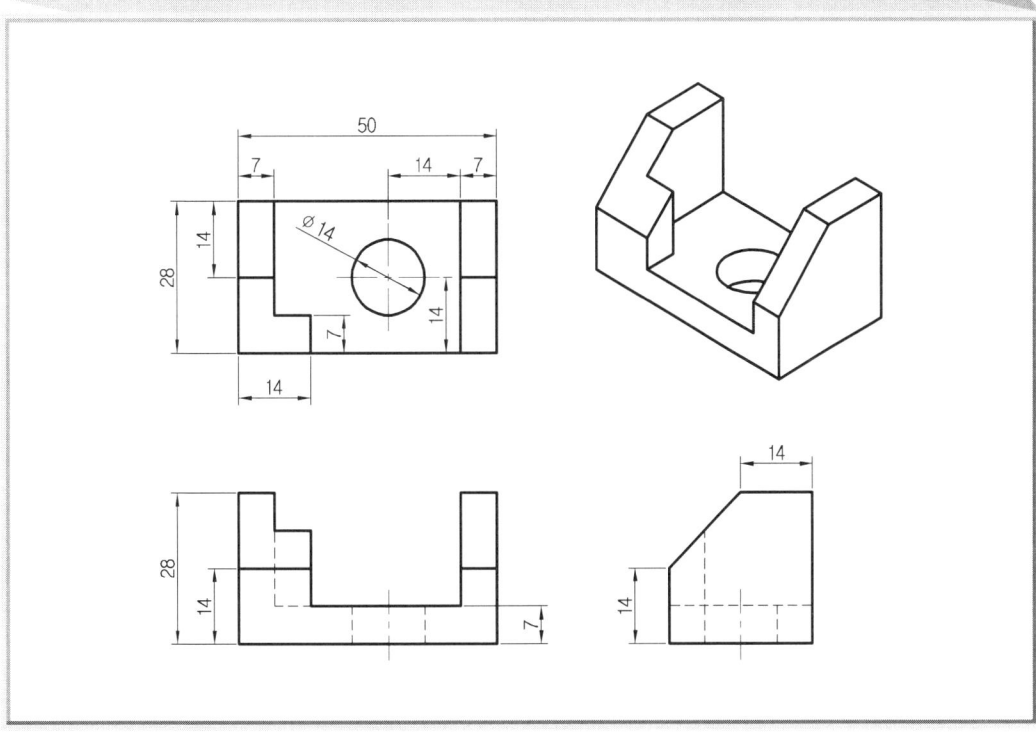

연습도면 08

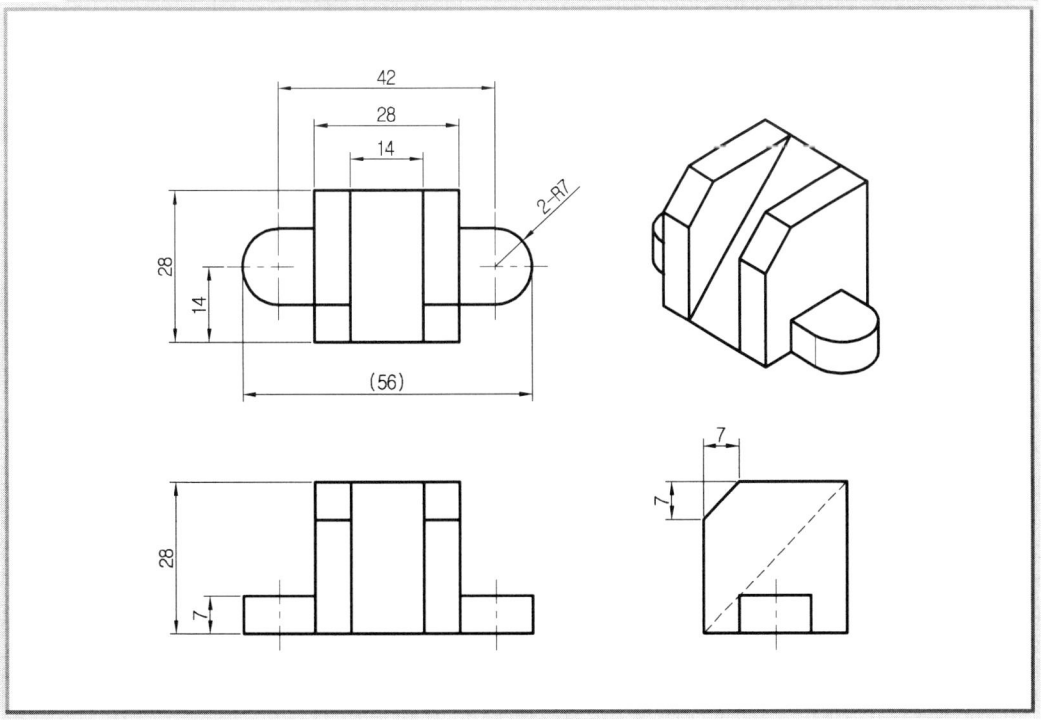

연습도면 09

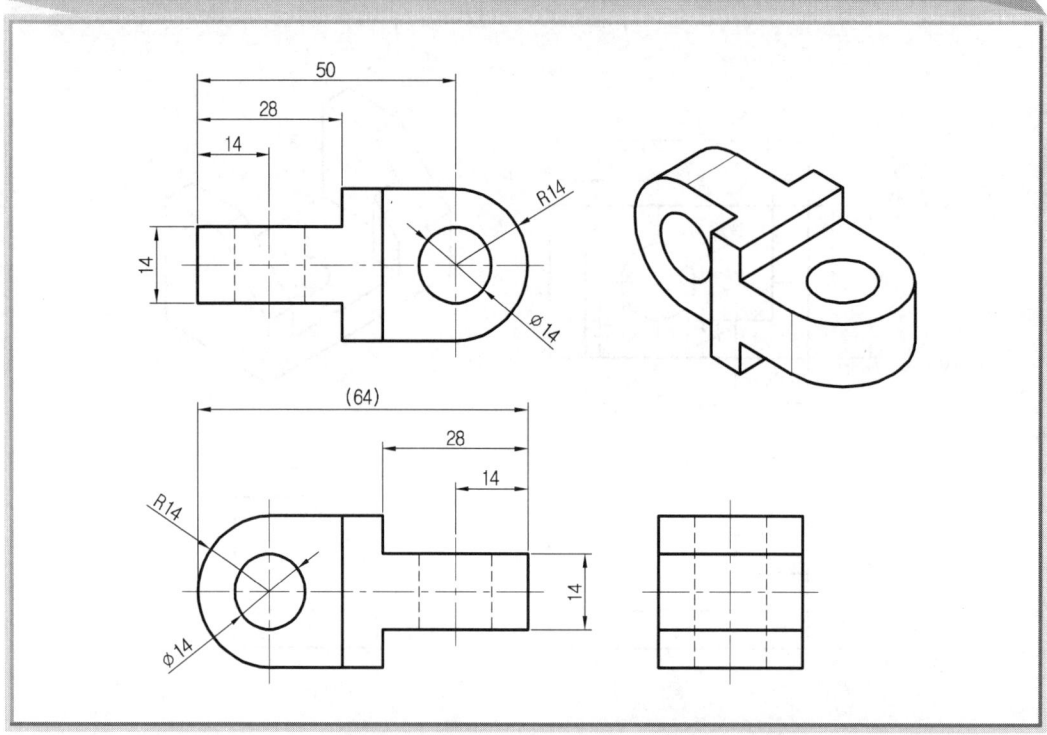

연습도면 10

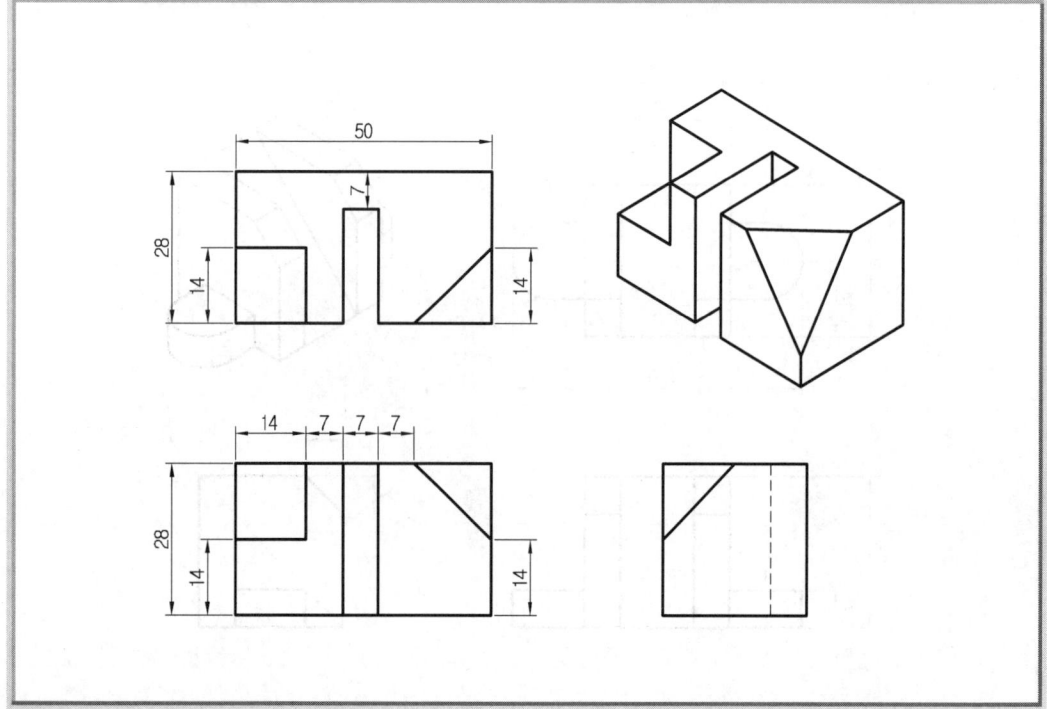

연습도면 11

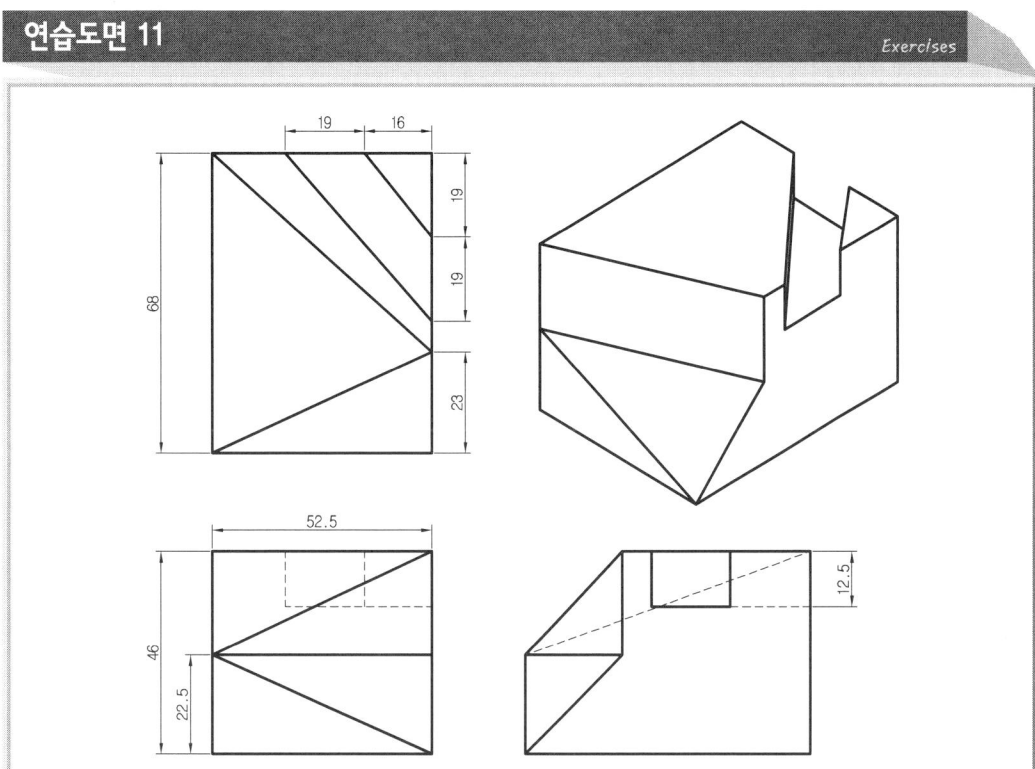

연습도면 12

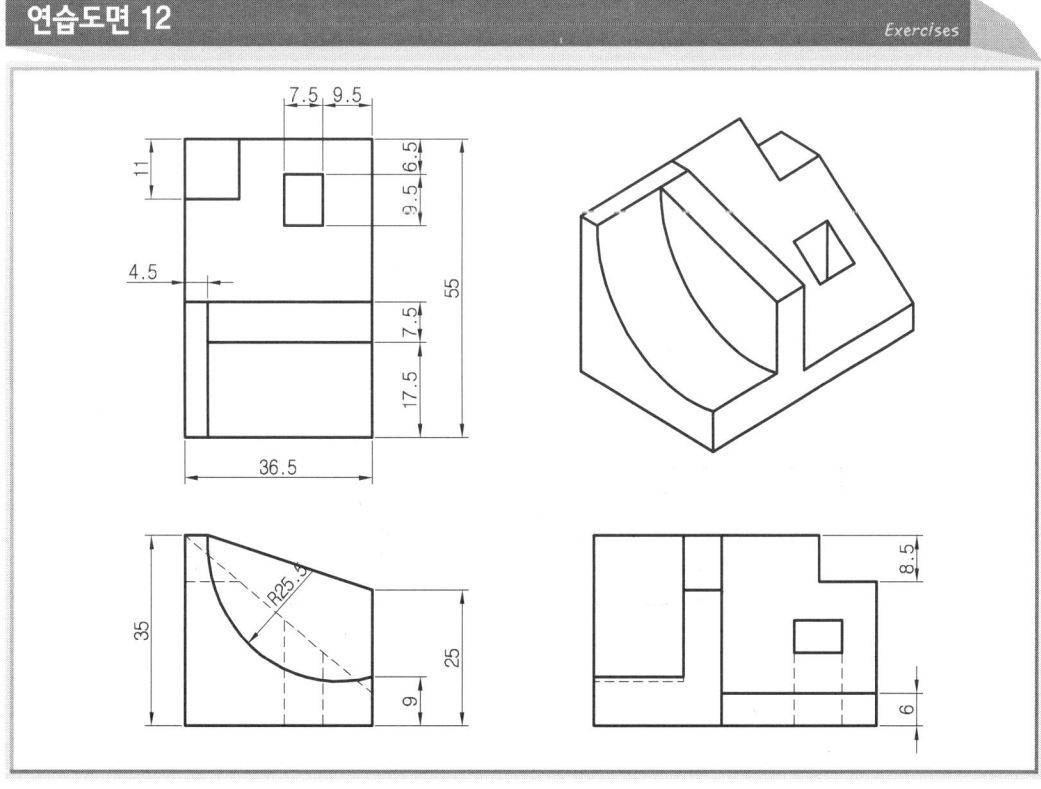

연습도면 13

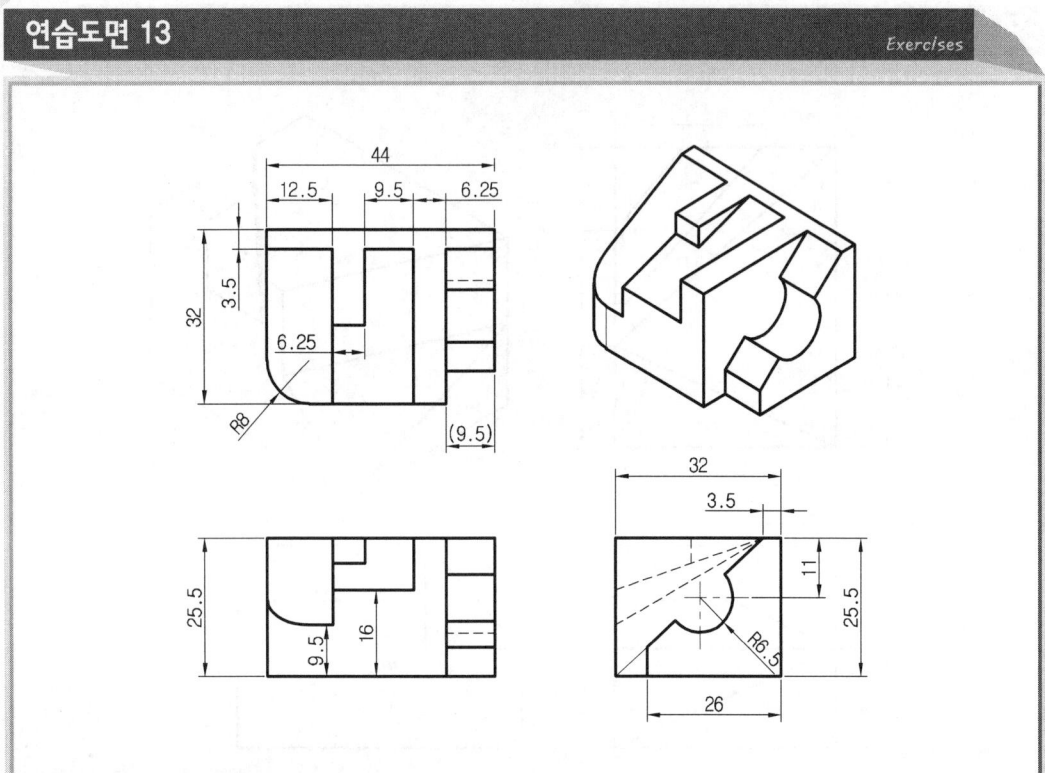

연습도면 14

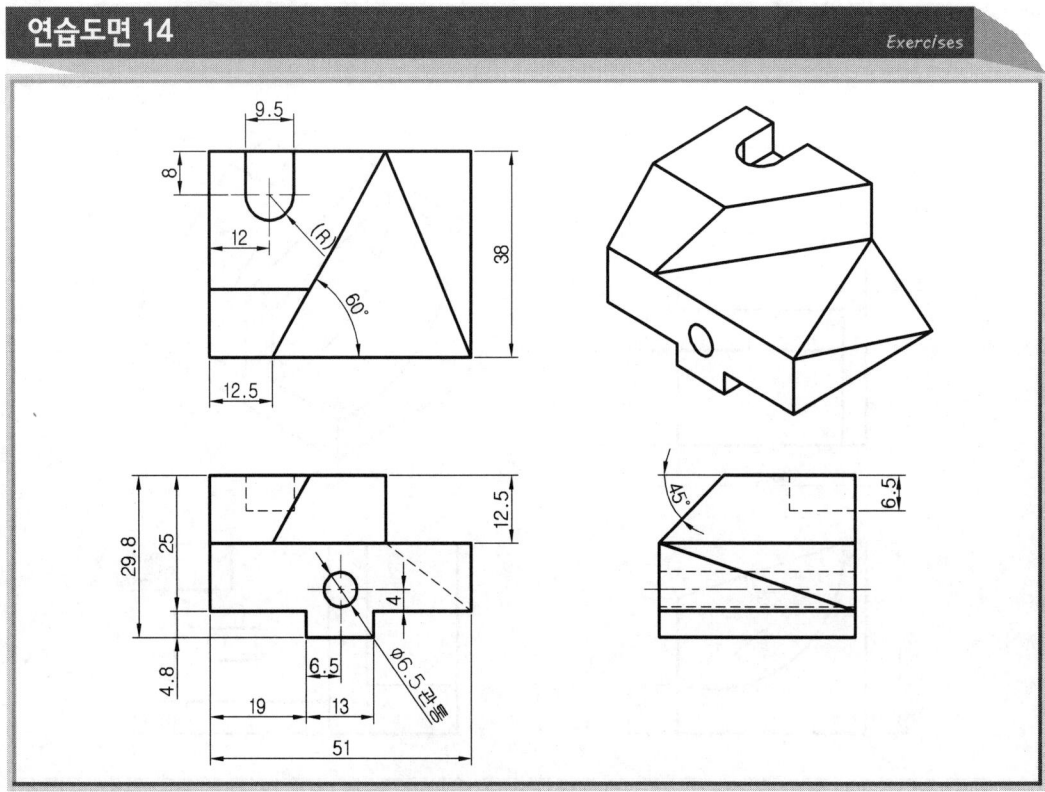

연습도면 15

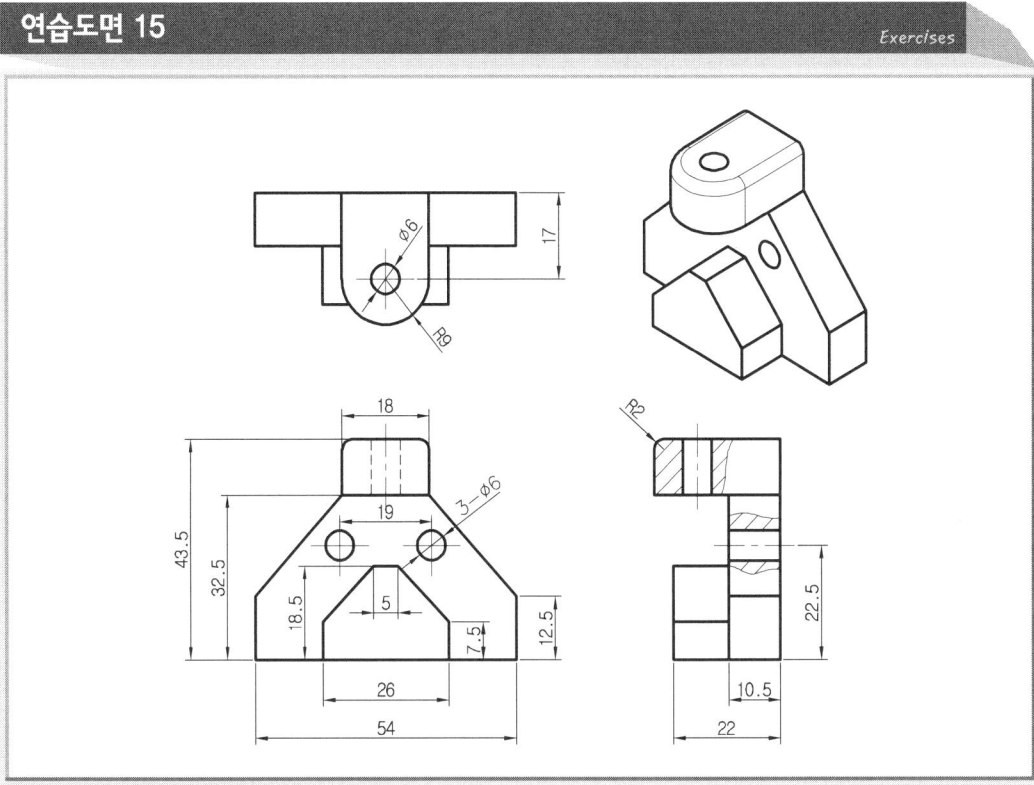

연습도면 16

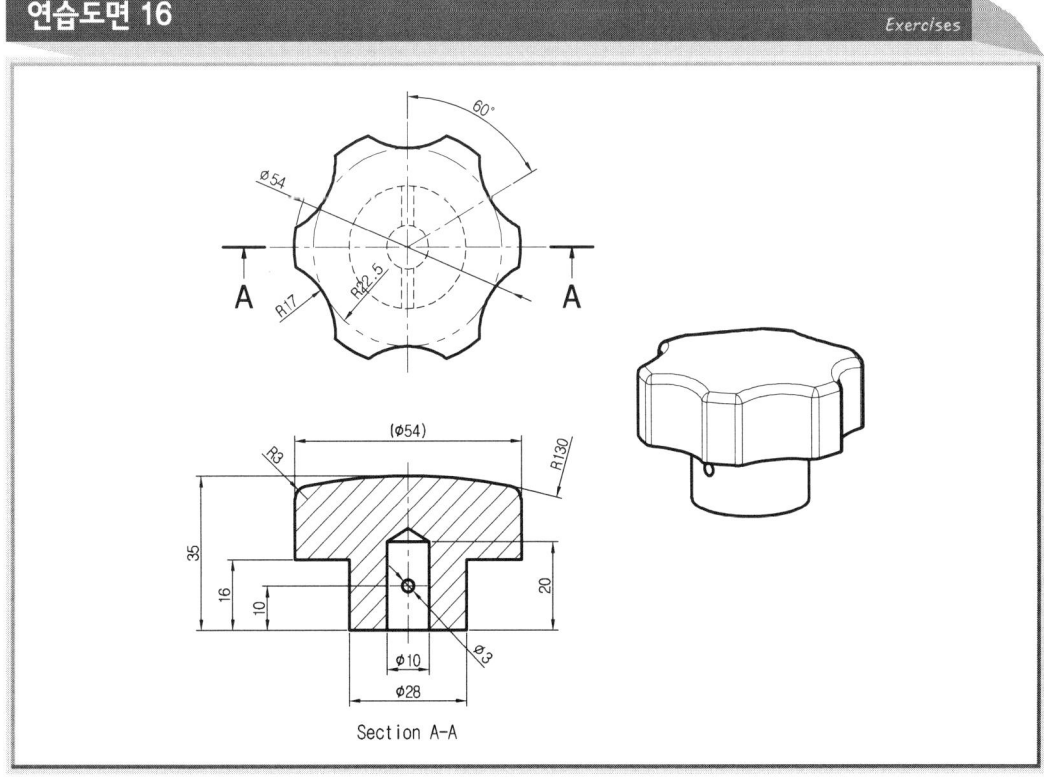

Section A-A

연습도면 17

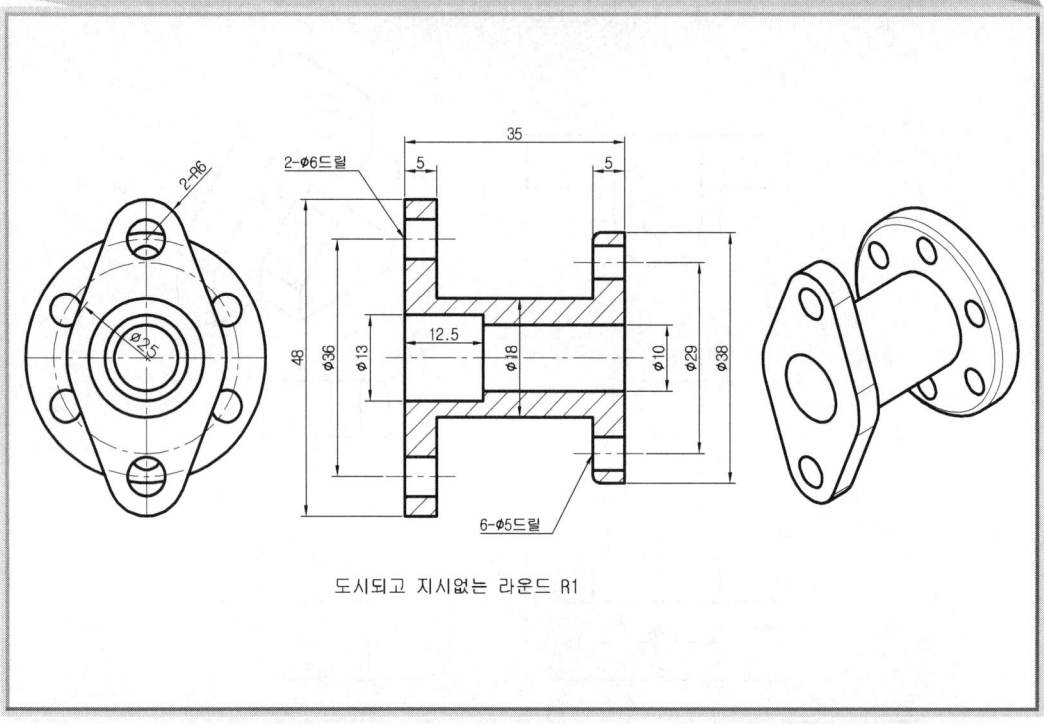

도시되고 지시없는 라운드 R1

연습도면 18

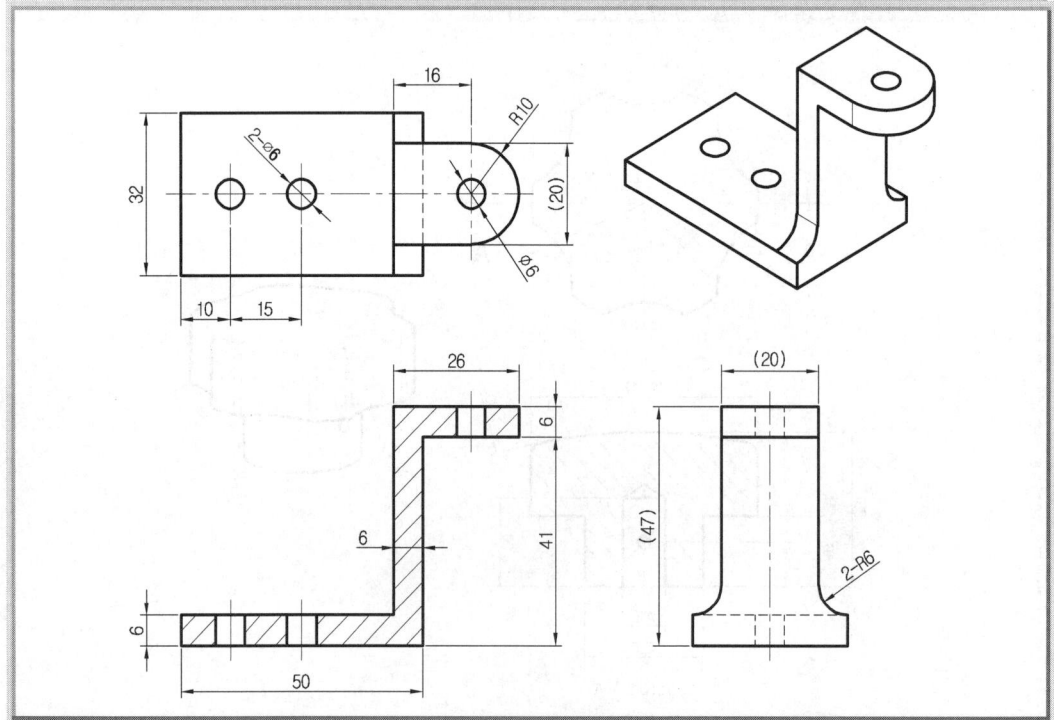

연습도면 19

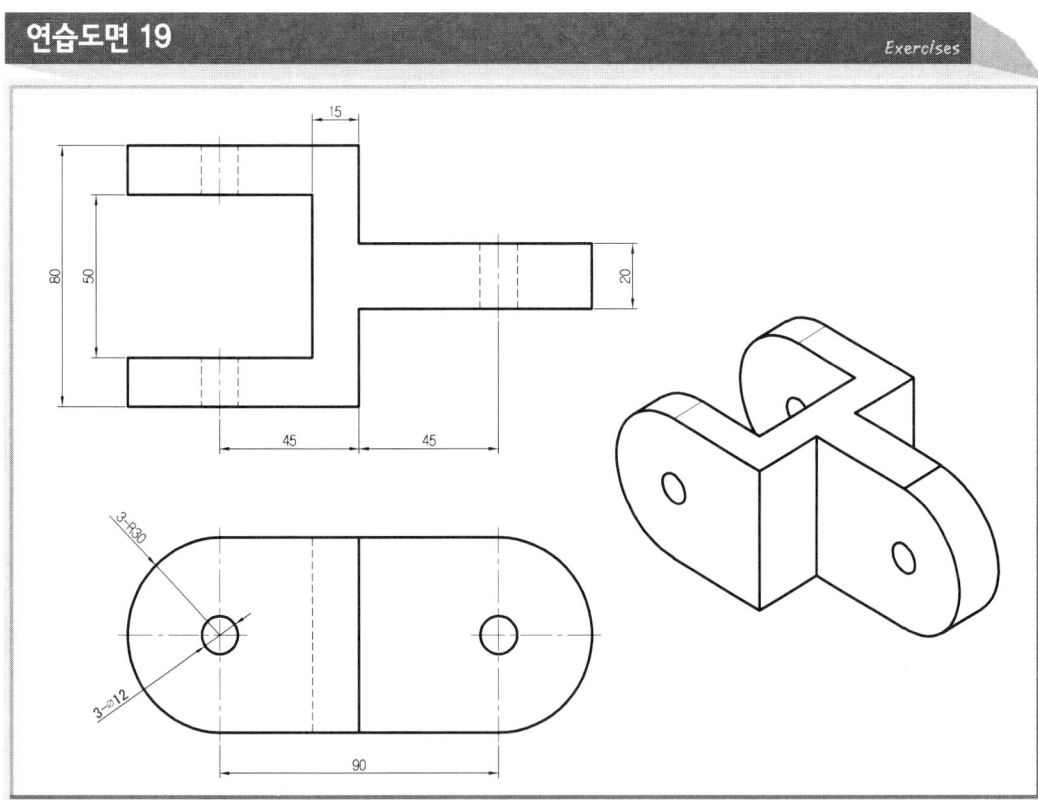

연습도면 20

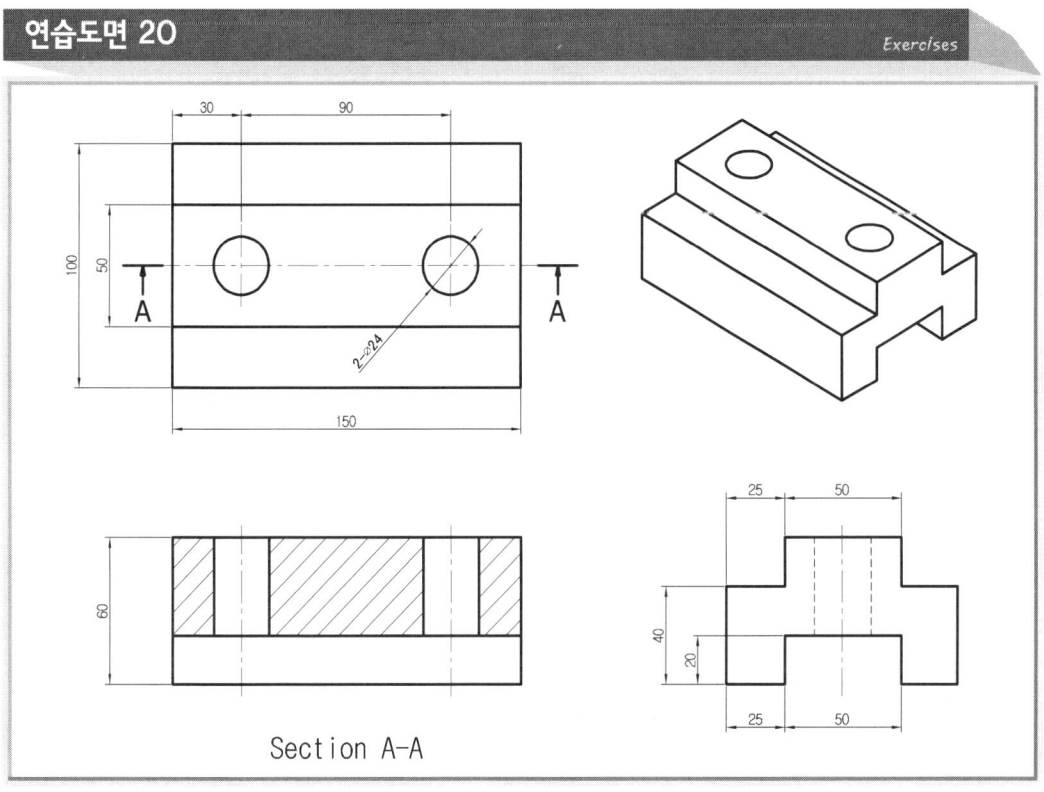

Section A-A

연습도면 21

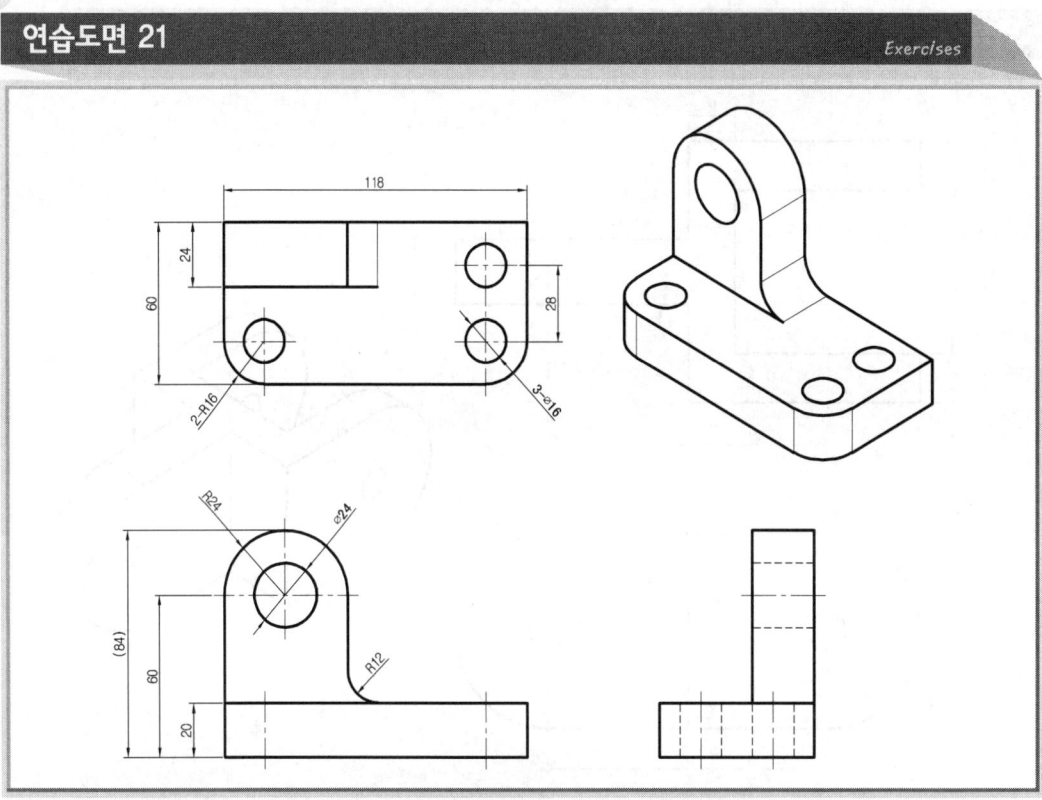

연습도면 22

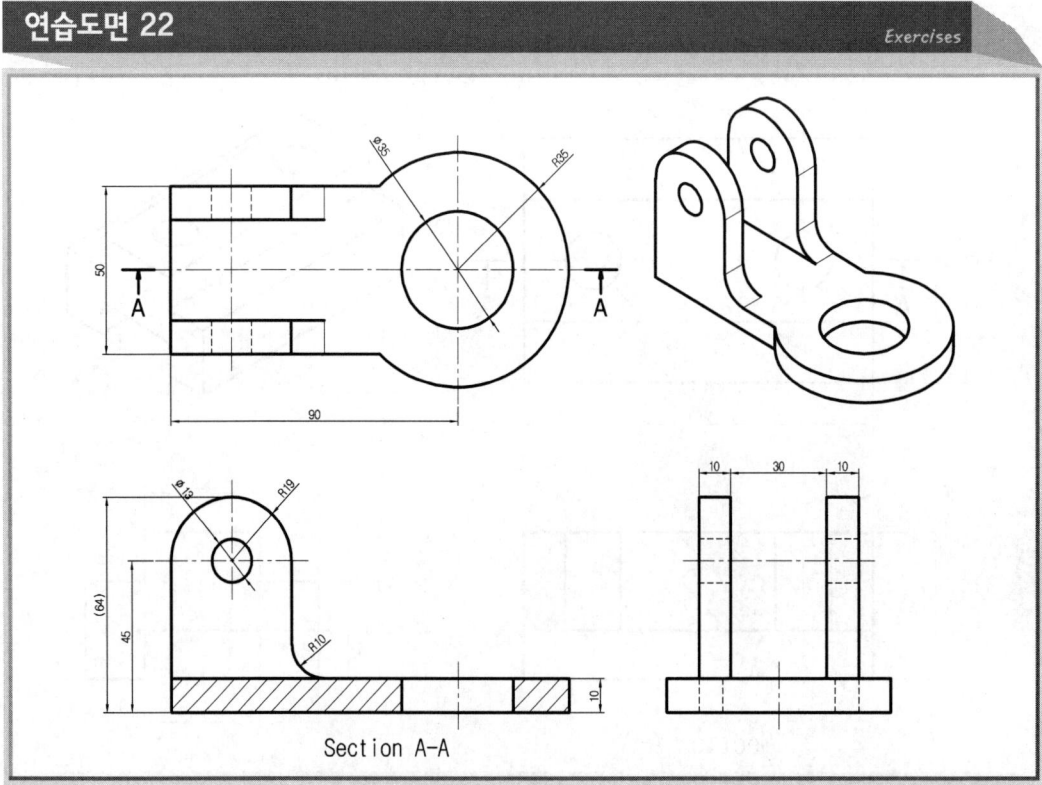

Section A-A

연습도면 23

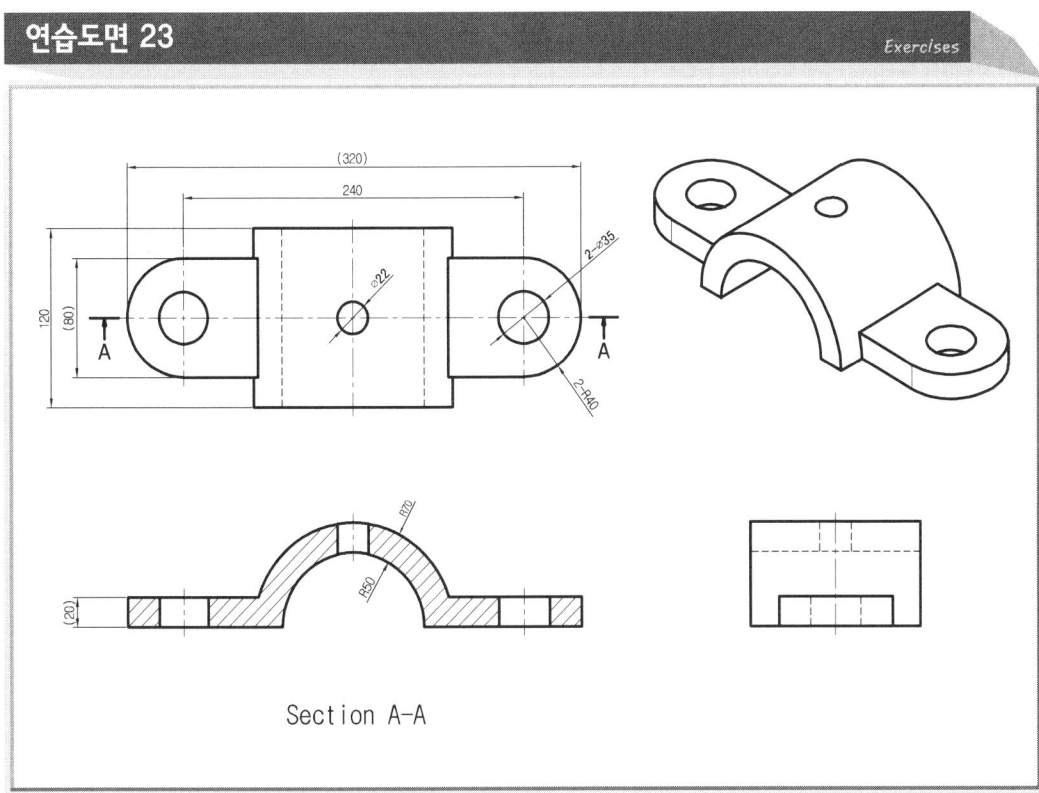

Section A-A

연습도면 24

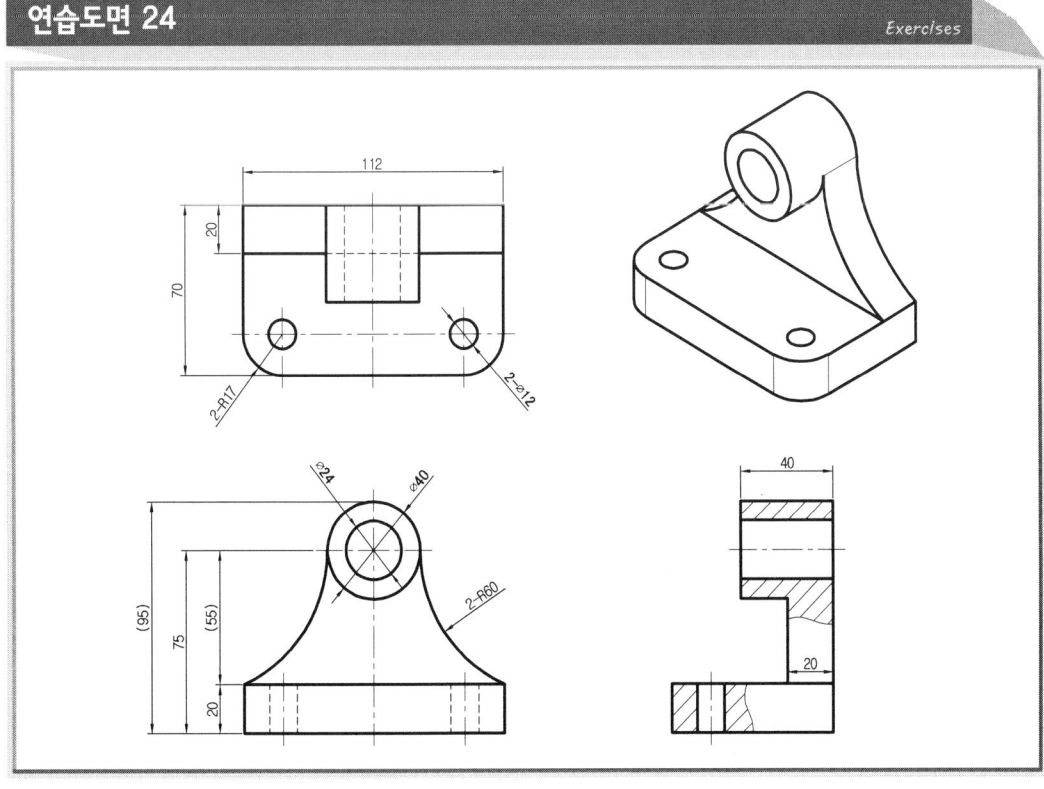

연습도면 25

Exercises

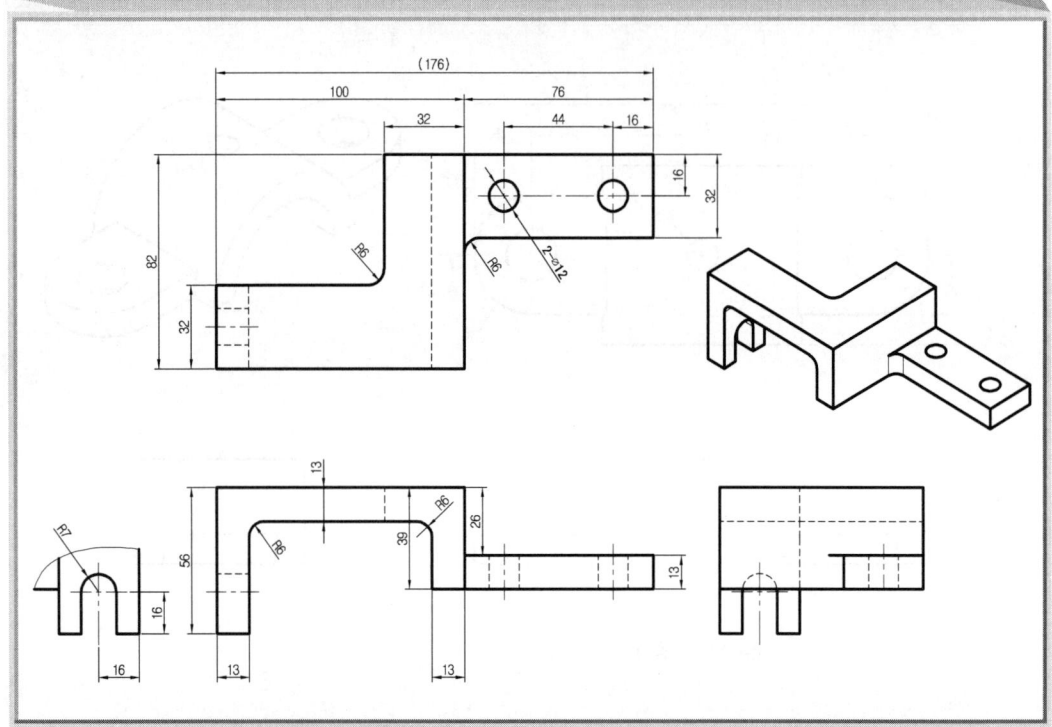

연습도면 26

Exercises

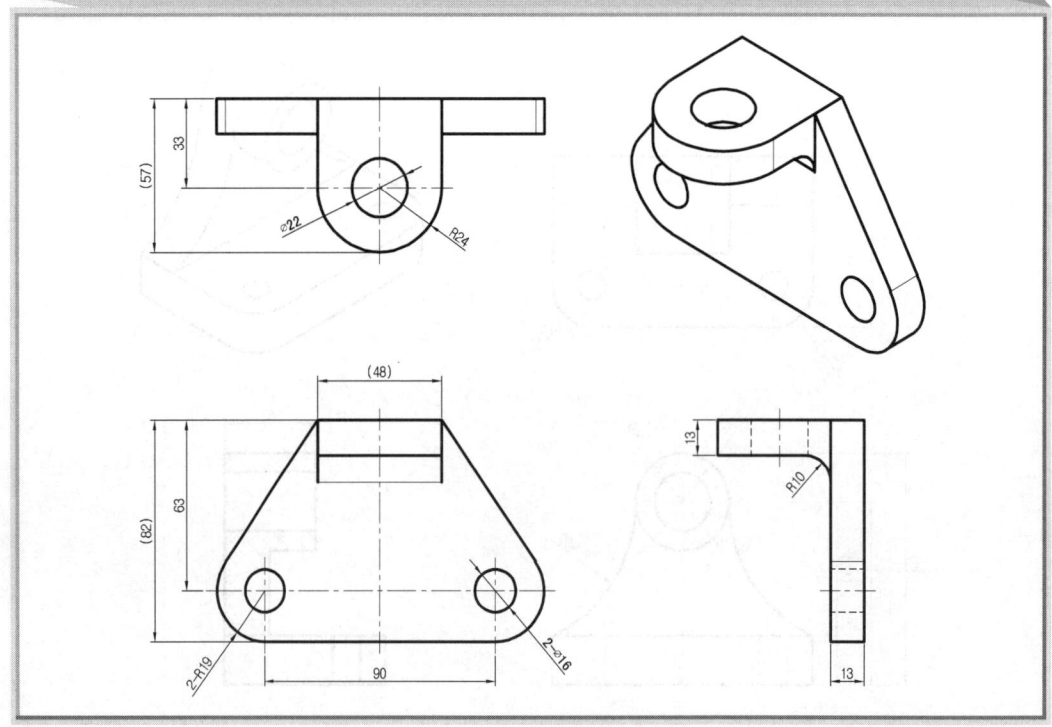

연습도면 27

연습도면 28

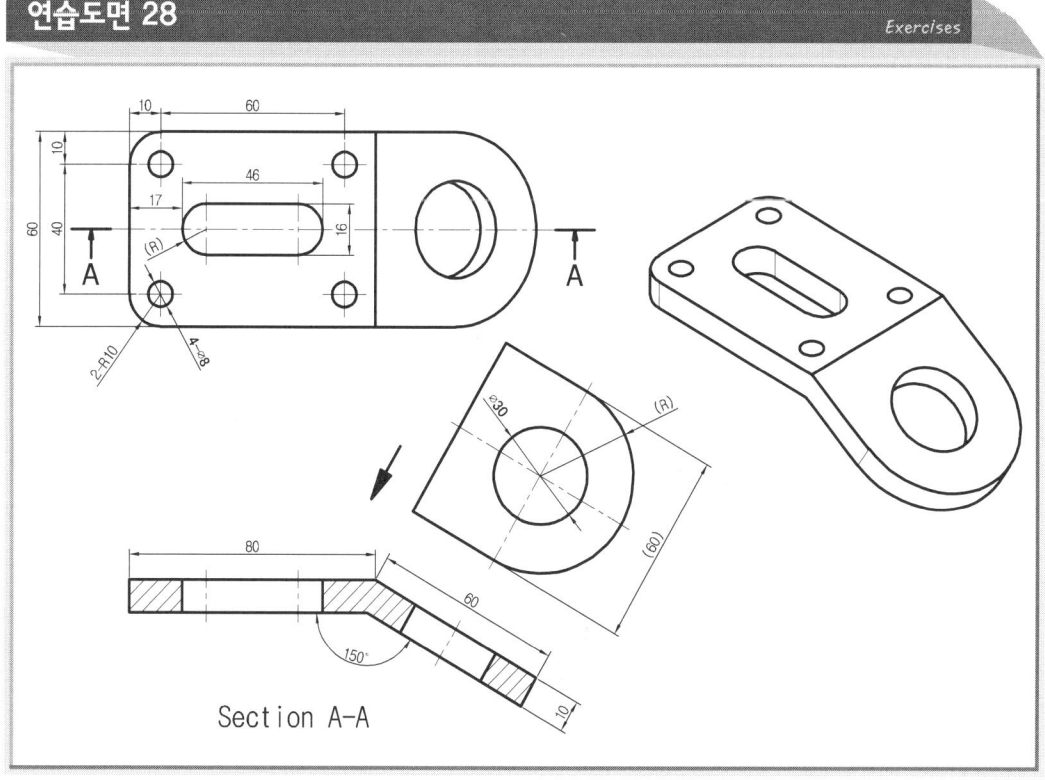

연습도면 29

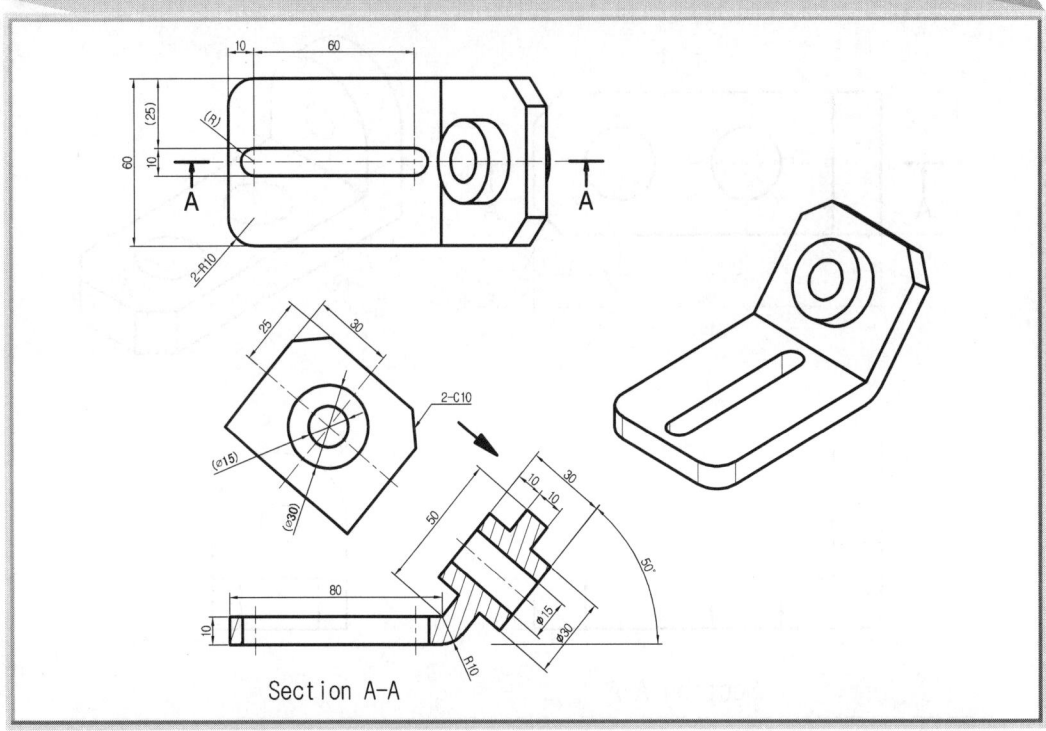

연습도면 30

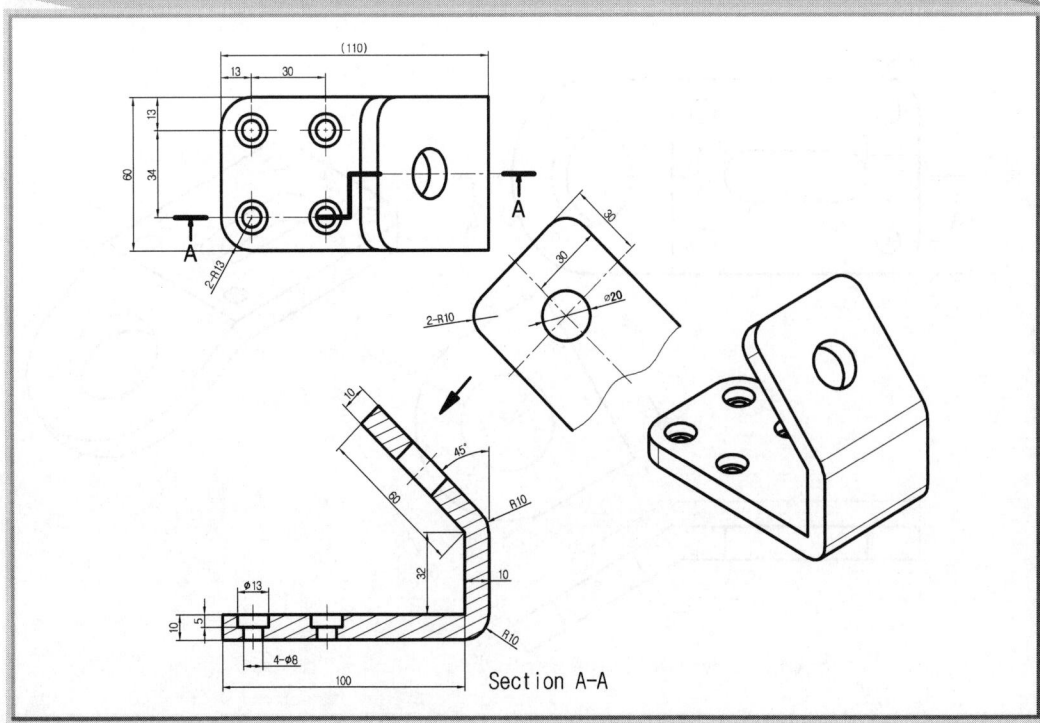

연습도면 31

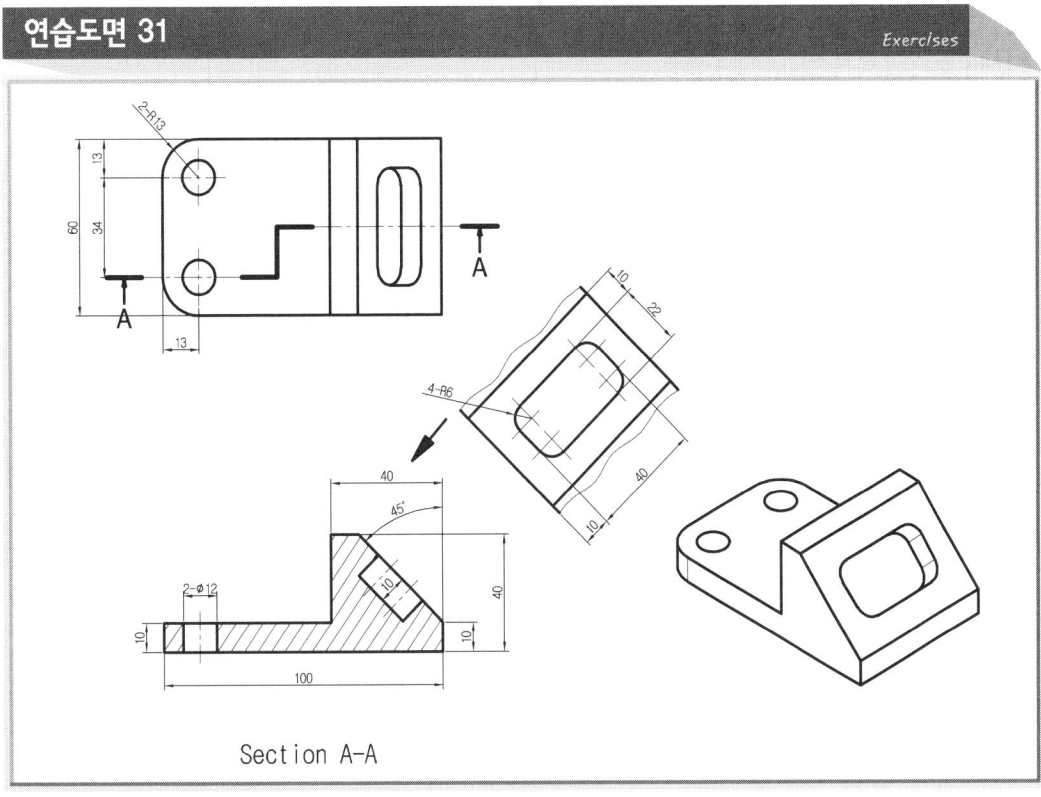

Section A-A

연습도면 32

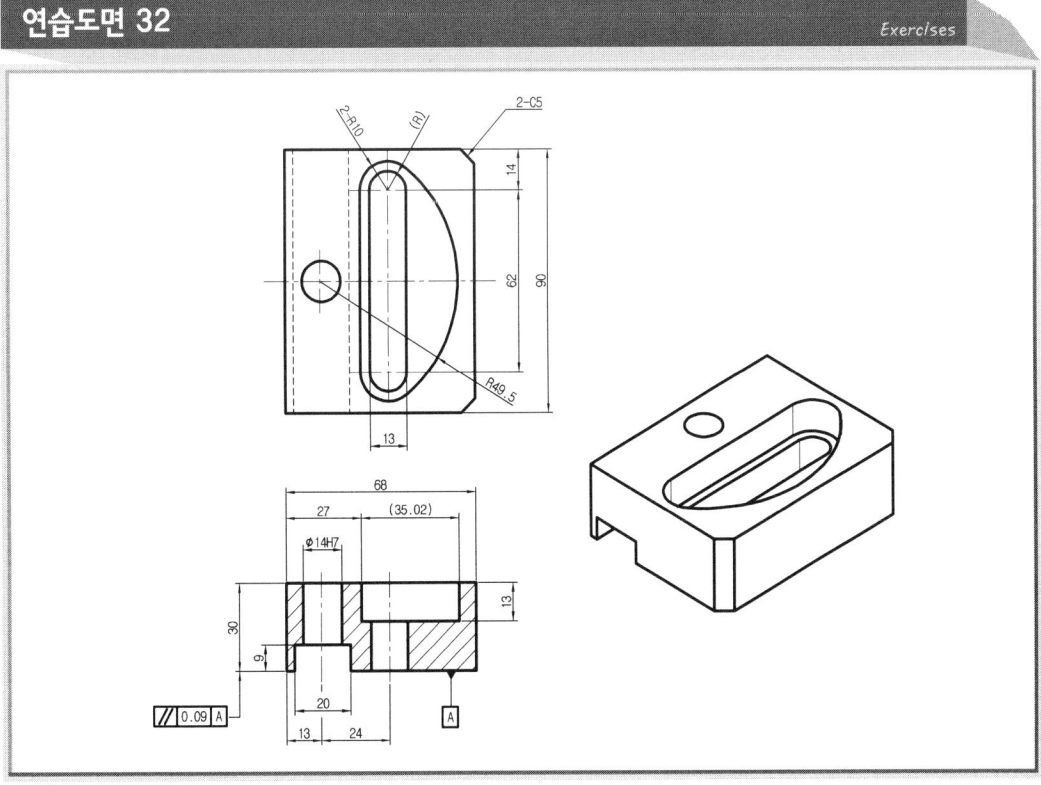

연습도면 33

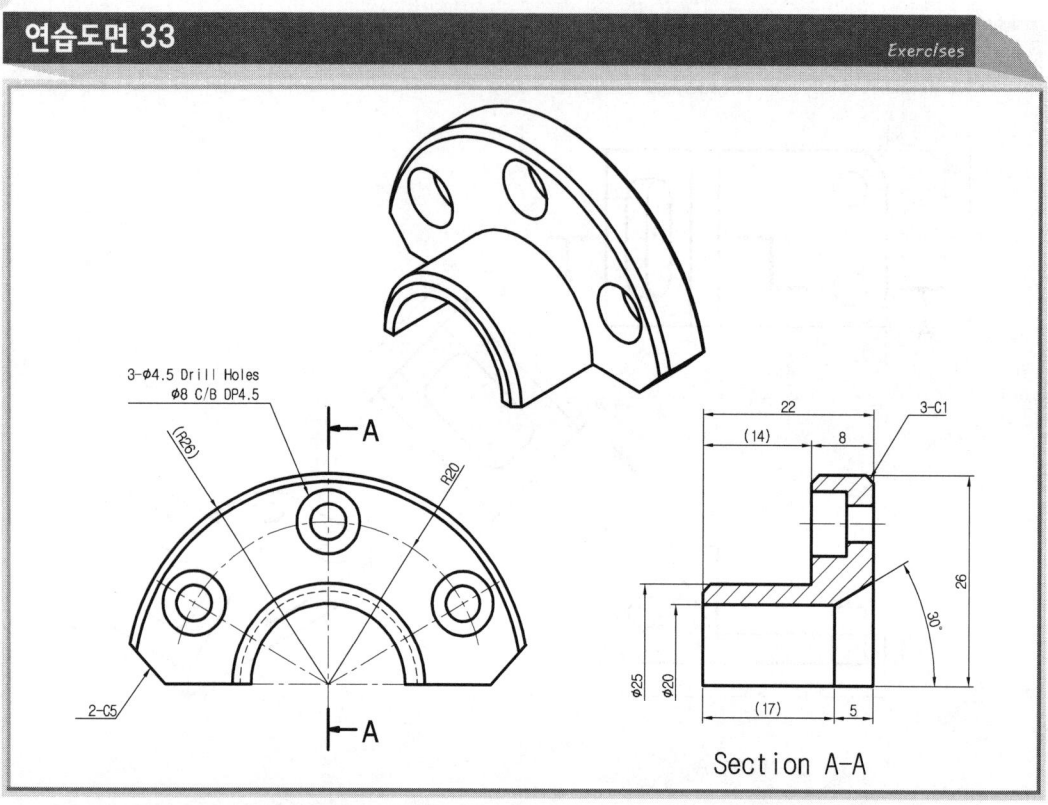

연습도면 34

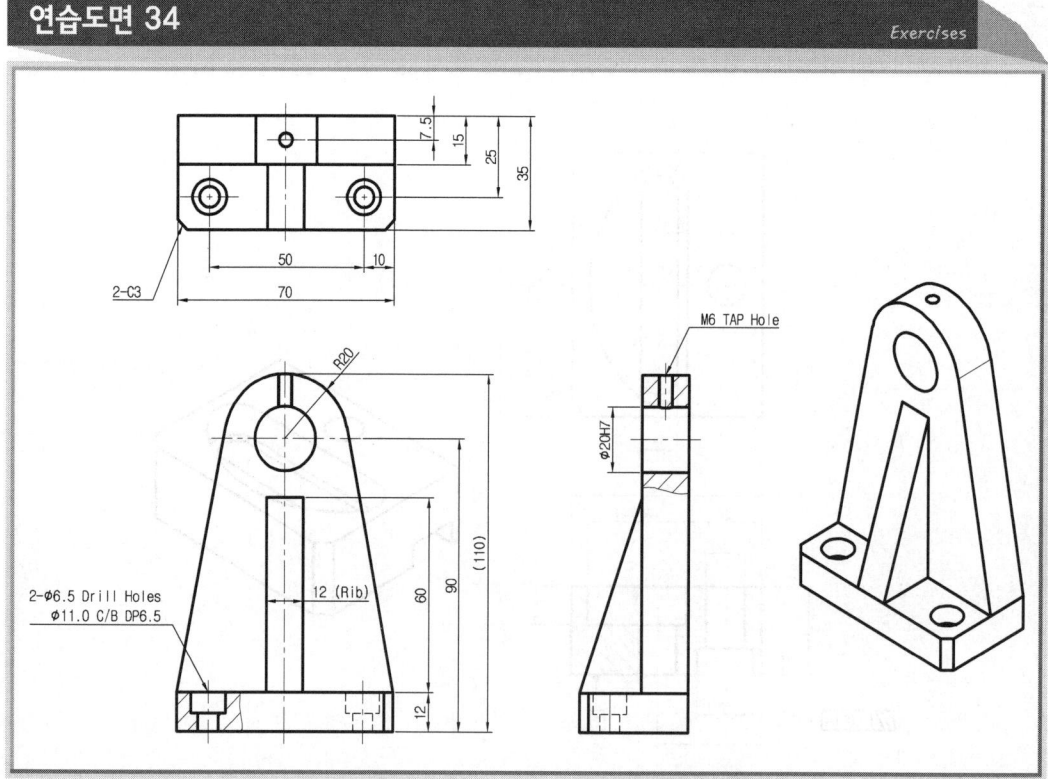

연습도면 35

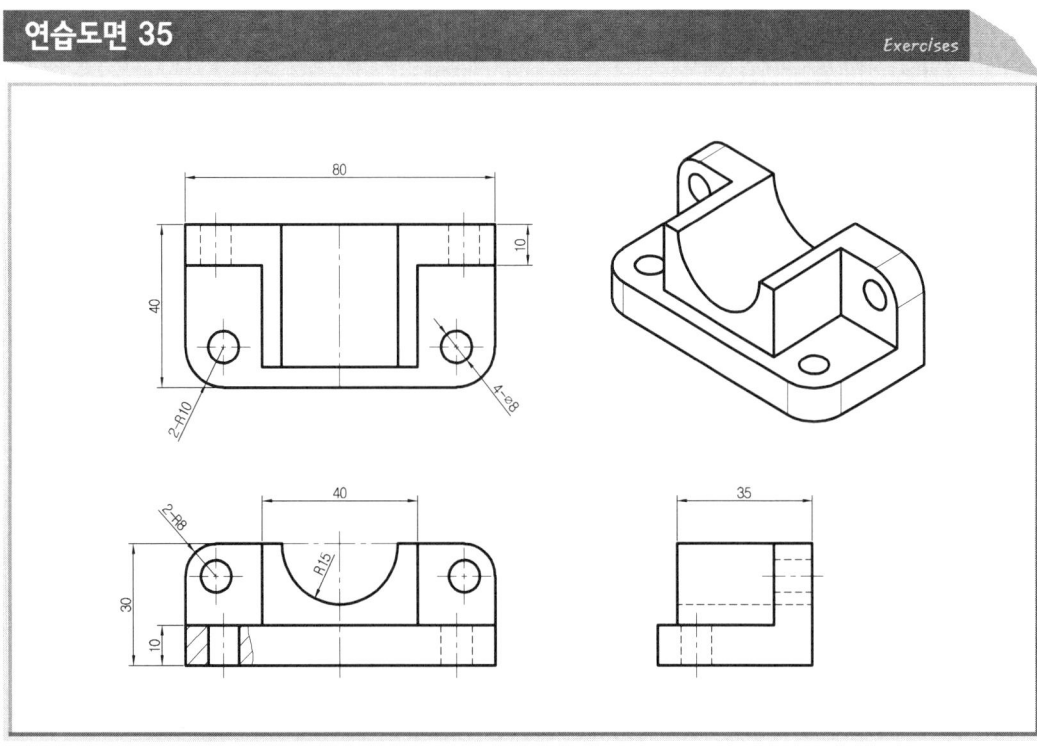

연습도면 36

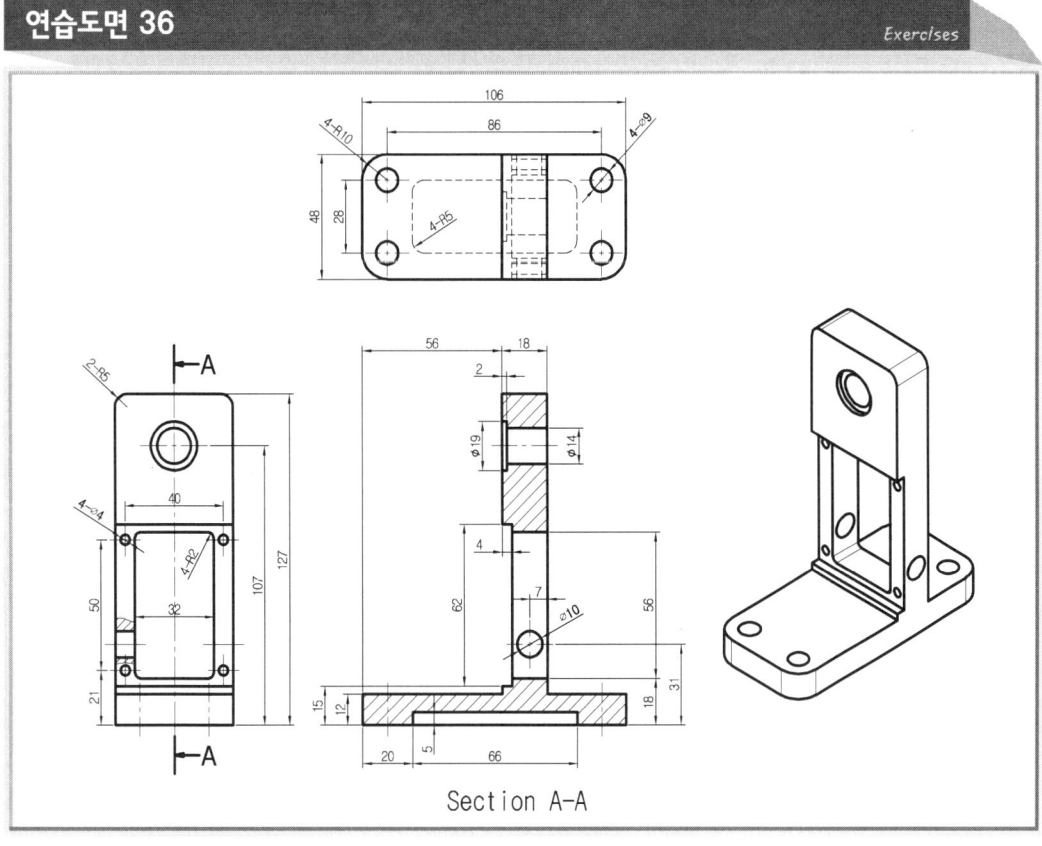

Section A-A

연습도면 37

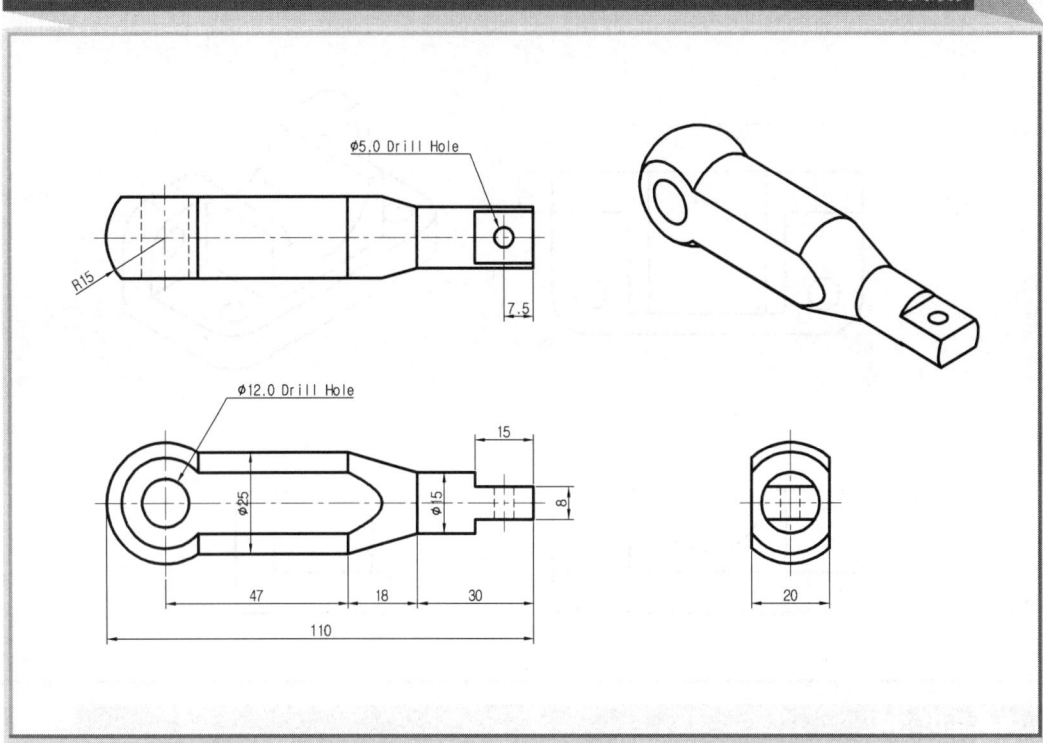

연습도면 38

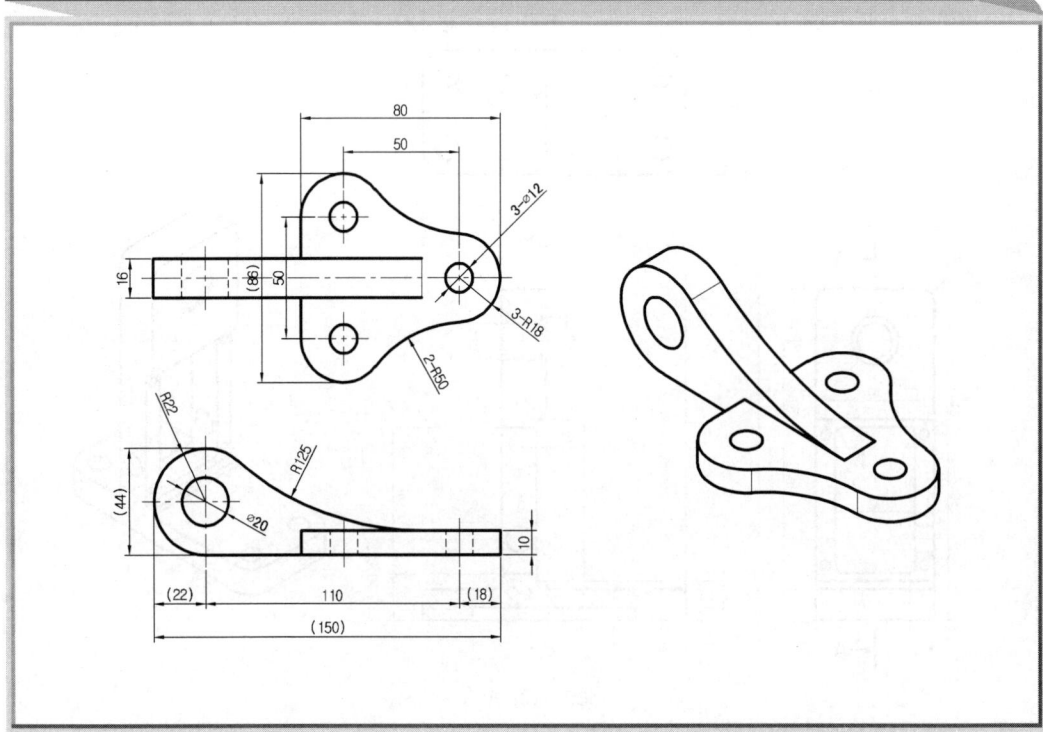

연습도면 39

연습도면 40

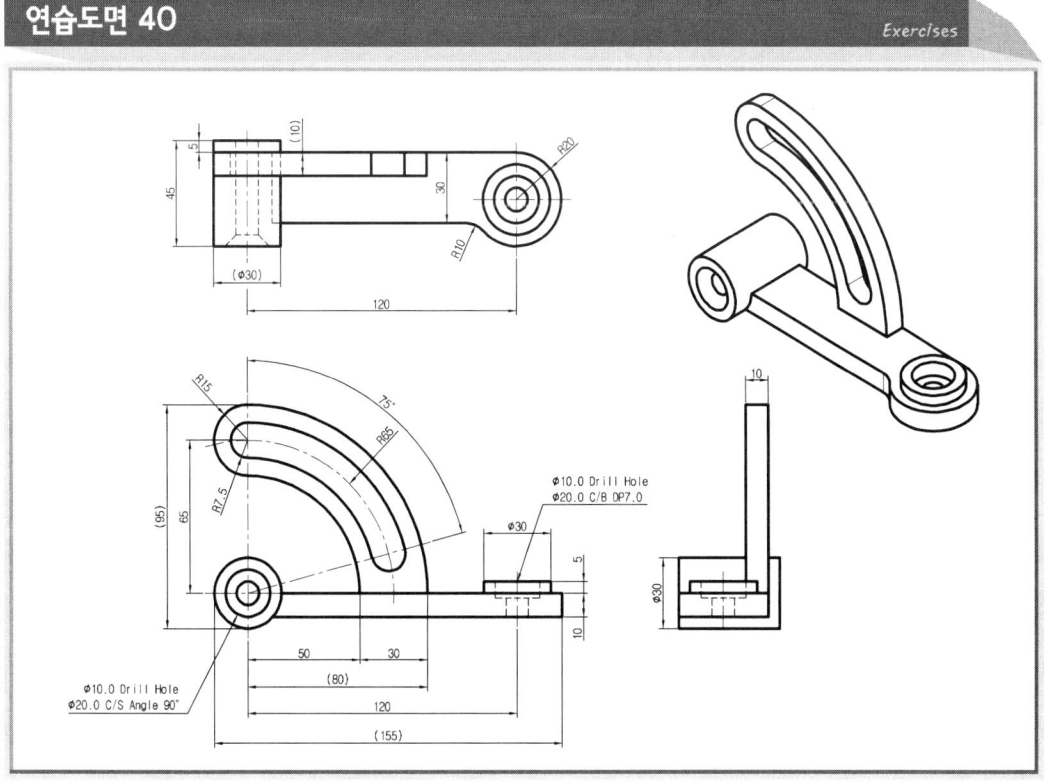

연습도면 41

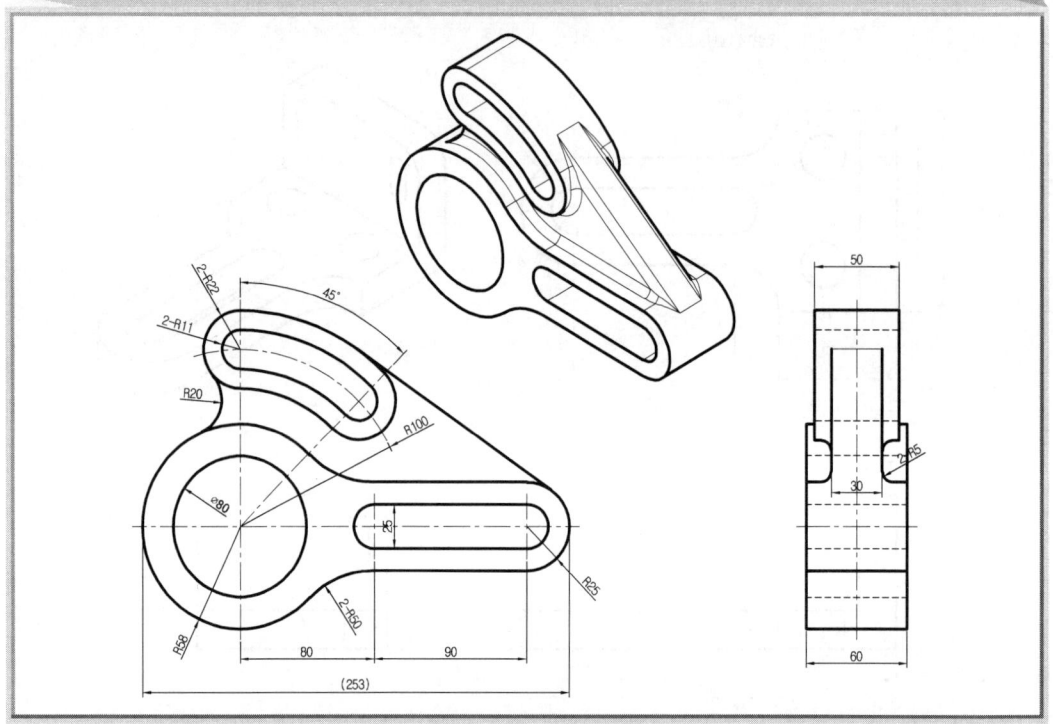

연습도면 42

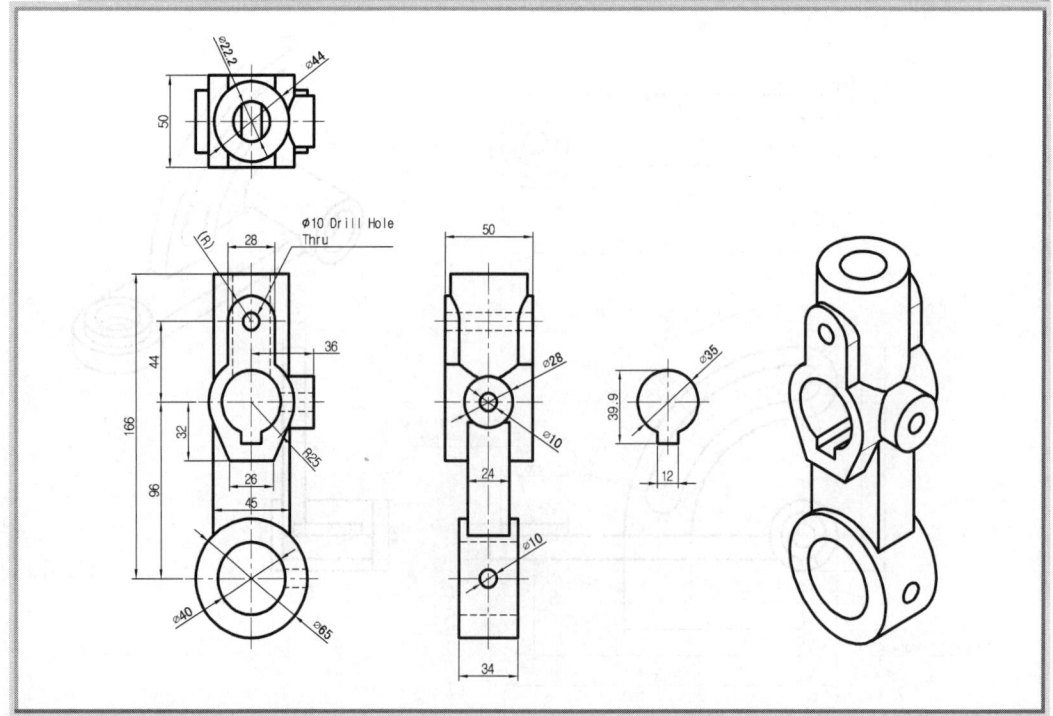

연습도면 43

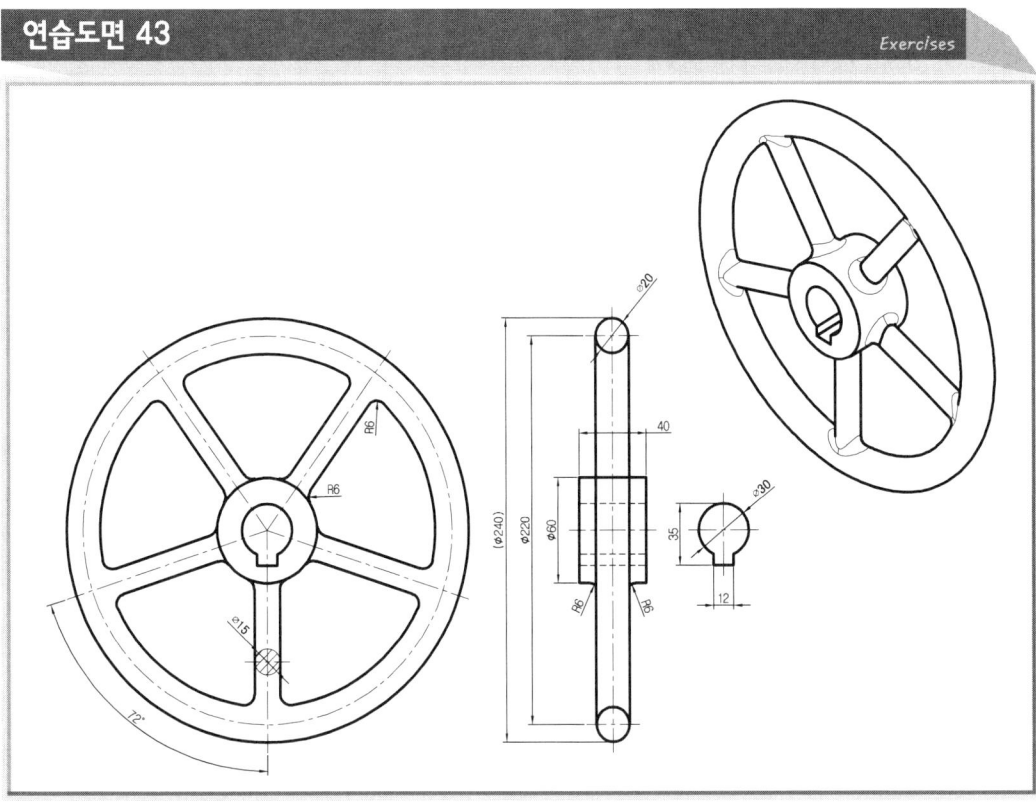

연습도면 44

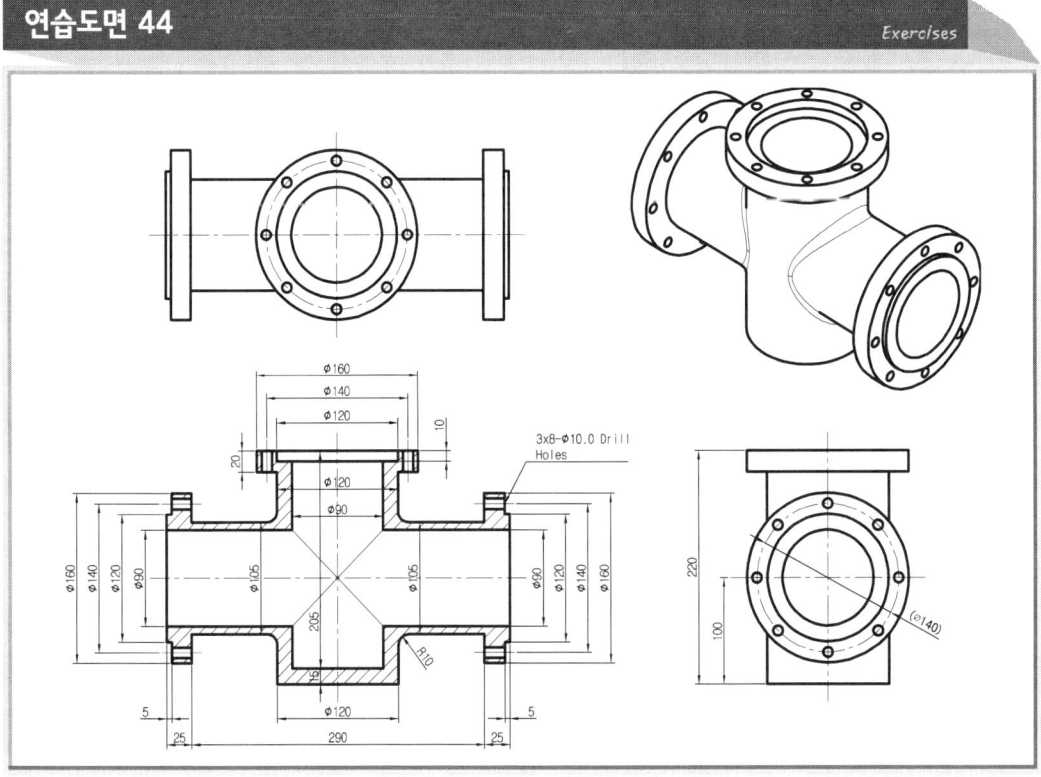

연습도면 45 바 이 스

| 품명 | 1. 바이스 - 베이스 | 척도 | 1 : 1 | 뷰 | 3각법 |

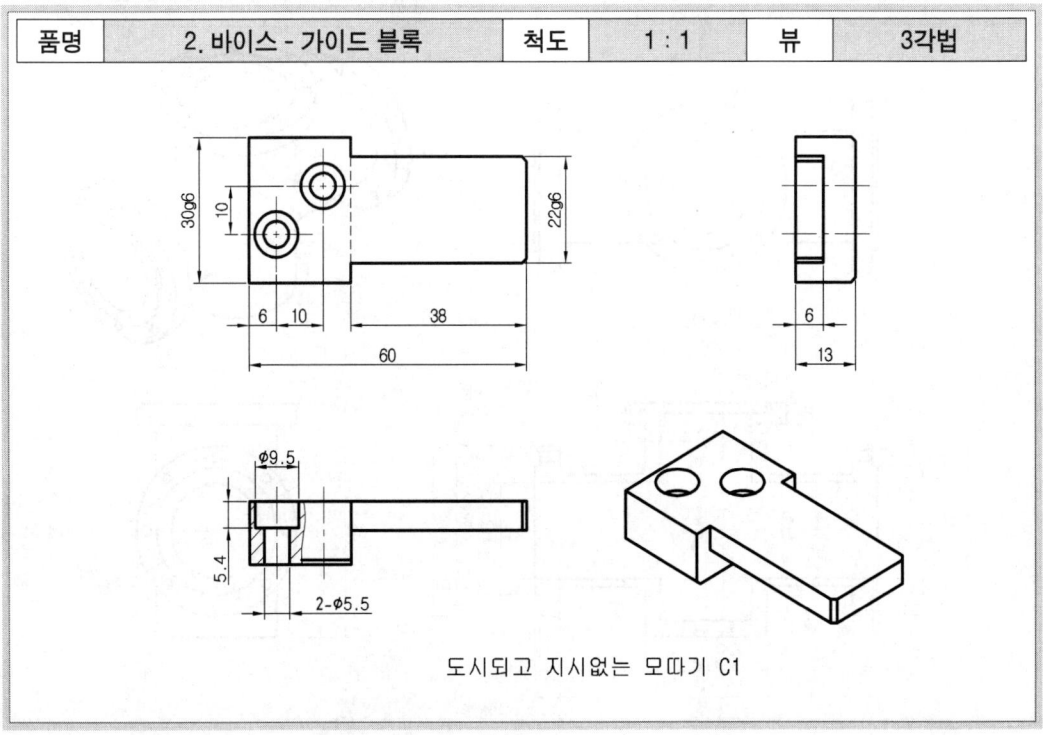

| 품명 | 2. 바이스 - 가이드 블록 | 척도 | 1 : 1 | 뷰 | 3각법 |

도시되고 지시없는 모따기 C1

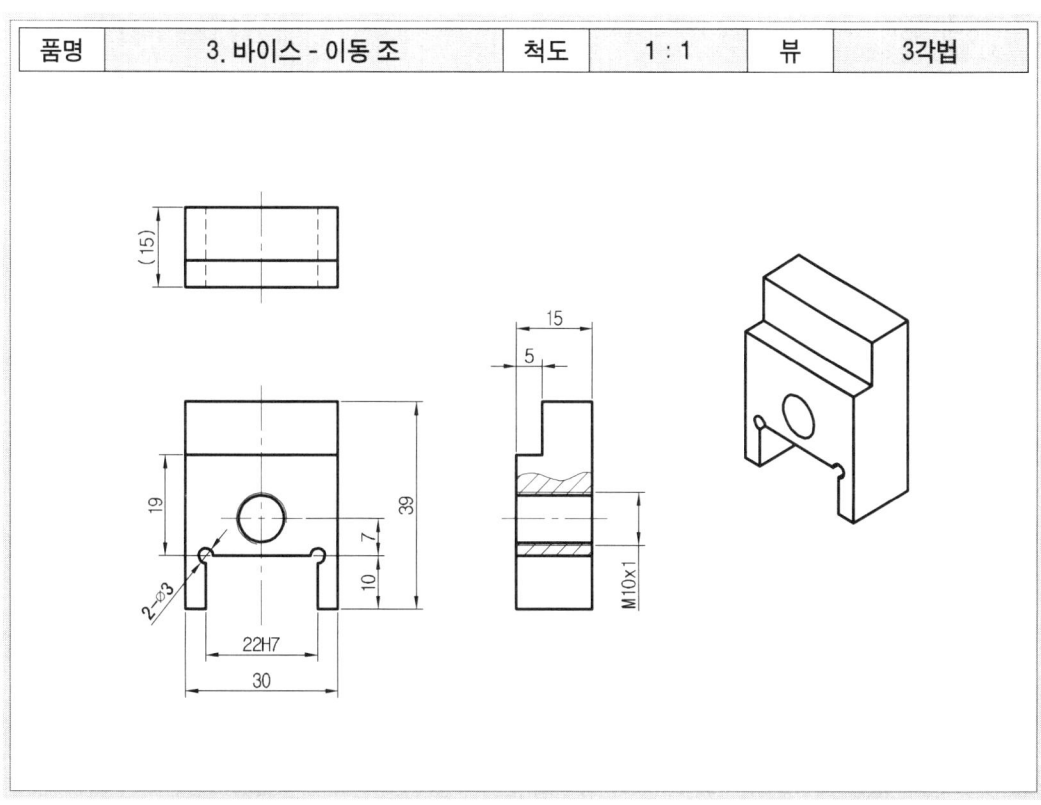
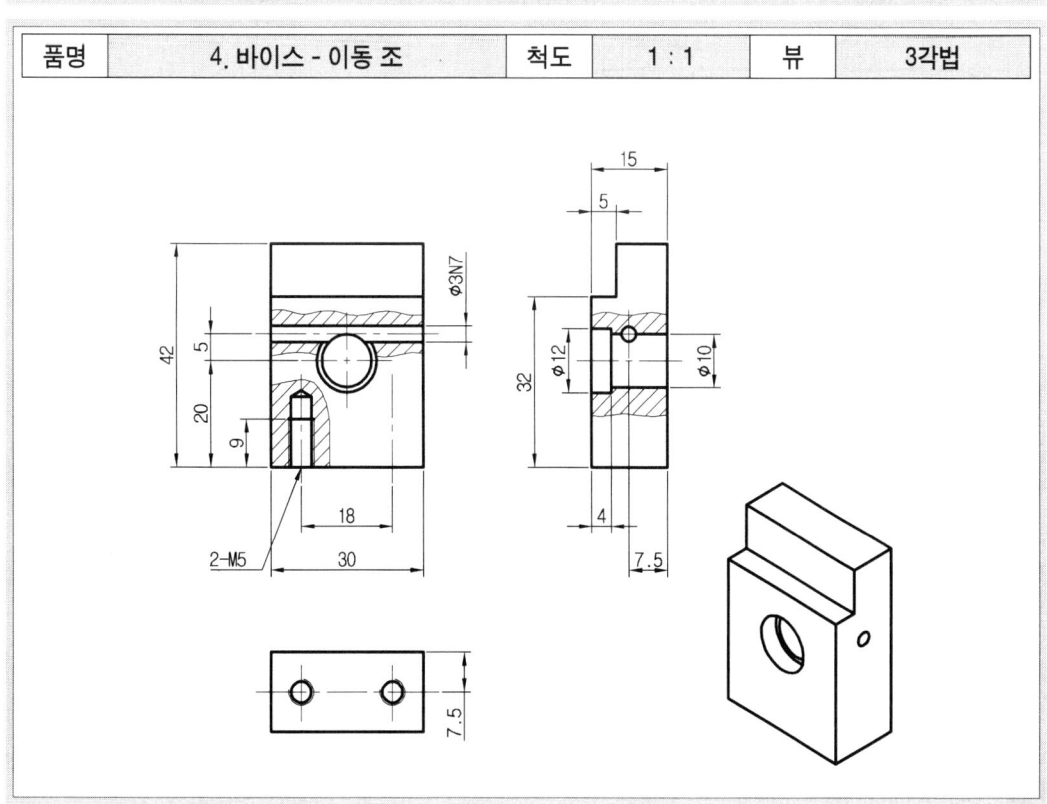

연습도면 46 브라켓

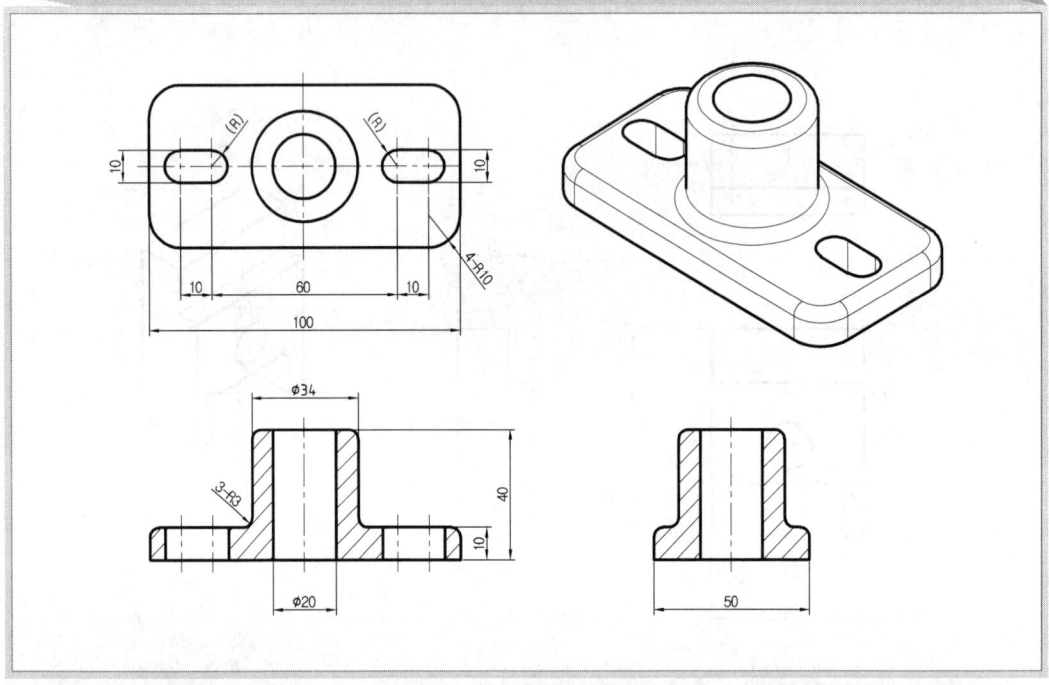

연습도면 47 지지대 1 (Support 1)

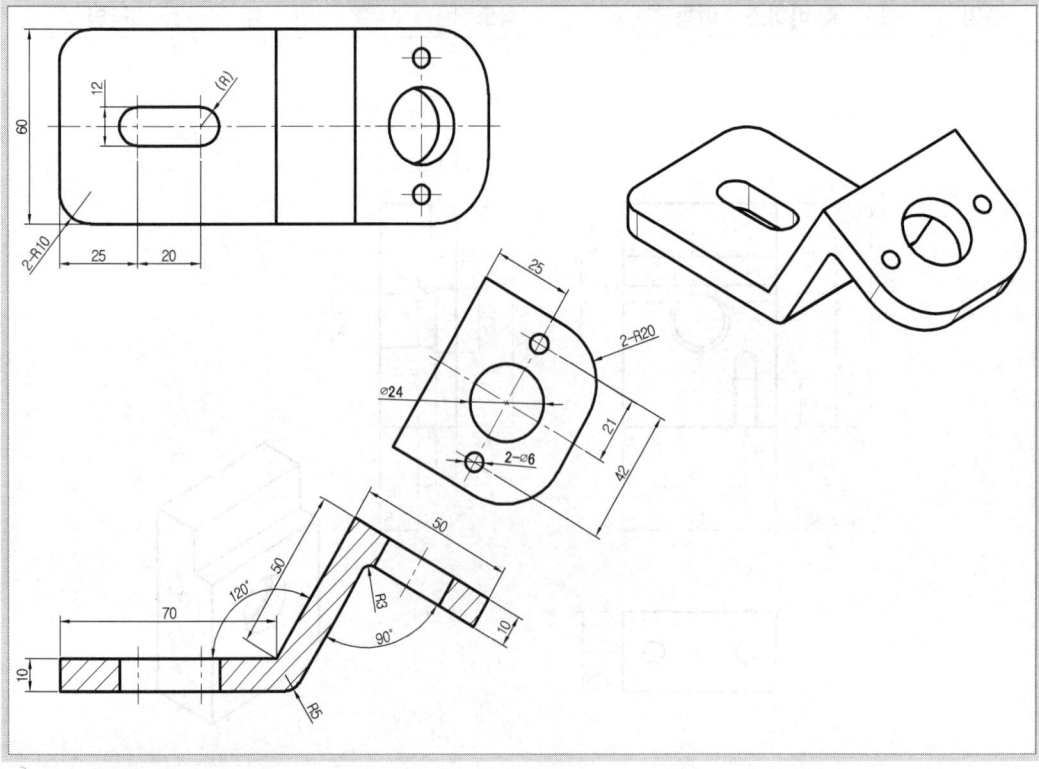

연습도면 48 지 지 대 2 (Support 2)

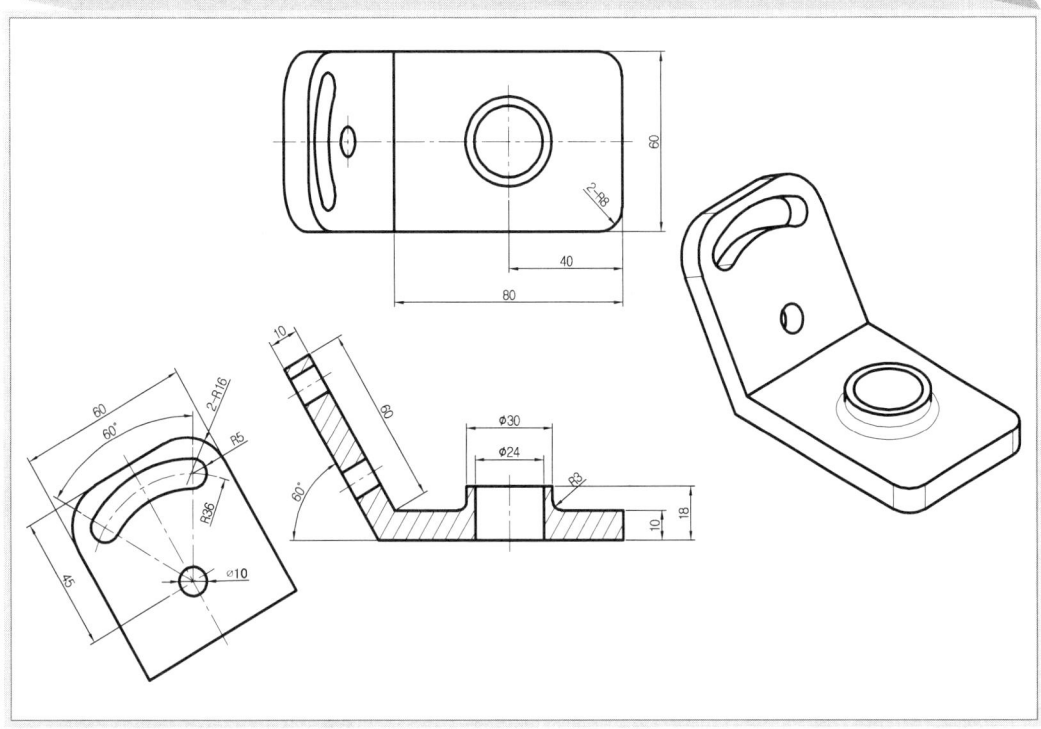

연습도면 49 플 랜 지 1 (Flange 1)

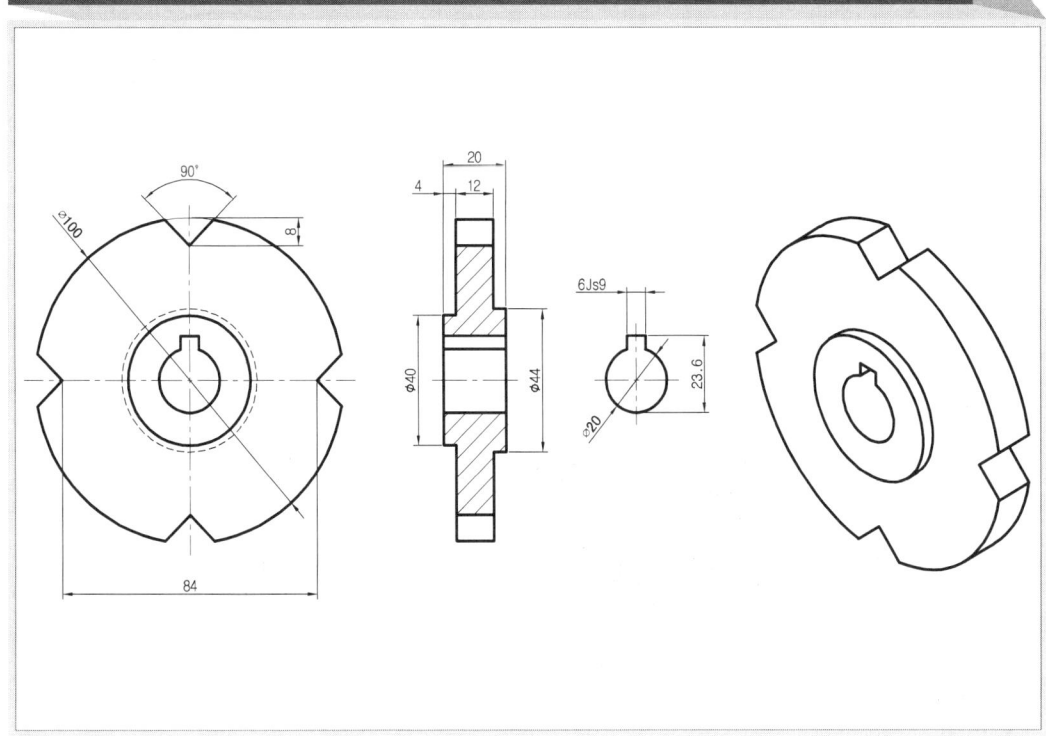

연습도면 50 플랜지 2 (Flange 2)

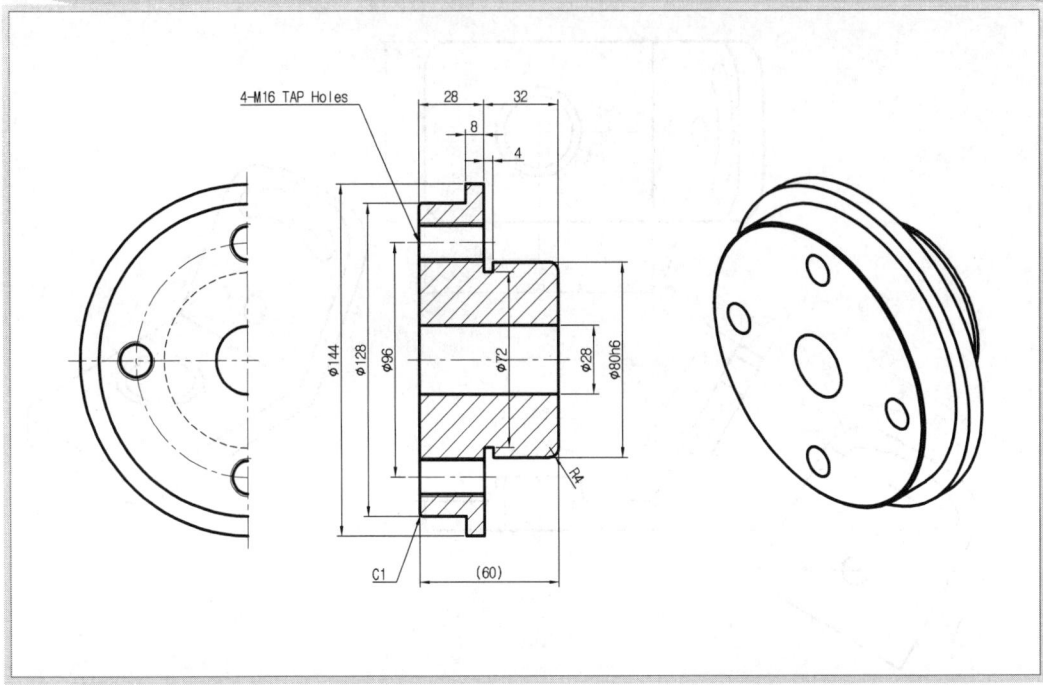

연습도면 51 휠 커 버 (Wheel Cover)

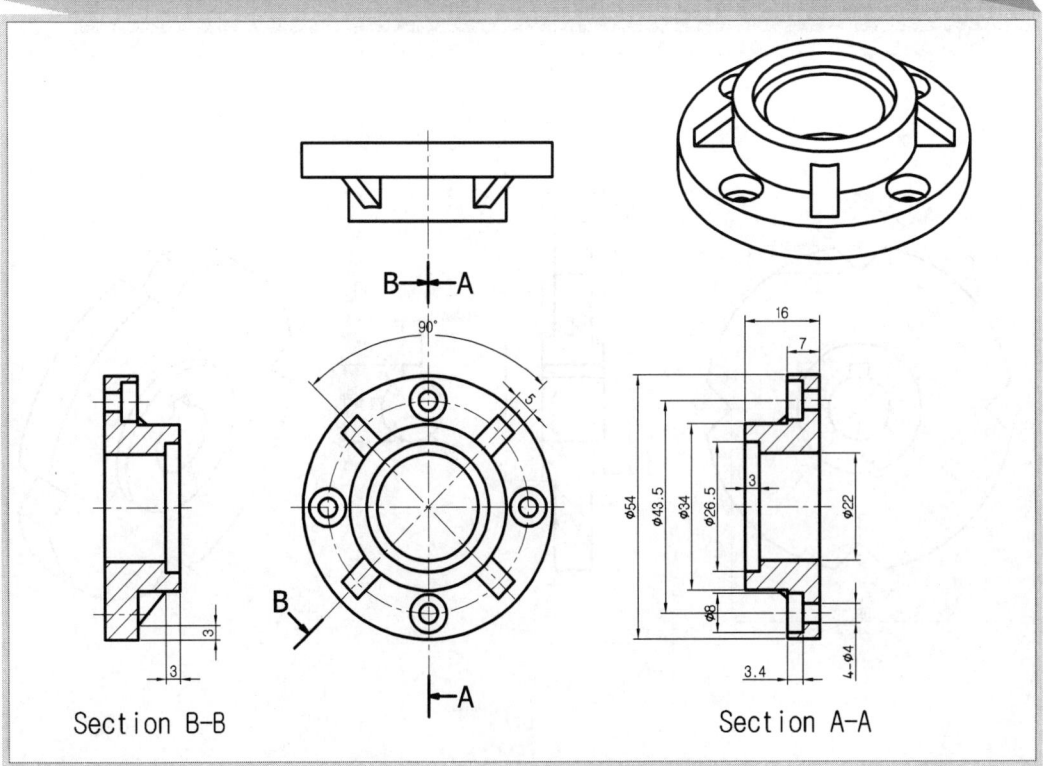

연습도면 52 동력전달장치 – 베이스

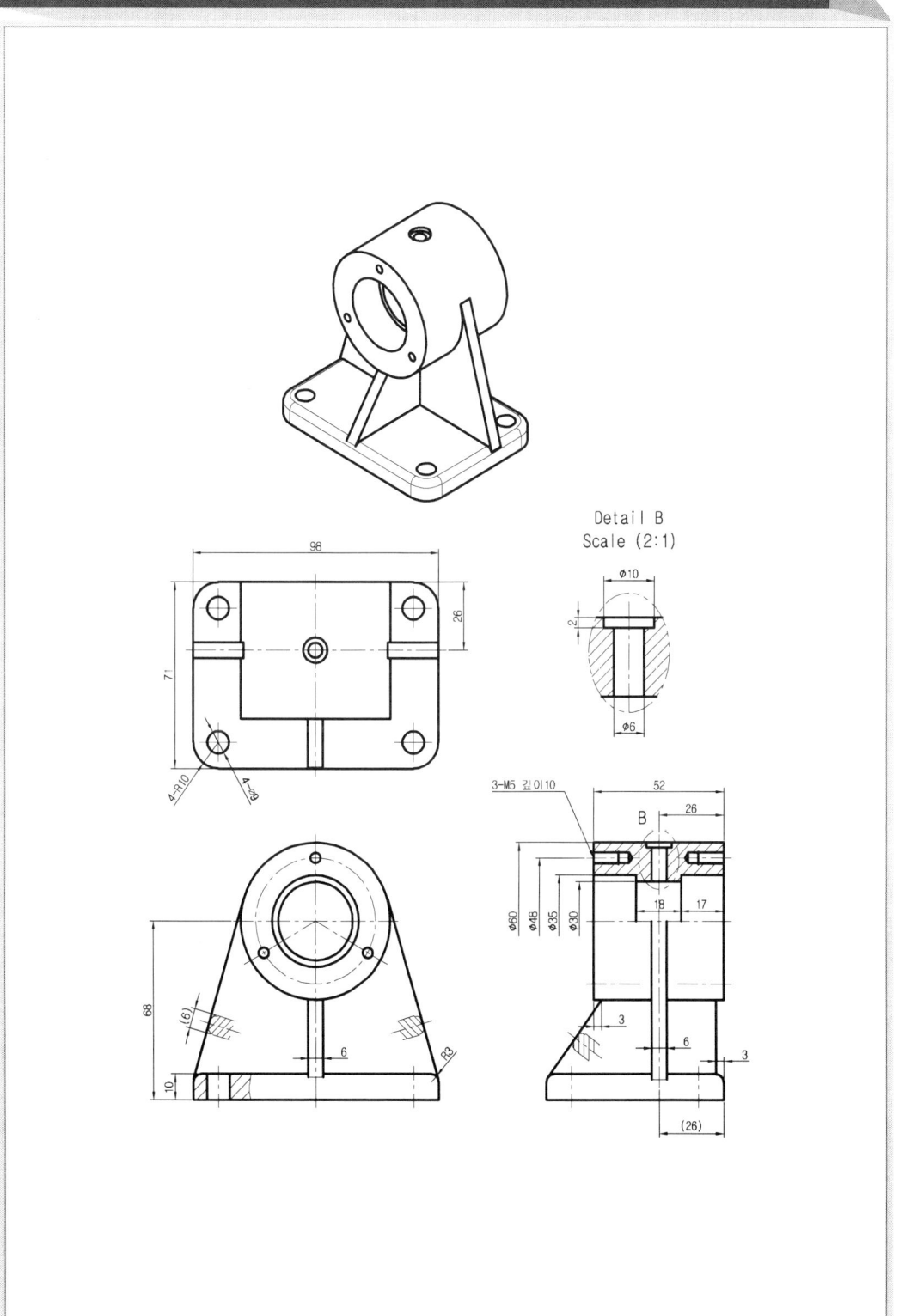

연습도면 53 동력전달장치 – 축

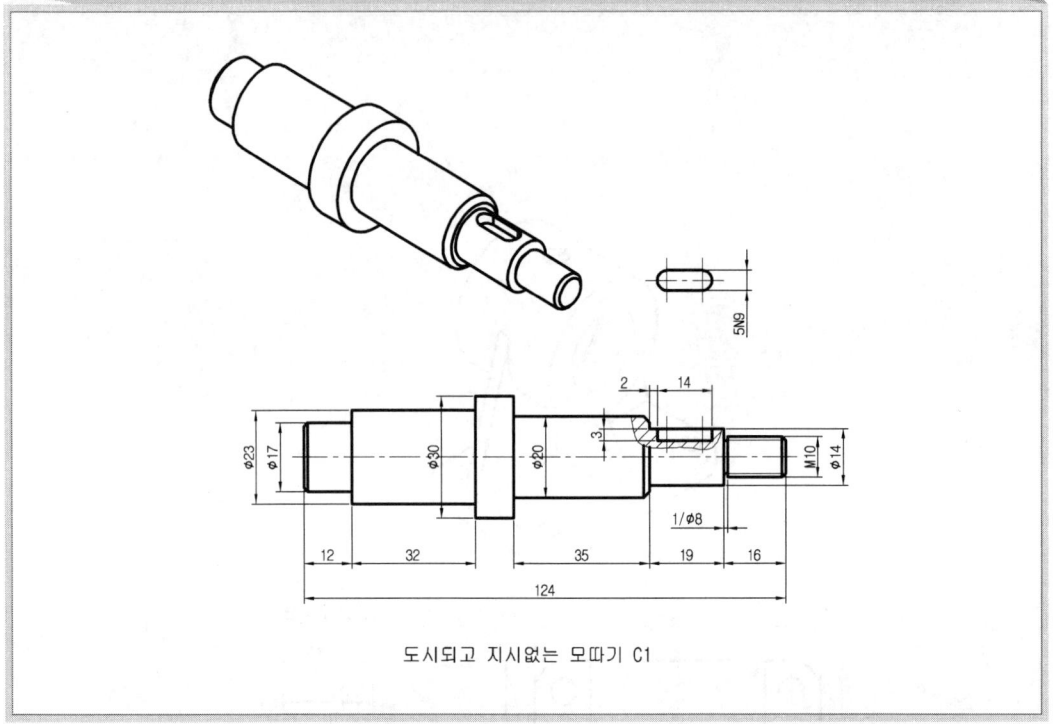

도시되고 지시없는 모따기 C1

연습도면 54 V-벨트 풀리

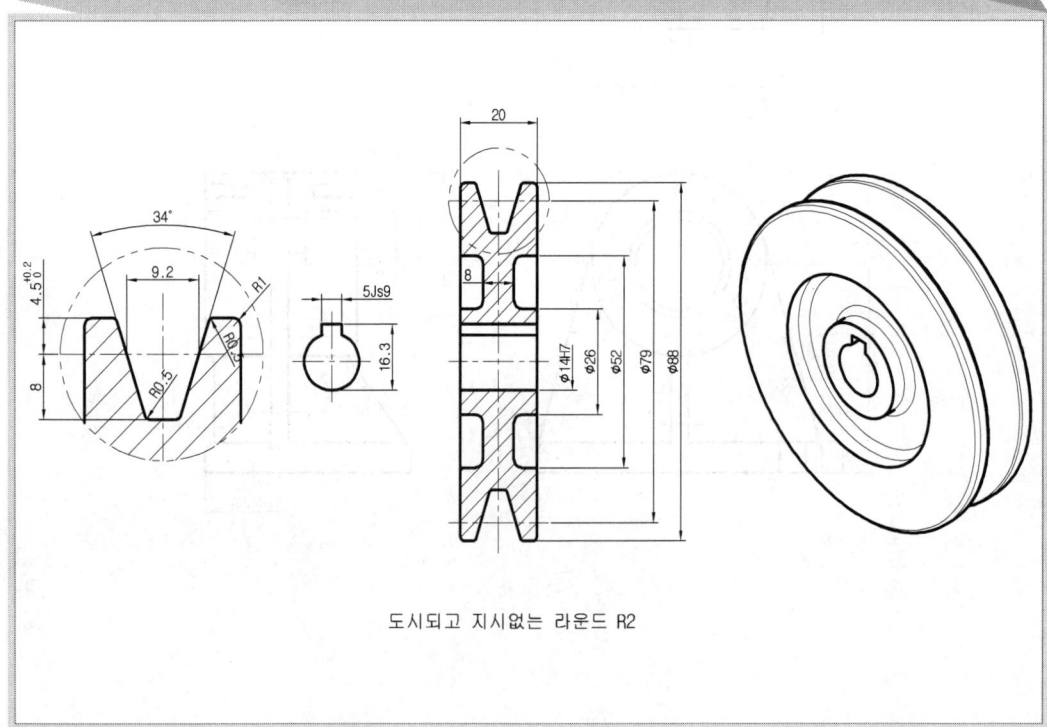

도시되고 지시없는 라운드 R2

연습도면 55 90도 엘보우 관

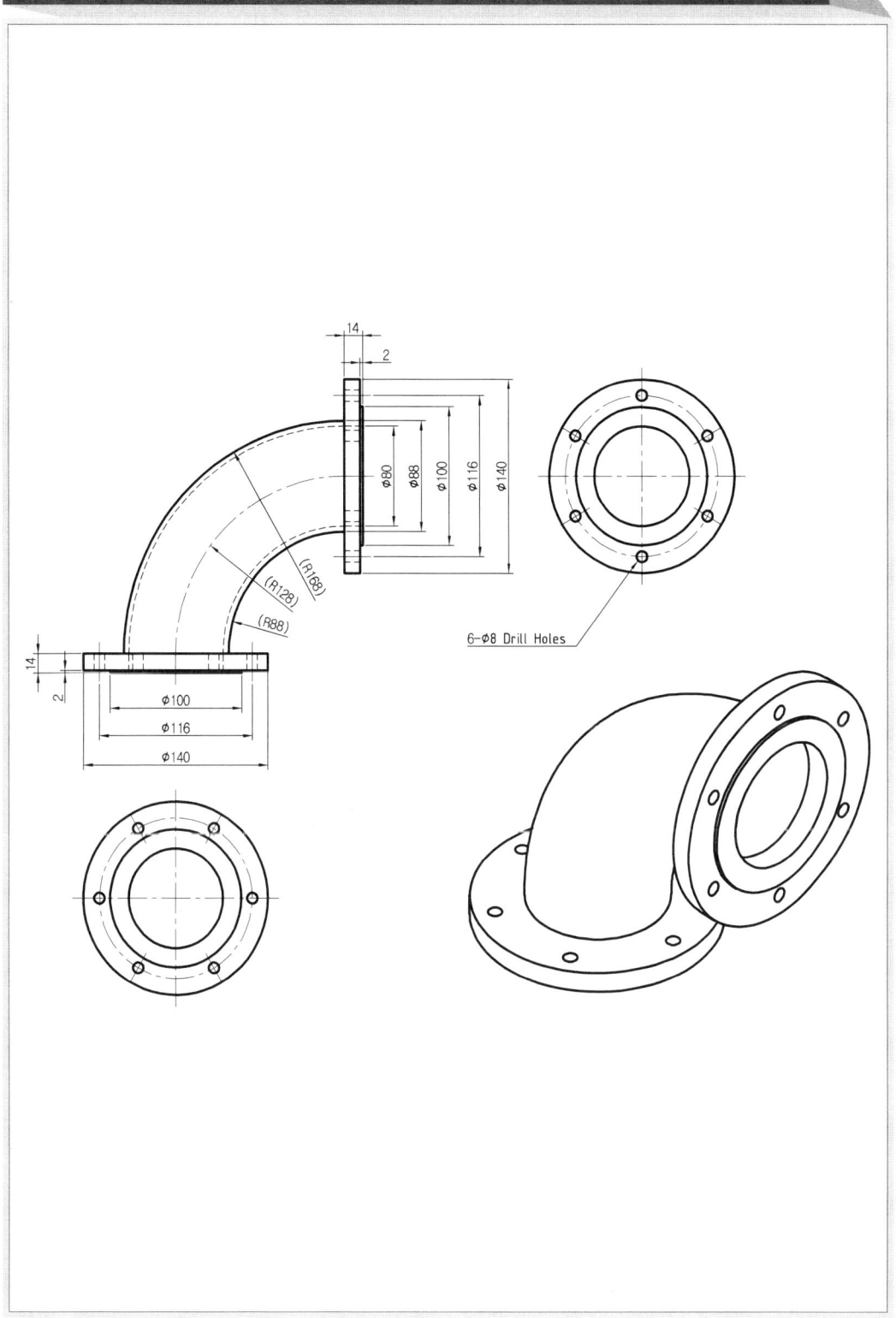

연습도면 56 리밍지그

조립도

제품도

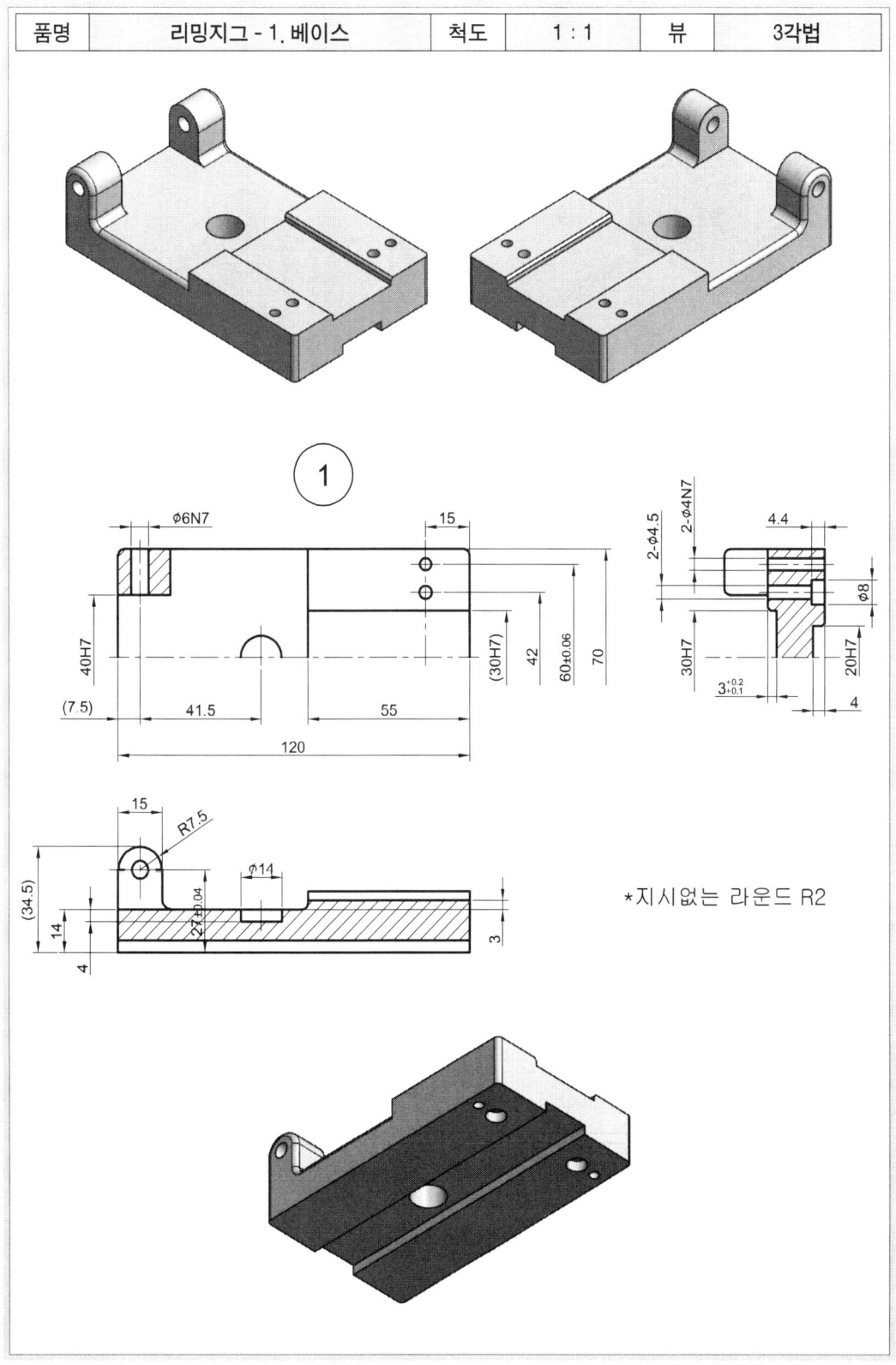

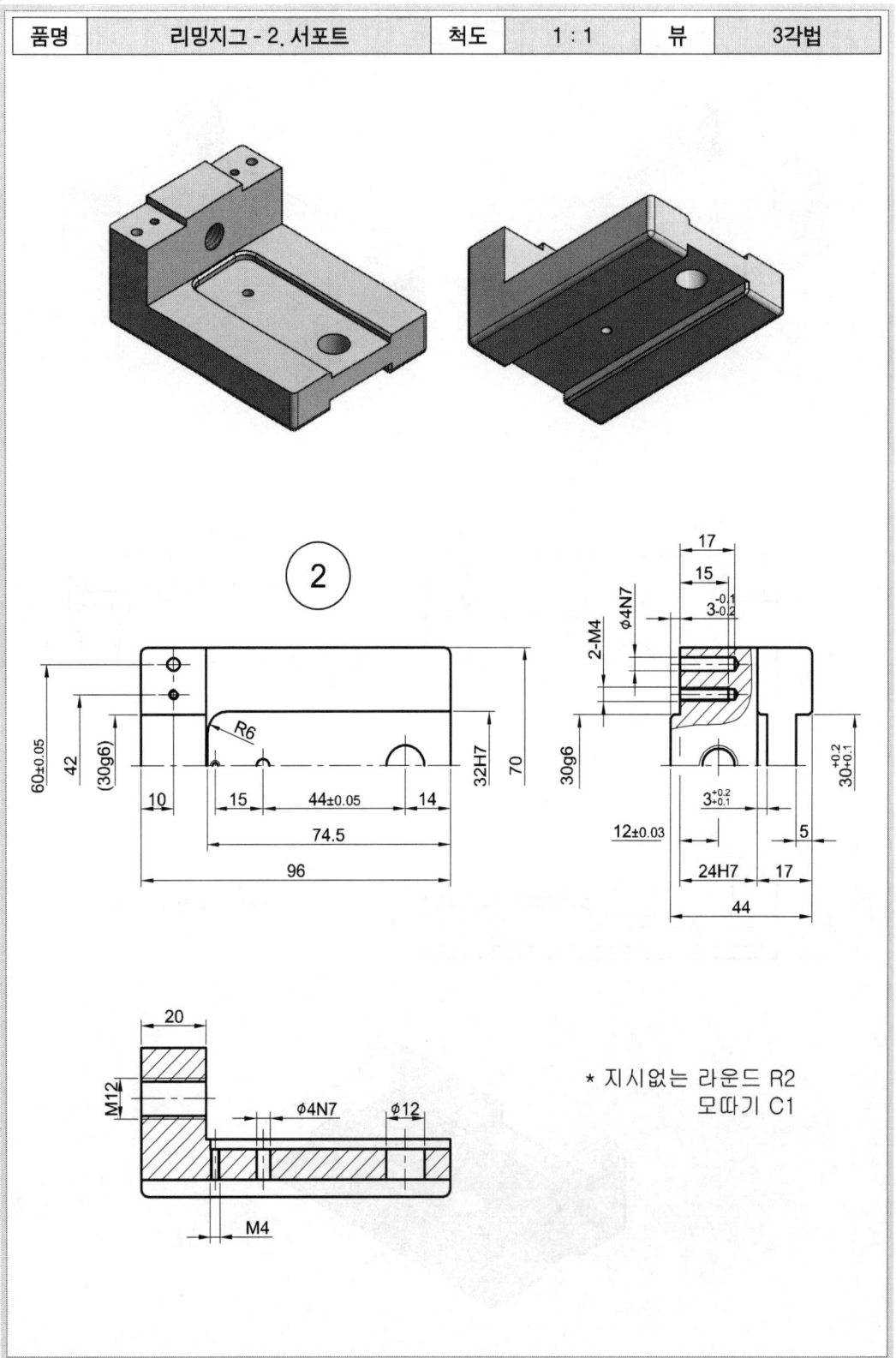

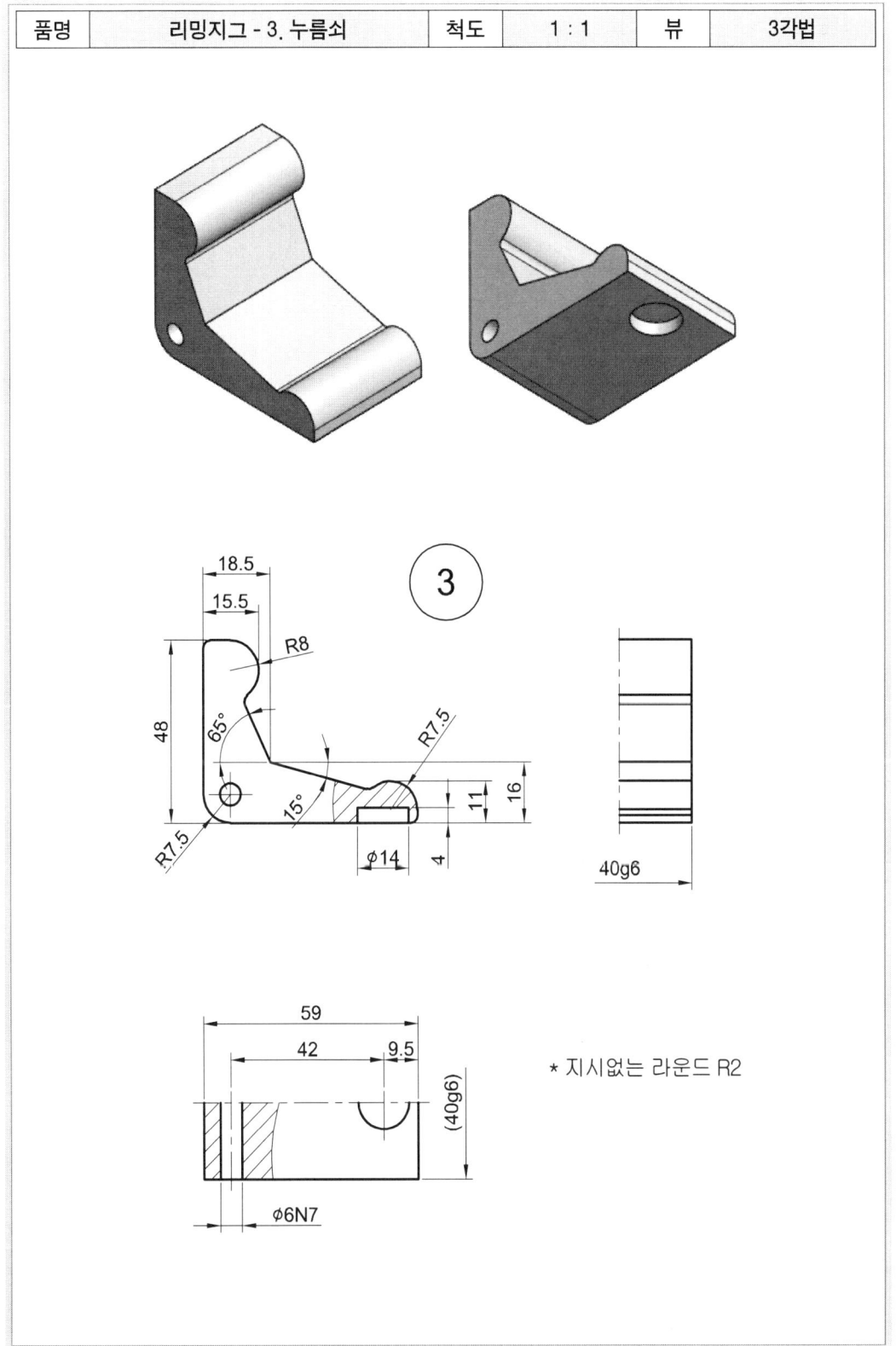

| 품명 | 리밍지그 - 4. 나사축 | 척도 | 1 : 1 | 뷰 | 3각법 |

④

72
14
44
11
39
5
Ø3
Ø36
Ø18
Ø8
M12

* 지시없는 모따기 C1

연습도면 57 동력전달장치 Ⅰ

조립도

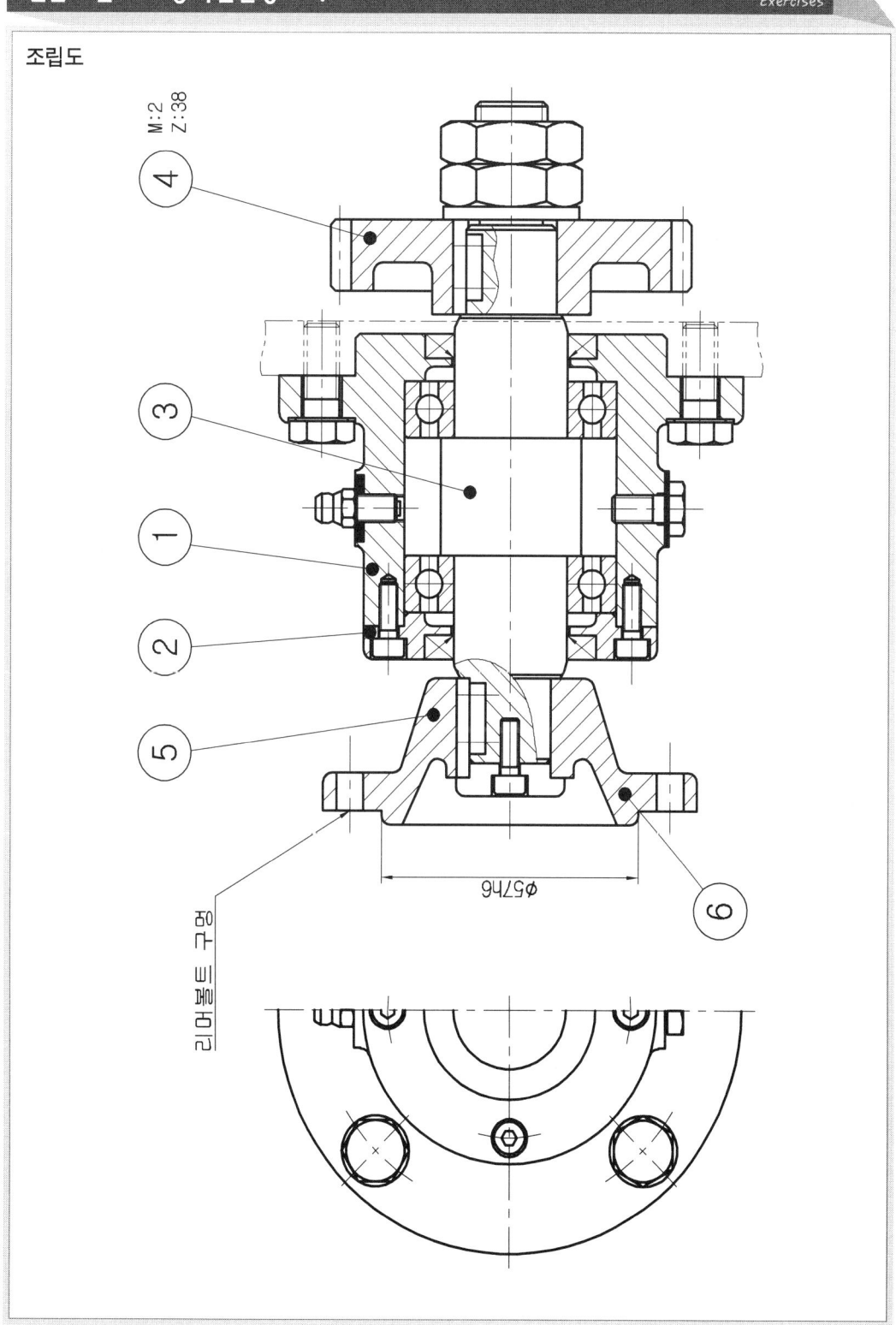

| 품명 | 동력전달 I - 1. 본체 | 척도 | 1 : 1 | 뷰 | 3각법 |

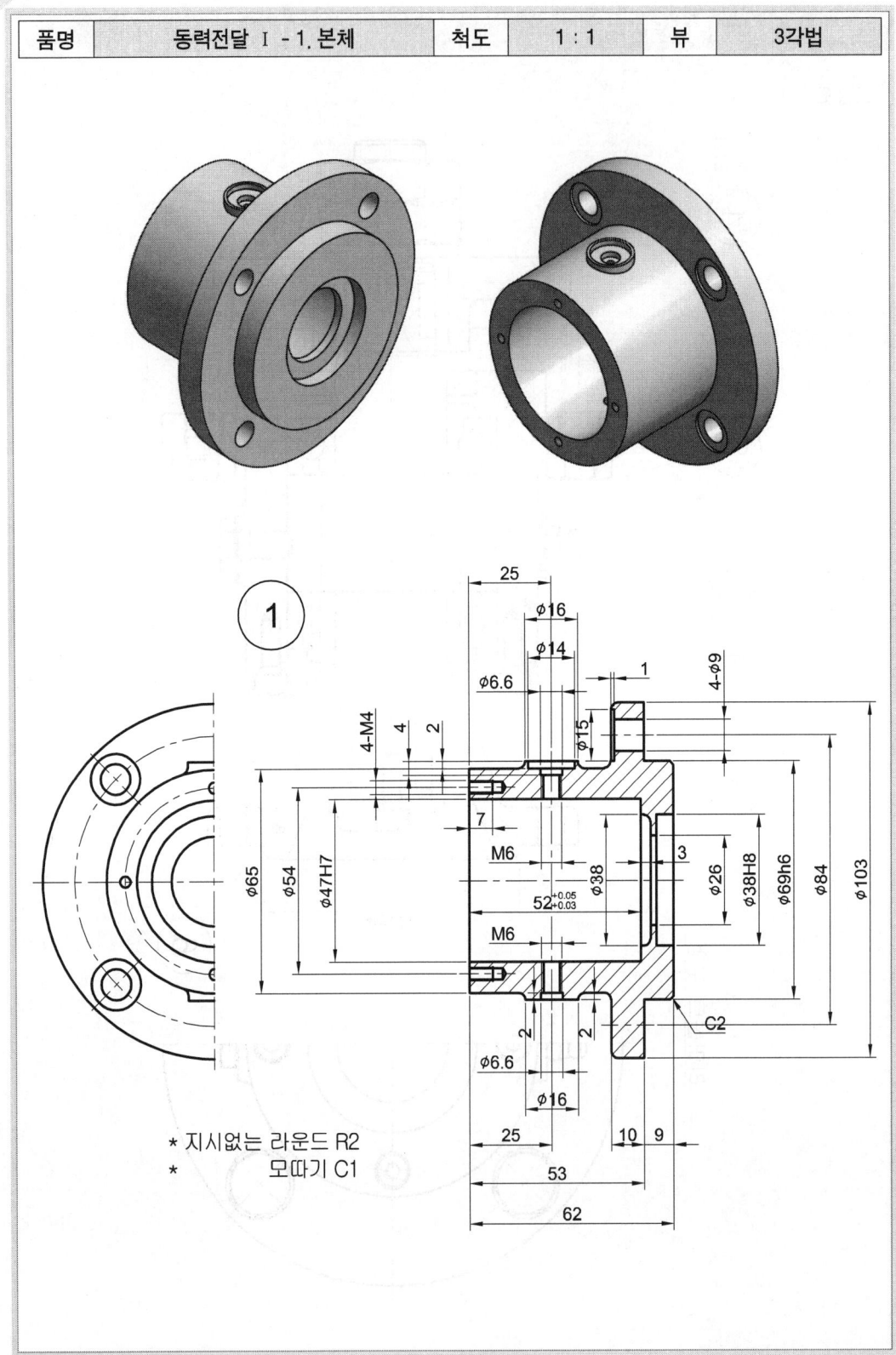

* 지시없는 라운드 R2
* 모따기 C1

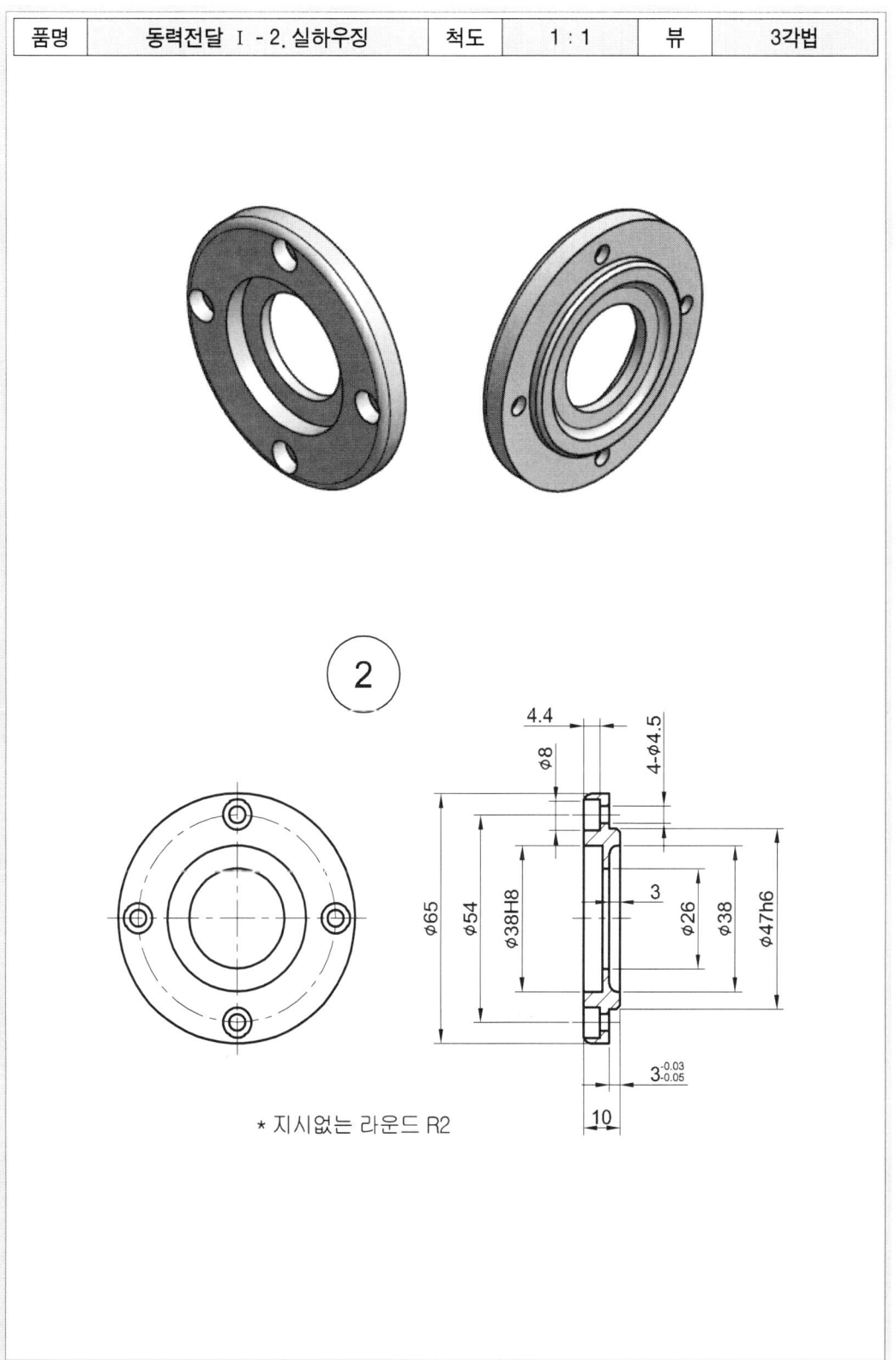

| 품명 | 동력전달 I - 3. 축 | 척도 | 1:1 | 뷰 | 3각법 |

③

깊이 3.5 $^{+0.1}_{0}$ 6N9

깊이 3.5 $^{+0.1}_{0}$ 6N9

15 $^{+0.1}_{0}$ 1

3 14 $^{+0.1}_{0}$

⌀18h6 ⌀25k5 ⌀31 ⌀25k5 M16 ⌀20h6

3

26

18

45

44 25 $^{-0.03}_{-0.05}$ 71

(140)

* 지시없는 모따기 C1

| 품명 | 동력전달 I - 5. 플랜지 | 척도 | 1:1 | 뷰 | 3각법 |

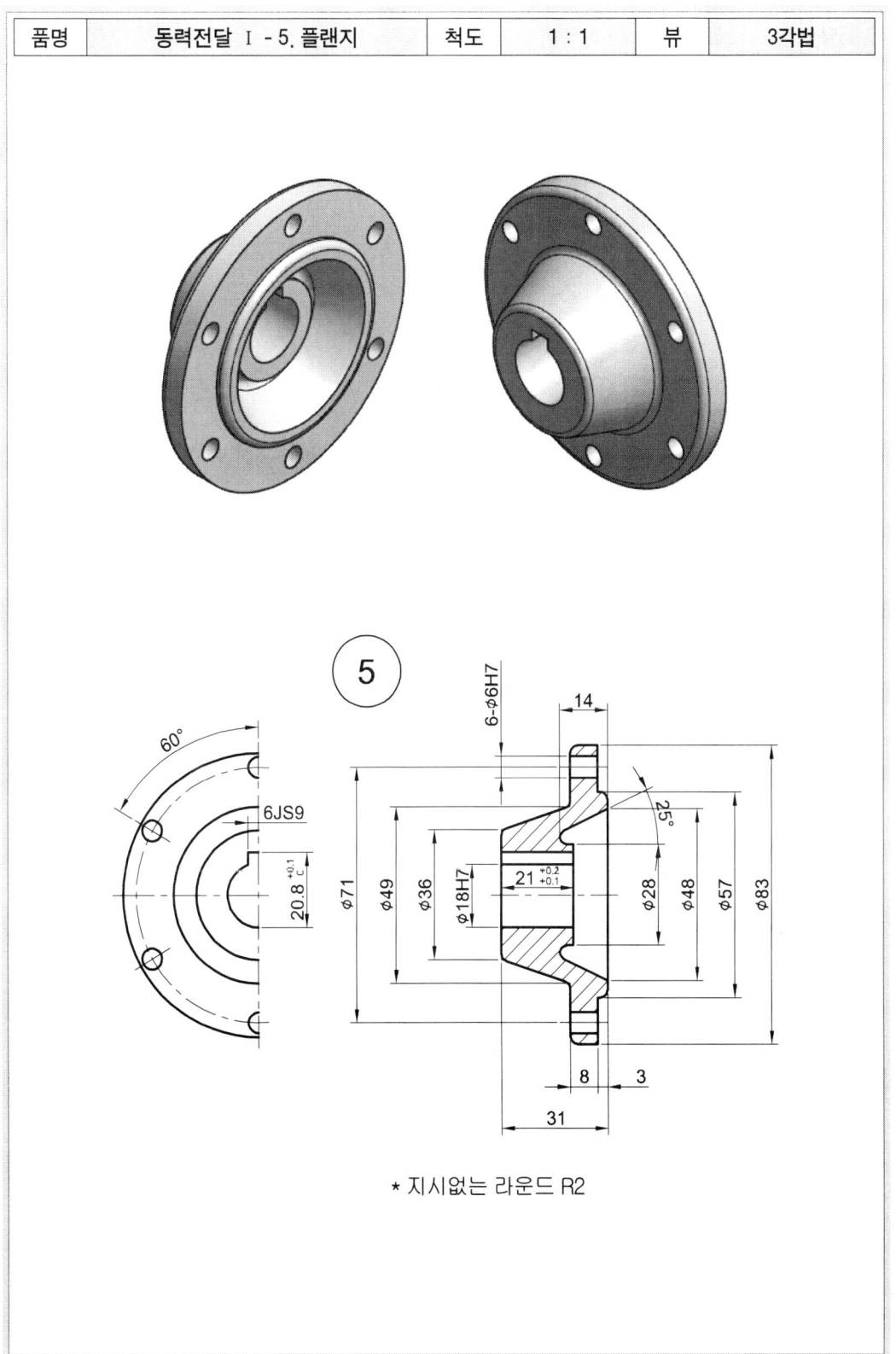

* 지시없는 라운드 R2

| 품명 | 동력전달 I - 6. 커버 | 척도 | 1 : 1 | 뷰 | 3각법 |

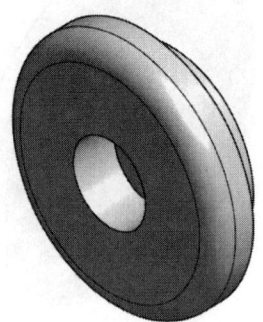 

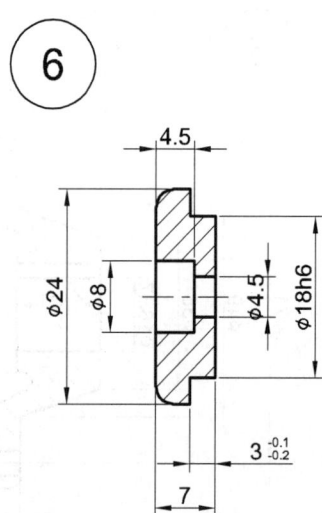

⑥

* 지시없는 라운드 R2

연습도면 58 동력전달장치 II

조립도

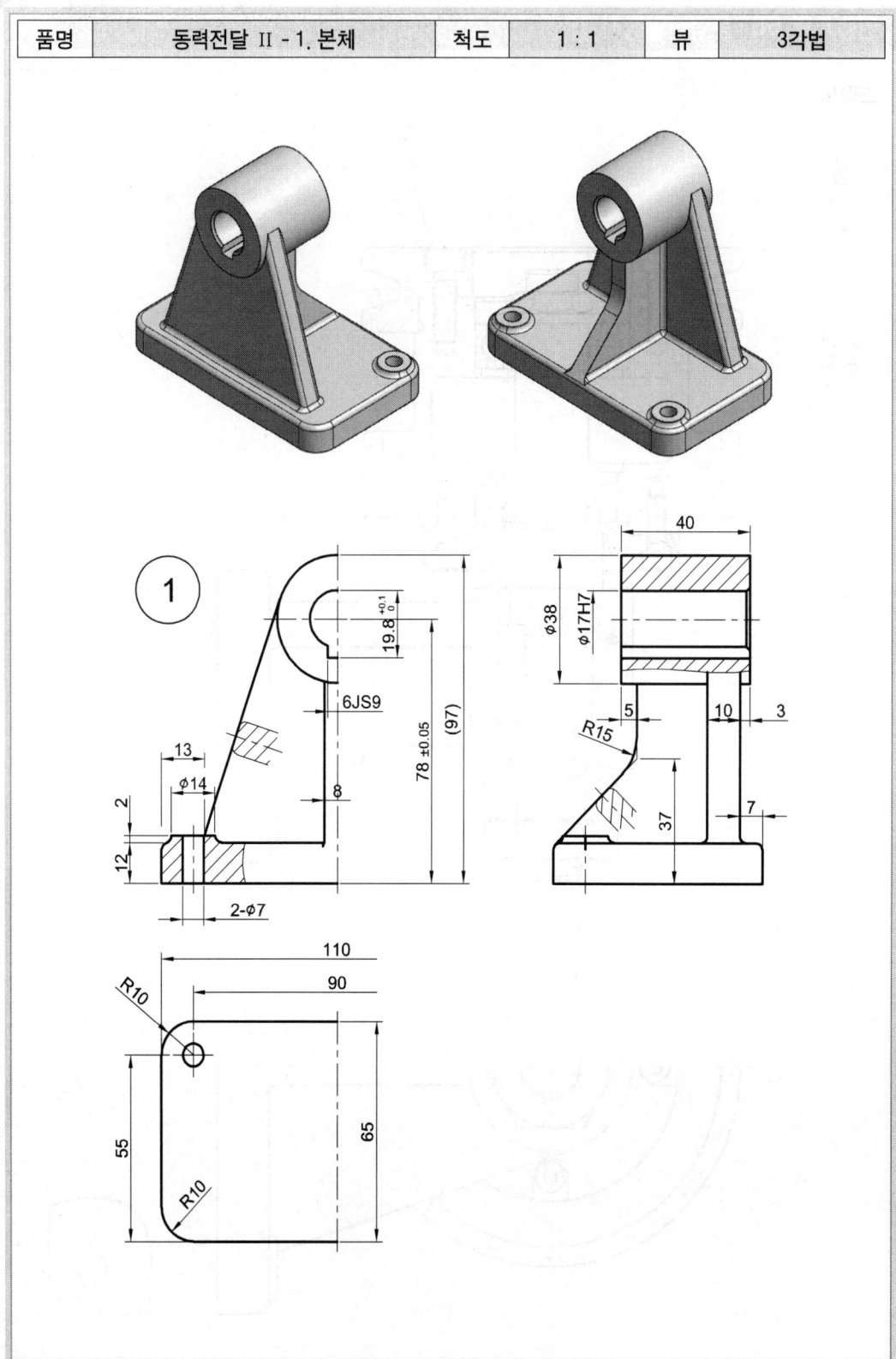

| 품명 | 동력전달 II - 2. 스퍼기어 | 척도 | 1 : 1 | 뷰 | 3각법 |

스퍼기어 요목표		
기어 치형		표 준
공구	치형	보통이
	모듈	2
	압력각	20°
잇 수		42
피치원지름		⌀84
전체이높이		4.5
다듬질방법		호브절삭
정밀도		KS B ISO 1328

②

| 품명 | 동력전달 II - 3. 축 | 척도 | 1:1 | 뷰 | 3각법 |

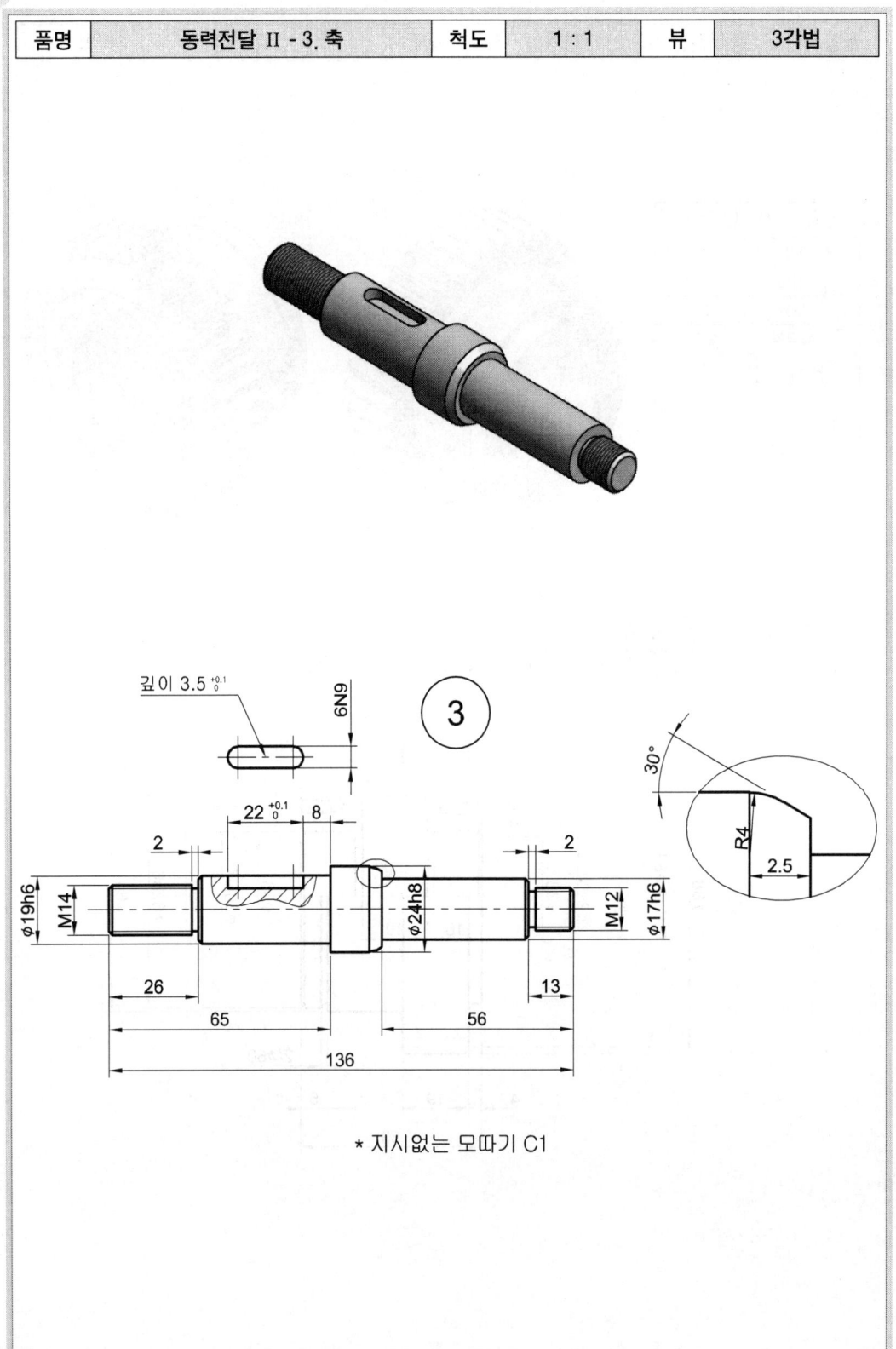

| 품명 | 동력전달 II - 4. 실하우징 | 척도 | 1 : 1 | 뷰 | 3각법 |

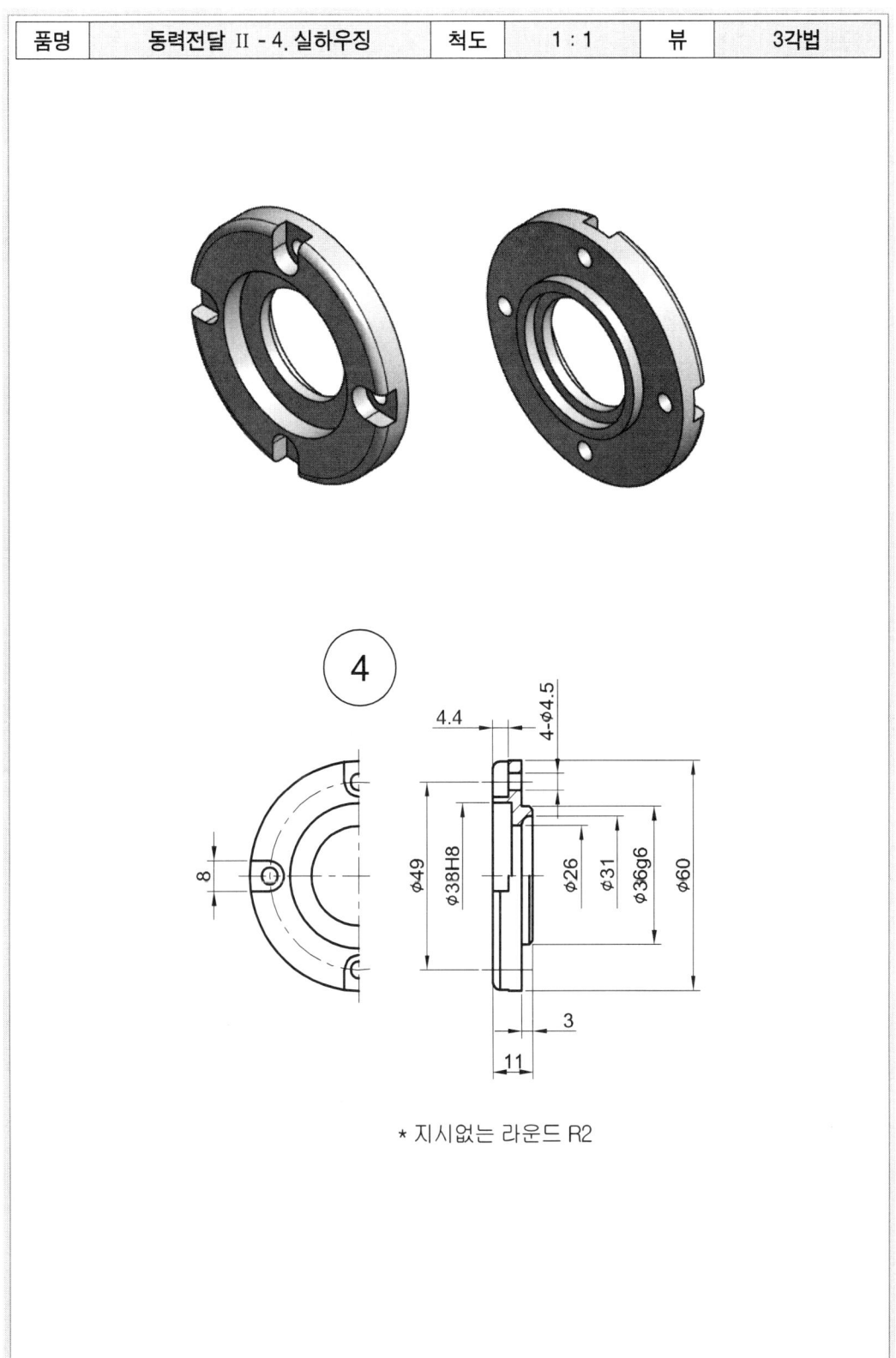

* 지시없는 라운드 R2

| 품명 | 동력전달 II - 5. 벨트풀리 | 척도 | 1 : 1 | 뷰 | 3각법 |

연습도면 59 편심왕복장치

조립도

M:2
Z:38

50±0.03

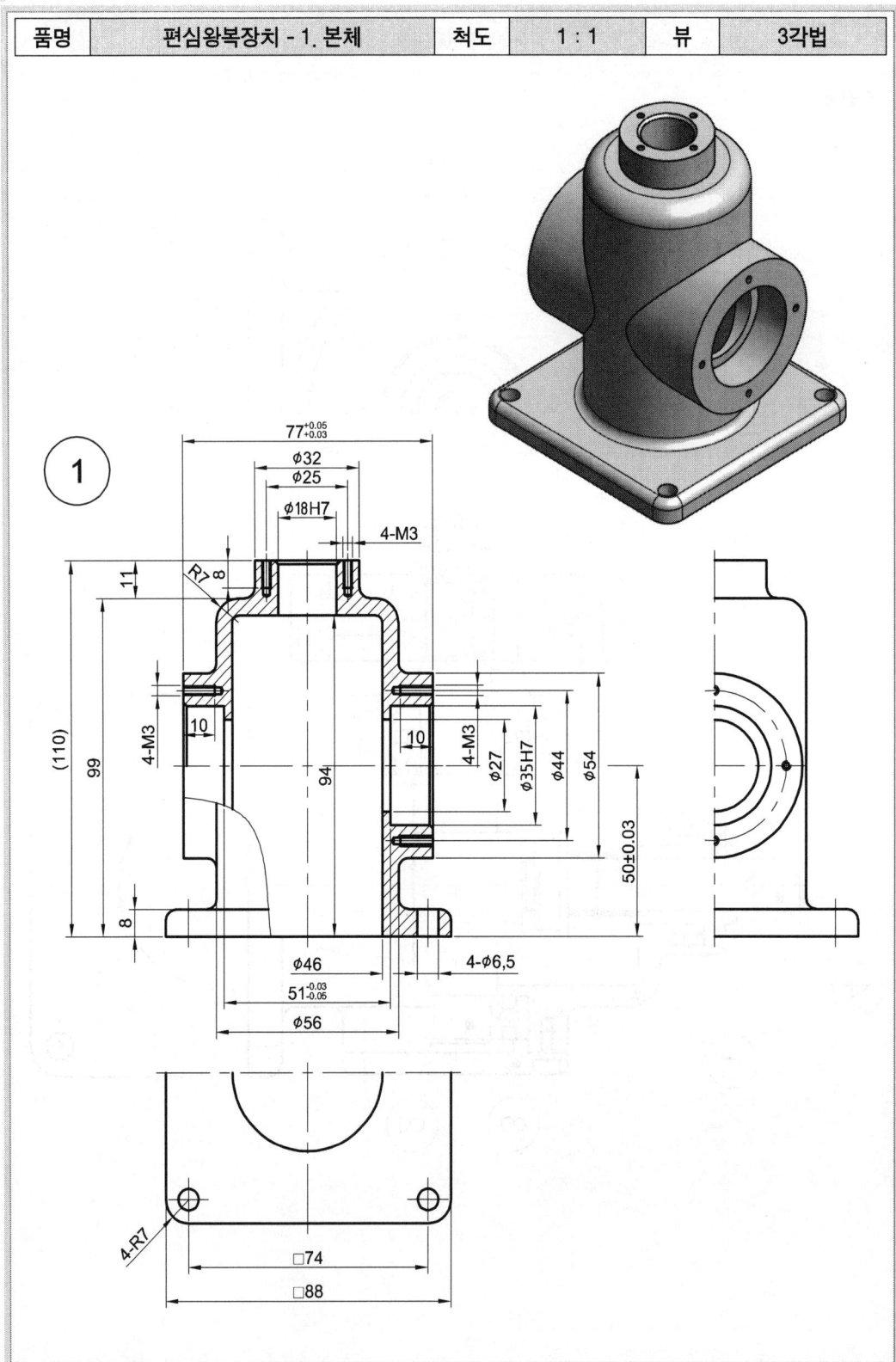

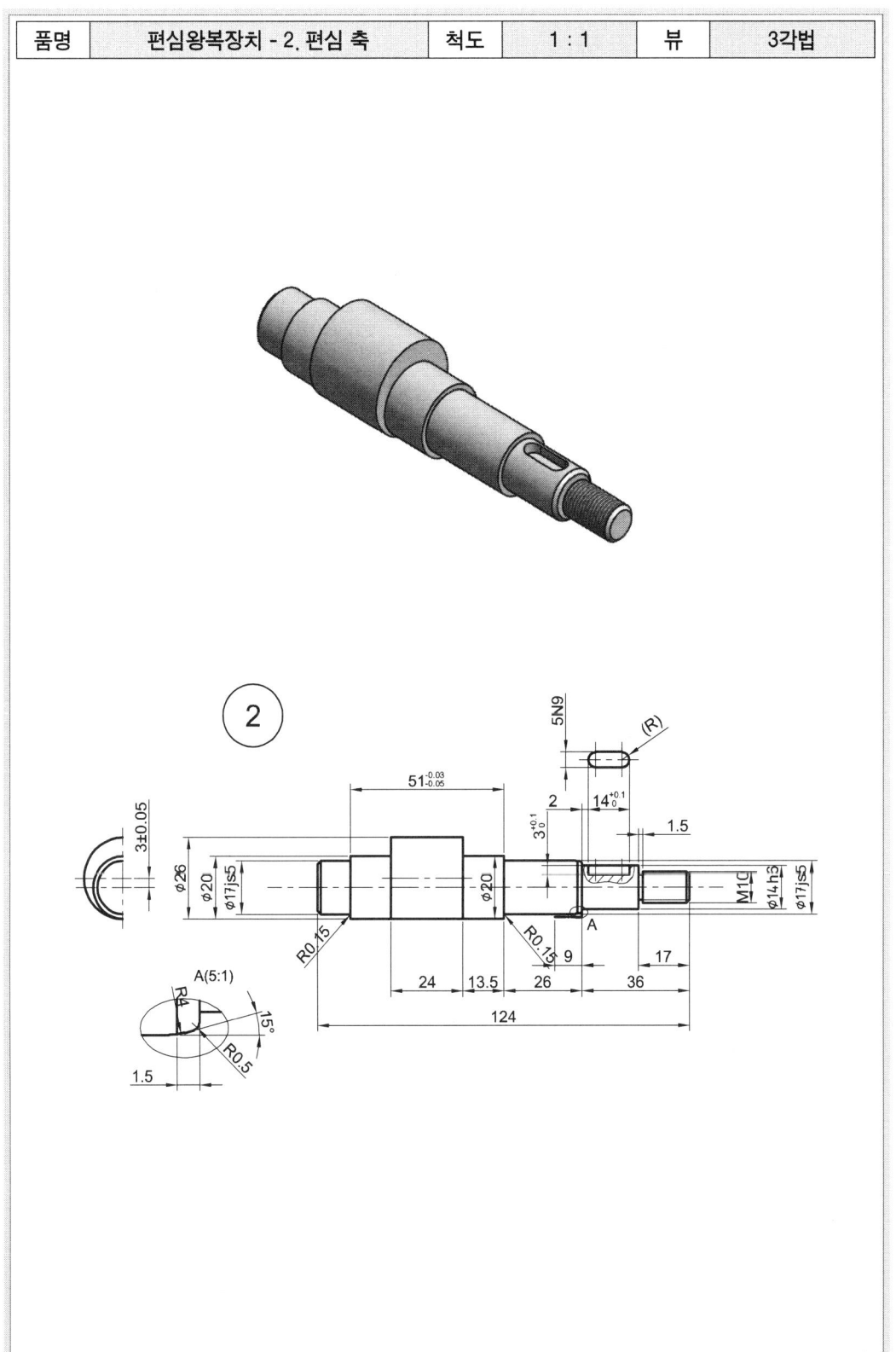

| 품명 | 편심왕복장치 - 3. 베어링 커버 | 척도 | 1:1 | 뷰 | 3각법 |

| 품명 | 편심왕복장치 - 4. 슬라이더 | 척도 | 1:1 | 뷰 | 3각법 |

④

- ⌀12g6
- 69
- 12
- ⌀4H7
- 15
- 3
- M12
- R1
- ⌀10

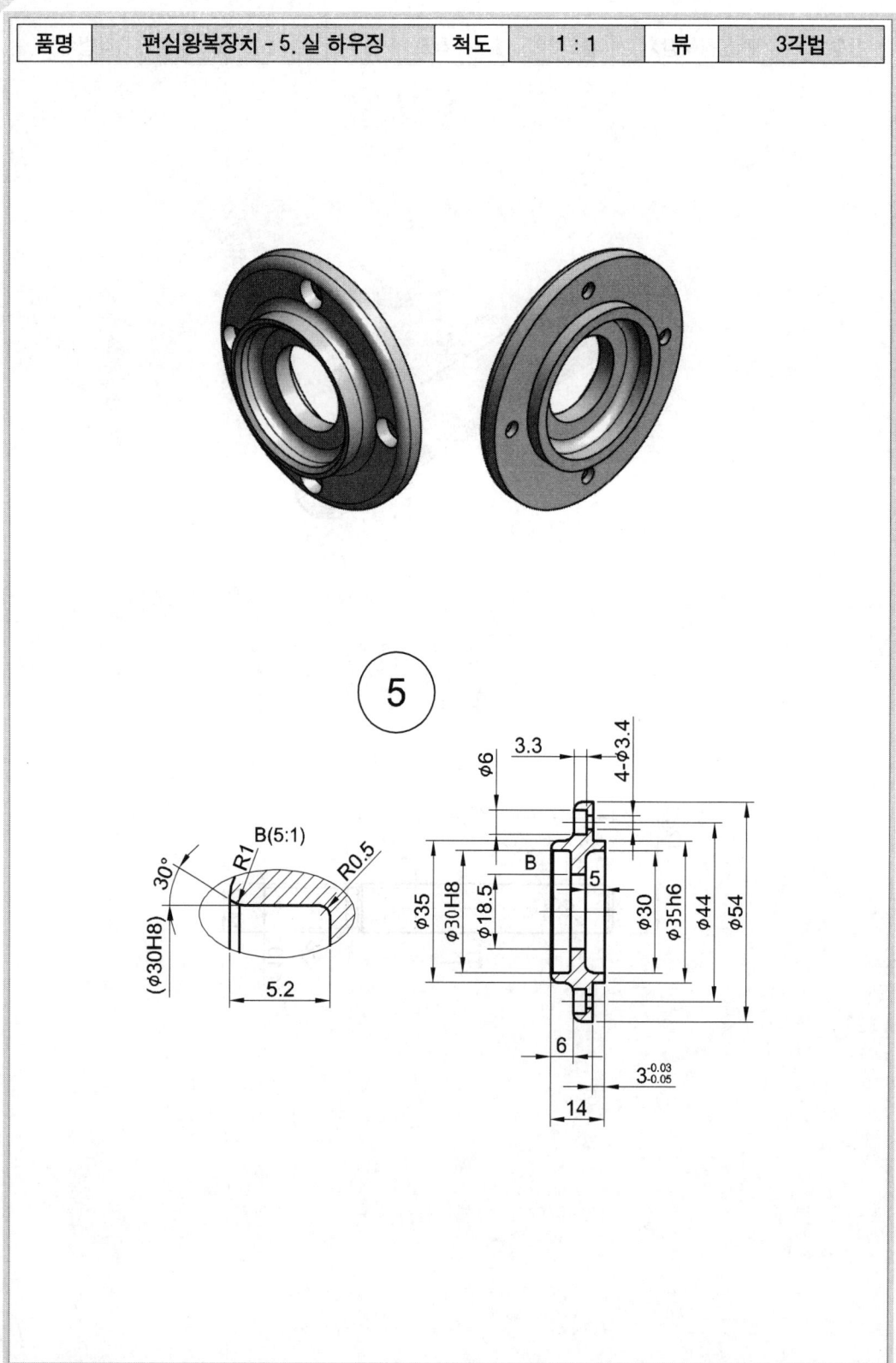

| 품명 | 편심왕복장치 - 6. 스퍼기어 | 척도 | 1 : 1 | 뷰 | 3각법 |

스퍼기어 요목표		
기어 치형		표준
공구	치형	보통이
	모듈	2
	압력각	20°
잇수		38
피치원지름		⌀76
전체이높이		4.5
다듬질방법		호브절삭
정밀도		KS B ISO 1328

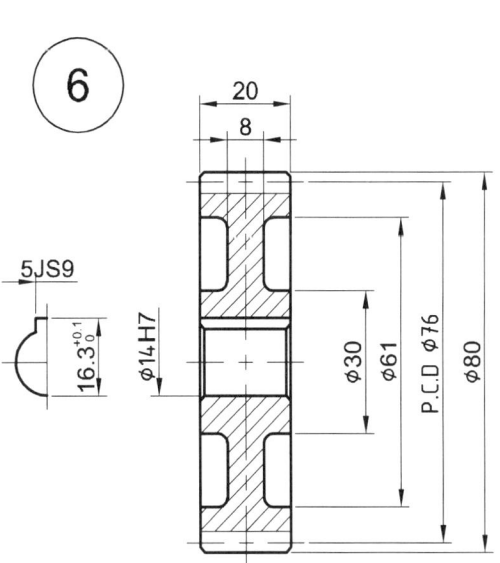

| 품명 | 편심왕복장치 - 7. 가이드 부시 커버 | 척도 | 1 : 1 | 뷰 | 3각법 |

⑦

- 90°
- Ø6
- 4-Ø4
- Ø32
- Ø25
- Ø18h6
- Ø12H7
- Ø18h6
- 5
- 16
- 25

| 품명 | 편심왕복장치 - 17. 스프링 | 척도 | 1 : 1 | 뷰 | 3각법 |

(17)

- 15
- $\phi 1$
- $\phi 14$
- $\phi 15$

연습도면 60 축 받침 장치

조립도

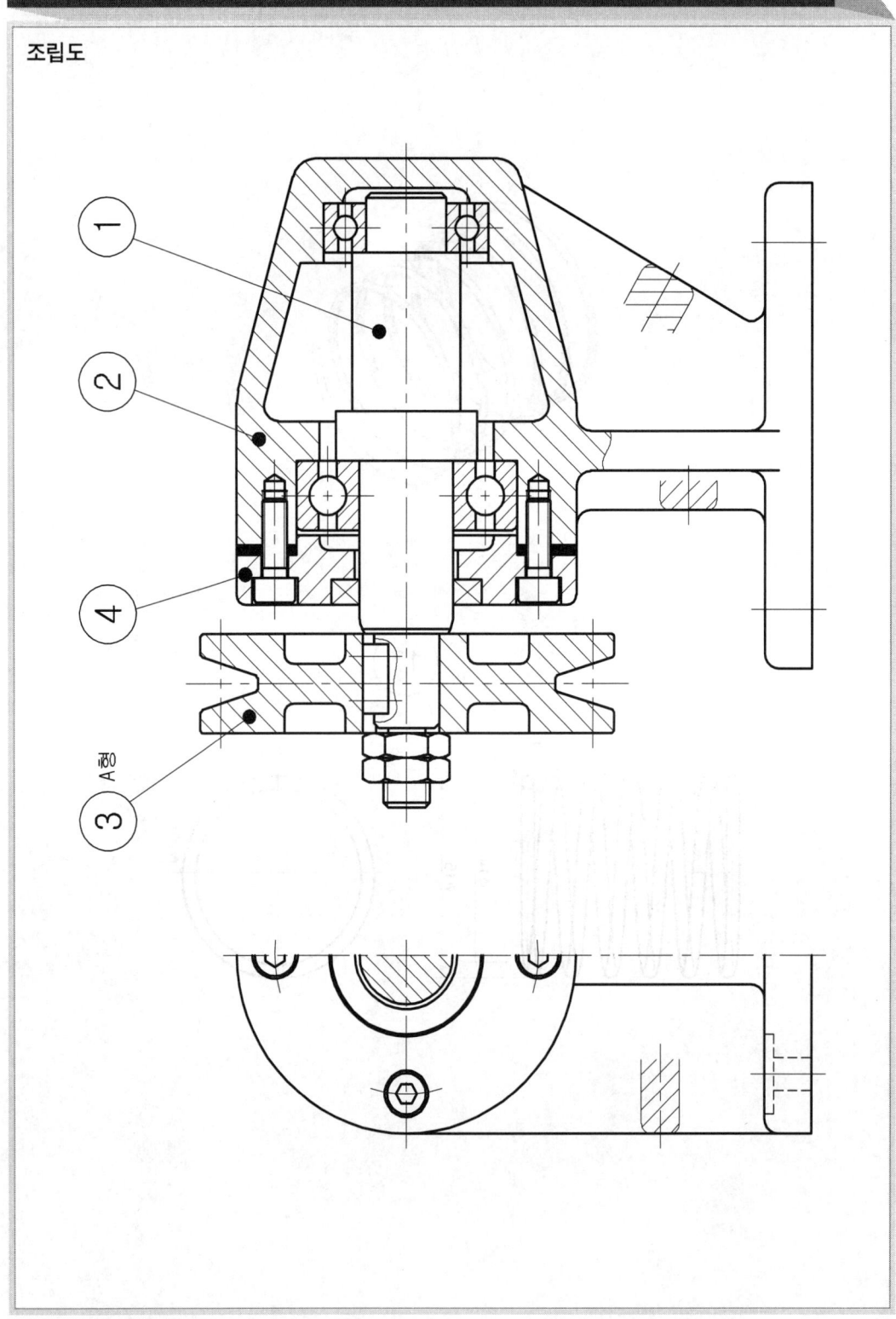

| 품명 | 축 받힘 장치 - 1. 축 | 척도 | 1:1 | 뷰 | 3각법 |

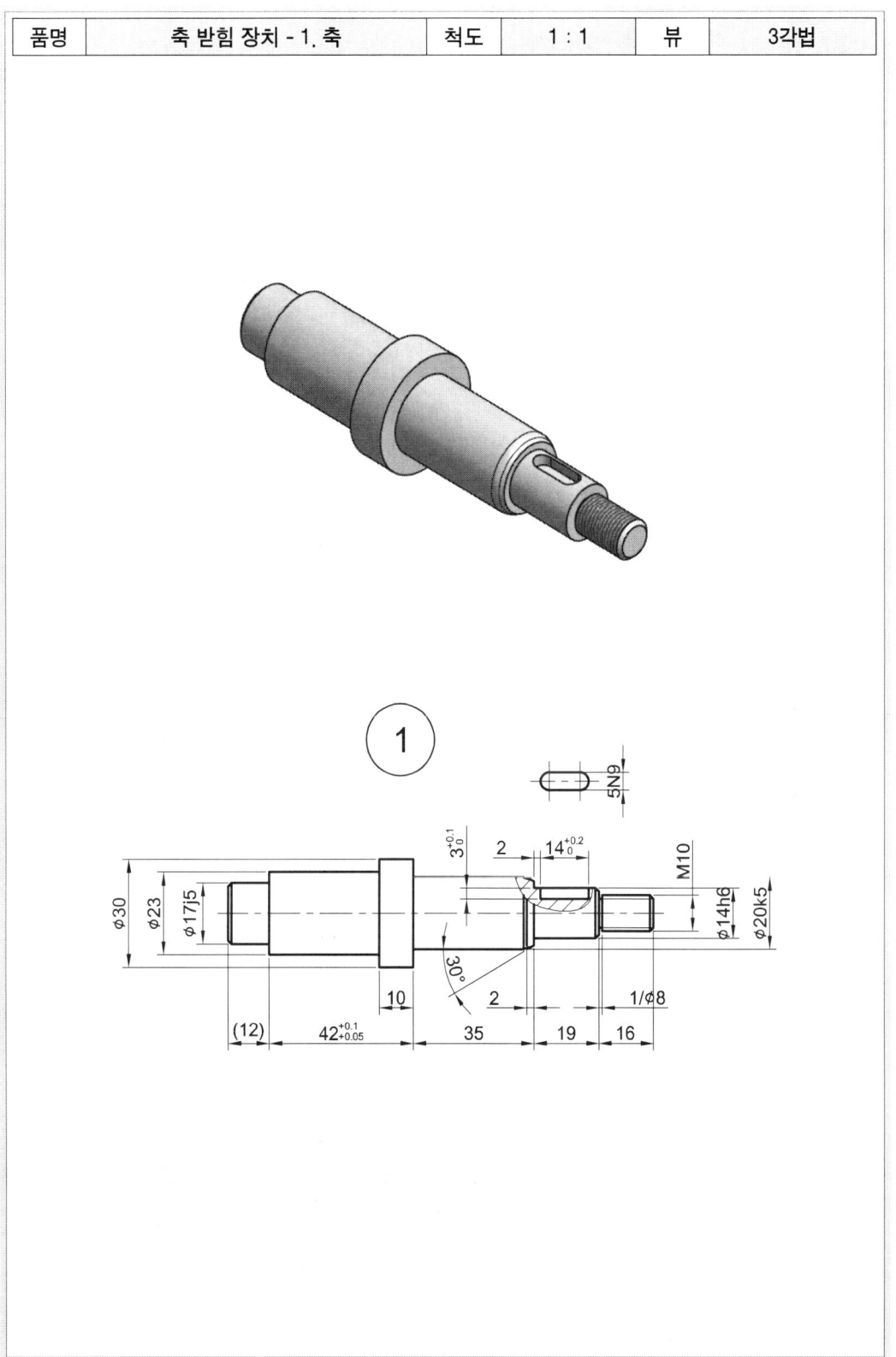

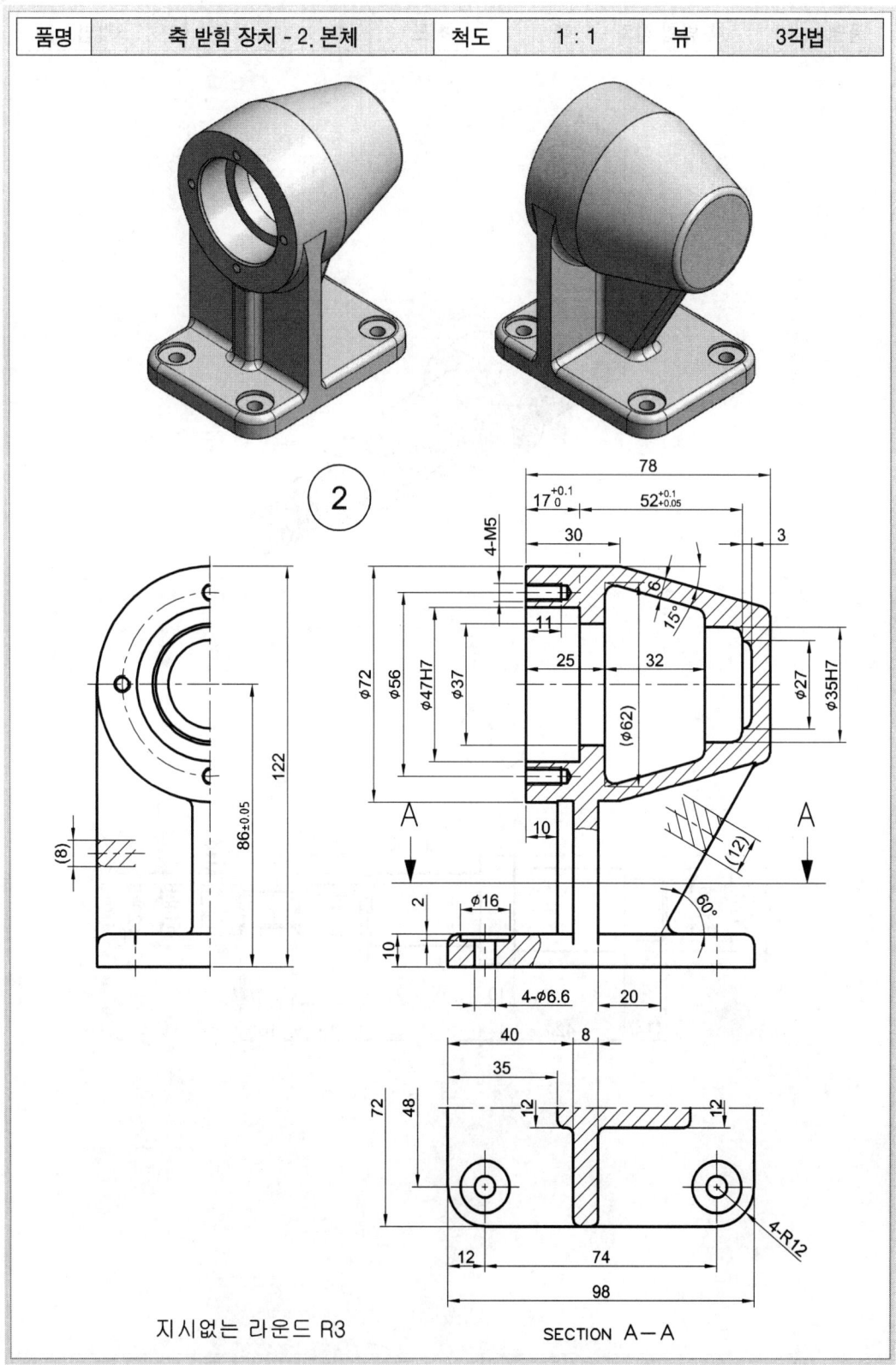

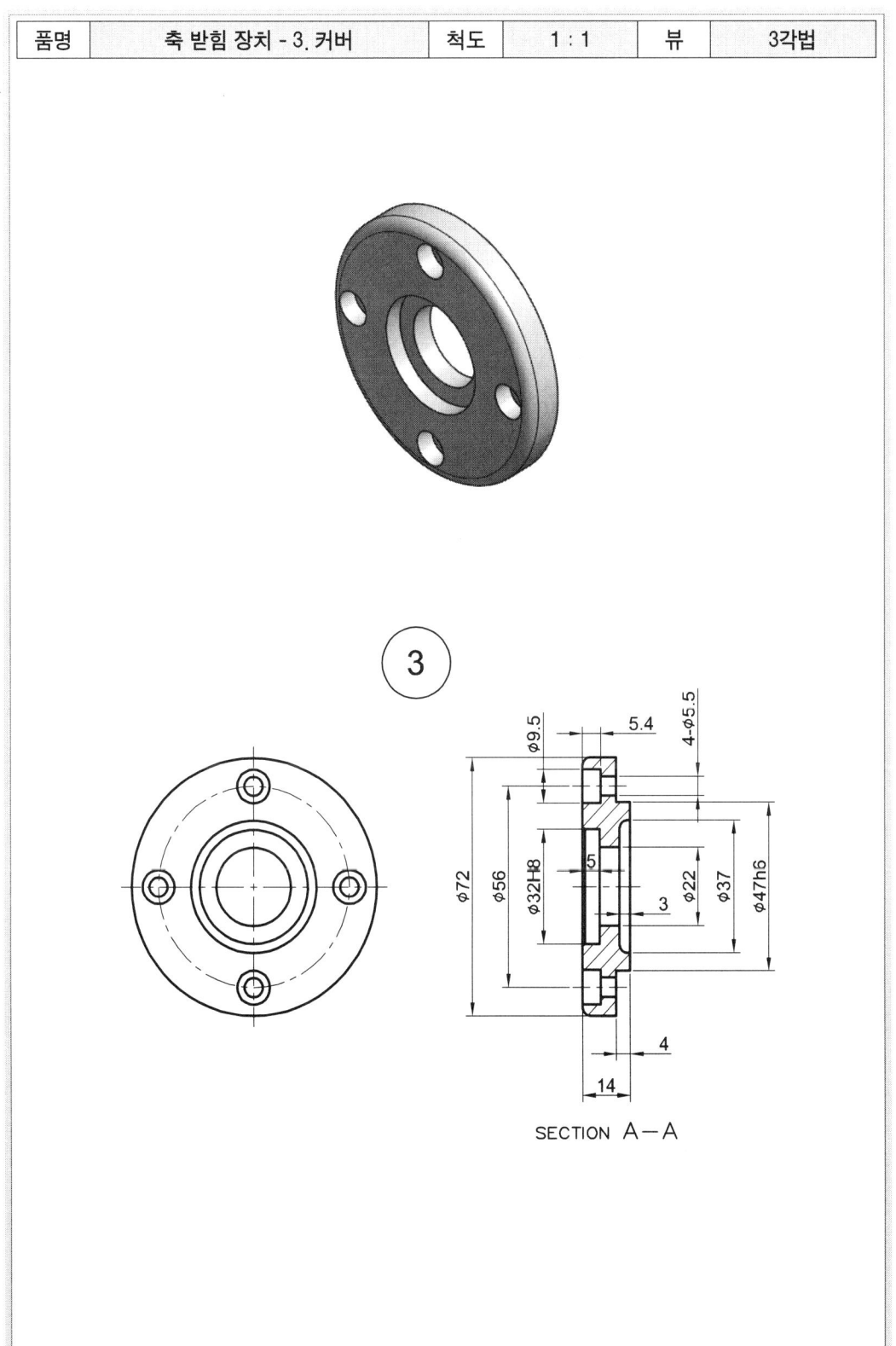

| 품명 | 축 받침 장치 - 4. V벨트 풀리 | 척도 | 1 : 1 | 뷰 | 3각법 |

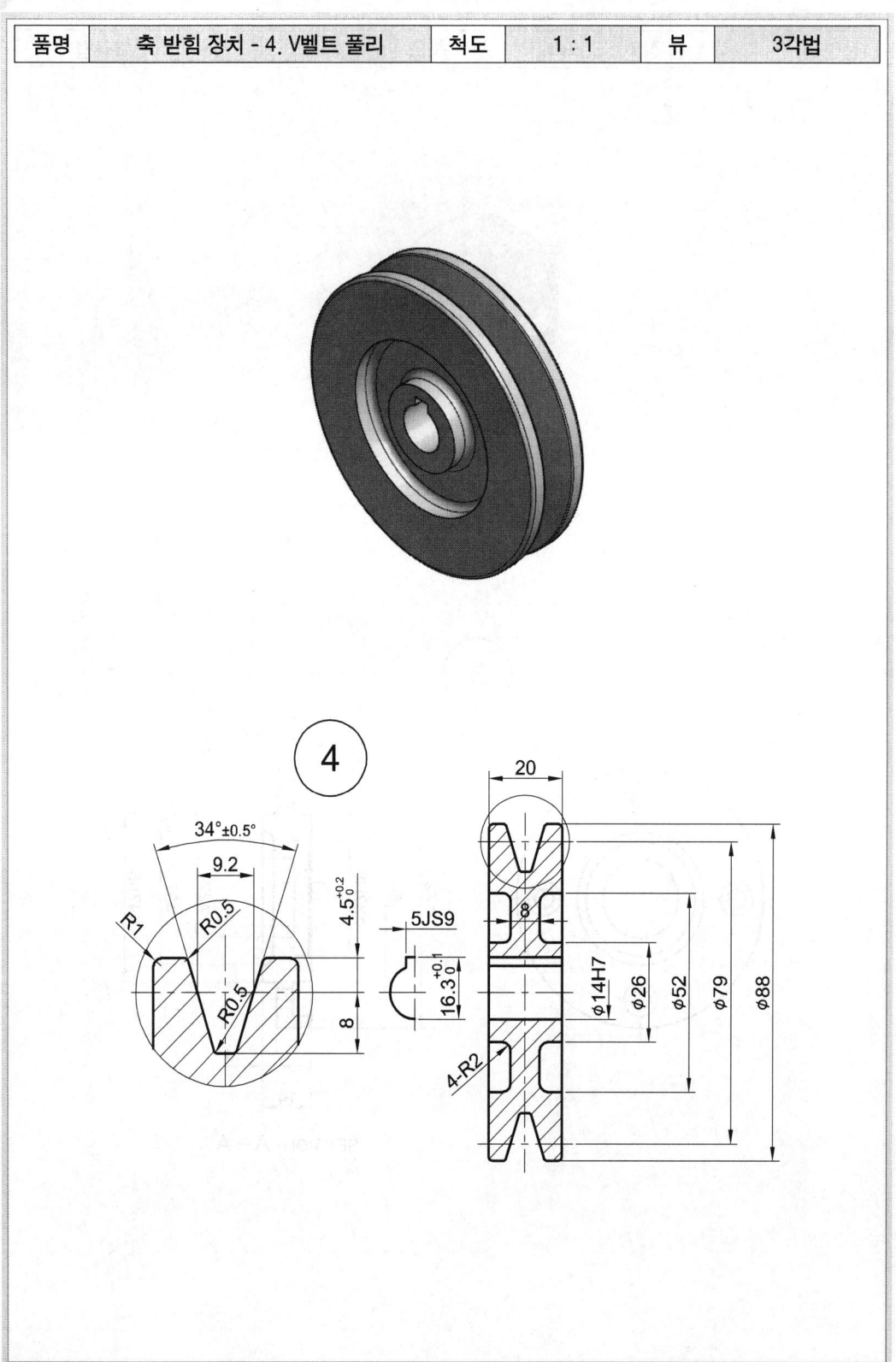

Chapter 15

SOLIDWORKS

연습도면 작성하기 B

연습도면 01 베어링하우징	연습도면 16 리밍지그
연습도면 02 피봇베어링하우징	연습도면 17 링크리밍지그
연습도면 03 편심구동장치	연습도면 18 더블밀링클램프
연습도면 04 기어펌프	연습도면 19 스텐드클램프
연습도면 05 스퍼기어박스	연습도면 20 각형레버에어척
연습도면 06 쇽업소버	연습도면 21 동력전달장치 2
연습도면 07 리프트에어실린더	연습도면 22 동력전달장치 3
연습도면 08 3지형레버에어척	연습도면 23 피벗베어링하우징
연습도면 09 턱가공밀링지그	연습도면 24 편심구동펌프 2
연습도면 10 바드릴지그	연습도면 25 간헐랙구동장치
연습도면 11 바클램프바이스	연습도면 26 기어펌프 2
연습도면 12 탁상바이스	연습도면 27 기어펌프 5
연습도면 13 베어링 부시가공용 드릴지그	연습도면 28 이중스퍼기어박스
연습도면 14 하우징 드릴지그	연습도면 29 이중스퍼기어박스 1
연습도면 15 바드릴지그	연습도면 30 랙프레스

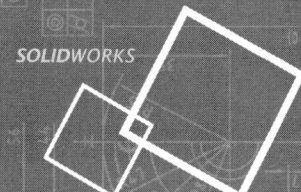
SOLIDWORKS

연습도면 01 베어링하우징

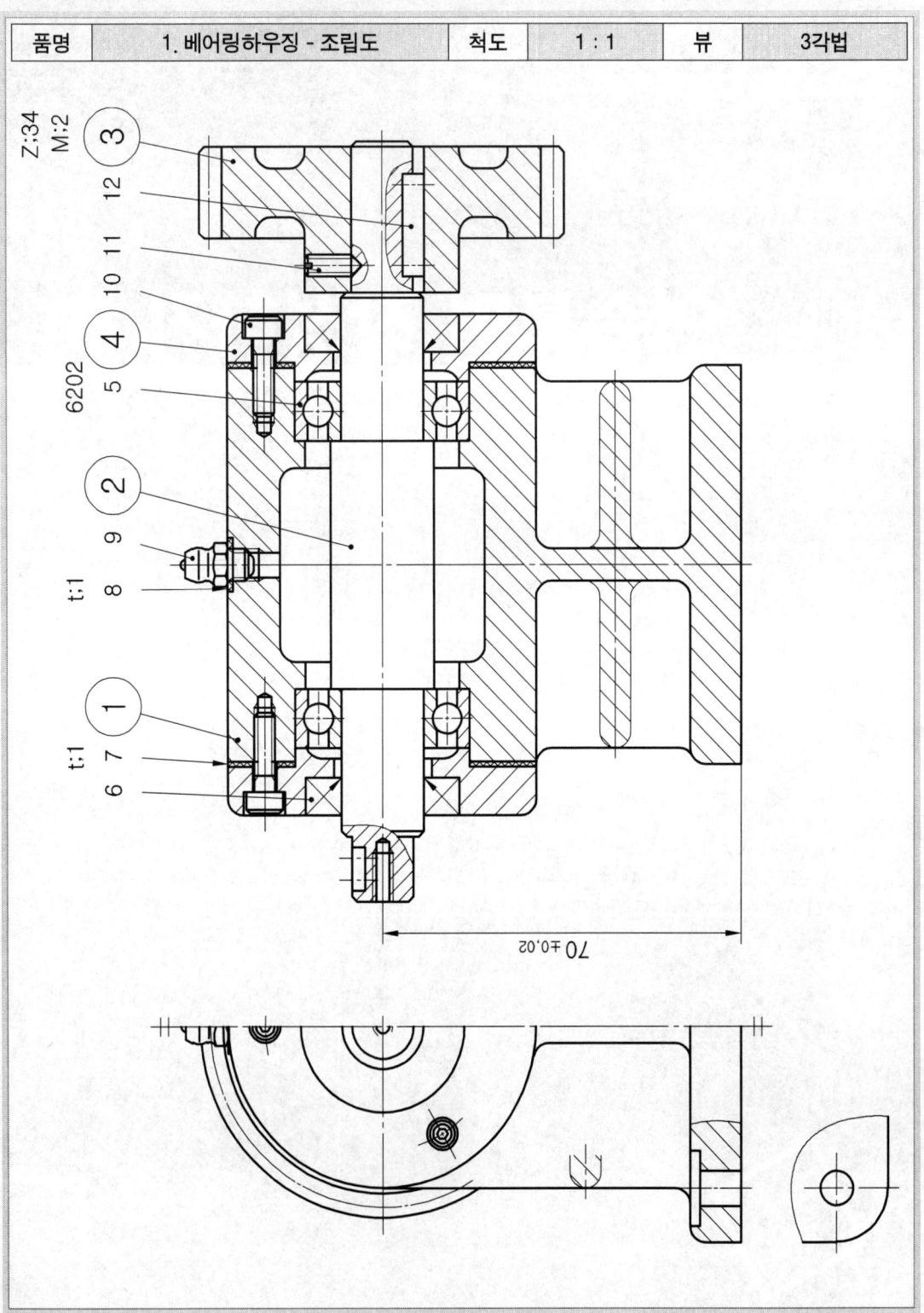

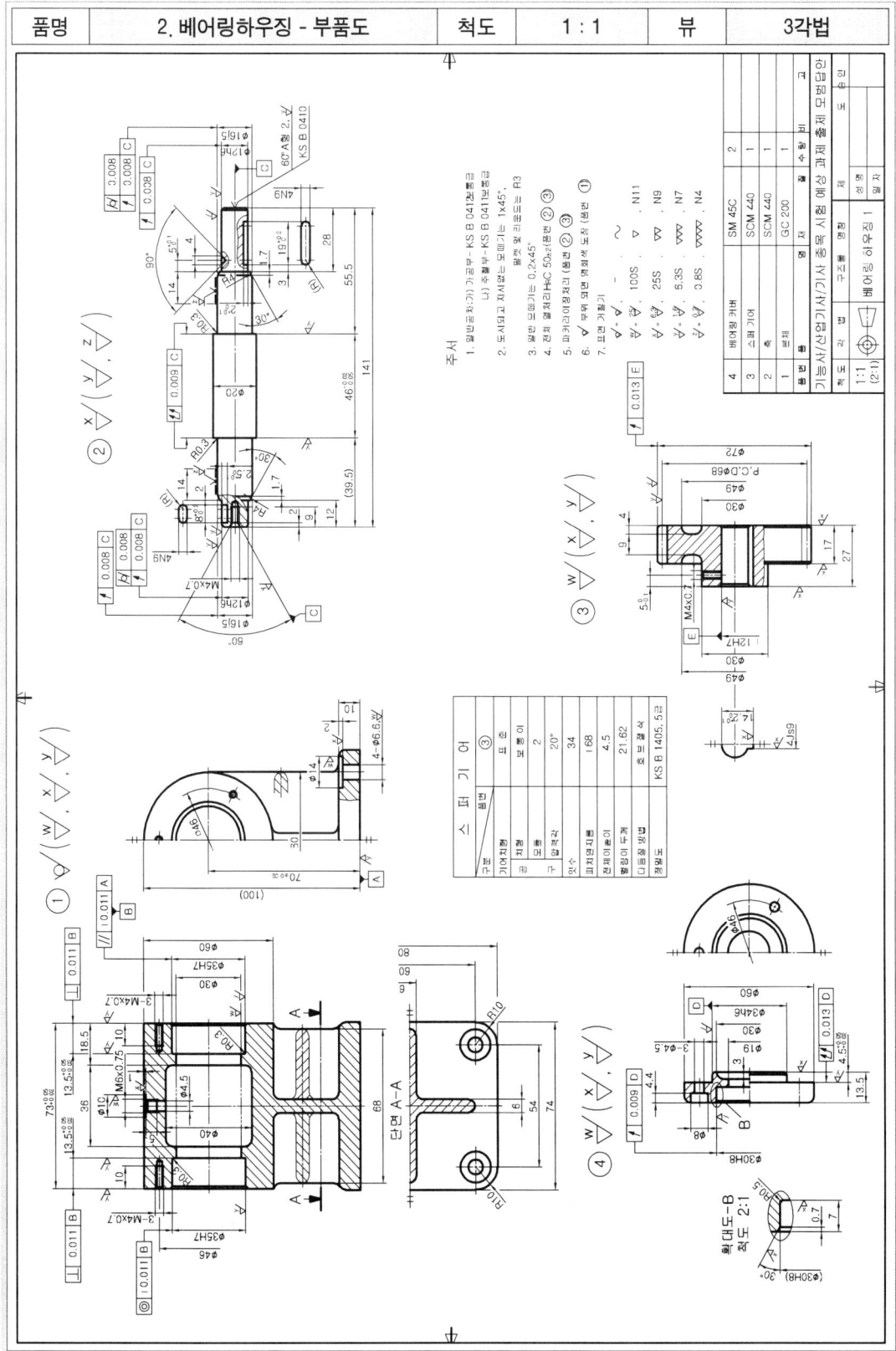

| 품명 | 3. 베어링하우징 - 분해도 | 척도 | 1 : 1 | 뷰 | 3각법 |

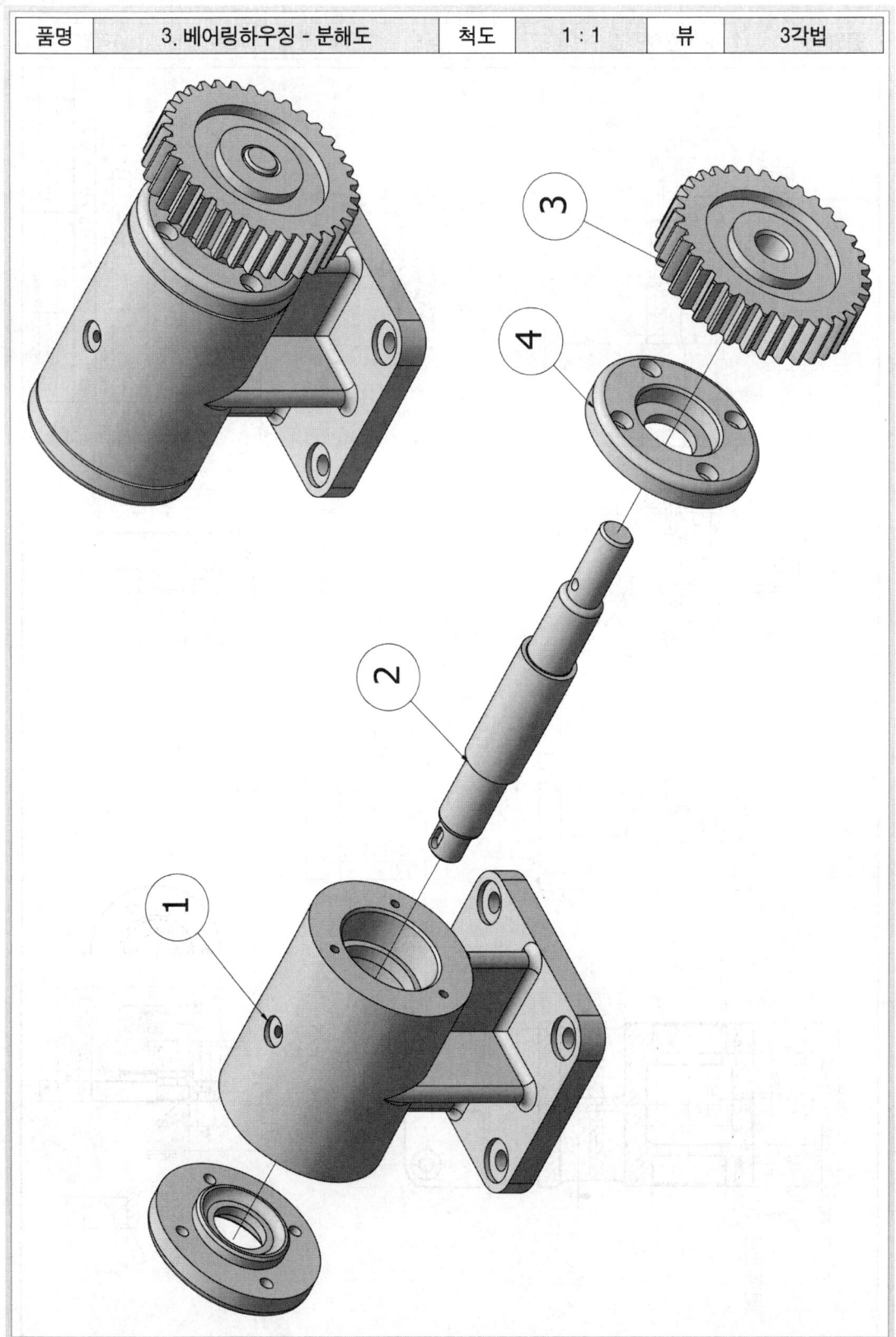

| 품명 | 4. 베어링하우징 - 모델도 | 척도 | 1 : 1 | 뷰 | 3각법 |

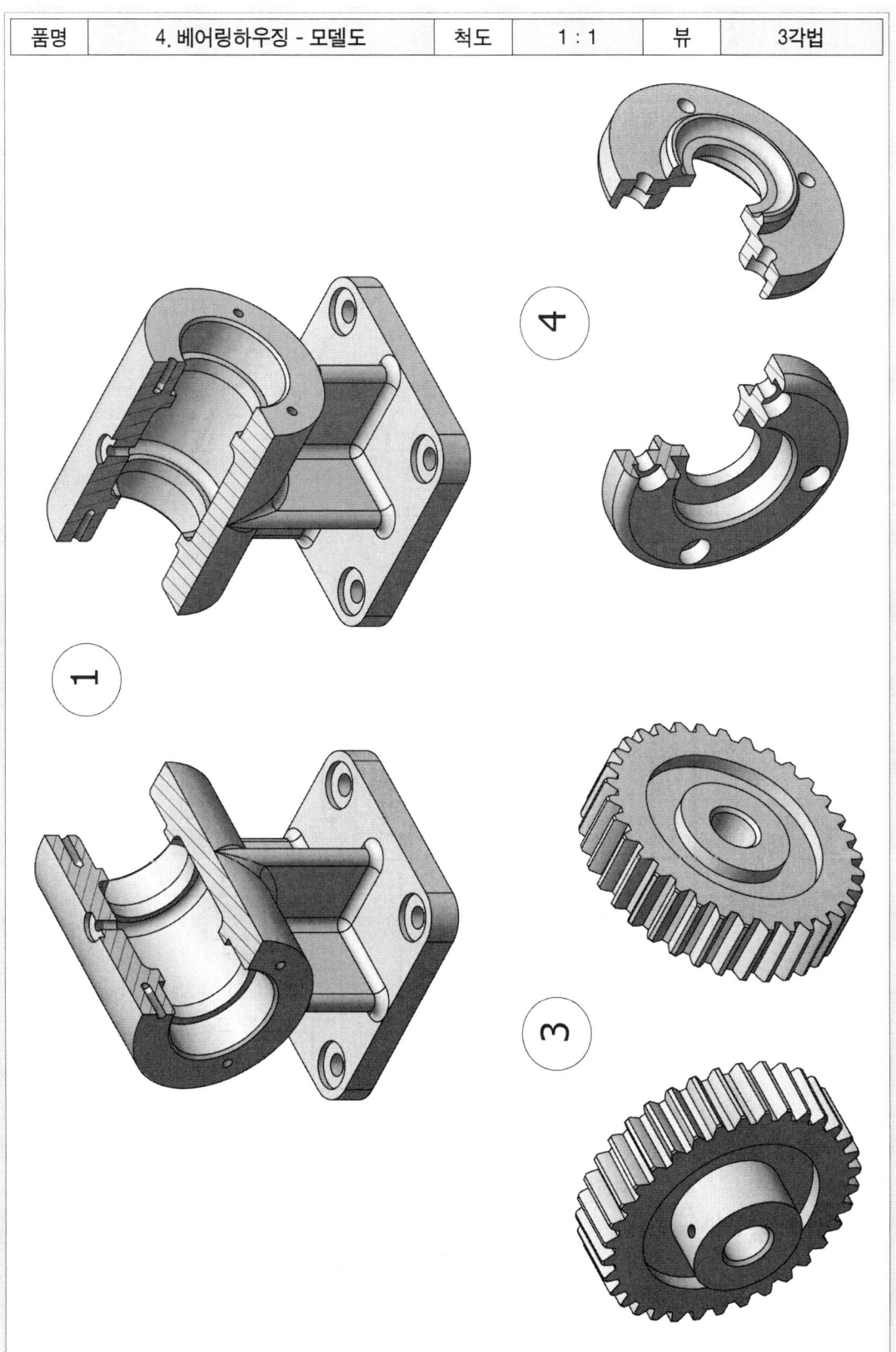

연습도면 02 피봇베어링하우징

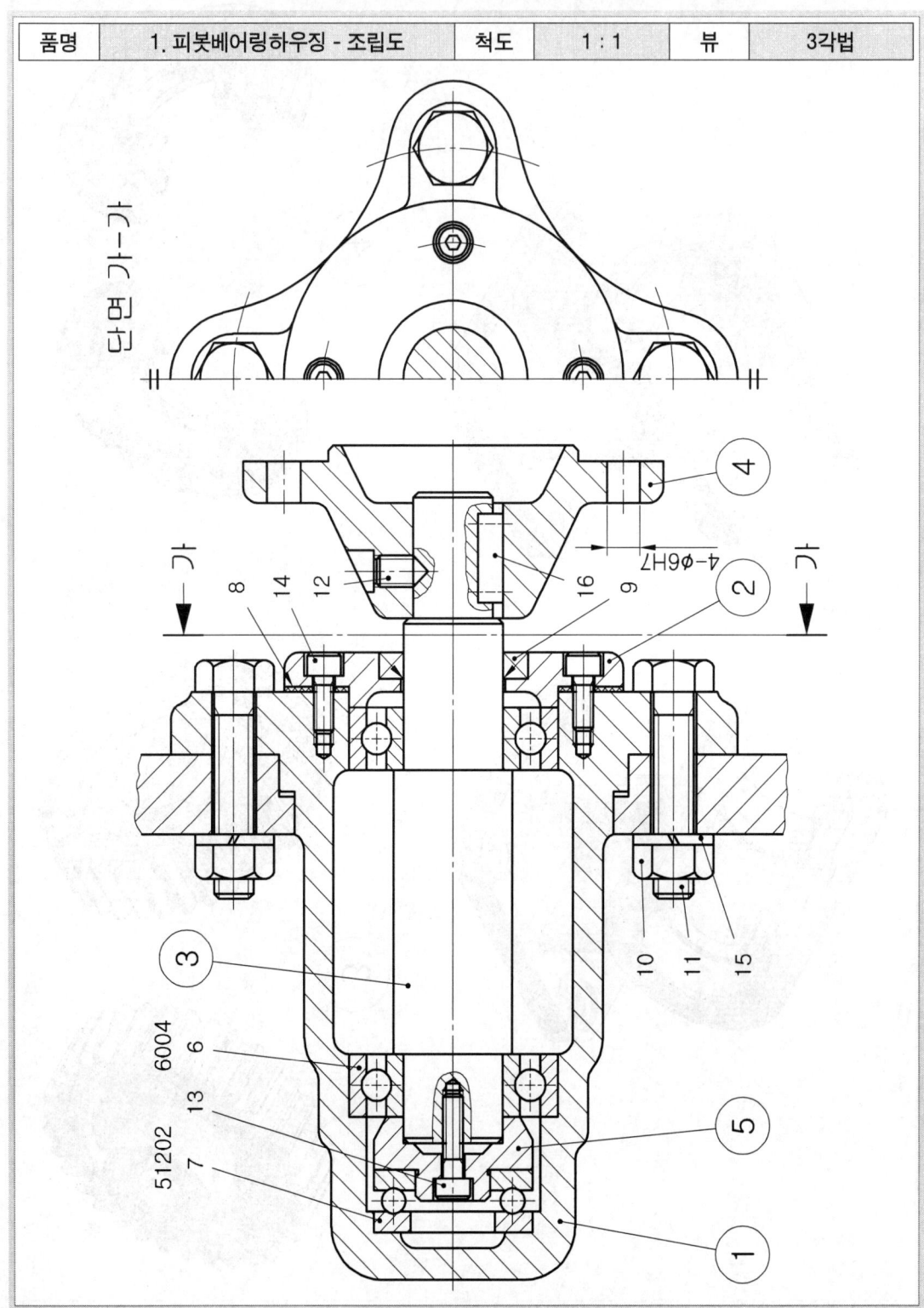

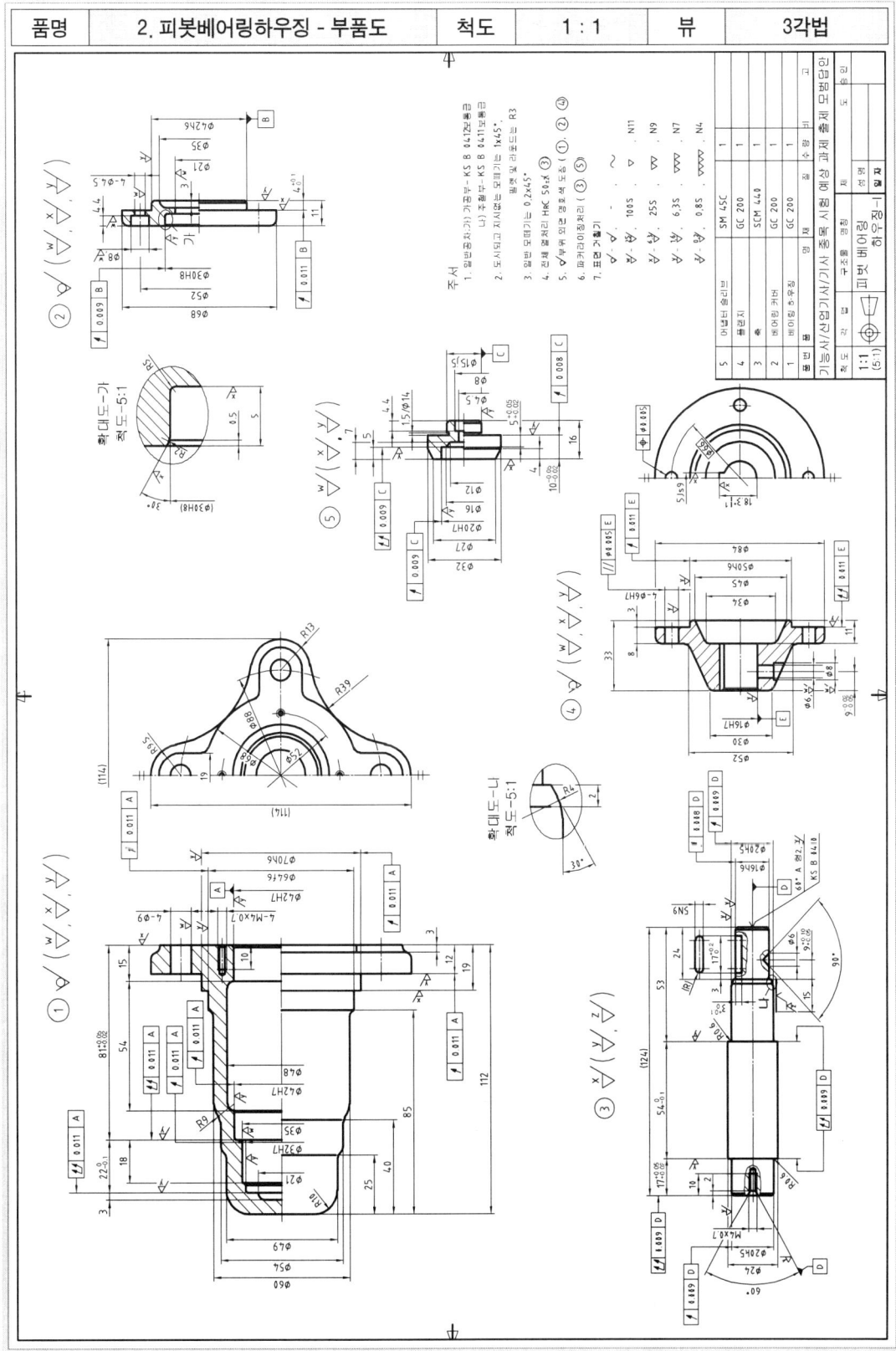

| 품명 | 3. 피봇베어링하우징 - 분해도 | 척도 | 1 : 1 | 뷰 | 3각법 |

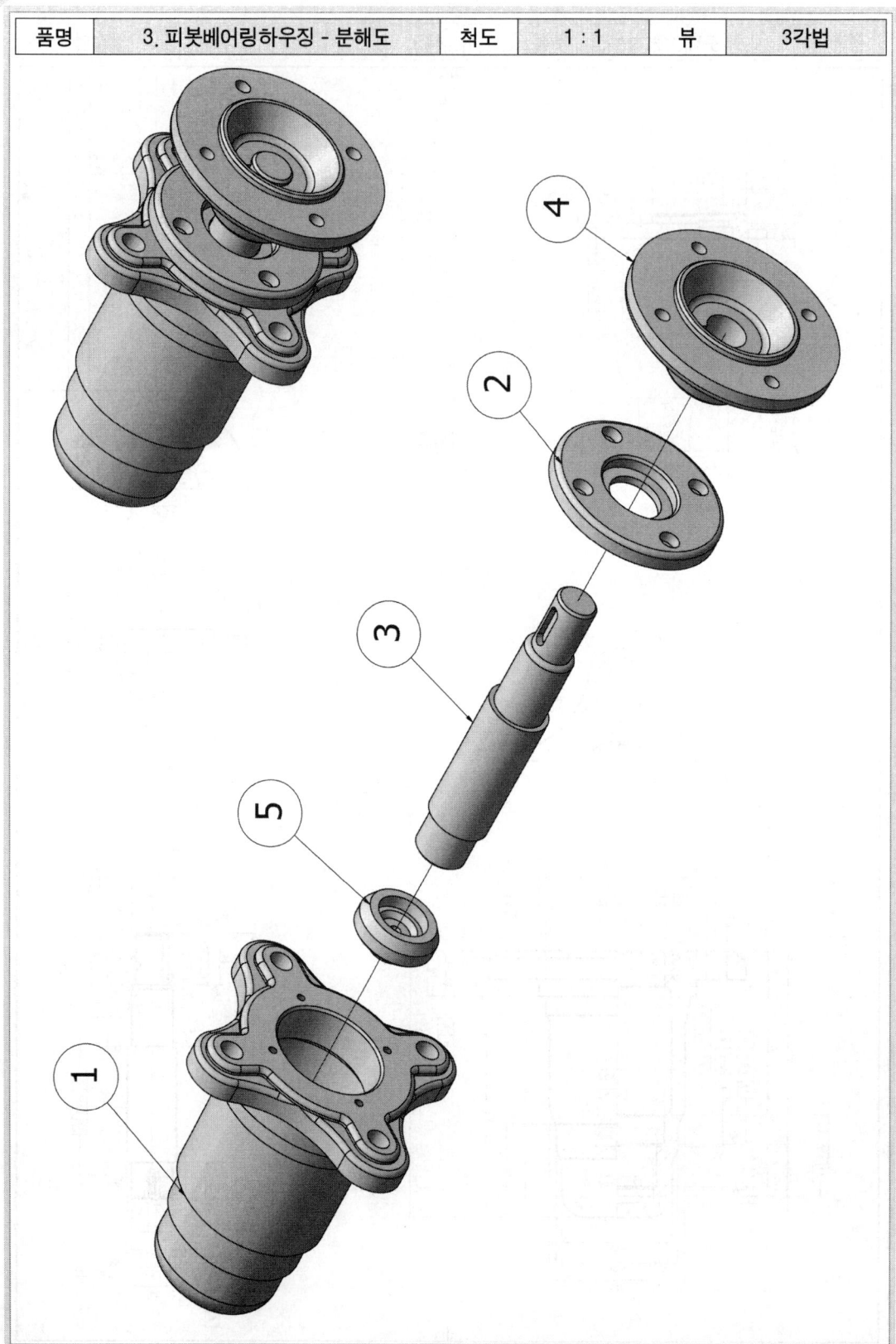

| 품명 | 4. 피봇베어링하우징 - 모델도 | 척도 | 1 : 1 | 뷰 | 3각법 |

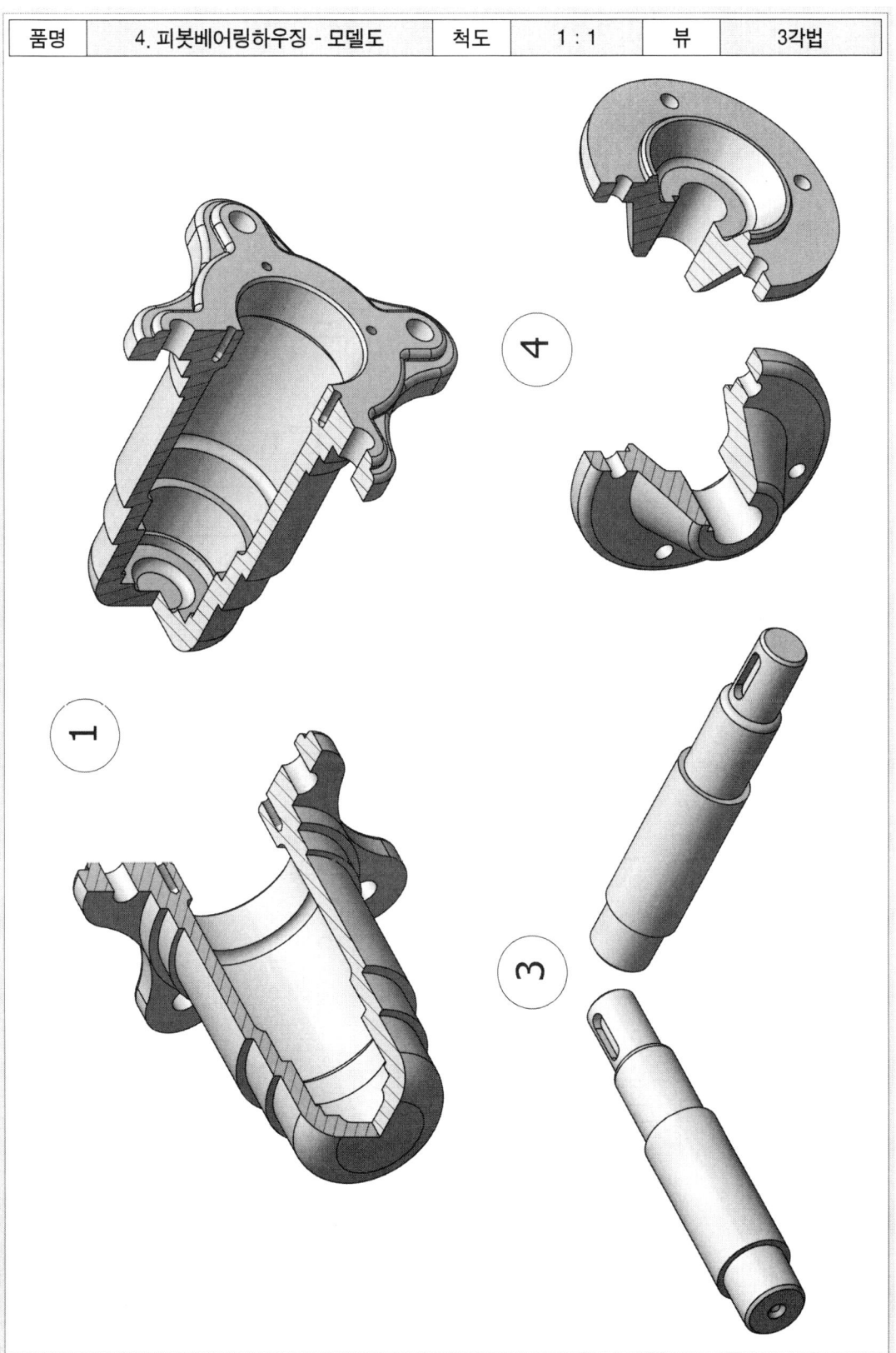

연습도면 03 편심구동장치

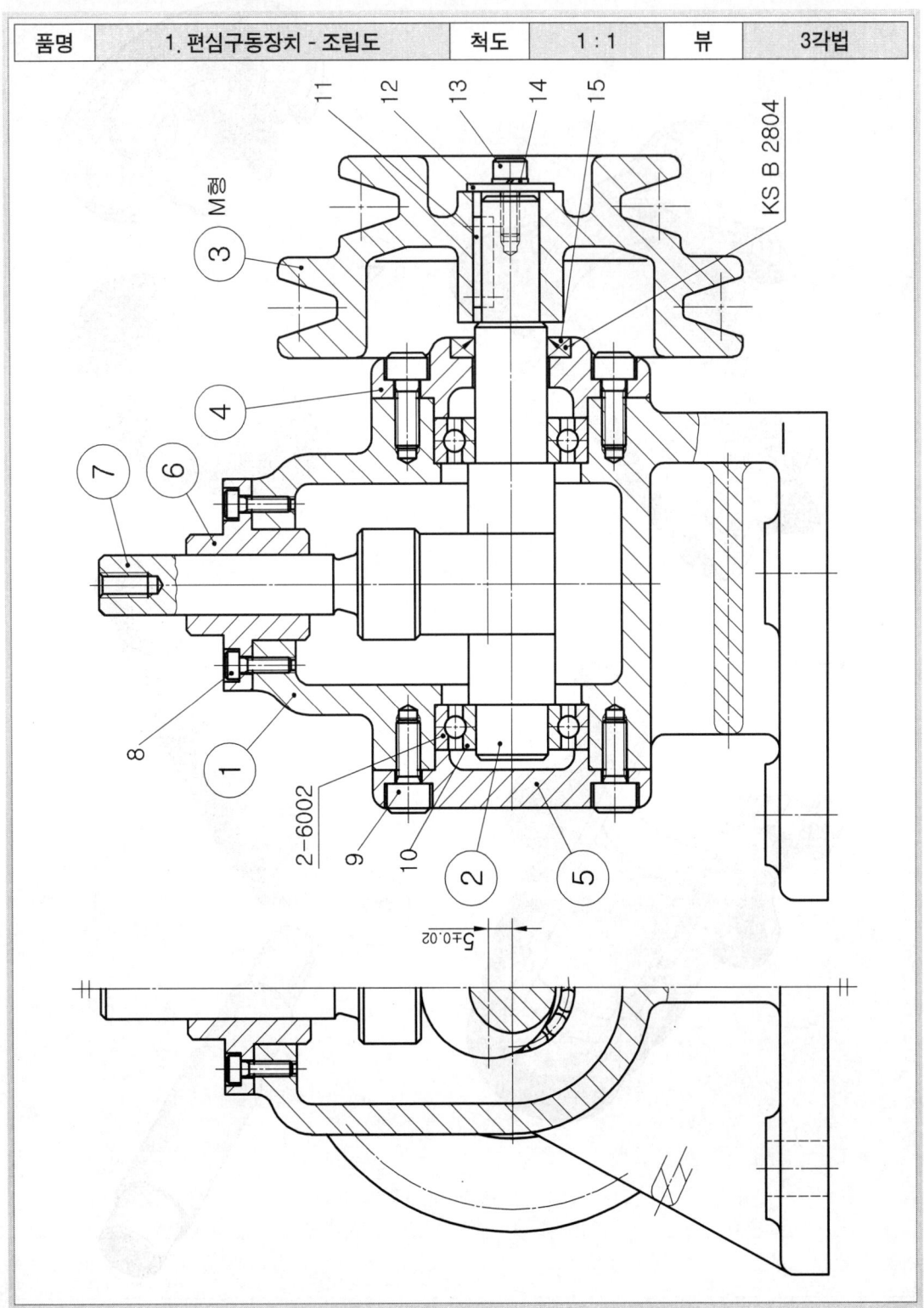

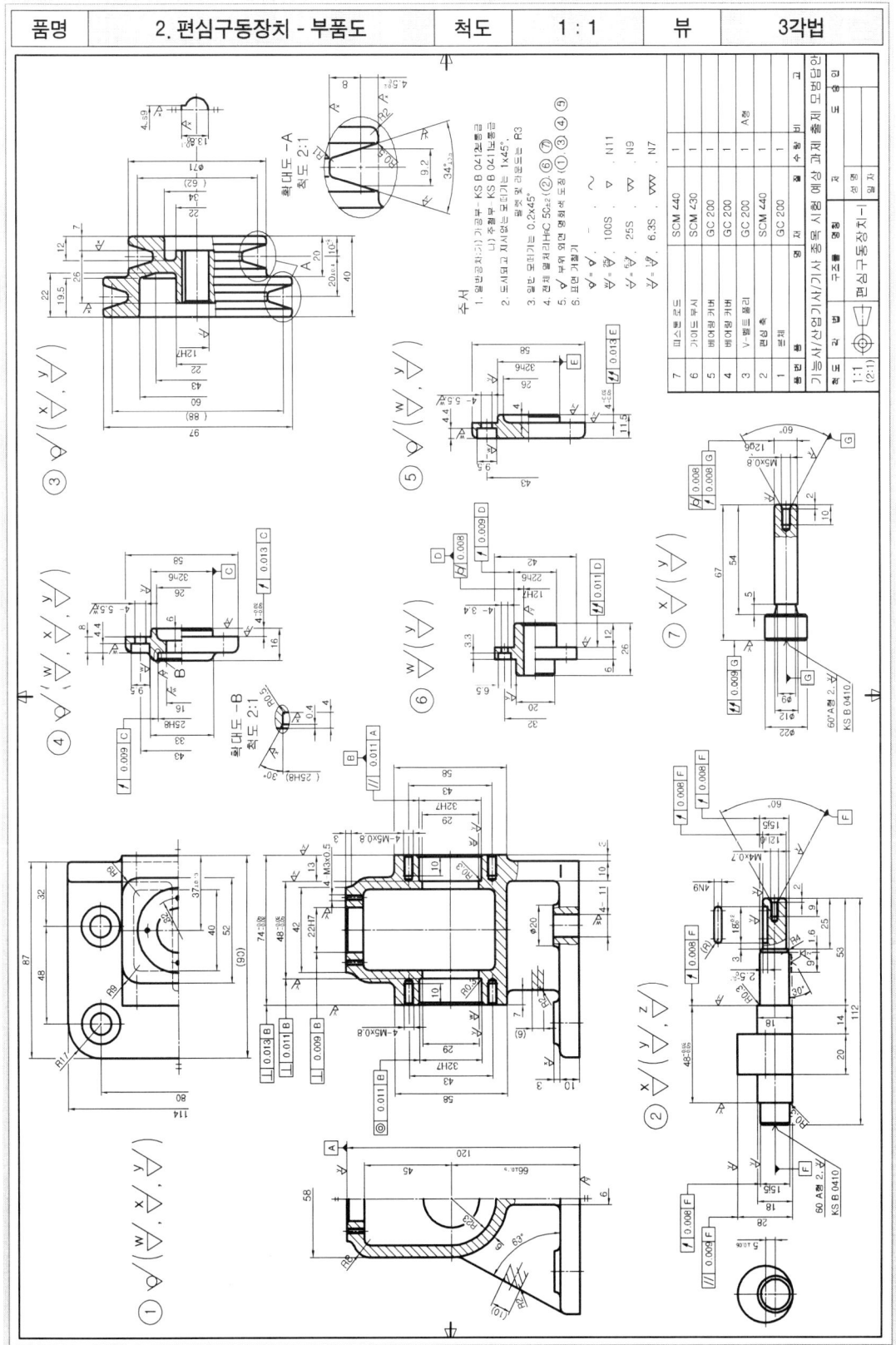

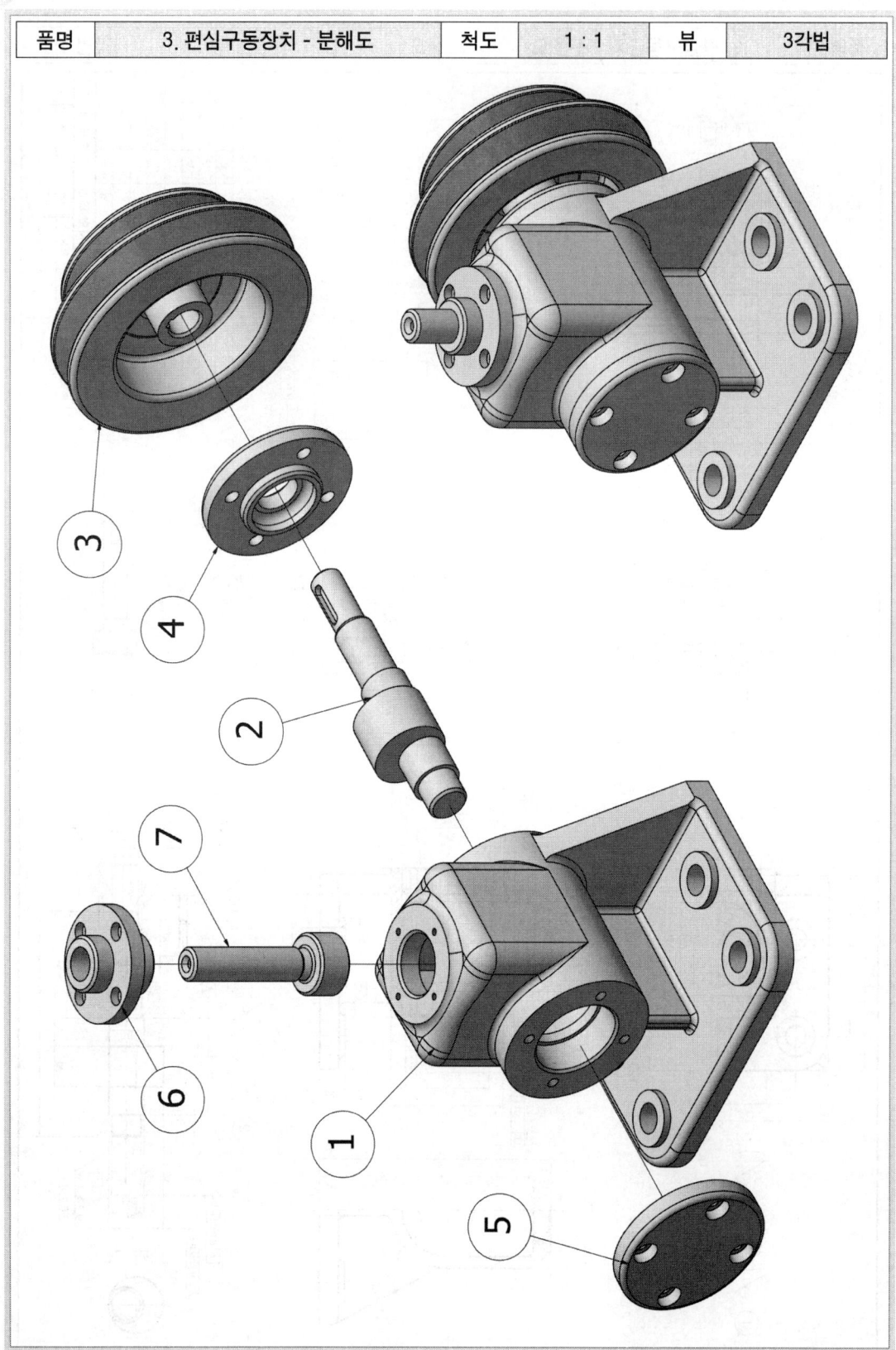

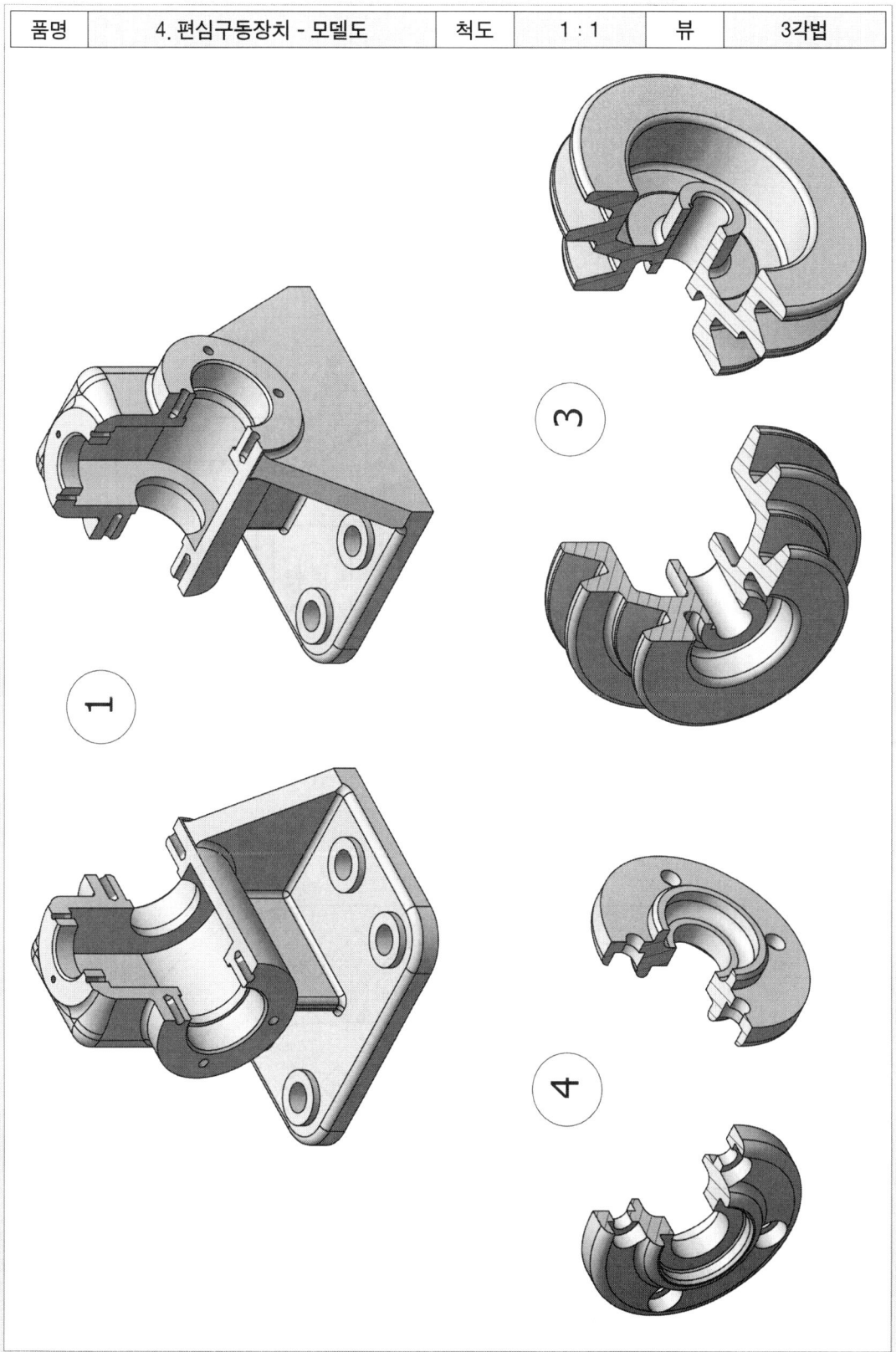

연습도면 04 기어펌프

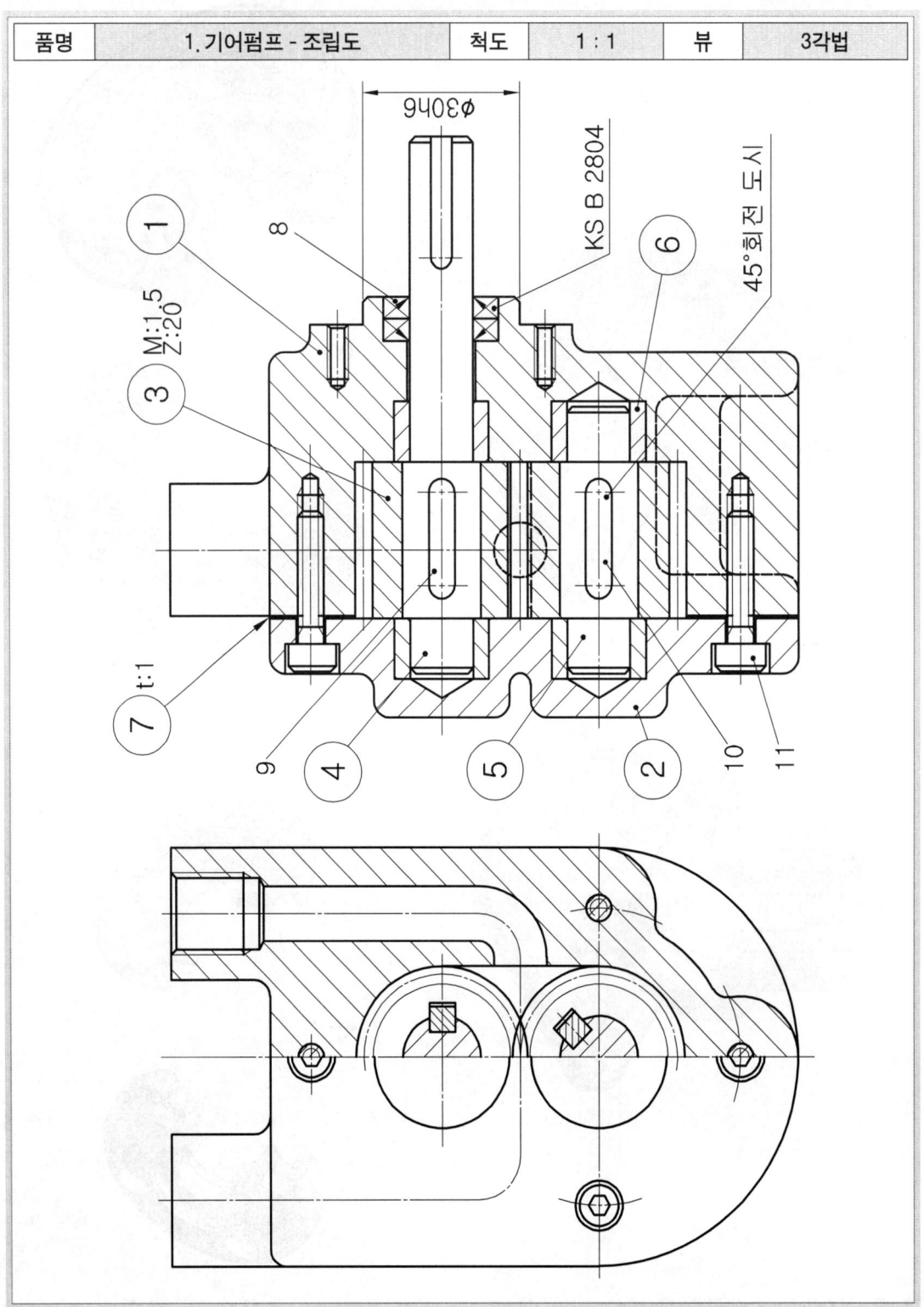

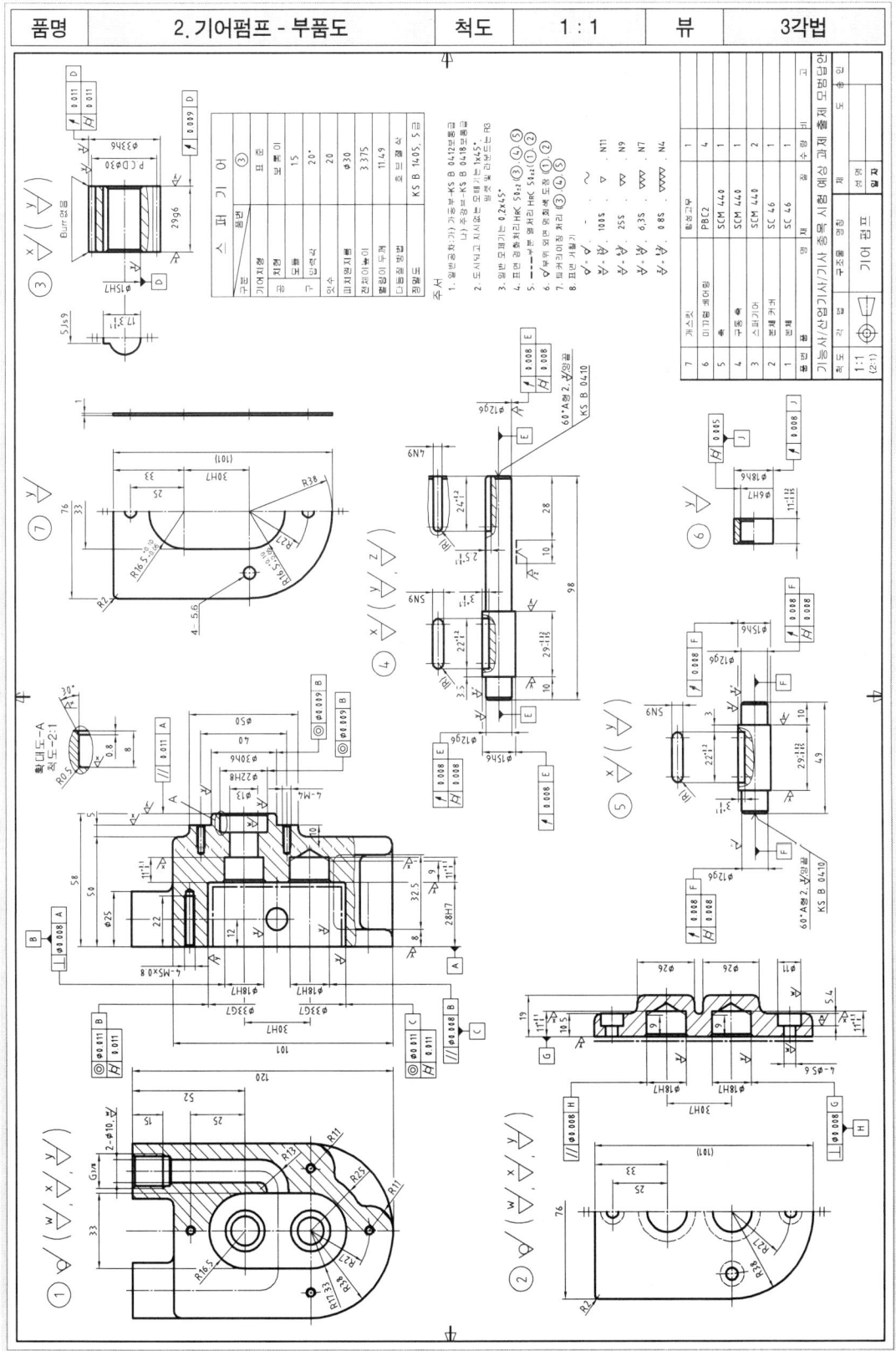

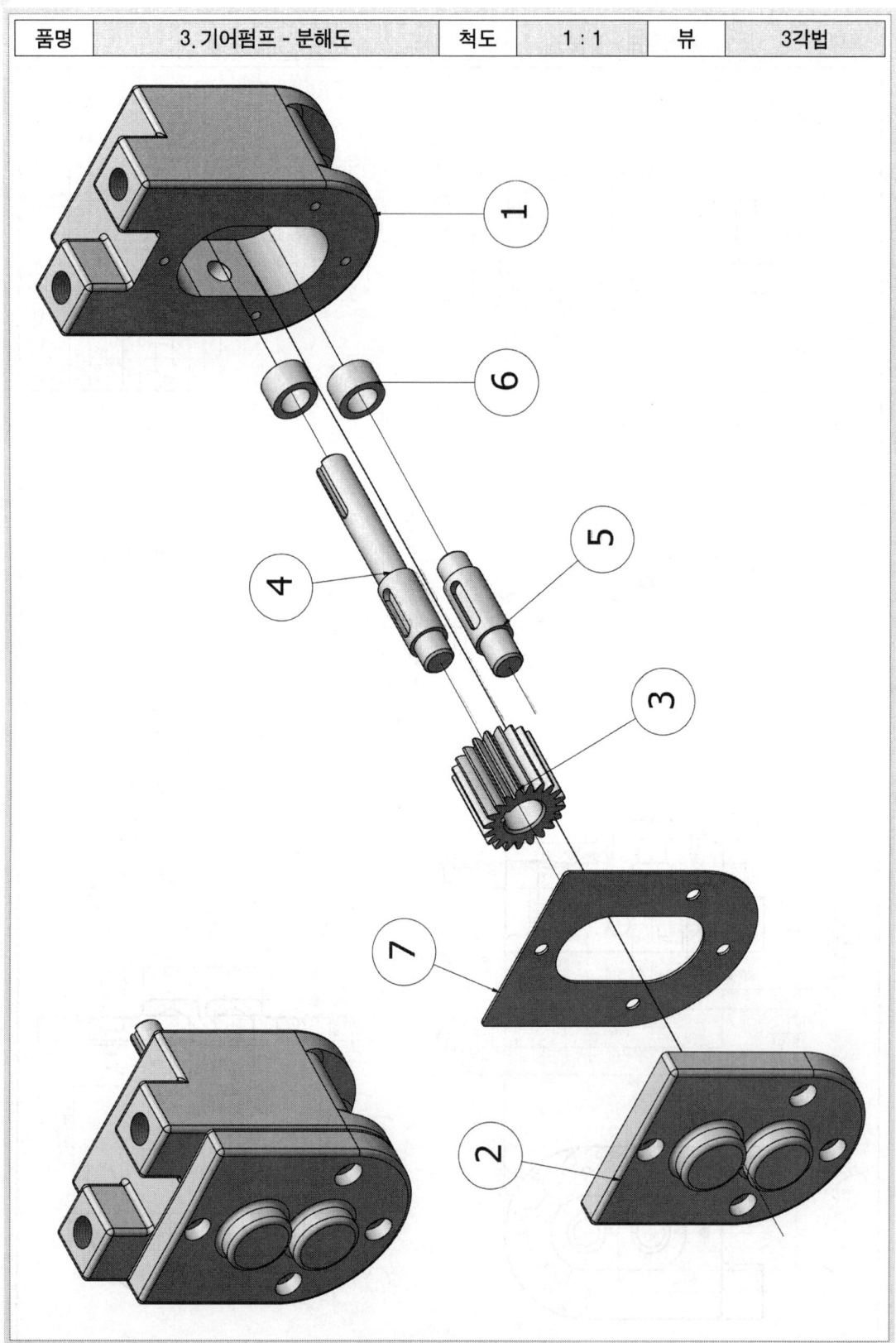

| 품명 | 4. 기어펌프 - 모델도 | 척도 | 1 : 1 | 뷰 | 3각법 |

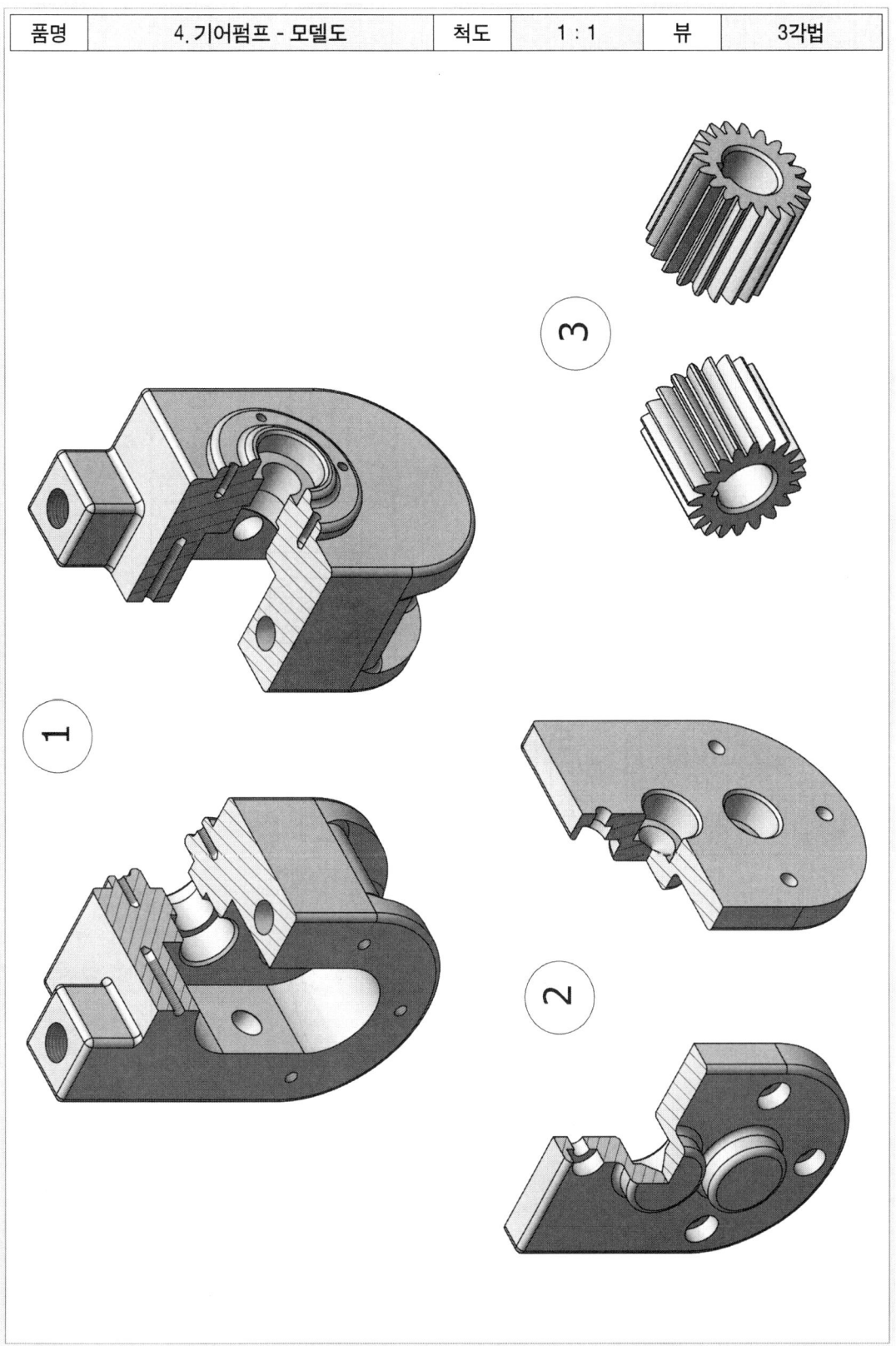

연습도면 05 스퍼기어박스

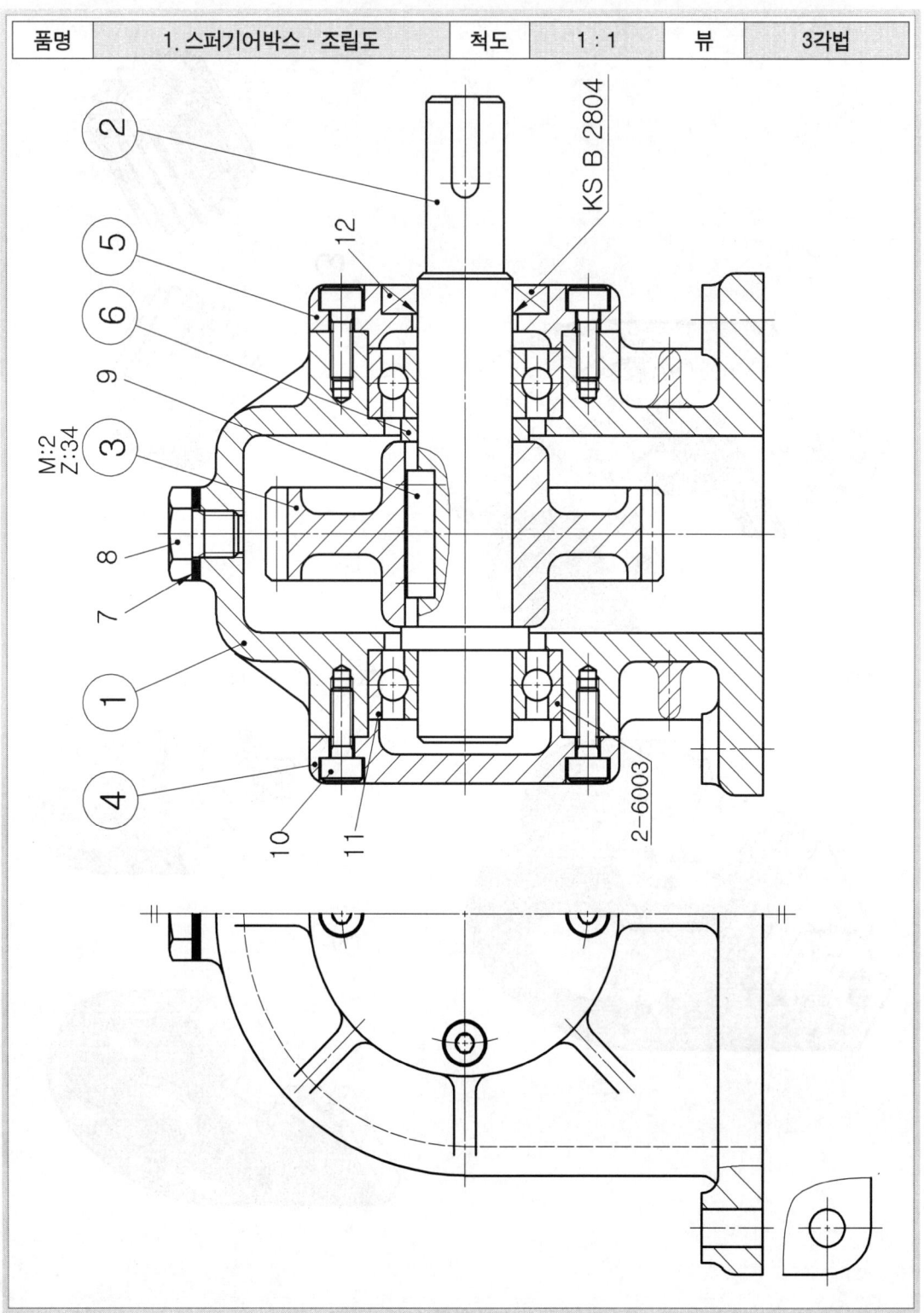

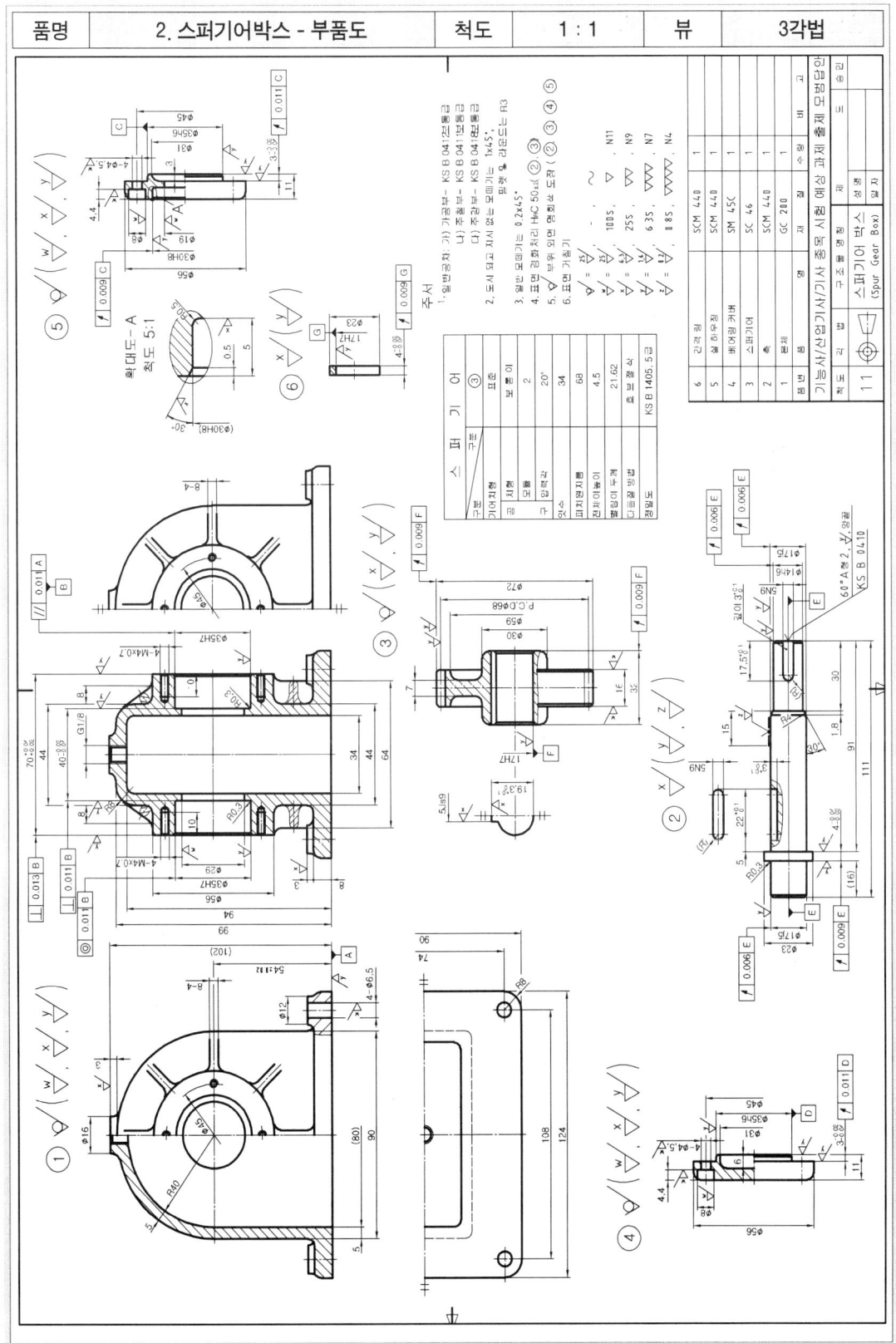

| 품명 | 3. 스퍼기어박스 - 분해도 | 척도 | 1 : 1 | 뷰 | 3각법 |

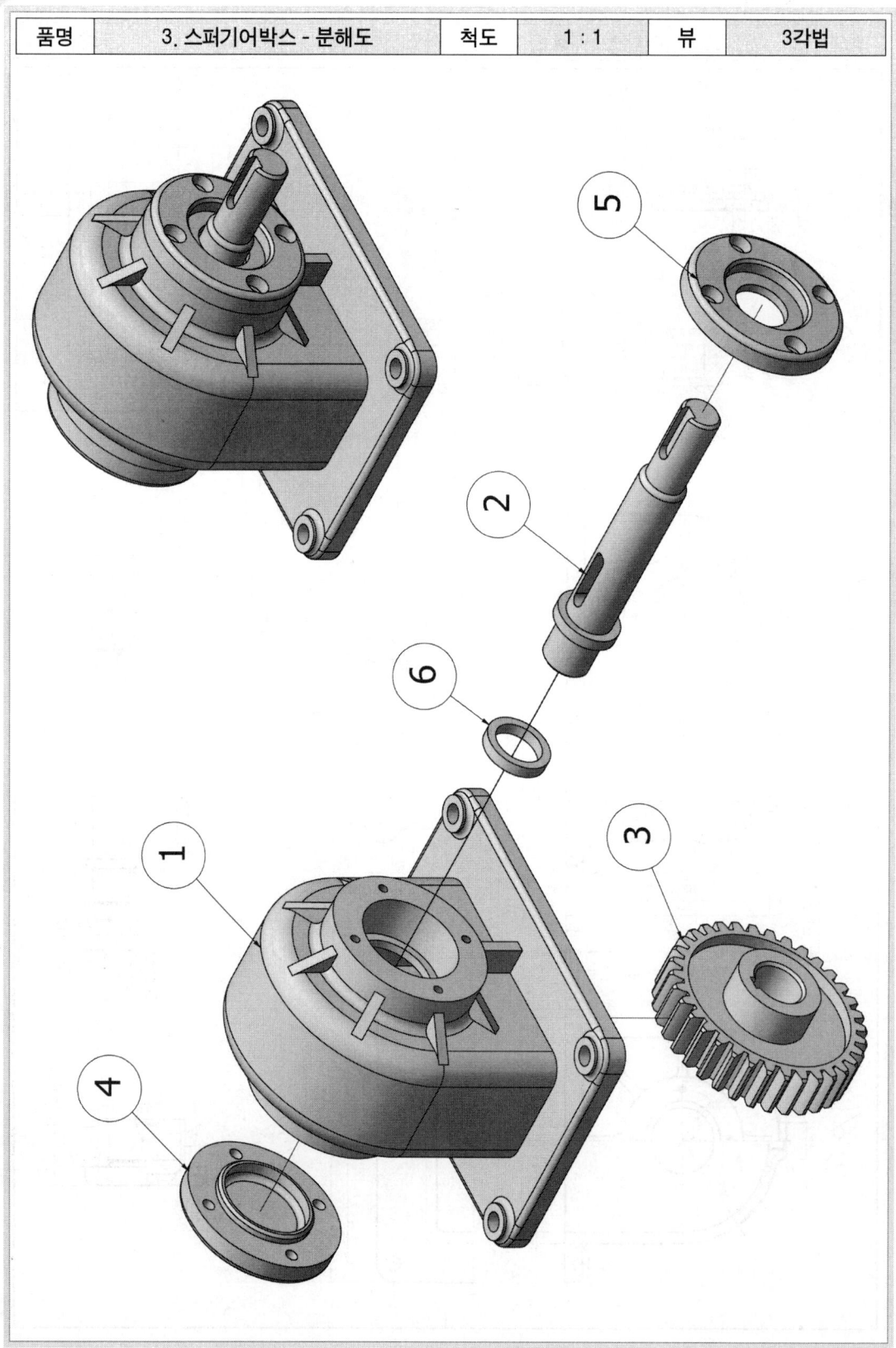

| 품명 | 4. 스퍼기어박스 - 모델도 | 척도 | 1 : 1 | 뷰 | 3각법 |

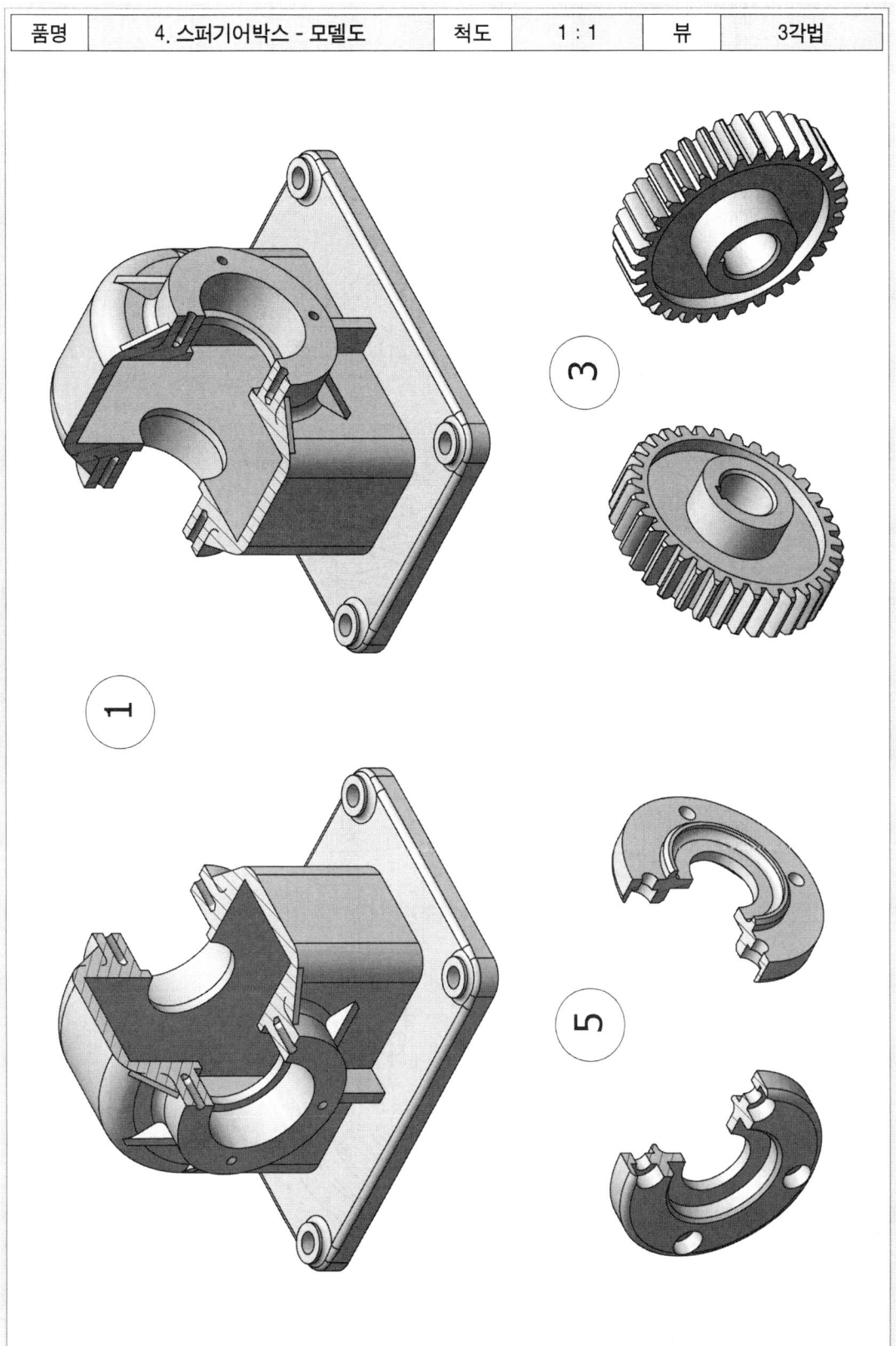

연습도면 06 쇽업소버

| 품명 | 1. 쇽업소버 - 조립도 | 척도 | 1 : 1 | 뷰 | 3각법 |

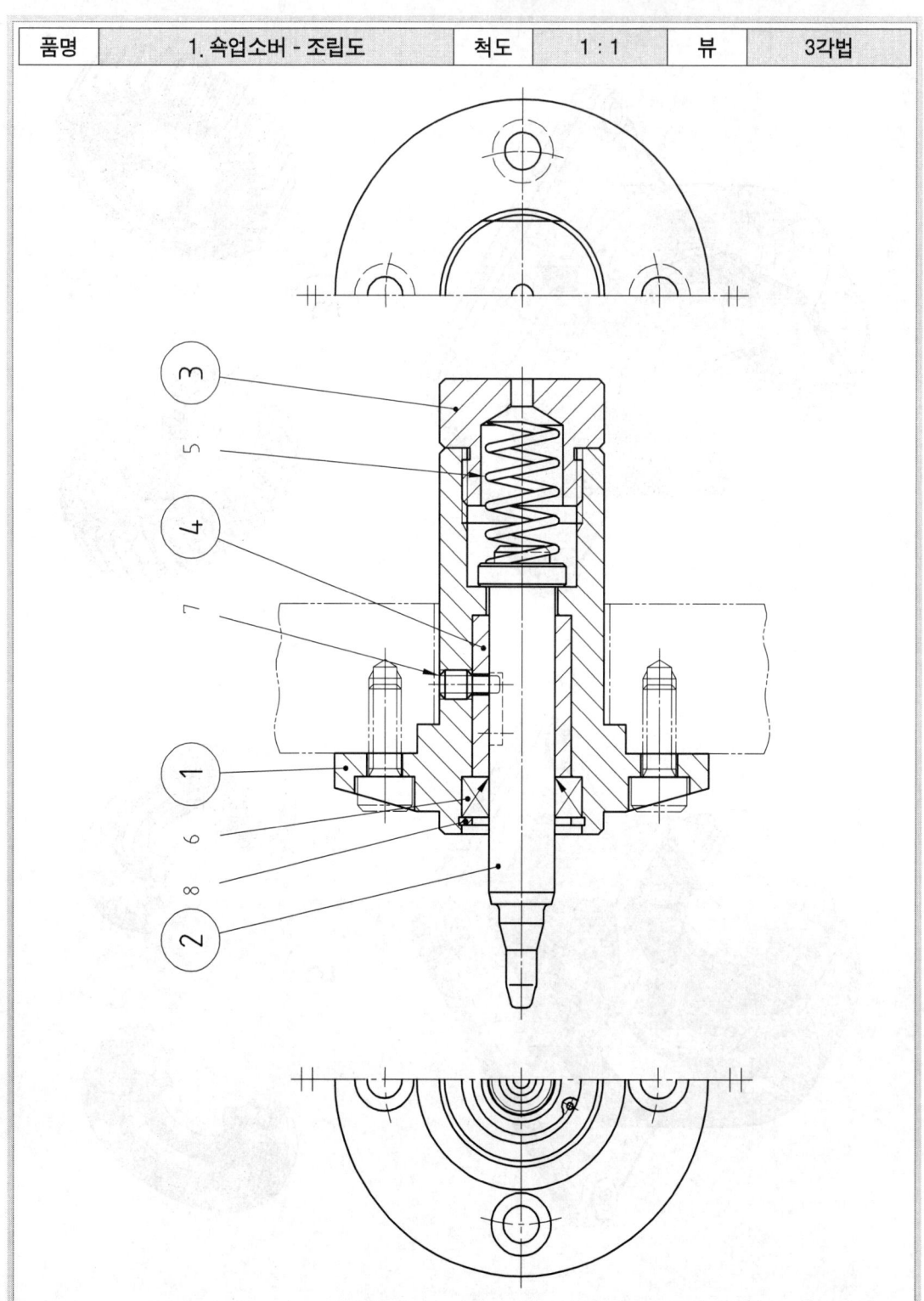

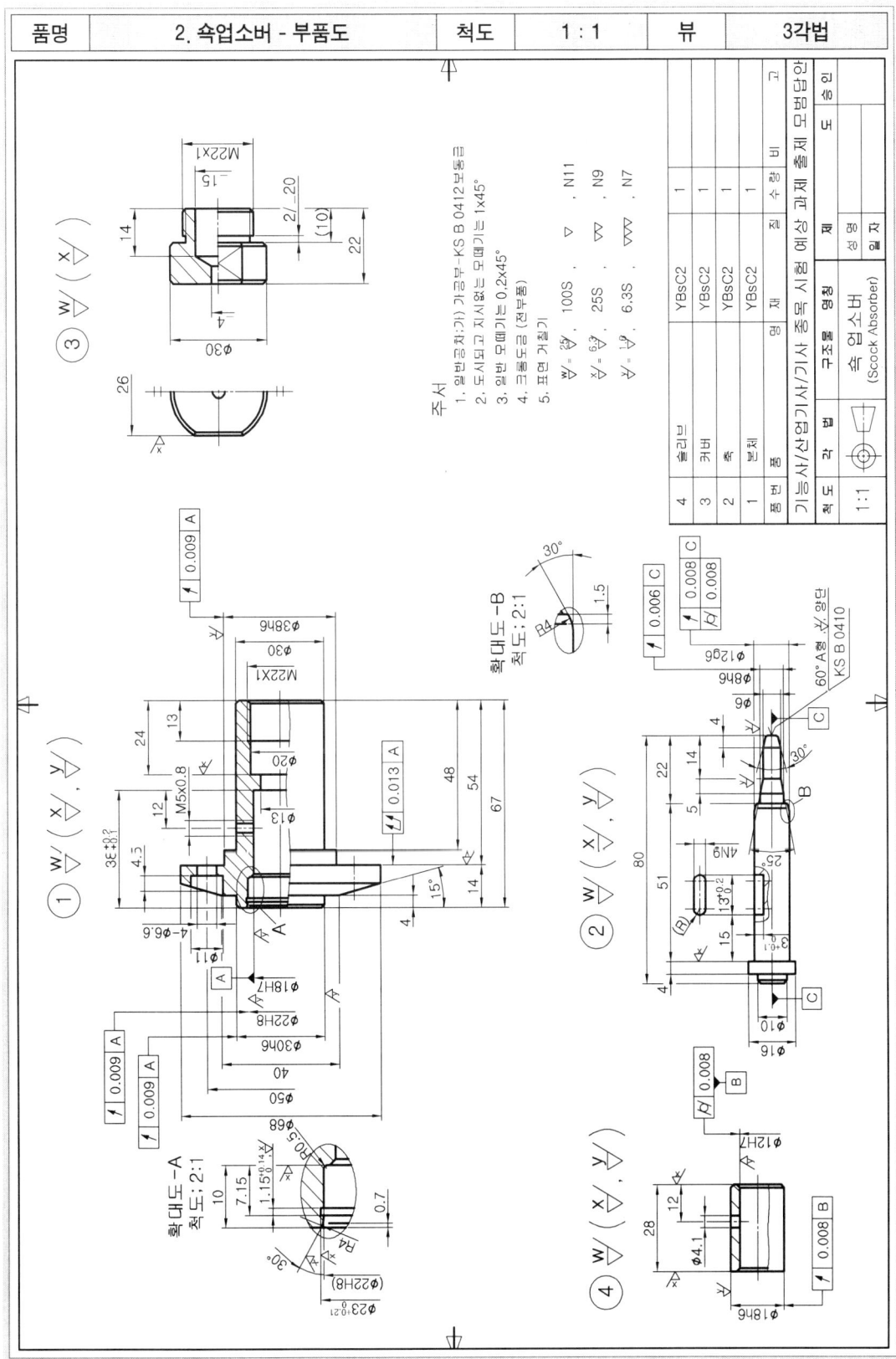

| 품명 | 3. 속업소버 - 분해도 | 척도 | 1 : 1 | 뷰 | 3각법 |

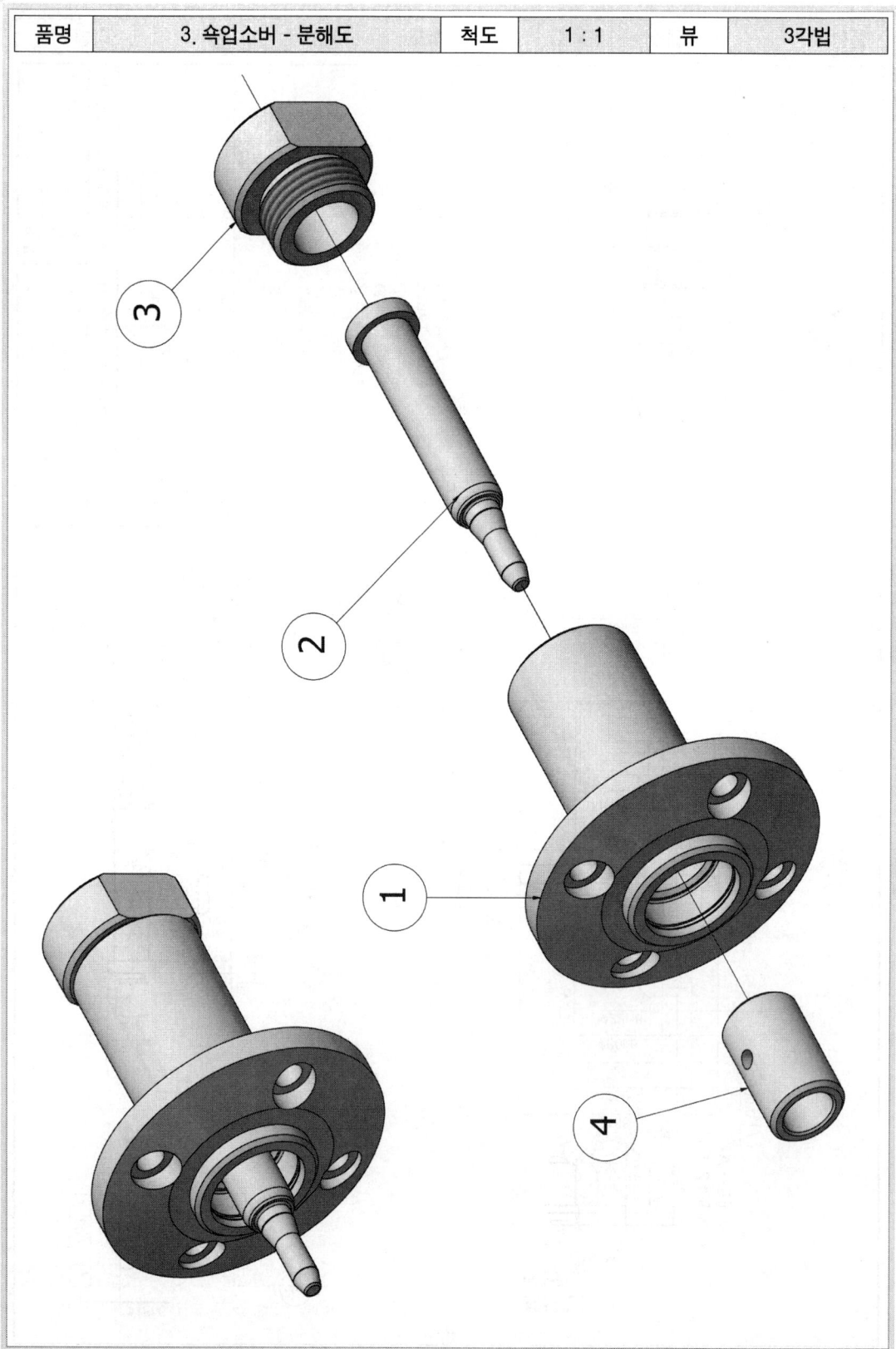

| 품명 | 4. 쇽업소버 - 모델도 | 척도 | 1 : 1 | 뷰 | 3각법 |

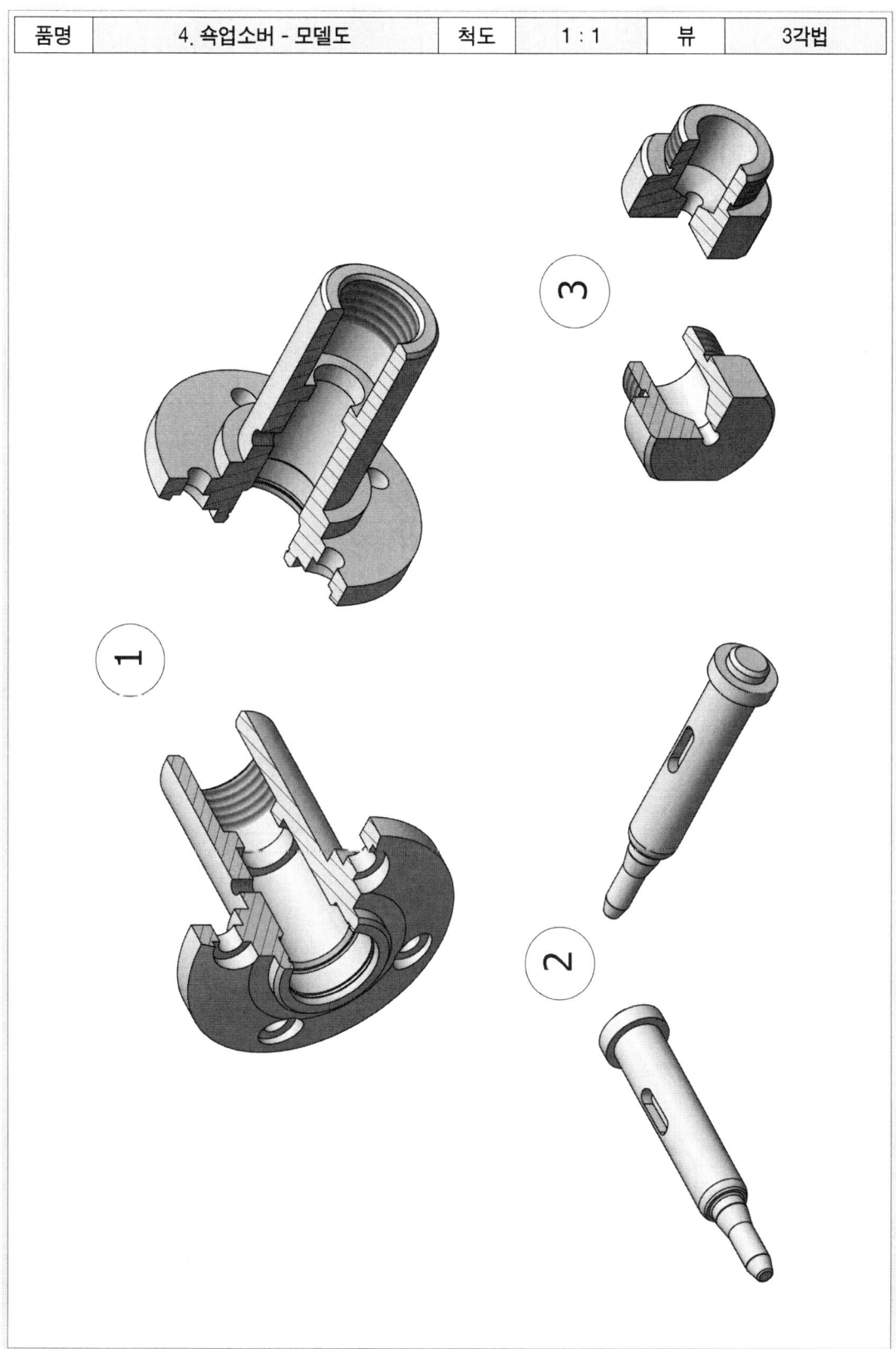

연습도면 07 리프트에어실린더

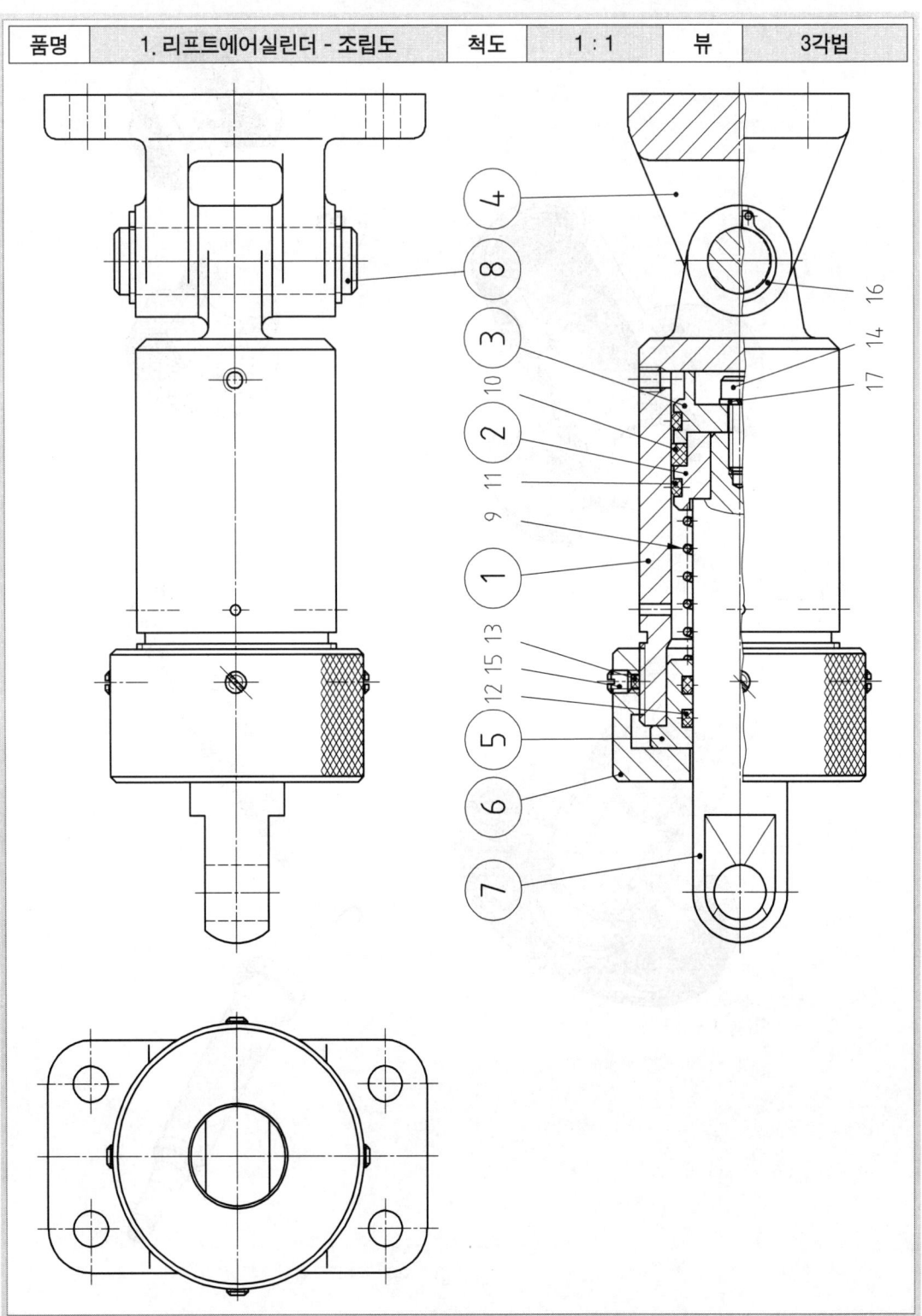

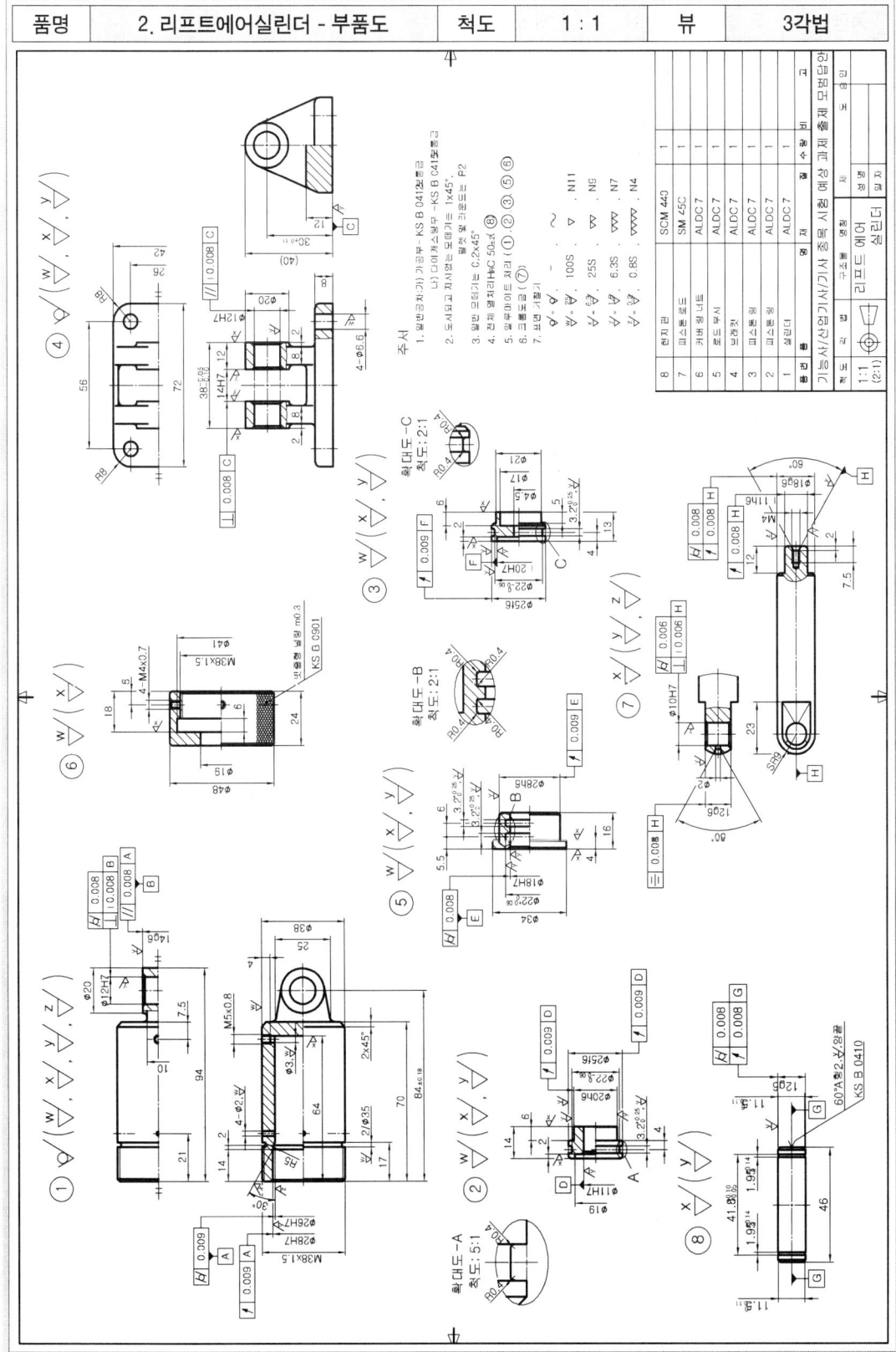

| 품명 | 3. 리프트에어실린더 - 분해도 | 척도 | 1 : 1 | 뷰 | 3각법 |

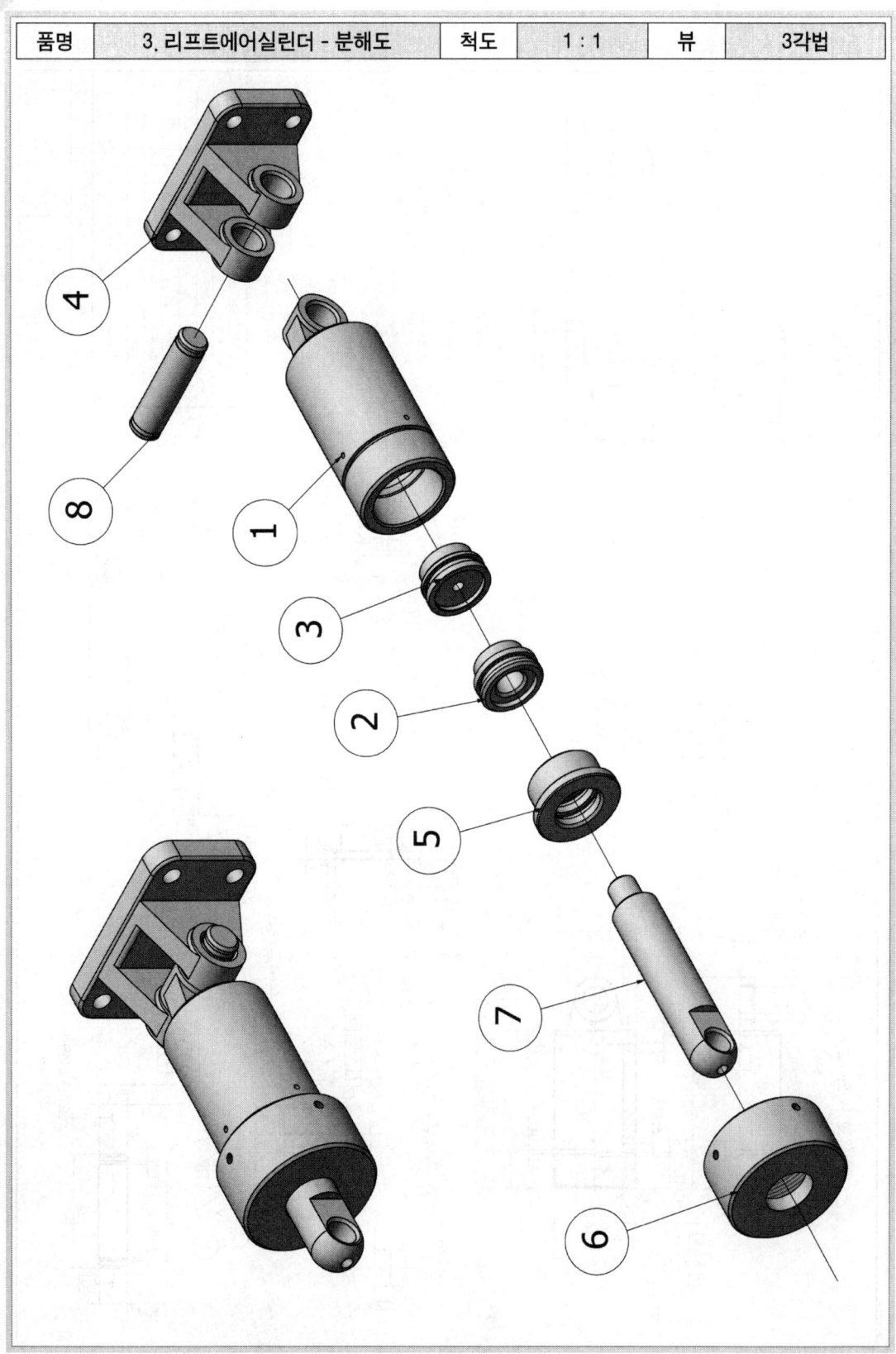

| 품명 | 4. 리프트에어실린더 - 모델도 | 척도 | 1 : 1 | 뷰 | 3각법 |

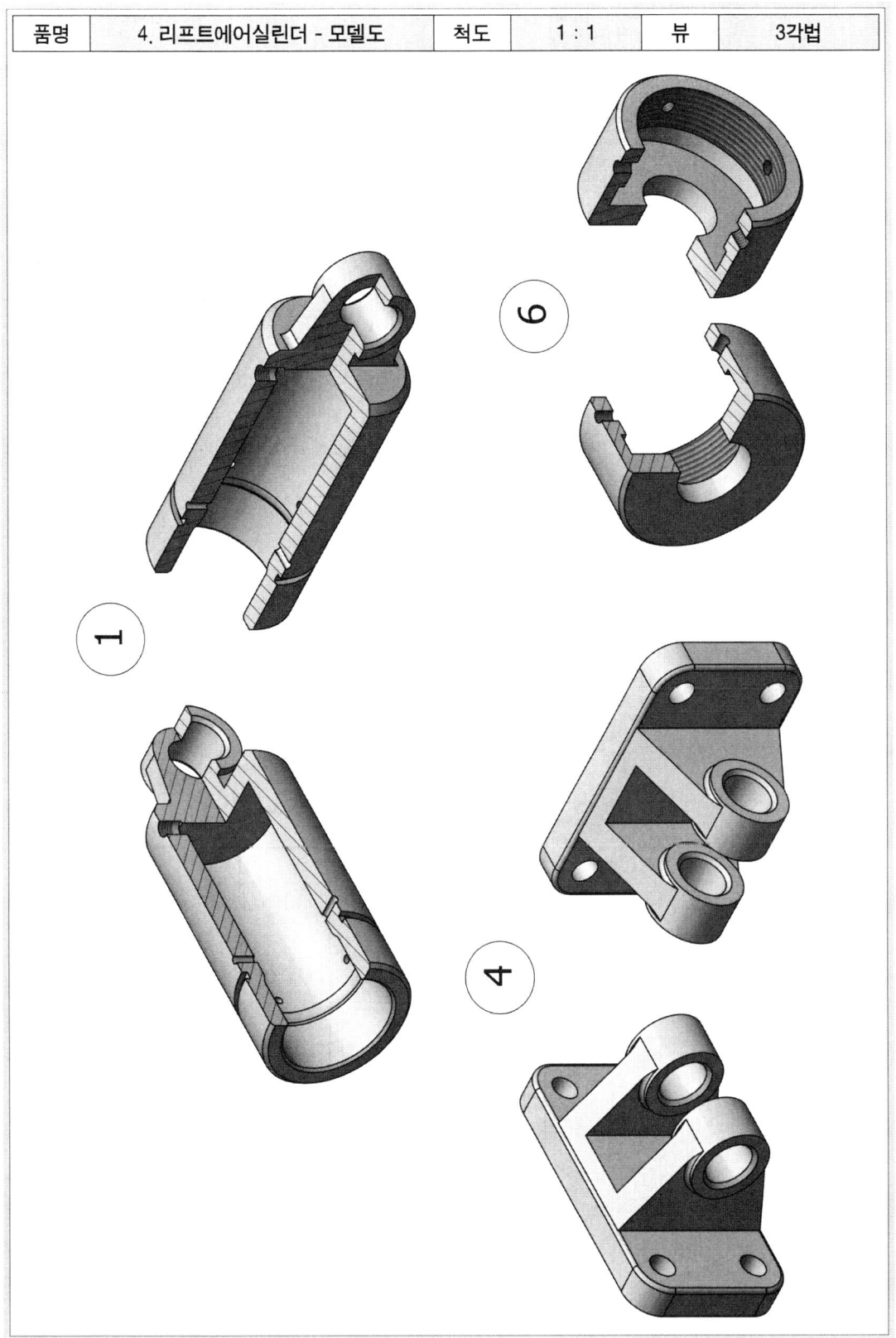

연습도면 08 3지형레버에어척

| 품명 | 1. 3지형레버에어척 - 조립도 | 척도 | 1:1 | 뷰 | 3각법 |

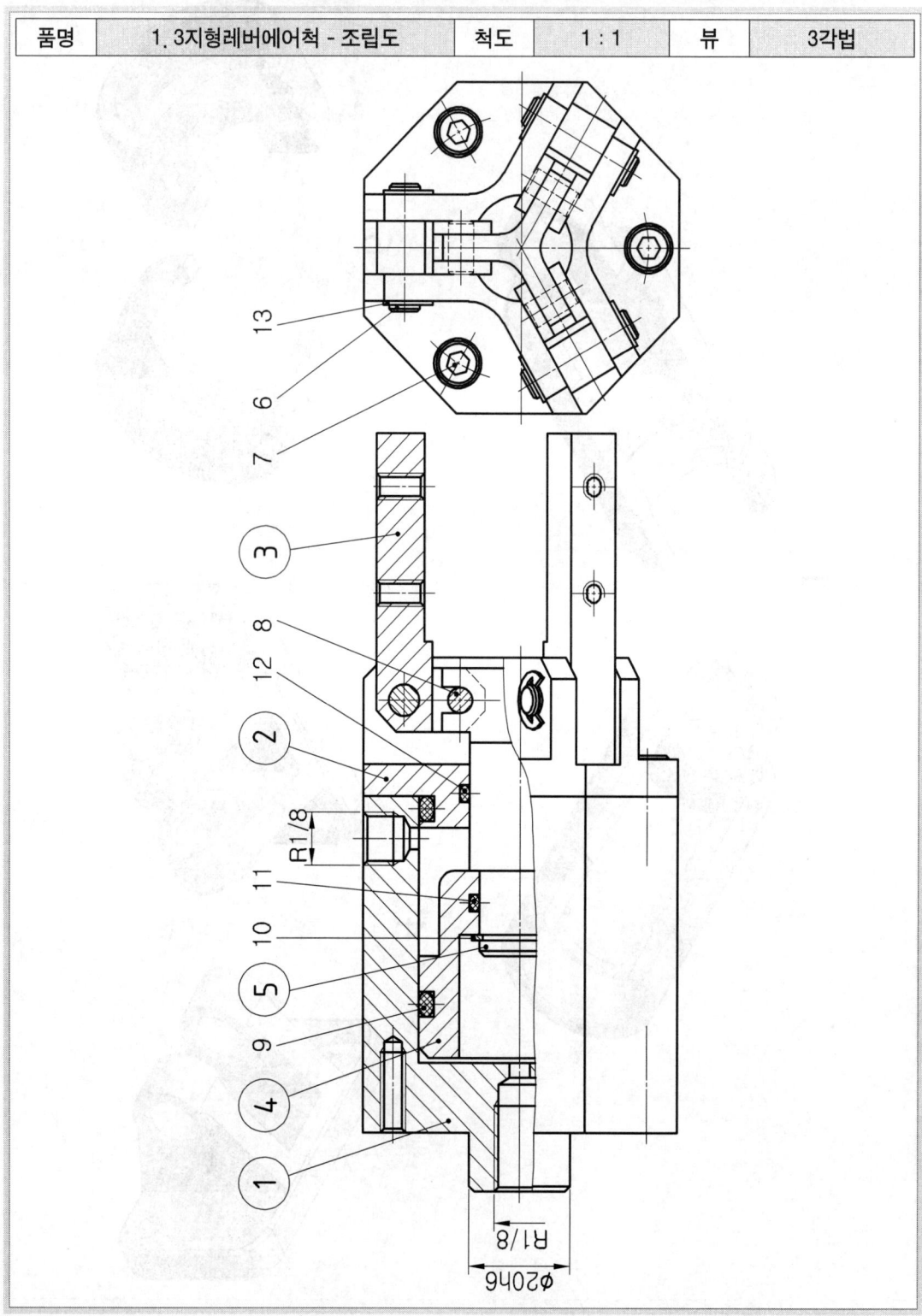

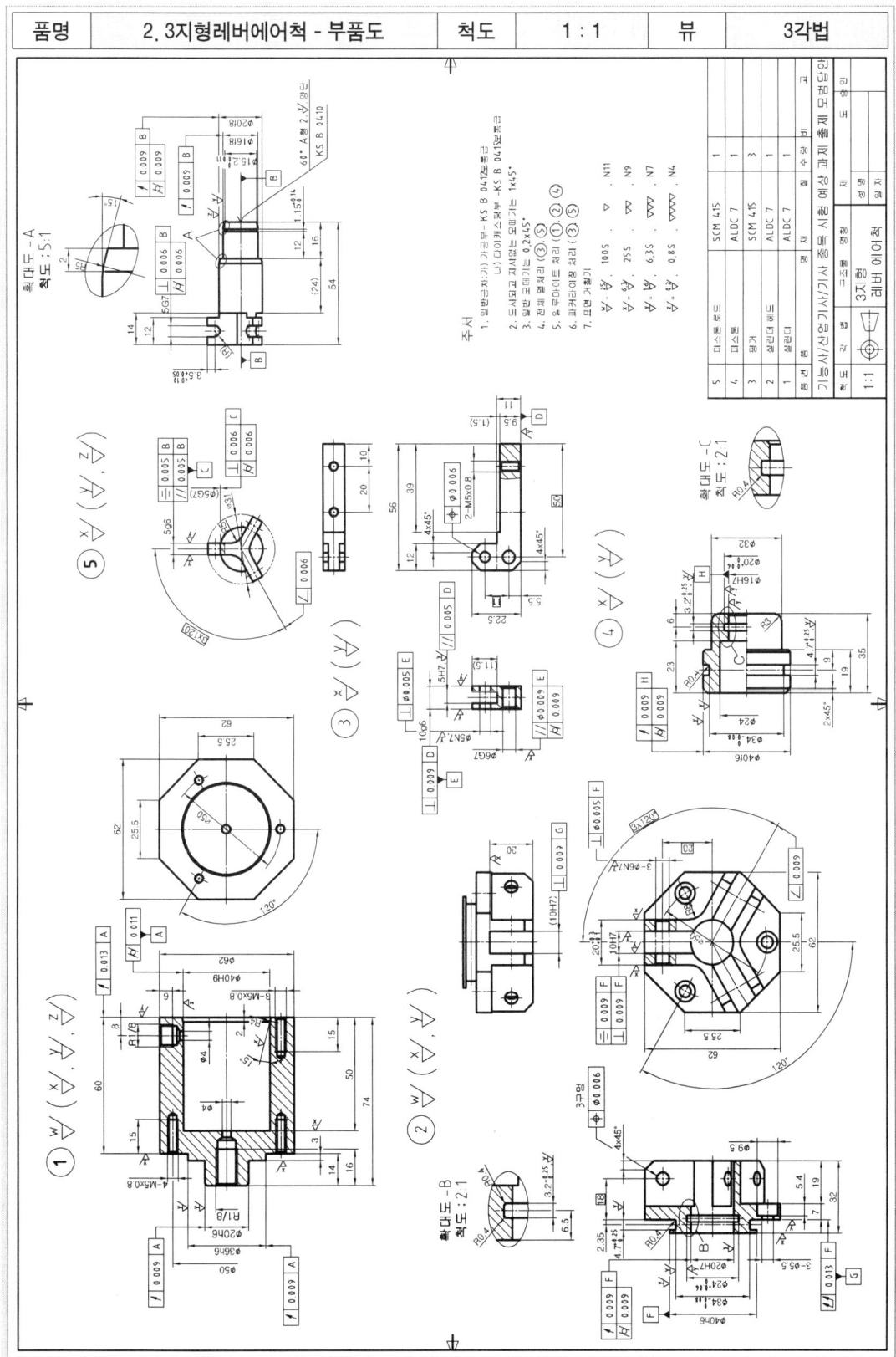

| 품명 | 3. 3지형레버에어척 - 분해도 | 척도 | 1:1 | 뷰 | 3각법 |

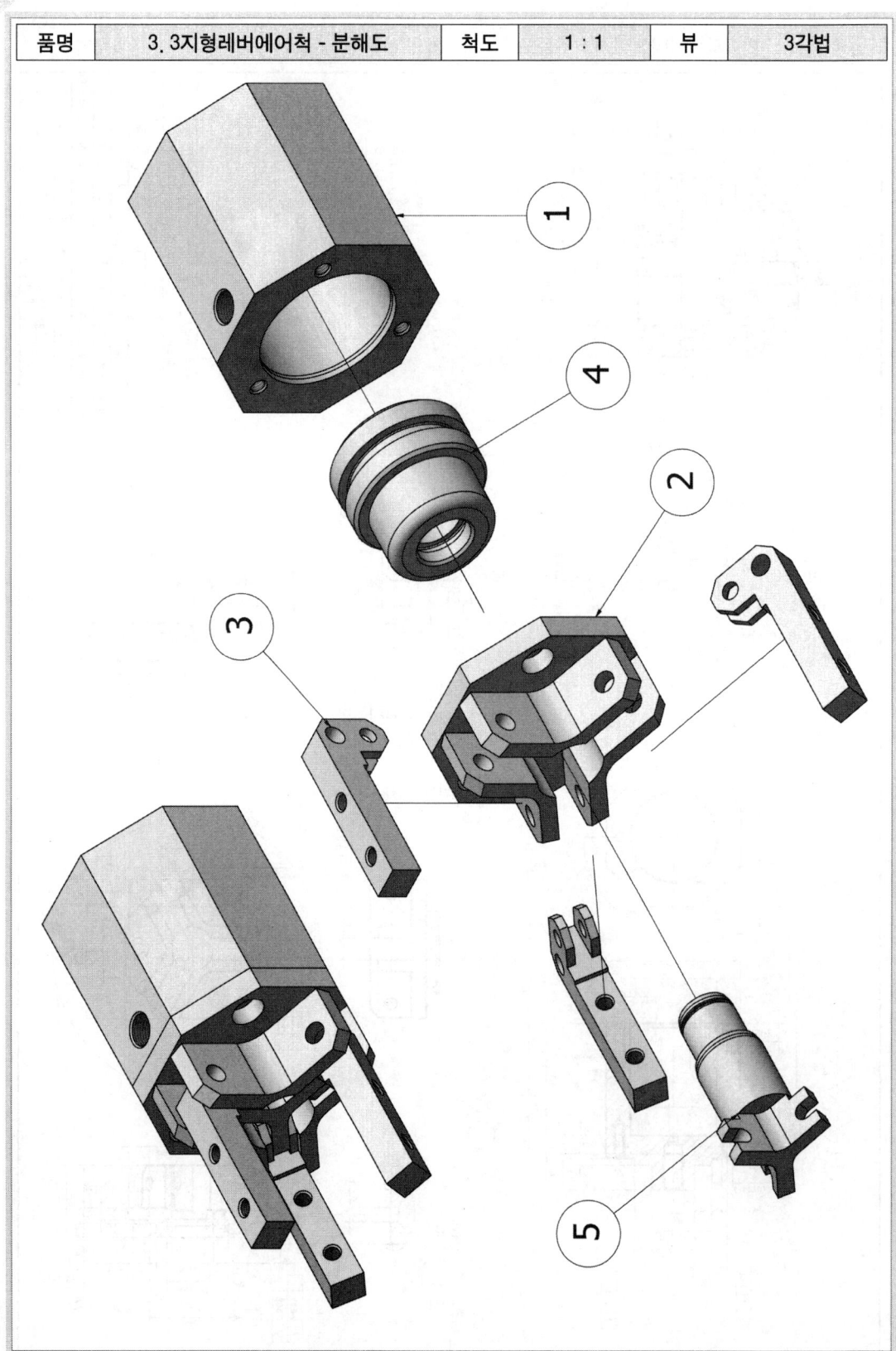

| 품명 | 4. 3지형레버에어척 - 모델도 | 척도 | 1 : 1 | 뷰 | 3각법 |

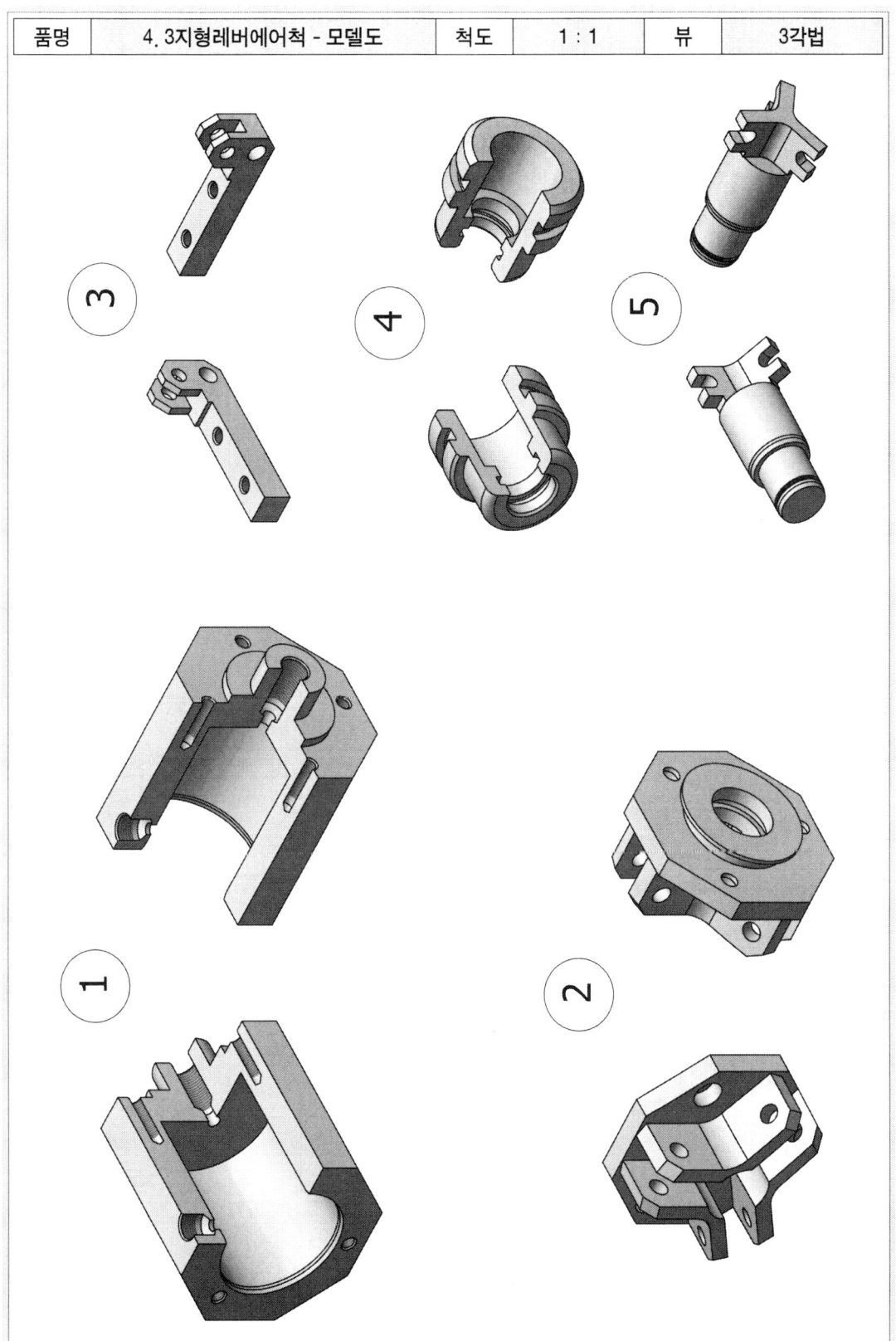

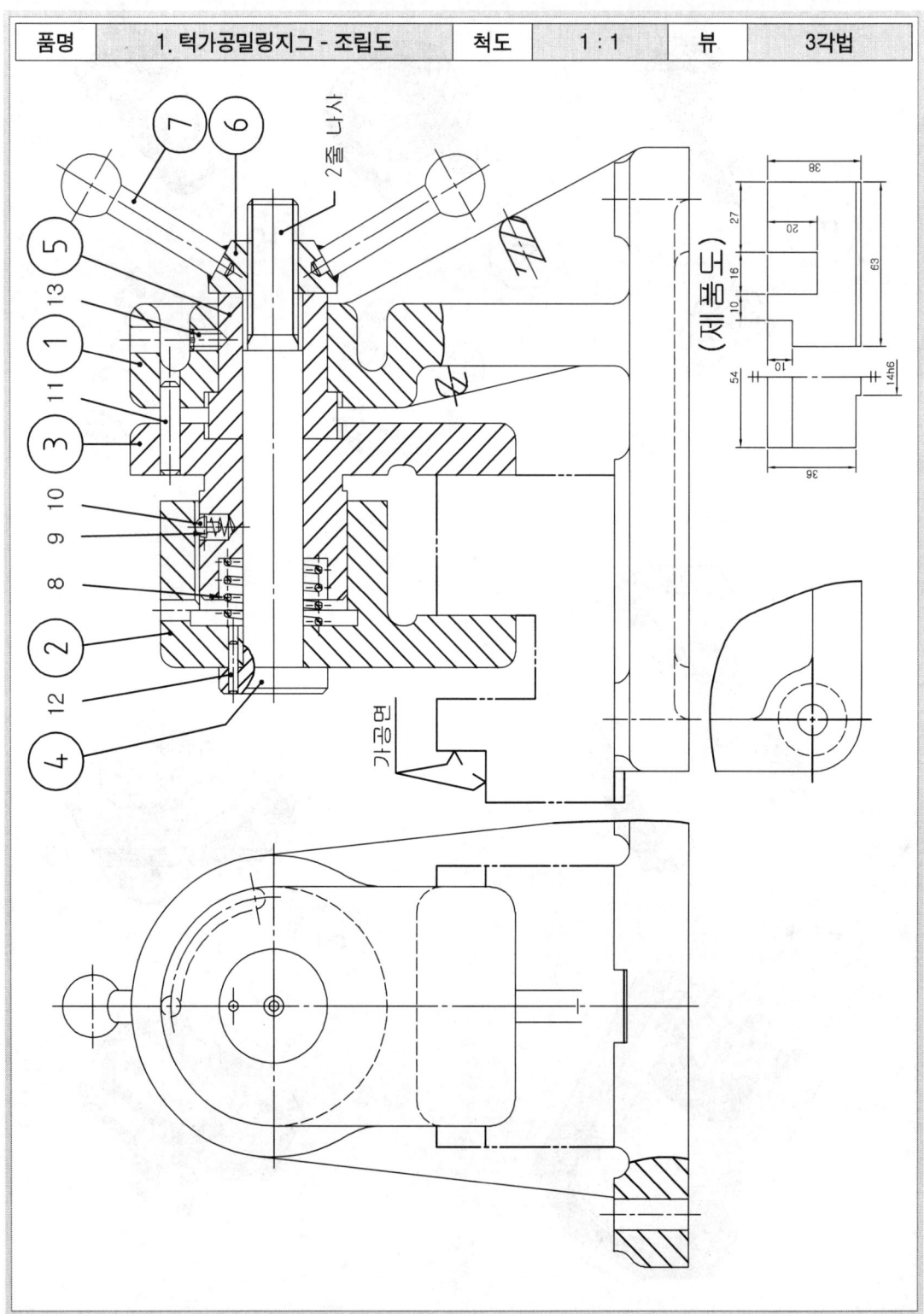

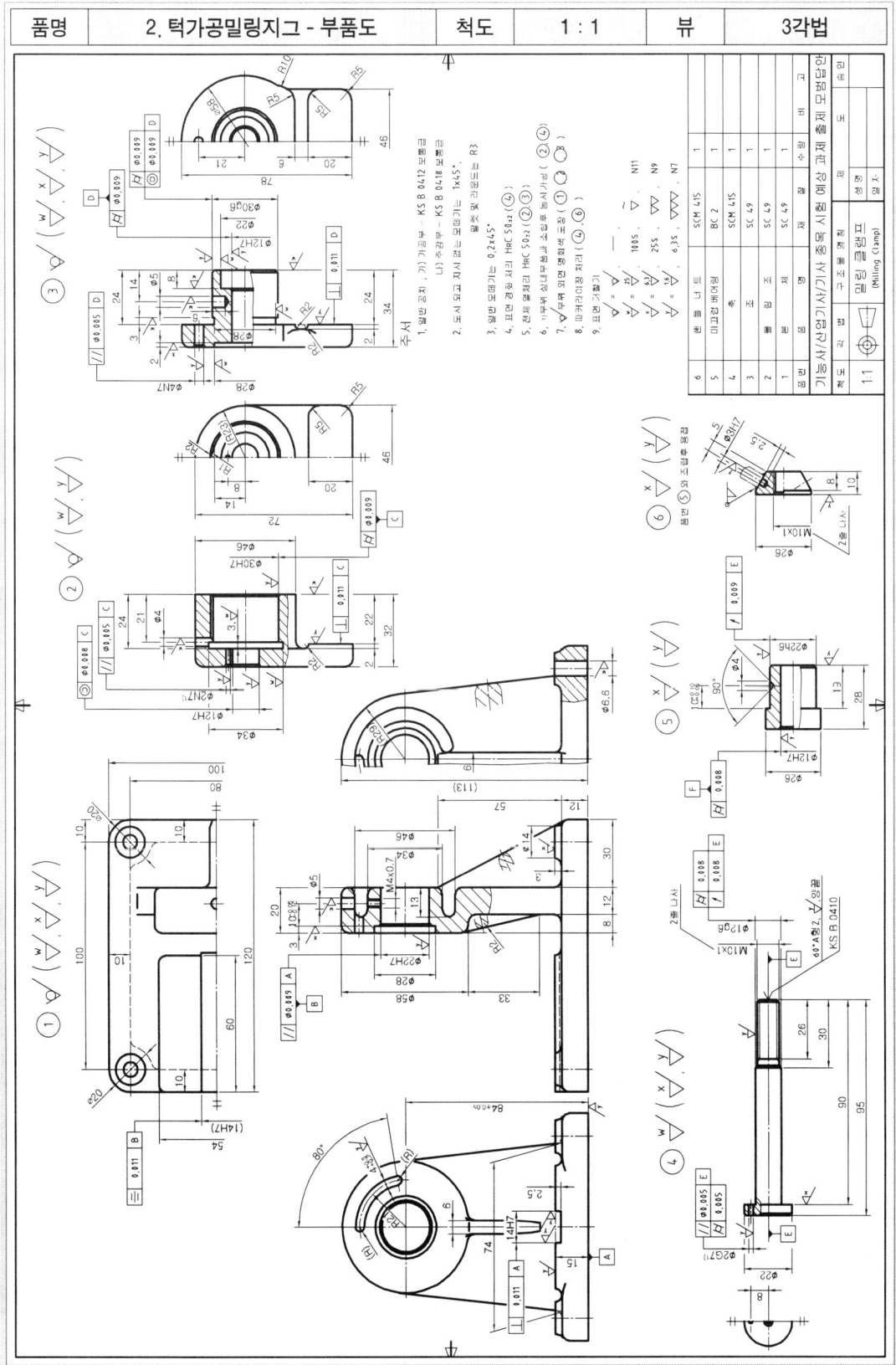

| 품명 | 3. 턱가공밀링지그 - 분해도 | 척도 | 1:1 | 뷰 | 3각법 |

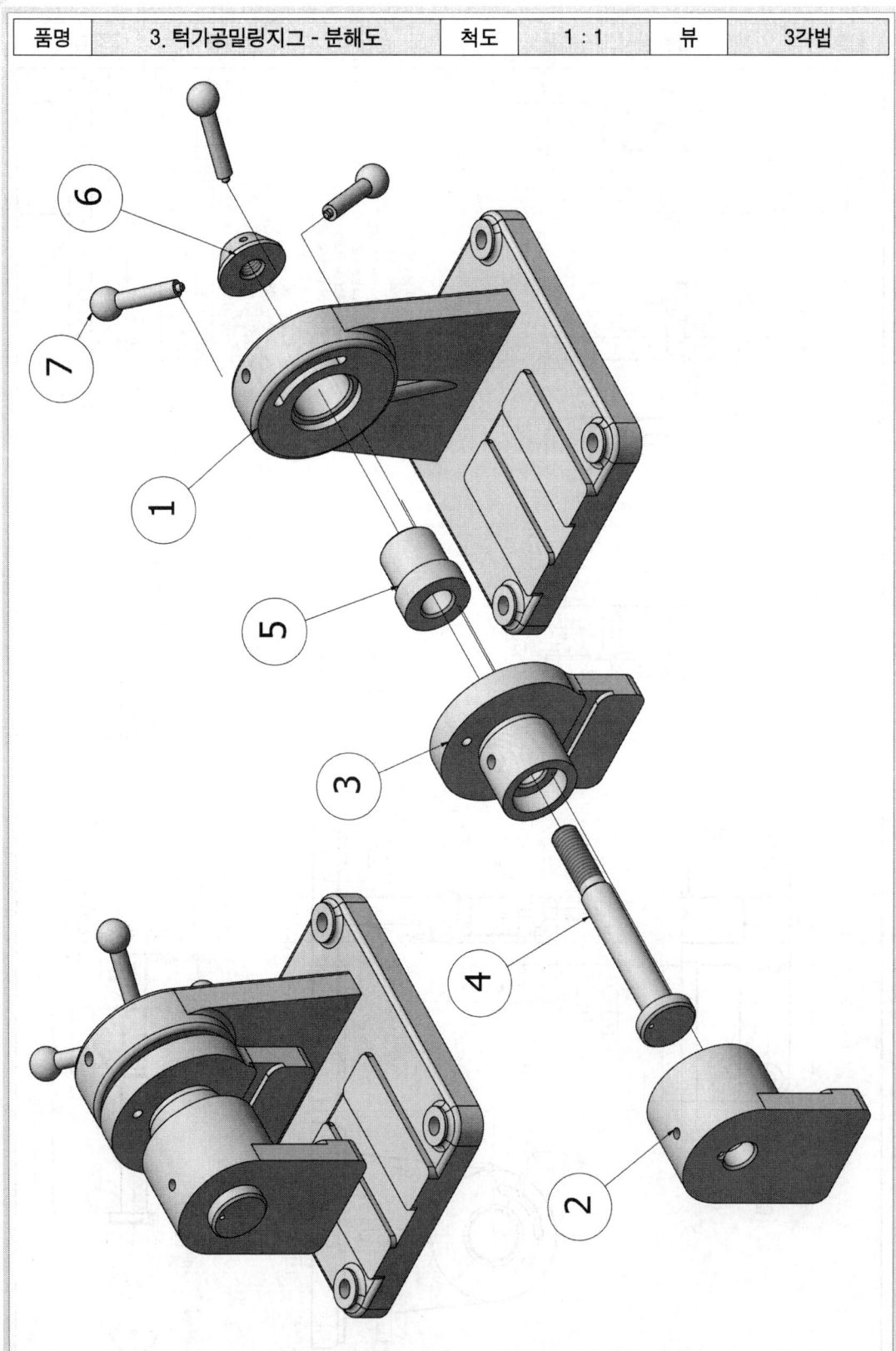

| 품명 | 4. 턱가공밀링지그 - 모델도 | 척도 | 1 : 1 | 뷰 | 3각법 |

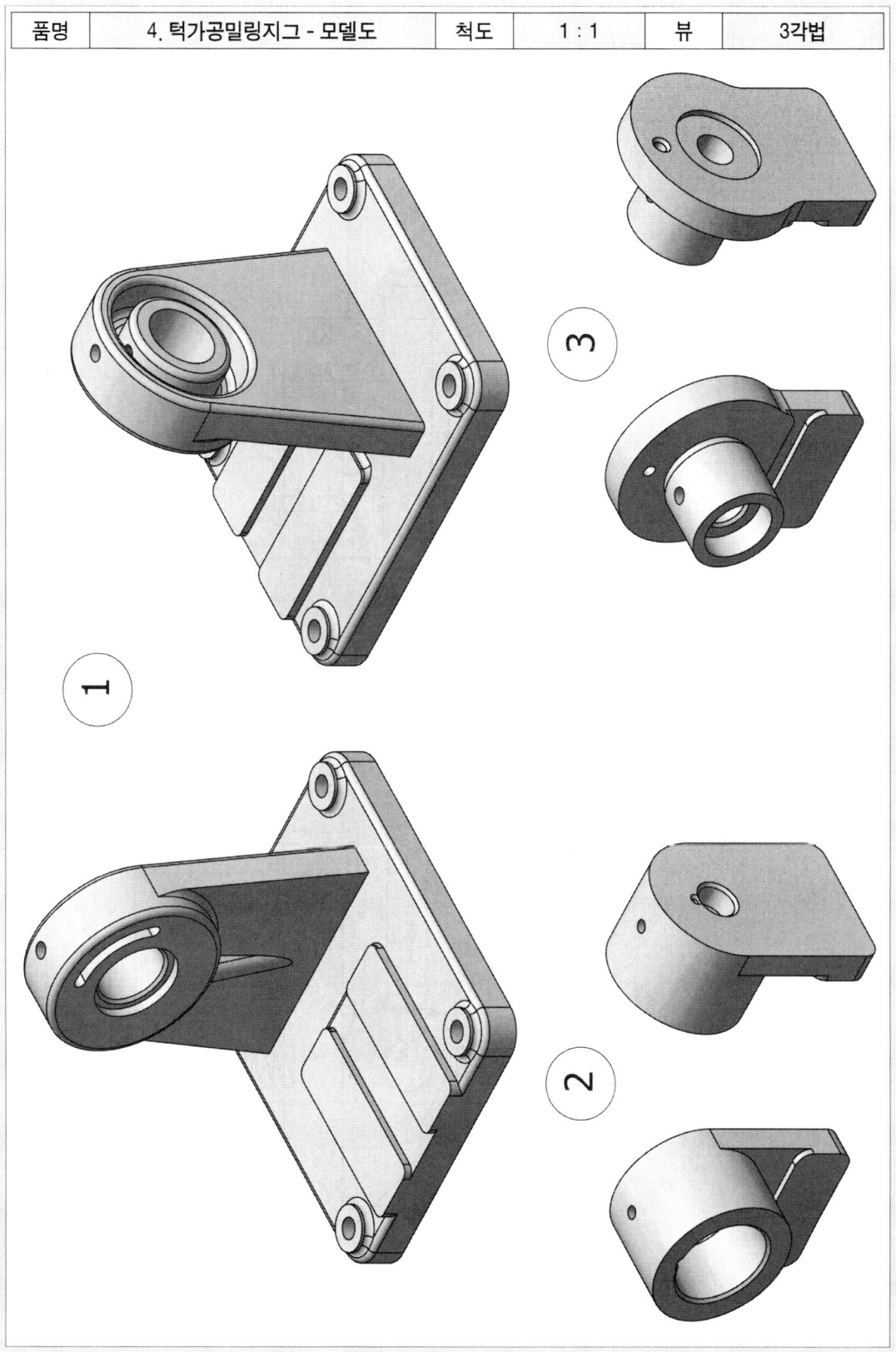

연습도면 10 바드릴지그

| 품명 | 1. 바드릴지그 - 조립도 | 척도 | 1 : 1 | 뷰 | 3각법 |

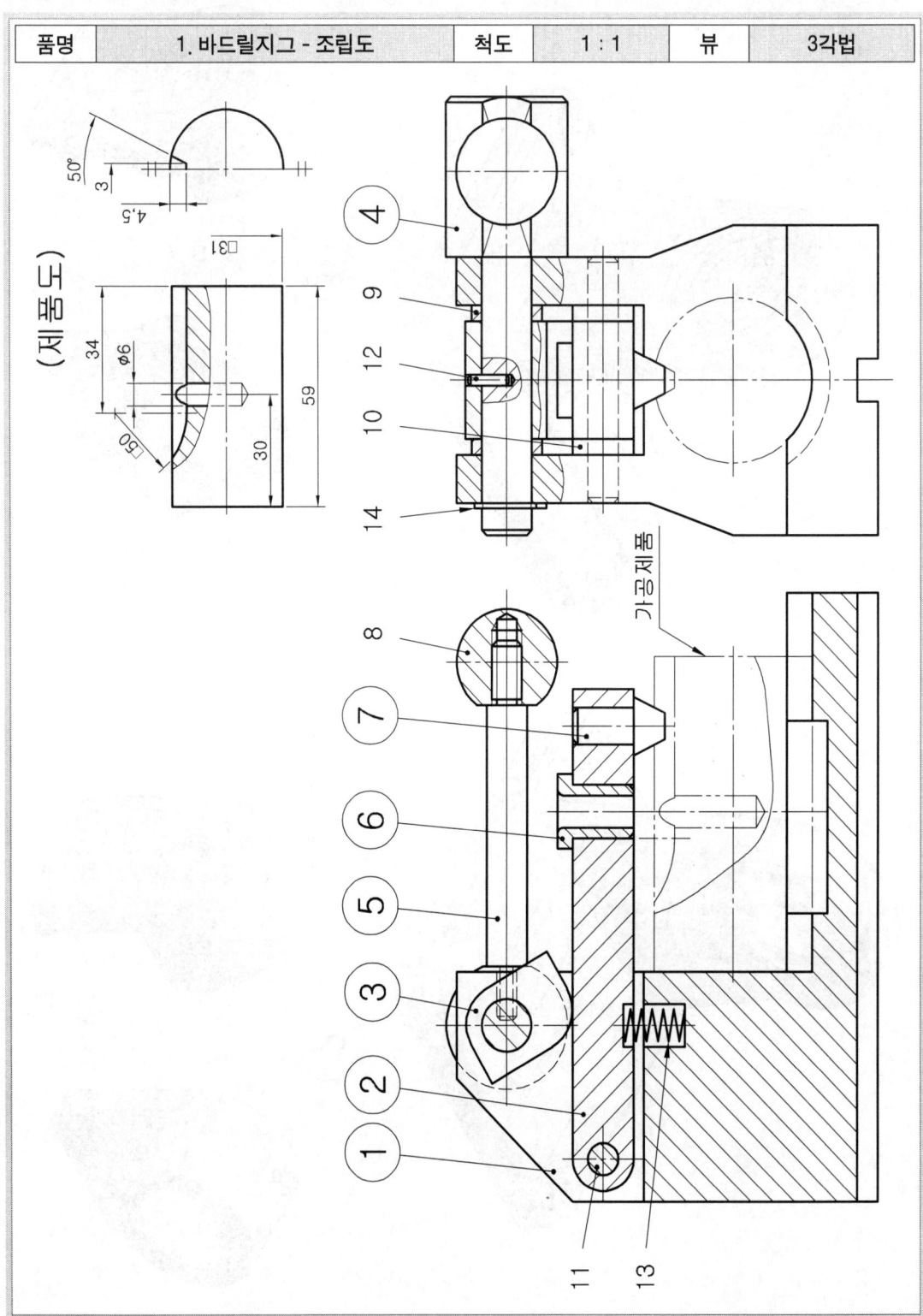

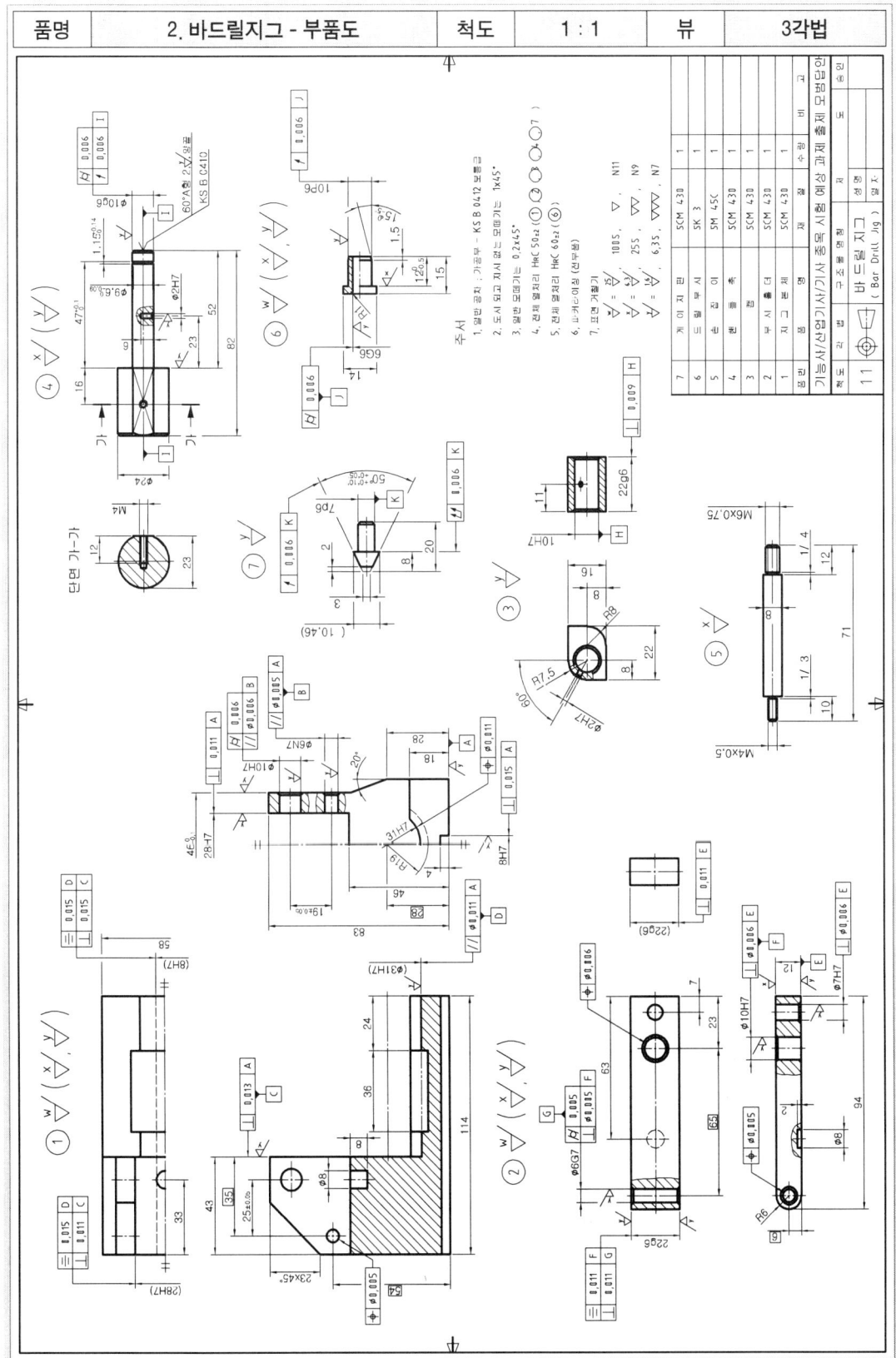

| 품명 | 3. 바드릴지그 - 분해도 | 척도 | 1 : 1 | 뷰 | 3각법 |

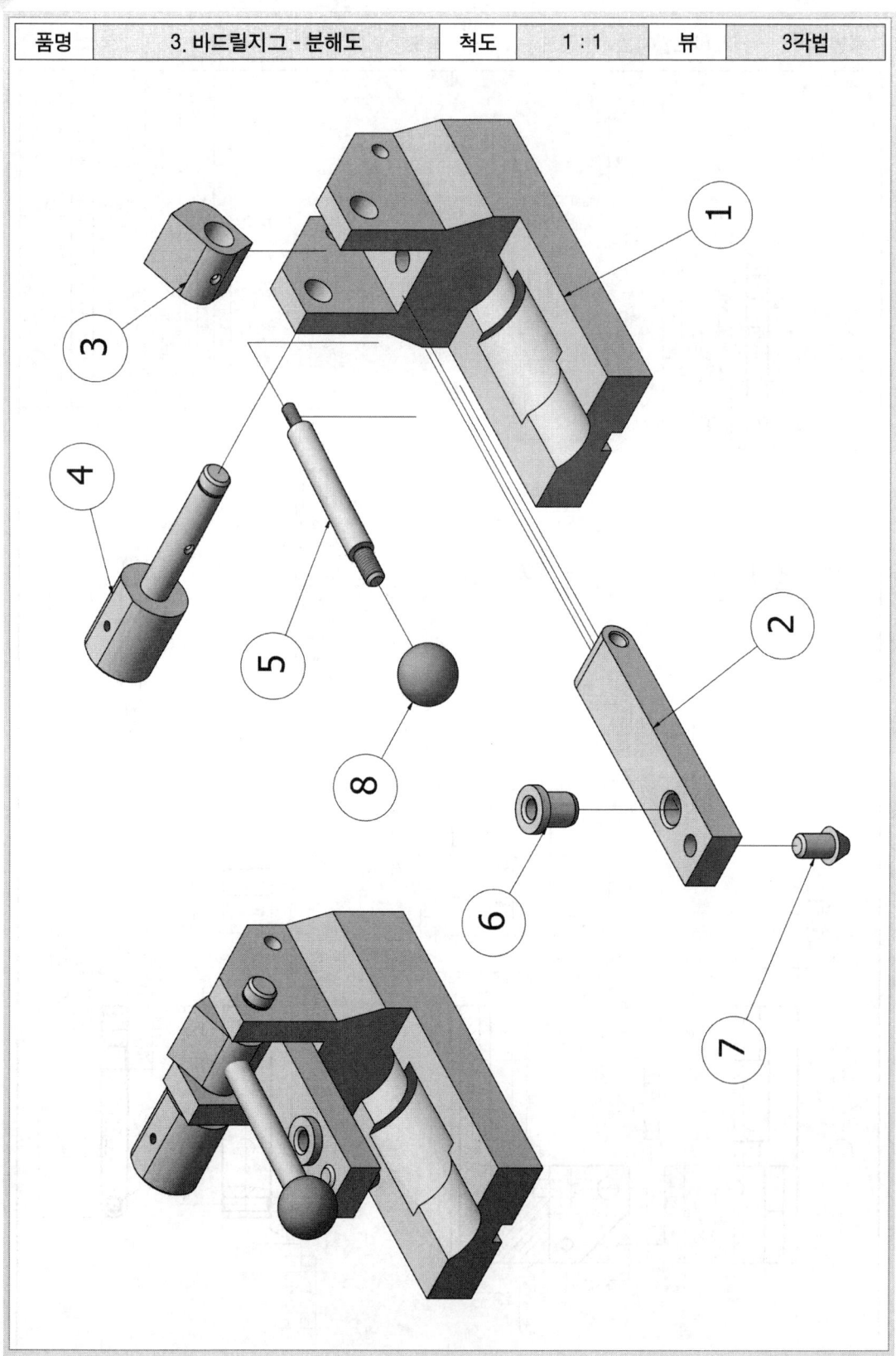

| 품명 | 4. 바드릴지그 - 모델도 | 척도 | 1 : 1 | 뷰 | 3각법 |

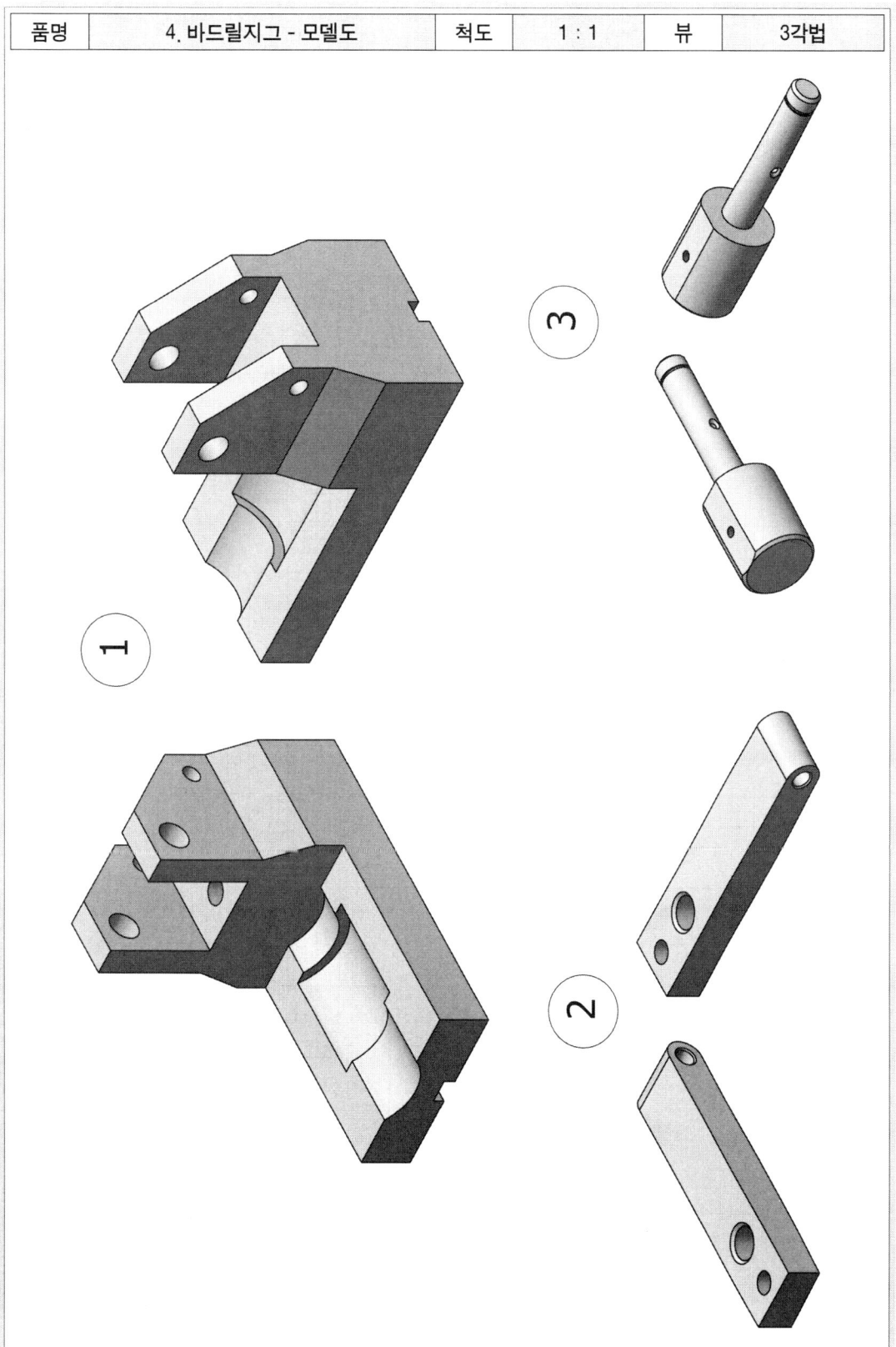

연습도면 11 바클램프바이스

| 품명 | 1. 바클램프바이스 - 조립도 | 척도 | 1 : 1 | 뷰 | 3각법 |

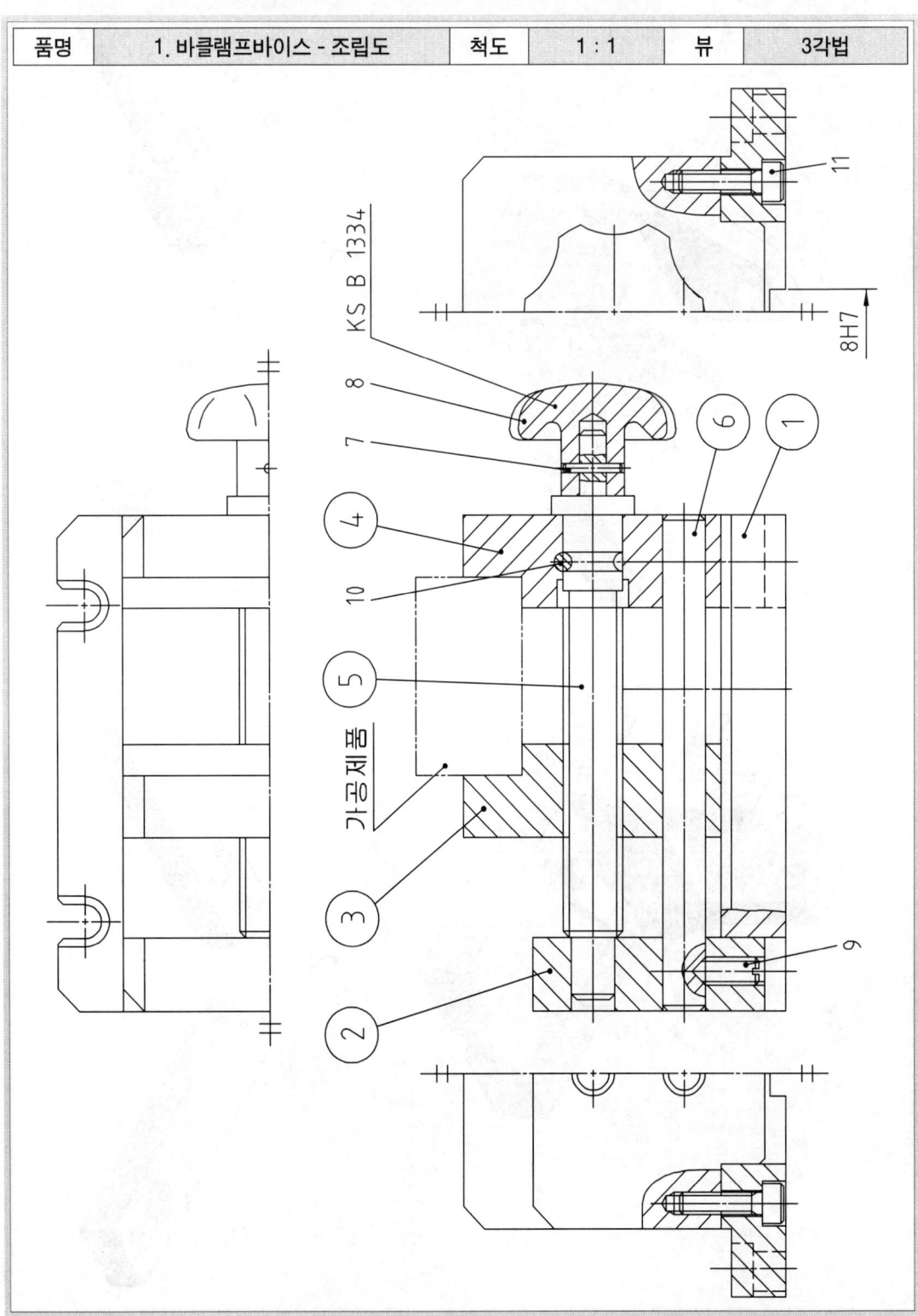

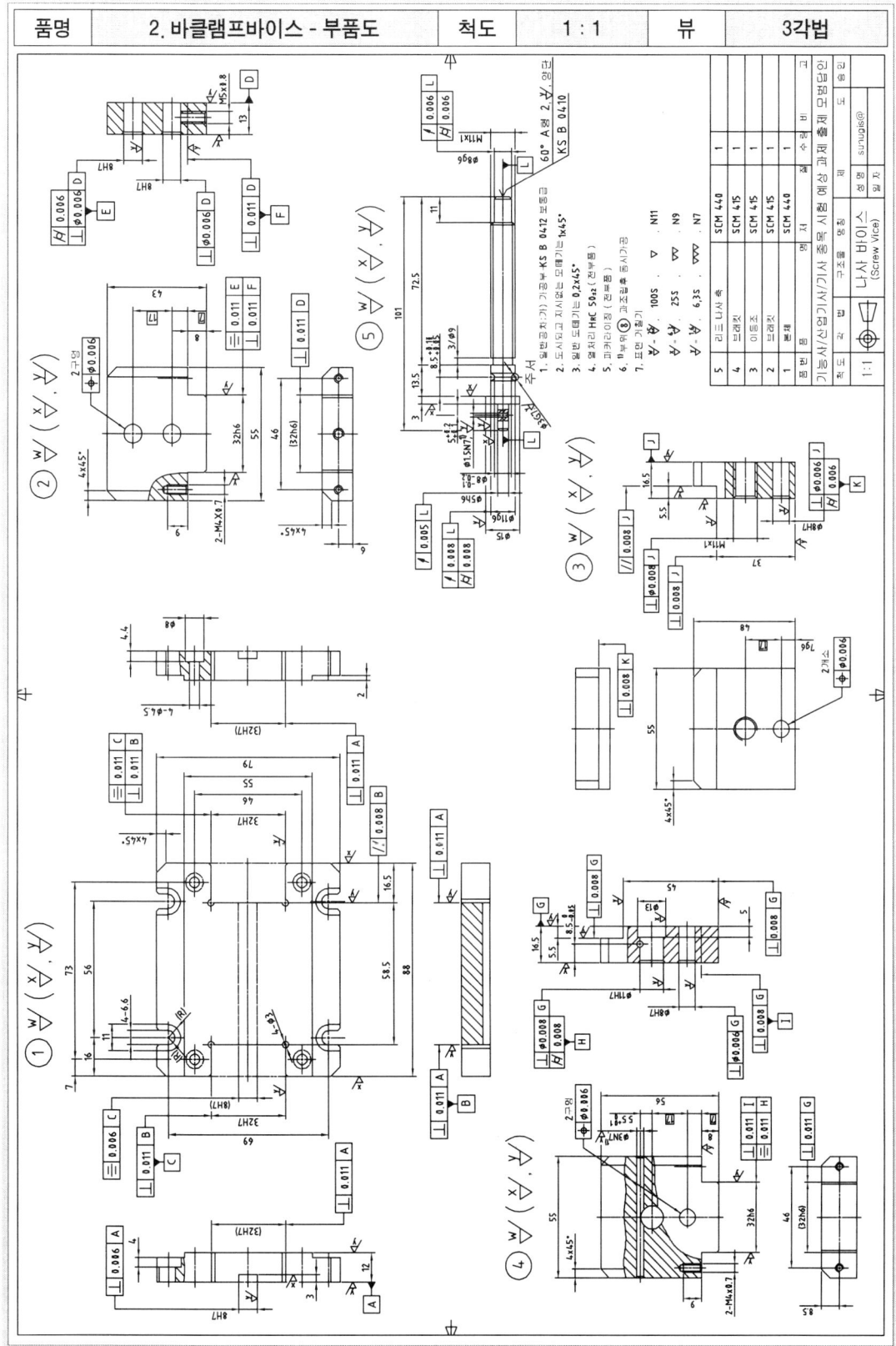

연습도면 12 탁상바이스

| 품명 | 1. 탁상바이스 - 조립도 | 척도 | 1 : 1 | 뷰 | 3각법 |

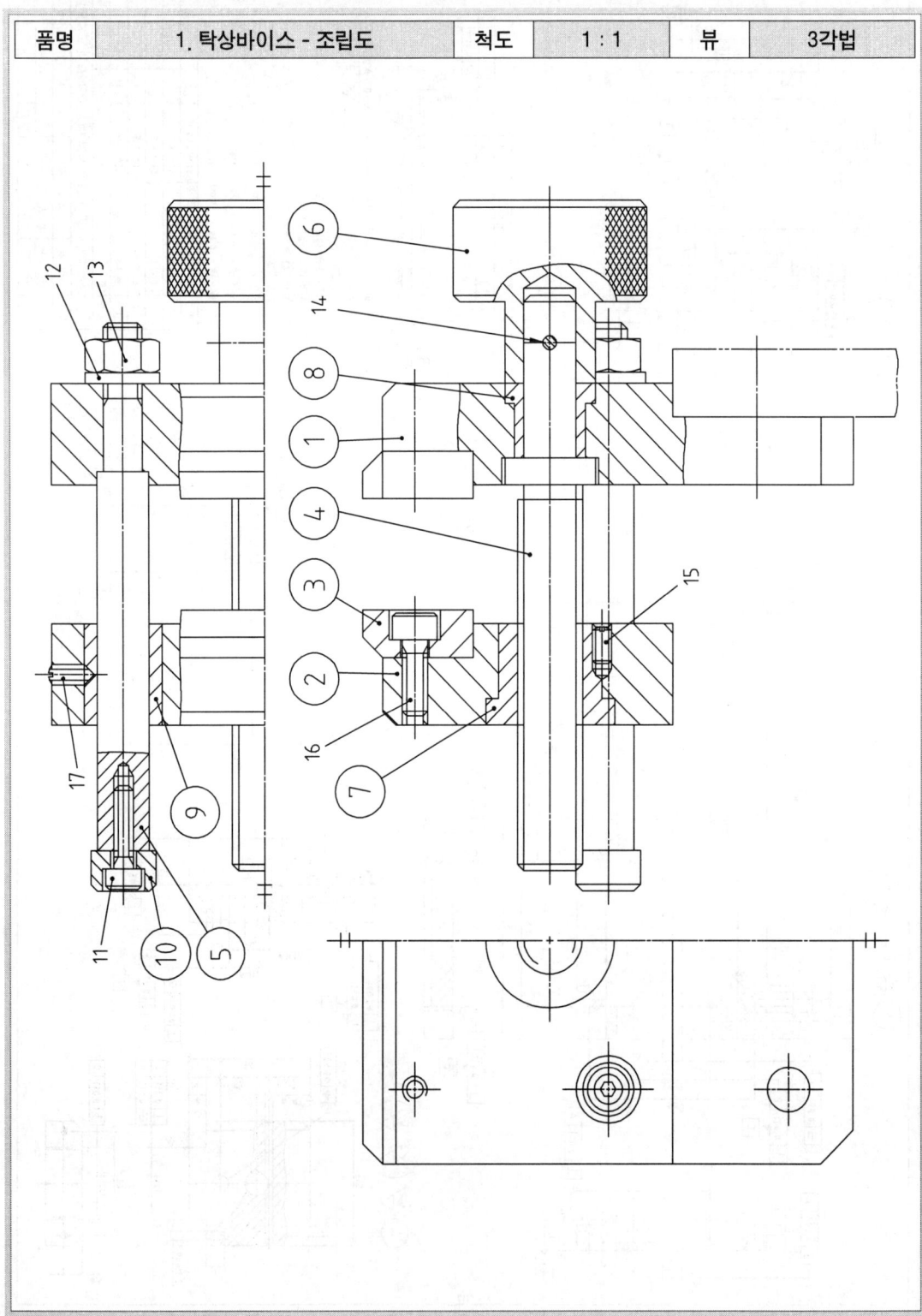

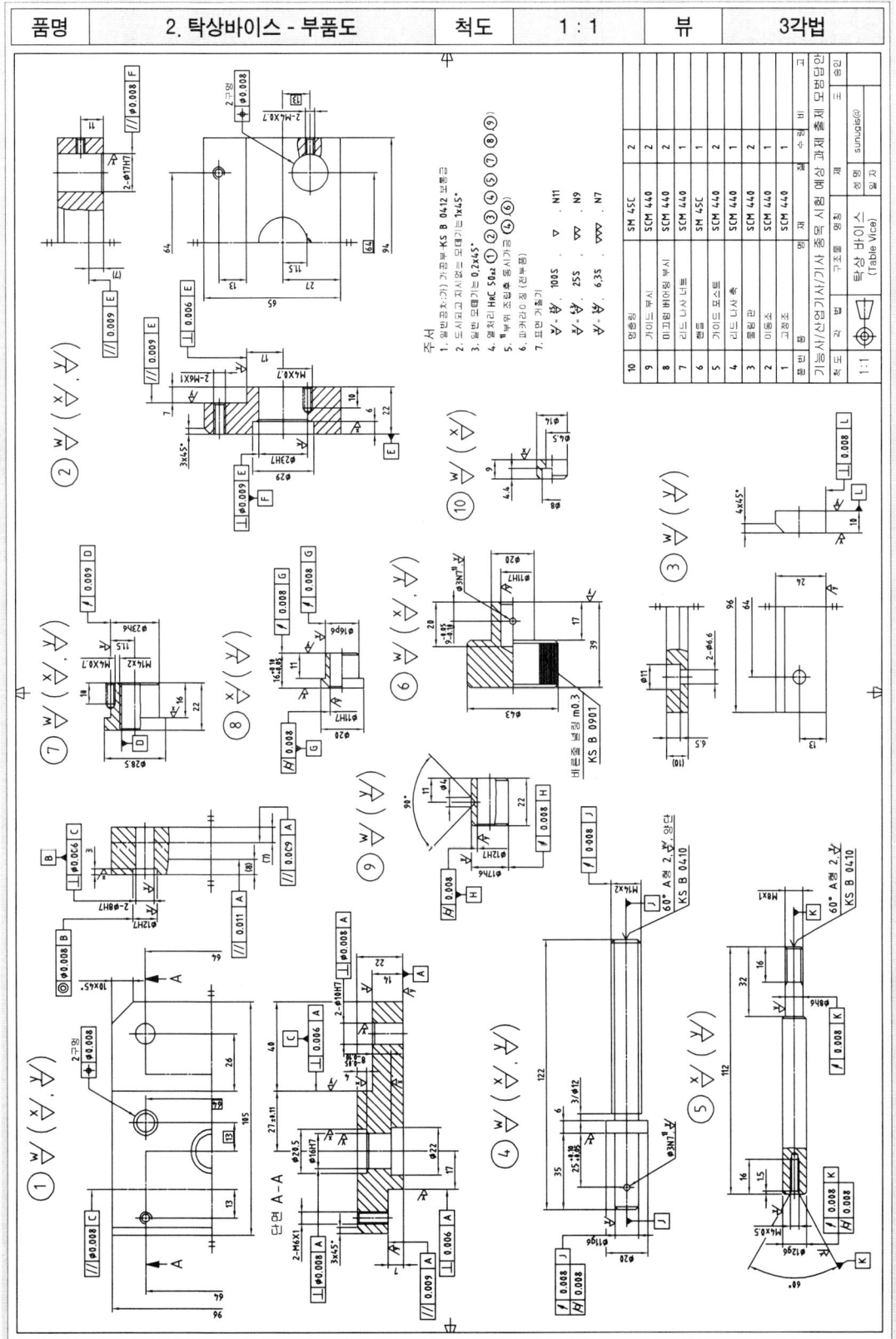

연습도면 13 베어링 부시가공용 드릴지그

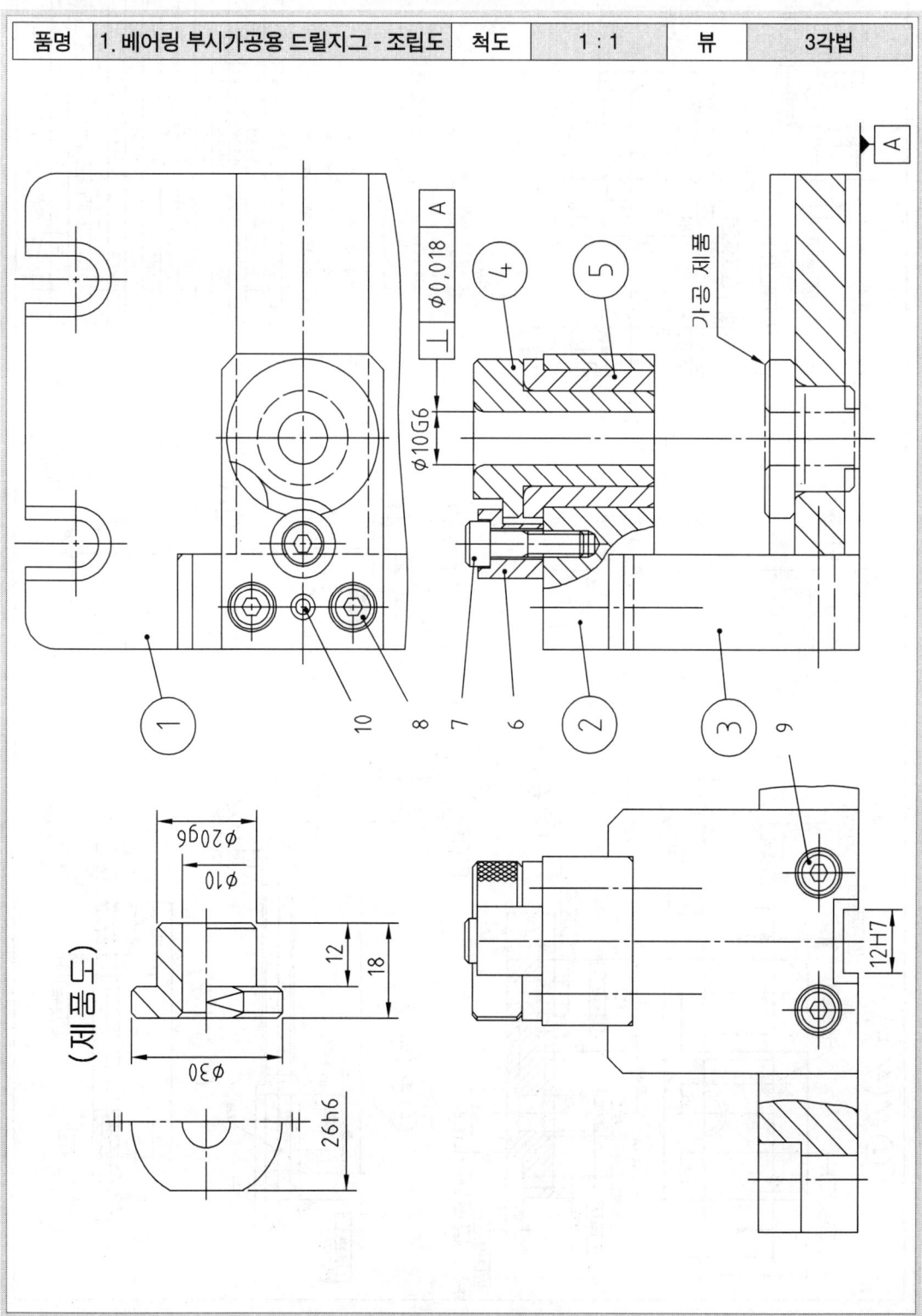

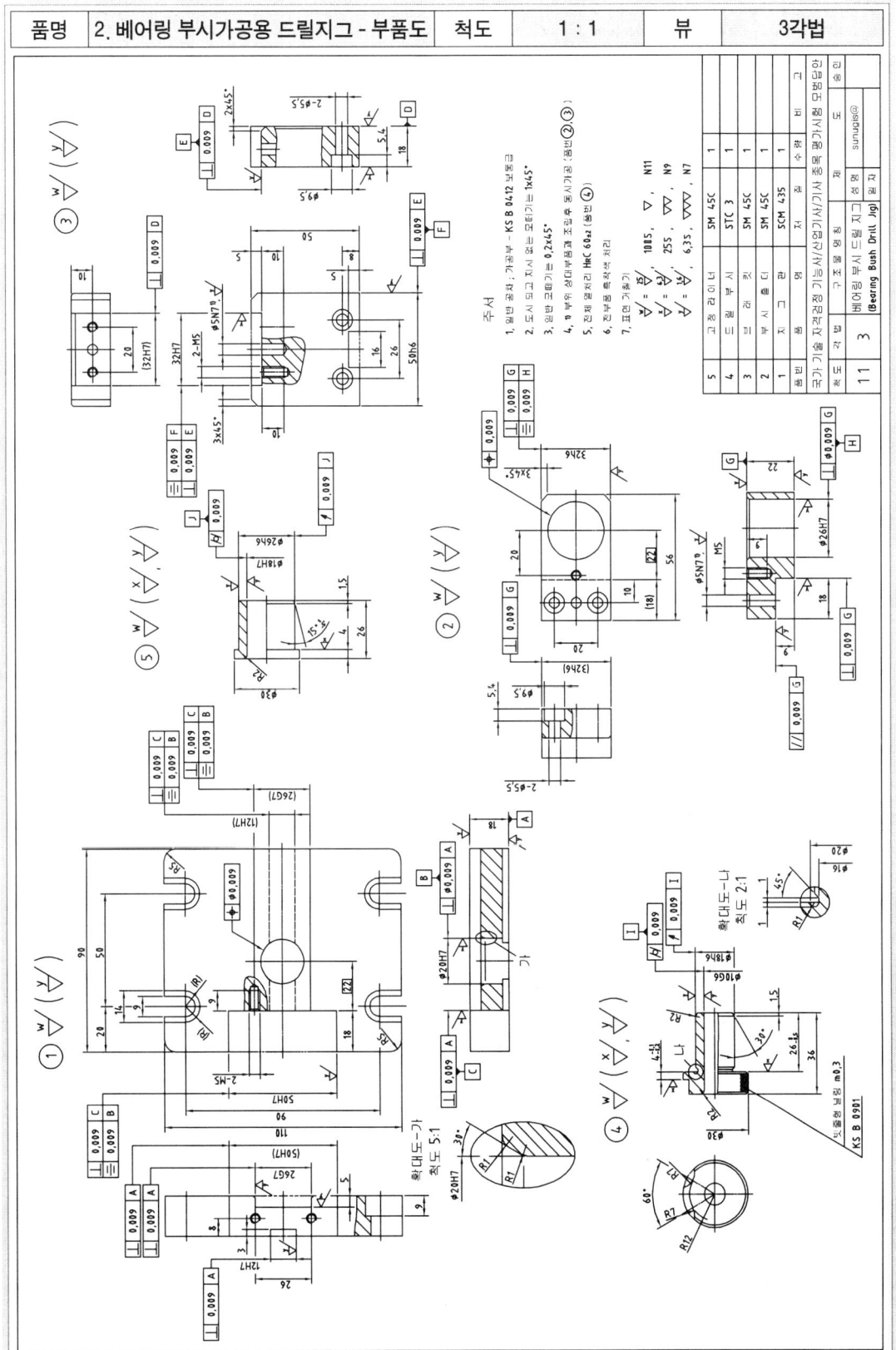

연습도면 14 하우징 드릴지그

| 품명 | 1. 하우징 드릴지그 - 조립도 | 척도 | 1 : 1 | 뷰 | 3각법 |

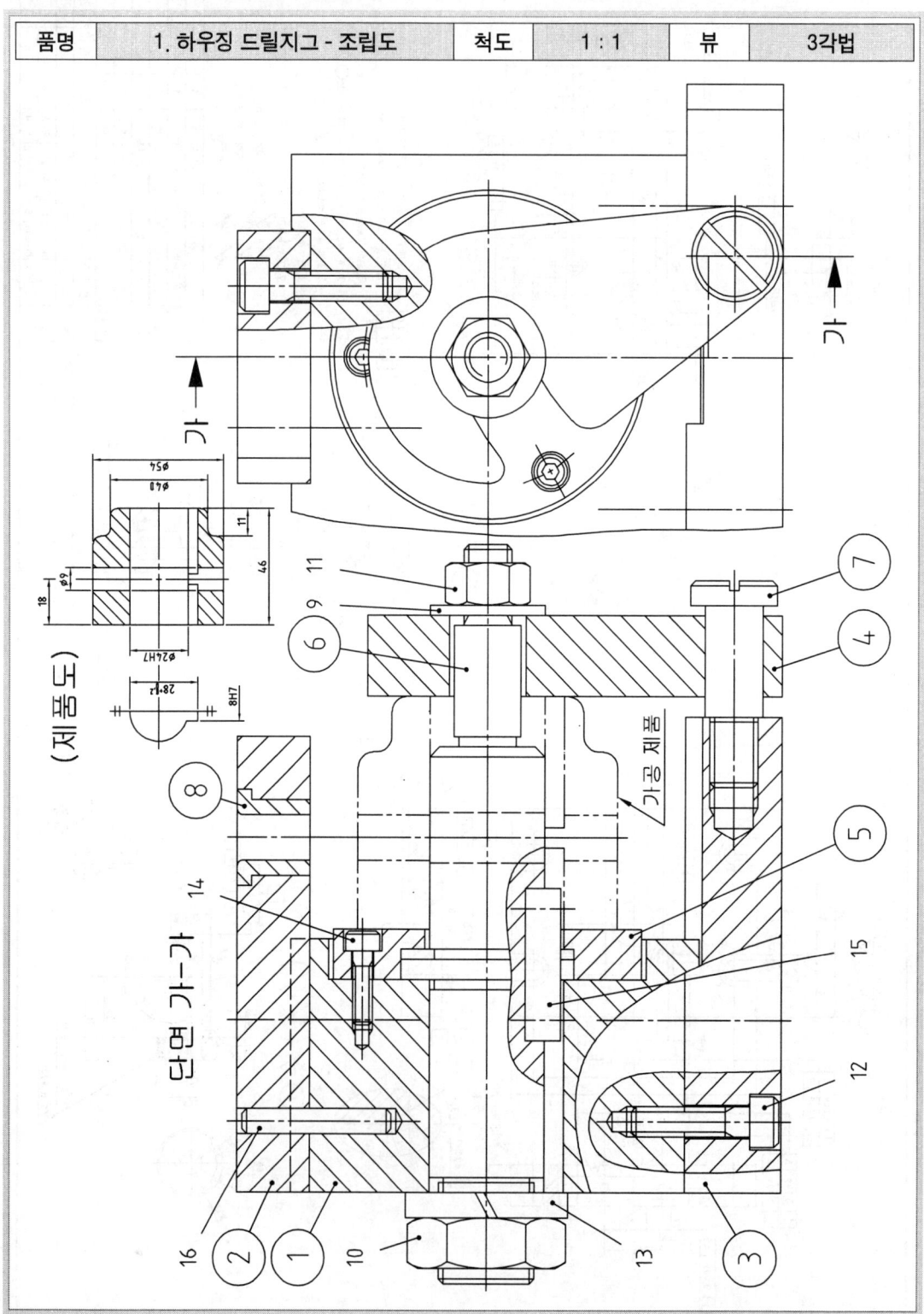

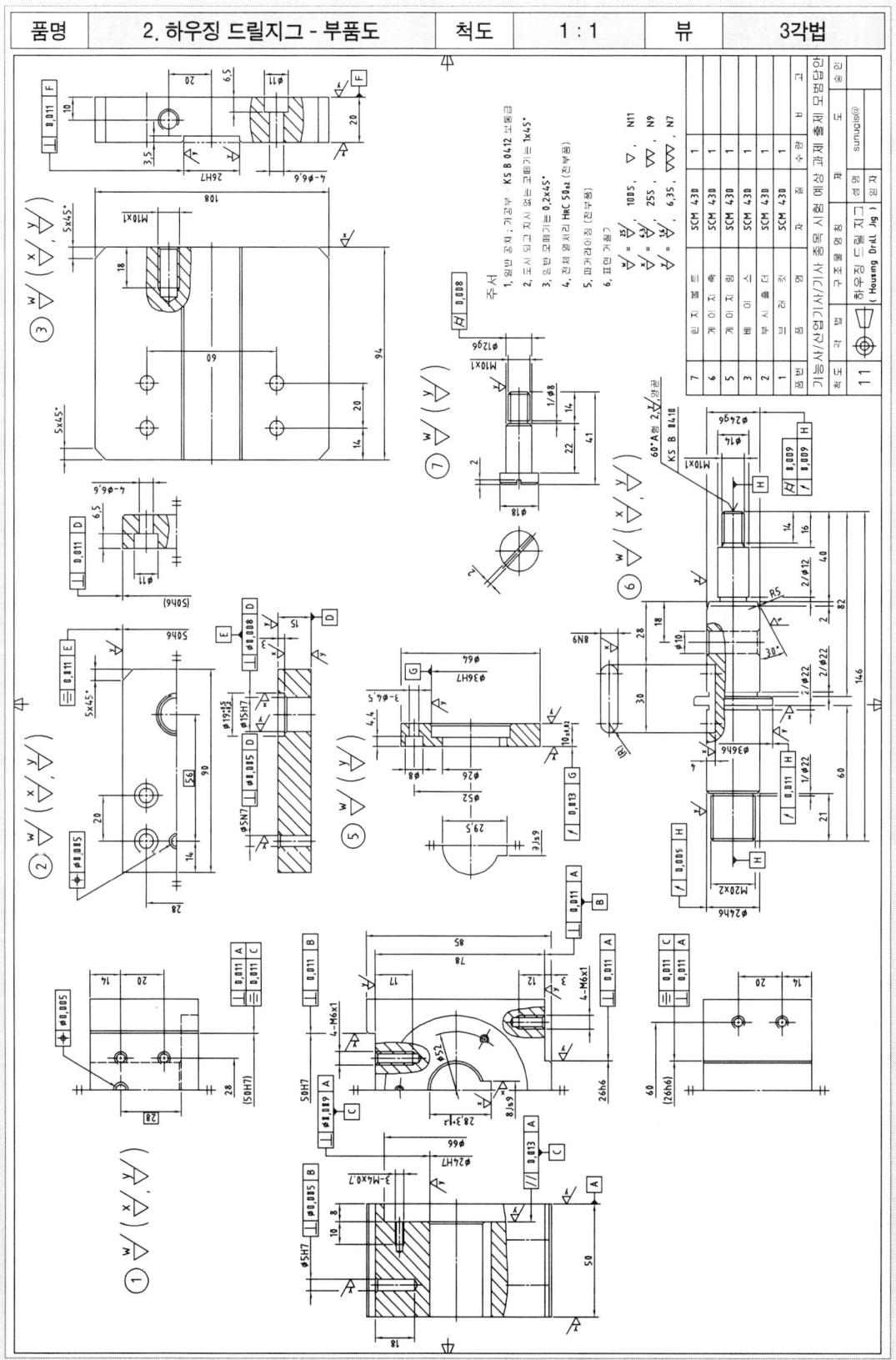

연습도면 15 바드릴지그

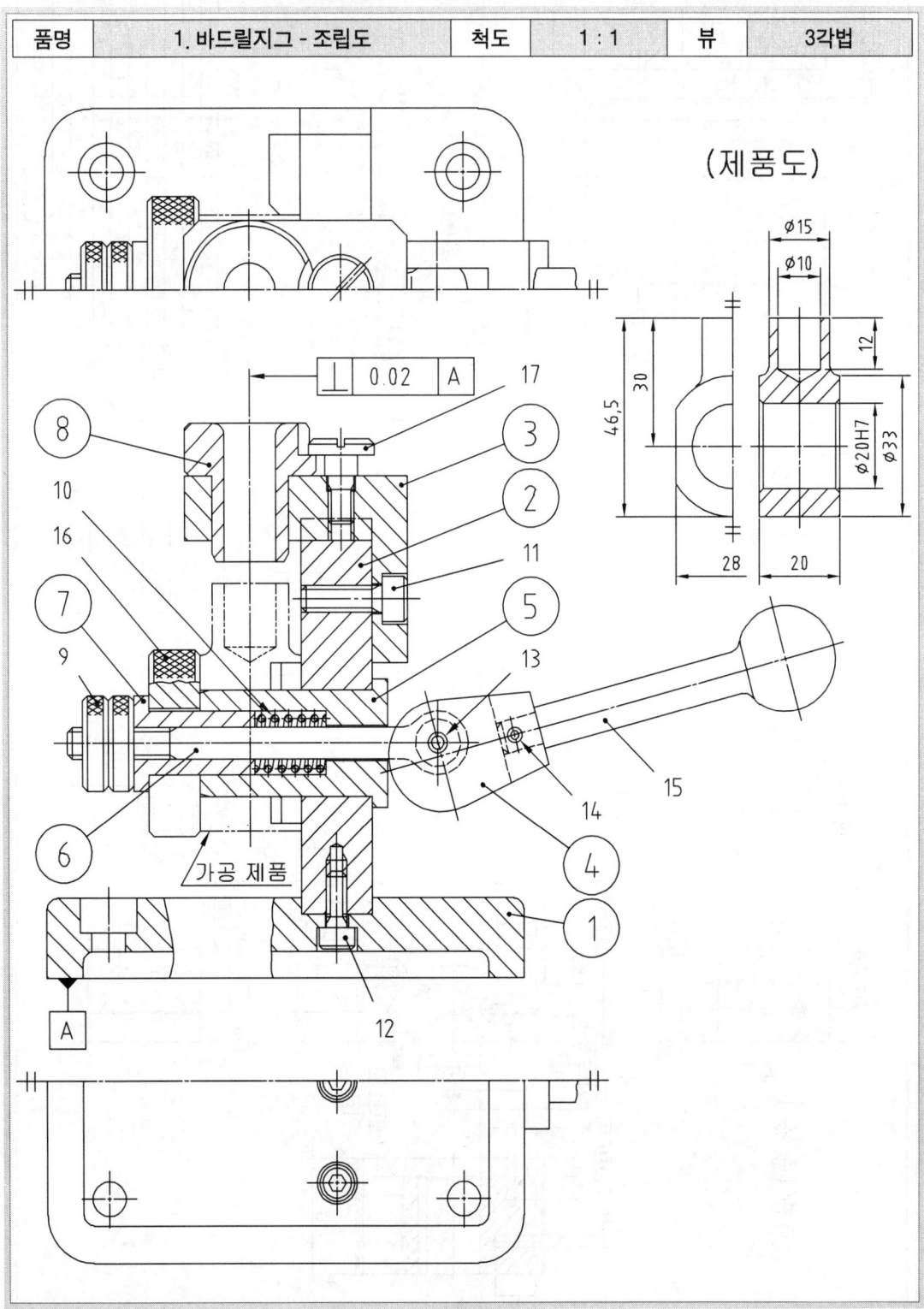

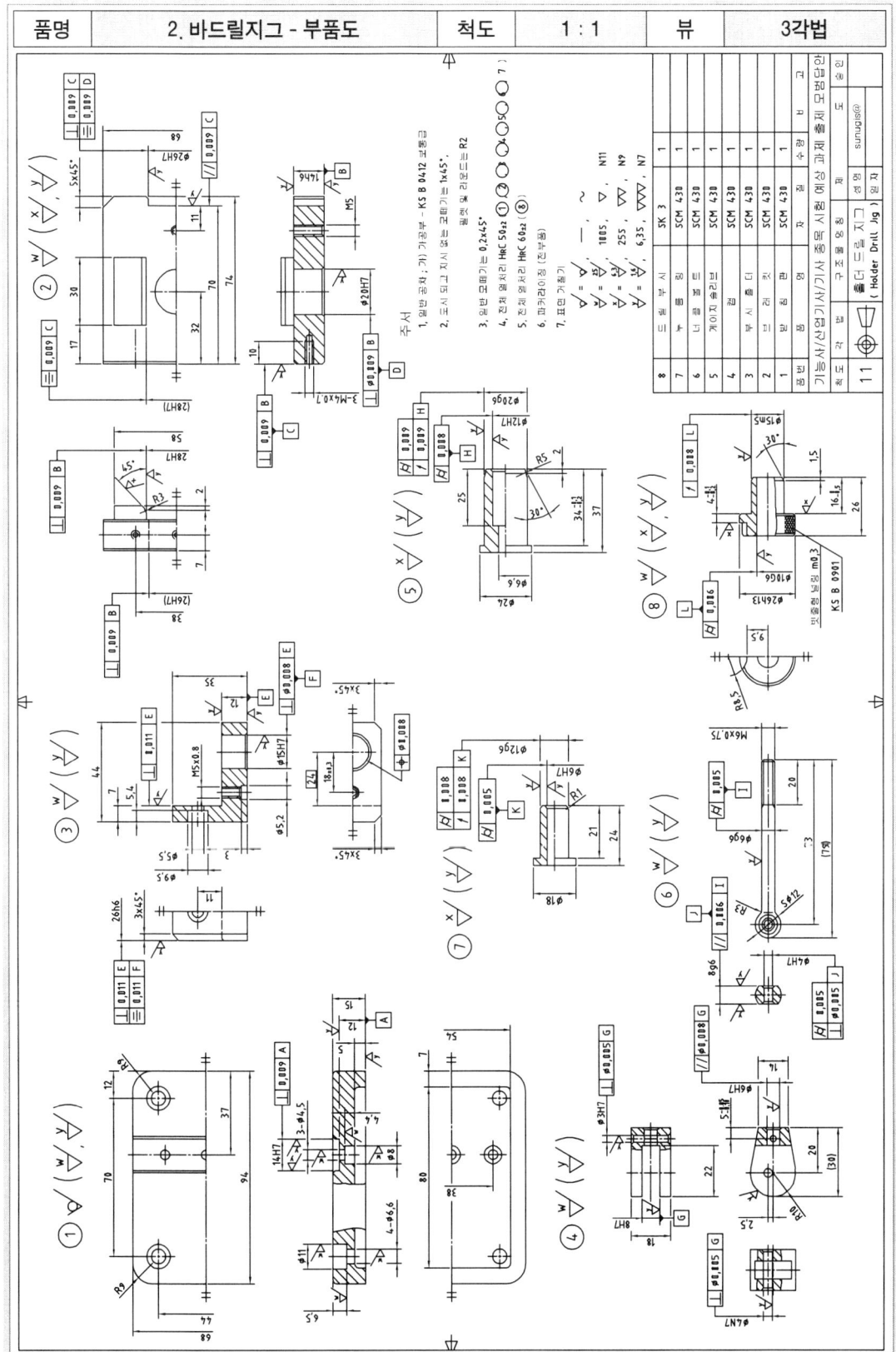

연습도면 16 리밍지그

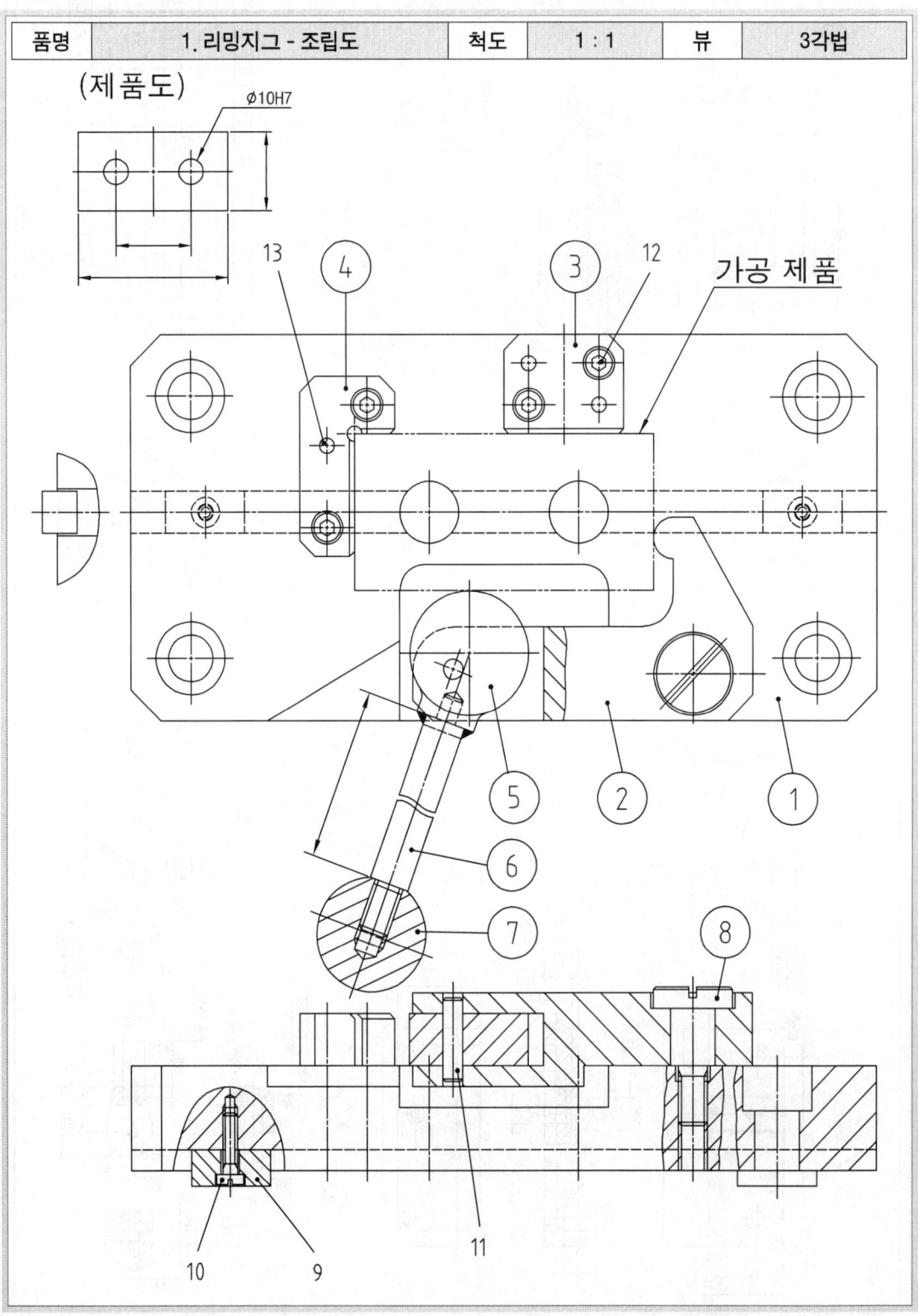

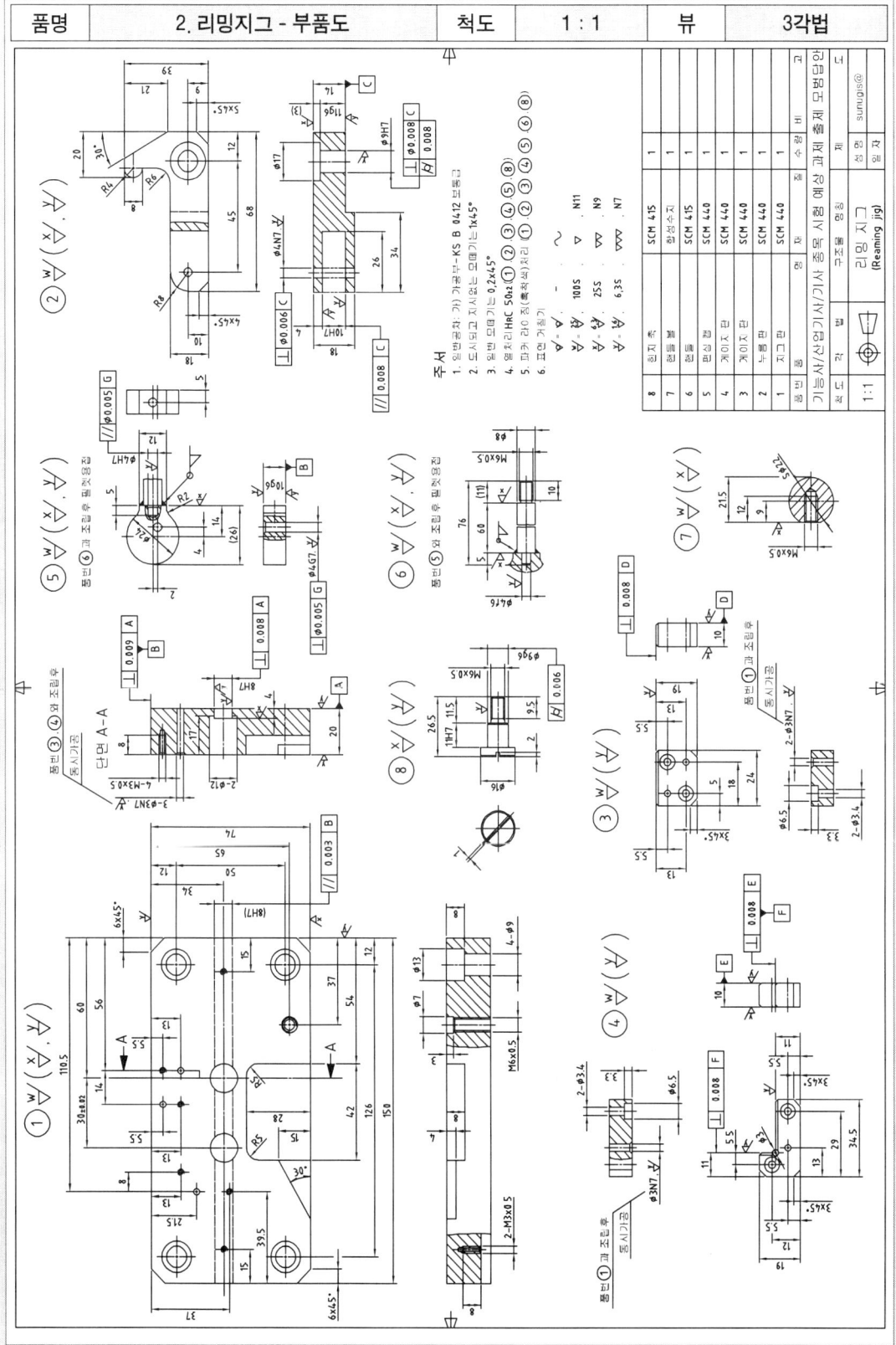

연습도면 17 링크리밍지그

| 품명 | 1. 링크리밍지그 - 조립도 | 척도 | 1:1 | 뷰 | 3각법 |

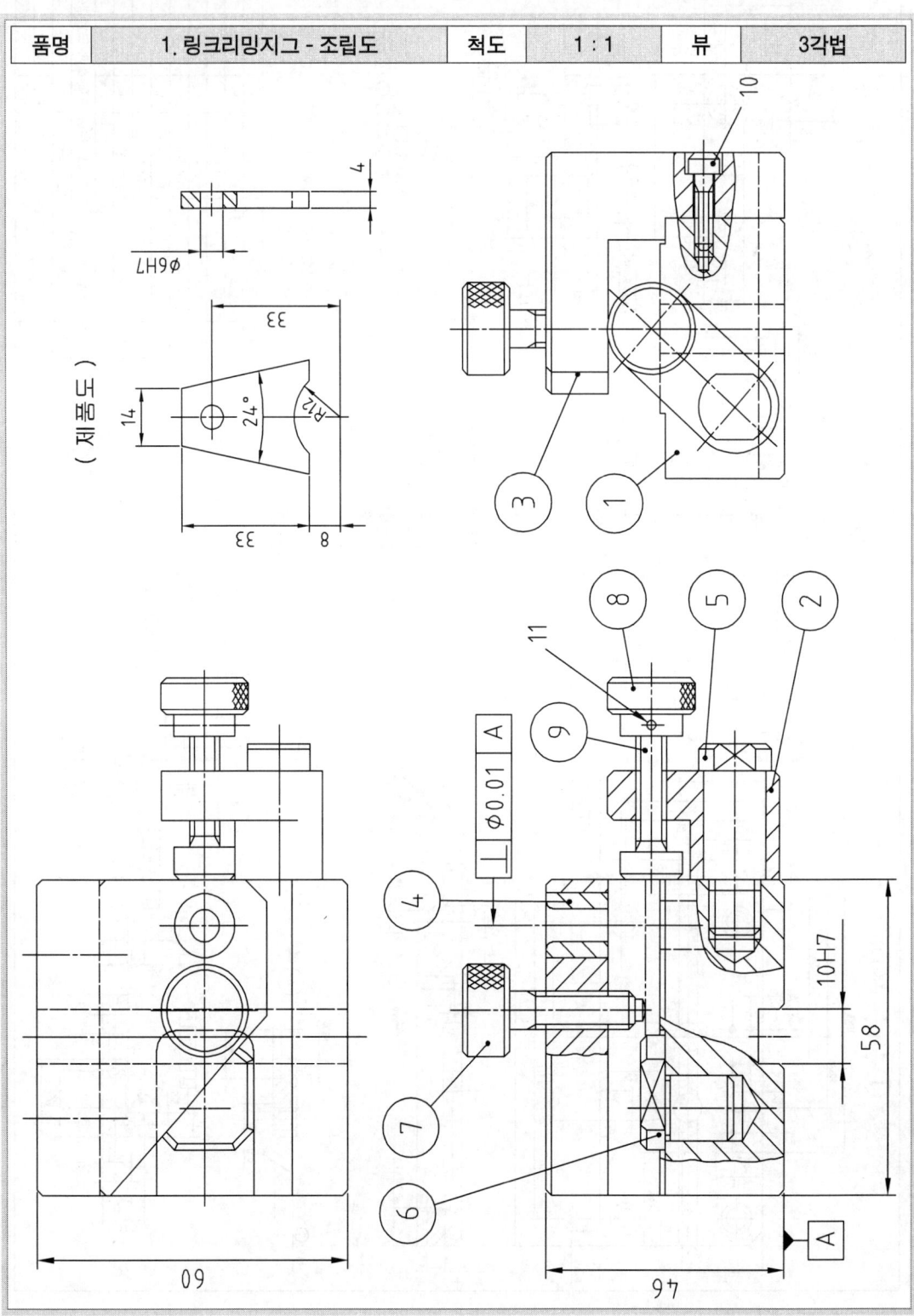

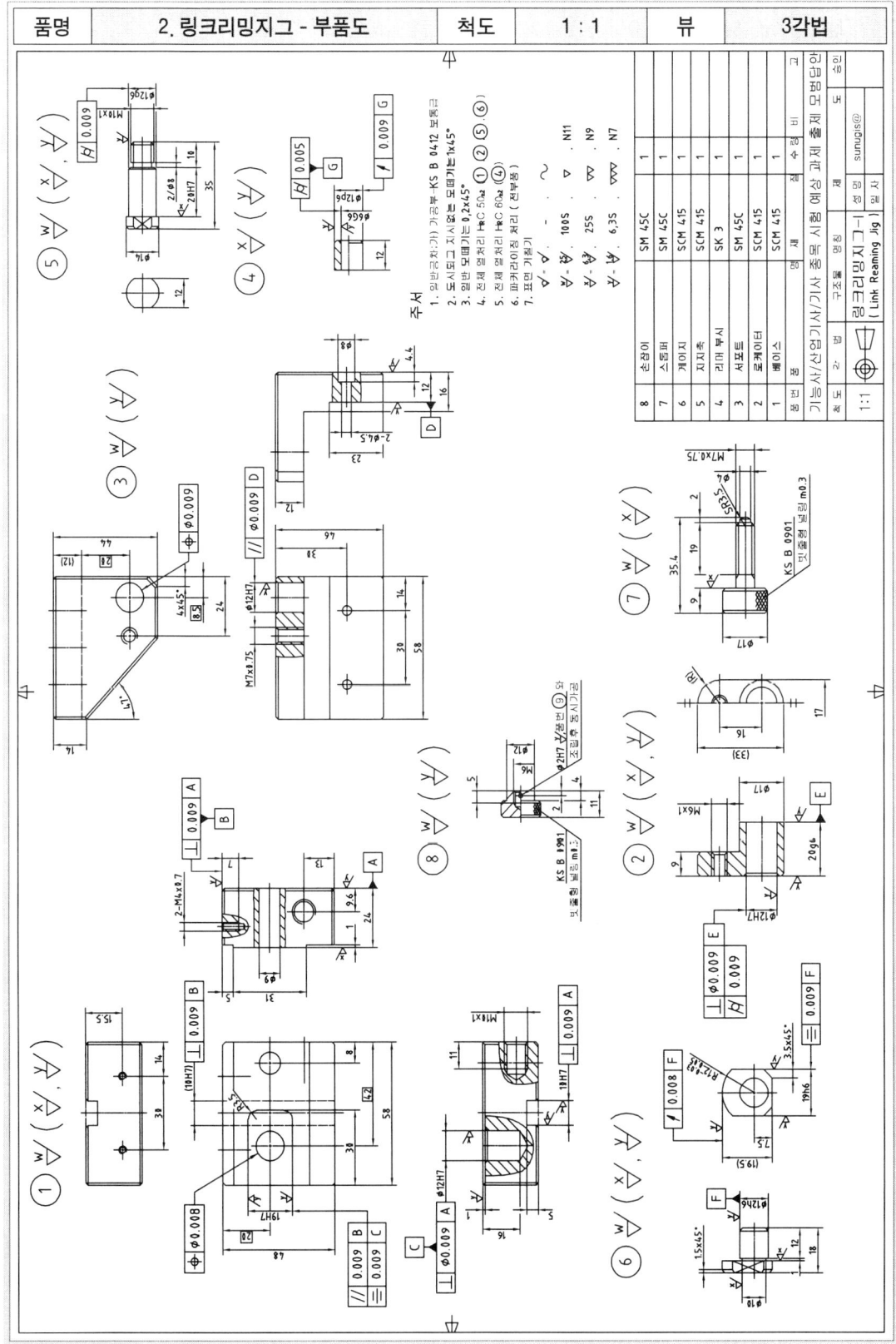

연습도면 18 더블밀링클램프

| 품명 | 1. 더블밀링클램프 - 조립도 | 척도 | 1:1 | 뷰 | 3각법 |

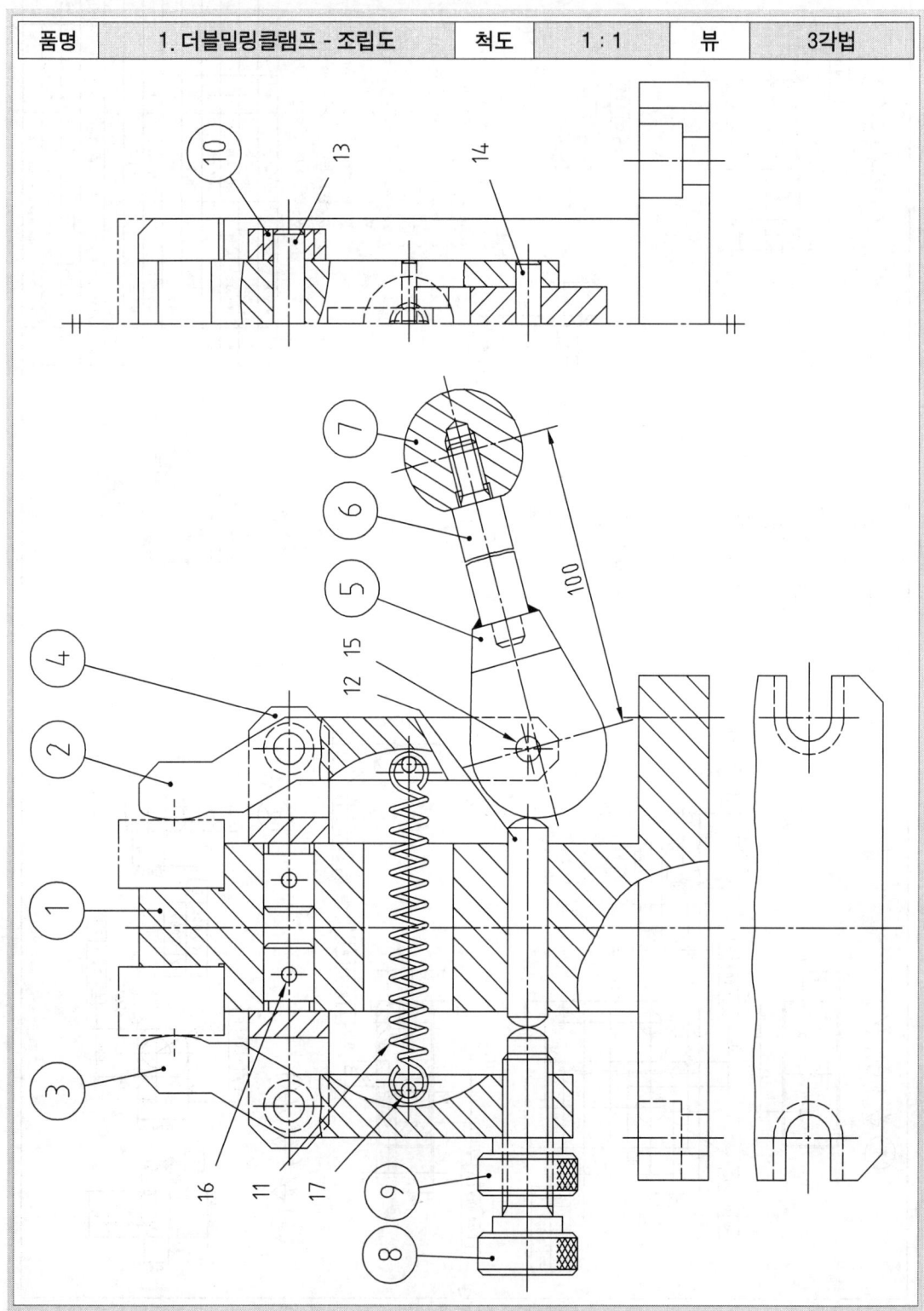

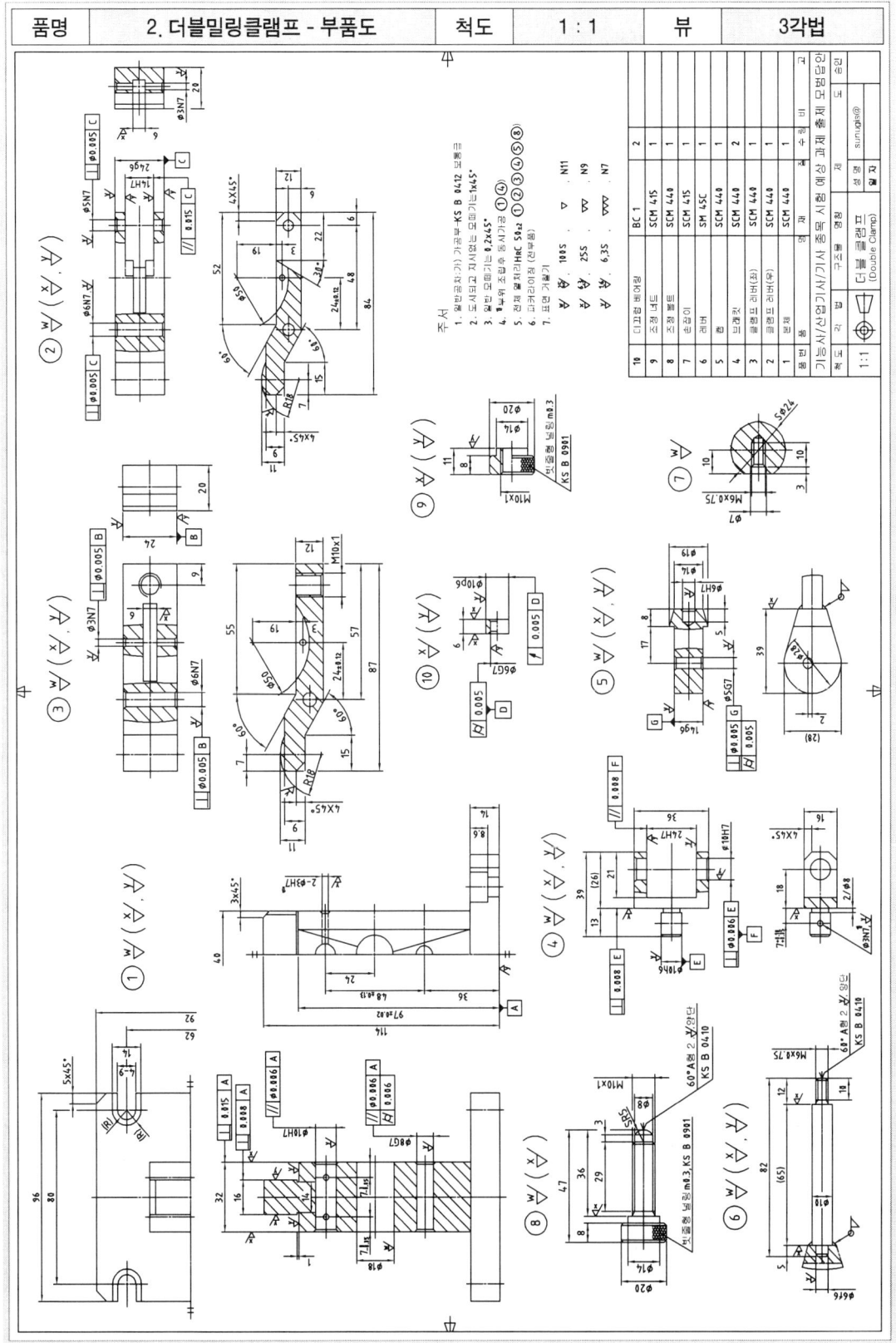

연습도면 19 스텐드클램프

| 품명 | 1. 스텐드클램프 - 조립도 | 척도 | 1 : 1 | 뷰 | 3각법 |

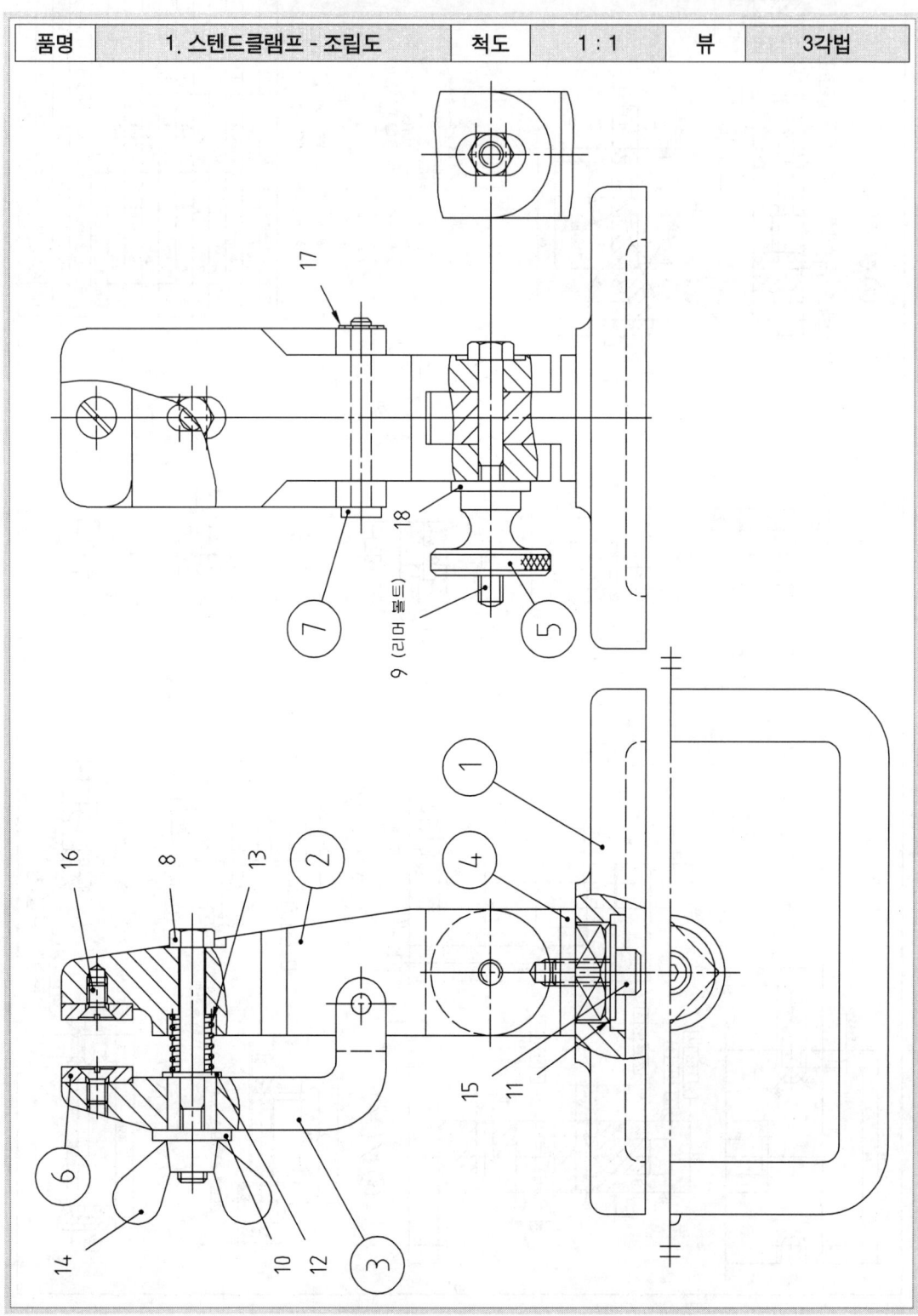

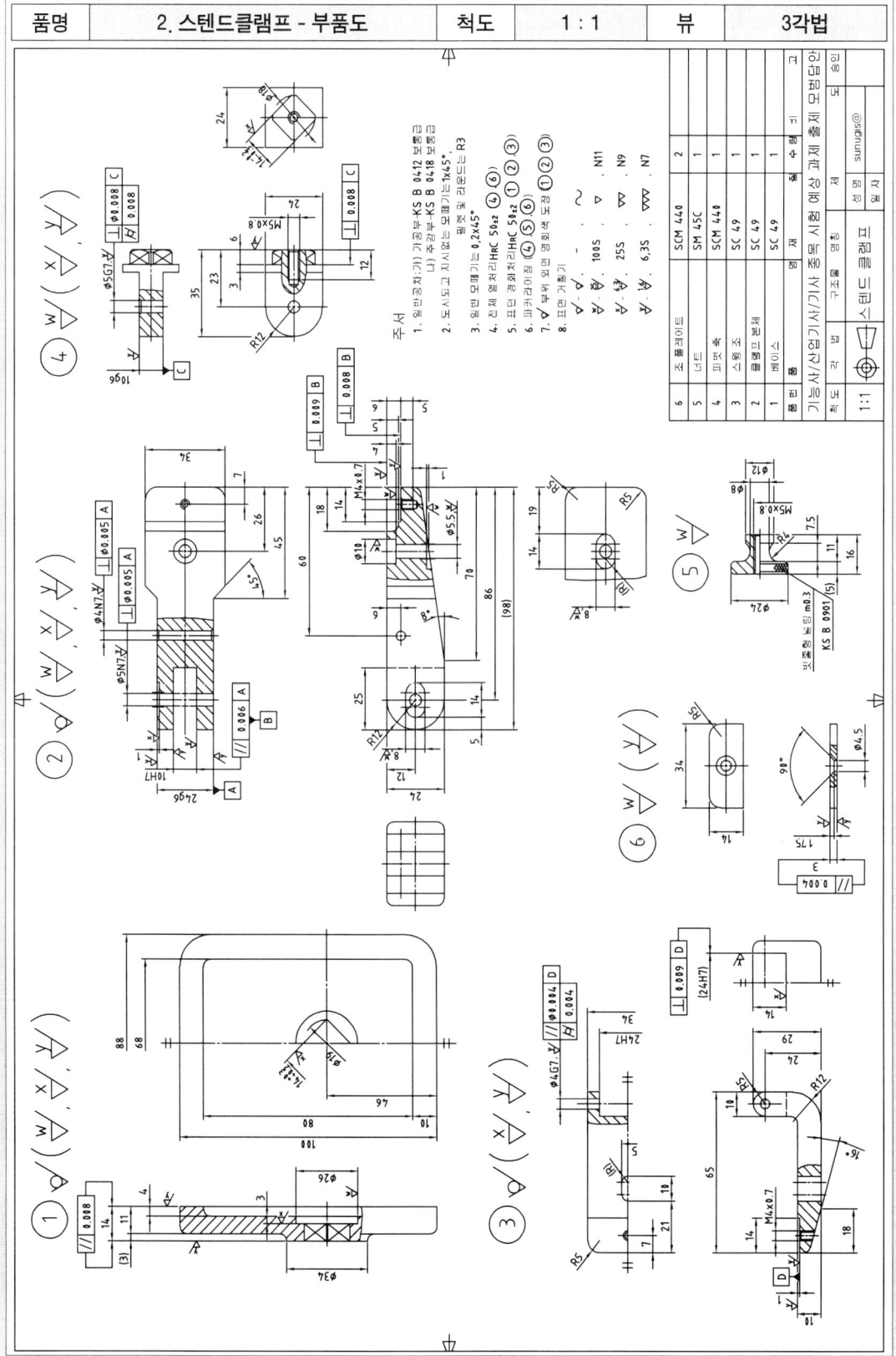

연습도면 20 각형레버에어척

| 품명 | 1. 각형레버에어척 - 조립도 | 척도 | 1:1 | 뷰 | 3각법 |

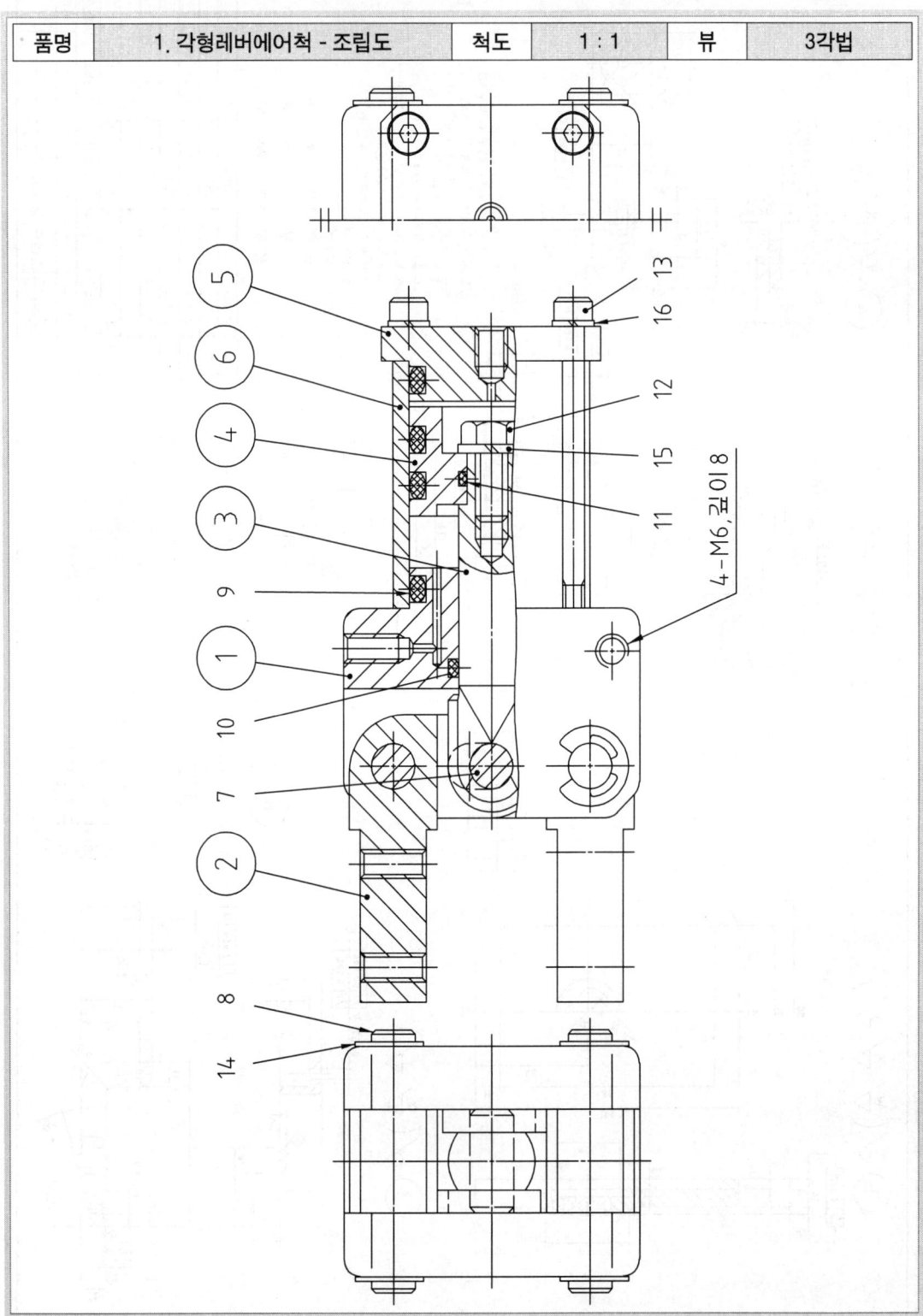

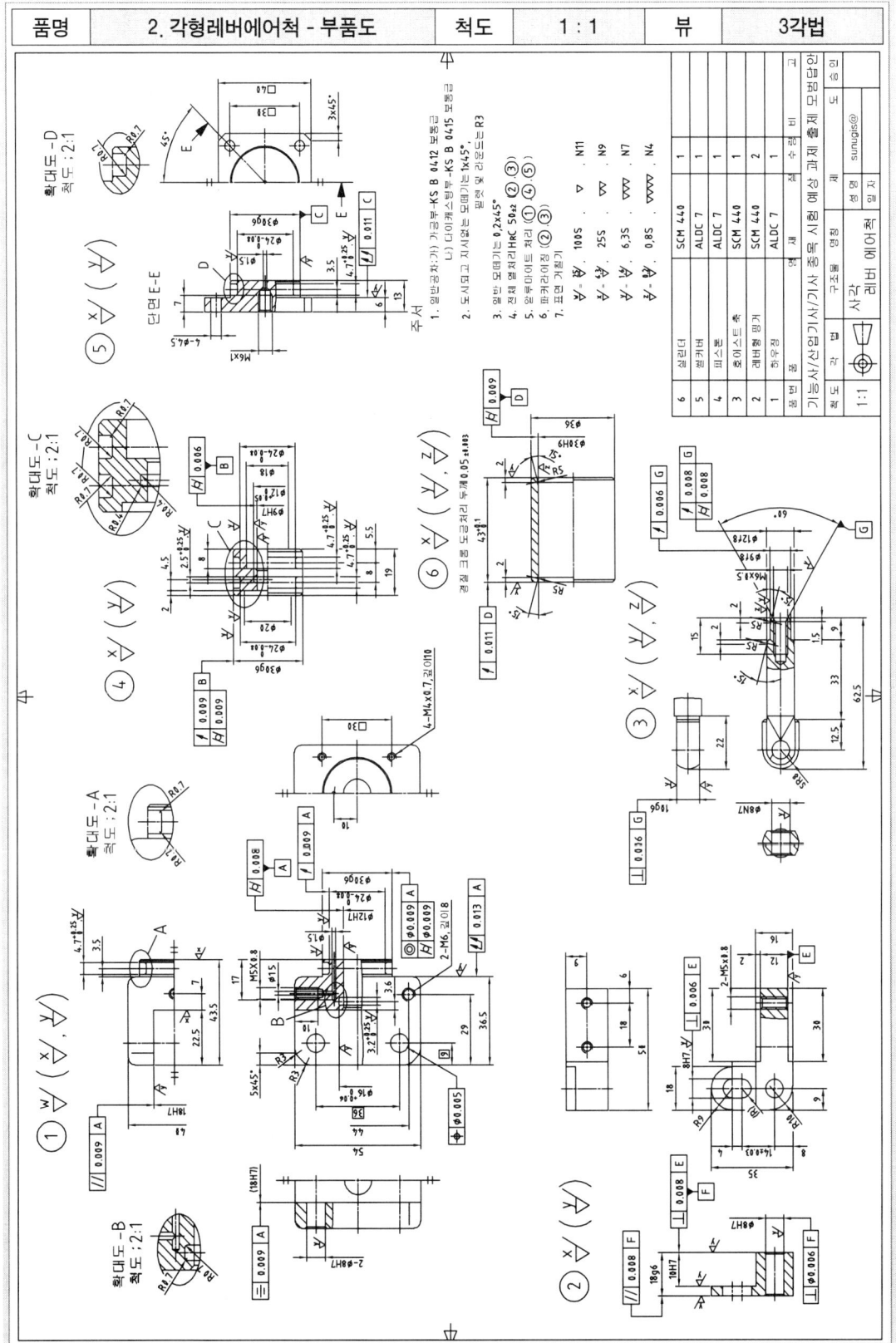

연습도면 21 동력전달장치 2

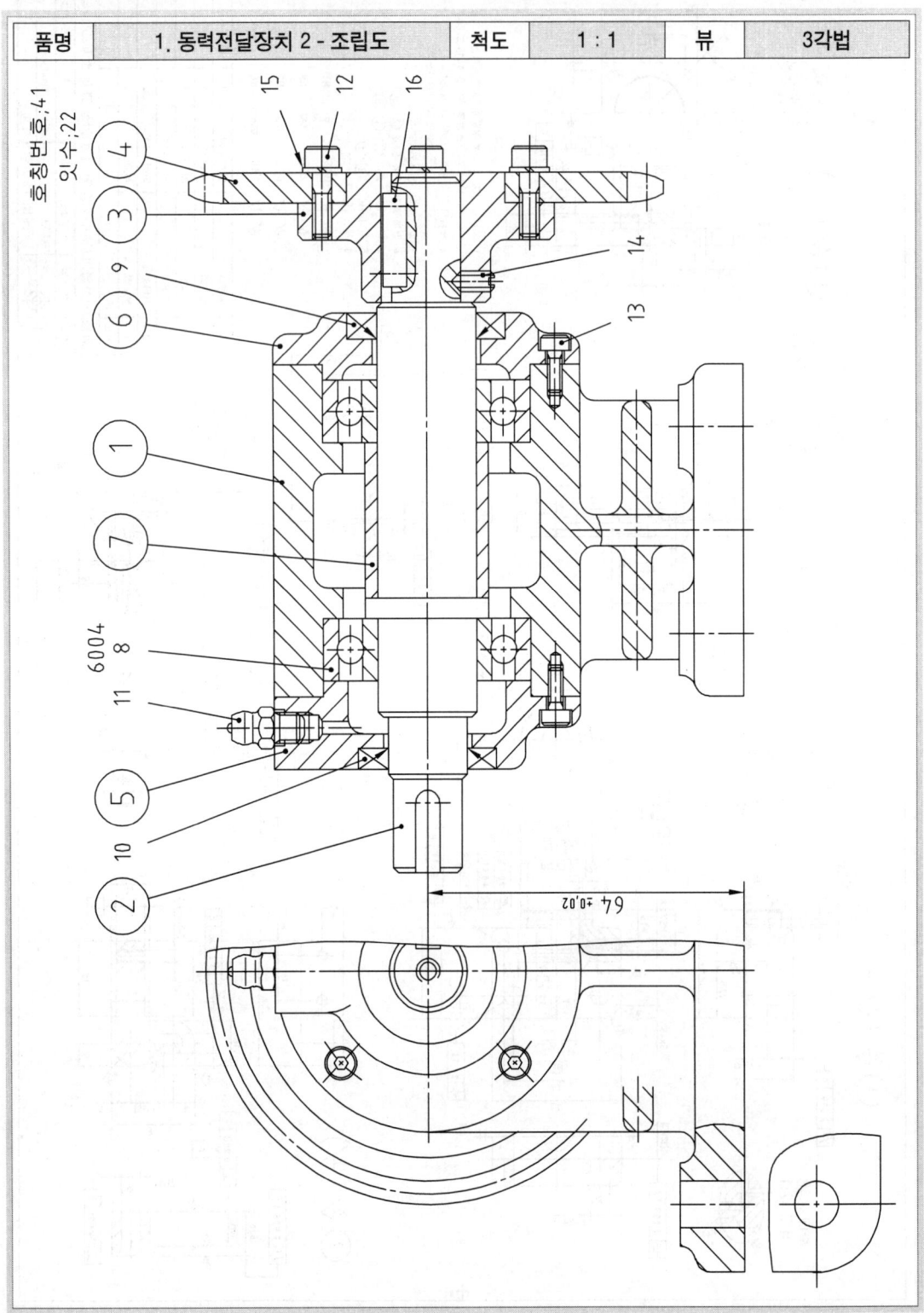

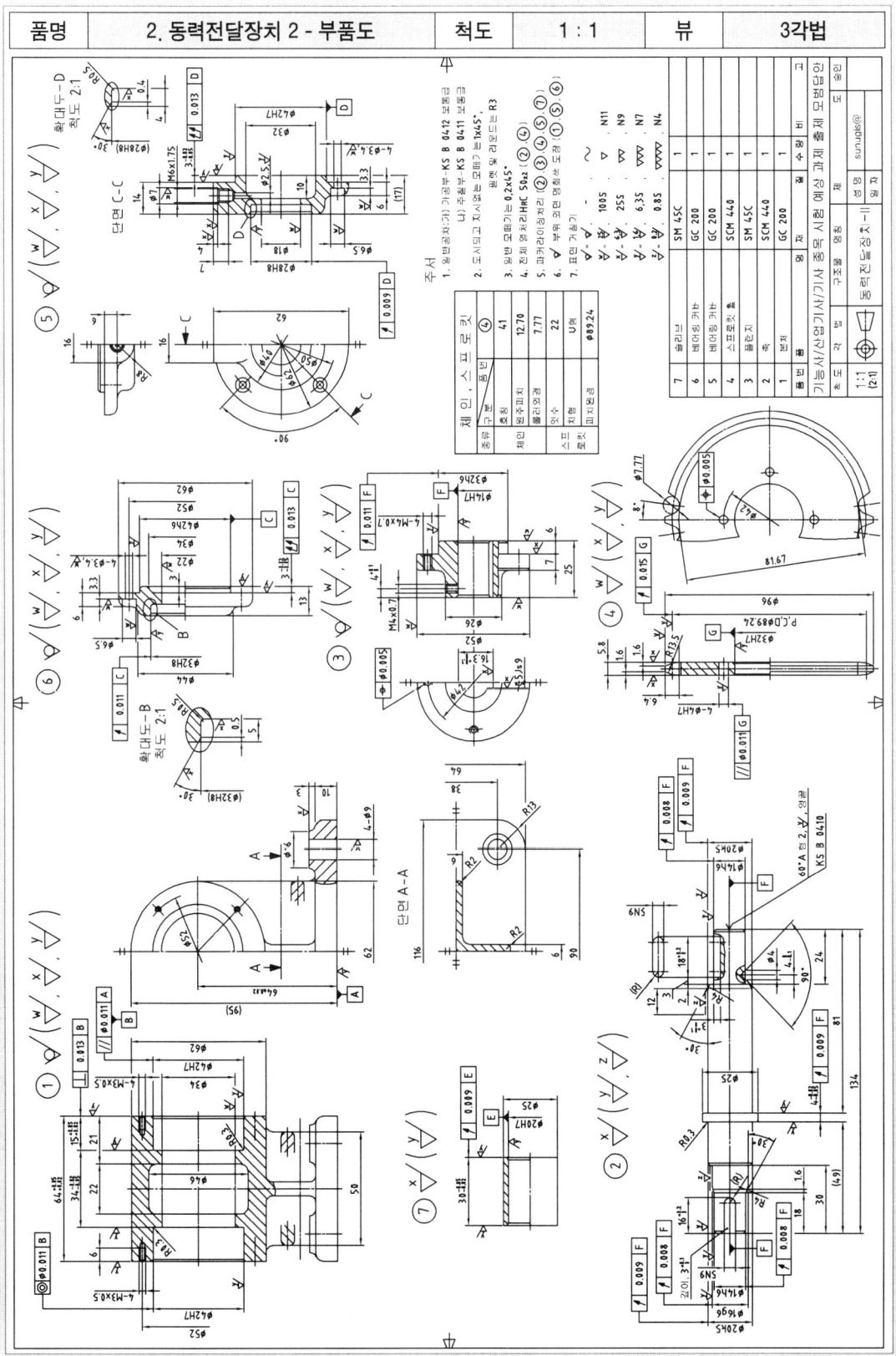

연습도면 22 동력전달장치 3

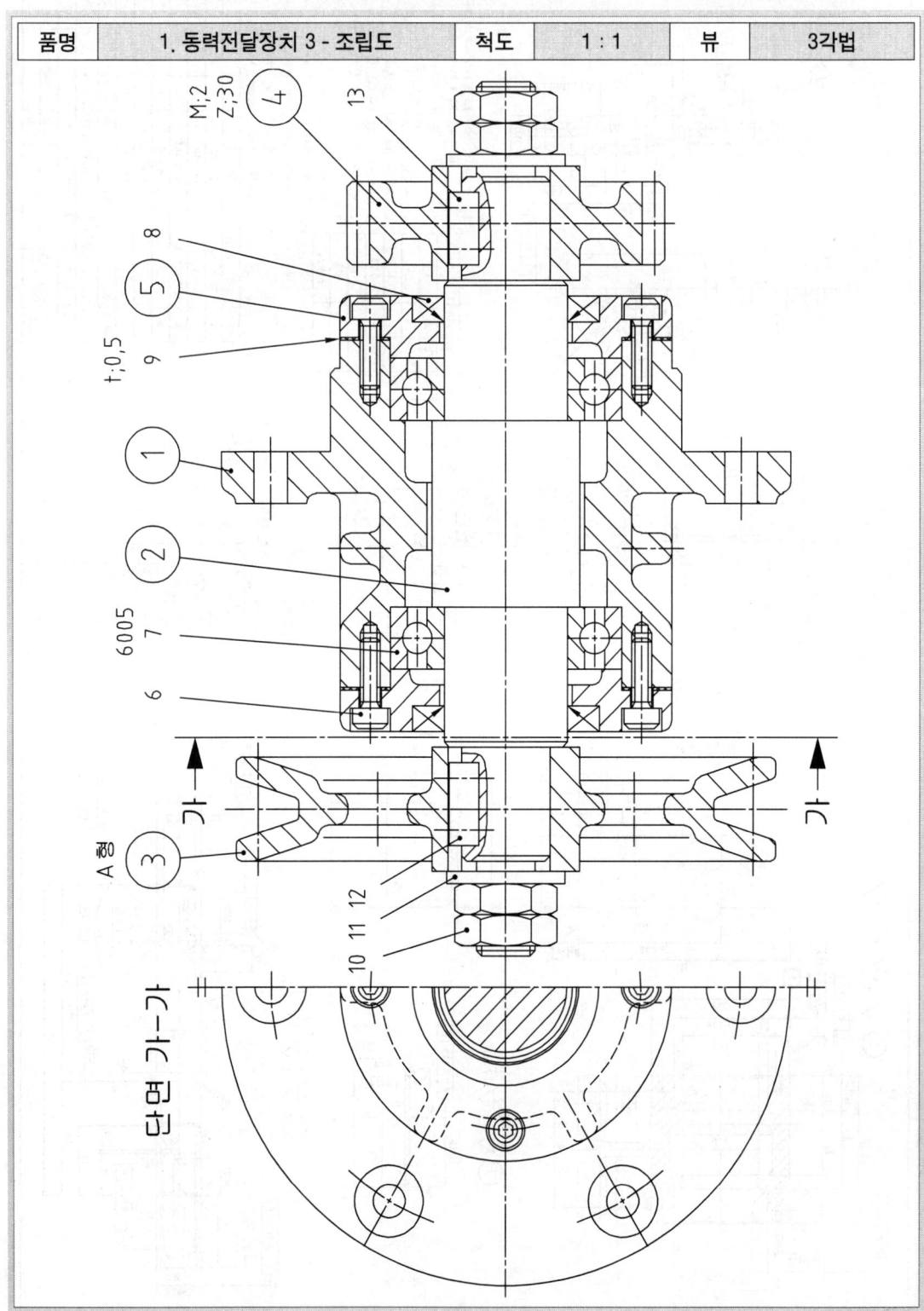

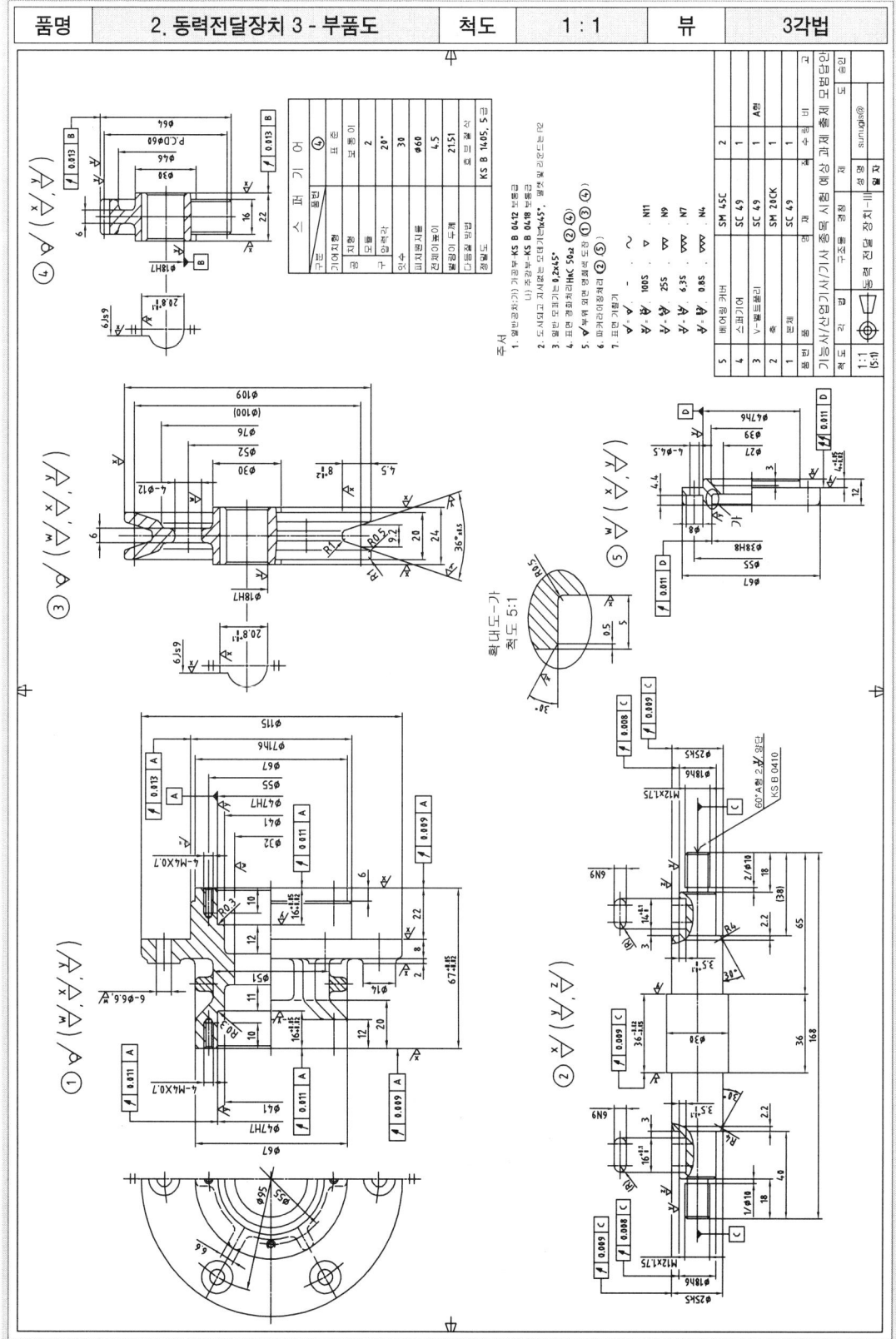

연습도면 23 피벗베어링하우징

| 품명 | 1. 피벗베어링하우징 - 조립도 | 척도 | 1 : 1 | 뷰 | 3각법 |

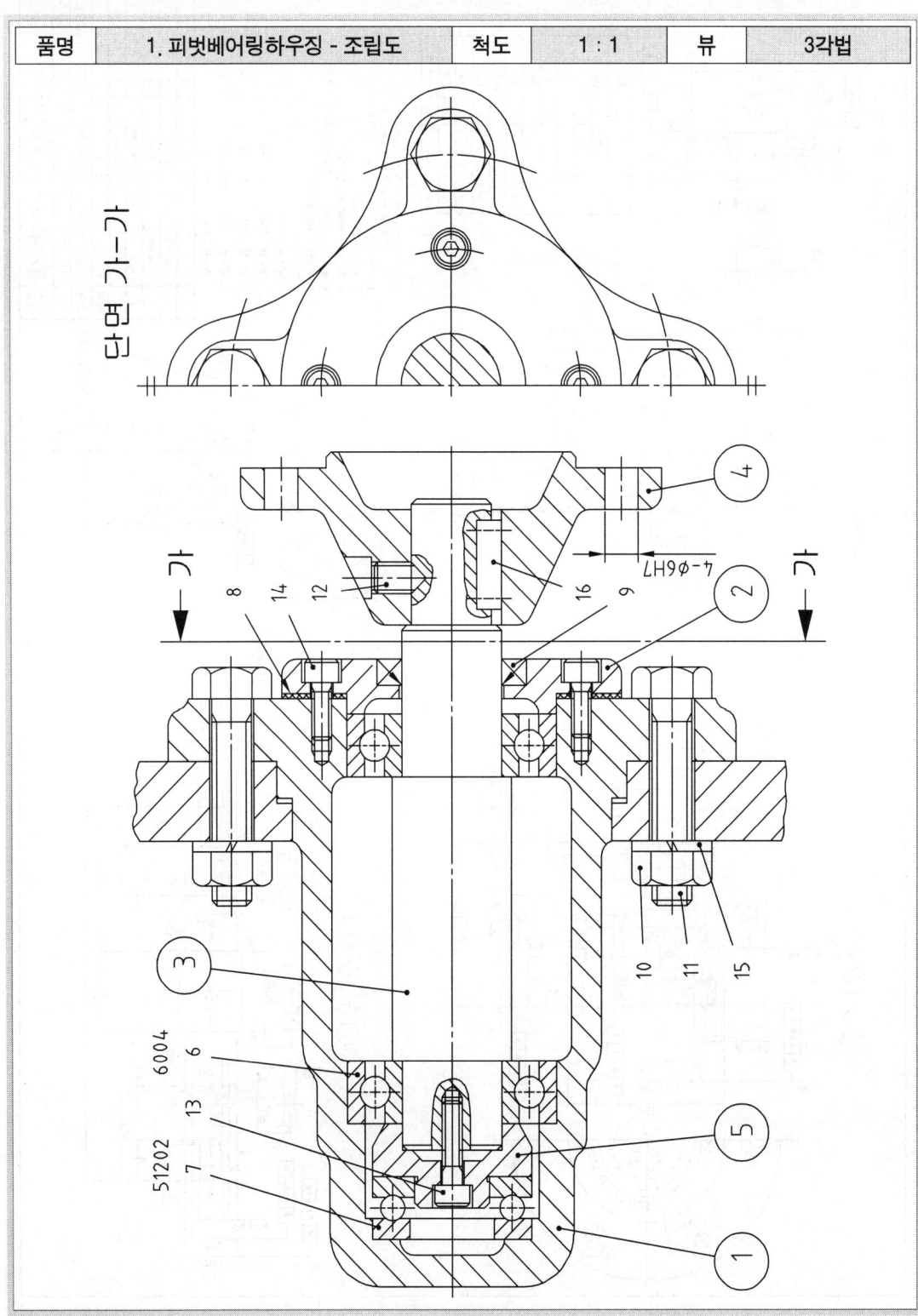

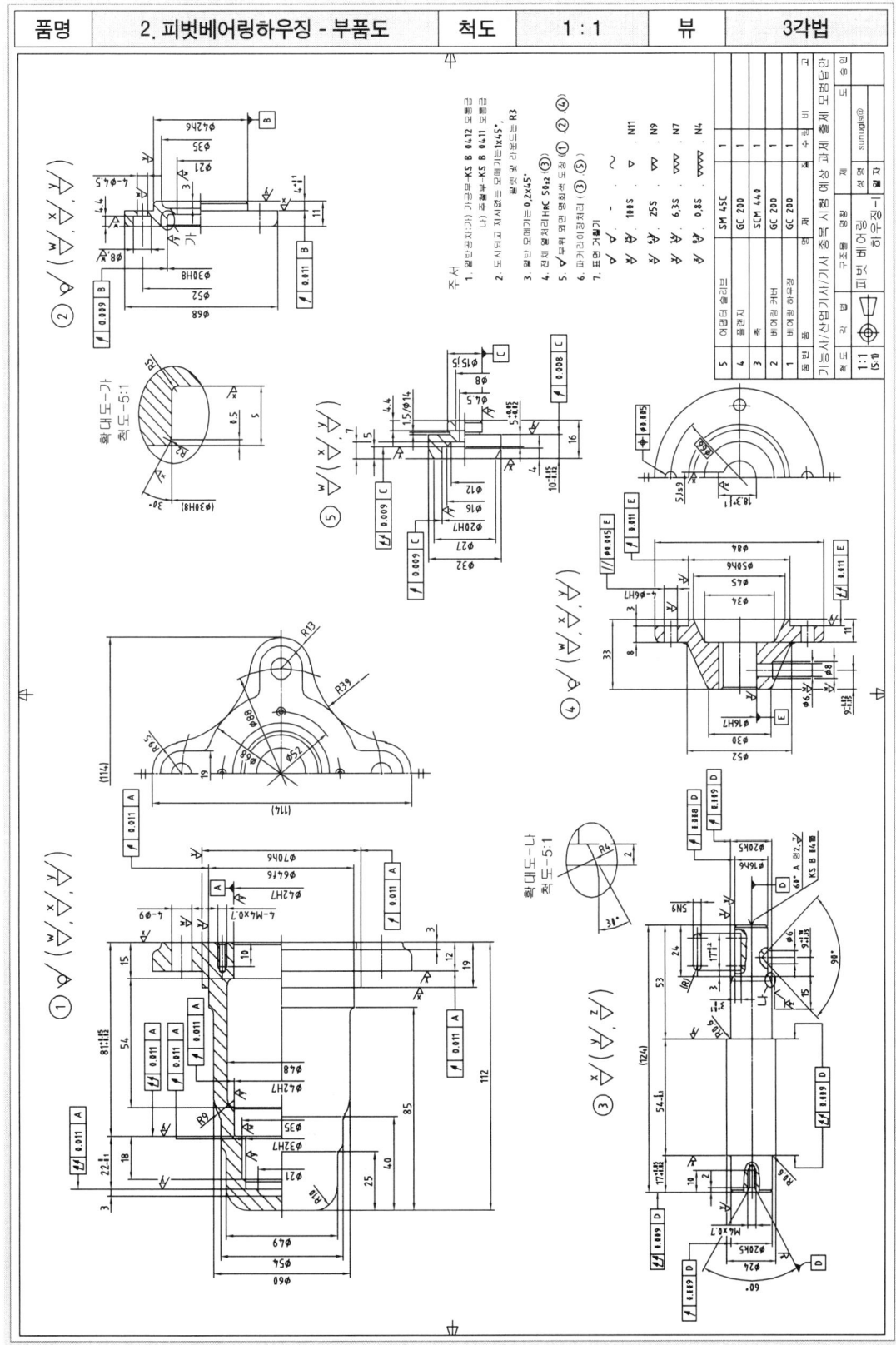

연습도면 24 편심구동펌프 2

| 품명 | 1. 편심구동펌프 2 - 조립도 | 척도 | 1 : 1 | 뷰 | 3각법 |

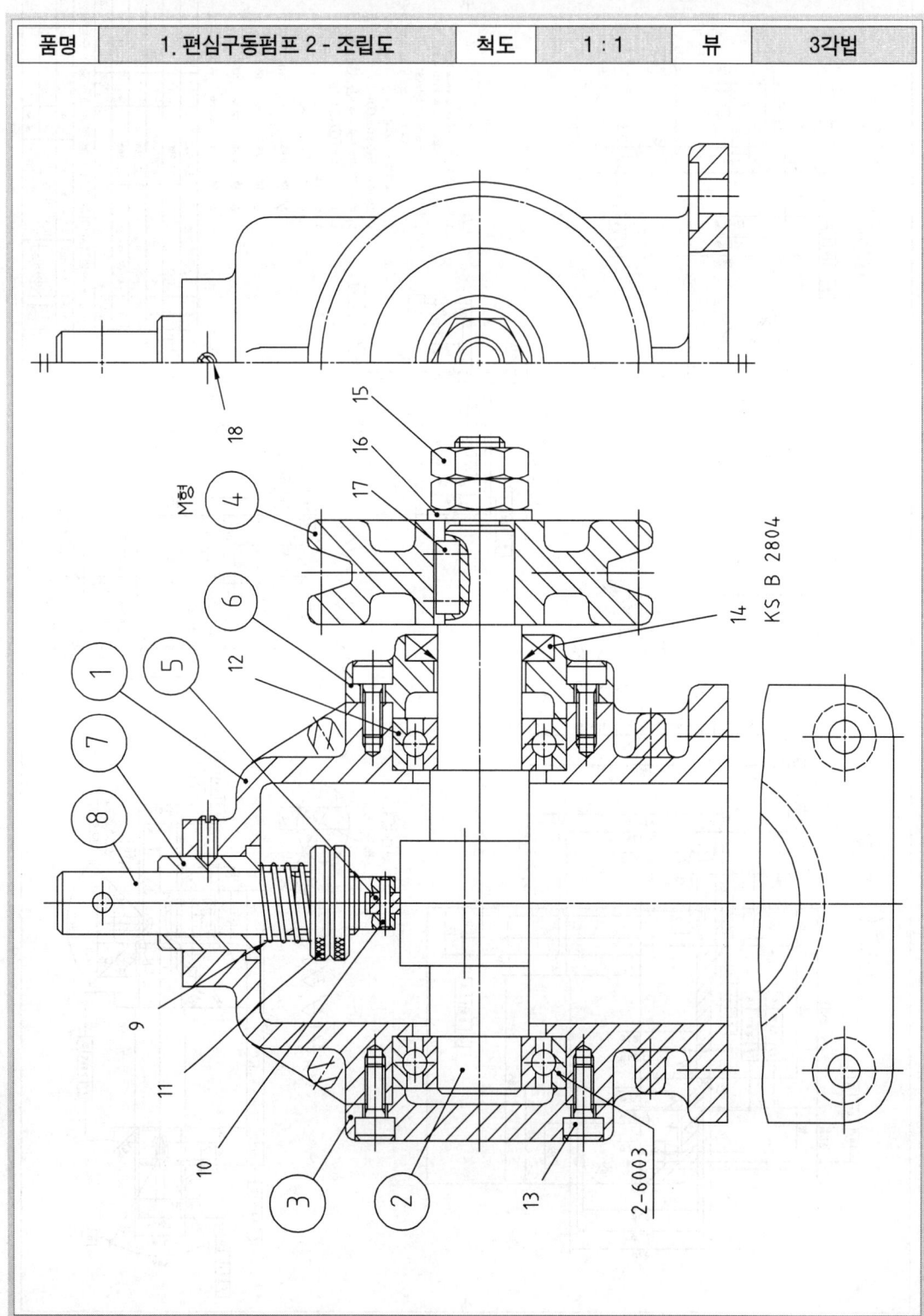

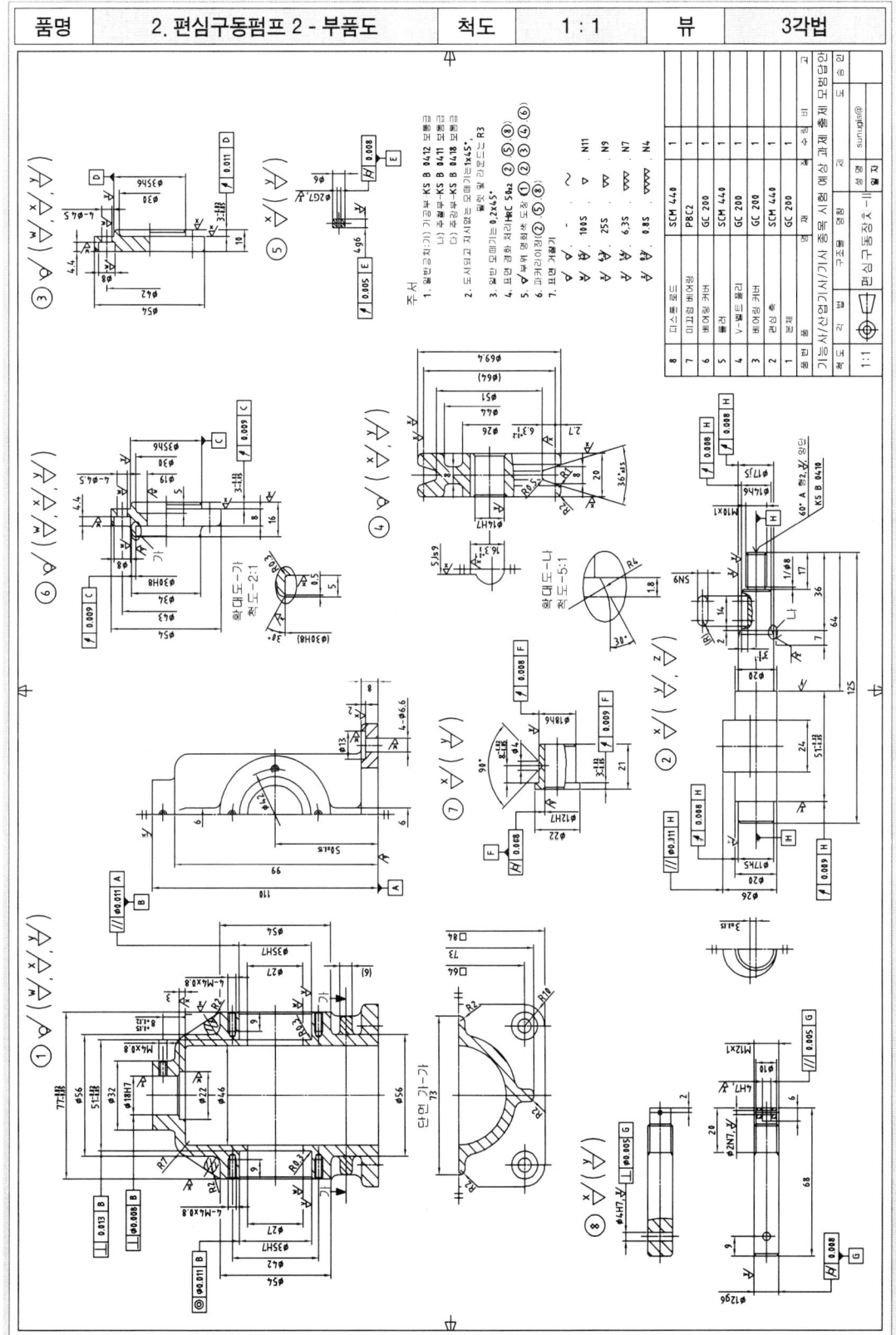

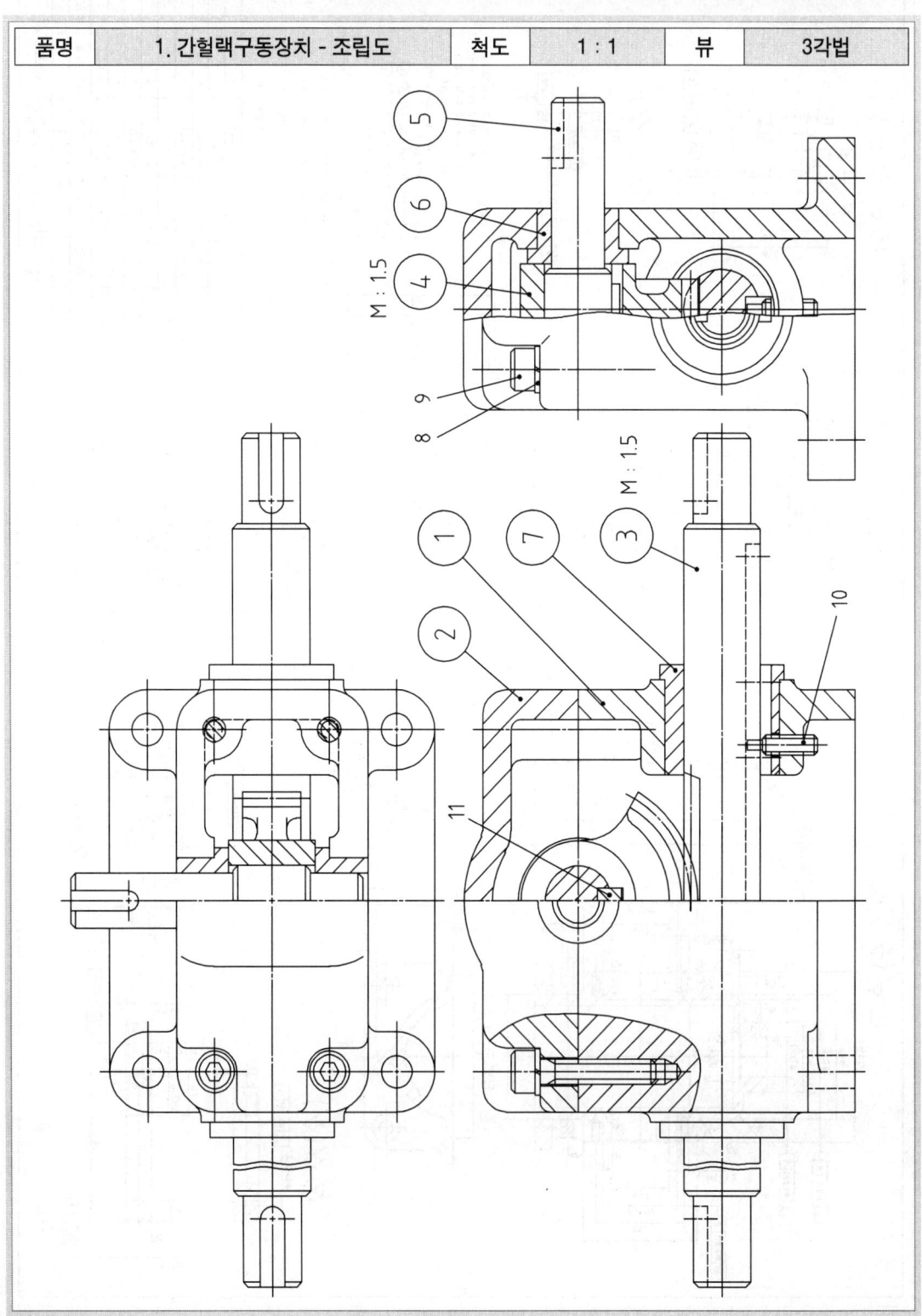

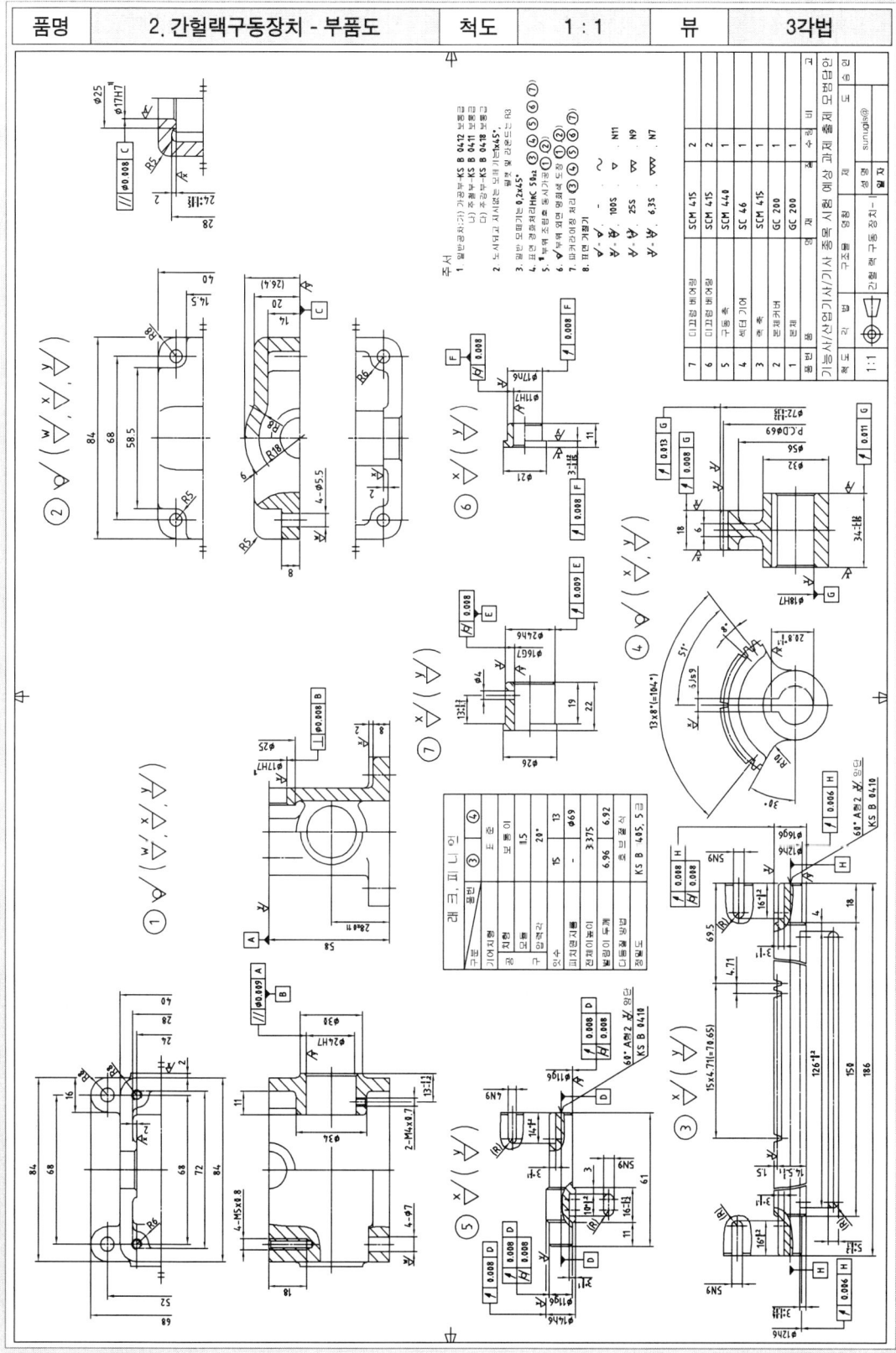

연습도면 26 기어펌프 2

| 품명 | 1. 기어펌프 2 - 조립도 | 척도 | 1:1 | 뷰 | 3각법 |

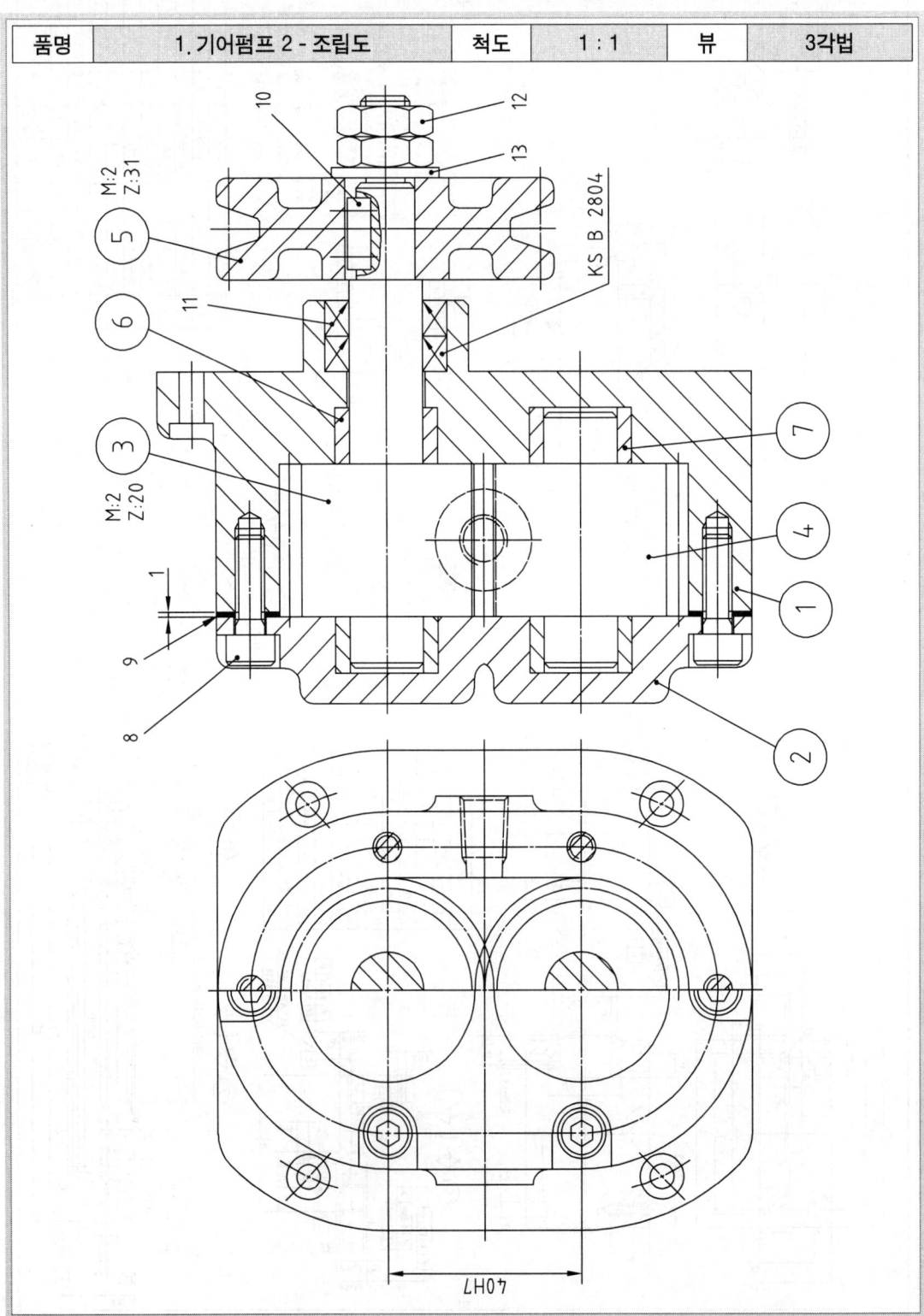

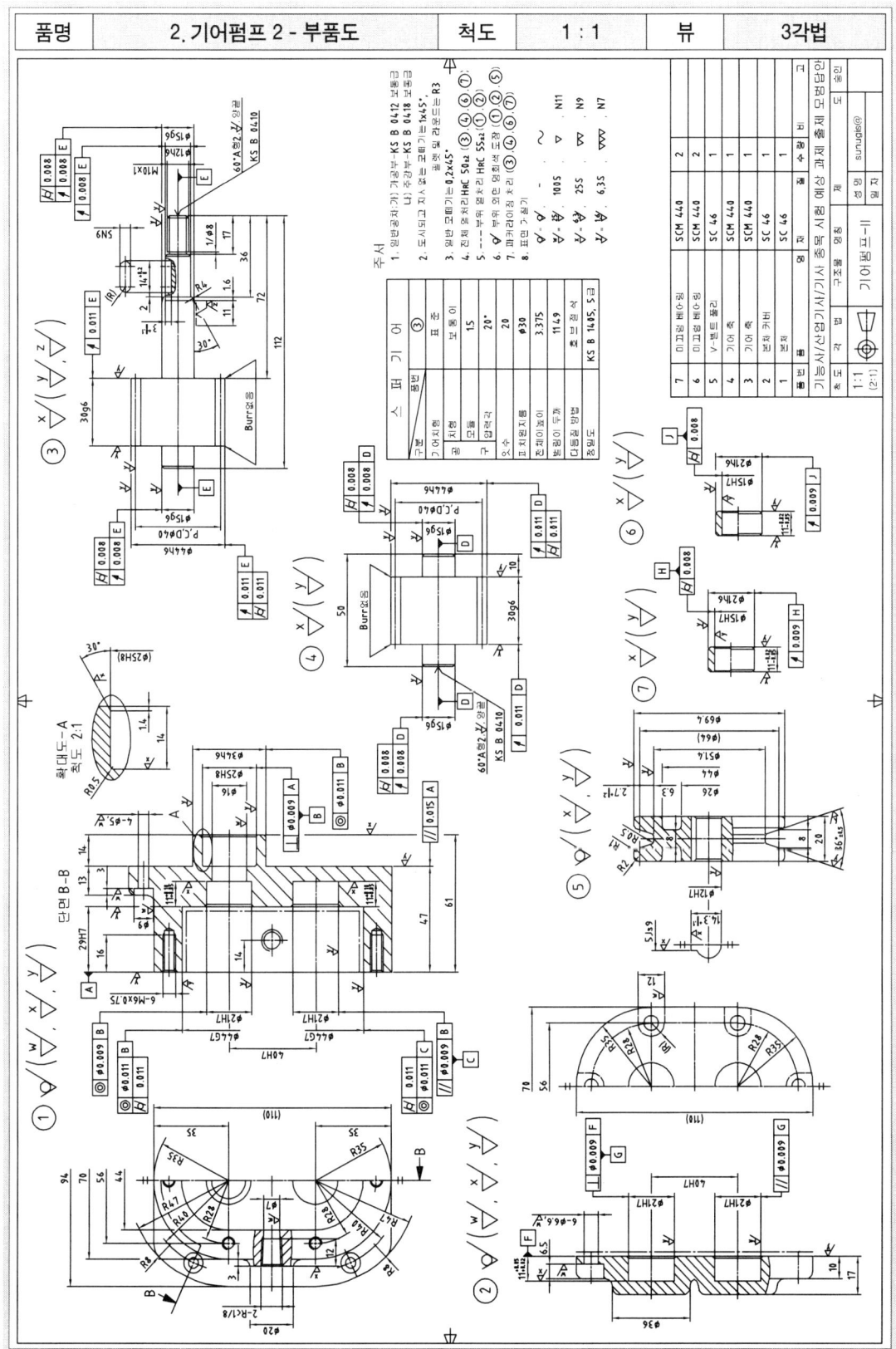

연습도면 27 기어펌프 5

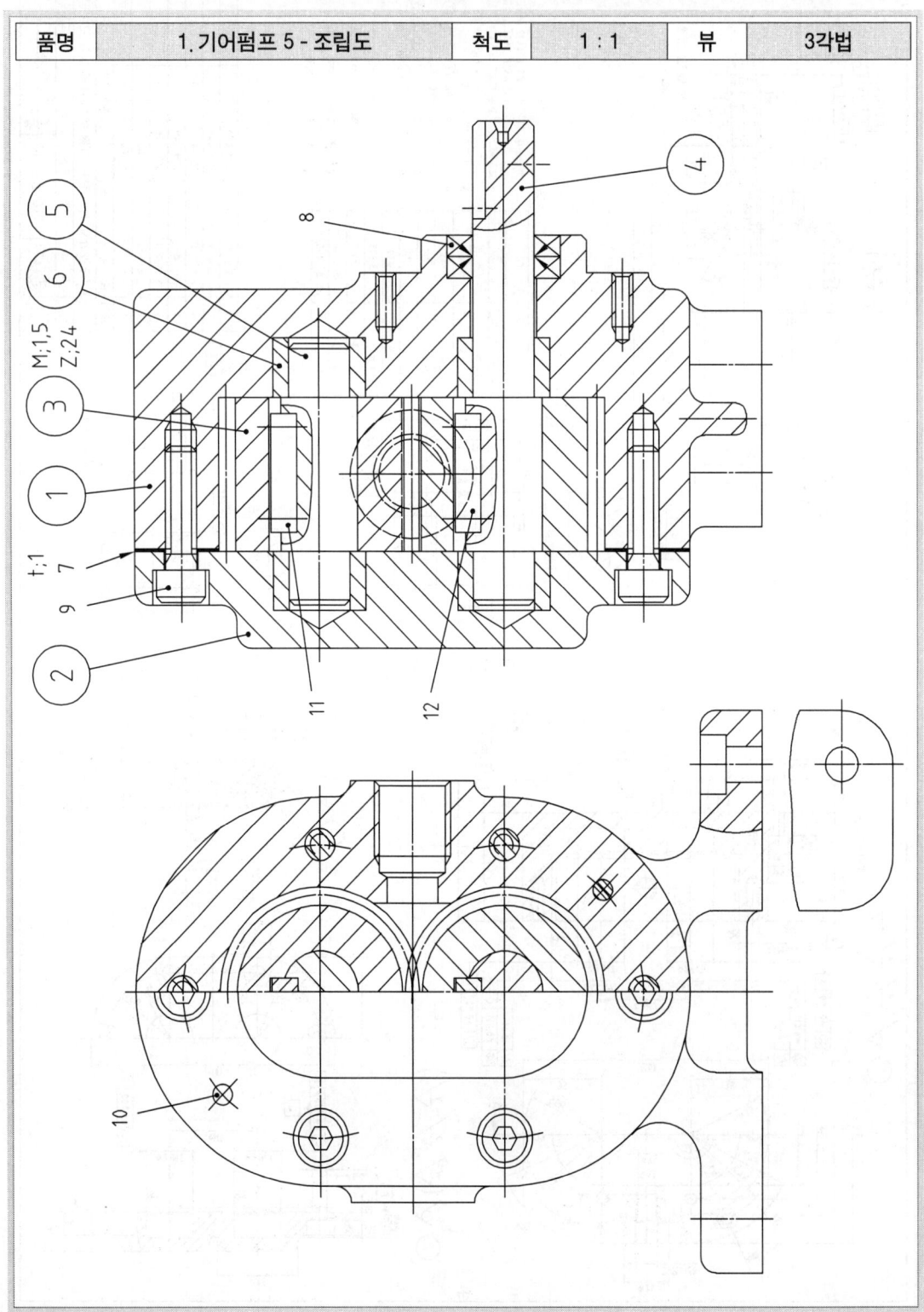

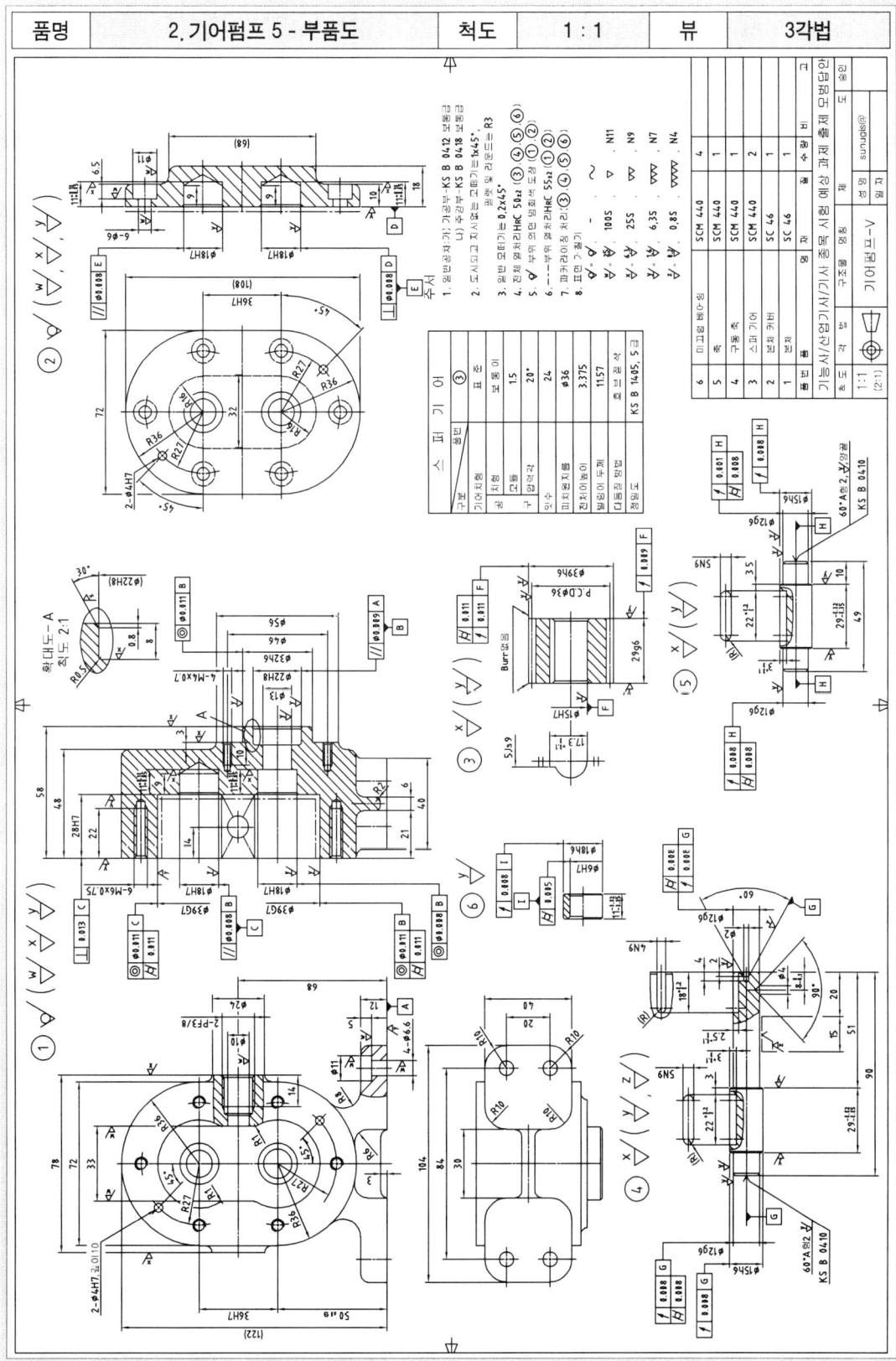

연습도면 28 이중스퍼기어박스

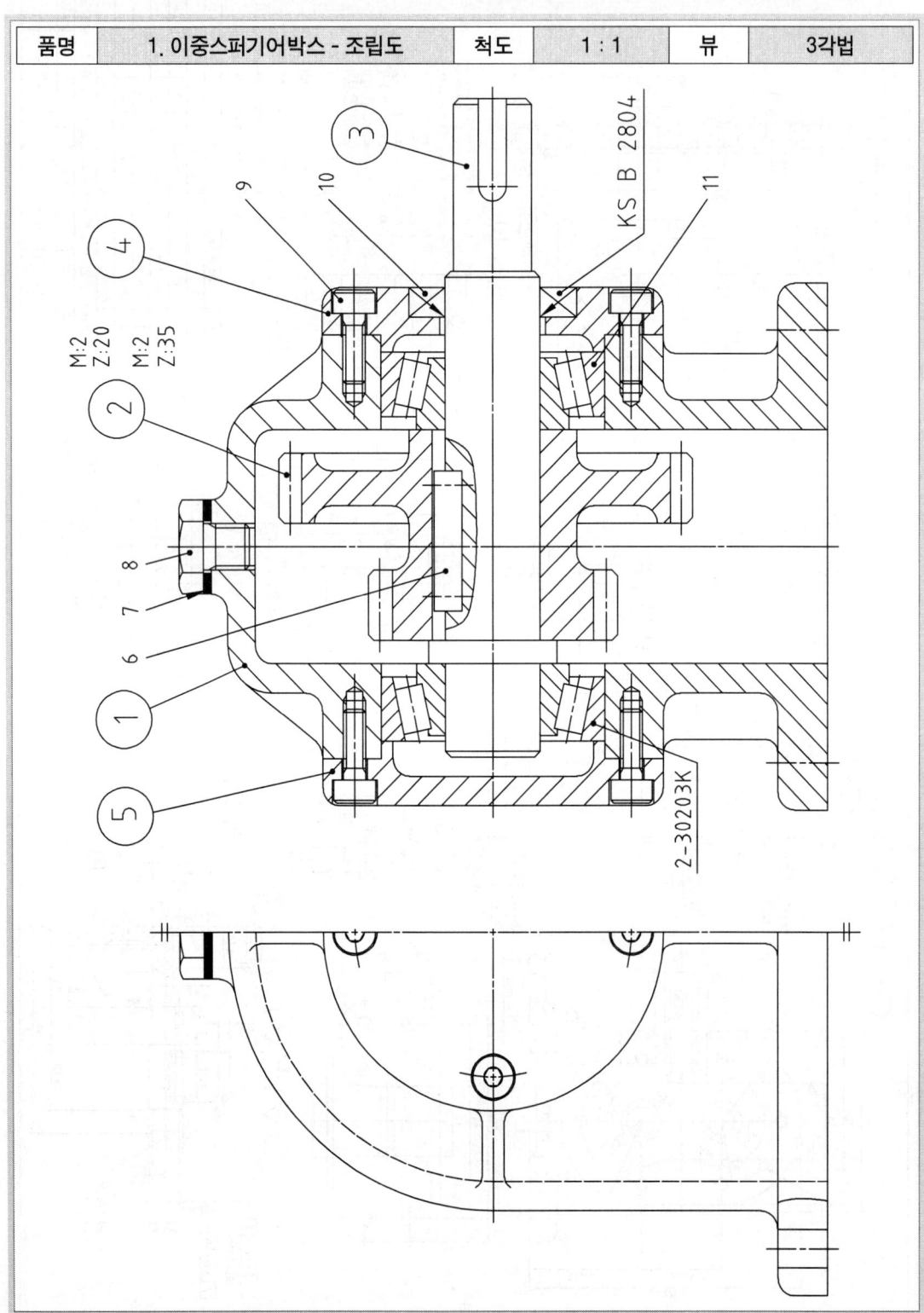

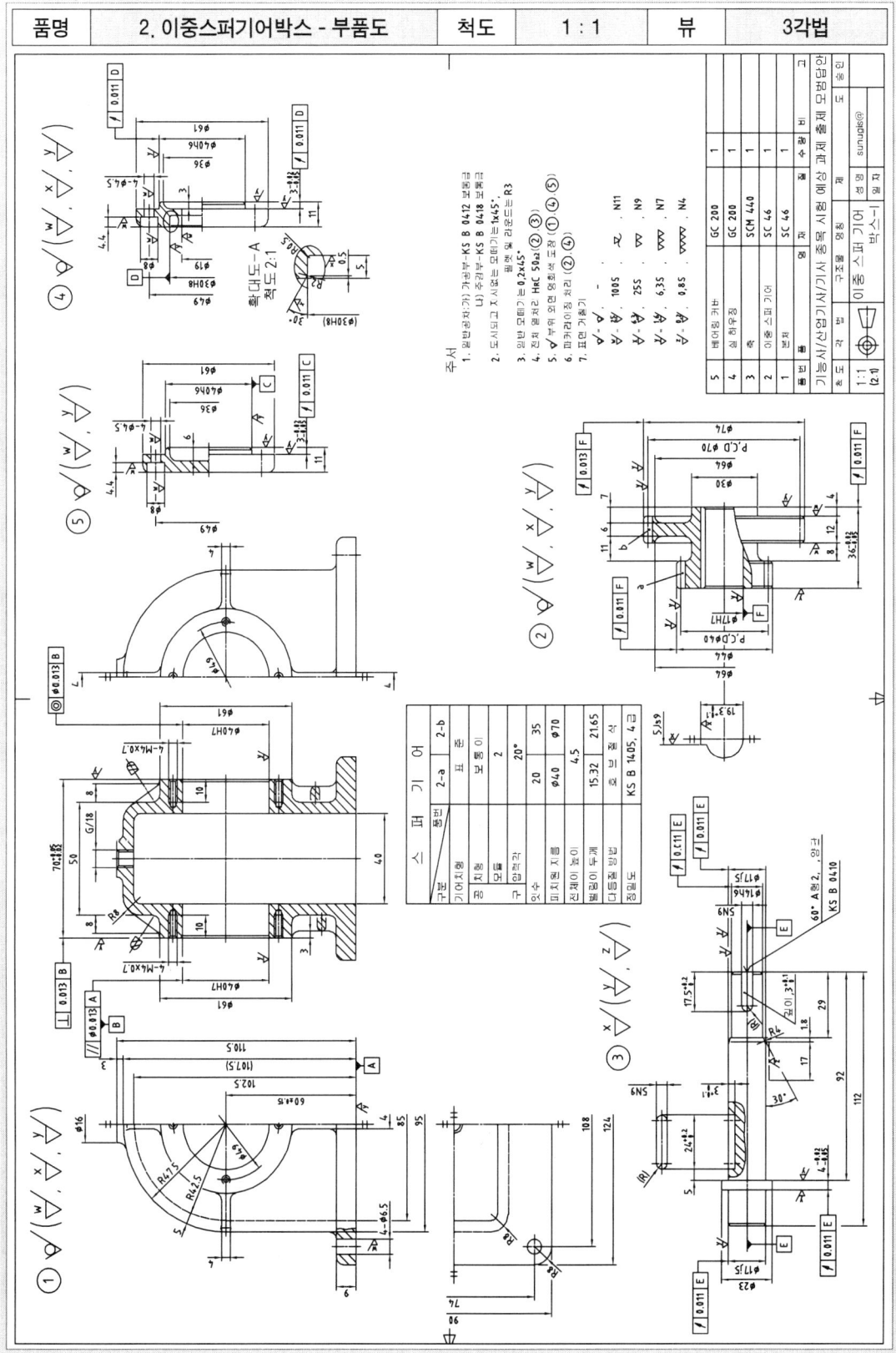

연습도면 29 이중스퍼기어박스 1

Exercises

품명	1. 이중스퍼기어박스 1 - 조립도	척도	1 : 1	뷰	3각법

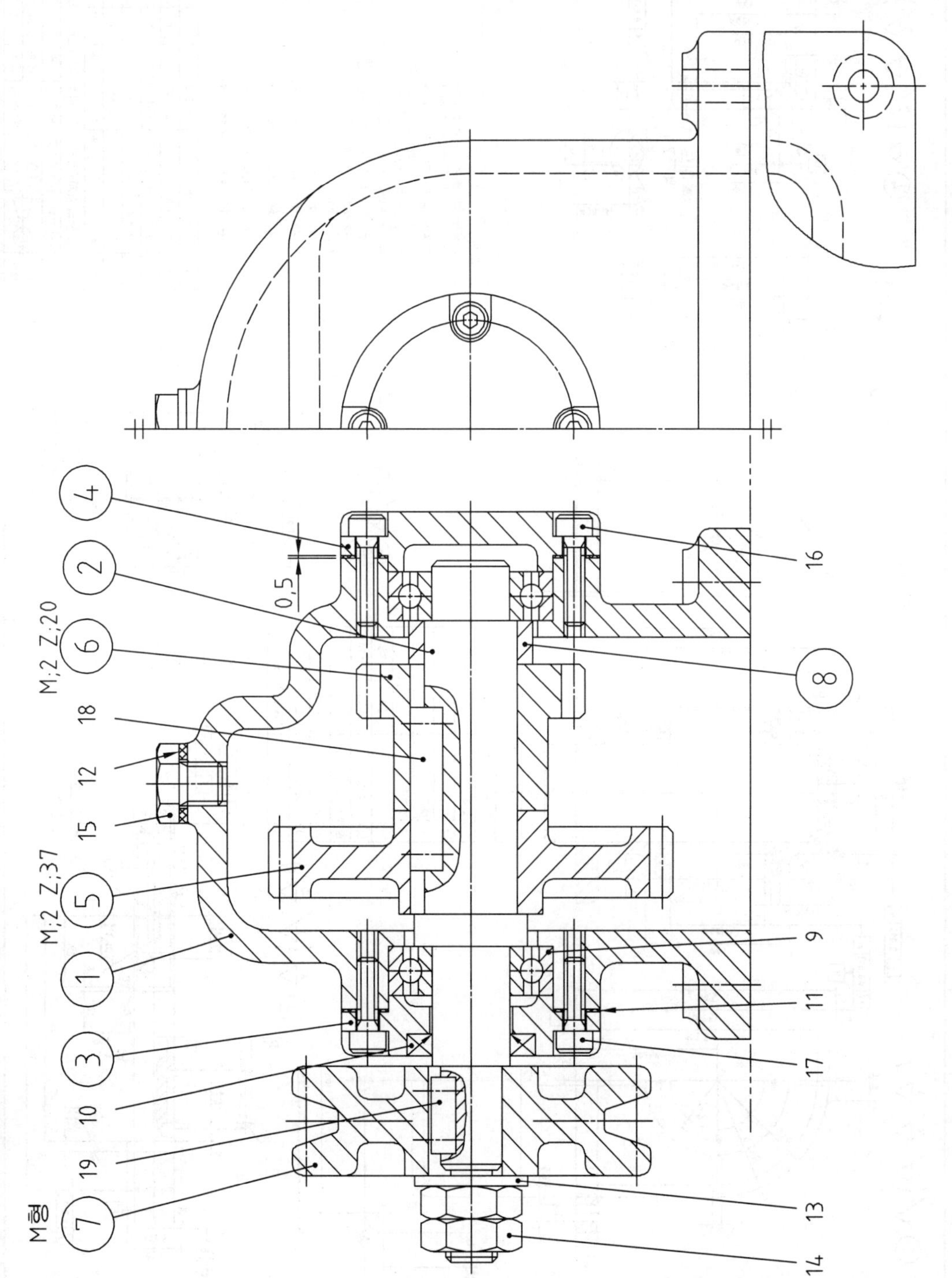

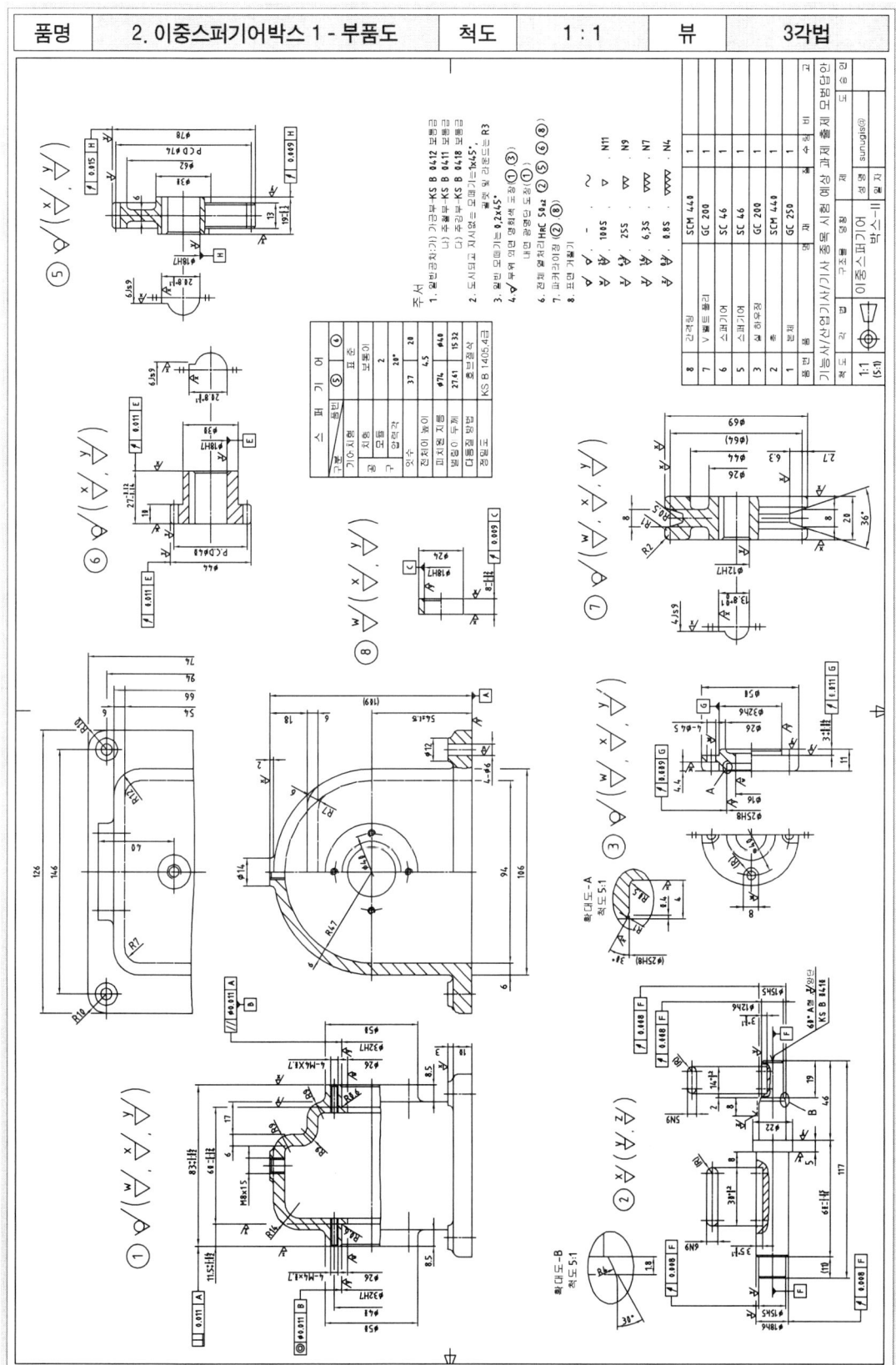

연습도면 30 랙프레스

| 품명 | 1. 랙프레스 - 조립도 | 척도 | 1 : 1 | 뷰 | 3각법 |

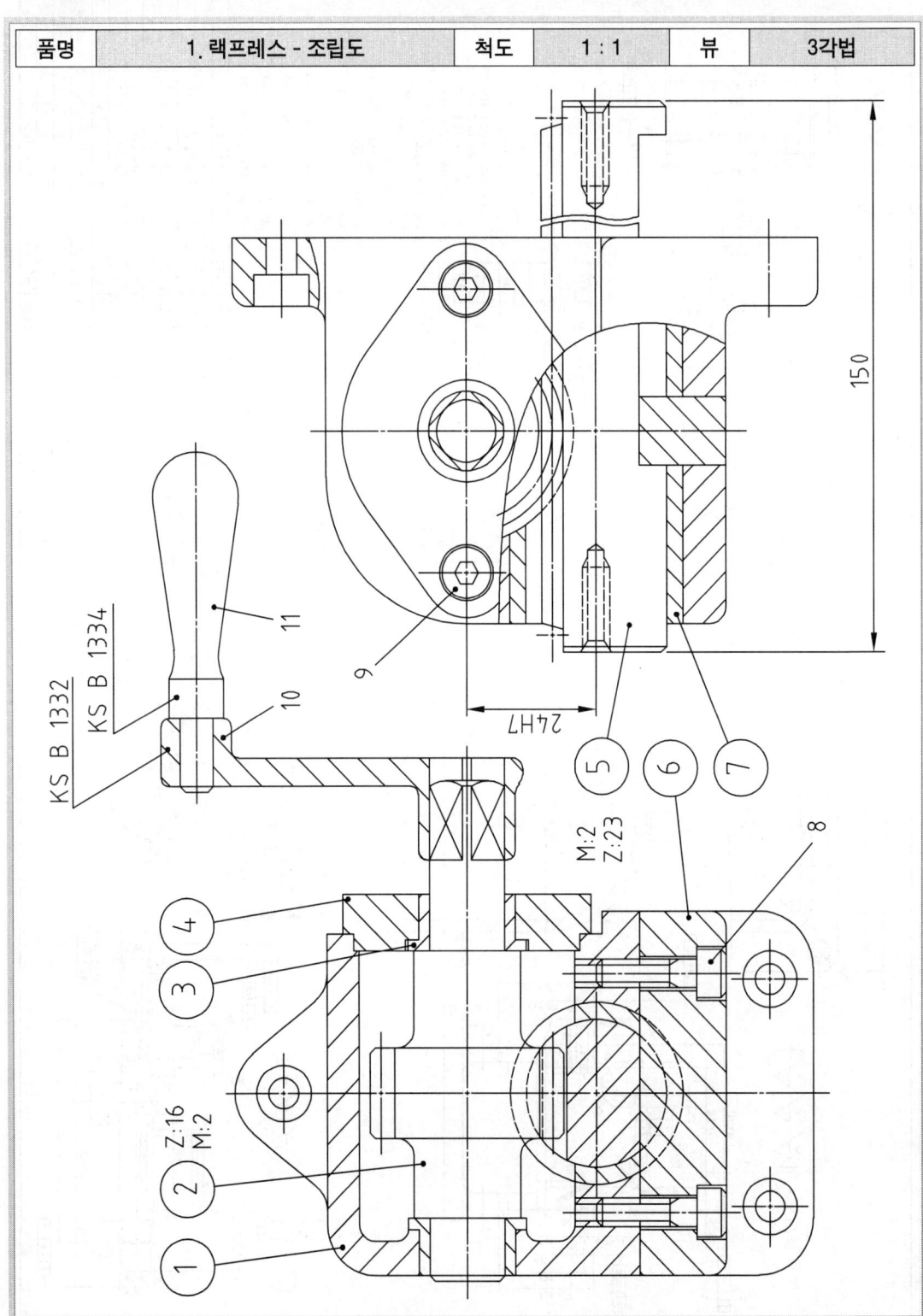

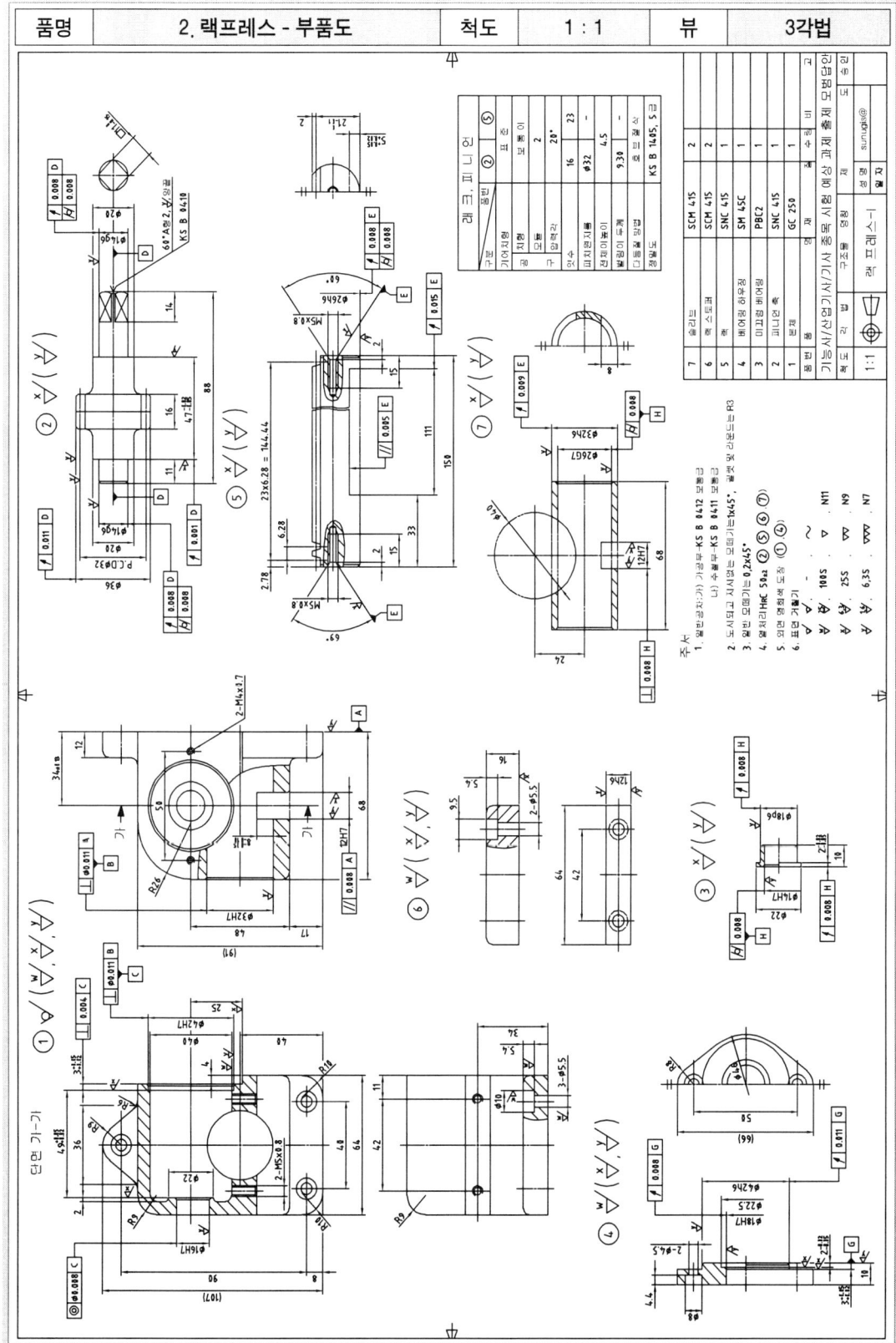

✪ 저자 소개

신순욱 – 제이알엠텍 대표
이학원 – 동원과학기술대학교 교수
박준호 – 한국폴리텍대학 울산캠퍼스 교수

기본에 충실한 SolidWorks 창의설계

초판 인쇄	2022년 7월 20일
초판 발행	2022년 7월 25일

지은이 ▪ 신순욱 · 이학원 · 박준호
펴낸이 ▪ 홍세진
펴낸곳 ▪ 세진북스

주소 ▪ (우)10207 경기도 고양시 일산서구 산율길 56(구산동 145-1)
전화 ▪ 031-924-3092
팩스 ▪ 031-924-3093
홈페이지 ▪ http://www.sejinbooks.kr
웹하드 ▪ http://www.webhard.co.kr   ID : sjb114   SN : sjb1234

출판등록 ▪ 제 315-2008-042호(2008.12.9)
ISBN ▪ 979-11-5745-458-7 13560

값 ▪ **25,000원**

▪ 이 책의 출판권은 도서출판 세진북스가 가지고 있습니다.
▪ 이 책의 일부 또는 전체에 대한 무단 복제와 전재를 금합니다.

 세진북스에는 당신과 나
그리고 우리의 미래가 있습니다.